Londres

Pat Yale

Londres
1re édition française – Avril 1998
Traduite de l'ouvrage *London* (1st edition)

Publié par
Lonely Planet Publications
71 bis, rue du Cardinal-Lemoine, 75005 Paris, France
Siège social : P.O. Box 617, Hawthorn, Victoria 3122, Australie
Filiales : Oakland (Californie), États-Unis – Londres, Grande-Bretagne

Imprimé par
Colorcraft Ltd, Hong Kong

Photographies de

Rachael Black	Tom Smallman
Charlotte Hindle	Paul Steel
Doug McKinlay	Tony Wheeler
Judi Schiff	Pat Yale

Photo de couverture : bus à impériale (Romilly Lockyer, The Image Bank)

Traduction de
Carole Coen, Pascale Haas, Dominique Lablanche et Fadwa Miadi

Dépôt légal
Avril 1998

ISBN : 2-84070-080-8
ISSN : 1242-9244

Texte et cartes © Lonely Planet Publications 1998
Photos © photographes comme indiqués 1998

Bien que les auteurs et l'éditeur aient essayé de donner des informations aussi exactes que possible, ils ne sont en aucun cas responsables des pertes, des problèmes ou des accidents que pourraient subir les personnes utilisant cet ouvrage.

Tous droits de traduction ou d'adaptation, même partiels, réservés pour tous pays. Aucune partie de ce livre, à l'exception de brefs extraits utilisés dans le cadre d'une étude, ne peut être reproduite, enregistrée dans un système de recherches documentaires ou de base de données, transmise sous quelque forme que ce soit, par des moyens audiovisuels, électroniques ou mécaniques, ou photocopiée sans l'autorisation écrite de l'éditeur et du propriétaire du copyright.

Pat Yale
Pat est originaire d'Ealing, à l'ouest de Londres. Pour financer ses études, elle a exercé divers métiers. Elle s'est notamment illustrée dans le domaine de la photographie – d'identité –, de la vente de billets de train au sein de l'agence de voyages de la House of Commons, du comptage de pipes en argile dans un musée et de l'archivage de dossiers au conseil d'administration d'une paroisse. Poursuivant sur sa lancée, elle a rejoint la société Thomas Cook comme conseillère commerciale puis est devenue formatrice pour American Express, faisant la navette tous les soirs entre Putney (au sud de Londres) et Haymarket. Aujourd'hui, elle est installée à Bristol. Elle a participé à la rédaction des guides *Britain*, *Ireland*, *Dublin* et *Turquie*, entre deux escapades aux antipodes.

Un mot de l'auteur
Bon nombre de personnes m'ont aidée à réaliser cet ouvrage, notamment en ce qui concerne les restaurants et les hôtels à recommander. Tout d'abord, je tiens à remercier ma mère Eileen, qui m'a si gentiment hébergée au cours de ma période de travail sur le terrain, ainsi que Lesley Levene, qui a accepté que j'occupe son appartement de Crouch End en son absence. Toute ma gratitude également à Charlotte Hindle, du bureau londonien de Lonely Planet, qui m'a permis de régler maints tracas ; à Vicky Wayland qui, en night-clubbeuse avisée, a relu la partie consacrée aux distractions nocturnes ; et à Simon Calder, qui a effectué des vérifications de dernière minute.

Je me sens aussi redevable à Barney Andrews, Lucy DaSouza, Terri Doyle, Sam et Emma Farmer, Stewart Foulkes, Jamie Gidlow-Jackson, Clare McElwee, Brian Roberts, Maggie Stapleton et Neil Taylor. Tous m'ont apporté un coup de main ou m'ont soutenue par leur présence pendant mes recherches.

Coup de chapeau à Louise Wood et à Alex Brennan, du London Tourist Board. Enfin, je remercie Bill Scanlon qui a pris soin de mon chat et de mon appartement de Bristol en mon absence. Il mérite une médaille !

A propos de cette édition
Une partie de ce livre reprend les informations du guide *Britain* de Lonely Planet, écrit par Bryn Thomas, Sean Sheehan, Pat Yale, Richard Everist et Tony Wheeler.

Un mot de l'éditeur
Philippe Maitre a créé la maquette de cet ouvrage, avec l'aide de Sophie Rivoire. Jean-Bernard Carillet en a assuré la coordination éditoriale.

Nous remercions Chantal Duquenoy, Fabrice de la Patellière, Christophe Corbel (Il Dottore) et Sabine Chakroun pour leur collaboration au texte et leur disponibilité. Un grand merci à Steve Fallon pour ses encadrés qui ne manquent pas de sel, à Olivier Cirendini qui nous a permis d'y voir plus clair sur le tunnel sous la Manche, à Laurence Billiet pour ses qualités de conteuse sportive et à Michel MacLeod, dont l'érudition a été mise à contribution pour la bibliographie.

La réalisation des cartes est l'œuvre de Jacqui Saunders, aidé par Piotr Czajkowski. Caroline Sahanouk et Pascal Rouquette ont assuré l'adaptation des cartes en français avec diligence. Caroline a également conçu la couverture. Jacqui Saunders et Tamsin Wilson ont ajouté quelques illustrations. Merci au personnel du bureau londonien de Lonely Planet pour les remises à jour.

Nous remercions vivement Graham Imeson, Andy Nielson, Barbara Aitken et Gabrielle Green du bureau australien pour leur constante collaboration.

Remerciements
Merci à Dave Allen, de DJA Design Ltd à Londres, qui a aménagé un taxi aux couleurs de Lonely Planet avec autant de diligence ; à Lawrence Sheffer, notre conducteur, grâce à qui nous avons fait onze fois le tour de Trafalgar Square et traversé neuf fois Tower Bridge ; au photographe Doug McKinlay ; à Joanna Clifton et à Charlotte Hindle du bureau londonien de Lonely Planet, qui a géré ce projet. Sans oublier le London Transport Museum, qui nous a fourni la carte du métro de Londres.

Attention !
Un guide de voyage ressemble un peu à un instantané. A peine a-t-on imprimé le livre que la situation a déjà évolué. Les prix augmentent, les horaires changent, les bonnes adresses se déprécient et les mauvaises font faillite. Gardez toujours à l'esprit que cet ouvrage n'a d'autre ambition que celle d'être un guide, pas un bréviaire. Il a pour but de vous faciliter la tâche le plus souvent possible au cours de votre voyage.

N'hésitez pas à prendre la plume pour nous faire part de vos expériences.

Toutes les personnes qui nous écrivent sont gratuitement abonnées à notre revue d'information trimestrielle le *Journal de Lonely Planet*. Des extraits de votre courrier pourront y être publiés.

Les auteurs de ces lettres sélectionnées recevront un guide Lonely Planet de leur choix.

Si vous ne souhaitez pas que votre courrier soit repris dans le Journal ou que votre nom apparaisse, merci de nous le préciser.

Table des matières

INTRODUCTION 7

PRÉSENTATION DE LA VILLE 9

Histoire 9	Flore et faune 19	Arts 22
Géographie 18	Institutions politiques 20	Usages et comportements 30
Climat 18	Économie 21	Religion 31
Écologie et environnement 18	Population et ethnies 22	Langue 32

RENSEIGNEMENTS PRATIQUES 35

Quand partir 35	Journaux et magazines 51	Voyageurs handicapés 55
Orientation 35	Radio et télévision 51	Londres pour les enfants 56
Cartes 37	Internet 52	Organismes à connaître 57
Offices du tourisme 37	Photographie et vidéo 53	Bibliothèques 57
Visas et formalités	Heure locale 53	Désagréments et dangers 58
complémentaires 39	Électricité 53	Problèmes juridiques 59
Ambassades 41	Blanchissage/nettoyage 53	Heures d'ouverture 60
Douane 41	Poids et mesures 53	Jours fériés et manifestations
Questions d'argent 42	Santé 53	annuelles 60
Tourisme d'affaires 46	Toilettes publiques 54	Travailler à Londres 61
Poste et communications 47	Seule en voyage 55	
Livres 49	Communauté homosexuelle ... 55	

COMMENT S'Y RENDRE 63

Voie aérienne 63	Voiture et moto 70	A pied 71
Bus 66	Bicyclette 71	Voie maritime 72
Train 66	En stop 71	

COMMENT CIRCULER 74

Les aéroports 74	Voiture et moto 79	Bateau 83
Le métro londonien 76	Taxi 80	Circuits organisés 85
Bus 77	Bicyclette 81	
Trains grandes lignes 78	A pied 82	

A VOIR ET A FAIRE 86

Suggestions d'itinéraires 86	East End 127	Walthamstow 147
Le Centre de Londres 87	Docklands 128	**Le Sud de Londres 150**
West End 87	**Le Sud du Centre**	Greenwich 150
Covent Garden 92	**de Londres 130**	Thames Barrier 153
The Strand 93	Bermondsey et Southwark ... 130	Dulwich et Forest Hill 153
Westminster et Pimlico 94	Waterloo et Lambeth 134	Brixton 154
La City 103	Battersea 138	Wimbledon 154
Le Nord du Centre	**L'Ouest du Centre**	**L'Ouest**
de Londres 118	**de Londres 138**	**de Londres 155**
St John's Wood,	Chelsea et Knightsbridge 138	Richmond 155
Regent's Park	Les environs de Hyde Park .. 140	Twickenham,
et Marylebone 118	Kensington et Holland Park . 141	Teddington et Hampton 158
Euston et King's Cross 121	Notting Hill, Bayswater	Chiswick et Kew 161
Camden Town et Islington ... 122	et Earl's Court 146	Isleworth, Brentford
Bloomsbury 122	Hammersmith et Fulham 146	et Ealing 163
Clerkenwell 126	**Le Nord de Londres 146**	**Autres curiosités 165**
L'Est du Centre	Wembley et Neasden 146	Musées et bâtiments publics 165
de Londres 127	Hampstead et Highgate 146	Galeries 166

Bains publics	166	Golf	167	**Cours**	**168**
Activités	**167**	Équitation	167	Langue	168
Piscines	167	Sports nautiques	167		
Tennis	167	Saut à l'élastique	167		

PROMENADES DANS LONDRES 169

Promenade n°1 :
De la cathédrale Saint-Paul
à Trafalgar Square 169
Promenade n°2 : D'Embankment
Station à Ludgate Circus 171

Promenade n°3 : La rive sud
de Hungerford Bridge
à Tower Bridge 175

Promenade n°4 :
L'East End de Liverpool St
à Tower Gateway 178

OÙ SE LOGER 182

Petits budgets	183	Catégorie luxe	197	Locations en meublé	199
Catégorie moyenne	190	Hôtels gay	198	Maisons ou appartements	
Catégorie supérieure	194	Hôtel pour enfants	198	à louer	199

OÙ SE RESTAURER 200

Le West End et Soho	201	Chelsea et		Finsbury Park et	
Covent Garden	208	South Kensington	215	Crouch End	223
Westminster et St James's	209	Knightsbridge		Bermondsey	223
Pimlico et Victoria	210	et Kensington	217	Waterloo et Lambeth	223
La City	210	Earl's Court	218	Hampstead	224
L'East End	211	Notting Hill, Bayswater		Greenwich	224
Marylebone	211	et Maida Vale	219	Brixton	225
Camden et Islington	211	Hammersmith et Fulham	222	Richmond	226
Bloomsbury et Holborn	213	Clerkenwell	222	Chiswick et Kew	226

DISTRACTIONS 228

Guides	228	Cabarets	233	Danse et ballet	244
Théâtre	228	Musique	234	Sorties organisées	245
Cinéma	231	Pubs et bars	236	Manifestations sportives	245
Clubs-discothèques	232	Cafés Internet	244		

ACHATS 249

Grands magasins	249	maison	255	Bijoux	257
Marchés	250	Équipement de camping		Art	258
Vêtements	253	et de randonnée	255	Alimentation et boissons	258
Antiquités	255	Magasins de musique	256	Boutiques spécialisés	258
Meubles et articles pour la		Livres	257		

EXCURSIONS 260

Windsor et Eton	260	Hatfield House	266	Chartwell	270
Whipsnade	264	Bedford	266	Hever Castle	270
Woburn Abbey et		Down House	267	Leeds Castle	271
Safari Park	264	Knole House	267	Brighton	271
Waltham Abbey	265	Ightham Mote	267	Chessington World of	
Epping Forest	265	Canterbury	268	Adventures	272
St Albans	265	Sissinghurst Castle Garden	270		

INDEX 273

CARTES 278

Introduction

Qu'ajouter au florilège de superlatifs qui caractérisent Londres ? Avec 12 millions d'habitants, auxquels s'ajoutent 26 millions de visiteurs annuels, le Grand Londres est tentaculaire. Cette ville emblématique, souvent représentée par ses monuments ou ses musées les plus marquants – de Big Ben à Trafalgar Square, en passant par le British Museum ou la Tate Gallery – ne se réduit pourtant pas à ces grands classiques. Certes, ils sont incontournables, mais il fait également bon se perdre au détour des rues chargées d'histoire d'un quartier plus secret.

Après avoir connu un âge d'or avant la Première Guerre mondiale, Londres est à nouveau en pleine ébullition. Il y a une trentaine d'années, le magazine *Time* célébrait le "swinging London". C'était l'époque de la liberté sexuelle, des Beatles, de la minijupe, de Carnaby St et de King's Rd. Les temps ont changé. Après une période de morosité du début des années 90, Londres a renoué avec la croissance économique, même si les inégalités persistent. L'effervescence est palpable. Les restaurants ne désemplissent pas, les boutiques foisonnent et la vie nocturne a rarement été aussi intense. La physionomie architecturale a également été bouleversée. Grues et échafaudages sont légion dans la capitale britannique qui s'apprête à fêter l'an 2000 avec faste.

Londres a rejoint le cénacle des villes culturelles et branchées. Stars de rock comme les frères Gallagher, grands chefs à l'instar de Marco Pierre White, stylistes aussi renommés que Vivienne Westwood ou architectes de l'étoffe de Richard Rogers, sans oublier le designer Terence Conran ou d'autres célèbres artistes, tous ont élu domicile sur les rives de la Tamise.

Fait moins connu, Londres est par ailleurs l'une des villes les plus verdoyantes du monde. Les multiples espaces verts constituent un souverain remède au vague à l'âme des jours de *fog*. Situés pour la plupart en centre-ville, les célèbres parcs londoniens soigneusement entretenus ou les bois plus sauvages vous feront oublier le tumulte urbain.

Présentation de la ville

HISTOIRE

L'emplacement du Londres moderne est occupé depuis l'antiquité romaine. La tâche des archéologues n'en est guère facilitée, car ils sont contraints d'attendre la réalisation de travaux pour procéder à des fouilles. Dans les années 80, le formidable développement de l'immobilier a permis de mettre au jour de nombreux vestiges, notamment dans le quartier de la City. Vous pouvez admirer nombre de ces trésors à la Tower Hill Pageant.

Si vous souhaitez vous familiariser avec l'histoire de Londres, commencez par visiter le Museum of London (reportez-vous à la rubrique *La City* du chapitre *A voir et à faire*).

Les Celtes et les Romains

Les historiens n'ont aucune preuve de l'existence d'une ville avant l'arrivée des Romains, mais estiment que les environs de ce qui allait devenir Londres furent habités dès l'âge de fer. Le camp de César, fortification en terre située dans l'actuelle commune de Wimbledon, fut probablement érigé au IIIe siècle av. J.-C. Le splendide bouclier repêché dans la Tamise au niveau du Battersea Bridge date de cette période. La découverte d'un casque à cornes, non loin du Waterloo Bridge, tendrait à prouver qu'une communauté celte s'était établie près d'un gué de la Tamise pour commercer avec les Romains, peu de temps après la visite de César en 55 av. J.-C. Certaines de ces armures sont exposées au British Museum.

Contrairement à Colchester ou Saint Albans, le site originel de Londres n'abrita jamais d'importantes tribus. Ce n'est que près d'un siècle après leur arrivée en "Bretagne", vers 50, que les Romains fondèrent Londinium, première colonie digne de ce nom. Ils bâtirent un pont en bois sur la Tamise, non loin de l'actuel London Bridge, et développèrent un réseau de routes sillonnant la province.

Cette première colonie fut détruite en 61 par la reine Boadicée (Boadicea) et ses Icènes, tribu établie dans l'actuel Norfolk. Vers l'an 100, les Romains rétablirent un port, qu'ils prirent soin de protéger, un siècle plus tard, avec un rempart. Par la suite, toujours soucieux de leur défense, ils ajoutèrent des tours. Les fouilles effectuées dans le quartier de la City révèlent la grandeur du Londinium romain qui s'enorgueillissait, entre autres, d'un amphithéâtre, d'un forum, d'une basilique et d'un fort.

Le Londres antique était très cosmopolite, comme en témoigne la diversité des lieux de cultes. Parmi les vestiges de l'occupation romaine, mentionnons les restes du temple de Mithra mis au jour dans Victoria St, à la sortie de la station Tower Hill, où l'on peut également admirer quelques éléments de l'enceinte fortifiée et la statue de l'empereur Trajan.

En 312, le christianisme devint la religion officielle et, deux ans plus tard, un archevêque londonien participa au concile d'Athènes.

Les Saxons et les Danois

A partir de 410, les Romains abandonnèrent la "Bretagne", et Londres déserté tomba en ruines. Les Saxons leur succédèrent, mais aucun vestige de cette époque n'a survécu. En 604 fut érigée la première église à St Paul, déplaçant du même coup le centre-ville, l'actuel Aldwych, vers l'ouest. Des fouilles entreprises le long des rives de Chelsea ont récemment permis de découvrir une digue qui protégeait un palais érigé au VIIIe siècle pour le roi Offa. Baptisée Lundenwic, cette nouvelle cité semble avoir entretenu des relations commerciales avec la France et la Rhénanie. La prospérité de cette ville n'échappa guère aux maraudeurs danois qui l'attaquèrent une première fois en 841, puis une seconde en 851. Sous le règne du roi Alfred, la population saxonne résista. En 886, l'ancienne cité romaine rebaptisée Lundenburg s'étendit plus à l'est et se dota d'un port marchand à Billingsgate.

Divisé en 20 sections, dirigée chacune par un alderman, le Londres florissant de l'époque saxonne fut longtemps convoité par les Danois. Ils parvinrent même à placer l'un des leurs sur le trône, le célèbre roi Canut (Cnut). C'est d'ailleurs sous son règne que, succédant à Winchester, Londres devint la capitale de l'Angleterre. A sa mort, faute d'héritier, la couronne passa aux mains d'Édouard le Confesseur, un Saxon. Il fonda l'abbaye et le palais de Westminster où la cour ne tarda pas à emménager. La City devint alors le centre des échanges, et Westminster le siège du gouvernement.

Des Normands aux Plantagenêts

Après la bataille de Hastings, en 1066, Londres voulut tenir tête à Guillaume le Conquérant. En réponse, celui-ci fit brûler Southwark. Lorsque la défaite du sud-est de l'Angleterre fut certaine, les Londoniens déposèrent les armes. Guillaume fut couronné roi d'Angleterre le jour de Noël 1066 à l'abbaye de Westminster. A cette époque, Londres était déjà, et de loin, la ville la plus grande et la plus riche du royaume. C'est à l'initiative de Guillaume le Conquérant que furent érigés la White Tower (cœur de la tour de Londres) à l'est de la ville et le Baynard's Castle (ravagé par le Grand Incendie) à l'ouest. La cité lui doit aussi son indépendance et l'autonomie de son gouvernement.

En 1154, la mort du roi Stéphane se traduisit par l'avènement de la dynastie des Plantagenêts avec Henri II. Un peu plus tard, le moine William FitzStephen, à qui l'on doit l'un des premiers textes sur Londres, écrivit à propos de la ville : "cité florissante qui fut souvent la proie des flammes" (en 1087, un incendie avait déjà ravagé la cathédrale Saint-Paul).

Manquant cruellement d'argent, les rois du XIIe siècle garantirent l'indépendance de la City en échange du financement de leurs projets. Les marchands devinrent les trésoriers du royaume. Lorsque le roi Richard eut besoin de fonds pour entreprendre sa croisade, il accorda à la City le statut de commune autonome. En 1215, Jean sans Terre fut forcé de conférer davantage de pouvoirs aux puissants barons. L'influent maire de la City le pressa de signer la Grande Charte (*Magna Carta*) à Runnymede.

L'Old London Bridge fut construit vers la fin du XIIe siècle et l'ancienne cathédrale Saint-Paul (Old St Paul) en 1314. Les descendants des barons de Runnymede érigèrent de solides demeures, avec jardins donnant sur la rivière, le long de l'actuel Strand reliant Westminster à la City. Cet endroit prospéra grâce au négoce de vins, de fourrures, d'étoffes et autres biens avec le continent. Les noms de nombreuses rues de la City ("Poultry", volaille ; "Cornhill", maïs ; "Milk", lait) témoignent encore de la richesse de ce commerce.

Vers 1300, Londres comptait environ 100 000 âmes. Surpeuplée et infestée de rats, elle perdit un tiers de ses habitants lors de la Peste noire qui sévit en 1348-1349.

En 1381, Wat Tyler et Jack Straw menèrent la révolte des paysans contre l'iniquité des impôts. Plusieurs édifices londoniens furent brûlés, notamment le grand Savoy Palace de John de Gaunt. Wat Tyler, quant à lui, mourut poignardé par le Lord Mayor en personne.

A cette époque, le palais de Westminster s'affirma comme le siège de la monarchie. En 1295, un Parlement où siégeaient les représentants des barons, du clergé, des chevaliers et des bourgeois se réunit pour la première fois dans le Westminster Hall. Vers le XIVe siècle, la jeune Chambre des lords délibérait dans le palais de Westminster tandis que la Chambre des communes tenait séance dans la Chapter House de l'abbaye. Pour améliorer l'état des finances, le roi imposa de nouveaux impôts aux marchands de la City et aux prêteurs étrangers. Après l'expulsion de la communauté juive en 1290, les banquiers lombards durent s'acquitter de ce fardeau fiscal.

En 1483, le roi Édouard V, alors âgé de 12 ans, régna deux mois avant de dispa-

Rois et reines d'Angleterre

La royauté reste un élément essentiel de l'histoire de l'Angleterre. Londres est longtemps demeuré le symbole de la monarchie.
Le tableau suivant mentionne tous les souverains qui se sont succédé de 871 à aujourd'hui.

Anglo-Saxons et Danois
Alfred le Grand 871-899
Édouard le Martyr 975-979
Ethelred II 979-1016
Canut 1016-1035
Édouard le Confesseur 1042-1066
Harold II 1066

Normands
Guillaume Ier le Conquérant 1066-1087
Guillaume II le Roux 1087-1100
Henri Ier 1100-1135
Stéphane 1135-1154

Plantagenêts (Angevins)
Henri II 1154-1189
Richard Ier Cœur de Lion 1189-1199
Jean 1199-1216
Henri III 1216-1272
Édouard Ier 1272-1307
Édouard II 1307-1327
Édouard III 1327-1377
Richard II 1377-1399

Lancaster
Henri IV Bolingbroke 1399-1413
Henri V 1413-1422
Henri VI 1422-1461 et 1470-1471

York
Édouard IV 1461-1470 et 1471-1483
Édouard V 1483
Richard III 1483-1485

Tudor
Henri VII Tudor 1485-1509
Henri VIII 1509-1547
Édouard VI 1547-1553
Marie Ire 1553-1558
Élisabeth Ire 1558-1603

Stuart
Jacques Ier 1603-1625
Charles Ier 1625-1649

Commonwealth et protectorat
Olivier Cromwell 1649-1658
Richard Cromwell 1658-1659

Restauration des Stuart
Charles II 1660-1685
Jacques II 1685-1688
Guillaume III d'Orange 1689-1702
et Marie II 1689-1694
Anne 1702-1714

Hanovre
George Ier 1714-1727
George II 1727-1760
George III 1760-1820
George IV 1820-1830
Guillaume IV 1830-1837
Victoria 1837-1901

Saxe-Cobourgh-Gotha
Édouard VII 1901-1910

Windsor
George V 1910-1936
Édouard VIII 1936
George VI 1936-1952
Élisabeth II 1953-

raître avec son jeune frère dans la tour de Londres. On ne les revit jamais. Leur oncle, Richard III, les avait-il fait assassiner ? Quoi qu'il en soit, la destitution en 1485 de Richard par Henri Tudor, premier souverain de la dynastie, provoqua peu d'émoi.

Londres sous les Tudor

Sous le règne d'Henri VII Tudor, le commerce continua de prospérer, celui de la laine notamment, et la population augmenta de nouveau. La plupart des industries furent regroupées dans Southwark et Bermondsey afin d'épargner aux riches demeures de Westminster les terribles nuisances. Malgré l'opposition du Pape, Henri VIII, fils d'Henri Tudor, divorça de Catherine d'Aragon pour épouser Anne Boleyn. Entre 1536 et 1540, il fit fermer les monastères et les prieurés. Cinquante églises furent transformées en hôpitaux ou en hôtels particuliers. L'argenterie cléricale fut confisquée par le roi qui la fit fondre. Les domaines sécularisés devinrent des terrains de chasse royaux.

Henri VIII partageait son temps entre ses palais de Richmond, Whitehall, Greenwich et Nonsuch. Un archevêque, Thomas Wolsey, victime de sa folie des grandeurs, érigea un palais à Hampton Court. La splendeur de cette demeure ne put échapper au cupide souverain qui obligea l'archevêque à lui en faire cadeau. En échange, il l'accusa de haute trahison. Bien inspiré, Thomas Wolsey rendit l'âme avant le début du procès. Henri VIII fit appel aux meilleurs artisans du continent pour décorer son palais. Soucieux de bien recevoir, il ordonna en 1553 la construction du nouveau Bridewell Palace pour la visite de Charles Quint, à la tête du Saint-Empire romain germanique.

Henri VIII ne jouissait pas d'une bonne réputation. On lui reprocha notamment sa fâcheuse tendance à éliminer ceux qui le gênaient (deux de ses six épouses finirent sur l'échafaud et son chancelier, Sir Thomas More, ne connut pas un sort plus heureux). On lui doit cependant l'établissement des docks de Woolwich (1512) et de Deptford (1513), ainsi que la Royal Navy.

Sous le règne de Marie, fille d'Henri VIII et de Catherine d'Aragon, l'Angleterre fut sur le point de renouer avec la foi catholique. Cependant, Londres fut très hostile à ce regain de catholicisme, et plus de 300 martyrs furent brûlés vifs à Smithfield. Les persécutions à l'encontre des protestants valurent à la reine le surnom de "Bloody Mary" ("Marie la Sanglante").

Lorsqu'Élisabeth, fille d'Henri VIII et d'Anne Boleyn, accéda au trône, la cause catholique était perdue. En 40 ans, la population londonienne avait doublé, si bien qu'en 1603 la capitale comptait 200 000 âmes. La première carte de Londres fut publiée en 1558. En 1598, John Stow écrivit l'histoire de la ville. De nombreux monuments furent édifiés sous le règne d'Élisabeth Ire, dont le Royal Exchange (1570), le Rose (1587) et le Globe (1599) – deux théâtres construits dans Southwark, quartier réputé pour ses maisons de passe, ses montreurs d'ours et ses arènes.

Londres sous les Stuart

En 1603, Jacques VI, roi d'Écosse, succéda à Élisabeth Ire qui n'avait laissé aucun héritier, et devint Jacques Ier d'Angleterre. Fils de Marie la Catholique, ce monarque ne prêta pas la moindre attention au sort des catholiques. Guy Fawkes résolut de fomenter, le 5 novembre 1605, un complot pour faire sauter le Parlement (Conspiration des Poudres). Fawkes fut pendu, éviscéré et écartelé. Quelques années plus tard, alors que la guerre civile faisait rage, Charles Ier connut, lui aussi, un sort peu enviable. Il fut décapité devant la Banqueting House, à Whitehall, après que puritains et marchands eurent décidé de soutenir Olivier Cromwell et les parlementaristes. Une statue de Cromwell se tient à l'entrée de la Chambre des communes, tandis que celle de Charles Ier se dresse à Whitehall, du côté de Trafalgar Square. La mort du roi fut suivie d'une courte période (1649-1660) de *commonwealth*, organisation politique de l'État. Les puritains fermèrent les théâtres, saccagèrent les vitraux des églises et tout ce qui leur semblait tenir de l'idolâtrie. En sa qualité de lord protecteur, Cromwell élut domicile à Whitehall mais son heure de gloire ne dura pas. A sa mort, en 1658, son fils "Tumbledown Dick" ne réussit à se maintenir au pouvoir que pendant cinq mois. Le Parlement rappela l'héritier de Charles Ier qui s'installa au Royal Exchange. A la restauration, le corps de Cromwell fut exhumé et pendu à la potence de Tyburn.

La Grande Peste et le Grand Incendie

Le cri "garde-loo" alertait les passants de la chute du contenu d'un pot de chambre. C'est dire l'hygiène qui régnait à Londres à cette époque. Depuis la Peste noire du XIVe siècle, la ville avait souvent été en proie à la peste bubonique. La terrible épidémie de 1664-1665 fit près de 110 000 victimes en l'espace de huit mois.

Ce fléau ne fut éradiqué que par un autre désastre, décisif dans le développement de la ville : le Grand Incendie. Le feu se déclara, le 2 septembre 1666, dans une boulangerie de la Pudding Lane, au cœur de la City, et embrasa la ville pendant quatre jours. Samuel Pepys relate la catastrophe avec moult détails dans son journal. Paradoxalement, les flammes ne firent que 8 victimes. Le feu fut enfin maîtrisé le 6 septembre. La majeure partie de la ville avait brûlé, et 89 églises étaient réduites en cendres, dont la Old St Paul's. Sir Christopher Wren résolut de concevoir une cité moderne. L'architecte travailla d'arrache-pied, si bien que les plans du nouveau Londres furent prêts la semaine suivante. Il ne manquait plus que l'aval des propriétaires récalcitrants pour les mettre en œuvre. Une juridiction spéciale, la Fire Court, fut créée à Clifford's Inn pour régler les questions relatives à la propriété. En 1673, la plupart des demeures furent reconstruites en brique et en pierre et non plus en bois. Pour la première fois, on installa des pavés dans les rues les plus larges, et de nouveaux squares furent aménagés. Cette tragédie incita les familles nanties à quitter la City pour emménager dans l'actuel West End. En 1711, la réouverture de la cathédrale Saint-Paul marqua l'apogée des travaux de restauration.

Des Stuart à l'époque georgienne

Une fois le traumatisme de l'incendie dissipé, les Londoniens se remirent aux affaires. En 1685, lorsque Henri IV, roi de France, révoqua l'édit de Nantes qui garantissait la liberté de culte aux protestants, 1 500 huguenots se réfugièrent à Londres. La plupart occupèrent des emplois dans la manufacture d'objets de luxe : montres, bijoux, soieries, bas et rubans.

En 1688, la Glorieuse Révolution (qui se déroula sans effusion de sang) porta Guillaume d'Orange sur le trône. Sa femme Marie était la fille de Jacques II, le roi destitué à cette occasion. Le nouveau souverain, qui souffrait d'asthme, préféra le palais de Kensington Gardens à celui de Whitehall, trop proche de la Tamise. Pour financer la guerre contre la France, Guillaume eut recourt à l'emprunt public. C'est ainsi que fut créée en 1694 la Banque d'Angleterre.

A l'aube du XVIIIe siècle, Londres qui comptait plus de 500 000 habitants, était la plus grande ville d'Europe. La capitale devint un pôle financier plus que commercial. La City connut sa première débâcle financière, incident connu sous le nom de "South Sea Bubble". La spéculation sur une société de commerce avec l'Amérique du Sud se solda par la faillite de l'entreprise ainsi que celle de milliers de personnes.

Guillaume et Marie ne laissèrent pas d'héritier. Ce fut à Anne, sœur de Marie, que revint la couronne. Mère malheureuse, celle-ci eut dix-sept grossesses mais aucun de ses enfants ne parvint à l'âge adulte. La loi de 1701 interdisant le trône à un catholique, un descendant protestant fut recherché. C'est finalement à George de Hanovre que revint le privilège de diriger le royaume. Ce dernier ne parlait pas un traître mot d'anglais lorsqu'il débarqua à Londres, et la petite histoire veut qu'il ait été agressé dans les jardins de Kensington Palace par un employé qui l'avait pris pour un touriste allemand.

Sous le règne de George Ier, Sir Robert Walpole occupa pour la première fois dans l'histoire de l'Angleterre le poste de Premier ministre et s'installa au 10 Downing St. Les inégalités sociales étaient criantes. Les plus chanceux construisaient de magnifiques demeures dans les beaux quartiers, à l'instar du peintre William Hogarth, tandis que les plus démunis croupissaient dans des taudis où ils tentaient d'oublier leur misère à coup de gin bon marché. En 1751, la création de forces de l'ordre, les Bow Street Runners, devint nécessaire.

Jusqu'à la construction du Westminster Bridge en 1750, le *horse ferry* reliant Lambeth à Millbank constituait, avec le London Bridge, le seul moyen de traverser la Tamise. Face à l'accroissement de la popu-

Le mariage du siècle

Le malheureux mariage du Prince Charles et de feu Diana Spencer a probablement jeté un discrédit sur les couples princiers. Reste que tous les mariages royaux, aussi convenus soient-ils, ne sont pas aussi désastreux.

En 1840, la reine Victoria convole en justes noces avec son cousin Albert de Saxe-Coburg-Gotha, qu'elle a connu enfant et qu'elle n'a vu qu'une seule fois avant la cérémonie du mariage.

Cette union semble avoir été réussie. Certes, les Britanniques n'ont jamais beaucoup apprécié Albert, mais la reine aima éperdument cet homme qui introduisit le sapin de Noël en Angleterre. Ils eurent quatre fils et cinq filles.

La mort d'Albert, atteint de typhoïde, en 1861, plongea la reine dans un profond chagrin. Toutes les grilles de la capitale furent peintes en noir et la reine porta le deuil jusqu'à la fin de ses jours. Un mémorial du prince défunt se dresse dans le sud de Kensington, quartier de Londres qu'il fit prospérer.

Cette version idyllique prévalut jusqu'à la sortie récente du film, *Mrs Brown*, avec Judi Dench et Billy Connolly, qui jette la lumière sur l'amitié entre la reine Victoria et son valet de chambre écossais, John Brown. La nature exacte de leur relation reste un mystère. Toujours est-il qu'elle fut enterrée avec une photo de son valet de chambre. ■

---

lation, il devint urgent de faciliter la circulation. Les maisons pittoresques et les échoppes que l'on voit sur les tableaux représentant l'ancien London Bridge ont été démolies, tout comme les murailles et les portes de la cité médiévale. Aujourd'hui, seuls des noms comme Aldgate témoignent de cette période.

En 1780, le Parlement proposa d'abroger la loi interdisant aux catholiques d'accéder à la propriété. Contrarié par un tel amendement, Lord George Gordon, membre du Parlement, organisa une manifestation qui tourna à l'émeute. Les prisons de Newgate et de Clink, ainsi que plusieurs tribunaux, furent brûlés par 50 000 manifestants en furie. Près de 300 personnes périrent lors des émeutes de Gordon.

Au tournant du siècle, les caprices de la famille royale amusaient les Londoniens. George III devint fou. Son fils, le prince-régent, lui succéda et installa la cour dans un lieu unique, la Carlton House à Pall Mall. A la mort du roi, en 1820, son fils tenta de se séparer de son épouse Caroline. Celle-ci essaya, malgré tout, d'assister à son couronnement. La reine avait l'opinion publique de son côté. Elle mourut cependant peu de temps après.

Le Londres victorien

En 1837, lorsque la reine Victoria accéda au trône, Londres était la capitale du plus vaste empire de l'histoire mondiale. Cet empire colonial couvrait le quart de la surface du globe et comptait quelque 500 millions de personnes. De nouveaux docks furent construits pour tirer profit du commerce florissant avec les colonies. Les premiers chemins de fer, qui apparurent dès 1840 pour désengorger la ville, desservirent les Home Counties. Le premier métropolitain du monde, reliant Paddington à Farringdon, fut mis en service en 1863. Il connut un tel succès que d'autres lignes furent bientôt ouvertes. Pour une vue plus complète de l'étroite relation entre le développement de Londres et celui de son réseau de transport, ne manquez pas la visite du London Transport Museum à Covent Garden.

En 1851, le prince Albert, l'époux de Victoria, organisa une immense manifestation à Hyde Park, à la gloire de la technologie nouvelle. C'est au Crystal Palace, bâtiment de fer et de verre conçu par Joseph Paxton, jardinier de son état, que se déroula cette grande exposition universelle. Six millions de visiteurs accoururent des quatre coins du monde. Le succès de cette manifestation fut tel que le prince Albert réinvestit les profits obtenus dans la construction de deux autres musées permanents, le Science Museum et le Victoria & Albert Museum. Quant au Crystal Palace, il fut transporté à Sydenham où un incendie le détruisit en 1936.

Les monuments phares de Londres continuèrent à se multiplier. Big Ben apparut en 1859. L'Albert Hall fut érigé en 1871 et le Tower Bridge en 1894. Corollaire de la révolution industrielle et de la rapide croissance du commerce, la population londonienne passa d'un million d'habitants environ en 1800 à 4,5 millions en 1900. Cette poussée démographique se traduisit par une prolifération des taudis au cœur même de la ville et le développement de pavillons cossus en périphérie. Charles Dickens, le plus célèbre chroniqueur du Londres du XIXe siècle, publia *Oliver Twist* en 1837. Pauvreté, désespoir et misère sont les thèmes de prédilection du romancier. Les classes défavorisées inspirèrent également Friederich Engels et Karl Marx qui élaborèrent les théories communistes dans la salle de lecture de la bibliothèque du British Museum. Lord Ashley, comte de Shaftesbury, prit fait et cause pour les réformes sociales et industrielles. La statue d'Éros de Piccadilly Circus a été érigée à sa mémoire.

Non moins philanthrope, Florence Nightingale (1820-1910), accompagnée d'une équipe d'infirmières, rejoignit la Turquie en pleine guerre de Crimée afin de soulager les soldats blessés. De retour à Londres, elle fonda l'école de formation pour infirmières. Un musée, attaché à St Thomas' Hospital, porte son nom.

Grande est la dette des Londoniens envers Sir Joseph Bazalgette (1819-1891). Cet ingénieur créa un réseau d'égouts de plus de 2 000 km qui débarrassa la ville des récurrentes épidémies de choléra. Bazalgette supervisa également l'assainissement de 150 km^2 de bancs de vase et la construction des quais Victoria, Albert et Chelsea, soit près de 4 000 m pour protéger les rues des inondations. A ses heures perdues, l'infatigable Bazalgette esquissa les plans des Albert, Battersea et Hammersmith Bridge.

Sous le long règne de Victoria, l'Angleterre connut d'éminents Premiers ministres, dont Gladstone (1809-1898) et Disraeli (1804-1881). Leur sépulture est à l'abbaye de Westminster.

La reine Victoria vécut suffisamment longtemps pour célébrer son jubilé en 1897. Elle rendit son dernier soupir quatre ans plus tard, à l'âge de 81 ans.

Le Londres édouardien, la Première Guerre mondiale et l'Entre-deux-guerres

Le fils de la reine Victoria, Édouard VII, avait près de 60 ans lorsqu'il hérita de la couronne, à la veille de la Première Guerre mondiale. A cette époque, les premiers autobus avaient fait leur apparition et, vers 1911, les bus tractés par les chevaux disparurent complètement de la circulation.

Pendant la guerre, Londres fut la cible de bombardements causant la mort de 300 personnes.

En 1918, à la fin du conflit, la population londonienne augmenta de nouveau pour atteindre 9 millions en 1939. Des travaux de réhabilitation des immeubles insalubres furent entrepris. Parallèlement, les banlieues s'étendirent jusqu'à la campagne. Le nombre des chômeurs augmenta régulièrement jusqu'en 1926, année où éclata une grève générale qui dura neuf jours. L'armée intervint pour éviter la paralysie de la ville.

Le groupe de Bloomsbury connut son heure de gloire dans les années 30. L'économiste John Maynard Keynes et l'écrivain Virginia Woolf en furent les membres les plus éminents. En 1936, la première émission télévisée était diffusée depuis Alexandra Park. A la même époque, le cinéma et la radio se développèrent.

Néanmoins, le pays fut déchiré par de sourdes tensions politiques. En 1936, Sir Oswald Mosley tenta d'organiser, sous la bannière de la British Union of Fascists, une marche antisémite à travers l'East End.

Une foule d'un demi-million de personnes bloqua le cortège au niveau de Cable St. En 1938, la menace allemande était si grande que les enfants furent évacués de Londres.

La Seconde Guerre mondiale et le Blitz
Londres paya un lourd tribut au cours de ce conflit. La première année se déroula dans une attente anxieuse : plus de 500 000 femmes et enfants furent envoyés à la campagne, et l'on interna certains membres de la communauté italienne de Clerkenwell.

Cette drôle de guerre s'acheva en septembre 1940, lorsque des centaines de bombes (le Blitz) semèrent la terreur dans l'East End, faisant plus de 2 000 victimes. Durant 57 nuits consécutives, une pluie de bombes s'abattit sur Londres. L'Underground (le métro) se transforma en refuge géant. Le Blitz, moins intense, dura encore six mois. L'abbaye de Westminster, le palais de Buckingham, la cathédrale Saint-Paul, le Guildhall, la Broadcasting House ainsi que de nombreuses églises de la City furent touchés. Les raids aériens cessèrent en mai 1941 et reprirent en 1944.

En 1945, le tiers de l'East End et l'ensemble de la City n'étaient plus qu'un champ de ruines. Près de 18 800 tonnes de bombes avaient été larguées sur la capitale, faisant 29 890 victimes. Alors que les combats faisaient rage, la reine Élisabeth (aujourd'hui reine mère) se risqua hors du palais pour inspecter les rues dévastées de l'East End. Ceci lui vaut encore l'admiration de son peuple.

En 1940, Sir Winston Churchill occupa, après Neville Chamberlain, le poste de Premier ministre. Il dirigea les opérations militaires de la Seconde Guerre mondiale depuis les Cabinet War Rooms, dans les sous-sols de Whitehall, que vous pouvez visiter. L'exposition "Britain at war" qui se tient à Southwark relate le quotidien des Londoniens pendant le Blitz.

Le Londres d'après-guerre
Après la guerre, de vilaines constructions furent érigées sur les sites bombardés. L'arrivée d'immigrants en provenance des Antilles et du sous-continent indien modifia quelque peu le caractère de la ville. Notting Hill, Ladbroke Grove et Brixton prirent des allures de villes des Caraïbes. Southall accueillit les natifs du Penjab. Quant aux Bengalis, ils élurent domicile dans l'ancien quartier juif de l'East End. La communauté juive s'installa plus au nord, à Golders Green.

En 1951, le Festival of Britain, à Londres, laissa derrière lui d'horribles édifices en béton dans South Bank. Le premier avion civil quitta l'aéroport de Heathrow en 1946, et les premiers autobus rouges Routemaster commencèrent à sillonner la ville en 1956. Dans les années 60, le "Swinging London" devint la ville à la mode. Les hippies qui se rassemblaient dans Carnaby St et King's Rd insufflèrent couleur et vitalité aux rues. Lors des difficiles années 70, et au début des années 80, Londres fut épargné par la crise qui sévissait dans le nord de l'Angleterre et en Écosse. Cependant, la perte de l'Empire et les exigences techniques des nouveaux navires marchands eurent de sérieuses conséquences sur les zones portuaires. Tilbury devint le nouveau port. Dans les années 80, les docklands

Winston Churchill organisa les opérations de la Seconde Guerre mondiale depuis le Cabinet War Rooms de Whitehall.

TOM SMALLMAN

JUDI SCHIFF

PAT YALE

A gauche : sculpture devant le British Museum
A droite : statues de Roosevelt et de Churchill, New Bond Street
En bas : fresque murale dans Carnaby St

PAT YALE

RACHEL BLACK

PAT YALE

PAT YALE

JUDI SCHIFF

A	B
C	D
E	

A : hérons sur la Serpentine, Hyde Park
B : le jardin de Keats, Hampstead
C : les pélicans ont élu domicile à St James's Park depuis le XVIIe siècle
D : le Sunken Garden, Kensington Gardens
E : parterre floral à Canary Wharf

désaffectés furent remis au goût du jour par les promoteurs. Même si la récession du début des années 90 a ralenti son développement, ce quartier reste probablement le seul où l'on peut ressentir l'unique ambiance du Far East.

Les années 70 correspondent à une période de transition entre l'optimisme des années 60 et la morosité du début des années 80. En 1973, l'explosion d'une bombe à Old Bailey (cour d'assises) marqua le point de départ de l'action de l'IRA sur le territoire anglais. En 1979, l'Armée républicaine irlandaise fut responsable de l'assassinat de Airy Neave, député conservateur, dans l'enceinte de la Chambre des communes.

Au milieu des années 70, les punks égayèrent l'atmosphère avec leur coiffures extravagantes et créèrent l'événement en s'adonnant au "pogo" dans des clubs comme le Marquee (aujourd'hui complètement dépassé).

Les années Thatcher
En 1979, Margaret Thatcher accéda au poste de Premier Ministre. Sa politique monétariste conduisit rapidement à une montée en flèche du chômage. En 1981, les émeutes de Brixton révélèrent un malaise qu'une enquête confirma peu de temps après : 55% de la population masculine de Brixton était au chômage. En 1985, Tottenham, à son tour, s'enflammait. La pénurie d'emploi et la violence des forces de l'ordre furent à l'origine des émeutes.

Si la situation des plus démunis se dégrada pendant les années Thatcher, le monde de la finance, en revanche, connut une véritable expansion. Suite à la dérégulation boursière de 1986, la place de Londres enregistra des gains mirobolants. La ville fut livrée aux promoteurs immobiliers.

Tout comme les précédents booms, celui de la fin des années 80 se révéla fragile. Le chiffre des sans-emploi ne tarda pas à augmenter, les Londoniens se retrouvèrent propriétaires de maisons qui ne valaient plus rien. Le gouvernement Thatcher imposa un

Au cours de son tumultueux mandat, Margaret Thatcher ordonna en 1986 la dissolution du Greater London Council, suite à la campagne menée pour obtenir une baisse des tarifs de transports.

nouvel impôt, et une marche sur Trafalgar Square tourna à l'émeute. Peu de temps après, Canary Wharf, la vedette des Docklands, fut placé en liquidation judiciaire. Et la Dame de Fer céda finalement sa place à John Major.

Les années 90
En 1992, les Britanniques élirent pour la quatrième fois consécutive un gouvernement conservateur. Peu de temps après, l'économie du pays périclita et la livre fut évincée du SME, humiliation dont le gouvernement ne se remit jamais. L'IRA posa deux bombes. La première, en 1992, explosa au Baltic Exchange, causant d'importants dégâts matériels. Une police spéciale fut créée. Mais en 1996, l'IRA récidiva dans les Docklands.

La conjoncture économique, bénéficiant de taux de change favorables, s'est améliorée ces dernières années. Londres semble renouer avec l'euphorie des années 60. La reconstruction de la South Bank, objet de tant de railleries, et la restauration de Greenwich, où devrait être célébré l'an 2000, figurent parmi les ambitieux projets financés par la loterie nationale.

Après une absence de dix-neuf ans, les travaillistes reviennent aux affaires en mai 1997, avec Tony Blair.

Le 31 août 1997, la mort tragique de Diana consterne le monde entier. En Angleterre, la disparition de cette "princesse du peuple" provoque une vive émotion. On oublie le protocole lors des funérailles qui se déroulent à l'abbaye de Westminster. Plus de deux millions de personnes viennent dire adieu à la regrettée princesse.

GÉOGRAPHIE

Le Grand Londres s'étend sur quelque 1 578 km^2 et est délimité par la M25, sorte de périphérique. Au sud-est de l'Angleterre, l'agglomération londonienne se trouve au bord de la Tamise qui serpente vers l'ouest, traversant au passage Windsor, Maidenhead, Oxford et Costwolds. Argileuse et caillouteuse, la Tamise, dont l'estuaire se trouve à l'est, est soumise aux marées. Londres se compose de bourgs hétéroclites dirigés par des conseils relativement autonomes, avec deux pôles traditionnels, Westminster et la City.

Les bourgs sont divisés en districts postaux auxquels correspondent des codes (lettres et chiffres). Les lettres, initiales des points cardinaux, permettent de localiser géographiquement le district par rapport au bureau de poste principal qui se trouve près de la cathédrale Saint-Paul. Ainsi, EC est l'abréviation de East Central, WC celle de West Central, etc. En revanche, les chiffres attribués de manière moins cohérente ne vous seront d'aucun secours. Consultez également le chapitre *Renseignements pratiques*.

Les districts et les codes postaux sont signalés par des panneaux, ce qui présente un intérêt certain, étant donné que plusieurs rues portent le même nom – il y a 47 Station Rds – ou qu'une longue artère s'étend sur plusieurs districts. En outre, les rues changent souvent de nom. Ainsi, Holland Park Ave a été rebaptisée Notting Hill Gate puis Bayswater Rd puis Oxford St... La numérotation des rues vous laissera également perplexe. Par exemple, vous pouvez être au 315 d'un côté de la rue alors que l'immeuble d'en face est le 520. Il est également possible que les numéros aillent croissant d'un côté et décroissant de l'autre.

Pour semer un peu plus la confusion, les codes postaux attribués à certaines banlieues situées dans les limites de la M25 ne correspondent pas aux codes normalement donnés au secteur de la capitale, mais à ceux d'un comté qui n'existe pas toujours !

CLIMAT

Le climat de Londres est doux, ce qui ne signifie pas que vous deviez laisser lainages et imperméables à la maison. En effet, il n'est pas rare que le ciel se couvre ou qu'il pleuve, même en plein été.

Les températures des mois de juillet et août atteignent exceptionnellement 30°C ou davantage. Le métro devient alors infernal et les émissions de gaz d'échappement alourdissent l'atmosphère. Rassurez-vous, les températures estivales moyennes dépassent rarement les 20°C. Au printemps et en automne, le thermomètre atteint 11/15°C. En hiver, il est de 6°C environ.

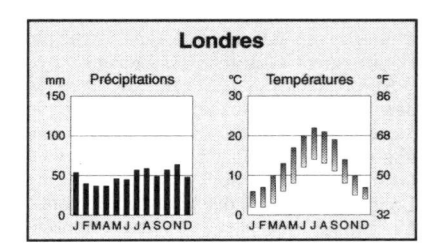

ÉCOLOGIE ET ENVIRONNEMENT

Les embouteillages catastrophiques contribuent largement à la mauvaise qualité de l'air. Le "fog" évoqué par Dickens a peut-être disparu, Clean Air Act oblige, mais si vous êtes sujet à l'asthme ou tout autre maladie respiratoire, surveillez les prévisions "qualité de l'air". Les journées caniculaires sont bien évidemment les pires.

La cigarette est en passe d'être interdite dans les lieux publics. Il est désormais défendu de fumer dans la plupart des théâtres et des cinémas. Certains restaurateurs refusent pourtant d'aménager un coin non-fumeur. Les pubs demeurent les derniers bastions des inconditionnels du tabac. En revanche, la chaîne Wetherspoon a réservé un espace à ses clients non-fumeurs.

Quant à la Tamise, sachez que, malgré son apparence, elle est sans doute moins polluée qu'en 1858, lorsque son odeur fétide força les députés à évacuer le Parlement. Depuis le nettoyage effectué en 1974, les poissons, notamment des saumons, sont de retour. Les hérons et les cormorans s'en délectent. La couleur sombre de la rivière serait essentiellement due aux sédiments fluviaux.

FLORE ET FAUNE

Londres possède plus de parcs et d'espaces verts que n'importe quelle autre ville comparable, et vous serez agréablement surpris par les richesses de la faune et de la flore. Une grande variété d'animaux et d'oiseaux ont élu domicile dans les jardins les plus soignés (Holland Park, St James's Park) comme dans les plus sauvages (Richmond Park, Bushy Park).

Flore

Pour un tour du monde des espèces végétales, sautez dans le premier bus ou métro en partance pour Kew Gardens, à l'ouest de Londres. Les plantes qui poussent dans ces jardins botaniques royaux sont étudiées depuis le XVIIIe siècle. Certaines sont conservées sous d'anciennes serres.

Si vous êtes davantage intéressé par la flore locale, les parcs de la ville offrent de nombreuses variétés d'arbres, d'arbrisseaux et de fleurs. Si vous souhaitez visiter les jardins, adressez-vous au National Gardens Scheme. Moyennant 1 ou 2 £, vous pourrez vous promener dans de magnifiques espaces verts. La plupart d'entre eux ouvrent en juin et en juillet mais sont fermés en novembre, décembre et janvier. Pour obtenir les dates exactes d'ouverture, contactez le National Gardens Scheme, Hatchlands Park, East Clandon, Guildford GU4 7RT (☎ 01483-211535).

Faune

Le mammifère que vous croiserez le plus probablement à Londres, et qui a colonisé la plupart des parcs de la ville est l'écureuil gris. Guère craintif, il n'hésitera pas à vous approcher pour mendier un peu de nourriture. Les renards se sont également établis à Londres mais, étant donné leurs mœurs nocturnes, il est peu probable que vous en aperceviez. Il en va de même des hérissons, qui ne sortent qu'à la tombée de la nuit, et des blaireaux, qui se cachent dans les fougères du Richmond Park. Cerfs et daims vivent en troupeaux dans Richmond et Bushy Parks.

Moutons, cochons, vaches et chèvres vous attendent dans les fermes qui ont proliféré à Londres ces dix dernières années. Elles sont davantage fréquentées par les Anglais que par les visiteurs étrangers. Si vous souhaitez sortir des sentiers battus, voici les fermes les plus proches :

Coram's Fields, 93 Guildford St, WC1
 (☎ 837 6138 ; métro : Russell Square)
Freightliners Farm, Sheringham Rd, N7
 (☎ 609 0467 ; métro : Holloway Road)
Hackney City Farm, 1A Goldsmith's Row, E2
 (☎ 729 6381 ; métro : Bethnal Green)
Kentish Town City Farm, 1, Cressfield Close, Grafton Rd, NW5 (☎ 916 5421 ; métro : Kentish Town)
Mudchute Park Farm, Pier St, E14 (☎ 515 5901 ; métro : Mudchhute DLR)
Stepping Stones Farm, Stepney Way, E1
 (☎ 790 8204 ; métro : Stepney Green)
Surrey Docks Farm, Rotherhithe St, SE16
 (☎ 231 1010 ; métro : Rotherhithe)

La plupart des canards et des cygnes de St James's Park ont les ailes rognées pour éviter qu'ils ne s'envolent. Les autres sont attirés par le lac et les visiteurs qui les nourrissent. De nombreux canards se regroupent également sur le lac Serpentine de Hyde Park. Vous y verrez des grèbes plongeant à la recherche de poissons, et des hérons. En longeant la Tamise, en direction des docklands, vous rencontrerez des hérons et des cormorans.

Les passereaux, comme les mésanges bleues et les mésanges charbonnières, peuplent tous les parcs. Certains sont néanmoins plus intéressants que d'autres. Ainsi, si vous vous rendez à Holland Park au printemps, vous aurez peut être la chance d'apercevoir une volée de minuscules roitelets huppés. Les crécerelles nichent autour de la tour de Londres. D'autres volatiles ont élu domicile aux alentours des réservoirs, notamment à Staines Reservoir, dans la Stanwell Moor Road, à l'ouest du centre (métro : Hamton). Les parcs de Wimbledon et de Barnes regorgent d'oiseaux et de mammifères.

La Battersea Park Nature Reserve organise des sorties pour les amateurs de nature. Le Trent Country Park (métro : Cockfosters) a même aménagé des circuits à travers les bois pour les non-voyants. Certaines zones de Hampstead Heath ont été classées "sites d'intérêt scientifique". Pour de plus amples informations sur les réserves naturelles et la faune, contactez le London Wildlife Trust (☎ 278 6612).

INSTITUTIONS POLITIQUES
En sa qualité de capitale, Londres abrite la plupart des institutions du pays, et cette situation devrait perdurer jusqu'à la création du Parlement écossais et de l'Assemblée galloise.

La Grande-Bretagne n'a pas de constitution écrite, mais elle est régie par les Parlementary statutes, le droit coutumier (inspiré de la jurisprudence anglo-saxonne) et l'usage.

Le monarque est le chef de l'État, mais ses prérogatives sont très réduites. La reine n'agit que sur les conseils de ses ministres et du Parlement.

Trois entités composent le Parlement : la reine, la Chambre des communes et la Chambre des lords. En pratique, l'organe suprême est la Chambre des communes, dont les membres sont élus tous les cinq ans au suffrage universel. Des élections anticipées peuvent être organisées à la demande du parti au pouvoir, ou en cas d'échec d'un vote de confiance.

Le système actuel du scrutin majoritaire permet aux candidats d'être élus dès lors qu'ils ont obtenu la majorité dans leur circonscription. Au total, 650 sièges – 523 pour l'Angleterre, 38 pour le pays de Galles, 72 pour l'Écosse et 17 pour l'Irlande du Nord – sont à pourvoir.

La Chambre des lords se compose de 26 archevêques de l'Église d'Angleterre, de 1 100 membres de droit héréditaire ainsi que des juges (Lords of Appeal), non élus. Si cet organe refuse d'entériner une loi votée à deux reprises par la Chambre des communes, le texte législatif est soumis à la reine dont l'assentiment est automatique. En outre, toutes les propositions à caractère financier ont force de loi un mois après leur transmission à la Chambre des lords, que ces derniers aient donné leur aval ou pas.

Désigné par la reine, le Premier ministre est le chef du parti majoritaire à la Chambre des communes. Les autres membres du gouvernement sont nommés sur proposition du Premier ministre. Ils siègent en général à la Chambre des communes. Ces ministres, au nombre de 20, composent le cabinet. Ce comité exécutif, quoique responsable devant le Parlement, se réunit à huis clos pour décider de la politique gouvernementale.

Au cours des cent cinquante dernières années, un système bipartite a prévalu. Depuis 1945, conservateurs et travaillistes se succèdent. Les premiers doivent leurs sièges à la population des banlieues résidentielles. L'électorat des seconds se compose essentiellement des habitants des zones industrielles, d'Écossais et de Gallois.

Pour schématiser, on pourrait dire que le parti travailliste correspond à la gauche dans la tradition sociale-démocrate, tandis que le parti conservateur, apôtre du libéralisme, se situe à droite. Cependant, ces différences ont tendance à s'estomper, les uns ayant renoncé à leurs principes socialistes et les autres ayant nuancé leur approche libérale. La victoire des travaillistes en mai 1997 mit un terme à dix-neuf ans de "règne" conservateur.

L'administration locale

Jusqu'en 1986, Londres disposait de son propre conseil, le Greater London Council, dont les membres se réunissaient au County Hall, sur la South Bank, à deux pas du Palais de Westminster. Au début des années 80, de nombreux désaccords opposèrent le conseil, fortement marqué à gauche, dirigé par Ken Livingstone, à Madame Thatcher. Une banderole mentionnant les chiffres du chômage fut accrochée sur la façade du County Hall, face à Westminster. La campagne menée pour obtenir une baisse des tarifs des transports en commun eut la faveur des Londoniens, mais elle sonna le glas du Greater London Council que la Dame de Fer n'hésita pas à dissoudre, privant ainsi la capitale d'une administration centrale.

En mai 98, les Londoniens décideront par référendum de restaurer ou non un conseil municipal composé de 25 à 30 membres et présidé par un maire élu. Cet organe leur permettrait d'avoir leur mot à dire sur les transports urbains, le développement économique, la planification, la police, les sapeurs pompiers, la défense civile et les manifestations culturelles.

A l'instar du Vatican, la City de Londres disposait de son propre gouvernement, la Corporation of London, présidé par un Lord Mayor assisté de fonctionnaires aux noms et aux costumes pittoresques : aldermen, bedeaux et shérifs. Ces personnes, de toutes conditions, étaient élues par les hommes libres et les membres des corporations de la City (reportez-vous à l'encadré intitulé *Les confréries* du chapitre *A voir et à faire*). On pourrait penser que la fonction de Lord Mayor est purement honorifique, mais il ne faut pas oublier que la Corporation of London est encore propriétaire d'un tiers de la riche City. Bien qu'ayant joué un rôle de mécène des arts, elle demeure une institution anachronique.

D'autres quartiers de Londres disposent de conseils locaux démocratiquement élus, qui traitent en général des questions relatives à l'éducation ou à la voirie. L'interdiction récente de *Crash*, le film de David Cronenberg, par le Westminster Council, prouve que ces conseils ont un réel pouvoir.

ÉCONOMIE

Londres et le sud-est demeurent le moteur de l'économie britannique mais vous verrez peu de sites industriels. En fait, l'agglomération est plutôt une place financière d'envergure internationale. Le tourisme, l'un des trois domaines les plus porteurs, contribue largement à l'essor du secteur tertiaire. En 1996, la part de Londres dans le PIB de la Grande-Bretagne était évaluée à 15%. Le taux de chômage est en baisse.

L'économie britannique enregistra deux récessions pendant les années Thatcher (1979-90). Londres fut plus ou moins épargnée par la première qui toucha les zones

---

Trois fois maire de Londres

Si, comme prévu, l'élection d'un nouveau maire a lieu à Londres, l'heureux élu devra s'efforcer de ne pas perdre de temps s'il souhaite battre le record de Dick Whittington, élu trois fois maire de la ville au XVe siècle.

Paysan originaire de Gloucestershire, Whittington gagna la capitale pour tenter sa chance. Complètement désespéré, il était sur le point de regagner son village natal lorsqu'il entendit une voix provenant des cloches de St Mary-the-Bow lui dire : "Ne t'en vas pas, Whittington, trois fois maire de Londres". Il fit donc demi-tour et connut la gloire.

A l'endroit de Highgate Hill, d'où il aurait entendu le message des cloches, se tient un chat en bronze en hommage au fameux félin de Whittington. ■

industrielles du nord. La seconde crise, en revanche, frappa de plein fouet le pays en entier. Le "Big Bang" de 1988 entraîna la dérégulation du marché financier, l'émergence de nouvelles activités dans la City, ainsi que la transformation des Docklands en bureaux. Cette euphorie prit fin au début des années 90. Les plus grosses sociétés firent faillite et Canary Wharf, vedette des Docklands, fut placé en liquidation judiciaire.

En 1992, la conjoncture était si mauvaise que la livre quitta le Système monétaire européen. Cette décision, néfaste sur le plan politique, se révéla salvatrice pour l'économie dans la mesure où les marchandises britanniques bon marché s'exportaient bien.

Aujourd'hui, la Grande-Bretagne se porte mieux que la plupart de ses voisins européens. Les Docklands semblent revivre, les bureaux de la City ne sont plus déserts et les négociants investissent à tour de bras, faisant monter en flèche les prix de l'immobilier dans les quartiers proches de la City comme Clerkenwell et Spitafields.

L'inflation est jugulée, même si les taux d'intérêt sont élevés et le cours de la livre défavorable aux exportations. D'aucuns pensent que la Grande-Bretagne présente déjà tous les symptômes qui l'ont précipitée dans la crise des années 80. Les plus optimistes rétorquent que les temps ont changé et que le parti travailliste s'est converti au capitalisme.

POPULATION ET ETHNIES

Le Grand Londres, 1 578 km², compte environ 12 millions d'habitants, dont 6,8 millions concentrés dans la capitale.

La majorité des Londoniens sont des Blancs, protestants, mais au fil des ans la ville prend un visage plus cosmopolite. Pendant la révolution industrielle, une partie de la population britannique et nombre d'Irlandais affluèrent à Londres. Depuis le XVIIIe siècle, des flots de réfugiés y trouvent asile. Les huguenots (protestants français) arrivèrent au XVIIIe siècle, et la communauté juive s'y établit au XIXe siècle et au début du XXe siècle. Africains et Asiatiques s'installèrent dans les années 60 et 70. Au cours des deux dernières décennies, Londres a accueilli des Kurdes, des Somaliens et des Bosniaques.

Depuis les années 50, les immigrants originaires des anciennes colonies, notamment des Antilles, de l'Inde et du Pakistan, affluent en masse. Ces exilés se sont installés dans des zones bien délimitées. Aussi, au gré de vos promenades, vous vous retrouverez tantôt chez les Irlandais – à Kilburn et Stoke Newington –, tantôt chez les Sikhs – à Southall. En vous promenant dans Brick Lane, vous rencontrerez de nombreux Bengalis. Les Chinois ont préféré s'installer à Soho tandis que les Antillais ont élu domicile à Brixton. La communauté juive, pour sa part, vit à Golders Green et Finchley.

Les minorités ethniques représentent 15% de la population londonienne. Selon le dernier recensement (1991), Londres abrite 278 000 personnes originaires de l'Asie du Sud, 256 000 Irlandais, 183 000 Africains, 150 000 personnes originaires des Caraïbes, 106 000 personnes natives de l'Asie du Sud-Est, 50 000 Chypriotes, 30 000 Italiens et 21 000 Polonais. Près de 200 langues différentes sont parlées dans la capitale.

ARTS

La ville doit largement sa popularité à son intense vie culturelle. A Londres, culture ne rime pas forcément avec passé et musées ; elle se conjugue aussi au présent grâce à des personnalités comme Damien Hirst, Tracey Emin et Rachel Whiteread.

Architecture

L'héritage architectural de la ville remonte aux Romains. Cependant, aucun vestige n'a survécu, à l'exception de quelques pans de murs et fondations.

Les constructions des Normands n'ont pas non plus résisté au temps. La solide White Tower, édifiée au cœur de la tour de Londres, est probablement le plus beau vestige de l'architecture romane. Vous pouvez aussi admirer les colonnes, également de style roman, de l'église St Barthlomew-the-Great à Smithfield.

Bien que le Grand Incendie ait détruit la plupart des églises médiévales, l'abbaye de Westminster prouve l'habileté des artisans de l'époque. L'église plus modeste qui se cache dans la cour du Temple marque la transition entre le style normand à arc rond, passablement chargé, et le style gothique anglais à arc en ogive, plus léger. La plupart des églises médiévales qui subsistent encore ont été reconstruites et enrichies au fil des siècles. Elles concentrent plusieurs formes de gothique anglais. Le plus bel édifice médiéval de la City est certainement l'église St Ethelburga, à Bishopsgate. Celle-ci resta intacte pendant près de cinq cents ans, jusqu'au jour où elle fut prise pour cible par l'IRA ; une première bombe l'endommagea en 1992, et une seconde en 1993. Aujourd'hui, il vous faudra vous contenter de St Olave, dans Hart St, ou St Etheldreda's, sur Ely Place.

Les édifices médiévaux séculaires sont encore plus rares. Mentionnons, cependant, les Jewel Tower qui font face à la Chambre des communes. Les constructions qui composent la Tour de Londres datent, pour la plupart, du Moyen Age. Staple Inn, à Holborn, remonte à 1378. La façade à colombages est de style élisabéthain.

A Whitehall, le Banqueting Hall est un chef-d'œuvre que l'on doit à Inigo Jones (1573-1652), probablement l'architecte londonien le plus brillant de la première moitié du XVIIe siècle. Il conçut, pour agrémenter la nouvelle place de Covent Garden, St Paul's Church, beaucoup plus simple et peu visitée.

L'éminent architecte Sir Christopher Wren (1632-1723) dessina la cathédrale Saint-Paul ainsi que de nombreuses autres églises du centre de Londres, notamment St Bride's dans Fleet St et St Stephen's à Walbrook. Le Royal Hospital de Chelsea et le Royal Naval College de Greenwich sont autant de joyaux qu'il conçut. Son style néoclassique est plus raffiné que le style qu'on trouve dans la plupart des constructions du Moyen Age.

Disciple de Wren, Nicolas Hawksmoor (1661-1736), assista longtemps son maître avant de réaliser ses propres chefs-d'œuvre : Christ Church Spitafields, St George's Bloomsbury, St Anne's à Limehouse, St George-in-the-East à Wapping et St Mary Woolnoth.

Citons, parmi les rares édifices érigés avant le XVIIIe siècle, la Prince's Room de Fleet St et sa façade en bois, ainsi que plusieurs pubs anciens. Le Strand en possède aussi quelques uns. Le Grand Incendie eut raison de la grande majorité des anciennes bâtisses. Les édifices séculiers que l'on peut admirer aujourd'hui sont apparus au XVIIIe siècle, en même temps que les fameux "squares".

Le British Museum, conçu par Sir Robert Smirke, illustre parfaitement le courant architectural du Londres géorgien, courant qui célèbre le classicisme grec. John Nash (1752-1835) trace Regent's Park et les élégants croissants qui l'entourent. Trafalgar Square et Regent St, dont les façades ont été remplacées depuis, figurent aussi parmi ses réalisations. Nash a également élaboré les plus belles chambres de Buckingham Palace.

Parmi les autres architectes qui façonnèrent Londres, citons Robert Adam (1728-1792) qui signa Syon House et Osterley House, George Dance (1741-1825), à qui l'on doit la Mansion House, et aussi James Gibb (1682-1754) qui conçut St Mary-the-Strand. Citons également William Kent (1695-1748), dont les chefs-d'œuvre sont Kensington Palace et Chiswick House, et Sir William Chambers (1723-1796) qui réalisa la Pagode des Kew Gardens et Somerset House.

Un siècle plus tard, le style néogothique triompha. Ses meilleurs représentants sont Sir George Gilbert Scott (1811-1878), Augustus Pugin (1812-1852), Alfred Waterhouse (1830-1905) et Sir Charles Barry (1795-1860). Scott signa le somptueux Albert Memorial, Waterhouse conçut le flamboyant Natural History Museum, Pugin et Barry réalisèrent conjointement la Chambre des communes.

Immédiatement après la Seconde Guerre mondiale, des constructions hideuses virent le jour (il fallait construire vite et pas cher). Conçu dans le cadre du Festival of Britain de 1951 par Sir Robert Mathew et Sir Leslie Martin, le Royal Festival Hall fut loué autant que critiqué, et le Royal National Theatre, qui se trouve juste à côté, ne plut à personne. Les années 60 consacrèrent le verre et le béton. Le lugubre King's College, érigé dans le Strand, illustre le style alors en vogue, mais ne peut rivaliser avec les édifices construits cinquante ans plus tôt, de l'autre côté de la rue.

Heureusement, de remarquables constructions apparurent dans les années 80 et 90. De nombreux édifices modernistes et postmodernistes modifièrent le paysage londonien. Pour avoir un aperçu de ce courant architectural, prenez la Docklands Light Railway vers l'est.

Richard Rogers et Norman Foster, dont les réalisations émaillent la capitale, sont les architectes de ce Londres futuriste. L'aéroport de Stansted est l'œuvre de Foster. Rogerse, qui a conçu le Lloyd's Building, supervise actuellement les travaux du Millenium Dome, qui verra le jour à Greenwich.

Citons parmi les récentes réalisations réussies, le London Ark, conçu par Ralph Erksine, la gare Waterloo International et le *Financial Times* Print Works, signé Nicholas Grimshaw. Que vous soyez sensible ou non à ce type d'architecture, vous ne pourrez manquer la Canary Wharf Tower qui s'élève dans le ciel de la capitale.

Étant donné l'intérêt croissant que suscite tout ce qui évoque le passé, il n'est pas étonnant de constater que, parmi les récents travaux, les reconversions sont plus intéressantes que les réalisations nouvelles. Pour vous faire une idée de ce type de réhabilitation, visitez l'ancienne usine Michelin à Fulham Rd, qui abrite aujourd'hui le restaurant Bibendum, ou bien Oxo Tower sur la South Bank, qui a été transformée en appartements. Rendez-vous à l'ancienne centrale électrique de Bankside reconvertie en galerie d'art. Dans ce même esprit, l'ancienne centrale électrique de Battersea devrait devenir un immense cinéma multiplex.

Littérature

Londres a inspiré et inspire encore de nombreux écrivains anglais. D'ailleurs, les auteurs "provinciaux" reprochent souvent à leurs homologues londoniens de monopoliser l'attention. Des milliers de livres ont la capitale pour cadre. Nous nous limiterons à quelques classiques.

Chaucer (1387), qui écrivit les fameux *Contes de Cantorbéry*, fut le premier auteur à évoquer la ville.

Deux siècles plus tard, William Shakespeare, qui passa une partie de sa vie à Londres, monta sur les planches de plusieurs théâtres de la Southwark, dont le célèbre Globe. Le nouveau Globe Theatre, non loin de l'emplacement de la salle légendaire, fut aménagé conformément aux indications fournies dans les pièces théâtrales. Les plus grandes tragédies de Shakespeare comme *Hamlet, Othello, Macbeth* ou *le Roi Lear*, furent probablement créées au Globe.

Le *Journal* de Samuel Pepys donne un excellent aperçu de la vie quotidienne dans le Londres du XVIIe siècle. Tenu entre 1660 et 1669, ce journal fournit d'importants témoignages sur la Grande Peste et le Grand Incendie.

Londres inspira deux poètes du début du XIXe siècle. Keats écrit l'*Ode à un rossignol* alors qu'il réside non loin de Hampstead Heath. De retour d'une visite au British Museum, il compose l'*Ode sur une urne grecque*, inspirée par le Vase de Portland. Wordsworth, quant à lui, se rend à Londres en 1802. Après ce voyage, il écrit *On Westminster Bridge* (reportez-vous à l'encadré intitulé *En traversant la Tamise*).

La métropole est également au centre des *Confessions d'un mangeur d'opium anglais* de Thomas De Quincey. Point de chute du jeune fugueur, Londres devient par la suite l'objet des rêveries du poète opiomane.

Le Londres obscur et brumeux servit de cadre à la plupart des romans de Charles Dickens (1812-1870). Issu d'un milieu modeste, l'auteur vit une partie de sa famille enfermée pour dette à la prison de Southwark. Parmi ses œuvres se déroulant dans la capitale anglaise, citons *Oliver Twist*, l'histoire poignante d'un enfant abandonné qui tombe entre les mains d'une bande de voleurs, *La Petite Dorrit*, ou encore *Le Magasin d'antiquités*.

Associé à jamais au 221b Baker St, le célèbre détective Sherlock Holmes, créé par Sir Arthur Conan Doyle, reçoit toujours un nombre impressionnant de lettres. A l'instar de Charles Dickens, le père de Holmes et du docteur Watson publiait ses histoires dans les journaux avant de les éditer en recueils qui sont devenus autant de best-sellers.

Vers la fin du XIXe siècle, Jerome K. Jerome (1859-1927) écrivit son célèbre *Trois hommes dans un bateau*, le récit burlesque de trois personnages voguant sur la Tamise en compagnie d'un chien. Vous y trouverez une mémorable description du jardin labyrinthique du palais de Hampton Court.

Au tournant du siècle, l'écrivain d'origine polonaise Joseph Conrad (1857-1924) publia *l'Agent secret*, roman d'espionnage dont l'action se déroule à Soho.

Comme le titre l'indique assez, *Dans la dèche à Paris et à Londres* relate l'expérience de la misère que George Orwell a connue lors de ses séjours dans les deux capitales dans les années 30.

Dans *Absolute Beginners* (*Les Blancsbecs*) Colin Mac Innes évoqua le Notting Hill bohème et cosmopolite des années 50.

Plus récemment, Doris Lessing décrivit le Londres des années 60 dans *The four Gated City* (*La Cité promise*), l'un des romans du cycle des *Enfants de la violence*.

On doit le portrait le plus acerbe et le plus drôle de la Grande-Bretagne des années 90 à Martin Amis, auteur du fameux *London Fields*. Julian Barnes relate dans *Metroland* la vie de jeunes des banlieues. Dans *Haute Fidélité*, Nick Hornby retrace l'itinéraire sentimental complexe d'un amateur de rock alternatif. Le même auteur a immortalisé l'Arsenal, un des grand club de foot londonien, dans *Fever Pitch* ; un film, *Carton jaune*, en a récemment été tiré.

Certains auteurs contemporains se sont intéressés aux minorités vivant à Londres. Reprenant certains des thèmes de l'excellent *Bouddha de banlieue*, Hanif Kureishi raconte dans *Black Album* la vie de jeunes Pakistanais tiraillés entre l'islam et les plaisirs de la chair. *Yardie* de Victor Headley décrit l'irrésistible ascension d'un jeune dealer jamaïcain. Dans *Ripley Bogle*, RW McLiam conte les aventures et mésaventures d'un jeune clochard irlandais confronté à la tourmente londonienne.

Nombreux sont également les écrivains français qui ont fait de Londres un décor de leur œuvre. Parmi les plus récents, citons *Jordan Fantosme* de Jean-Baptiste Evette : un homme à la recherche de son identité dans l'univers cosmopolite et pittoresque

---

Londres remporte le gros lot

Après des années de restrictions budgétaires, les édifices de la capitale font peau neuve. C'est la loterie nationale qui finance les restaurations, les travaux de ravalement et les nouvelles constructions. En Angleterre, la seule ville de Londres concentre la plupart des crédits. En voici la répartition :

Dôme de Greenwich	200 millions de £
South Bank Centre	113 millions de £
Royal Opera House	55 millions de £
Tate Bankside	50 millions de £
Royal National Theatre	31,5 millions de £
British Museum	30 millions de £
Tate Gallery Millbank	18,7 millions de £
Imax Cinema for National Film Theatre	15 millions de £
Globe Theatre	12,4 millions de £
Hungerford Bridge	8,1 millions de £
Millennium Bridge	5 millions de £

En outre, le Royal Court Theatre, Sadler's Wells, l'Imperial War Museum, le Royal Academy of Dramatic Arts, la Somerset House, la National Portrait Gallery, le National Maritime Museum et le Science Museum se partagent la bagatelle de 217 millions de £. ■

des docks de l'East-end en 1911. L'encadré *Londres à lire* dans *Renseignements pratiques* propose une liste des éditeurs des traductions françaises des œuvres mentionnées ci-dessus.

Théâtre

La récente réouverture du *Globe* prouve, s'il en était besoin, que William Shakespeare (1564-1616) n'a jamais cessé de dominer la scène britannique. Cela ne signifie pas pour autant que les autres dramaturges n'ont pas droit de cité.

Nous savons peu de choses sur la création théâtrale antérieure au XVIe siècle. A l'époque, les salles de spectacle jugées turbulentes et parfois dangereuses étaient reléguées dans Southwark, au sud de la Tamise. Ce quartier regroupait à lui seul plusieurs théâtres dont le *Globe*, le *Swan*, le *Hope* et le *Rose*. Dans ce dernier, dont on a récemment exhumé quelques vestiges, furent créés *Titus Andronicus* et *Henri VI* de Shakespeare. Francis Beaumont, John Fletcher, Thomas Middleton, Ben Jonson et Christopher Marlowe figurent parmi les pairs du créateur d'*Hamlet*. Jonson est l'auteur de *Eastward Hoe!* et de *Bartholomew Fair* (*La Foire de la Saint-Barthélemy*). Christopher Marlowe, qui trouva la mort lors d'une querelle dans une taverne de Deptford, légua à la postérité *Le docteur Faust* et *Édouard II*.

Sous la république parlementaire (1649-1658), les puritains fermèrent les théâtres, considérés comme des lieux de débauche. Avec le retour de la monarchie, la comédie connut son âge d'or. Citons parmi les dramaturges de l'époque, William Congreve (1670-1729), dont la pièce *The Way of the World* (*Ainsi va le monde*) est encore jouée de nos jours, John Dryden (1631-1700) et Sir John Vanbrugh (1664-1726), l'auteur de *The Provok'd Wife* (*L'Épouse outragée*)

Au XVIIIe siècle, le théâtre devint une institution respectable. C'est à cette époque que John Gay (1688-1732) écrivit son fameux *Beggar's Opera* (*Opéra des gueux*), dont l'action se situe dans la prison de Newgate. En 1773, est créée *She Stoops to Conquer* d'Oliver Goldsmith (1728-1774). *The Rivals* et *The School for Scandal* (*L'École de la médisance*) de Richard Sheridan, sont respectivement applaudis pour la première fois en 1775 et 1777.

Au XIXe siècle, l'écrivain d'origine irlandaise Oscar Wilde (1856-1900), remporta un succès phénoménal avec ses deux comédies : *The Importance of being Earnest* (*Il importe d'être constant*) et *Lady Windermere's Fan* (*L'Éventail de Lady Windermere*). Mais en 1895, il fut condamné à deux ans de travaux forcés pour mœurs homosexuelles et mourut à Paris cinq ans plus tard. Autre écrivain d'origine irlandaise installé à Londres, George Bernard Shaw (1856-1950) écrivit les chefs-d'œuvre que sont *Pygmalion*, *Commandant Barbara*, *Androclès et le Lion* et *Sainte Jeanne*.

Parmi les dramaturges de la première moitié du siècle toujours en vogue, citons Noel Coward (1899-1973) à qui l'on doit *Hay Fever*, *Blithe Spirit* et *Brief encounter*, ainsi que John Boynton Priestley, auteur d'*An Inspector Calls*. Ces pièces sont encore régulièrement montées.

Malgré le conservatisme ambiant et la recherche effrénée du succès commercial, les théâtres londoniens, en particulier les salles subventionnées, produisent un grand nombre de pièces contemporaines. Dramaturge et scénariste, Harold Pinter est célèbre pour son sens de l'ellipse. *The Caretaker*, et surtout *The Homecoming* (*Le Retour*), pièce qui a pour cadre la banlieue nord de Londres, figurent parmi ses œuvres les plus célèbres. Les pièces signées David Hare et Simon Gray s'adressent à un public plus large. Procurez-vous la liste du National Theatre, certaines de ces pièces seront peut-être jouées durant votre séjour.

Alan Ayckbourn et Michael Frayn produisent de divertissantes farces. Citons *Absurd person Singular*, *The Norman Conquests*, *Noises Off* et *Donkey's Years*.

Depuis près de dix ans, la Reduced Shakespeare Company, installée en résidence au Criterion, propose un spectacle hors du commun : une version abrégée de l'intégralité des pièces de Shakespeare en 97 mn !

Pour connaître les éditeurs des traductions françaises des pièces mentionnées ci-dessus, reportez-vous à l'encadré *Londres à lire* dans *Renseignements pratiques*.

Comédies musicales. Dans les années 60, le succès emporté par *Hair* et *Jésus Christ Superstar* annonça l'essor de la comédie musicale britannique. Durant les difficiles années 80, les *musicals* faisaient salle comble et représentaient un investissement sûr. Sir Andrew Lloyd-Webber, qui signa *Cats, Starlight Express, le fantôme de l'Opéra*, et *Jésus Christ Superstar*, semble avoir monopolisé la scène. D'autres noms sont cependant à l'affiche des théâtres londoniens : Lionel Bart et son *Oliver*, Boublil et Schonberg, auteurs de *Miss Saigon, Martin Guerre,* et de l'adaptation des *Misérables*, et encore Willy Russel, Cole Porter, etc.

Cinéma

Londres, à l'instar de New York ou de San Francisco, fait partie de ces villes que le cinéma nous a permis de connaître par procuration.

Le premier film montrant Trafalgar Square remonte à 1889. Dans les années 20, l'action de nombreux films muets se situent dans la capitale, même si celle-ci se fait bien discrète. Il faudra attendre des décennies pour que Londres apparaisse véritablement à l'écran, bien que *My Fair Lady* (1964) ait été tourné dans un Covent Garden reconstitué en studio.

A plusieurs reprises, Alfred Hitchcock rendit hommage à la cité londonienne : *Meurtre, Agent secret, l'Homme qui en savait trop, le Grand alibi* et plus tard *Frenzy* furent tournés au bord de la Tamise. Dans la scène clé de *Chantage*, premier film britannique parlant, le méchant s'écrase contre le monumental dôme de verre de la salle de lecture du British Museum.

Absolute Beginners (1986) met en scène le Notting Hill des années 50. *Performance* (1969) de Nicholas Roeg, avec Mick Jagger et James Fox, et *Blow-Up* d'Antonioni (1966), célèbrent le "Swinging London" des années 60. Tous deux sortis en 1966, *Alfie*, avec Michael Caine et *Georgy Girl*, avec Lynn Redgrave s'intéressent plutôt aux mutations sociales.

De nombreux réalisateurs ont choisi Londres comme toile de fond de leurs polars. L'un des premiers du genre, *Ladykillers* (1955) avec Alec Guinness, a pour décor un King's Cross moins inquiétant que celui mis en scène dans *Mona Lisa* (1986), l'histoire d'une call-girl qui mène en bateau un homme joué par Bob Hoskins. Dans *Dance with a Stranger* (1984), Miranda Richardson joue le rôle de Ruth Ellis, dernière femme exécutée par pendaison en Grande-Bretagne, Rupert Everett jouant l'amant perfide qu'elle assassine. Violents mais attachants, les héros de *The Krays* (1990) sont des gangsters jumeaux vivant dans l'East End.

D'autres cinéastes se sont intéressés au quotidien des Londoniens. *Le Mangeur de citrouilles* (1964), avec Anne Bancroft, est tourné dans St John's Wood. Mike Leigh (*Life is sweet, Naked, Secrets et mensonges*) s'intéresse particulièrement aux gens des quartiers déshérités. Avec pour décor une laverie d'un quartier du sud de Londres, *My Beautiful Laundrette* (1985) de Stephen Frear, raconte une romance peu commune entre un jeune immigré pakistanais et un ex-membre du National Front incarné par Daniel Day-Lewis.

Depuis peu, les Docklands semblent avoir la cote auprès des cinéastes. *Racket*, avec Bob Hoskins, montre le quartier avant les transformations qui ont bouleversé sa physionomie. Les réalisateurs d'*Un poisson nommé Wanda* et d'*Elephant Man* l'ont également choisi ; certaines séquences du film de David Lynch, le récit d'un homme qui, souffrant de difformité, fut exhibé dans les foires, ont été tournées dans Shad Thames. Les dépôts de St Khaterine's Dock sont incendiés en 1969 pour les besoins du film *Battle of Britain*, une reconstitution du Blitz. En 1987, Stanley Kubrick fait planter des palmiers dans les Royal Docks et tourne *Full Metal Jacket*, un film censé se dérouler en pleine guerre du Vietnam.

Les dynasties royales, notamment les Tudor et les Stuart, inspirèrent de nombreux cinéastes. Citons *A Man for All Seasons* qui relate la vie de Sir Thomas More, *Lady Jane* (1985), et surtout *Cromwell* (1970), film dans lequel Alec Guiness incarne Charles Ier. Plus récemment, quelques séquences de *The Madness of King George*, avec Nigel Hawthorne dans le rôle principal, furent tournées dans Kew.

Plusieurs romans de Dickens furent portés à l'écran ; *Little Dorrit* (1987) et *Great Expectations* (1946) figurent parmi les adaptations les plus réussies. Shakespeare inspira de nombreux cinéastes, le résultat n'est cependant pas toujours à la hauteur. En 1995, *Richard III* fut transposé dans la Grande-Bretagne d'avant-guerre et quelques scènes se déroulent dans la gare Saint Pancras.

Certains films ont à jamais fixé des lieux disparus : *The Blue Lamp* (1949), fut filmé dans les alentours de Paddington Green, rasé depuis pour aménager la Westway. D'autres films décrivent un Londres futuriste, comme par exemple *Orange mécanique* (1971), film ultra violent de Stanley Kubrick, un temps interdit de projection par la censure anglaise.

Citons parmi les productions destinées aux enfants, *Mary Poppins* (1964), dont l'héroïne survole la ville, et les *101 dalmatiens* qui, dans la version originale de 1961, montre Scotland Yard, quartier général de la police.

Peut-être aurez-vous l'occasion de voir le film documentaire de Patrick Keiller intitulé *London* (1994). Ce film exceptionnel a pour thème les événements de 1992 et regorge de détails auxquels on ne prête guère attention d'ordinaire.

Pour de plus amples informations, consultez *London on Film* de Colin Sorensen (14,95 £), édité par le Museum of London, en vente au MOMI (Museum of the Moving Image).

Musique classique
Londres pourrait à juste titre se targuer d'être la capitale européenne de la musique classique. La ville possède cinq orchestres symphoniques, plusieurs ensembles, des salles magnifiques, des tarifs raisonnables et des spectacles d'excellente qualité. En dépit de tous ces atouts, la Grande-Bretagne n'a pas vu naître de grands compositeurs. Haendel, qui devint citoyen britannique en 1727, s'établit à Londres en 1710, où il écrivit la majeure partie de ses opéras italiens et de ses oratorios avant de s'éteindre en 1753. Le fils cadet de Jean Sébastien Bach s'installa dans cette ville, d'où son surnom : "Le Bach de Londres". Haydn, pour sa part, effectua deux longs séjours dans la capitale où il composa ses douze dernières symphonies.

Henry Purcell (1659-1695), Thomas Arne (1710-1778), Edward Elgar (1857-1934) et Vaughan Williams (1872-1958) naquirent sur le sol britannique. Ce dernier composa même une *London Symphony*. Parmi les virtuoses de ce siècle, citons Benjamin Britten à qui l'on doit, entre autres, *Peter Grimes*, un opéra, et *Young Person's Guide to the orchestra*, une œuvre symphonique. William Walton écrivit des ballets et du théâtre lyrique. Edward Elgar composa *Land of Hope and Glory*, véritable hymne officieux de la Grande-Bretagne, qui annonce la fin de la conviviale soirée de clôture des Proms (un prix parrainé par la BBC).

Gilbert et Sullivan. Les opéras écrits entre 1875 et 1896 par les Londoniens W. S. Gilbert et Arthur Sullivan n'appartiennent ni au registre classique ni à la pop, mais méritent d'être mentionnés. A partir de 1882, l'intégralité de leur œuvre fut donnée au Savoy Theatre. *The Yeoman of the Guard* (1888) est à ce jour l'unique pièce musicale se déroulant dans la tour de Londres. Si l'occasion se présente, laissez vos préjugés de côté et allez l'écouter ; vous en fredonnerez l'air à la sortie.

Musique pop
Les Anglais ont beaucoup influencé la musique pop. Après Cliff Richard, la pâle réplique anglaise d'Elvis Presley, la Grande-Bretagne a éclipsé les États-Unis

qui occupaient jusqu'alors le devant de la scène musicale. Les années 60 donnèrent naissance à des groupes mythiques : les Beatles, les Rolling Stones, les Who et les Kinks. La période plus glamour qui fit la jonction entre les années 60 et 70 donna naissance à des stars comme David Bowie, Marc Bolan ou Bryan Ferry, et à des groupes tels que Fleetwood Mac, Pink Floyd, Deep Purple, Led Zeppelin et Genesis. Puis le mouvement punk s'imposa avec les Sex Pistols, les Clash et les Jam.

Les turbulentes années 80 inventèrent les New Romantics et la "agit-pop" de gauche, mais aussi la house et la techno. Citons parmi les groupes les plus marquants Police, Eurythmics, Wham!, Duran Duran, Dire Straits, UB 40 et les Smiths.

Par la suite, les Américains sont parvenus à reconquérir la scène musicale grâce aux groupes grunge de Seattle. Ces dernières années pourtant, on assiste à une renaissance de "l'English indie pop" : Suede, Pulp, Blur, Elastica et bien sûr Oasis en sont les meilleurs représentants.

Tous ne sont pas Londoniens de souche, mais ils le sont de cœur, assurément.

Arts plastiques

Bien que Londres abrite d'extraordinaires collections d'art, les artistes anglais n'ont pas marqué l'histoire de l'art à la manière de leurs homologues italiens, français ou hollandais.

On trouve bien entendu quelques joyaux ; le diptyque de Wilton, par exemple, qui date du Moyen Age, mais ce n'est qu'à l'avènement des Tudor que l'art britannique prend véritablement son envol. Originaire de Suisse, Hans Holbein (1497-1543) s'installe à Londres en 1530 et devient le peintre officiel de la cour d'Henri VIII. *Les Ambassadeurs*, l'un de ses tableaux les plus connus, est exposé à la National Gallery. Miniaturiste anglais, Nicholas Hilliard (1547-1619) occupa la même fonction pendant la période élisabéthaine.

Au XVIIe siècle, beaucoup de portraitistes travaillèrent pour la famille royale. Le plus illustre d'entre eux est certainement Van Dyck (1599-1641), artiste belge qui passa les neuf dernières années de sa vie à Londres. Il exécuta les plus beaux portraits de Charles Ier. Grand amateur d'art, ce souverain fit venir en Angleterre de nombreuses œuvres étrangères parmi lesquelles *Les cartons de Raphaël* aujourd'hui exposé à la National Gallery. D'origine allemande, Sir Peter Lely (1618-1680) s'établit à Londres en 1647 et succéda à Van Dyck en tant que peintre attitré de la cour. Il réalisa une multitude de portraits que l'on peut admirer aujourd'hui à Hampton Court. Les œuvres de son successeur, Sir Godfrey Kneller (1646-1723), un Allemand ayant élu domicile dans la capitale dès 1674, sont accrochées aux murs de la National Portrait Gallery.

Au XVIIIe siècle, les peintres se sont un peu éloignés du portrait officiel. Au même moment, les artistes britanniques commencèrent à s'imposer. Thomas Gainsborough (1727-1788) réalisa les portraits de gens du peuple. En revanche, William Hogarth (1697-1764) se distingue par ses séries de planches sur les bas-fonds de Londres. Citons notamment *La carrière du roué* et *La carrière de la prostituée*. Admirez ses œuvres au Sir John Soane Museum et dans la demeure de l'artiste à Chiswick. Thomas Rowlandson (1756-1827), qui exécuta des portraits pour l'aristocratie, ne manquait pas d'humour. Ses dessins et caricatures sont exposés au Courtauld.

La lumière si particulière de Londres explique en partie le nombre impressionnant d'aquarellistes. Citons le poète mystique William Blake (1757-1827), dont les portraits se trouvent à la Tate ; Turner et Constable, pour leur part, exécutèrent des marines et des paysages de campagne. Leurs œuvres sont exposées à la National Gallery et à la Tate.

Les préraphaélites William Holman Hunt, John Everett Millais, Dante Gabriel Rossetti et Burne-Jones préférèrent les invocations de légendes médiévales. Minutieusement exécutés et hauts en couleur, leurs tableaux se marient parfaitement avec l'architecture néogothique de l'époque, dont Pugin fut l'un des apôtres.

Francis Bacon et Lucian Freud, deux grands noms de la peinture contemporaine, réalisèrent des portraits biscornus et grotesques. Rattaché au pop art, David Hockney dessina ses teckels.

Récemment, Damien Hirst et Helen Chadwick ont attiré l'attention grâce à de provoquantes manifestations. En pleine crise de la vache folle, Hirst plongea les moitiés d'une vache et d'un veau dans du formol. Chadwick sculpta des fleurs à partir d'urine. Rachel Whiteread transforma une maison de l'East End en sculpture pour l'unique plaisir de la voir démolie ensuite. Quant à Tracey Emin, elle planta une tente sur laquelle étaient brodés les noms de ses amants.

Ces artistes sont-ils tous nés à Londres ? Cela importe peu, l'essentiel étant qu'ils révolutionnent à leur manière l'art contemporain.

USAGES ET COMPORTEMENTS
Culture traditionnelle

Réservés, inhibés et extrêmement polis ; voilà l'idée – stéréotypée – que se font les étrangers des Londoniens. Les visiteurs s'étonnent souvent du silence qui règne dans le métro londonien : les passagers, soucieux de ne pas croiser le regard de leur voisin ni d'engager la moindre conversation, ont la plupart du temps le nez plongé dans un livre ou un journal.

Rappelons tout de même que Londres est l'une des villes les plus peuplées de la planète. Les habitants cherchent peut-être à se préserver un peu de cette terrible marée humaine.

En règle générale, les Londoniens font preuve de tolérance. Non seulement ils ne s'offusqueront pas d'une tenue vestimentaire ou d'un comportement excentrique, mais ils prendront un certain plaisir à ignorer celui qui cherche à attirer l'attention.

Grâce à cet état d'esprit, le sexisme et le racisme ne constituent pas des problèmes majeurs en Angleterre. Le Gay Pride Festival, manifestation annuelle des homosexuels, se passe sans incident. Pendant des siècles, Londres a absorbé des vagues successives d'immigrés et de réfugiés, ce qui explique sans doute le respect des Anglais à l'égard de la différence. Le tableau n'est pourtant pas idyllique. On assiste malheureusement à des crimes racistes, en particulier dans les quartiers défavorisés du sud-est. En outre, les forces de l'ordre ne sont pas toujours aussi impartiales qu'on veut bien le dire.

Beaucoup de visiteurs pensent que les Londoniens parlent l'argot cockney (on substitue à un mot une locution qui rime avec ce mot). Or, selon la légende, le véritable cockney naquit à proximité de St Mary-the-Bow, une église de la City. Comme ce quartier compte peu d'habitants, la plupart des cockneys résident en fait dans l'East End.

Le cockney aurait été inventé par les marchands de quatre saisons désireux de communiquer entre eux sans être compris de la police. Ce terme désigne également un accent local qui ne prononce ni les "t" ni les "h". En argot cockney, "going up the apples and pears" (monter les pommes et les poires) signifie "going up the stairs" (monter les escaliers). Rassurez-vous, personne ne s'adressera à vous de cette façon.

Les Pearly Kings and Queens sont étroitement liés aux cockneys. Les camelots sans le sou élisaient leur propre "roi", afin que celui-ci puisse les défendre devant la justice. Au XIXe siècle, Henry Croft, un orphelin devenu balayeur, rêvait de créer une association pour porter secours aux indigents. Voulant se faire remarquer, il résolut de coudre des boutons à ses vêtements. Très impressionnés, les rois des marchands adoptèrent ces petits boutons de nacre et, ainsi parés, collectèrent des fonds.

Vous ne verrez pas plus de Pearly Kings and Queens que vous n'entendrez parler cockney. Sachez toutefois que tout ce beau monde se réunit une fois par an, au début du mois d'octobre, à l'occasion de la fête de la moisson qui se déroule à St Martin-in-the-Fields. Chaque costume se compose d'environ 30 000 boutons cousus de manière à former des symboles mystiques représentant le soleil, la lune et les étoiles.

Pas d'impair !
Il est peu probable que votre comportement choque un Londonien. Reste que les Anglais ne sont guère enclins à parler aux inconnus. Vous pouvez bien entendu demander votre chemin, mais si vous tentez d'engager une conversation en attendant le bus, on vous prendra pour un fou.

File d'attente. Les Britanniques adorent faire la queue. Parfois, ils la font sans savoir pourquoi, c'est du moins ce que laissent entendre certains humoristes qui se moquent gentiment de cette manie nationale. Surtout n'essayez pas de resquiller ! Cette attitude risquerait de faire perdre aux Londoniens leur flegme légendaire.

Métro. Vu le flux important de passagers qu'il draine, le métro possède ses propres règles qu'il convient de respecter dès lors que vous êtes dans son enceinte. Lorsque vous empruntez l'escalator, tenez-vous toujours à droite de manière à laisser passer les plus pressés. Une fois sur le quai, avancez et ne bloquez pas les accès, sécurité oblige ! Lorsque le train arrive, attendez que tout le monde soit descendu avant de vous ruer sur un siège libre.

Vous êtes tenu de céder la place aux personnes âgées, aux handicapés et aux femmes enceintes, même si les Londoniens le font de moins en moins. Évitez de poser vos pieds ou vos bagages sur les banquettes. Si vous repérez un colis ou un sac abandonné, attendez l'arrivée à la station pour le signaler.

Vêtements. Dans certaines villes, on peut vous refuser l'accès à une église si l'on juge votre tenue vestimentaire incorrecte. Ce n'est pas le cas à Londres. Cependant, si vous visitez une mosquée ou un autre lieu de culte, on vous demandera peut-être de vous couvrir les bras, les jambes voire la tête.

L'accès à certains restaurants de luxe et à la plupart des clubs est soumis au respect d'un code vestimentaire strict. Au restaurant, veste et cravate sont de rigueur pour les hommes. Les baskets sont prohibées pour tous. Dans les discothèques, le code peut varier d'une nuit à l'autre et dépend de la direction et des videurs. Dans le doute, passez un coup de téléphone pour éviter une situation embarrassante.

RELIGION
Née au XVIe siècle, à la suite de la rupture avec Rome (voir *Londres sous les Tudor* dans la rubrique *Histoire*), l'Église anglicane est la plus importante, la plus riche et la plus influente du pays. L'anglicanisme est la religion officielle, ce qui signifie qu'elle entretient des relations étroites avec l'État. C'est le monarque qui nomme archevêques et évêques sur les conseils du Premier ministre.

Il est difficile de décrire brièvement les différentes liturgies. A l'instar du catholicisme romain, la Haute Église accorde une place importante au cérémonial. La Basse Église est plus influencée par le protestantisme. En 1994, après des années de débats houleux, une femme fut ordonnée prêtre pour la première fois. Aujourd'hui, c'est l'éventuelle ordination de prêtres homosexuels qui provoque une polémique.

Parmi les autres courants protestants, mentionnons les méthodistes, les baptistes, la United Reformed Church, et l'Armée du Salut qui ne pratiquent aucune discrimination sexuelle. Les églises évangélique et charismatique sont les seuls mouvements chrétiens à faire encore des émules.

Depuis le XVIe siècle, les catholiques ont été persécutés à maintes reprises. La question religieuse est encore au cœur du conflit qui oppose la Grande-Bretagne à l'Irlande du Nord. Les catholiques n'ont obtenu des droits politiques qu'en 1829 et des structures officielles qu'en 1850. Aujourd'hui, un Britannique sur dix se réclame du catholicisme.

Les églises se vident peu à peu. Des estimations récentes font état de plus d'un million de musulmans et d'importantes communautés sikh et hindoue. Les membres de ces minorités semblent plus pratiquants que les chrétiens.

LANGUE

La langue est probablement la plus grande contribution de l'Angleterre au monde moderne. Cependant, vous entendrez à Londres une infinité d'autres langues. Dans certains quartiers, les anglophones sont minoritaires. Il est peu probable que vous rencontriez des résidents qui ne comprennent pas l'anglais mais, dans les familles immigrées, nombreuses sont les femmes qui ne parlent que leur langue maternelle.

Prononciation

La prononciation des voyelles diffère passablement du français et recèle certaines subtilités qui constituent autant de pièges pour un locuteur francophone. Ainsi, "u" n'existe pas en tant que tel mais se prononce plutôt comme un "eu" (*but* se dit "beutt") ou un "ou" (*full*). Le "a" se prononce tantôt comme un "a" à la française tantôt comme un "o" fermé (*small*) ou se diphtongue en "eï" (*name*). Le "e" se dit parfois "i" (*me*) et le "i", quant à lui, se diphtongue parfois en "aï" (*fine*). Le "o", pour sa part, vous jouera des tours puisqu'il se prononce tantôt comme un "o" ouvert (*bottle*) ou se diphtongue en "ow" ou "aw" (*cow*). Le "y" reste "i" (*silly*) ou se diphtongue en "aï" (*why*). "Ea" devient "è" (ouvert), comme dans *jealous*, ou "i" long (*seal*). "Ou" se diphtongue en "aw" (*lousy*) ou "eu" ouvert (*serious*).

Quant aux règles de l'accent tonique, elles sont difficiles à appréhender. A la différence du français, l'accentuation ne s'effectue jamais sur la dernière syllabe. *Photograph* est accentué sur la première syllabe, alors que c'est la troisième syllabe qui porte l'accent tonique dans l'adjectif photo*gra*phic. Un vrai casse-tête!

Certaines consonnes n'existent pas en français, comme le redoutable "th", que l'on prononce en mettant la langue entre les incisives supérieures et inférieures. Le "h" est aspiré dans la plupart des cas (*hello*). "j" se prononce "dj" (*jealous*).

Cette description n'est en rien exhaustive et ne saurait remplacer un professeur ou une méthode d'apprentissage audio-orale.

Mots et expressions utiles

Bonjour	*Hello*
Au revoir	*Goodbye*
Oui/Non	*Yes/No*
S'il vous plaît	*Please*
Merci	*Thank you*
Veuillez m'excuser	*Excuse me*

Conversation

Comment allez-vous? *How are you?*
Bien, merci *I'm fine, thanks*
Comment vous appelez-vous/t'appelles-tu? *What's your name?*
Je m'appelle... *My name is...*
De quel pays venez-vous/viens-tu? *Where are you from?*
Je viens de... *I am from...*

Difficultés de compréhension

Je ne comprends pas *I don't understand*
Parlez-vous/parles-tu français? *Do you speak French?*
Pouvez-vous/peux-tu l'écrire s'il vous plaît/te plaît? *Please write it down*

Comment circuler

A quelle heure le... part/arrive-t-il? *What time does the... leave/arrive?*
bus *bus*
train *train*
Où se trouve...? *Where is the...?*
l'arrêt de bus *bus stop*
la station de métro *metro station*
la gare ferroviaire *train station*
Je voudrais un billet aller/aller-retour *I'd like a one-way/return ticket*
Je voudrais louer une voiture/bicyclette *I'd like to hire a car*

Orientation

Quelle est cette rue/route? *What street/road is this?*

TOM SMALLMAN  TOM SMALLMAN  PAT YALE

PAT YALE  MARK HONAN  PAT YALE

A	B	C
D	E	F

A : horloge à Selfridge's, Oxford St
B : que se passe-t-il donc à Buckingham ?
C : mobilier urbain plutôt kitsch, Chelsea
D : statue du Dr Johnson derrière St Clement Danes, The Strand
E : le Marathon de Londres
F : Lady Jane Grey, Fleet Street

PAT YALE

CHARLOTTE HINDLE

PAT YALE

A gauche : statue moderne de l'empereur Trajan devant une portion du mur romain originel près de la Tour de Londres
A droite : détail architectural des Houses of Parliament
En bas : statue de la reine Élisabeth Ire à l'extérieur de St Dunstan-in-the-West, Fleet Street

Présentation de la ville – Langue 33

Comment puis-je me rendre à...?	*How do I get to...?*
(Allez) tout droit	*(Go) straight ahead.*
(Tournez) à gauche	*(Turn) left*
(Tournez) à droite	*(Turn) right*
aux feux tricolores	*at the traffic lights*
au prochain carrefour	*at the next corner*

En ville

Où se trouve...?	*Where is the...?*
la banque	*bank*
l'ambassade	*embassy*
le bureau de change	exchange office
la poste	*post office*
les toilettes publiques	*public toilet*
le centre téléphonique	*telephone centre*
l'office du tourisme	*tourist information office*
A quelle heure ouvre/ferme-t-il?	*What time does it open/close?*

Panneaux utiles

ENTRÉE/SORTIE	*ENTRANCE/EXIT*
RENSEIGNEMENTS	*INFORMATION*
OUVERT/FERMÉ	*OPEN/CLOSED*
POLICE	*POLICE*
INTERDIT	*PROHIBITED*
A VENDRE	*FOR SALE*
TOILETTES	*TOILETS*

Hébergement

Avez-vous une chambre?	*Do you have a room?*
Combien cela coûte-t-il pour la nuit/par personne?	*How much is it per night/per person?*
Le petit déjeuner est-il inclus?	*Is breakfast included?*
Puis-je voir la chambre?	*Can I see the room?*
auberge de jeunesse	*youth hostel*
terrain de camping	*camping ground*
hôtel	*hotel*
pension	*guesthouse*

Restauration

petit déjeuner	*breakfast*
déjeuner	*lunch*
dîner	*dinner*
restaurant	*restaurant*
Je suis végétarien	*I'm vegetarian*

Achats

Combien cela coûte-t-il?	*How much is it?*
Puis-je voir?	*Can I look at it?*
C'est trop cher pour moi	*It's too expensive for me*
librairie	*bookshop*
pharmacie/pharmacien	*chemist/pharmacy*
boutique de vêtements	*clothing store*
laverie	*laundry*
marché	*market*
supermarché	*supermarket*
marchand de journaux	*newsagency*
papeterie	*stationers*

Heure et date

Quelle heure est-il?	*What time is it?*
Quand?	*When?*
aujourd'hui	*today*
ce soir	*tonight*
demain	*tomorrow*
hier	*yesterday*
lundi	*Monday*
mardi	*Tuesday*
mercredi	*Wednesday*
jeudi	*Thursday*
vendredi	*Friday*
samedi	*Saturday*
dimanche	*Sunday*

Chiffres

1	*one*
2	*two*
3	*three*
4	*four*
5	*five*
6	*six*
7	*seven*
8	*eight*
9	*nine*
10	*ten*

100	*hundred*	Je me suis perdu	*I'm lost*
1 000	*thousand*	Je suis diabétique/	
10 000	*ten thousand*	épileptique/asthmatique	*I'm diabetic/ epileptic/ asthmatic*
un million	*a million*		

Santé et urgences

		antiseptique	*antiseptic*
Je dois voir un médecin	*I need a doctor*	aspirine	*aspirin*
Où se trouve l'hôpital ?	*Where is the hospital?*	préservatifs	*condoms*
		constipation	*constipation*
Appelez la police !	*Call the police!*	diarrhée	*diarrhoea*
Appelez une ambulance !	*Call an ambulance!*	nausée	*nausea*
		crème solaire	*sunblock cream*
Au secours !	*Help!*	tampons	*tampons*

Renseignements pratiques

QUAND PARTIR
Londres peut se découvrir en toute saison, à la différence du reste de l'Angleterre. Peu d'établissements londoniens modifient leurs horaires selon les saisons. On apprécie évidemment plus les parcs en été (bien que le soleil ne soit pas toujours au rendez-vous), mais les mois de juillet et août sont les plus touristiques, et les prix ont tendance à grimper.

La meilleure solution est de visiter la capitale britannique d'avril à mai, ou de septembre à octobre. Durant ces périodes, le climat n'est pas trop changeant et les files d'attente plus courtes. En outre, vous pourrez obtenir une chambre à un tarif plus intéressant. Cependant, si les rigueurs de l'hiver anglais ne vous font pas peur, les prix des billets d'avion et des hôtels sont très avantageux entre novembre et mars. Vous pourrez accéder facilement aux musées les plus fréquentés ; sachez toutefois que c'est en hiver que les groupes scolaires vont admirer les chefs-d'œuvre nationaux.

ORIENTATION
Pour se protéger des caprices de la Manche, et profitant du fait que la Tamise était sujette aux marées, les premiers habitants de Londres établirent un port à l'emplacement de l'actuelle ville. Séparée en deux par le fleuve, la ville s'étend maintenant bien au-delà des rives nord et sud de la Tamise, pour occuper une très vaste superficie. Heureusement, la capitale britannique est admirablement desservie par l'*Underground* (le réseau métropolitain). Le plan du métro est facile à utiliser mais, méfiez-vous, car les distances ne sont pas à l'échelle. A chaque ligne correspond une couleur et une direction : nord, sud, est ou ouest.

La plupart des sites utiles (théâtres, restaurants, logements bon marché, etc.) sont groupés à l'intérieur d'une zone délimitée par la Circle line, au nord du fleuve. Les aéroports internationaux sont loin de la ville, mais de nombreux moyens sont mis à votre disposition pour la rejoindre (pour plus de détails, consultez le chapitre *Comment circuler*).

Londres offre de beaux panoramas depuis Primrose Hill, non loin de Regent's Park, Hampstead Heath, au nord de Camden, et Greenwich Park, au sud-est du centre.

Les adresses mentionnées dans ce chapitre sont accompagnées du nom de la station de métro la plus proche. La carte du Centre de Londres indique les quartiers faisant l'objet d'un plan plus détaillé. La carte des districts postaux permet notamment de se repérer dans la grande banlieue.

La City et l'Est
La City se trouve à l'emplacement du Londres des époques romaine et médiévale que protégeait une enceinte. Plus tard, la ville absorba les villages voisins. Bien que située au sud-est de la Circle line, la City est toujours considérée comme le centre de la capitale.

Pôle financier d'envergure internationale, la City en semaine draine une foule de banquiers et de courtiers, et se vide le week-end. Ce n'est pas le cas des sites les plus célèbres qu'elle abrite : la Tour de Londres, la cathédrale Saint-Paul et le marché de Petticoat Lane.

A l'est, au-delà de la Circle line, s'étend l'East End. Cockney à l'origine, ce quartier

---
Codes téléphoniques
Tous les numéros de téléphone mentionnés dans ce chapitre doivent être précédés du code 0171, sauf indication contraire.
Si vous téléphonez depuis Londres, vous n'avez pas besoin de composer le 0171. ■

---

a aujourd'hui des allures de melting-pot culturel. Composé entre autres de Shoreditch et Bethnal Green, l'East End est animé, et offre la possibilité de se loger à moindres frais. Il est souvent embouteillé et porte encore les traces du Blitz.

Plus à l'est, se trouvent les Docklands. Jadis première zone portuaire du monde, ils furent laissés à l'abandon après la Seconde Guerre mondiale, au moment du déclin de l'Empire britannique. Au début des années 80, les docks furent desservis par la Light Railway (ligne de métro), ce qui raviva l'intérêt des promoteurs immobiliers.

L'Ouest

A l'ouest de la City, avant le West End, se trouvent Holborn et Bloomsbury. Holborn (prononcez "hobeurn") est le quartier des avocats, tandis que Bloomsbury est le haut lieu de la littérature et de l'édition. Outre les nombreuses librairies, ce quartier abrite l'incontournable British Museum qui regorge de trésors rapportés des quatre coins du monde.

Le West End est délimité à l'est par Tottenham Court Rd et Covent Garden, des lieux agréables mais très touristiques, et au nord par Oxford St, une succession sans fin de grands magasins. Ce quartier englobe également Trafalgar Square, les restaurants et les clubs homosexuels de Soho, les cinémas et les théâtres de Piccadilly Circus, le Leicester Square, les élégantes vitrines de Regent et Bond Sts, sans oublier le très chic Mayfair ; voilà ce qui fait le charme du West End.

Confinés au sud-ouest, St James's et Westminster comprend Whitehall, le 10 Downing St, le Parlement, Big Ben, l'abbaye de Westminster et le Buckingham Palace.

Pimlico, quartier qui, sans la Tate Gallery et ses nombreux hôtels bon marché, serait sans intérêt, se situe au sud de Victoria Station.

Earl's Court, South Kensington et Chelsea occupent la partie sud-ouest du territoire limité par la Circle line. Earl's court, le quartier oriental, possède un grand nombre d'hôtels et de restaurants économiques, quelques auberges de jeunesse, et des agences de voyages.

Plus chic et plus "branché", South Kensington abrite deux des musées les plus réputés : Victoria and Albert Museum, Science and Natural History Museum. Chelsea, qui a perdu son côté bohème, est devenu hors de prix. King's Rd a fait ses adieux aux punks, mais reste l'endroit idéal pour s'acheter des vêtements à la mode.

En continuant vers l'ouest, vous atteindrez les beaux quartiers résidentiels que sont Richmond et Chiswick. Hampton Court Palace, Kew Gardens et Syon House, qui méritent une visite.

Le Nord

Notting Hill accueille une importante communauté antillaise. A la mode, ce quartier animé abrite le fameux marché de Portobello Rd et quantité de bars, de pubs et de boutiques sympathiques.

Au nord de Kensington Gardens et de Hyde Park, les pôles touristiques que sont Bayswater et Paddington regorgent d'auberges de jeunesse et d'hôtels bon marché. Les pubs et les bons restaurants ne manquent pas, notamment le long de Queensway et de Westbourne Grove.

Au nord de la Central Line, se trouvent Kilburn, Hampstead, Camden Town, Highgate, Highbury et Islington. Kilburn est le fief de la communauté irlandaise. Hampstead, un quartier résidentiel, offre une belle vue depuis ses hauteurs. Camden Town, dont la population est de plus en plus bourgeoise, accueille une multitude de marchés durant les week-ends.

Islington, quant à lui, est devenu célèbre grâce à l'un de ses habitants, Tony Blair, Premier Ministre. Signalons que la Upper St possède de très nombreux restaurants.

Le Sud

Sur la rive sud de la Tamise, vous découvrirez un aspect moins reluisant de la capitale britannique : les quartiers défavorisés, bien loin des élégantes artères de Westminster. Vous verrez que tout le sud de

Londres, et notamment le sud-est, est désespérément pauvre et délabré.

Même si votre séjour est bref, vous aurez probablement envie de visiter des lieux comme South Bank Centre (qui organise des expositions et des concerts de qualité) ou les courts de tennis de Wimbledon. Vous ne bouderez pas non plus l'exquis Greenwich, son *Cutty Sark* (clipper), sa merveilleuse architecture, ses pelouses, son célèbre méridien et son Dôme (actuellement en construction), ouvrage phare qui doit célébrer le changement de millénaire.

Si votre séjour se prolonge, il n'est pas exclu que vous résidiez à Clapham, Brixton ou Camberwell, bien que les banlieues situées plus à l'ouest comme Putney ou Wimbledon soient plus agréables.

Théâtre de violentes tensions raciales au début des années 80, le quartier de Brixton est l'un des plus pauvres de la capitale. Le taux de chômage y est élevé, les immeubles insalubres et les rues sales. Cependant, vous apprécierez le vieux marché et ses arcades. Ce quartier n'est pas plus dangereux qu'un autre, mais évitez de vous éloigner des artères principales. N'approchez pas de Railton Rd.

CARTES

Il est vital de disposer d'une bonne carte. Le plan édité par le British Tourist Authority (BTA) est de bonne qualité.

Pour un court séjour, cette carte suffira amplement. En revanche, si vous restez plus longtemps, procurez-vous la A-Z Map of London ou le A-Z Visitor's Atlas and Guide (tous les deux à 2,25 £). Pour un séjour prolongé, n'hésitez pas à investir dans un Mini A-Z (3,45 £), voire dans un A-Z London, atlas exhaustif où figurent les ruelles, l'un des charmes de la ville.

Vous aurez aussi besoin d'un plan de métro. Celui que nous reproduisons indique les lignes, les correspondances et les différentes zones tarifaires.

Il est également utile de disposer d'un plan du réseau de bus. Le plan de la totalité des lignes londoniennes comporte 36 pages. La première, qui indique les lignes du centre, devrait vous suffire. Demandez ce plan au ☎ 371 0247 ou écrivez au London Transport Buses (CD1), Freepost Lon7503, London SE 16 4BR, en précisant l'itinéraire qui vous intéresse.

OFFICES DU TOURISME

Londres abrite des offices de tourisme à même de vous renseigner sur l'ensemble de l'Angleterre, l'Écosse, le Pays de Galles, l'Irlande et de nombreux autres pays.

Sur place
British Travel Centre. Situé 12 Regent St, Picadilly Circus SW1Y 4PQ (carte 3 ; métro : Piccadilly Circus), ce centre permet d'obtenir des informations et d'effectuer des réservations : logements, voyages organisés, places de théâtres, billets de train, d'avion ou de bus. Vous trouverez également un bureau de change, un magasin de cartes et de guides, ainsi que les guichets du Pays de Galles et de l'Irlande. Toujours bondé, le British Travel Centre est ouvert du lundi au vendredi de 9h à 18h30, et les week-ends de 10h à 16h (de 9h à 17h le samedi entre mai et septembre). Pour des informations d'ordre général, composez le ☎ 0181-846 9000.

Centres d'information touristique. Vous trouverez des TIC (Tourist Information Centres) à l'aéroport d'Heathrow (terminal 3, et stations de métro Heathrow 1, 2, 3), mais également dans les autres aéroports londoniens (Gatwick, Luton et Stansted). Outre les informations habituelles, le centre TIC de Victoria Station Forecourt dispose d'un service de réservations d'hôtels et d'une librairie. Souvent pris d'assaut, ce bureau est ouvert de 8h à 19h. Waterloo International dispose aussi d'un TIC dans le hall d'arrivée. Celui de la station de métro Liverpool est ouvert du lundi au samedi de 8h à 18h, et de 8h30 à 17h le dimanche.

La City of London Corporation met également à votre disposition un centre d'informations (☎ 332 1456) situé à St Paul's Churchyard, en face de la cathédrale. Ouvert tous les jours de 9h30 à 17h du mois d'avril au mois de septembre, ce centre ferme le samedi après-midi et le dimanche en dehors de cette période. Il ne dispose pas de service de réservations d'hôtels. Voici les adresse des TIC moins fréquentés :

Bexley
   Central Library, Townley Rd, Bexleyheath DA5 1PQ (☎ 0181-303 9052)
Croydon
   Katherine St, Croydon CR 9 1ET (☎ 0181-253 1009)
Greenwich
   46 Greenwich Church St SE10 (☎ 0181-858 6376)
Hackney
   Central Hall, Mare St E8 (☎ 0181-985 9055)
Harrow
   Civic Centre, Station Rd, Harrow HA1 2UJ (☎ 0181-424 1103)
Hillingdon
   Central Library, 14 High St, Uxbridge UB8 1HD (☎ 01895-250706)
Hounslow
   Library Centre, Treaty Centre, Hounslow High St, Hounslow (☎ 0181-572 8279)
Islington
   11 Duncan St N1 (☎ 278 8787)
Kingstone-upon-Thames
   Market House, Market Place, Kingstone-upon-Thames, Surrey KT1 2PS (☎ 0181-547 5592)
Lewisham
   Lewisham Library, Lewisham High St SE13 (☎ 0181-297 8317)
Richmond
   Old Town Hall, Whittaker Ave, Richmond, Surrey (☎ 0181–9409125)
Southwark
   Hay's Galleria, Tooley St SE1 (☎ 403 8299)
Tower Hamlets
   107A Commercial St E1 (☎ 375 2549)
Twickenham
   The Atrium, Civic Centre, York St, Twickenham, Middlesex (☎ 0181-891 7272)

Les demandes écrites doivent être adressées au 26 Grosvenor Gardens SW1W 0DU (☎ 730 3488).

Les offices de tourisme étant très fréquentés, vous préférerez peut-être utiliser le service téléphonique mis en place pour répondre aux questions des visiteurs. Dans ce cas, appelez le ☎ 0839-123, suivi du numéro correspondant au type d'informations que vous recherchez. Sachez que ces communications sont facturées 49 p la minute, et que ces numéros ne sont joignables que depuis le Royaume-Uni.

Manifestations de la semaine........................... 400
Manifestations prévues
les trois prochains mois 401
Que faire le dimanche ? 407
L'été dans les parcs...................................... 406
Noël et Pâques 418
Relève de la garde 411
Expositions en cours 403
Concerts de rock et de pop........................... 422
Ouverture des sessions parlementaires
   et salut au drapeau 413
Comment se déplacer dans Londres 430
Croisières/location de bateaux 432
Visites guidées et randonnées 431
Réservation d'un guide et de visites guidées..... 420
Comment se rendre à l'aéroport ?...................... 433
Shopping 486
Marchés à ciel ouvert....................................428
Dîner au restaurant 485
Activités réservées aux enfants....................... 404
Sites à visiter avec des enfants 424
Spectacles proposés à West End...................... 416
En dehors du West End................................. 434
Nouvelles productions/comment réserver 438
Distractions 480
Musées 429
Palais 481
Musée Greenwich et musée militaire 482
Demeures et jardins célèbres 483
Excursions à partir de Londres 484
Hébergements 435

Offices du tourisme à l'étranger

La BTA (British Tourist Authority) met gracieusement à votre disposition de la documentation. Contactez cet organisme avant votre départ, certaines réductions sont consenties aux personnes ayant réservé. Voici quelques adresses :

Canada
   Suite 450, 111 Avenue Rd, Toronto, Ontario M5R 3JD (☎ 416-925 6326 ; fax 416-961 2175)
France
   Tourisme de Grande-Bretagne, Maison de la Grande-Bretagne, 19 rue des Mathurins, 75009 Paris (entrée rues Tronchet et Auber)
   ☎ 01 44 51 56 20 ; fax 01 44 51 56 21. Minitel 3615 British (2,23 FF/mn)
Suisse
   Limmatquai 78, CH-8001 Zürich (☎ 01-261 42 77)

Autres sources d'informations

Les publications recensant les spectacles et les manifestations culturelles sont très nombreuses.

Time Out (1,70 £) sort tous les mardi. Édité par la même maison, le *Time Out Guide to Eating and Drinking in London* (8,50 £) comporte plus de 1 700 adresses de restaurants et de bars.

Dans le *Guardian* du samedi (70 p), vous trouverez *The Guide*. L'*Evening Standard* (30 p) édite chaque jeudi son propre supplément culturel.

TNT, Traveller, SA Times sont des journaux gratuits. Disponibles sur les présentoirs que vous ne manquerez pas de voir dans la rue, en particulier à Earl's Court, Notting Hill et Bayswater, ils sont extrêmement précieux pour ceux qui disposent d'un budget limité. Outre les résultats sportifs, vous trouverez la liste des spectacles, des rubriques sur les voyages, des adresses d'agences proposant des billets à tarifs bon marché et des hôtels économiques. *TNT* est le plus complet des trois. Contactez le ☎ 373 3377 pour connaître les points de distribution les plus proches de votre lieu de séjour.

Loot (1,30 £) est un quotidien spécialisé dans les petites annonces. Vous y trouverez toutes sortes d'objets à vendre, mais aussi des appartements à louer ou à partager. Si vous avez l'intention de faire des courses, jetez un coup d'œil sur le *Time Out Guide to Shopping and Services* (6 £).

Capital Radio dispose d'un service téléphonique qui vous donnera des informations d'ordre général (☎ 388 7575).

Pour en savoir plus sur les moyens de transport, consultez les chapitres *Comment circuler* et *Comment s'y rendre*.

VISAS ET FORMALITÉS COMPLÉMENTAIRES

Visas

Les ressortissants de l'Union européenne peuvent résider et exercer un emploi en Grande-Bretagne sans autorisation préalable (une pièce d'identité sera exigée à l'entrée du territoire britannique). Les autres ressortissants étrangers n'obtiendront pas facilement l'autorisation de passer un long séjour. Pour plus de détails, consultez la rubrique *Permis de travail*. Les services anglais de l'immigration sont assez stricts. Soignez votre tenue vestimentaire, ayez sur vous des documents attestant de vos revenus (carte de crédit) et un billet de retour (afin de prouver que vous ne comptez pas vous installer).

Plusieurs agences de voyages proposent, moyennant finance, d'effectuer les formalités administratives en vue de l'obtention des visas. Citons Trailfinders (☎ 938 3999), 194 Kensington High St W8 (carte 8) et Top Deck (☎ 373 3026), 131 Earl's Court Rd SW5 (carte 8).

Prorogation de visas

Les visas touristes ne peuvent être prolongés qu'en cas d'urgence (suite à un accident, par exemple). Sinon, il vous faudra quitter le territoire britannique, vous rendre en France ou en Irlande, et redemander un visa. Abuser de ce système finira par éveiller les soupçons du service de l'immigration.

Visas étudiants

Les étudiants de l'Union européenne peuvent suivre des cours en Grande-Bretagne. Pour bénéficier du statut étudiant, les autres ressortissants doivent obligatoirement s'inscrire dans un établissement et suivre un cursus comprenant un minimum de 15 heures de cours hebdomadaires. Pour plus d'informations, adressez-vous à l'ambassade ou au Haut Commissariat britannique de votre pays.

Permis de travail

A l'exception des ressortissants de l'Union européenne, tous les étrangers doivent solliciter une autorisation de travail.

Ressortissants du Commonwealth

Cependant, si vous êtes ressortissant d'un pays du Commonwealth et que vous avez entre 17 et 27 ans, vous pouvez postuler pour un *Working Holiday Entry Certificate* qui vous permet de passer jusqu'à deux ans au Royaume-Uni, et d'occuper "accessoirement" un emploi. Vous ne serez néanmoins pas autorisé à vous lancer dans les affaires, à poursuivre une carrière, ou à exercer en tant que sportif professionnel ou entraîneur.

Pour obtenir ce type de permis, adressez-vous à la mission du Royaume-Uni de votre pays. Les *Working Holiday Entry Certificates* ne sont pas accordés à l'entrée du territoire. Vous ne pouvez pas non plus changer de visa au cours de votre séjour, ni faire prolonger votre permis de travail. Lorsque vous postulez, vous devez fournir aux autorités la preuve que vous avez les moyens de payer votre billet de retour et que vous ne comptez pas sur les aides publiques pour vivre.

Pour les ressortissants d'un pays du Commonwealth dont l'un des parents est né au Royaume-Uni, il est possible d'obtenir un *Certificate of Entitlement to the Right of Abode*, qui vous autorise à vivre et à travailler en Grande-Bretagne.

Si vous êtes citoyen d'un pays du Commonwealth, et que l'un de vos grands-parents est né au Royaume-uni, ou en République d'Irlande avant le 31 mars 1922, vous aurez peut-être droit à un *UK Ancestry – Employment Certificate*. Les bénéficiaires de ce statut ont la possibilité de travailler à plein temps sur le territoire britannique, pendant une durée maximale de quatre ans.

Pour toute information complémentaire sur place, contactez le Home Office, Immigration and Nationality Department (☎ 0181-686 0688), Lunar House, Wellesley Rd, Croydon CR2 (métro : East Croydon). Ce service est ouvert du lundi au vendredi de 9h à 16h. Pour les différentes possibilités d'emploi, consultez la rubrique *Emploi* de ce chapitre.

Photocopies

Avant de partir, photocopiez en deux exemplaires votre passeport, vos billets d'avion, votre police d'assurance, les numéros de série de votre appareil photo, et ceux de vos chèques de voyage. Emportez un jeu de photocopies avec vous (ne le mettez pas avec les originaux) et confiez l'autre à un proche resté au pays.

Assurance voyage

Quel que soit le mode de transport que vous choisirez, veillez à souscrire une assurance voyage intégrale, c'est-à-dire couvrant les dépenses médicales, la perte ou le vol des bagages, le retard ou l'éventuelle annulation de votre départ. La perte des billets d'avion doit être prise en charge. Une vaste gamme de polices d'assurance vous sont proposées. Les assurances internationales pour étudiants présentent en général d'un bon rapport qualité/prix. Certains contrats comportent une option dépenses médicales plus ou moins élevée. A moins de bénéficier de la gratuité des soins (voir la rubrique *Santé*), prenez la formule la plus complète possible. Bien entendu, les polices ne couvrant pas la perte des bagages sont moins chères que les autres.

Souscrivez votre contrat d'assurance le plus tôt possible. Lisez très attentivement les clauses libellées en petits caractères : c'est là que se cachent les restrictions.

Il est plus sûr de régler votre billet par carte bancaire. Au Royaume-Uni, la loi oblige les commerçants à rembourser les consommateurs en cas de liquidation de la société, et ce pour un contentieux supérieur à 100 £.

Permis de conduire

A moins de conduire une voiture de location, vous devez conserver avec vous un *Vehicle Registration Document* prouvant que la voiture vous appartient. Votre permis de conduire est valable 12 mois à dater de votre entrée en Grande-Bretagne. Vous pouvez demander un permis britannique auprès des bureaux de postes. Il est utile de se procurer un permis de conduire international (ou IDP, International Driving Permit). Renseignez-vous dans votre pays sur les formalités à accomplir.

Carte d'auberges de jeunesse

Pour séjourner dans les auberges de jeunesses HI/YHA, mieux vaut posséder une carte de membre. Dans le cas contraire, l'auberge vous facturera un supplément journalier de 1,55 £ durant les six premières nuits.

Cartes d'étudiants et cartes jeunes

La carte d'étudiant internationale (ou ISIC, International Student Identity Card) coûte 5 £. Elle permet de bénéficier de tarifs avantageux dans les transports, d'accéder gratuitement (ou à prix réduit) aux musées, et de prendre des repas dans les restaurants universitaires.

En raison du nombre important de fausses cartes en circulation, de nombreux établissements n'accordent un tarif réduit qu'aux personnes n'excédant pas un certain âge. Si vous avez moins de 26 ans et que vous n'êtes pas étudiant, vous pouvez demander une carte FIYTO (Federation of International Youth Travel Organisations), ou bien une Carte Euro 26. Elles offrent les mêmes avantages et coûtent chacune 5 £.

Ces cartes sont délivrées par les syndicats étudiants, les fédérations des auberges de jeunesse et les agences de voyages pour étudiants.

London White Card

Si vous aimez les musées, sachez que la London White Card offre l'accès gratuit à quinze lieux d'exposition. Valable trois jours, cette carte revient à 15 £; pour sept jours, comptez 25 £. Les cartes familiales permettent l'entrée gratuite de deux adultes et de quatre enfants maximum; elles valent de 30 à 50 £.

Les billets sont vendus dans les offices du tourisme, les centres d'information London Transport, et au London Visitor Centre de Waterloo International. Ils sont également disponibles dans les musées partenaires de l'opération : Apsley House (Wellington Museum), Barbican Art Gallery, Courtauld, Design Museum, Hayward Gallery, Imperial War Museum, London Transport Museum, Museum of London, Museum of the Moving Image, National Maritime Museum (Old Royal Observatory et Queen's House), Natural History Museum, Royal Academy, Science Museum, Theatre Museum et Victoria and Albert Museum.

Cartes Senior

De nombreuses établissements consentent des réductions aux personnes de plus de 60 ans. Si rien n'est signalé, n'hésitez pas à demander. Les chemins de fer disposent d'une Senior Citizen Railcard (reportez-vous à la rubrique *Comment s'y rendre* pour plus de détails).

AMBASSADES
Ambassades britanniques à l'étranger

Canada - British High Commission
80 Elgin St, Ottawa, Ont KIP 5K7 (☎ 613-237 1530)
France
   Ambassade
   35 rue du Faubourg-Saint-Honoré, 75008 Paris (☎ 01 44 51 31 00). Minitel 3615 GBretagne (1,29 FF/mn)
   Section consulaire
   16 rue d'Anjou, 75008 Paris (☎ 01 44 51 31 02)
Belgique
   Ambassade et section consulaire
   rue d'Arlon 85, 1040 Bruxelles (☎ 322 287 6211)
Suisse
   Ambassade
   Thunstrasse 50, 3005 Bern (☎ 41 31 352 5021)
   Consulat
   37-39 rue de Vermont, 6e étage, 1211 Genève 20 (☎ 41 2291824)

Ambassades et consulats étrangers à Londres

Consulat de Belgique 103 Eaton Square SW1 (☎ 470 3700; métro : Victoria)
Canadian High Commission
   Macdonald House, 38 Grosvenor St W1 (☎ 629 9492; métro : Bond St)
Consulat général de France
   6A Cromwell Place SW7 (☎ 838 2050; métro : South Kensington)

DOUANE

La Grande-Bretagne possède deux systèmes douaniers, l'un pour les marchandises achetées hors taxes, l'autre pour les biens achetés taxes comprises dans un pays membre de l'Union européenne.

Taxes et droits payés

Dans la mesure où des produits, comme l'alcool et le tabac, sont moins chers en Europe continentale, le second système peut être avantageux. Le règlement du marché unique stipule que la taxe des marchandises destinées à la consommation personnelle doit être payée dans le pays d'acquisition. Un florissant marché s'est développé outre-Manche : les Londoniens viennent se procurer de l'alcool et des cigarettes meilleur marché en France pour les revendre en Grande-Bretagne. Le gain ainsi réalisé leur permet d'amortir le voyage et de dégager des bénéfices. Ceci étant, les magasins hors taxes seront supprimés en été 1999 dans les pays de l'Union européenne.

Vous ne pouvez pas importer plus de 800 cigarettes (1 kg de tabac), 10 litres d'alcool, 20 litres de vin de liqueur, 90 litres de vin (dont 60 litres de mousseux) et 110 litres de bières.

Hors taxes

Si vous faites vos achats dans un magasin hors taxe, vous pouvez importer jusqu'à 200 cigarettes (250 g de tabac), 2 litres de vin et 1 litre d'alcool (ou 2 litres de vin supplémentaires, mousseux ou pas), 60 cl de parfum, 250 cl d'eau de toilette, et 71 £ maximum de produits hors taxes (dont le cidre et la bière) pour les ressortissants de l'Union européenne, 136 £ pour les autres.

QUESTIONS D'ARGENT

La monnaie nationale est la livre sterling (£). Le penny (p), au pluriel *pence*, correspond au centième de la livre. Les pièces de 1 et 2 p sont en cuivre, celles de 5, 10, 20 et 50 p sont en métal argenté, et la grosse pièce de 1 £ est dorée. En 1998, la nouvelle pièce de 2 £ aura fait son apparition. Il existe des billets de 5, 10, 20 et 50 £, de taille et de couleur différentes.

Espèces

Placer votre argent hors de portée d'un éventuel pickpocket. Vous pouvez, par exemple, coudre une poche à l'intérieur de votre chemise ou de votre pantalon. Pensez à mettre de côté un billet de secours (50 £).

Soyez particulièrement vigilant dans les lieux très fréquentés (le métro, etc.). Veillez à ce que votre porte-monnaie ne dépasse pas de vos poches ni de votre sac.

Monnaie locale

Munissez-vous de quelques livres avant votre arrivée en Angleterre – ce sera d'un grand secours si vous ne trouvez pas immédiatement de bureau de change. Notez tout de même que les cinq aéroports disposent de bureaux qui pratiquent des taux de change raisonnables.

Chèques de voyage

Les chèques de voyage constituent une bonne protection contre le vol. L'idéal est de disposer de chèques libellés en livres et émis par American Express ou Thomas Cook, deux organismes financiers largement représentés en Angleterre. Vous éviterez ainsi de payer de lourdes commissions en encaissant vos chèques dans d'autres établissements. Consultez l'annuaire pour obtenir les adresses des succursales.

A Londres, en dehors des banques, peu d'établissements acceptent les règlements par chèques de voyage. Il est donc indispensable de les changer.

Chèques de voyages volés ou perdus.

Avant de partir, notez les numéros de vos chèques. Vous pourrez les signaler à l'agence émettrice en cas de perte ou de vol. Conservez la liste des numéros à part.

Contactez l'agence émettrice, ou l'une de ses succursales, dès que vous constatez qu'il vous manque un chèque. Thomas Cook (☎ 01733-318950) et American Express (☎ 01222-666111) vous fourniront des chèques de remplacement dans les 24 heures.

Distributeurs automatiques

Les distributeurs automatiques n'étant pas toujours fiables, si vous ne possédez pas de carte émise par une banque européenne, mieux vaut vous adresser au guichet et ne pas prendre le risque de voir votre carte avalée par le distributeur.

Carte de crédit, carte de retrait et carte de paiement (à débit immédiat)

Les cartes Visa, Master Card, American Express et Diners Club sont largement acceptées à Londres (la carte Access est progressivement retirée). Les B&B préfèrent cependant être payés en espèces. Les établissements sont autorisés à prélever des frais en cas de règlement par carte bancaire, ce qui n'en fait pas le moyen de paiement le plus économique. Si vous détenez une carte Visa, vous pouvez retirer du liquide à la Midland Bank ou à la Barclays. Avec une MasterCard ou une carte Access, présentez-vous à la NatWest, la Lloyds ou la Barclays. Une carte American Express vous permet de retirer jusqu'à 500 £ par semaine dans les agences American Express.

Si vous avez l'intention d'utiliser une carte de crédit, veillez à ce que le plafond de retrait consenti par la banque vous permette de régler des sommes importantes (location de voiture, achat de billets, etc.).

Si vous effectuez l'essentiel de vos opérations par carte de crédit, munissez-vous si possible de deux cartes (American Express et Visa, ou Diners Club et MasterCard, par exemple). Soyez prévoyant, emportez quelques chèques de voyages : ils peuvent s'avérer utiles si un distributeur avale votre carte ou la refuse.

Cartes perdues ou volées. Contactez immédiatement la police, et faites opposition auprès de la banque afin d'empêcher toute utilisation frauduleuse de votre carte. Voici les numéros :

American Express (☎ 01273-696933/689955)
Diners Club (☎ 01252-516261)
MasterCard (☎ 01702-362988)
Visa (☎ 0800-895082)

Transferts internationaux

Vous pouvez confier à votre banquier le soin de procéder à un éventuel transfert, ou bien lui demander de vous recommander une banque en Angleterre. Le mieux est d'autoriser quelqu'un resté dans votre pays à accéder à votre compte.

Comptez une semaine pour recevoir un mandat télégraphique, et 15 jours pour un mandat-lettre. Vous devrez ensuite le convertir en livres ou acheter des chèques de voyage. Ce service vous coûtera 15 £.

Vous pouvez également recevoir de l'argent *via* American Express, Thomas Cook, ou encore par mandat postal.

Changer de l'argent

A Londres, changer de l'argent ne pose pas de problèmes. Banques, bureaux de change et agences de voyages proposent ce service. En revanche, il est plus difficile de savoir si l'opération vous est favorable ou pas. Méfiez-vous de certains bureaux qui affichent des taux intéressants mais touchent des commissions exorbitantes ou d'autres frais (les agences Cheque Point prélèvent jusqu'à 8% pour l'encaissement d'un chèque de voyage libellé en livres). Comparez les taux de change, les commissions, et les éventuels frais supplémentaires.

Les bureaux de change des aéroports prélèvent une commission moins importante que les banques, et encaissent sans frais les chèques de voyages libellés en livres. Ils prélèvent 1,5% sur les devises étrangères (minimum 3 £). Vous pouvez également vous procurer jusqu'à 500 £ dans une des principales devises.

Les bureaux de change des terminaux 1, 3, 4 de l'aéroport de Heathrow sont ouverts 24h/24. Celui du terminal 2 ouvre tous les jours de 6h à 23h. Thomas Cook dispose d'une succursale aux terminaux 1, 3, 4. Vous trouverez dans les terminaux Nord et Sud de Gatwick et à Stansted, des bureaux assurant un service 24h/24. Les bureaux des aéroports de Luton et de la City ouvrent aux arrivées et aux départs des vols.

La principale agence American Express (☎ 930 44411), 6 Haymarket (métro : Piccadilly Circus ; carte 3) assure un service de change du lundi au vendredi de 9h à 17h30, le samedi de 9h à 18h, et le dimanche de 10h à 17h. Les autres services sont accessibles en semaine de 9h à 17h et le samedi de 9h à 12h.

La principale agence Thomas Cook (☎ 499 4000), 45 Berkeley St (métro : Green Park), est ouverte de 9h (10h le mardi) à 17h30 en semaine, et de 9h à 16h le samedi. Vous trouverez plusieurs succursales Thomas Cook dans le centre de Londres. Le bureau de Victoria Station, non loin de l'office du tourisme, ouvre tous les jours de 6h à 23h.

Les horaires des banques varient, mais vous aurez toutes les chances de trouver une succursale ouverte en semaine de 9h30 et 15h30 (le vendredi après-midi, il y a foule). Certains établissements bancaires ouvrent le samedi, généralement de 9h30 à 12h, parfois toute la journée.

Achat de devises et de chèques de voyages. Le prix des devises et des chèques de voyages varient d'un endroit à l'autre. Les succursales American Express offrent les conditions les plus avantageuses (1% de commission et aucun frais forfaitaires). Les principaux bureaux de poste proposent des taux intéressants. S'adresser à une banque revient plus cher, et mieux vaut les prévenir à l'avance. NatWest touche une commission de 1% pour les

Londres à l'œil !

Londres est terriblement cher mais ne désespérez pas, vous pourrez effectuer de nombreuses sorties culturelles sans ouvrir votre porte-monnaie.

Voici la liste des musées et des galeries qui sont gratuits :

- British Museum
- National Gallery
- National Portrait Gallery
- Tate Gallery
- Wallace Collection

Le South Kensington Museum, l'Imperial War Museum et le Museum of London ouvrent gracieusement leurs portes à partir de 16h30. Il vous faudra plusieurs visites pour admirer l'ensemble des collections.

Vous préférez peut-être de plus petits musées dont l'entrée est libre :

- Albert Memorial Visitor Centre
- Bank of England Museum
- Bethnal Green Museum of Childhood
- Burgh House
- Dulwich Picture Gallery
- Geffrye Museum
- Hogarth's House
- Horniman Museum
- Keat's House
- Leighton House
- London Docklands Visitor Centre
- Museum of Garden History
- Museum of the Order of St John
- National Army Museum
- North Woolwich Old Station Museum
- Orleans House Gallery
- Photographers' Gallery
- Pitshanger Manor
- Ragged School Museum

RACHEL BLACK
Visiter la Keat's House ne vous coûtera rien

chèques en livres (minimum 4 £). La Lloyds, la Midland et la Barclays facturent une commission de 1,5% (minimum 3 £).

Taux de change

A l'heure où nous mettons sous presse, les taux de change s'établissent comme suit :

Belgique	1 FB	1,629 £
Canada	1 $CAN	0,42 £
France	10 FF	1,004 £
Suisse	1 FS	0,4142 £

Coût de la vie

Les prix pratiqués à Londres pourront vous paraître vertigineux. Comptez au moins 22 à 30 £ par jour. Une nuit en dortoir vaut 10/20 £ et un ticket de transport valable une journée 3,60 £. Quant à la nourriture, vous ne vous en tirerez pas à moins de 6 £. Comptez un minimum de 20 £ par nuit et par personne dans un B&B, et 10 £ pour un repas dans un restaurant. Ajoutez à cela un tour au pub, une visite au musée, ou une sortie en boîte, et vous aurez dépensé 55 £ dans la journée.

Pourboires et marchandages

Au restaurant, laissez 10 à 15% de pourboire ; le salaire du personnel est générale-

---

- Royal Hospital
- Royal Naval College
- Serpentine Gallery
- Sir John Soane's Museum
- Wellcome Centre for Medical Sciences
- Wellington Museum
- Whitechapel Art Gallery
- William Morris Gallery

L'entrée de la cathédrale Saint Paul et de l'abbaye de Westminster est payante, celle des cathédrales de Southwark et de Westminster sont gratuites. De même, la visite de la plupart des églises londoniennes, y compris les chefs d'œuvres de Wren que sont St Bride's Fleet St et St Stephen Walbrook, ne coûte rien. Rien ne vous sera demandé non plus à l'entrée de l'église romane de St Bartholomew's, de Smithfield ou de Temple Church, édifice circulaire fondée par les Templiers.

Pour écouter de la musique sans vous ruiner, rendez-vous :

- Au foyer du National Theatre
- Dans les parcs, notamment aux Embankment Gardens et St James's Park
- A la terrasse du Barbican Centre, les mercredi et vendredi des mois de juillet et août, à l'heure du déjeuner
- A St Katherine's Dock les jeudi des mois de juillet et août, également à l'heure du déjeuner
- Dans de nombreuses églises de la City (une contribution vous sera peut-être demandée ; reportez-vous au chapitre *Distractions*).

Les nombreux marchés à ciel ouvert permettent de passer d'agréables moments sans débourser le moindre penny (reportez-vous à la rubrique *Marchés* du chapitre *Shopping*)

L'accès aux festivals londoniens est généralement gratuit (reportez-vous à la rubrique *Manifestations annuelles* du chapitre *Renseignements pratiques*). Vous pouvez également assister gratuitement à la relève de la garde !

Aucune contrepartie ne vous sera demandée si vous visitez la House of Commons ou si vous assistez à une session parlementaire. Vous pouvez aussi vous rendre à Old Bailey et aux Royal Courts of Justice pour vous faire une idée du système juridique britannique.

Pour une liste exhaustive de toutes les activités gratuites, vous devrez débourser 3.99 £ pour le London for Free de Ben West (Pan). ■

ment très bas sous prétexte qu'il touche des "tips". Dans certains établissements, il est précisé que le service est compris – dans ce cas, nul besoin de laisser de pourboire.

Les chauffeurs de taxis comptent sur un pourboire (arrondissez aux 50 p supérieurs). En revanche, vous n'êtes pas censé verser un supplément aux conducteurs de "minicars". Si vous empruntez un bateau sur la Tamise, le guide vous demandera de rétribuer ses commentaires ; libre à vous d'accéder ou non à sa demande.

Le marchandage n'est pas de mise en Angleterre, mais rien ne vous empêche de vous renseigner sur les éventuelles réductions consenties aux étudiants, aux jeunes, ou aux détenteurs de cartes d'auberges de jeunesse. Si vous effectuez un achat important (voiture, moto), vous pouvez négocier le prix.

Réductions
La plupart des établissements proposent des réductions aux personnes suivantes :

enfants de moins de 12, 14 ou 16 ans
jeunes de moins de 25 ou 26 ans
étudiants détenteurs de cartes ISIC (sous réserve d'un âge limite)
personnes de plus de 60 ou 65 ans
handicapés
familles

Certains guichets mentionnent la liste des réductions. Pour les autres, n'hésitez pas à demander. Tout au long de ce guide, nous mentionnons deux tarifs (ex : 7/3,50 £) ; le premier prix correspond au tarif plein, le second au tarif réduit.

Ouverture d'un compte bancaire
Ouvrir un compte bancaire n'est pas une mince affaire. Cependant, cette démarche peut s'avérer utile, en particulier si vous comptez travailler. Quel que soit l'établissement, on vous demandera une adresse fixe au Royaume-Uni.

Si vous êtes à même de fournir une lettre de recommandation de votre banque, et quelques-uns de vos précédents relevés, vos démarches seront facilitées. De même,
les détenteurs d'une carte de crédit inspireront davantage confiance.

Les chèques sont très utilisés en Angleterre. Pour valider un règlement par chèque, il faut présenter une carte bancaire magnétique. Optez pour un compte courant rémunéré qui vous donne droit à un chéquier et à une carte bancaire Switch/Delta – elle vous permettra de régler vos achats et de retirer des espèces aux distributeurs.

Taxes et remboursements
La TVA (taxe sur la valeur ajoutée), qui s'élève à 17,5%, est appliquée sur tous les produits et les services, à l'exception des aliments et des livres. Les tarifs pratiqués dans les restaurants incluent la TVA.

Il est parfois possible de se faire rembourser la TVA, ce qui n'est pas négligeable. C'est le cas si vous avez passé moins de 365 jours en Grande-Bretagne pendant les deux années précédant l'achat, ou si vous avez l'intention de quitter l'Union européenne dans les trois mois suivant l'achat.

Tous les magasins ne remboursent pas la TVA. Certains ne pratiquent cette mesure qu'à partir d'un montant minimum (environ 40 £). Sur présentation de votre passeport, un formulaire vous sera remis. Au moment de quitter le territoire britannique, présentez ce formulaire à la douane, ainsi que les marchandises et les reçus (les marchandises exonérées de TVA ne peuvent être expédiées par la poste). Une fois certifié, le formulaire doit être retourné au magasin qui procédera au remboursement, frais de gestion déduits.

Plusieurs entreprises offrent un service de remboursement centralisé (mentionné sur la devanture). Si vous réglez par carte, vous pouvez faire porter le remboursement au crédit de votre compte. Dans la plupart des aéroports, vous avez la possibilité de vous faire rembourser en liquide.

TOURISME D'AFFAIRE
Place commerciale et financière d'envergure mondiale, Londres attire chaque année près de 5 millions de personnes en

voyage d'affaires. Parmi les 500 sociétés européennes les plus importantes, 118 ont leur siège dans la capitale britannique. Ainsi, les plus grands hôtels dépendent largement de cette clientèle et proposent une grande quantité de services : secrétariat, télécopies, e-mail...

Les communications directes avec l'étranger sont plus performantes à Londres que partout ailleurs en Europe. Les aéroports desservent 255 destinations par semaine. Heathrow, l'aéroport international le plus actif du monde, draine 70 millions de passagers par an.

Le deux principaux journaux économiques sont le *Financial Times* (quotidien) et l'*Economist* (hebdomadaire). Vous pouvez également vous procurez des informations auprès de :

London Chamber of Commerce and Industry, 33 Queen St EC4R 1AP (☎ 248 4444 ; fax 489 0391)
Westminster Chamber of Commerce, Mitre House, 177 Regent St W1R 8DJ (☎ 734 2851 ; fax 734 0670)
Bank of England, Threadneedlle St EC2R 8AH (☎ 601 4846 ; fax 601 4356)
Board of Inland Revenue, Somerset House, Strand WC2R 1LB (☎ 438 6622)
British Overseas Trade Board, Department of Trade and Industry, Kingsgate House SW1E6SW (☎ 215 4936 ; fax 215 2853)
Companies House, Crown Way, Maindy, Cardiff CF4 3UX (☎ 01222-388588 ; fax 380900)
Department of Trade and Industry, 1 Victoria St SW1H 0ET (☎ 215 5000 ; fax 8283258)
Confederation of British Industry (CBI), Centre Point, 103 New Oxford St WC1A 1DU (☎ 379 7400 ; fax 240 1578)
London World Trade Centre, International House, 1 St Katherine's Way E1 (☎ 488 2400)
Office of European Commission, 8 Storey's Gate SW1P 3AT (☎ 973 1992 ; fax 973 1900)

Si vous voulez découvrir le quartier d'affaires des Docklands, empruntez le car "Introduction to Docklands" qui vous déposera au London Docklands Visitors Centre, 3 Limehouse, Isle of Dogs E14 9TQ (☎ 512 1111). Ce service gratuit est assuré tous les mercredis à 10h.

Si vous avez besoin d'une traduction, contactez AA Technical and Export Translation (☎ 583 8690 ; métro : Blackfriars). Pour vos travaux de secrétariat, adressez-vous à Typing Overload, 67 Chancery Lane WC2 (☎ 4040 5464 ; métro : Chancery Lane).

A l'origine, l'aéroport de la City fut construit pour répondre aux besoins des "businessmen". Son centre d'affaires offre des services de secrétariat.

POSTE ET COMMUNICATIONS
Poste

Les horaires peuvent varier d'un bureau à l'autre. La plupart ouvrent du lundi au samedi inclus, de 9h à 17h (les centres moins importants ferment à 12h le samedi).

Tarifs postaux. A l'intérieur de l'Angleterre, vous pouvez expédier une lettre en première classe (26 p) ou en seconde (20 p). La "first class" est bien évidemment plus rapide.

Les cartes postales et les lettres (d'un poids inférieur ou égal à 20 g) expédiées en Grande-Bretagne, ou dans un pays de l'Union européenne, coûtent 26 p. Comptez 31 p pour la plupart des autres pays d'Europe, et 63 p pour l'Amérique, l'Australie ou l'Asie.

Le courrier aérien pour les États-unis ou le Canada met généralement moins d'une semaine.

Poste restante. Sauf indication contraire de votre part, le courrier poste restante est adressé au London Chief Office (☎ 239 5047), King Edward Building, King Edward St EC1 (métro : St Paul's ; carte 6). Il est ouvert du lundi au vendredi de 9h à 18h30.

Il est plus pratique de faire expédier votre courrier au bureau suivant : Poste restante, Trafalgar Square Post Office, 24-28 William IV St, London WC2N4DL (métro : Charing Cross ; carte 3). Ce bureau est ouvert tous les jours (sauf dimanche) de 8h à 20h. Conservé un mois, votre courrier vous sera remis sur présentation d'une pièce d'identité. American Express met à la disposition de ses clients un service gratuit de poste restante.

Téléphone

Les fameuses cabines téléphoniques de British Telecom (BT) ne survivent que dans certains quartiers comme Westminster. Vous trouverez davantage de cabines modernes fonctionnant avec des pièces, des cartes téléphoniques ou des cartes bancaires.

Depuis la privatisation de BT, d'autres compagnies se sont lancées sur le marché. Vous trouverez un nombre impressionnant de cabines BT, New World et IPM Communications (Interphone).

Des instructions sont affichées dans les cabines, vous expliquant la marche à suivre. Si vous avez l'intention de téléphoner souvent à l'étranger, mieux vaut acheter une carte téléphonique. Elles sont en vente dans les bureaux de poste et chez les marchands de journaux. Il existe plusieurs cartes ; la plus petite coûte 2 £, la plus grande 20 £. Voici quelques codes utiles :

☎ 0345
 taxation locale
☎ 0500
 appel gratuit
☎ 0800
 appel gratuit
☎ 0891
 plein tarif : 49 p ; tarif réduit : 39 p.
☎ 0990
 taxation nationale

Rappelez-vous que joindre un téléphone portable coûte plus cher – la cabine vous l'indiquera.

Appeler Londres. Les numéros de téléphones londoniens commencent par 0171 ou 0181, suivi d'un numéro à sept chiffres. En général, 0171 indique que l'adresse de votre correspondant est à Londres, 0181 correspondant plutôt au Grand Londres. Sauf indication contraire, les numéros mentionnés dans ce guide doivent être précédés du 0171. N'utilisez ce code que si vous n'êtes pas à Londres. Pour appeler Londres depuis l'étranger, composez le 00 (international), le 44 (Grande-Bretagne), puis le 171 ou le 181, et enfin le numéro à sept chiffres.

> **Changement de code**
> A partir du samedi de Pâques de l'an 2000, il faudra composer le 020 suivi du 7 (à la place du 0171) ou du 8 (à la place du 0181) puis du numéro habituel à 7 chiffres pour joindre un correspondant londonien. ■

Communications locales et nationales à partir de l'Angleterre. Les communications locales sont facturées en fonction de la durée, les nationales en fonction de la distance et de la durée. En semaine, les tarifs réduits s'appliquent avant 8h et après 18h. Le week-end, le tarif réduit entre en vigueur le vendredi à minuit et prend fin le dimanche à minuit.

Pour toutes les renseignements, composez le ☎ 192. Ce numéro est gratuit depuis une cabine téléphonique et coûte 25 p à partir d'un téléphone privé. En cas de problème, composez le 100.

Communications internationales. Composez le 00 suivi de l'indicatif du pays, puis celui de la région (sans le 0), et le numéro de votre correspondant. Vous pouvez joindre la majorité des pays sans passer par un standard international, ce qui revient moins cher. Pour appeler à l'étranger en PCV, composez le ☎ 155. Pour les renseignements internationaux, composez le ☎ 153 (45 p à partir d'un téléphone privé).

Tarifs internationaux. Les communications avec l'étranger (notamment l'Europe, les États-unis et le Canada) sont moins coûteuses entre 20h et 8h. CallShop, une entreprise privée, propose des tarifs internationaux plus compétitifs que BT. Leur bureau, 181a Earls Court Rd (☎ 390 4549 ; carte 8) est ouvert jusqu'à 1h. Celui du 88 Farringdon Rd (☎ 837 7788 ; carte 6) vous accueille jusqu'à 22h.

Vous pouvez téléphoner moins cher grâce à une carte utilisable dans tous les types d'appareils. Cette carte est en vente chez les

CHARLOTTE HINDLE
CHARLOTTE HINDLE 
PAT YALE 
MARK HONAN 
PAT YALE 
PAT YALE 
TOM SMALLMAN 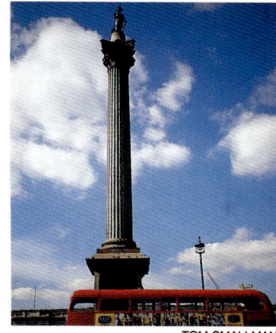

A : en entrant dans la City
B : St Stephen Tower (Big Ben)
C : la tour d'inspiration byzantine de la cathédrale de Westminster
D : toute la convivialité du carnaval de Notting Hill
E : Shot Tower à Chelsea
F : la surprenante flèche de St Bride's dans Fleet Street
G : Nelson's Column, Trafalgar Square

RACHEL BLACK

DOUG McKINLAY

En haut : façade est du palais et jardins de Hampton Court
En bas : Buckingham Palace

marchands de journaux et les épiciers. Comparez les tarifs pratiqués par les différentes entreprises avant de vous décider.

Télécopies, messageries et e-mail
Télécopies. CallShop est l'endroit idéal pour envoyer ou recevoir des télécopies. Comptez 25 p la page pour la réception d'un fax. Un télécopieur BT est installé à Victoria Coach Station.

Messageries. Si vous avez besoin d'envoyer un message urgent à l'étranger, composez le ☎ 0800-190190.

E-mail. Renseignez-vous auprès des cafés Internet mentionnés dans le chapitre *Distractions*.

LIVRES
Londres possède de nombreuses librairies spécialisées dans les guides et les cartes (reportez-vous à la section *Livres* du chapitre *Achats*). En outre, la YHA Adventure Shop, 14 Southampton Row, Covent Garden ; le British travel Centre ; et le London Tourist Board du centre commercial de Victoria Station (reportez-vous à la rubrique *Offices du tourisme*), disposent d'un fonds important.

LONDRES A LIRE
Vous trouverez ci-dessous les références des traductions françaises des ouvrages cités dans les rubriques *Littérature* et *Théâtre* du chapitre *Présentation de la ville*. Nous avons ajouté quelques titres qui nous semblent également mériter l'attention.

Astaire (Lesley)
  Londres avec vue : aspects de la décoration anglaise (Thames & Hudson, 1990)
Amis (Martin)
  London Fields (10-18, 1997)
Ayckbourn, Alan
  Temps variable en soirée (Avant-scène, 1996)
  Pantoufle (Avant-scène, 1970)
Barnes (Julian)
  Metroland (Gallimard, coll. Folio, 1997)
Chaucer (Geoffrey)
  Contes de Cantorbéry (10-18, 1991)
Congreve (William)
  Ainsi va le monde (Actes sud, 1989)
Conrad (Joseph)
  L'agent secret (10-18, 1995). Il existe également une version illustrée (par Miles Hyman) de ce livre (Futuropolis-Gallimard, 1992)
Coward (Noël)
  Week-end : comédie en trois actes (Libr. théâtrale, 1991)
De Quincey (Thomas), *Les Confessions d'un mangeur d'opium anglais* (Gallimard, coll. Idées, 1975)
Dickens (Charles)
  Les Aventures d'Oliver Twist (Gallimard, coll. Folio, 1973)
  Le Magasin des antiquités (Gallimard, coll. la Pléiade)
  La Petite Dorrit (Gallimard, coll. la Pléiade, 1970)
Doré (Gustave)
  Londres (Arbre verdoyant, 1984)
Evette (Jean-Baptiste)
  Jordan Fantosme (Gallimard, 1997)
Frayn (Michael)
  Le bonheur des autres (Actes sud, 1995)
Gay, (John)
  L'Opéra des gueux (Arche, 1984)
Headley (Victor)
  Yardie (Éd. de l'Olivier, 1997)
Hornby (Nick)
  Haute fidélité (Plon, 1997)
  Fever Pitch (traduction prévue chez Plon au printemps 98)
Jacobs (Edgar Pierre)
  Les aventures des très british *Blake et Mortimer* sont édités par Blake et Mortimer (Éditions SA)
Jerome (Jerome K.)
  Trois hommes dans un bateau (Flammarion, coll. GF, 1990)
Jonson (Ben)
  La Foire de la Saint-Barthélémy (Leméac, 1994)
Kureishi (Hanif)
  Black Album (10-18, 1997)
  Le Bouddha de banlieue (10-18, 1993)
Keats (John)
  Poèmes et poésies (Gallimard, 1996)
  Seul dans la splendeur (la Différence, 1990)
Marlowe (Christopher)
  Le Docteur Faust (Flammarion, Coll. GF, 1997)
Mc Innes (Colin)
  Les Blancs-becs (Gallimard, 1964)
McLiam (Robert Wilson)
  Ripley Bogle (Bourgois, 1996)
Lessing (Doris)
  La Cité promise (LGF, 1990)
Orwell (George)
  Dans la dèche à Paris et à Londres (Ivrea, 1993)
Pepys (Samuel)
  Journal (Robert Laffont, coll. Bouquins, 1970)
Pinter (Harold)
  Le Retour (Gallimard, 1985)
Shanes (Eric)
  Londres impressionniste (Abbeville, 1994)
Shakespeare (William)
  On trouve la plupart des œuvres du *Théâtre* de Shakespeare en collection de poche, entre autres, chez Actes sud, Le Livre de Poche, Gallimard et Flammarion
Shaw (Bernard)
  Pygmalion (Arche, 1993)
  Sainte Jeanne (Arche, 1992)
  Androclès et le Lion (Arche, 1982)
Sheridan (Richard Brinsley)
  L'École de la médisance (Aubier, 1992)
Upstone (Robert)
  Chefs-d'œuvre de la Tate Gallery : Londres (Abbeville, 1996)
Vanbrugh, John
  L'Épouse outragée (Aubier, 1981)
Wilde (Oscar)
  Il importe d'être constant (Pocket, 1992)
  L'Éventail de lady Windermere (Ressouvenances, 1993)

Lonely Planet
Lonely Planet publie également les guides *Britain* et *Walking in Britain* (en anglais).

Librairies de voyage
Vous trouverez également un vaste de choix de cartes et de documentation aux librairies suivantes :

Ulysse, 26, rue Saint-Louis-en-l'Île, 75004 Paris, ☎ 01 43 25 17 35 (fonds de cartes exceptionnel)
L'Astrolabe, 46, rue de Provence, 75009 Paris, ☎ 01 42 85 42 95 et 14, rue Serpente, 75006 Paris, ☎ 01 46 33 80 06
Au vieux Campeur, 2, rue de Latran, 75005 Paris, ☎ 01 43 29 12 32
Itinéraires, 60, rue Saint-Honoré, 75001 Paris, ☎ 01 42 36 12 63, Minitel 3615 Itinéraires, http://www.itineraires.com
Planète Havas Librairie, 26, avenue de l'Opéra, 75001 Paris, ☎ 01 53 29 40 00
Voyageurs du monde, 55, rue Sainte-Anne, 75002 Paris, ☎ 01 42 86 17 38
Hémisphères, 15, rue des Croisiers, 14000 Caen, ☎ 02 31 86 67 26
L'Atlantide, 56, rue St-Dizier, 54000 Nancy, ☎ 03 83 37 52 36
Les cinq continents, 20, rue Jacques-Cœur, 34000 Montpellier, ☎ 04 67 66 46 70
Magellan, 3, rue d'Italie, 06000 Nice, ☎ 04 93 82 31 81
Ombres blanches, 50, rue Gambetta, 31000 Toulouse, ☎ 05 61 21 44 94.

Au Canada

Ulysse, 4, bd René Lévesque Est, Québec G1R2B1 (☎ 529-5349)

Librairies spécialisées
Brentano's (☎ 01 42 61 52 50 ; fax 01 42 61 07 61), 37 av. de l'Opéra, 75002 Paris et *WH Smith* (☎. 01 42 61 58 15 ; fax 01 42 96 83 71), 248 rue de Rivoli, 75001 Paris, disposent d'un fonds important d'ouvrages en langue anglaise.

JOURNAUX ET MAGAZINES
Journaux
Le *Sun*, le *Mirror*, le *Daily Star* et le *Sport* constituent la presse londonienne populaire. Les tabloïds conservateurs, le *Daily mail* et le *Daily Express* sont de qualité moyenne. *The European* s'efforce honorablement de relier les Britanniques au continent.

Le *Telegraph* est principalement lu par des personnes âgées. Le *Times*, l'influent journal conservateur, publie une rubrique voyage intéressante. *The Independant* tente de ne pas renier son nom. Journal de la gauche modérée, le *Guardian* est lu par ceux qui aiment les débats d'idées. Les pages voyages les plus passionnantes paraissent dans le *Telegraph* et l'*Independent*.

Presque tous les quotidiens britanniques ont une édition du dimanche. C'est une véritable institution. Le *Sunday Times* est l'un des plus gros tirage du pays. L'*Observer* a été récemment acheté par le *Guardian*.

L'*Evening standard* est le journal londonien par excellence. Marqué à droite comme la plupart de ses confrères, il sait adopter des positions radicales lorsque le sort de la capitale est en jeu. Jetez un coup d'œil dans ses rubriques "restaurants" et "spectacles".

Chaque district londonien possède son propre journal, souvent distribué gratuitement. *Ham & High*, de Hampstead et Highgate, est l'un des meilleurs.

Les kiosques de Victoria Station, Charing Cross Rd, Old Compton St, et ceux de Queensway vendent des journaux étrangers.

Magazines
Le célèbre hebdomadaire *Time Out* date des années 70. Si vous envisagez d'aller au cinéma, au théâtre ou au concert, tâchez de vous le procurer. La sélection des restaurants et des boutiques est de bonne qualité *Time Out* est vendu dans de nombreuses librairies ainsi que dans tous les kiosques.

Il existe à Londres toutes sortes de magazines spécialisés. Adressez-vous aux marchands de journaux des principales stations de métro. Le journal *TNT*, disponible gratuitement à l'extérieur des stations de métro, peut être utile si cherchez un vol bon marché par exemple. Les autres journaux gratuits sont de qualité variable. Toutefois, *Midweek* regorge d'offres d'emploi.

RADIO ET TÉLÉVISION
Radio
Le réseau de la BBC compte plusieurs radios dont Radio 1 (98.8 FM), la fré-

quence préférée des jeunes pour le pop. Plus nostalgique, Radio 2 (89.1 FM) programme des tubes des années 60, 70 et 80.

Radio 3 (91.3 MW) est la station classique. Radio 4 (198 LW, 720 MW et 93.5 FM) diffuse des pièces de théâtre, des bulletins d'informations, et des sujets d'actualité. En semaine, de 6h à 9h, Radio 4 propose la très populaire émission *Today*. Sur Radio 5 Live ou Radio Bloke (693 AM), vous entendrez l'actualité sportive et générale. Enfin, le World Service (648 AM) assure une excellente couverture des événements mondiaux.

Citons quelques autres radios, privées celles-ci : Virgin (1215 AM, 105.8 FM), la station pop, et Classic FM (100.9 FM).

Si vous aimez la soul et la dance, branchez-vous sur Kiss FM (100 FM) ou encore Choice FM (96.9 FM).

Si vous préférez le jazz, votre radio sera Jazz FM (102.2 FM). Lancée à grand renfort de publicité, Talk radio (1053 AM) est une version sonore des tabloïds. LBC (1152 AM), quant à elle, donne moins dans le sensationnel.

Radios londoniennes, Capital FM (95.8 FM) est une version privée de Radio 1, et Capital Gold (1548 FM) passe des tubes des trente dernières années. Les animateurs de GLR (94.9 FM) adorent parler de leur ville.

Mentionnons également la toute dernière XFM (104.9 FM), qui se distingue par une programmation originale.

Télévision

On dit souvent que la télévision anglaise est la meilleure du monde. C'est à vous de juger ! Vous verrez un savant mélange d'émissions locales, d'importations américaines, de feuilletons sentimentaux, de sitcoms stupides, de jeux, etc.

Il existe cinq chaînes : BBC1 et BBC2 (chaînes publiques sans publicité) ; ITV, Channel 4 et Channel 5 (stations privées). Ces cinq chaînes sont en compétition avec BSkyB, la chaîne satellite de Rupert Murdoch, qui propose des émissions d'une qualité souvent médiocre.

Réservez vos places !
Si vous voulez assister à l'enregistrement de votre émission télévisée préférée, envoyez une enveloppe affranchie où figure votre adresse à BBC Ticket Unit, Room 301, Television Centre, Wood Lane, London W12 7RJ. Pour une émission de ITV, LWT ou Carlton, écrivez à Ticket Unit, London Television Centre, Upper Ground, London SE1.

Les tickets sont gratuits mais les émissions les plus demandées affichent complet un an à l'avance.

Si vous préférez assister à l'enregistrement d'une émission de la BBC, envoyez une enveloppe affranchie libellée à votre adresse à BBC Radio Ticket Unit, Broadcasting House, London W1A 4WW. ■

INTERNET

En nombre de sites, la Grande-Bretagne est le deuxième pays du monde après les États-Unis. Beaucoup de sites intéresseront les cybervoyageurs. Le site web de Lonely Planet (www.lonelyplanet.com) permet d'accéder rapidement à une foule de serveurs proposant des informations générales.

Nous vous conseillons de commencer par vous connecter au site web de Time Out (www.timeout.co.uk).

La plupart des lieux touristiques sont sur Internet : le Science Museum (www.nmsi.ac.uk), Buckingham Palace (www.royal.gov.uk), le British Museum (www.britishmuseum.ac.uk), etc. Le Commonwealth Institute dispose également d'un site (www.commonwealth.org.uk).

Pour obtenir des informations concernant les expositions et les galeries d'art, essayez le www.artefact.co.uk.

Si vous souhaitez des renseignements sur les services National Express, connectez vous au www.nationalexpress.co.uk. Vous pouvez payer par carte bancaire *via* ce site. Tout ce qui concerne l'Eurostar est sur www.eurostar.com/eurostar/.

Ces adresses peuvent bien entendu changer. Le site Lonely Planet vous permettra de le vérifier, comme les sites Lycos (www.lycos.com) et Yahoo (www.yahoo.com). Toutes les adresses mentionnées doivent être précédées du préfixe http ://.

PHOTOS ET VIDEO
Si vous achetez des cassettes vidéo en Grande-Bretagne, n'oubliez pas de vérifier le standard de votre magnétoscope VHS (PAL, SECAM).

Pellicules et matériel
Vous trouverez facilement de la pellicule photo (les diapositives sont assez difficiles à obtenir). Adressez-vous à un magasin spécialisé ou bien rendez-vous chez Boots, High St. La pellicule 36 poses coûte 4,30.£ (100 ISO) ou 5 £ (400 ISO). Si vous utilisez des diapositives, choisissez une formule comprenant le développement, plus économique. Comptez 7 £ le rouleau de 36 poses (100 ISO) et 10,50 £ pour une pellicule de 400 ISO. Les magasins Jessop consentent des rabais à partir de 10 rouleaux de pellicule. Ils sont installés au 11 Frontgnal Parade NW3 (☎ 794 8786) et au 67 New Oxford St WC1 (☎ 240 6077).

Photos
Par temps couvert, les émulsions à haute sensibilité (200 ou 400 ISO) sont conseillés. En été, mieux vaut prendre vos photos en début de matinée ou en fin d'après-midi, lorsque la luminosité n'est pas trop forte.

Sur de nombreux sites touristiques, on vous fera payer le droit de photographier ; parfois, on vous interdira tout bonnement de le faire.

Rayons X
Dans les aéroports britanniques, vous devrez passer votre appareil photo aux rayons X. Cette opération est censée ne pas abîmer la pellicule mais, pour éviter de désagréables surprises, mieux vaut la conserver dans un sac protégé contre les rayons.

HEURE LOCALE
Il y a un siècle, le soleil ne se couchait jamais sur l'Empire britannique ; voilà pourquoi Londres (ou plus précisément Greenwich) est longtemps resté le centre de l'univers pour de nombreux Anglais. Tous les fuseaux horaires sont d'ailleurs déterminés par rapport à ce fameux méridien.

Aux beaux jours (de fin mars à fin octobre), les horloges anglaises avancent d'une heure par rapport à l'heure GMT. Pour plus de détails, appelez le ☎ 155.

ÉLECTRICITÉ
Le courant alternatif (240 volts/50Hz) est disponible partout en Grande-Bretagne, mais les prises sont à trois fiches – pensez donc à vous procurer des adaptateurs.

BLANCHISSAGE/NETTOYAGE
Dans chaque rue se trouve une laverie (souvent assez déprimante). Comptez en moyenne 1,60 £ le lavage, et de 60 p à 1 £ le séchage. Voici quelques adresses : Forco, 60 Parkway, Camden Town ; Bendix, 395 King's Rd, Chelsea ; et Notting Hill Laundrette, 12 Notting Hill Gate.

POIDS ET MESURES
Théoriquement, la Grande-Bretagne a adopté le système métrique, mais le système impérial a encore de beaux jours devant lui. Les distances sont toujours exprimées en miles, yards, feet (pieds) et inches (pouces).

La plupart des liquides sont exprimés en litres, à l'exception du lait et de la bière (pintes). Reportez-vous à la table de conversion placée en fin d'ouvrage.

SANTÉ
Vous ne risquez pas grand chose en vous rendant à Londres. Faites un peu attention à ce que vous mangez, et vous ne souffrirez d'aucun problème particulier. De légers troubles gastriques peuvent néanmoins apparaître, dus probablement au changement d'habitudes alimentaires.

L'eau du robinet est potable, il est donc inutile de se ruiner en eau minérale. Un séjour en Grande-Bretagne n'exige aucun vaccin préalable. Quant à la fameuse viande de bœuf britannique, nous vous laissons libre de décider. Fin 1997, le gouvernement a interdit la vente de la viande de bœuf avec os, donc les côtes et les T-bone. La viande de bœuf importée (d'Irlande, de France ou des États-Unis) n'est en revanche pas concernée par cette interdiction.

En cas d'urgence, des accords bilatéraux permettent à certains ressortissants étrangers de bénéficier de soins médicaux gratuits et d'une prise en charge des soins dentaires dans le cadre du National Health Service (NHS). Vous pouvez recourir aux services des urgences des hôpitaux, ainsi qu'aux médecins généralistes et aux dentistes (consultez les pages jaunes de l'annuaire téléphonique).

Toujours en cas d'urgence, les ressortissants de l'Union européenne peuvent également bénéficier de la gratuité des soins sur présentation du formulaire E111. Renseignez-vous auprès de votre centre de sécurité sociale ou de votre agence de voyage. Le NHS ne prenant pas en charge les autres frais (rapatriement), il conseillé de souscrire une assurance voyage.

Les pharmaciens peuvent vous conseiller des médicaments. La liste des établissements de garde est affichée sur la devanture des pharmacies et publiée dans les journaux. Inutile de partir avec un trop grand nombre de médicaments ; vous pourrez aisément vous les procurer ou même vous les faire prescrire.

Pour obtenir les coordonnées d'un médecin ou d'un hôpital, consultez l'annuaire ou composez le ☎ 100 (appel gratuit). En cas d'urgence, appelez une ambulance au ☎ 999 (appel gratuit).

Pour des d'informations complémentaires, vous pouvez joindre la Healthline au ☎ 0345-678444 ; des opérateurs répondront à vos questions du lundi au vendredi de 10h à 17h.

Services médicaux

Les hôpitaux suivants assurent un service d'urgences 24h/24 :

Guy's Hospital
St Thomas St SE1 (☎ 955 5000 ; métro : London Bridge ; carte 6)

University College Hospital
Grafton Way WC1 (☎ 387 9300 ; métro : Euston Square ; carte 5)
Charing Cross Hospital
Fulham Palace Rd W6 (☎ 0181-846 1234 ; métro : Homerton BR)
Hackney and Homerton Hospital
Homerton Row E9 (☎ 0181-919 5555 ; métro : Homerton BR)
Royal Free Hospital
Pond St NW3 (☎ 794 0500 ; métro : Belsize Park ; carte 11)
Royal London Hospital
Whitechapel Rd E1 (☎ 377 7000 ; métro : Whitechapel)

En cas d'urgence dentaire, appelez le Dental Emergency Care Service (☎ 955 2186), ou l'Eastman Dental Hospital (☎ 837 3646), 256 Gray's Inn Rd WC1 (métro : Chancery Lane).

Plusieurs agences de voyages proposent des services médicaux à des prix très variables ; Trailfinders (☎ 938 3999), 194 Kensington High St W8 (carte 8), dispose d'un centre de soin. L'International Medical Centre (☎ 486 3063) possède deux dispensaires, dont l'un au siège de Top Deck (Deckers), 131 Earl's Court Rd SW5 (carte 8). Nomad (☎ 0181-889 7014), 3-4 Wellington Terrace, Turnpike Lane N8, vend du matériel médical et reçoit les patients le samedi.

Sida

En appelant la National AIDS Helpline (☎ 0800-567123), vous obtiendrez assistance et conseils. Vous pouvez également contacter Terrence Higgings Trust (☎ 242-1010). Body Positive (☎ 373 9124) assiste les personnes séropositives.

TOILETTES PUBLIQUES

L'hygiène des toilettes publiques du centre-ville laisse à désirer. En revanche, les toilettes des gares et des monuments sont généralement propres, et le plus souvent accessibles aux jeunes enfants et aux personnes à mobilité réduite. Dans les gares, vous devez payer 20 p pour les toilettes et environ 3 £ pour la douche. L'accès aux toilettes aménagées dans la rue (Leicester

Square) est également payant. En théorie, uriner dans la rue est un délit (vous risquez d'être arrêté pour attentat à la pudeur).

De nombreux WC destinés aux handicapés sont accessibles avec une clef fournie par les offices de tourisme. Vous pouvez également l'obtenir en adressant un chèque ou un mandat postal de 2,50 £ à RADAR (reportez-vous plus loin à la rubrique *Voyageurs handicapés*).

SEULE EN VOYAGE
Entourez-vous des précautions que l'on a coutume de prendre dans les grandes villes, et vous ne devriez par rencontrer de problème majeur.

Attitudes envers les femmes
A part d'imprévisibles dérapages (notamment dans le métro), les femmes seules devraient pouvoir profiter pleinement de leur séjour. Rien ne vous empêche d'aller seule dans un pub, mais l'expérience peut ne pas être très agréable. Certains restaurants, fort heureusement en voie de disparition, continuent de placer les femmes seules près des toilettes.

Quelques précautions
Il est bien entendu moins sûr de se promener seule la nuit. Dans le métro, évitez de monter dans une voiture vide (ce conseil vaut également pour les hommes). Certaines lignes comme la Northern Line n'inspirent pas confiance. C'est également vrai pour des lignes du sud-est de la capitale. La nuit, si vous pouvez vous le permettre, offrez-vous un taxi.

Les préservatifs sont en vente dans les toilettes publiques. Vous pouvez aussi vous en procurer dans les pharmacies et les stations-service. La pilule est uniquement vendue sur ordonnance ; même chose pour la pilule du lendemain (efficace jusqu'à 72 heures après les rapports).

Organisations
Well Women Clinic se trouve à Marie Stopes House (☎ 388 0662), 108 Whitfield St W1. Vous pouvez les joindre pour des questions concernant la contraception et la grossesse (☎ 388 4843).

Le Rape Crisis Centre s'occupe des femmes victimes de viol (☎ 914 5466). Le centre est ouvert de 6h à 22h en semaine, et de 10h à 22h le week-end.

COMMUNAUTÉ HOMOSEXUELLE
L'homosexualité est bien acceptée en Grande-Bretagne. Londres ne manque pas d'adresses gay. Les homosexuels n'ont plus à se cacher (ce qui était tout à fait inconcevable il y a une vingtaine d'années). Des membres du gouvernement affichent même leur homosexualité, c'est le cas de Christ Smith, ministre de la culture. Ceci étant, la tolérance n'est pas la qualité la mieux partagée au monde. Ouvrez des journaux comme le *Sun*, le *Mail* ou le *Telegraph* pour vous en convaincre. Évitez tout de même les effusions en dehors de certains quartiers comme Soho.

Légalement, il faut avoir atteint sa majorité (18 ans) pour consentir à une relation homosexuelle. Néanmoins, l'âge légal devrait être rabaissé à 16 ans dans un avenir proche.

Pour les adresses gay, reportez-vous à l'encadré du chapitre *Distractions*.

Informations et organismes spécialisés
Pour connaître la liste des activités, consultez *The Pink paper*, *Boyz*, ou *Gay Times* (2 £). Vous pouvez vous procurer ces guides au Gay's The Word (☎ 278 7654), 66 Marchmont St, tout près de la ligne de métro Russell Square.

Vous trouverez des informations pratiques dans le 24-hour Lesbian and Gay Switchboard (☎ 837 7324). Le numéro de téléphone de la London Lesbian Line est le ☎ 251 6911 (uniquement les lundi et vendredi de 14h à 22h et les mardi et jeudi de 19h à 22h).

VOYAGEURS HANDICAPÉS
Les immeubles récents sont généralement accessibles aux handicapés. Les grands hôtels et les sites touristiques modernes leur sont également faciles d'accès. Cepen-

dant, la majorité des B&B et des auberges sont installés dans de vieux immeubles, et ils n'ont pas toujours la possibilité de se conformer aux normes. Autrement dit, les voyageurs handicapés devront prévoir un budget logement assez important.

Il en est de même pour les transports en commun. Les derniers modèles d'autobus et de train disposent la plupart du temps de marches automatiques. Il est toutefois préférable de s'assurer de l'existence de ces équipement avant le départ. Pour mieux vous conseiller, les transports en commun londoniens mettent à votre disposition un numéro, le ☎ 918 3312. Ils publient également la brochure *Access to The Underground* qui vous indique les stations équipées d'escalators et d'ascenseurs (les stations portant la mention DLR le sont généralement). Pour recevoir une copie de cette brochure avant votre départ, vous pouvez écrire au London Transport Unit for Disabled Passengers, 172 Buckingham Palace Rd SW1 W9TN. Enfin, les supermarchés et les attractions touristiques réservent parfois aux handicapés des places de stationnement près de l'entrée.

De nombreux guichets sont équipés d'un dispositif pour malentendants, signalé par un symbole représentant une oreille. La loi de 1995 relative à la discrimination des personnes handicapées (Disability Discrimination Act) interdit de se fonder sur des critères physiques dans le cas d'une embauche ou d'un service. Lors de la prochaine décennie, tous les obstacles devraient être levés pour améliorer la situation des utilisateurs de chaises roulantes.

Pour de plus amples détails, veuillez consulter *Access in London* par Couch, Forrester et Irwin (Quiller, 7.95 £). En ce qui concerne l'accès aux chaises roulantes, contactez Artsline ☎ 388 2227.

Informations et organismes spécialisés
Si vous souffrez d'un handicap, prenez contact avec votre organisme national d'aide, et renseignez-vous sur les voyages à Londres. Vous pourrez ainsi vous adresser à des agents touristiques spécialisés.

La Royal Association for Disability and Rehabilitation (RADAR) publie *Access in London* (4,10 £), dont nous vous conseillons la lecture. Pour prendre contact avec cet organisme, adressez-vous à Unit 12, City Forum, 250 City Rd, London EC1V 8AF, (☎ 250 3222).

Il existe également un service d'aide : The Holiday Care Service (☎ 01293-774535), 2 Old Bank Chambers, Station Rd, Horley, Surrey RH69HW. Ce service édite le *Guide to Accessible Accommodation and Travel* pour la Grande-Bretagne (5,95 £).

La société des chemins de fer britanniques (British Rail) a édité une carte à l'intention des handicapés (16 £), qu'il n'est malheureusement pas facile d'obtenir. Il faut en effet se procurer un formulaire (adressez votre demande à TRMC CP 328, 3rd floor, The Podium, 1 Eversholt St, London, NW1 1DN), le remplir, puis le renvoyer au bureau chargé de la délivrance des cartes (Disabled Person's Railcard Office, PO Box 1YT, Newcastle upon Tyne, NE99 1YT).

La Corporation of London édite une brochure contenant des conseils pour les conducteurs handicapés. Pour en obtenir un exemplaire, téléphonez au ☎ 332 1548.

LONDRES POUR LES ENFANTS
En dépit de la foule, de la circulation et de la pollution, Londres dispose d'un nombre important d'attractions pour les enfants. Nous vous recommandons les suivantes :

- Battersea Park Children's Zoo
- Bethnal Green Museum of Childhood
- Brass Rubbing Centre, St Martin-in-the-Fields
- Coram's Fields' Children's Play Area
- London Aquarium
- London Dungeon, London Bridge (déconseillé pour les plus jeunes)
- London Toy & Regent's Park
- Madame Tussaud's et le Planetarium, Baker St
- Museum of the Moving Image, South Bank
- Natural History Museum (notamment la galerie des dinosaures)
- Pollock's Toy Museum
- Les galeries souterraines du Science Museum
- Segaworld dans le Trocadero Centre, Leicester Square (conseillé pour des enfants plus âgés)
- Tour de Londres

Pour plus de détails et pour connaître les prix et les horaires d'ouverture, reportez-vous aux principales rubriques du chapitre *A voir et à faire*. L'office du tourisme de Londres met également à votre disposition 24/24h une ligne téléphonique concernant les activités pour enfants (☎ 0839-123404). Le magazine *Time Out* publie un supplément bimensuel *Kids Out* (1,75 £) destiné aux parents en quête d'activités pour leurs enfants.

Par ailleurs, il existe plusieurs théâtres pour enfants à Londres. Citons le Polka Theatre for Children (☎ 0181-543 4888), 240 The Broadway SW19 (métro : Wimbledon South) ; l'Unicorn Theatre for Children (☎ 836 3334), 6 Great Newport St WC2 (métro : Leicester Square), ou encore Little Angel Theatre (☎ 226 1787), 14 Dagmare Passage N1 (métro : Angel).

Il existe également des hôtels réservés aux enfants, comme le *Pippa's Pops-Ins* (reportez-vous au chapitre *Où se loger*).

Voici les adresses de quelques parcs de loisirs : Chessington World of Adventures, Legoland Windsor, Whipsnade Wild Animal Park ainsi que Woburn Safari Park (voir le chapitre *Excursions*).

ORGANISMES A CONNAÎTRE

Si vous avez l'intention de voyager à travers toute l'Angleterre et que vous vous intéressez aux monuments historiques, nous vous recommandons de vous inscrire à l'English Heritage ou au National Trust, deux associations à but non lucratif qui se consacrent à la protection de l'environnement et s'occupent d'une centaine de sites réputés.

English Heritage
  Les droits d'entrée aux propriétés affiliées à English Heritage (EH) sont de l'ordre de 2 £. L'adhésion coûte 20 £ et permet un accès gratuit aux sites et 50% de réduction pour les monuments historiques écossais et gallois. Vous recevrez par ailleurs un excellent guide et une carte. Vous pouvez adhérer à cette association dans les principaux sites touristiques.
National Trust
  Pour les non membres, l'accès aux propriétés gérées par le National Trust (NT) coûte environ 1 £. L'adhésion coûte 26 £ (13 £ pour les moins de 23 ans) et donne libre accès aux propriétés anglaises, galloises, écossaises et nord-irlandaises gérées par le NT. Vous aurez également droit à un guide et une carte. L'adhésion peut s'effectuer dans la plupart des sites touristiques. Il existe un accord de réciprocité avec le National Trust canadien, ce qui permet une adhésion à prix réduit.
Great British Heritage Pass
  Cette carte vous donne accès aux propriétés gérées par le National Trust et l'English Heritage, ainsi qu'à certaines propriétés privées dont le prix d'entrée est élevé. Une carte valable une semaine coûte 25 £ ; deux semaines, 36 £ ; un mois, 50 £. Elles sont disponibles à l'étranger auprès de votre agence de voyages, des bureaux de change Thomas Cook, ou du British Travel Centre de Londres.
Globetrotters Club
  Si vous désirez rencontrer d'autres voyageurs, il est conseillé de rejoindre le Globetrotters qui organise des réunions tous les deuxièmes samedi du mois à la Friends Meeting House, 52 St Martin's Lane WC1 (carte 3), à 15h30. Le droit d'entrée s'élève à 2,5 £.

En France. Le British Council (☎ 01 49 55 73 00), 9 rue de Constantine, 75007 Paris, est le service culturel de l'ambassade de Grande-Bretagne. Contactez-le si vous souhaitez effectuer des études outre-Manche. Il comprend également une bibliothèque.

BIBLIOTHÈQUES

La principale bibliothèque de Londres est la British Library, qui vient juste d'emménager dans ses nouveaux locaux de St Pancras. Hélas, elle n'est pas ouverte au public. Pour y accéder, envoyez une demande de laissez-passer auprès de la British Library Référence Division, Great Russell St WC1B 3DG.

La Westminster Central Référence Library (☎ 798 2036), 35 St Martin's St (métro : Charing Cross) est plus facile d'accès et permet la consultation sur place des fonds des bibliothèques locales. Reportez-vous à l'annuaire téléphonique pour connaître la bibliothèque la plus proche de votre lieu de résidence.

Le British Council dispose d'une bibliothèque gratuite située au 10 Spring Gardens SW1 (☎ 389 4989). La Chambre de commerce et d'industrie possède une bibliothèque spécialisée : The Chamber of Commerce and Industry Reference Library, 33 Queen St EC4 (☎ 248 4444).

DÉSAGRÉMENTS ET DANGERS
Délinquance
Si l'on considère la taille de Londres et les différences de niveau de vie entre les populations, la capitale britannique demeure une ville très sûre. Vous devez cependant rester vigilant dans les lieux publics, terrains de prédilection des pickpockets. Mettez votre sac en bandoulière et gardez-le devant vous ; ne le quittez jamais des yeux ; évitez de le poser par terre dans les bars ou les pubs ; ne mettez jamais votre portefeuille dans la poche arrière de votre pantalon, etc.

Des mesures de précaution particulières s'imposent la nuit. Si vous utilisez le métro, évitez les rames vides et certaines stations désertes de banlieue. Les bus et les taxis restent des moyens plus sûrs.

Faites particulièrement attention à l'argent, aux passeports, aux pièces d'identité et aux billets d'avion ou de train. Rangez le tout dans une pochette que vous glisserez sous votre chemise ou dans une banane. Utilisez votre propre cadenas si vous résidez dans une auberge. Prenez garde dans les hôtels ; ne laissez jamais traîner des objets de valeur dans une chambre, ni dans une voiture. En cas de vol, prévenez la police et faites une déposition (l'assurance vous l'exigera). Les vols d'objets à l'intérieur des voitures ne sont généralement pas pris en charge.

Circulation
Les coursiers à motos sont un véritable danger public. Adeptes du baladeur, faites particulièrement attention en traversant les rues. N'oubliez pas qu'en Angleterre, les voitures roulent à gauche.

Terrorisme
La signature d'un accord de cessez-le-feu entre l'IRA (Armée républicaine irlandaise) et le gouvernement permet d'espérer un règlement du conflit. Cependant, mieux vaut connaître les règles élémentaires de sécurité : ne vous séparez jamais de vos bagages, vous risqueriez de déclencher une alerte à la bombe (le service de sécurité serait alors en droit de les détruire) ; si vous remarquez un paquet suspect, restez calme et alertez les services de sécurité ; prêtez-vous aux mesures de contrôle (ouverture des sacs à l'entrée de certains lieux publics), etc.

Au moment de la rédaction de cet ouvrage, les consignes des gares britanniques fonctionnaient normalement. La situation peut néanmoins changer pour raison de sécurité.

Objets trouvés
La majorité des objets égarés dans les autobus et le métro sont envoyés au bureau des objets trouvés : The London Regional Transport's Lost Property Office, 100 Baker St, NW1 5RZ. Vous pouvez récupérer vos affaires du lundi au vendredi de 9h30 à 14h. On vous facturera 2 £ par objet (1 £ si vous le retirez au dépôt des autobus).

Les objets oubliés dans le métro peuvent également être envoyés aux principaux terminus. Pour récupérer un objet, vous devrez payer une taxe correspondant à sa valeur.

Si vous oubliez un article à bord des taxis, composez le ☎ 833 0996.

Rabatteurs
Les rabatteurs travaillent la plupart du temps dans les principales stations de métro (Earl's Court, Liverpool St et Victoria). Ils proposent aux touristes des hôtels ou des auberges. S'ils s'offrent de vous déposer, refusez (vous pourriez vous retrouver à mille lieues de l'endroit voulu).

N'acceptez jamais de prendre un taxi qui ne possède pas de licence ; il vous ferait tourner en rond puis vous demanderait une somme exorbitante. Utilisez les taxis, munis de compteurs, ou bien téléphonez à une société de taxi et demandez le prix de la course.

Aux endroits les plus touristiques, il peut arriver qu'on vous propose de vous photographier. Si l'individu ne disparaît pas avec votre appareil, il vous réclamera de l'argent en échange du service rendu.

Chaque année, de nombreux touristes étrangers sont victimes des clubs de striptease et des bars à hôtesses de Soho. On ne les y entraîne que pour les dépouiller de sommes vertigineuses (les choses tournent mal s'ils refusent de payer).

Les arnaques aux jeux de cartes sont peu à peu remplacées par de non moins malhonnêtes ventes aux enchères. Méfiez-vous des tracts annonçant des ventes (appareils électroménagers ou autre) à des prix "incroyables" : perdu dans des salles remplies d'objets de valeur, vous seriez contraint de miser sur des articles dissimulés dans des sacs, et vous finiriez par payer très cher des objets de peu de valeur.

Mendicité

Ville riche, Londres connaît cependant la misère. Nous n'avons pas de conseils à donner quant à l'attitude à avoir à l'égard des personnes qui mendient. Si vous leur tendez une pièce, évitez tout de même de la sortir d'un portefeuille rempli de billets (gardez toujours un peu de monnaie dans une poche). Cependant, il est peut-être plus utile de faire un don à une association caritative reconnue.

Shelter (☎ 253 0202), 88 Old St EC1, est une association qui se consacre aux plus démunis. Vous pouvez également acheter *The Big Issue* (80 p). Cet hebdomadaire est distribué par des vendeurs ambulants qui touchent un pourcentage sur les ventes.

Racisme

En général, la tolérance règne, mais nul ne peut prétendre que Londres soit exempt de problèmes liés au racisme. Ce phénomène existe dans les zones les plus démunies de la ville, telles que Tower Hamlets.

Ordures

Des touristes sont régulièrement choqués par la saleté de certaines rues – des poubelles ont été condamnées pour d'évidentes raisons de sécurité liées aux attentats. Cette situation n'explique pas tout, et l'on peut penser que les Londoniens ne sont pas très soucieux de la propreté de leur ville.

PROBLÈMES JURIDIQUES
Drogue

Bien que la détention de stupéfiants soit illégale, on peut trouver toutes sortes de drogues à Londres, surtout dans les boîtes de nuit où l'ecstasy occupe une place de choix. Un rapport récent montre que 87% des personnes fréquentant les discothèques avaient l'intention d'y consommer de la drogue. A toutes fins utiles, rappelons que plusieurs cas de décès liés à la consommation d'ecstasy ont déjà été relevés en Angleterre, la qualité du produit ne pouvant être testée comme cela se fait à Amsterdam. Considérée comme un délit, la détention d'une petite quantité de cannabis donne lieu à une amende ou à un avertissement. S'il s'agit d'autres types de drogues, la sanction est plus sévère.

La majorité des crimes commis à Londres sont liés au trafic de drogues. Ne vous mêlez surtout pas à ce type de trafic.

Infractions routières

La conduite en état d'ivresse est plus sévèrement punie qu'autrefois. Il est théoriquement permis de rouler avec un taux d'alcoolémie de 0,35g/litre, mais il semble que la limite soit réduite à un verre. Mieux vaut ne rien boire si vous comptez prendre le volant.

En Angleterre, la vitesse autorisée est de 30 mph (miles/heure) en ville (soit 50 km/h), 60 mph sur route (96 km/h) et 70 mph (112 km/h) sur autoroute et sur routes à deux voies. Les autres limitations de vitesse sont signalées par des panneaux. En ville, des bosses et des chicanes limitent la vitesse. Par endroits, des caméras de surveillance enregistrent les éventuels excès de vitesse.

Les stationnements gênants ne sont généralement pas considérés comme un délit. Ils vous coûteront néanmoins une fortune, surtout si votre voiture est immobilisée par un sabot, ou si vous devez la récupérer à la fourrière. Le tarif des parkings est moins élevé!

Amendes payables immédiatement
En règle générale, on exige rarement le paiement immédiat d'une amende. Il existe cependant trois exceptions : le train, le métro et l'autobus. Si vous ne présentez pas de titre de transport valable, l'amende est de l'ordre de 5 £ dans un autobus et 10 £ dans un train. Aucune excuse n'est recevable.

HEURES D'OUVERTURE
La plupart des bureaux sont ouverts du lundi au vendredi de 9h à 17h. Les magasins ouvrent assez tard le samedi. Un nombre croissant de magasins ouvrent le dimanche de 10h à 16h. Les nocturnes dans le West End ont lieu le jeudi.

Dans les banlieues, les magasins ferment plus tôt une fois par semaine : le mardi ou le mercredi.

JOURS FÉRIÉS ET MANIFESTATIONS ANNUELLES
Jours fériés
La plupart des banques et des magasins sont fermés pendant les jours fériés : Nouvel An, Vendredi Saint, Lundi de Pâques, May Day Bank holiday (premier lundi de mai), Spring Bank Holiday (dernier lundi de mai), Summer Bank Holiday (dernier lundi d'août), jour de Noël et Boxing Day (jour des étrennes).

Les musées et les attractions touristiques sont en principe fermés le jour de Noël et à Boxing Day. En revanche, les sites fermés le dimanche le sont aussi les jours fériés. D'autres musées, moins importants, ferment le lundi et/ou le mardi. Le British Museum et quelques autres musées ferment le dimanche matin.

Manifestations annuelles
Pour connaître la date des principaux événements, consultez les publications de BTA *Forthcoming events* et *Arts Festivals*.

En voici quelques-uns :

Nouvel An :
Street Party – à Trafalgar Square *Lord Mayor's Parade* – les maires de Westminster et des différents quartiers de Londres paradent dans des bateaux, des chars et proposent des spectacles de rue.

Dernier samedi de janvier
Commémoration de l'exécution de Charles 1er – dépôt de couronnes à l'extérieur du Banqueting House, Whitehall.

Fin janvier/début février
Nouvel An chinois – danses du lion dans le quartier de Soho.
Clowns' Service – les clowns se réunissent à Holy Trinity Church, Beechwood Rd, Dalston E8, afin de célébrer le clown des clowns Grimaldi.
Shrove Tuesday (Mardi Saint)
Pancake Day Races – Lincoln's Inn Fields, Covent Garden and Spitafields.

Dernière semaine de mars
Oxford/Cambridge University Boate Race – course traditionnelle d'aviron ; de Putney à Mortlake.
Head of the River Race – course d'aviron (moins célèbre que la première) de Putney à Mortlank, avec 400 équipes.

Pâques
Foire – à Battersea Park.

Début mai
Le marathon de Londres – course de 26 miles de Greenwich Park à Westminster Bridge *via* Isle of Dogs et Victoria Embankment.

Mi mai
FA Cup Final – la finale de la coupe d'Angleterre de football (Wembley).
Royal Windsor Horse Show (Concours hippique royal de Windsor) – un grand spectacle de saut d'obstacles.

Dernière semaine de mai
Chelsea Floral Show – la plus grande exposition de fleurs ; Royal Hospital, Chelsea.
Oak Apple Day – les pensionnaires de Chelsea décorent la statue de Charles II avec des branches de chênes.

Première semaine de juin
Beating Retreat – fanfares et marches militaires ; Whitehall.

Mi-juin
Trooping the Colour – parade célébrant l'anniversaire de la reine à Whitehall.
Spitalfields Festival – trois semaines de musique, théâtre, débats, promenades dans l'East End.
Greenwich Festival – musique et théâtre dans les églises et sur les places.

Juillet
Hampton Court Palace International Flower Show – exposition florale dans l'un des plus beaux jardins de Londres.
Doggestt's Coat & Badge Race – course d'aviron, de London Bridge à Albert Bridge.
Mi-juillet
Clerkenwell Festival – jeux et divertissement autour de Farringdon.
Vintner's Company Procession – des négociants en vin paradent dans leurs costumes traditionnels, d'Upper Thames St à St James's Garlickhythe church.
Fin juillet
Royal Tournament (tournoi royal) – la plus grande fête militaire du monde, à Earl's Court; appelez le ☎ 244 0244 pour réserver vos billets.
Fin août (August Bank Holiday)
Notting Hill Carnival – le plus grand festival de plein air d'Europe; un immense carnaval de musique des Caraïbes, avec défilés de chars et musique.
15 premiers jours de septembre
Open House – le public peut accéder aux bâtiments qui sont habituellement fermés. Pour connaître les dates, appelez le ☎ 0181 341 1371.
Great River Race – courses de péniches, de bateaux dragon et de vaisseaux, de Ham House à Richmond à Island Gardens, sur l'Isle of Dogs (22 miles).
Fin septembre
Horseman's Sunday – un vicaire à cheval bénit plus de 100 chevaux à l'extérieur de l'église St John and St Michael, Hyde park Crescent, suivi d'un saut d'obstacles à Kensington Gardens.
Début octobre
Punch & Judy Festival – rassemblement des amoureux de marionnettes sur Covent Garden.
Costermonger's Pearly Harvest Festival – une centaine de "rois" et de "reines" assistent à la cérémonie à St Martin-in-the Fields.
Mi-octobre
Trafalgar Day Parade (parade de la journée de Trafalgar) – des fanfares défilent sur la place pour déposer des couronnes commémorant la victoire de Nelson en 1805.
Fin octobre/début novembre
State Opening of Parliament – la reine rend visite au Parlement au milieu des saluts militaires.
Début novembre
Guy Fawkes Day – commémoration le 5 du mois d'une tentative de coup d'État par les catholiques avec feux de camp et feux d'artifice autour de la ville; allez voir à Battersea Park, Primrose Hill, Blackheath ou Clapham Common.

London to Brighton Veteran Car Run (Course de voitures anciennes Londres-Brighton) – des voitures fabriquées avant 1905 s'alignent le long de Serpentine Rd, Hyde Park, pour une course jusqu'à Brighton.
Mi-novembre
Lord Mayor's Show (la parade du maire de Londres) – le maire traverse la ville en carrosse, de Guildhall aux Royal Courts of Justice. Défilés de chars, fanfares et feux d'artifice.
Remembrance Sunday (le jour du souvenir) – la reine et les membres du gouvernement déposent des couronnes à Cenotaph à la mémoire des victimes des guerres mondiales.

TRAVAILLER A LONDRES

Même en période de chômage, vous trouverez du travail à Londres si vous acceptez les mauvaises conditions qui vous seront proposées (comprenez : beaucoup de travail pour un maigre salaire).

Traditionnellement, les étrangers non-qualifiés travaillent dans les bars, les restaurants (surtout les Français) ou comme baby-sitter. On vous proposera souvent un logement sur le lieu de travail, mais la journée sera plus longue, les tâches plus fatigantes et la rémunération plus faible. Avec un logement, n'espérez pas recevoir plus de 110 £ par semaine. Sans logement, le salaire mensuel approche les 150 £. Avant d'accepter un travail, mettez vous d'accord sur les termes du contrat (nombre d'heures, horaires, etc.).

Les comptables, les infirmières, le personnel médical, les journalistes, les programmeurs informatiques, les avocats, les professeurs, les fonctionnaires (avec une expérience informatique) ont évidemment plus d'atouts pour trouver un emploi mieux rémunéré. Le marché du travail a diminué ces dernières années, mais il n'est cependant pas exclu qu'il évolue plus favorablement. Quoi qu'il en soit, n'oubliez pas les copies de vos diplômes, vos lettres de références (elles seront vérifiées) et votre C.V.

Les professeurs doivent s'adresser au London Borough Council, qui gère les différents départements de l'éducation nationale – certaines écoles recrutent néanmoins directement. Pour travailler comme infirmière stagiaire, il faut vous inscrire à United Kingdom Central Council for Nursing. La procédure peut durer trois mois. Vous pouvez écrire à l'Overseas Registration Departement, UKCC, 23 Portland Place W1N 3AF. Si vous n'êtes pas inscrit, vous pourrez travailler comme auxiliaire.

Le magazine gratuit *TNT* vous aidera dans vos recherches. Il indique les adresses des agences pour étrangers. Pour les emplois au pair et le baby-sitting, consultez la revue *The Lady*, le journal *The Evening Standard*, les quotidiens nationaux, et les centres d'emplois gérés par l'État. Il existe une agence centrale au 195 Wardour St W1. Pour l'adresse des autres centres, reportez vous à l'annuaire téléphonique, rubrique Manpower Services Commission. Quelles que soient vos compétences, il est préférable de vous inscrire dans différentes agences de travail temporaire.

Pour les professions libérales ou la création d'entreprise, demandez conseil aux professionnels.

Pour avoir des informations détaillées sur tous les petits boulots, consultez l'excellent ouvrage *Work Your Way Around The World* (Vacation work, 9,95 £). Le *Au Pair and Nanny's Guide To Working Abroad* (8,95 £) passe en revue la réglementation des emplois au pair.

Contactez également le Centre Charles Péguy (☎ 437 8339 ou 494 2527), 16 Leicester Square, London WC2H7NG, qui centralise des offres d'emploi pour les Français.

Impôts

Si vous êtes déclaré, l'impôt sur le revenu et les cotisations au régime général de la sécurité sociale seront retenus à la source. Cependant, les cotisations sont calculées sur une base annuelle (l'exercice commence le 6 avril et finit le 5 avril de l'année suivante) ; si vous ne travaillez pas l'année entière, vous pouvez donc être remboursé. Pour ce faire, contactez le bureau des impôts, ou passez par une agence (les adresses figurent dans *TNT*.) Pensez à vérifier leurs honoraires ou le pourcentage des commissions que prélèvent ces agences.

Comment s'y rendre

Pour toute information relative à la desserte des cinq aéroports londoniens, reportez-vous au chapitre *Comment circuler*.

Préparation au voyage

Depuis la France, vous trouverez des adresses, des témoignages de voyageurs, des informations pratiques et de dernière minute dans *Le Journal de Lonely Planet*, notre trimestriel gratuit (écrivez-nous pour être abonné), ainsi que dans le magazine *Globe-Trotters*, publié par l'association Aventure du Bout du Monde (ABM, 7, rue Gassendi, 75014 Paris, ☎ 01 43 35 08 95) qui organise des rencontres entre voyageurs (centre de documentation, projections…). Le *Guide du voyage en avion* de Michel Puysségur (48 FF, éd. Michel Puysségur) vous donnera toutes les informations possibles sur la destination et le parcours de votre choix.

Le Centre d'information et de documentation pour la jeunesse (CIDJ, 101 quai Branly, 75015 Paris, ☎ 01 44 49 12 00) édite des fiches très bien conçues : "Réduction de transports pour les jeunes" n°7.72, "Vols réguliers et vols charters" n°7.74, "Voyages et séjours organisés à l'étranger" n°7.51. Il est possible de les obtenir par correspondance en se renseignant sur Minitel 3615 CIDJ. Les fiches coûtent entre 10 et 15 FF.

Le magazine *Travels*, publié par Dakota Éditions, est une autre source d'informations sur les réductions accordées aux jeunes sur les moyens de transports, notamment les promotions sur les vols. Il est disponible gratuitement dans les universités, lycées, écoles de commerce françaises.

Depuis la Belgique, la lettre d'information *Farang* (La Rue 8a, 4261 Braives) traite de destinations étrangères. L'association Wegwyzer (Beenhouwersstraat 24, B-8000 Bruges, ☎ (50) 332 178) dispose d'un impressionnant centre de documentation réservé aux adhérents et publie un magazine en flamand, *Reiskrand*, que l'on peut se procurer à l'adresse ci-dessus.

En Suisse, Artou (Agence en recherches touristiques et librairie), 8, rue de Rive, 1204 Genève, ☎ (022) 818 02 40 (librairie du voyageur) et 18, rue de la Madeleine, 1003 Lausanne, ☎ (021) 323 65 54, fournit des informations sur tous les aspects du voyage. A Zurich, vous pourrez vous abonner au *Globetrotter Magazin* (Rennweg 35, PO Box, CH-8023 Zurich, ☎ (01) 211 77 80) qui, au travers d'expériences vécues, renseigne sur les transports et les informations pratiques.

VOIE AÉRIENNE

Cinq aéroports desservent Londres : Heathrow, le plus important, Gatwick, Stansted, Luton et celui de la City.

Depuis/vers la France

Air France (☎ 0802 802 802) assure une quinzaine de vols Paris-Londres par jour entre 7h et 20h. Comptez sur une fourchette de prix allant de 850 à 2 500 FF, les promotions étant assorties de contraintes quant aux dates de séjours, réservations et possibilités de remboursement.

Avec une vingtaine de vols par jour entre 7h et 21h, British Airways (☎ 0802 802 902) offre des tarifs comparables entre 850 et 2 400 FF environ.

Vous obtiendrez sans doute les meilleurs prix auprès des agences de voyages qui bénéficient de contingents de places à des tarifs négociés. Même si ces voyagistes affichent à l'occasion des prix incroyablement bas (généralement assortis de diverses restrictions), il est souvent difficile de trouver un billet à moins de 700 FF.

Depuis/vers la Belgique et la Suisse

Un aller-retour Bruxelles/Londres sans réduction particulière acheté auprès d'une agence de voyages revient à environ 4 900 FB.

Pour un aller-retour Zurich/Londres du même type comptez à peu près 350 FS.

Depuis/vers le Canada

Travel CUTS est implanté dans toutes les grandes villes. Consultez les publicités des agences de voyages pour petits budgets dans le *Toronto Globe & Mail*, le *Toronto Star* et le *Vancouver Province*.

Pour tout renseignement sur les vols d'accompagnement de courrier express au départ du Canada, contactez le FB On Board Courier Services (☎ 905-612 8095) à Toronto. Pour un billet de ce type, comptez 375/450 $C pour un aller-retour de Toronto (ou Montréal) à Londres (ou Paris) et environ 475 $C depuis Vancouver.

Depuis/vers la Grande-Bretagne

La plupart des villes de province et des îles sont reliées à Londres. Cependant, sauf pour rejoindre les confins du pays tel le nord de l'Écosse, le train est presque aussi rapide que l'avion si vous comptez le temps passé dans les aéroports. Sachez qu'une taxe d'aéroport de 10 £ s'ajoute au prix du billet.

Les principaux transporteurs sont British Airways (☎ 0345-222111), British Midland (☎ 0345-554554) et Air UK (☎ 0345-666777). La plupart des compagnies possèdent un choix de billets allant du plein tarif (cher mais souple) au billet Apex (que l'on doit réserver au moins 14 jours avant le départ) en passant par les offres spéciales. British Airways appelle ces dernières Seat Sales et dispose parfois de World Offer, encore meilleur marché. Les moins de 25 ans bénéficient de réductions, souvent moins intéressantes que les billets Apex et les offres spéciales.

Les tarifs varient énormément. A titre d'exemple, British Airways propose un aller-retour Londres-Edimbourg plein tarif à 256 £, à 125 £ en Apex, à 106 £ en Saver, à 72 £ en Domestic Saver et 59 £ en Domestic Special Saver. Air UK ou British Midland vendent ce trajet pour 59 £. Les promotions sont soumises à certaines conditions (passer la nuit du samedi sur place, voyager en milieu de semaine, etc).

Parmi les tarifs Apex/Saver pratiqués par British Airways au départ de Londres, citons : Inverness 141/106 £ ; Aberdeen 151/106 £, Kirkwall (Orkney) 262/206 £ et Lerwick (Shetland) 262/214 £. L'aller-retour Heathrow-Jersey (îles anglo-normandes) ne peut valoir que 69 £.

A bord d'avions au confort rudimentaire, EasyJet (☎ 0990-292929) offre des allers simples Luton-Edimbourg et Glasgow-Aberdeen pour 29 £. Les billets sont directement vendus par téléphone. Pour bénéficier du meilleur prix, appelez le plutôt possible car, lorsque les places à 29 £ sont épuisées, le tarif augmente progressivement jusqu'à atteindre 59 £. La ponctualité n'est pas la première qualité d'Easyjet. Si vous voyagez en soirée, il n'y aura peut-être plus de métro lors de votre arrivée et vous devrez prendre un taxi. A vos calculettes !

Si vous vous déplacez dans le pays à bord des vols British Airways, vous aurez sans doute droit au UK Airpass, qu'il faut se procurer au moins 7 jours avant d'arriver au Royaume-Uni. Les étudiants peuvent bénéficier du Skytrekker UK Airpass qui permet d'acheter trois vols intérieurs pour 27 £ chacun. Contactez votre agence de voyages pour plus de renseignements.

Depuis/vers l'Irlande

Dublin et les grandes villes irlandaises sont reliées aux principaux aéroports londoniens. Un aller simple Londres-Dublin en classe économique revient à 75 £. Cependant, Ryanair, qui pratique des prix défiant toute concurrence, propose un aller-retour à 59 £.

British Airways assure des liaisons régulières Londres-Belfast au départ de Heathrow. Les tarifs varient de 82 £ (aller simple sur un vol régulier) à 139 £ (aller-retour Apex). British Midland pratique les mêmes prix. Jersey European Airways vend l'aller-retour 55 £ au départ de Gatwick ou de Stansted. BA Express propose un aller-retour Apex au départ de Luton pour 84 £.

Compagnies aériennes

La plupart des grandes compagnies aériennes disposent de bureaux à Londres. Celles mentionnées ci-dessous sont les plus susceptibles de vous intéresser. Si besoin est, consultez l'annuaire London Business.

DOUG McKINLAY

PAT YALE

En haut : le Royal Albert Hall, South Kensington
En bas : calèche royale, Royal Mews

PAT YALE

PAT YALE

PAT YALE

DOUG McKINLAY

En haut à gauche : l'architecture victorienne de la gare de St Pancras
En haut à droite : armoiries d'une ancienne société de chemin de fer, Blackfriars
Au milieu : Adieu, Londres !
En bas : la station de métro Russel Square

Aer Lingus
  Aer Lingus House, 83 Staines Rd, Hounslow, Middlesex TW3 3JB (☎ 0645-737747)
Air Canada
  Air Canada Complex, Radius Park, Middlesex TW14 ONJ (☎ 09990-247226)
Air France
  Colet Court, 100 Hammersmith Rd W6 (☎ 0181-742 6600)
Air UK
  Stansted House, Stansted Airport, Essex CM24 1AE (☎ 0345-666777)
American Airlines
  25-29 Staines Rd, Hounslow TW3 3HE (☎ 0345-789789)
British Airways
  PO Box 10, Heathrow Airport, Hounslow, Middlesex TW6 2JA (☎ 0345-222111)
British Midland
  Donington Hall, Castle Donington, Derbyshire DE74 2SB (☎ 0345-554554)
Canadian Airlines International
  25-29 Staines Rd, Hounslow, Middlesex TW3 3HE (☎ 0345-616767)
Continental Airlines
  1er étage, Beulah Crt, Albert Rd, Horley, Surrey RH6 7HP (☎ 0800-776464)
Ryanair
  Enterprise House, Stansted Airport, Essex CM24 8QL (☎ 0541-569569)
Sabena
  Gemini House, 2e étage, West Block, 10-18 Putney Hill SW15 6AA (☎ 0181-780 1444)
United
  United House, South Perimeter Rd, Heathrow Airport, Hounslow, Middlesex TW6 3LP (☎ 0181-990 9900)
Virgin Airways
  Crawley Business Quarter, Manor Royal, Crawley, West Sussex RH10 2NU (☎ 01293-747747)

Excédent de bagages

Si vos bagages excèdent les 20 kg réglementaires, vous aurez tout intérêt à recourir aux services d'une compagnie de transport maritime. Vous en trouverez les adresses dans les magazines *TNT* ou *Traveller*. N'attendez pas la dernière minute, les démarches exigeant quelques jours.

Prenez également le temps de prospecter et de comparer les prix proposés. Méfiez-vous des compagnies qui offrent des tarifs bien en deçà de la moyenne. Vérifiez que le prestataire choisi est membre de la British Association of Removers ou de l'Association of International Removers. Ce secteur d'activités offre peu de garanties et, récemment, de nombreuses compagnies ont disparu. Cela peut impliquer la perte de vos biens, de les voir retenus en Grande-Bretagne ou, si vous avez de la chance, de payer à nouveau le transport.

L'expédition par voie maritime est plus lente mais plus économique que par voie aérienne. Les délais de livraison sont très approximatifs et le prix du transport est fonction du volume ; les cargos aériens prennent en compte le volume et le poids.

La plupart des transporteurs enlèvent les caisses à domicile. Vous pouvez choisir de les récupérer au port ou à l'aéroport ou de vous faire livrer. Comptez environ 50 £ supplémentaires pour la livraison (jusqu'à 48 km du port de débarquement). Plus onéreuse, cette formule vous évitera au moins une journée de joutes bureaucratiques et vous épargnera les frais de port, de décharge et de douane.

Vous ne pourrez prendre possession de vos bagages qu'après le contrôle douanier. En règle générale, les affaires personnelles usagées ne sont pas soumises aux droits d'importation ; renseignez-vous auprès de l'ambassade de votre pays. Le cas échéant, vous devrez produire des justificatifs.

Si les bagages arrivent avant vous, demandez à un proche de les récupérer. Il devra fournir une photocopie de votre passeport, vos dates de départ et d'arrivée, la liste des affaires expédiées et une autorisation écrite de votre part.

Si vous n'optez pas pour la livraison à domicile, sachez que vous ne disposez que de quelques jours pour récupérer vos affaires avant de supporter de lourds frais de stockage. Heureusement, la plupart des compagnies entreposent les bagages à Londres (pour une somme insignifiante) et les expédient à la date convenue. Mieux vaut souscrire une assurance.

Vérifiez que le contrat couvre la perte, le vol, la détérioration, quel que soit le lieu de constatation des dommages, et que les objets perdus ou abîmés seront remboursés à 100%.

BUS

A 10 minutes à pied au sud de la gare ferroviaire et de la station de métro Victoria, la gare routière Victoria Coach Station (☎ 730 3466, carte 4), Buckingham Palace Rd, accueille le trafic des bus depuis/vers Londres.

Depuis/vers la France

Eurolines (☎ 01 49 72 51 51), qui constitue une des solutions les plus économiques pour rallier la capitale britannique, propose trois départs par jour. Le trajet entre Paris et Londres dure entre 6 et 8 heures. L'aller-retour revient à 420/460 FF pour les moins/plus de 26 ans en hiver, et à 370/410 FF le reste de l'année.

A raison d'un départ par jour, Gulliver's Reisen (☎ 0800 908 708) relie Paris à Bruxelles en bus et Bruxelles à Londres en Eurostar. L'aller-retour coûte 1 076 FF.

Depuis/vers la Grande-Bretagne

Les compagnies de transport routier sont presque toutes privées. National Express (☎ 0990-808080), filiale d'Eurolines, domine le marché mais de petites sociétés concurrentes desservent les principaux itinéraires.

La plupart des bus express longue distance partent de Victoria Coach Station (VCS). Les files d'attente aux guichets peuvent être impressionnantes et faire 1 heure de queue n'a rien d'extraordinaire. Si vous payez par carte de crédit, téléphonez pour réserver votre place ; vous récupérerez vos billets à un guichet spécial au moins une demi-heure avant le départ.

Voyager en semaine revient généralement moins cher. De même, réserver une semaine à l'avance peut générer une réduction. Paradoxalement, sur certains itinéraires, l'achat de deux allers simples est moins onéreux qu'un aller-retour, mais cela signifie que vous ferez deux fois la queue.

Les agences de National Express vendent des cartes de réduction National Express Discount Coach, réservées aux étudiants résidant au Royaume-Uni, aux jeunes de 16 à 25 ans et aux personnes âgées de plus de 60 ans. Elles sont délivrées sur présentation d'une photo d'identité, de la carte ISIC attestant du statut d'étudiant et du passeport, prouvant la date de naissance.

Tous les visiteurs étrangers peuvent acheter la carte National Express Britexpress sur présentation de leur passeport. Elle est en vente à l'étranger, à Heathrow et Gatwick, ainsi qu'au bureau de National Express/Eurolines (☎ 0990-808080), 52 Grosvenor Gardens, Londres (métro : Victoria).

Enfin, quatre cartes de réduction National Express Tourist Trail sont vendues dans les agences de voyages à l'étranger et dans les agences National Express du Royaume-Uni.

TRAIN

Depuis l'ouverture du tunnel sous la Manche en 1994, Waterloo International est la principale gare ferroviaire londonienne desservant l'Europe. L'Eurostar, train à grande vitesse, relie Londres à Bruxelles, Lille et Paris où des correspondances vers d'autres destinations européennes sont assurées.

Les liaisons rail/ferry partent en général des gares de Victoria, de Liverpool ou de King's Cross, selon la destination continentale. Vous trouverez un centre d'information dans les principales gares. Pour toute information sur le service ferroviaire intérieur, appelez le ☎ 0345 484950. Pour les trains ralliant l'Europe continentale, contactez Rail Europe au ☎ 0990-300003.

Si vous prévoyez de nombreux voyages en train, procurez-vous le *Thomas Cook European Timetable*, un guide exhaustif des horaires, des tarifs et des conditions de transport. Mis à jour tous les mois, il est disponible dans les agences Thomas Cook du monde entier. Internet est également une bonne source d'information.

Privatisation des chemins de fer

L'ancien British Rail s'est subdivisé en 25 sociétés (les TOCs). Les gares et les voies ferrées appartiennent à Railtrack.

A l'heure actuelle, quelle que soit la société exploitante, les tarifs sont identiques pour un même itinéraire. Cette obligation cesse quand le parcours diffère. Ainsi, un trajet tortueux peut revenir moins cher qu'une voie directe.

Les trains InterCity, excellents, desservent les principales lignes à plus de 200 km à l'heure (Londres-Edimbourg en moins de 4 heures).

Si vous envisagez un long voyage (plus de 160 km) et que vous ne disposez pas de carte de réduction, achetez votre billet une ou deux semaines à l'avance afin de bénéficier d'un rabais et de la garantie d'une place assise.

Si vous payez par carte de crédit, appelez le ☎ 0345-000125 (tous les jours de 8h à 22h) pour réserver.

Pour les courts trajets, présentez-vous au guichet le jour du départ.

Gares ferroviaires

Londres dispose de 10 gares grandes lignes. Chacune dessert une zone géographique du pays.

Paddington
> Le sud du pays de Galles, l'ouest et le sud-ouest de l'Angleterre et le sud des Midlands.

Marylebone
> Le nord-ouest de Londres et les Chilterns.

King'sCross
> Le nord de Londres, le Hertfordshire, le Cambridgeshire, le nord et le nord-est de l'Angleterre, l'Écosse.

Euston
> Le nord et le nord-ouest de l'Angleterre, l'Écosse.

Liverpool Street
> L'est et le nord-est de Londres, l'aéroport de Stansted et l'est de l'Anglia.

St Pancras
> L'est des Midlands et le sud du Yorkshire.

Victoria
> Le sud et le sud-est de l'Angleterre, l'aéroport de Gatwick et les ports de la Manche.

Waterloo
> Le sud-ouest de Londres, le sud et le sud-ouest de l'Angleterre.

Charing Cross
> Le sud-est de l'Angleterre.

London Bridge
> Le sud-est de l'Angleterre.

Des travaux ont été récemment effectués pour rendre ces gares plus agréables. A présent, la plupart d'entre elles disposent de consignes, de toilettes (10/20 p) équipées de douches (3 £ environ), de librairies, de kiosques à journaux et d'établissements de restauration. Nous vous recommandons notamment les sandwiches d'Upper Crust et l'excellent café de Costa Coffee. Victoria et Liverpool Street abritent des galeries marchandes. British Airways enregistre les bagages de ses passagers partant de l'aéroport de Gatwick dès Victoria.

Liverpool Street, dont le magnifique toit en fer forgé a été restauré, a retrouvé sa splendeur victorienne. Elle mérite un détour. La gare de Brunel, à Paddington, sera certainement rénovée après l'achèvement du Heathrow Express, courant 98.

Les classes

Les trains britanniques comportent deux classes : la première et la "standard". Comptez 30 à 50% de plus pour un billet de 1re classe. A l'exception de certains trains particulièrement bondés, ce supplément ne se justifie pas. Sachez toutefois que, le week-end, vous pouvez parfois voyager en 1re classe pour quelques livres de plus.

Les trains de nuit reliant Londres à Plymouth, Penzance ou l'Écosse disposent de couchettes. Une couchette dans un train à destination du West Country vaut 25/30 £ en 1re/standard et 33/27 £ jusqu'en Écosse. Elles doivent être réservées.

Abonnements BritRail

Les abonnements BritRail (BritRail passes) sont les plus intéressants. *Ils ne sont pas vendus en Grande-Bretagne.* Pensez à les acheter avant votre départ auprès de l'agence BTA de votre pays.

Rail Rovers

Sur les lignes intérieures, l'équivalent du BritRail pass est le BritRail Rover. Un All Line Rover valable 7 jours sur l'ensemble du réseau ferroviaire coûte 410/250 £, ou 620/410 £ pour une validité de 14 jours. Des réductions sont consenties aux détenteurs de Railcard. Les Rovers régionaux et les Flexi Rovers couvrent le pays de Galles, le North Country, la côte nord-ouest et Peaks, le sud-ouest et l'Écosse.

Railcards (cartes de réduction)

Sur présentation d'une railcard, les jeunes de 16 à 25 ans, les personnes âgées de plus de 60 ans, les étudiants et les handicapés peuvent bénéficier de réductions supplémentaires – jusqu'à 34% – sur la plupart des tarifs réduits (à l'exception des billets Apex et Super Apex, voir plus loin *Billets*). Une railcard familiale est également disponible.

Ces cartes, valables un an, sont vendues dans la plupart des gares. Selon votre statut, vous devrez vous munir de deux photos d'identité, d'un extrait d'acte de naissance ou de votre passeport et/ou de votre carte d'étudiant.

Young Person's Railcard – Elle donne droit à 34% de réduction sur la plupart des destinations et sur certains ferries. Vous devez être âgé de 16 à 25 ans ou étudier à plein temps au Royaume-Uni (16 £).
Senior Citizen's Railcard – Destinée à toute personne de plus de 60 ans, elle donne droit à 34% de réduction (16 £).
Disabled Person's Railcard – Vendue 14 £, elle offre une remise de 34% aux voyageurs handicapés ainsi qu'à leur accompagnateur (reportez-vous à la rubrique *Voyageurs handicapés* du chapitre *Renseignements pratiques*).
Family Railcard – Elle donne droit à 34% de réduction (20% de moins que les billets Saver et SuperSaver) sur 4 billets pour adultes. Les enfants (4 au maximum) paient un prix forfaitaire de 2 £ chacun. La carte est amortie en 2/3 voyages (20 £).
Network Card – Si vous comptez séjourner dans le sud-est de Londres ou prendre souvent le train vers le sud de l'Angleterre, cette carte est un bon investissement. Elle est utilisable sur toutes les grandes lignes à l'intérieur de Londres et dans le sud-est de l'Angleterre, de Douvres à Weymouth et de Cambridge à Oxford. Elle donne droit à des réductions sur 4 billets pour adultes. Les enfants payent un prix forfaitaire de 1 £. On ne peut voyager qu'à partir de 10h en semaine, mais à toute heure le week-end. La carte est amortie en 2/3 voyages (14 £ et 10 £ pour les détenteurs de la Young Person's Railcard).

Billets

Les billets listés ci-dessous reflètent la classification de l'ancien British Rail. Depuis la privatisation, il est bien difficile de trouver la formule la plus avantageuse. La solution ? S'enquérir sans relâche.

Les enfants de moins de 5 ans voyagent gratuitement, ceux âgés de 5 à 10 ans payent 50% sur la plupart des billets mais 100% les tarifs Apex et Super Apex.

Single ticket – Aller simple utilisable à toute heure du jour spécifié, cher.
Day Return ticket – Aller-retour valable à toute heure du jour spécifié, relativement cher.
Cheap Day Return ticket – Aller-retour valable à toute heure du jour spécifié. Généralement valable sur les trajets courts, il peut comporter des restrictions horaires et ne donne pas accès aux trains partant avant 9h30. Prix avoisinant celui d'un aller simple.
Open Return – Date d'aller fixe et date de retour libre dans un délai d'un mois.
Apex – Aller-retour très bon marché, rivalisant avec les prix de National Express, pour des trajets de plus de 160 km. Il faut réserver au moins 7 jours à l'avance (les places sont limitées).
Super Apex – Aller-retour le moins cher depuis/vers le nord-est de l'Angleterre et l'Écosse. Réservez au moins 14 jours à l'avance (les places sont limitées et ne sont pas disponibles sur tous les trains).
SuperSaver – Aller-retour bon marché (jusqu'à 50% de réduction). Il ne s'applique pas au sud-est de l'Angleterre et ne peut être utilisé les vendredi et samedi de juillet et d'août. Il n'est pas valable à Londres avant 9h30 et entre 16h et 18h.
SuperAdvance – Utilisable les vendredi et samedi de juillet et d'août. Son prix est identique à celui du SuperSaver mais il doit être acheté au plus tard le jour précédant le départ, avant 12h.
Saver – Plus cher que le SuperSaver, il est utilisable tous les jours et supporte moins de restrictions horaires.
AwayBreak ticket – Permet de voyager aux heures creuses dans le sud-est de l'Angleterre. Il est valable 4 nuits (5 jours) sur les trajets de plus de 48 ou 64 km depuis Londres.
StayAway ticket – Valable 1 mois, présente les mêmes avantages que le précédent.

Réservations par téléphone

La National Telephone Inquiries Line (☎ 0345-484950), ouverte 24h/24, semble avoir des difficultés à répondre à tous les appels. Ce service devrait s'améliorer. Affaire à suivre...

Depuis/vers l'Europe
Tunnel sous la Manche. Pour la première fois depuis l'ère glaciaire, la Grande-Bretagne est reliée (ne serait-ce que par un tunnel) à l'Europe continentale. Plusieurs sociétés exploitent le tunnel : Eurotunnel assure un service de navettes (le Shuttle) transportant motos, voitures, bus et véhicules utilitaires entre Folkestone (Royaume-Uni) et Calais (France). Les compagnies ferroviaires britanniques, française et belge transportent des passagers dans un train à grande vitesse, l'Eurostar, entre Londres et Paris ou Bruxelles.

Le Shuttle. Les navettes fonctionnent 24h/24. En théorie, 4 départs par heure sont prévus dans les deux sens de 6h à 22h et un par heure de 22h à 6h. Depuis la France, deux navettes partent chaque heure de 7h à 22h.

Les terminaux du Shuttle sont clairement signalés et reliés au réseau autoroutier. Le contrôle des douanes française et britannique ainsi que les formalités d'immigration se déroulent avant l'arrivée au Shuttle. Le voyage dure 1 heure (embarquement et débarquement compris). La traversée dure en fait 35 minutes.

Pour un aller-retour depuis la France, comptez, selon la durée de votre séjour (plus ou moins de 5 jours) et les promo-

---

Brève histoire d'un serpent de mer qui finit un jour par montrer sa tête
L'idée de relier par lien fixe la Grande-Bretagne et le continent ne date pas d'hier. Rappelant que l'île britannique était aux temps géologiques rattachée à la France par un isthme naturel – qui fut recouvert par les eaux de la Manche après l'ère quaternaire –, des ingénieurs caressèrent en effet l'idée dès 1750. Certains proposèrent de gigantesques ponts suspendus reliés entre eux par des îles artificielles. D'autres envisagèrent des tunnels forés éclairés de becs à huile ou des locomotives sous marines... Le plus célèbre est sans conteste André Thomé de Gamond, qui consacra 30 ans de sa vie au tunnel. Père de 7 projets entre 1833 et 1867, il alla même jusqu'à plonger dans les profondeurs de la Manche pour récolter des échantillons géologiques...
Mais ces déploiements d'imagination resteront vains. Car déjà, en ce milieu du XIXe siècle, le précurseur du Chunnel (tunnel sous le Channel) suscite une controverse. Si on raconte que la reine Victoria, sujette au mal de mer, fut rapidement séduite, des voix s'écrièrent en effet côté britannique qu'il était hors de question de *"contribuer à une opération dont le but serait de raccourcir une distance que déjà nous trouvons trop courte !"*.
Tout semblait donc mal parti pour le tunnel sous la Manche. D'autant plus que les guerres et les militaires s'en mêlent : les plans établis avant 1870 seront relégués aux oubliettes par le conflit franco-allemand, et les généraux britanniques réussiront à faire abandonner les forages entrepris en 1881. Redevenu d'actualité dans les années 60, le projet sera une fois de plus stoppé, en 1975, pour cause de difficultés économiques en Grande-Bretagne.
Faut-il encore y croire lorsque ce serpent de mer refait surface, en 1981 ? Oui. Car cette fois-ci, la volonté politique est au rendez-vous. Sur les 4 projets proposés, c'est celui d'Eurotunnel – deux tunnels ferroviaires reliés par un tunnel de service – qui est retenu en 1986. Les forages commencés deux ans plus tard mettent en œuvre des moyens impressionnants : en une seule minute, certains tunneliers utilisés peuvent abattre 17 t de craie bleue. L'histoire du tunnel avance enfin à grands pas, et le 1er décembre 1990 à 12h12, un Anglais et un Français se serrent pour la première fois la main sous la Manche...
La prouesse technique ne réussit cependant pas à cacher les criantes difficultés financières de ce projet privé. Eurotunnel a dépassé son budget de près de 80% ; l'action lancée à 35 FF en 1987 vaut environ 6 FF dix ans plus tard ; les bénéfices sont maintenant espérés pour 2005. Mais ne boudons pas notre plaisir : le tunnel sous la Manche met le centre de Paris et de Bruxelles à seulement 3 heures du *city centre* de Londres... ■

tions, de 500 à 1 250 FF pour une voiture, de 420 à 690 FF et de 960 à 1 560 FF pour un camping car. Attention : les promotions impliquent une réservation et on ne peut donc prendre son billet au péage. Vous pouvez réservez, à Paris, au ☎ 01 47 42 50 00 ou par Minitel 3615 Le Shuttle.

Depuis l'Angleterre, le billet pour une voiture, avec 9 passagers maximum, revient à 149 £ au moins. Vous pouvez réserver (☎ 0990-353535) ou payer en espèces ou par carte de crédit une fois arrivé au péage.

Eurostar. Environ 14 départ s'effectuent chaque jours de Paris-Gare du Nord à Londres-Waterloo, soit un départ toute les heures entre 6h30 et 20h. Selon les promotions – qui impliquent une réservation et ne donnent pas droit au remboursement – et la durée de votre séjour, il vous faudra débourser entre 500 et 1 600 FF pour un aller/retour Paris-Londres. L'achat du billet peut s'effectuer dans les gares, par téléphone au ☎. 08 36 35 35 39 ou par Minitel au 3615 SNCF.

Dans l'autre sens, Eurostar (☎ 0345-303030) propose jusqu'à 20 départs par jour entre Londres et Paris-Gare du Nord et 12 départs entre Londres et Bruxelles. A Londres, les trains partent et arrivent à Waterloo, bel édifice moderne conçu par Nicholas Grimshaw. Certains trains s'arrêtent à la gare d'Ashford International dans le Kent et à Frethun (près de Calais) ou à Lille. Le contrôle de l'immigration s'effectue au cours du trajet mais la douane britannique est à Waterloo.

Le trajet Londres-Paris dure 3 heures (2 heures 30 lorsque la voie rapide sera achevée sur le tronçon du Kent). Comptez 2 heures 40 (puis 2 heures 10) entre Londres et Bruxelles.

Les billets sont vendus dans les agences de voyages et dans les principales gares routières. Le prix d'un aller simple/aller-retour Londres-Paris est de 89/169 £ ; des offres spéciales font chuter le coût de l'aller-retour à 99 £, voire 119 £. Pour Bruxelles, l'aller simple/aller-retour revient à 80/160 £, ou 99/119 £ l'aller-retour à dates fixes.

Rail/Ferry. L'Eurostar a éclipsé les liaisons rail/ferry traditionnelles, qui restent cependant le moyen le plus économique de traverser la Manche.

Vous pouvez emprunter le ferry ou l'aéroglisseur au départ de Boulogne, Folkestone ou Newhaven. L'option la plus avantageuse pour se rendre à Paris consiste à voyager en 2e classe *via* Newhaven et d'emprunter le ferry Stena Line (9 heures, 36/59 £ l'aller simple/aller-retour). Si vous passez par Douvres et prenez un aéroglisseur de Hoverspeed, il vous en coûtera 45/59 £ pour un trajet de 6 heures.

Pour gagner la Belgique ou l'Allemagne, traversez la Manche à Ramsgate dans le Kent. Depuis les Pays-Bas, des services directs vous amèneront à la gare de Liverpool Street *via* Harwich. Les Scandinavian Seaways partent de Hambourg, Esbjerg et Gothenburg pour arriver à Harwich. Enfin, au départ de la Norvège (Bergen, Haugesund et Stavanger), le ferry Color Line conduit les voyageurs à Newcastle, à 3 heures de train de King's Cross.

VOITURE ET MOTO

Si les embouteillages ne vous effraient pas, rien de plus facile que de se rendre à Londres en voiture ou en moto. Depuis la France, vous pouvez charger votre véhicule dans un train du tunnel sous la Manche ou sur un ferry et uniquement sur un ferry depuis l'Allemagne ou les Pays-Bas. Reportez-vous aux rubriques *Tunnel sous la Manche* et *Bateau* pour plus de renseignements.

Une fois au Royaume-Uni, un bon système routier relie les ports à Londres, entourée de la fameuse M25. Ce périphérique vous évitera de traverser la ville et vous permettra d'arriver près du quartier où vous souhaitez vous rendre. Si vous pensez conduire dans la région londonienne, procurez-vous la carte *A-Z M25* sur laquelle sont indiqués les axes rouges, interdits de stationnement.

BICYCLETTE

Il est fort simple d'emporter son vélo à Londres. A l'inverse des compagnies aériennes, les ferries et l'Eurostar ne demandent pas de supplément. Appelez les transporteurs pour vérifier les formalités à accomplir.

EN STOP

Voyager en stop n'est jamais tout à fait sûr et nous vous le déconseillons. Cependant, si vous empruntez ce mode de transport, réduisez les risques en partant à deux. Informez un proche de votre destination et de votre date d'arrivée probable.

Les tarifs du ferry et du shuttle ne dépendent pas toujours du nombre de passagers à bord d'un véhicule. Cet argument vous aidera peut-être à convaincre un conducteur de vous emmener.

A PIED

Jusqu'à récemment, marcher jusqu'à Londres n'était pas une idée de génie. Depuis que le Thames Path National Trail a été tracé, rien ne vous empêche de marcher de la source de la Tamise, près de Kemble dans les Cotswolds, à la Thames Barrier, soit une randonnée de 288 km. Vous pouvez aussi emprunter la National Waterway Walk, qui suit le Grand Union Canal, de Little Venice à Londres jusqu'à Gas St Basin à Birmingham (232 km).

Le Thames Path

Pour plus de détails sur le Thames Path (sentier de la Tamise), consultez le guide *Walking in Britain*, édité par Lonely Planet, et *The Thames Path* de David Sharp, publié par la Countryside Commission National Trail (12,99 £), qui divise le circuit en 15 jours de marche :

De la source à Cricklade	19,7 km
De Cricklade à Lechlade	17,3 km
De Lechlade à Newbridge	27,4 km
De Newbridge à Oxford	22,5 km
D'Oxford à Culham	19,3 km
De Culham à Cholsey	25,0 km
De Cholsey à Tilehurst	18,9 km
De Tilehurst à Shiplake	16,1 km
De Shiplake à Marlow	17,7 km
De Marlow à Windsor	23,0 km
De Windsor à Shepperton	22,1 km
De Shepperton à Teddington	17,7 km
De Teddington à Putney (nord)	22,9 km
De Teddington à Putney (sud)	18,5 km
De Putney à Tower Bridge (nord)	16,5 km
De Putney à Tower Bridge (sud)	16,9 km
De Tower Bridge à Thames Barrier (nord)	8,8 km
De Tower Bridge à Thames Barrier (sud)	14,5 km

La brochure *The Thames Path National Trail*, éditée par Benchmark Books (2,99 £), cite les hébergements disponibles le long de la randonnée ainsi que les offices du tourisme et les moyens de transport.

Les cartes au 1/50 000e n°163, 164, 174, 175, 176 et 177 d'Ordnance Survey Landranger couvrent la totalité de l'itinéraire.

Contrairement à la plupart des chemins de randonnées britanniques, le Thames Path est accessible par transport public sur presque toute sa longueur. Vous pourrez donc alterner marche et train ou bus. Thames Trains vend des billets Thames Path permettant, moyennant un tarif spécifique, de gagner l'un des points de l'itinéraire et de revenir d'une autre gare.

Avant de partir assurez-vous que le chemin est libre. Certains propriétaires récalcitrants bloquent la voie de temps à autre.

Grand Union Canal Walk

British Waterways publie une brochure décrivant l'itinéraire de la Grand Union Canal Walk, de Little Venice à Gas St Basin à Birmingham. Ce circuit longe 150 écluses, 3 aqueducs et 3 tunnels. Le *Grand Union Canal Walk Trail Guide* (9,99 £) est une mine d'informations. British Waterways édite également une liste des hébergements situés dans un rayon de 1,6 km du sentier. Pour en recevoir un exemplaire, envoyez 1,50 £ à l'adresse suivante : The Toll House, Delamere Terrace, Little Venice, London W2 6ND (☎ 286 6101).

Équipez-vous de bonnes chaussures de marche, indispensables pour arpenter les chemins de halage.

VOIE MARITIME

Pour rejoindre l'Europe continentale depuis la Grande-Bretagne par voie maritime, vous n'aurez que l'embarras du choix. Nous mentionnons ici les principales possibilités mais ces informations ne sont pas exhaustives. Consultez la bible des traversées, *ABC Cruise & Ferry Guide*, édité par Reed Travel Group (☎ 01582-600111), Church St, Dunstable, Bedfordshire LU5 4HB. Vous le trouverez dans toutes les bonnes agences de voyages.

Plusieurs compagnies opèrent sur les mêmes itinéraires si bien que l'offre est complète et complexe. Une même compagnie de ferries peut proposer divers tarifs pour une même traversée selon l'heure, la période de l'année, la validité du ticket et la taille du véhicule. Les billets aller-retour reviennent souvent moins chers que les allers simples. Les billets aller-retour dans la journée sont également très intéressants (Douvres-Calais à 8 £). Attention, si vous ne revenez pas le jour même, la compagnie vous facturera un billet simple plein tarif. Le prix d'un billet pour un véhicule comprend souvent le conducteur et un passager.

Pensez à réserver à l'avance et sachez que les périodes creuses offrent des réductions spéciales. Sauf indication contraire, les prix indiqués pour les voitures n'incluent pas les passagers. Les ferries et les aéroglisseurs transportent voitures et deux-roues.

Depuis/vers la France

Par beau temps, on aperçoit l'Angleterre depuis les côtes françaises. Après tout, la traversée de la Manche à la nage ne demande que 7 heures 40. A vous de faire tomber ce record !

Les plus courts trajets en ferry relient Calais ou Boulogne à Douvres ou Folkestone. Préférez Douvres si vous souhaitez rejoindre Londres en bus ou en train. P&O (☎ 01 44 51 00 51 ; Minitel 3615 Poferry), Stena Line (☎ 01 53 43 40 00 ; 3615 Stenaline), Sealink (☎ 01 44 94 40 40 ; 3615 Sealink) et Hoverspeed (☎ 03 21 46 14 00, à Calais ; 3615 Hoverspeed) desservent la ligne Calais-Douvres avec une fréquence d'environ un départ par heure.

L'aéroglisseur de Hoverspeed traverse la Manche en seulement 35 minutes. Pour les autres compagnies, comptez 45 minutes en catamaran et 90 minutes en ferry.

La tarification est extrêmement variable. Les promotions dépendent de la période, de la durée du séjour et des mécanismes – parfois obscurs – de la concurrence. Elles sont assorties de contraintes (réservation impérative, impossibilité de retirer son billet à l'embarquement, etc.). Les prix les plus intéressants sont généralement proposés pour un aller-retour effectué dans la journée. Une comparaison des offres du moment reste la meilleure solution.

Lors de la rédaction de ce guide, les prix d'un aller-retour variaient entre environ 50 et 220 FF pour un piéton (le transport d'un vélo étant généralement gratuit), 100 et 1 100 FF pour une voiture avec quatre passagers, et entre 200 et 500 FF pour une moto.

En réponse à la concurrence du tunnel sous la Manche, Stena Line et P&O ont annoncé leur intention de fusionner et de créer une nouvelle compagnie, P&O-Stena Line, qui exploiterait les lignes Douvres-Calais et Newhaven-Dieppe. Lors de notre passage, les deux transporteurs attendaient l'aval de l'UE. Si cette fusion a lieu, la flotte sera réduite et les prix probablement augmentés sur les courtes traversées depuis/vers la France.

Parmi les autres itinéraires trans-Manche, citons Portsmouth ou Poole-Cherbourg ou Le Havre, Portsmouth-Caen ou Saint-Malo et Plymouth-Roscoff.

Depuis/vers l'Irlande

De nombreux ferries modernes relient la Grande-Bretagne à l'Irlande. Les prix mentionnés ci-dessous correspondent à des allers simples pour des passagers et pour des voitures avec cinq passagers maximum. Renseignez-vous sur les promotions et le prix des aller-retour.

Les ferries circulent entre huit ports répartis en Angleterre, en Écosse et au pays de Galles et six ports irlandais. Nous détaillons ici les traversées les plus courues depuis/vers Londres. Pour plus d'information, reportez-vous au guide *Ireland* de Lonely Planet.

Vous pouvez rejoindre Rosslare dans le sud de l'Irlande depuis Fishguard ou Pembroke. Ces croisières, fort populaires, durent 3 heures 30 (Fishguard *via* Stena Line) ou 4 heures 30 (Pembroke *via* Irish Ferries). Depuis Fishguard, comptez 22/33 £ pour un passager et 54/219 £ pour une voiture et cinq passagers (un peu plus cher sur un catamaran plus rapide). Depuis Pembroke, les tarifs s'élèvent à 20/25 £ pour un passager et 59/159 £ pour une voiture avec cinq passagers.

Irish Ferries pratique les mêmes prix pour les passagers entre Holyhead et Dublin. La traversée d'une voiture revient à 99/204 £, selon la date. De Holyhead à Dun Laoghaire, un ferry de Stena Line assure la liaison la plus rapide (1 heure 40), un peu plus chère que celle d'Irish Ferries.

Autres destinations

Scandinavian Seaways (☎ 01255-240240) affrète des ferries entre Esbjerg (Danemark), Gothenburg (Suède) et Harwich (Essex). Il rallie également Hambourg (Allemagne) tous les deux jours. Chaque jour, deux ferries de Stena Line (☎ 0990-707070) rejoignent Hook of Holland (Pays-Bas). Toutes ces traversées sont plus longues et plus onéreuses que celles à destination de la France.

Six ferries et plusieurs aéroglisseurs de Sally Ferries (☎ 0990-595522) desservent Ostende quotidiennement. Le trajet en ferry dure 4 heures et celui en aéroglisseur, réservé aux passagers, 95 minutes.

Attention

Les informations contenues dans ce chapitre sont sujettes à des modifications : les prix changent, des liaisons sont créées ou supprimées, les horaires, les offres promotionnelles et les conditions d'entrée sont modifiés.

Les compagnies aériennes et les gouvernements semblent compliquer à plaisir les barèmes de prix et les règlements. Vérifiez auprès de la compagnie aérienne ou de votre agence de voyages les conditions d'utilisation de votre billet.

N'hésitez pas à vous informer et à comparer les prix. Les renseignements fournis dans ce chapitre le sont à titre purement indicatif et ne doivent pas vous dispenser d'une prospection personnelle. ∎

Comment circuler

LES AÉROPORTS
Les mini-taxis d'Airport Transfers (☎ 403 2228) desservent tous les aéroports londoniens.

Heathrow
Heathrow est l'un des plus grands et des plus actifs aéroports du monde. Il possède aujourd'hui quatre aérogares et il est question d'en construire une cinquième. Heathrow abrite deux stations de métro ; l'une aboutit aux aérogares 1, 2, et 3 et l'autre à l'aérogare 4. Ne vous trompez pas d'arrêt !
Malgré le chaos apparent, tout est bien organisé. S'il est difficile de dénicher un coin tranquille, les pubs et les bars ne manquent pas dans les 4 aérogares. Les magasins hors taxes sont particulièrement pauvres en matériel photo et en équipement électronique, mais chaque aérogare dispose d'excellents bureaux de change et de bons guichets d'information. Vous trouverez en outre plusieurs comptoirs de réservation hôtelière.

Quelle station à Heathrow ?
Aérogare 4
  Air Lanka
  Air Malta
  Atlantic Island Air
  Tous les vols intercontinentaux de British Airways
  Vols British Airways pour Amsterdam, Paris, Moscou et Athènes
  Canadian Airlines International
  City Hopper
  KLM
  Qantas
Aérogares 1, 2 et 3
  Vols intérieurs et européens de British Airways
  Tous les autres vols ■

De nombreux grands hôtels internationaux jouxtent l'aéroport. Si vous partez ou arrivez à une heure particulièrement tardive, vous souhaiterez peut-être passer la nuit dans l'un de ces établissements. Pour vous y rendre, prenez un bus Heathrow Hotel Hoppa (2/3,50 £ l'aller simple/aller-retour). Ces bus circulent de 6h à 23h. Un départ est prévu toutes les 15 minutes et toutes les 10 minutes aux heures de pointe. Au départ de l'aérogare 4, une liaison est assurée toutes les demi-heures.
Si le métro ne fonctionne pas, un mini-taxi pourra vous conduire dans un hôtel abordable au centre de Londres (à Earl's Court, par exemple).
Baggage Hold offre un service de consigne à l'aérogare 1 (☎ 0181-745 5301) et à l'aérogare 4 (☎ 0181-745 7460). Il ouvre de 6h à 23h et demande 2,50 £ par article pour 12 heures et 3 £ pour 24 heures. Excess Baggage (☎ 0181-759 3344) assure le même service aux aérogares 2 et 3. Tous deux peuvent expédier vos bagages.
Pour des informations d'ordre général ou concernant les vols (à l'exception de ceux de British Airways) appelez le ☎ 0181-759 4321. British Airways répond au ☎ 0990-444000. Pour toute information sur les possibilités de parking, appelez le Car Park Information au ☎ 0800-844844 ; pour une réservation hôtelière, contactez l'Hotel Reservation Service au ☎ 0181-7592719.
Sachez que des pickpockets sévissent à Heathrow.

Comment s'y rendre. En attendant la mise en service, prévue pour l'été 1998, de la nouvelle ligne ferroviaire Heathrow Express (Paddington-Heathrow en 15 minutes), empruntez le bus, le métro ou un taxi. Le métro (Piccadilly Line) constitue le transport le plus économique et le plus fiable de 5h30 à 23h30. La station permettant d'accéder aux aérogares 1, 2 et 3 est aménagée dans l'enceinte de l'aéroport.

L'aérogare 4 est desservie par une autre station. Lors de la confirmation de votre vol, faites-vous préciser l'aérogare de départ. Le ticket de métro revient à 3,30 £ (aller simple) et vous pouvez aussi utiliser une All Zone Travelcard (4,30 £). Pour éviter de faire la queue, achetez votre ticket dans les distributeurs installés près de la livraison des bagages. Comptez une heure de trajet entre l'aéroport et le centre de Londres.

Les services Airbus (☎ 0181-897 2688), également pratiques, empruntent deux itinéraires : l'A1 longe Cromwell Rd jusqu'à Victoria et l'A2 suit Notting Hill Gate et Bayswater Rd jusqu'à Russell Square. Les bus partent toutes les demi-heures (6/4 £ l'aller simple). Lorsque le couloir réservé aux bus sera mis en service le long de la M4, l'aéroport sera à moins d'une heure du centre de Londres.

En mini-taxi, la course entre le centre-ville et Heathrow revient à 25 £ environ. En taxi traditionnel, prévoyez 35 £. Hotelink (☎ 01293-532244) et Golden Tours (☎ 233 9050) offrent un service de minibus depuis les hôtels du centre de Londres (10 £ par personne).

Gatwick

Beaucoup plus petit que Heathrow, Gatwick n'en demeure pas moins un grand aéroport. Plus pratique et plus agréable, il est relié par voie ferrée à Victoria. Si la liaison est chère, elle plus agréable que le métro.

Les deux aérogares, nord et sud, sont reliés par monorail. Toutes deux sont pourvues de magasins, de restaurants et de bars. Pour toute information sur les vols British Airways, appelez le ☎ 0990-444000.

Les hôtels proches de l'aéroport sont chers et sans intérêt. Pour tout renseignement, appelez le Gatwick Directory (☎ 01293-535 3530). Ce numéro vous mettra en relation avec Thomas Cook, qui se charge des réservations hôtelières moyennant 5 £.

Dans les deux aérogares, Excess Baggage plc (☎ 01293-569 9900) propose un service de consigne, ouvert tous les jours de 6h à 22h (2,50 £ par bagage pour 12 heures, 3 £ pour 24 heures). Il se charge également d'expédier les bagages.

Comment s'y rendre. Le Gatwick Express (☎ 0990-301530) circule en continu, entre 5h20 et 24h05, de l'aérogare principale aux quais 13 et 14 de la gare Victoria. La nuit, un service est assuré toutes les heures (8,90 £ l'aller simple, 30 minutes ou 35 minutes le dimanche). Le Connex SouthCentral est un peu moins rapide et moins cher (7,70 £). British Airways et American Airlines enregistrent les bagages de leurs passagers dans leurs bureaux de la galerie marchande, située au dessus de la gare Victoria.

Les bus Flightlink (☎ 0990-747777) relient le centre de Londres à Gatwick toutes les heures, de 7h15 à 23h35 (7,50/6 £ l'aller simple depuis Victoria).

De l'aéroport au centre-ville, comptez environ 35 £ en mini-taxi et 70 £ en taxi traditionnel. Hotelink (☎ 01293-532244) et Golden Tours (☎ 233 9050) offrent un service de minibus depuis les hôtels du centre de Londres à 16 £ par personne.

Aéroport de London City

Joliment situé dans les Docklands au bord de la Tamise, le petit aéroport de London City (☎ 474 5555) dessert plus de 20 destinations européennes, dont Manchester, Edimbourg et Dublin. Actuellement peu exploité, il offre un calme qui contraste avec le brouhaha de Heathrow ou de Gatwick. Il dispose d'un centre d'affaires équipé (☎ 476 3999).

Comment s'y rendre. L'aéroport de London City est situé à l'est de Blackwall Tunnel dans la partie est de Londres. De 6h à 21h, un bus (☎ 476 6428) effectue la navette entre l'aéroport et la gare de Liverpool St (25 minutes, 4 £ l'aller simple) ou Canary Wharf (8 minutes, 2 £ l'aller simple). Un service est assuré toutes les 15 minutes du lundi au vendredi, toutes les 30 minutes le samedi et toutes les 20 minutes le dimanche. Vous pouvez également emprunter la North London

Line et descendre à Silvertown, non loin de l'aéroport (consultez le plan du métro). Une autre possibilité consiste à prendre la DLR (Docklands Light Railway) jusqu'à Prince Regent Lane puis le bus n°473.

Stansted
D'ici l'an 2000, plus de huit millions de passagers passeront chaque année par Stansted, où l'on prévoit d'accueillir 15 millions de voyageurs dans le futur. Si vous devez atterrir ou décoller de cet aéroport, ne vous laissez pas impressionner. Depuis la gare de Liverpool St, un train vous conduit au niveau inférieur de l'aéroport d'où un escalator vous propulse dans le hall principal. Ne manquez pas d'admirer l'un des plus beaux édifices modernes britanniques, un chef d'œuvre de simplicité signé Norman Foster.

Pour des informations d'ordre général, des renseignements ferroviaires et des réservations hôtelières, appelez le ☎ 01279-680500.

Comment s'y rendre. La navette Stansted Skytrain relie l'aéroport à la gare de Liverpool St toutes les demi-heures (40 minutes, 10 £). Vous pouvez changer à Tottenham Hale pour prendre la ligne Victoria ; il vous faudra alors un autre ticket.

De 6h à 19h, les bus Flightline (☎ 0990-7474777) relient chaque heure le centre-ville à Stansted (9/8 £ l'aller simple depuis Victoria). Comptez 35 £ environ en mini-taxi et 75 £ en taxi traditionnel entre le centre-ville et Stansted.

Luton
Relativement petit et excentré, Luton (☎ 01582-405100) accueille principalement les vols charters. Cependant, EasyJet (☎ 0990-292929) assure des vols réguliers depuis cet aéroport (voir le chapitre *Comment s'y rendre* pour les tarifs).

Comment s'y rendre. Le bus Greenline 757 dessert Luton au départ de Victoria.

Vous pouvez également emprunter le bus Luton Flyer à la sortie du hall d'arrivée. Il rejoint la gare ferroviaire où vous pourrez prendre un train à destination de King's Cross ou St Pancras (30 minutes). Le billet combiné revient à 9,90 £. Le service est assuré toutes les 20 minutes environ, depuis tôt le matin jusqu'à une heure tardive.

LE MÉTRO LONDONIEN
Le métro (*"tube"*) constitue le moyen le plus pratique et le plus rapide de se déplacer dans Londres. Outre la ville elle-même, il dessert les banlieues jusqu'à Amersham dans le Buckinghamshire et Epping dans l'Essex. Deux millions et demi de trajets sont effectués chaque jour en métro, pourtant l'un des plus chers au monde (le billet le meilleur marché revient à 1,20 £). En outre, faute de fonds, il est dans un état peu reluisant et souffre de retards fréquents.

Le London Regional Transport (LRT) gère les voitures du métro. Ses centres d'informations vendent des billets et distribuent des plans gratuits. Vous trouverez dans les aérogares de Heathrow ainsi qu'aux gares de Victoria, Picadilly Circus, Oxford Circus, St James's Park, Liverpool St, Euston et King's Cross. Les gares routières de Hammersmith et de West Croydon disposent également de guichets LRT. Pour toute information, appelez le ☎ 222 1234.

Tout le long de cet ouvrage, les stations de métro indiquées sont précédées du terme "métro".

Tarifs
La One-day Travelcard, carte valable une journée, est le moyen le plus économique de se déplacer dans la capitale. Elle est valable à partir de 9h30 sur tout le réseau londonien (métros, trains grandes lignes et bus). Londres étant divisé en zones concentriques, achetez la carte correspondant à vos destinations. La plupart des visiteurs se contentent d'une carte accessible aux zones 1 et 2 (3,50 £). La carte couvrant les zones 1, 2, 3 et 4 vaut 3,80 £, celle donnant accès aux zones 2, 3, 4, 5 et 6 coûte 3,20 £. La carte qui dessert les 6 zones revient à 4,30 £.

Indépendamment du nombre de zones, la carte enfant s'élève à 1,80 £. Les cartes ne sont pas vendues à bord des bus mais peuvent s'acheter plusieurs jours à l'avance.

Si vous devez vous déplacer avant 9h30, procurez-vous une LT Card 1 et 2 (London Transport Card) à 4,50/2,20 £ (6/2,80 £ pour les zones 1, 2, 3 et 4 et 7,30/3,20 £ pour une carte 6 zones).

Des Travelcards hebdomadaires sont également disponibles. Vous devez présenter une pièce d'identité ainsi qu'une photo au moment de l'achat. Une carte hebdomadaire couvrant les zones 1 et 2 revient à 16,60 £ ; 1, 2 et 3 à 20,90 £ ; 1, 2, 3 et 4 à 26 £ ; 1, 2, 3, 4 et 5 à 30,40 £ et la carte 6 zones à 33 £. Cette carte permet de voyager à toute heure de la journée et d'emprunter les bus de nuit. Ne l'achetez que si vous devez vous déplacer avant 9h30 (cinq Travelcards quotidiennes plus une carte week-end sont plus économiques).

Une carte week-end pour les zones 1 et 2, valable les samedi et dimanche, revient 25% moins cher que deux cartes quotidiennes. Des Family Travelcards sont disponibles pour les groupes d'un ou deux adultes accompagnés de un à quatre enfants. Les prix commencent à 2,80 £ par adulte et 50 p par enfant pour les zones 1 et 2.

Si vous vous déplacez uniquement dans la zone 1, achetez un carnet de 10 tickets à 10 £ ; vous économiserez 3 £.

Voyager en métro
Le dernier métro part entre 23h30 et 0h30 selon le jour, la station et la ligne. Les horaires du premier et du dernier métros sont affichés au guichet.

Certaines lignes sont plus fiables que d'autres. Ainsi, la Circle Line, très fréquentée par les touristes, offre un service médiocre tandis que la Picadilly Line, qui dessert Heathrow, fonctionne parfaitement.

Le prolongement de la Jubilee Line, à l'est jusqu'à Canary Wharf et le nord de Greenwich et au nord jusqu'à Stratford, sera effectif à la mi-1998. A cette même époque, on prévoit la réouverture de l'East London Line. Cependant l'avenir de nombreuses autres lignes fort utiles, comme la Crossrail, la Chelsea-Hackney et la Croxley Rail Link, dépend d'improbables financements.

Frauder dans le métro peut occasionner une amende de 10 £, payable immédiatement. Si une défaillance de la LRT provoque un retard de plus de 15 minutes, vous êtes en droit de réclamer un dédommagement. Composez le ☎ 918 4040... et bonne chance !

BUS
"Pas un seul bus à l'horizon, puis trois arrivent en même temps", telle est la rengaine des usagers des bus londoniens.

Si vous n'êtes pas pressé, explorer Londres dans les fameux autobus à

Dessine-moi un plan de métro
Le plan du métro londonien symbolise à lui seul la capitale britannique. Chaque jour, des millions de personnes le consultent, sans avoir une pensée pour Harry Beck, l'ingénieur qui le conçut.

Beck, faisant fi de la géographie, concentra l'intégralité du réseau sur un espace réduit. Le résultat ? Un plan très efficace. Après tout, avez-vous besoin de savoir où se trouvent exactement les sites lorsque vous êtes sous terre ? N'est-il pas plus important de les localiser les uns par rapport aux autres sur la carte du métro ?

Ce brillant ingénieur agrandit l'espace dévolu aux stations du centre de Londres et traça les lignes de façon à ce qu'elles soient horizontales, verticales ou à 45° les unes par rapport aux autres. Il attribua une couleur à chaque ligne. Pour la peine, il reçut cinq guinées et vit son nom inscrit sur les plans du métro... jusqu'en 1960 ! Le plan d'origine a peu changé, exception faite des nouvelles lignes. ■

impériale est bien plus agréable que le métro. La LRT gère ces bus qui transportent chaque jour 3,8 millions de passagers. Il existe quatre types de tickets : ceux valables pour un trajet, vendus directement dans les bus (60/40 p) ; les tickets valables une journée ou une semaine ; des allers simples ou des aller-retour identiques aux tickets de métro, vendus dans les stations et parfois aux distributeurs automatiques (1,30 £ minimum) ; et les Travelcards (voir la rubrique *Métro*). Un ticket valable une journée dans toutes les zones revient à 2,70/1,40 £ pour les adultes/enfants.

Il existe 35 plans de bus distincts ; le plan n°1, qui couvre le centre et la City of London, est généralement suffisant. Vous pouvez vous procurer ces plans gratuits auprès des centres d'information LRT de Heathrow et des gares Victoria, Piccadilly et King's Cross, ou téléphoner au ☎ 371 0247 pour les obtenir. Pour toute information sur les bus londoniens, appelez le ☎ 222 1234 (24h/24). Travelcheck vous renseignera sur l'état de la circulation au ☎ 222 1200.

Trafalgar Square est l'arrêt le plus important des bus de nuit. Toutefois, le service peut être irrégulier et les bus ne s'arrêtent qu'à la demande. Les noctambules se procureront *Buses for Night Owls*, un horaire des bus de nuit gracieusement distribué par LRT. Contrairement aux Travelcards hebdomadaires, celles valables une journée ne sont pas utilisables la nuit.

Les itinéraires pratiques

L'une des meilleures façons de découvrir Londres consiste à acquérir une Travelcard et à sauter dans un bus. Pour circuler du nord au sud, ou inversement, le n°24 s'avère particulièrement pratique. Il part de Hampstead, traverse Camden et suit Gower St jusqu'à Tottenham Court Rd. Il longe ensuite Charing Cross Rd et Leicester Square pour gagner Trafalgar Square, puis emprunte Whitehall et passe devant la House of Commons, l'abbaye de Westminster et la cathédrale de Westminster.

Enfin, il rejoint la gare Victoria et poursuit son chemin vers Pimlico, proche de la Tate Gallery.

Le bus n°19 propose un autre itinéraire nord-sud, également intéressant. Facilement reconnaissable à ses couleurs chocolat et crème, son trajet est clairement indiqué sur le côté. Partant d'Upper St (Islington), il suit Clerkenwell et Holborn, puis longe New Oxford St et Charing Cross Rd. Il emprunte ensuite Shaftesbury Ave et Piccadilly, et contourne Green Park avant de continuer dans Sloane St et King's Rd. Si vous descendez à l'extrémité de Battersea Bridge, vous serez tout près de Battersea Park.

D'est en ouest, montez dans le bus à plateforme n°8, où vous serez accueilli par un receveur. Il part de Bethnal Green Market et passe par (ou près de) la Whitechapel Art Gallery, Petticoat Lane Market, la gare de Liverpool St, la City, le Guildhall et l'Old Bailey. Il traverse ensuite Holborn et emprunte Oxford St, passant devant Oxford Circus, Bond St, Selfridges et le magasin Marks & Spencer de Marble Arch. Descendez à Hyde Park Corner à moins que vous ne souhaitiez continuer jusqu'à Edgware Rd et Willesden Green, au nord-ouest.

Le bus Stationlink, accessible aux handicapés, suit le même itinéraire que la Circle line et dessert toutes les gares grandes lignes. Il ne passe malheureusement qu'une fois par heure. Depuis Paddington, des bus circulent dans le sens des aiguilles d'une montre (SL1) de 8h15 à 19h15 et dans le sens contraire (SL2) de 8h40 à 18h40.

TRAINS GRANDES LIGNES

Plusieurs compagnies ferroviaires assurent le transport des passagers à l'intérieur de la ville. La plupart de ces lignes, où l'on peut utiliser les Travelcards, relaient celles du métro.

Si vous séjournez dans le sud-est de Londres, zone mieux desservie par les trains que par le métro, l'achat d'une carte Network, valable un an, peut s'avérer intéressant. Elle procure des réductions de

33% sur la plupart des billets de train à destination du sud et de l'est de l'Angleterre et sur les Travelcards quotidiennes de 6 zones (voir le paragraphe *Billets* dans la rubrique *Train* du chapitre *Comment s'y rendre*).

VOITURE ET MOTO

Si possible, évitez de vous rendre à Londres en voiture. Les encombrements sont permanents et les parkings onéreux. Les contractuels et les poseurs de sabot font preuve d'un enthousiasme extrême et une mise en fourrière vous coûtera 100 £ environ. En outre, l'essence n'est pas bon marché (66 p le litre) et le diesel, guère plus abordable.

Code de la route

Tout d'abord, procurez-vous le *Highway Code* (99 p), vendu dans les TIC (offices du tourisme) et les librairies. Un permis de conduire étranger est valable en Grande-Bretagne 12 mois à compter de la date d'entrée dans le pays. Veillez à être convenablement assuré.

Sachez que la conduite est à gauche, que le port des ceintures de sécurité est obligatoire à l'avant et que, si l'arrière de votre véhicule est équipé de ceintures, elles doivent être attachées. La vitesse est limitée à 48 km/h en agglomération, à 96 km/h sur route à voie unique et à 112km/h sur les chaussées à double ou triple voies. Vous devez céder le passage à droite aux carrefours (les véhicules déjà engagés dans le rond-point ont la priorité). Les motocyclistes doivent porter des casques.

Consultez la rubrique *Questions juridiques* du chapitre *Renseignements pratiques* pour connaître le taux d'alcoolémie autorisé.

Stationnement

Évitez les heures de pointe (de 7h30 à 9h30 et de 16h30 à 19h) et, si vous devez vous garer dans le centre, pensez-y à l'avance.

Observez les lignes jaunes tracées sur le côté des voies. Une ligne simple indique une interdiction de stationner du lundi au vendredi, de 8h30 à 18h30. Une double ligne signifie une interdiction permanente. Une ligne discontinue correspond à des restrictions plus limitées. Sur les axes principaux, une simple ligne rouge empêche tout arrêt, livraison et stationnement de 7h à 19h alors qu'une double ligne rouge les interdit à toute heure.

Vous trouverez des parkings longue ou courte durée. Pour deux ou trois heures, les prix varient peu ; au-delà, il est plus avantageux d'opter pour un parking longue durée.

En cas de stationnement illégal, vous risquez de retrouver votre véhicule immobilisé par un sabot. Dans ce cas, vous devrez traverser la ville, payer une lourde amende et attendre patiemment la remise de votre véhicule. Pour obtenir les adresses des parkings, contactez le National Car Parks (☎ 499 7050). Les prix diffèrent mais sont rarement bas.

Le City of London Information Centre édite une brochure recensant les parkings de la City réservés aux handicapés. Appelez le ☎ 332 1548 pour en obtenir un exemplaire.

Location de voitures

Louer une voiture revient très cher. Essayez de trouver une offre promotionnelle dans votre pays, avant le départ. Les grandes sociétés internationales demandent environ 150 £ par semaine pour une petite voiture (Ford Fiesta, Peugeot 106).

Parmi les principales sociétés, citons Avis (☎ 0990-900500), British Car Rental (☎ 278-2802), Budget (☎ 0800-181181), Europcar (☎ 0345-222525), Eurodollar (☎ 0990-365365), Hertz (☎ 0345-555888) et Thrifty Car Rental (☎ 403 3458).

Holiday Autos (☎ 0990-300400) offre généralement de bonnes conditions. La location d'une petite voiture pour une semaine revient à 129 £, tout compris. Vous trouverez dans le magazine *TNT* les encarts publicitaires d'autres loueurs bon marché. Les centres d'information touristique vous fourniront également une liste d'agences de location de voitures.

Achat

Vous pouvez trouver un véhicule correct pour 1 000 £. Comptez le double pour un camping-car en bon état (voir le paragraphe suivante). Consultez les annonces qui paraissent dans *Loot* (tous les jours de semaine), *Autotrader* (tous les vendredi, accompagnées de photos) et le *Motorists' Guide* (argus mensuel).

Tout véhicule doit avoir un MOT, certificat de sécurité du ministère des Transports, valable un an et émis par un garage agréé, et être assuré au tiers (environ 300 £). Le certificat de vente, signé par l'acquéreur et le vendeur, comprend une partie détachable à envoyer au département des Transports. Il faut également régler une taxe (145 £ pour un an et 79,75 £ pour six mois) auprès d'un des principaux bureaux de poste, où vous présenterez un MOT validé, une attestation d'assurance et les documents d'enregistrement.

Mieux vaut acheter une voiture dont le MOT et la taxe sont en cours de validité. Ces deux documents sont rattachés au véhicule et ne sont pas modifiés en cas de changement de propriétaire. En revanche, l'assurance est souscrite par le conducteur (ne laissez pas d'autres personnes conduire votre véhicule). Pour de plus amples informations concernant les formalités, demandez le formulaire V 100 à un bureau de poste ou au Vehicle Registration Office.

Camping-car. Très populaire en Grande-Bretagne, le camping-car constitue un moyen économique de visiter le pays. Souvent trois ou quatre personnes se regroupent pour en louer ou en acheter un.

TNT et *Loot* publient des offres de vente de camping-cars. Le Van Market, Market Rd, Londres N7 (près de la station de métro Caledonian Rd), est une vénérable institution, fréquentée tous les jours par des particuliers. Certains vendeurs proposent de racheter le véhicule après usage. Si vous avez le temps de vous occuper de la revente, mieux vaut ne pas opter pour cette formule.

Les camping-cars sont habituellement équipés de deux à cinq lits superposés ainsi que d'un camping-gaz. Les plus sophistiqués sont dotés d'un évier, d'un réfrigérateur et de placards. Si vous envisagez de faire le tour de l'Europe, investissez au moins 1 000 à 2 000 £.

Les VW Kombi sont indémodables. Ils ne sont plus fabriqués mais les anciens modèles semblent éternels et il est facile de trouver des pièces de rechange.

Associations automobiles

L'adhésion à une association automobile offre un service d'assistance 24h/24. Les deux principales associations du Royaume-Uni sont la AA (☎ 0800-444999) et la RAC (☎ 0800-550550). La carte annuelle revient à 45 £ minimum chez AA et 44 £ chez RAC. Toutes deux peuvent éventuellement élargir leur zone de couverture à l'Europe.

Si vous êtes déjà membre d'une association de ce type dans votre pays, vérifiez qu'elle n'a pas d'accord de réciprocité avec ses consœurs britanniques.

TAXI

Les taxis noirs (*black cabs*) font autant partie du paysage londonien que les bus rouges. Cependant, les taxis arborent aujourd'hui de la couleur et de la publicité.

Une course en taxi n'est pas bon marché, mais partagée à cinq, elle peut rivaliser avec le prix des trains et des bus. La nuit, ne rognez pas sur cette dépense, même si le tarif est encore plus élevé. La lumière jaune allumée signifie que le véhicule est libre. Un compteur indique le prix de la course ; la prise en charge s'élève à 2 £ et le chauffeur s'attend à un pourboire de 10%. Pour appeler un taxi, essayez le ☎ 272 0272.

Les mini-taxis (*minicabs*), moins onéreux, concurrencent les taxis traditionnels, mais on ne peut les réserver que par téléphone. Tout détenteur de voiture peut s'improviser chauffeur de mini-taxi. N'étant pas professionnels, certains conducteurs n'ont qu'une vague idée des itinéraires (et de la sécurité) et vous devrez parfois consulter la

DOUG McKINLAY

TOM SMALLMAN

TOM SMALLMAN

PAT YALE

A : Trafalgar Square
B : Trafalgar Square a la faveur des pigeons
C : pause sur un perchoir de fortune à Trafalgar Square
D : baignade improvisée dans un bassin de Trafalgar Square

CHARLOTTE HINDLE

TOM SMALLMAN

PAT YALE

En haut : Summer Festival, Festival Hall
Au milieu : moments de détente sous le soleil londonien à Hyde Park
En bas : le bassin des pingouins au zoo de Londres

Ils possèdent le "Savoir"

On ne s'improvise pas chauffeur de taxi à Londres. Obtenir une licence nécessite de connaître le *"blue book"* (livre bleu) sur le bout des doigts. Les heureux candidats arborent alors un insigne vert (jaune s'ils circulent en banlieue) et sont autorisés à tenir le volant des célèbres voitures noires.

Lorsque vous montez à bord d'un taxi londonien vous pouvez être sûr que vous atteindrez votre lieu de destination par le chemin le plus court. En effet, tous les conducteurs ont acquis le *"Savoir"* pour pouvoir exercer leur métier. En pratique, cela signifie qu'ils ont passé jusqu'à deux ans à mémoriser les 25 000 rues se trouvant dans un rayon de 9,6 km de Charing Cross.

Les chauffeurs de taxis ne sont pas seulement censés savoir comment se rendre d'une rue à l'autre. Ils doivent également connaître l'emplacement des clubs, des hôpitaux, des hôtels, des théâtres, des gares, des lieux de culte, etc. Toutes ces connaissances font l'objet d'une série d'épreuves ardues, orales et écrites, qui demandent du temps, de l'argent et de la patience. Selon le Public Carriage Office, seuls les plus motivés exerceront ce "noble métier".

Aujourd'hui, la plupart des taxis traditionnels ont troqué le noir contre des publicités multicolores. Cherchez le taxi *Lonely Planet* et participez à notre jeu-concours (pour plus de détails, reportez-vous à la fin du présent guide) ! ■

---

carte pour les guider. Négociez le prix de la course avant de monter dans ces voitures sans compteur, qui peuvent transporter jusqu'à quatre personnes.

Les petites sociétés de minicabs sont réparties par quartier. Demandez à un riverain de vous indiquer une société réputée ou bien appelez une des compagnies opérant 24h/24 (☎ 387 8888, 272 2612, 383 3333, 0181-340 2450, 0181-567 1111). Les femmes seules se déplaçant la nuit peuvent faire appel aux Lady Cabs (☎ 272 3019), pilotés par des conductrices. Les gays et les lesbiennes choisiront Freedom Cars (☎ 734 1313).

BICYCLETTE

Pédaler à travers Londres permet certes de réduire les dépenses, mais la circulation intense et les gaz d'échappement risquent de transformer votre promenade en cauchemar. La London Cycling Campaign (☎ 928 7220) milite pour des conditions meilleures et pour la prolongation du London Cycle Network, déjà en place dans certains quartiers. L'objectif est de disposer de 1 920 km de couloirs cyclables d'ici l'an 2000. Cette association vend un kit comprenant une carte indiquant les couloirs existants, les itinéraires conseillés et les "sentiers verts", plus un exemplaire d'*On Your Bike*, véritable encyclopédie sur l'entretien de la petite reine (4,95 £).

Si vous désirez acquérir une bicyclette, rendez-vous à la vente aux enchères (☎ 0181-870 3909), 63 Garratt Lane SW18 (gare de Wandsworth Town), où la police décharge une cargaison de vélos, tous les lundi à 11h. D'autres ventes aux enchères de bicyclettes ont lieu, moins régulièrement, 118 Putney Bridge Rd SW15. Pour plus d'information, appelez le ☎ 0181-788 7777. Consultez également les annonces de *Cycling Weekly*, *Loot* et *Exchange & Mart*.

Si vous préférez la location, les magasins mentionnés ci-dessous proposent vélos et VTT en parfaite condition. Ils exigent une caution minimum de 150 £ (un reçu de carte de crédit est accepté), quelle que soit la durée de location. Il est recommandé de porter un casque et un masque anti-pollution.

London Bicycle Tour Company
    Gabriel's Wharf SE1 (☎ 928 6838) – 9,95 £ le premier jour, 5 £ les jours suivants, ou 29,95 £ la première semaine et 25 £ les semaines suivantes.

Bikepark
14¹/² Stukeley St WC2 (☎ 430 0083) – Un minimum de 4 £ pour 4 heures, 10 £ le premier jour, 5 £ le deuxième et 3 £ les jours suivants.

Dial-a-Bike
18 Gillingham St SW1 (☎ 828 4040) – 6,99 £ par jour et 29,90 £ par semaine.

La London Bicycle Tour Company organise également des excursions en vélo dans Londres (3 heures 30, 9,95 £). Le circuit East End, comprenant le Globe Theatre, Tower Bridge, Tobacco Dock, le quartier d'East End, la City et la cathédrale Saint-Paul, part tous les samedi à 14h du Gabriel's Wharf. Le circuit West End inclut les Houses of Parliament, Lambeth Palace, Kensington et Chelsea, le Royal Albert Hall, Buckingham Palace, St James's, Trafalgar Square et Covent Garden. Il part de Gabriel's Wharf tous les dimanche à 14h.

En dehors des heures de pointe (après 10h, avant 16h et après 19h), vous pouvez transporter votre vélo dans le métro, sur les lignes District, Circle, Hammersmith & City et Metropolitan, ainsi que sur les sections aériennes des lignes de banlieue. Il est interdit de voyager avec un vélo sur la Docklands Light Railway.

Pour vous rendre à Heathrow, empruntez le train grande ligne de Paddington à Hayes & Harlington puis pédalez jusqu'à l'aéroport. Si votre avion décolle de l'aérogare 4, prenez le train de Waterloo à Feltham et effectuez le reste du trajet à vélo. Vous pouvez également prendre le métro de Barons Court à Hounslow West et continuer à bicyclette. Pour aller à Stansted, prenez le train à Liverpool St jusqu'à Stansted Mountfitchet, puis poursuivez en pédalant (les vélos ne sont pas autorisés sur le Skytrain). Par contre, les bicyclettes sont acceptées dans les trains desservant Gatwick, ainsi que sur la ligne ferroviaire Paddington-Heathrow, en cours d'achèvement. Les parkings de l'aéroport disposent d'emplacements gratuits pour les vélos, mais ils ne sont pas très sûrs.

Depuis la privatisation de British Rail, il faut s'informer auprès de chaque compagnie des conditions de transport des vélos.

Le parking pour vélos de Stukeley St, Covent Garden, ouvre en semaine de 7h30 à 20h30 et le week-end de 8h30 à 18h30 (50 p les 4 heures).

A PIED

Si gigantesque que soit Londres, la plupart des sites et monuments sont concentrés dans un périmètre qu'il est agréable de parcourir à pied. Munissez-vous d'une bonne carte ou d'un A-Z atlas.

Promenades guidées

Plusieurs agences organisent des promenades guidées à thème. Parmi les sorties les plus prisées, citons le Londres de Dickens, le Londres de Pepys, le Londres de Shakespeare, le Londres de Wesley, le Londres du droit et le Londres juif.

D'autres itinéraires vous feront découvrir les venelles londoniennes, des édifices modernes comme Broadgate, ou les jardins et pubs les plus secrets. Si vous êtes en quête de frissons, optez pour les promenades fantômes et goules ou suivez les pas de Jack l'Éventreur à Whitechapel.

La plupart des promenades sont organisées entre Pâques et octobre (4 £ environ, près de 2 heures). Le départ et l'arrivée se situent à proximité des stations de métro. Consultez *Time Out* pour le programme de la semaine.

Les principales agences proposant des promenades guidées sont les suivantes :

London Walks (☎ 624 3978)
Cityguide Walks (☎ 01895-675389)
Historical Walks of London (☎ 0181-668 4019)
Capital Walks (☎ 0181-650 7640)
Ye Olde Walks of London (☎ 0181-672 5894)
Stepping Out (☎ 0181-881 2933)

Les promenades autour de Shakespeare's Bankside partent du Globe Theatre, New Globe Walk, les vendredi, samedi et dimanche à 11h30, 12h30, 13h30, 14h30 et 15h30 (40 minutes, 2 £).

Clerkenwell Guides (☎ 638 4942) organise des excursions dans Clerkenwell ; elles partent de la bouche de métro Farringdon à 11h le mercredi, 18h30 le jeudi et 14h le dimanche. Il propose également le Smithfield Trail, qui part de la station Barbican le samedi à 11h, et l'Angel Trail, qui démarre de la station Angel le dimanche à 14h. Toutes ces excursions reviennent à 4,50 £.

Au départ du centre d'information touristique, 46 Greenwich Church St, la Greenwich Tour Guides Association organise tous les jours une Meridian Walk à 12h15 et une Royal Greenwich Walk à 14h15 (1 heure 30, 4/3 £). Pour de plus amples informations, appelez le ☎ 0181-858 6169.

Entre juin et octobre, la Society of Voluntary Guides propose des excursions dans Richmond, Twickenham et Kew. La visite du Richmond historique part de l'Old Town Hall à 11h, tous les jours de la semaine. Le samedi, vous pouvez découvrir Richmond Hill et, certains dimanches, participer au Discovering Richmond, qui vous conduit aux principaux sites des autres excursions. Les billets sont en vente au Richmond TIC (☎ 0181-940 9125), Old Town Hall, Whittaker Ave, Richmond (2/1 £).

Les promenades dans Kew partent de St Anne's Church, Kew Green, le samedi à 11h. Les excursions dans Twickenham quittent St Mary's Church, Church St, York House End, Twickenham, le dimanche à 14h15. Les billets sont vendus par les guides (2/1 £).

Promenades

Vous pouvez compulser plusieurs brochures et organiser vous-même vos sorties. Le *London Wall Walk* (1,95 £), très bien fait, suggère un circuit comprenant 21 sites le long de l'ancienne muraille romaine et médiévale (2,8 km, 1 à 2 heures).

Le British Travel Centre vend une carte (1,20 £) décrivant la *Silver Jubilee Walkway* (19,2 km), qui commence à Leicester Square, traverse la City, longe la South Bank et contourne Westminster.

Pour tout savoir sur le théâtre londonien et ses célébrités, procurez-vous *A Walk of Theatre land* (1,50 £), vendu par le Theatre Museum. Comptez 2 heures pour effectuer cette visite.

British Waterways publie un excellent guide, *Explore London's Canals* (1 £) qui propose six randonnées le long des chemins de halage de la capitale (64 km).

Vous trouverez d'autres idées de randonnées dans le chapitre *Promenades dans Londres*.

BATEAU

Les bateaux-bus qui sillonnaient la Tamise ne sont plus exploités, mais il est toujours possible de voguer sur le fleuve, une activité bien agréable par une journée ensoleillée.

City Cruises (☎ 237 5134) organise une croisière en ferry, Pool of London, de mai à septembre. Depuis Tower Pier, elle gagne le London Bridge, la City, Butlers Wharf et St Katherine's Pier. Les départs ont lieu chaque jour toutes les 15 minutes, entre 11h et 17h. Les tickets valent 2/1 £ et sont utilisables toute la journée.

Les principaux points de départ des croisières le long de la Tamise sont les embarcadères de Westminster et de Charing Cross (pour plus de détails sur les croisières vers Greenwich, Kew Gardens et Hampton Court Palace, voir l'encadré *Flâner sur la Tamise*).

Croisières sur les canaux

Londres possède 64 km de canaux, construits pour la plupart au début du XIXe siècle pour acheminer les marchandises des Midlands industriels au port de Londres. Longtemps négligés, ils connaissent un regain d'intérêt auprès des canotiers, des marcheurs et des pêcheurs.

Le Regent's Canal contourne le nord de Londres sur 4 km, de Little Venice, dans Maida Vale, jusqu'à Camden Lock, puis traverse le London Zoo et Regent's Park. Deux compagnies proposent des croisières le long du canal. Vous pouvez choisir un bateau-bus couvert (London Waterbus company) ou un croiseur à ciel ouvert (Jason's Trip). Ces derniers partent en face du 60 Blomfield Rd, Little Venice. Les bateaux-bus lèvent l'ancre un peu plus à l'est, vers le pont de Westbourne Terrace.

La London Waterbus Company (☎ 482 2550) organise des croisières de 80 minutes entre Camden Lock (métro : Camden Town) et Little Venice (métro : Warwick Avenue). D'avril à octobre, les bateaux partent depuis les écluses de Camden et de Little Venice toutes les heures, de 10h à 17h. Le dernier aller-retour a lieu à 15h et le dernier aller simple à 15h45. Entre novembre et mars, les bateaux ne circulent que le week-end. Appelez pour les horaires (aller simple 3,70/2,30 £, un aller-retour 4,80/2,90 £).

Si vous désirez visiter le zoo, un billet combiné entrée-trajet revient à 9,70/6,50 £ au départ de Little Venice, ou 8/6 £ depuis Camden Lock. Le trajet seul s'élève à 1,40/1 £ jusqu'à Camden Lock, ou 2,60/1,70 £ jusqu'à Little Venice. Les bateaux à destination de Camden Lock partent du zoo toutes les heures, de 10h35 à 17h35. Vers Little Venice, ils partent toutes les heures, de 10h15 à 17h15. De juin à septembre, le service est assuré toutes les demi-heures le dimanche.

Les bateaux de Jason's Trip (☎ 286 3428) quittent Little Venice à 10h30, 12h30 et 14h30 d'avril à septembre. En juin,

Flâner sur la Tamise

La Tamise a longtemps été négligée mais, depuis peu, le transport fluvial connaît un regain d'intérêt. Les ferries réguliers n'ont jamais rencontré beaucoup de succès et ce sont plutôt les croisières touristiques qui tirent leur épingle du jeu.

Une traversée de Greenwich à Hampton Court vous permettra de constater combien l'est et l'ouest londoniens diffèrent. Ne manquez pas la promenade d'une demi-journée, de Westminster Pier à Hampton Court.

Pour toute information sur les bateaux desservant l'est, appelez le Westminster Passenger Services Association au ☎ 930 1616 et contactez le ☎ 930 4721 pour les croisières vers l'ouest. En règle générale, il n'est pas nécessaire de réserver à l'avance.

En aval de la Tamise

Les bateaux quittent Westminster Pier (à côté de Westminster Bridge) en direction de Greenwich toutes les demi-heures à partir de 10h. Ils passent devant le Shakespeare's Globe Theatre, s'arrêtent à la Tour de Londres puis continuent vers le Tower Bridge et de nombreux docks célèbres (5,30/6,30 £ l'aller simple/aller-retour).

En amont de la Tamise

Plus longue, la promenade en direction de l'ouest est peut-être moins pittoresque que la première.

Kew Gardens et Hampton Court Palace, les principales destinations, méritent qu'on s'y attarde plus d'une journée. En juillet et en août, on peut descendre du bateau à Richmond.

Du lundi avant Pâques à la fin du mois de septembre, les bateaux pour les Royal Botanic Gardens de Kew quittent Westminster Pier toutes les 30 minutes, de 10h15 à 14h30 (1 heure 45, 6/10 £ l'aller simple/aller-retour). D'avril à octobre, des bateaux rejoignent Hampton Court Palace, partant de Westminster Pier à 10h30, 11h15 et 12h (3 heures 30, 8/12 £). Les enfants paient moitié prix.

Vous pouvez aussi embarquer à St Helena Pier, Water Lane ou Richmond pour gagner Hampton Court. De mai à septembre, les bateaux de Turk Launches (☎ 0181-546 2434) partent à 11h, 14h15 et 18h15 du mardi au samedi (1 heure 45, 5/6 £ l'aller simple/aller-retour). En avril, les bateaux circulent le dimanche et les jours fériés.

Avant de vous embarquer, sachez qu'à bord boissons et nourriture sont très chères ; emportez votre pique-nique. Par ailleurs, le marin qui commente la croisière attend un pourboire. Libre à vous de mettre ou non la main à la poche. ■

juillet et août, un service supplémentaire est assuré à 16h30. En octobre, le service de 10h30 est annulé (aller simple 4,50/3,20 £, aller-retour 5,50/4 £). Jenny Wren (☎ 485 4433) propose les mêmes prestations à partir de Camden Lock.

Si vous souhaitez explorer davantage les canaux londoniens, contactez la London Waterbus Company.

CIRCUITS ORGANISÉS

Ne vous inscrivez dans un circuit organisé que si vous êtes pressé ou préférez être en groupe. Les nombreuses agences vous emmèneront, pour la plupart, à bord de bus découverts. Une aubaine... si le temps s'y prête !

Participer à ce type d'excursion se justifie pour visiter Hampton Court Palace ou Windsor Castle, à la périphérie de Londres, ou pour passer une journée à Bath, Oxford, Stonehenge ou Canterbury.

Londres

L'Original London Sightseeing Tour (☎ 222 1234), la Big Bus Company (☎ 0181-944 7810) et London Pride Sightseeing (☎ 01708-631122) offrent tous des visites guidées des principaux sites en bus à impériale. Certaines prévoient des arrêts, d'autres se contentent de montrer la ville derrière les vitres. Leurs tarifs sont assez élevés (12/6 £ environ). La plupart des agences vendent les tickets d'entrée aux principaux sites, vous évitant ainsi une fastidieuse attente.

Les points de départs, pratiques, se situent à Trafalgar Square en face de la National Gallery, devant le Trocadero dans Coventry St, entre Leicester Square et Piccadilly Circus, et aux Wilton Gardens en face de la gare Victoria.

London Pride Sighseeing propose un circuit comprenant les Docklands et Greenwich. Si vous êtes très pressé, sachez qu'Original London Sightseeing Tour offre un parcours express.

Excursions d'une journée

Astral Tours (☎ 0700-078 1016) propose des Magical Tours en minibus à destination de Bath, Cotswolds, Old Sarum, Brighton, Salisbury, Stonehenge, Avebury, Glastonbury, etc. (28/42 £, droits d'accès et repas dans un pub compris). Si vous ne disposez que d'une demi-journée, optez pour la visite de Windsor, Runnymede, Eton ou Henley (18 £). Les étudiants et les membres de la FUAJ bénéficient de réductions.

Evan Evans Tours (☎ 0181-332 2222) vient chercher ses clients dans les grands hôtels londoniens. Une visite de Windsor revient à 18,50/14 £ (droit d'entrée au château inclus). Les départs ont lieu devant le TIC, à Victoria, les lundi, mercredi, jeudi et vendredi à 12h30. D'autres excursions combinent Windsor et Hampton Court Gardens, Oxford et Stratford, Bath et Stonehenge.

Londres vue du ciel

Et si vous survoliez Londres en ballon ? Rendez-vous à l'aéroport de la City ou à Stansted puis envolez-vous pour admirer la Thames Barrier, la Tour de Londres, la cathédrale Saint-Paul, Buckingham Palace et Chelsea Harbour. Selon les conditions météorologiques, les décollages ont lieu entre 9h30 et 14h30 du lundi au samedi. Le dimanche, les montgolfières s'élancent de Stansted entre 9h30 et 15h30. Le vol dure 30 minutes (99 £ depuis l'aéroport de la City et 79 £ depuis Stansted). Renseignez-vous au ☎ 0345-697074.

A voir et à faire

Londres regorge de curiosités. Par chance, un grand nombre d'entre elles est concentré dans le centre – la City, le West End ou Westminster – et l'on peut facilement en faire le tour à pied. Les promeneurs fatigués ou curieux d'autres moyens de transport disposent d'un vaste réseau de bus et de métro. N'oubliez pas non plus les taxis, surtout si vous vous déplacez en groupe.

D'autres sites plus éloignés sont desservis par métro, hormis le quart sud-est de la ville, parent pauvre en la matière ; toutefois, la situation devrait aller en s'améliorant, surtout après l'achèvement de la station de Greenwich.

Tous ces attractions touristiques seront traitées en commençant par celles du centre de Londres : West End, Covent Garden, le Strand, Westminster et Pimlico, la City. Ce sont les étapes obligatoires d'une première découverte de la ville, surtout si votre temps est compté.

Nous présenterons ensuite les sites immédiatement périphériques, toujours situés, par commodité, dans les limites du plan Central London du réseau des transports londoniens. Au nord, nous visiterons d'abord les quartiers de St John's Wood, Marylebone-Regent's Park, Euston-King's Cross, Camden-Islington, Bloomsbury-Holborn, et Clerkenwell. A l'est, nous irons flâner dans l'East End et les Docklands ; au sud, dans Bermondsey-Southwark, Waterloo-Lambeth, et Battersea. Nous terminerons par l'ouest, avec Knightsbridge-Chelsea, Kensington-Holland Park, Notting Hill, Bayswater-Earl's Court, Hyde Park, et Hammersmith-Fulham.

Viendront ensuite les attractions du Grand Londres que nous passerons en revue dans le même ordre, en commençant par le nord (Wembley-Neasden, Hampstead-Highgate, Walthamstow), pour nous diriger ensuite vers le sud (Greenwich, Brixton, Wimbledon) et l'ouest (Richmond, Twickenham-Teddington, Chiswick-Kew, Brentford-Ealing).

SUGGESTIONS D'ITINÉRAIRES

Si le temps dont vous disposez est limité, vous devrez vous résigner à faire des choix. La proposition d'itinéraire suivante conviendra tout particulièrement au visiteur qui découvre Londres pour la première fois et qui bénéficie d'une semaine pour explorer la ville.

1er jour
: Visite de l'abbaye de Westminster, des Houses of Parliament et de Big Ben. Descendre à pied Whitehall en passant devant Downing St, le Cenotaph et Horse Guards Parade. Traverser Trafalgar Square pour aller visiter la National Gallery. Marcher jusqu'à Piccadilly Circus pour voir la statue d'Eros. Dîner dans Soho.

2e jour
: Visite du British Museum et shopping dans Oxford St. Soirée au spectacle (théâtre ou comédie musicale).

3e jour
: Visite de l'un des musées de South Kensington. Prendre le bus jusqu'aux magasins Harrods. Coup d'œil à Buckingham Palace et à St James's Park. Dîner à Covent Garden.

4e jour
: Visite de la cathédrale Saint-Paul et du Museum of London. Concert en plein air à Kenwood.

5e jour
: Visite de la Tour de Londres et du Tower Bridge. A l'aide du Docklands Light Railway, promenade dans un quartier rénové de Londres.

6e jour
: Visite de Hampton Court Palace. Soirée en discothèque.

Codes téléphoniques
Tous les numéros de téléphone de ce chapitre doivent être précédés du code ☎ 0171, sauf mention contraire.
Ce préfixe n'est pas nécessaire si vous appelez du centre de Londres. ■

A ne pas manquer
- Le British Museum
- La National Gallery
- Leighton House, Holland Park
- Les concerts en plein air à Kenwood House
- Les pièces du Globe Theatre
- Le Natural History Museum
- La Courtauld Gallery
- Hampton Court
- La traversée en bateau jusqu'à Greenwich
- St James's Park

Sans intérêt
- London Dungeon
- Le Rock Circus
- Leicester Square
- La camelote de Camden High St ■

7ᵉ jour
> Traverser la Tamise pour visiter le nouveau Globe Theatre. Remonter la South Bank jusqu'au Museum of the Moving Image. Concert dans le foyer du National Theatre.

Avec une semaine supplémentaire, vous pourrez explorer des marchés, prendre un bateau jusqu'à Greenwich pour voir le *Cutty Sark* et le National Maritime Museum, visiter le zoo de Londres et Camden Lock (une écluse) ainsi que quelques petits musées originaux comme l'étrange Sir John Soane Museum à Lincoln's Inn Fields, Leighton House à Holland Park et l'Old Operating Theatre près du London Bridge. Vous pourrez aussi vous aventurer plus au nord, à Hampstead, pour explorer la lande et les maisons de Freud et de Keats, toutes deux ouvertes au public.

Une troisième semaine vous laissera le temps de découvrir les banlieues plus lointaines de Chiswick et de Richmond avec un arrêt à Ham House et Osterley House. Une excursion à Windsor et Eton pourra faire partie de votre programme, tout comme Hatfield House ou St Albans et ses vestiges romains.

Le Centre de Londres

WEST END (carte 3)
Le West End est la partie de Londres gravitant autour de Piccadilly Circus et de Trafalgar Square. Il comprend Oxford St, Regent St et Tottenham Court Rd, avec son mélange étourdissant de culture et de consommation. Plusieurs musées exceptionnels voisinent avec des boutiques de souvenirs de mauvais goût. Le flâneur découvrira des monuments et édifices de réputation mondiale au milieu des commerces et des salles de spectacle parmi les plus intéressantes de la capitale. C'est le Londres des stands de cartes postales et de la tradition populaire.

Trafalgar Square
Trafalgar Square (métro : Charing Cross) est ce que Londres offre de plus central. C'est ici que se rassemblent les grandes marches et manifestations et que l'on vient fêter la nouvelle année dans les vapeurs d'alcool. L'émeute qui éclata en 1990 contre l'impopulaire *poll tax*, est représentée dans une peinture exposée au Museum of London.

La place fut dessinée par Nash au début du XIXᵉ siècle et réalisée par Barry, à qui l'on doit aussi une partie des Houses of Parliament. La **Nelson's Column** de 50 mètres de haut commémore la défaite navale de Napoléon en 1805. Les quatre lions de bronze entourant sa base sont l'œuvre de Landseer ; ils attirent autant de pigeons que de touristes.

Malgré la ronde de la circulation automobile et l'importance de la foule qui nuisent à l'effet d'ensemble, on remarquera que la place est pratiquement cernée de bâtiments imposants. Au nord se dresse la National Gallery, avec l'église de St Martin's-in-the-Fields au nord-est. Tout de suite à l'est, voici la **South Africa House** (1933) où les têtes d'animaux sauvages assistaient autrefois à d'incessantes manifestations contre l'apartheid. Au sud, la place s'ouvre et le trafic s'engouffre dans Whitehall. Au sud-ouest, on aperçoit l'**Admiralty Arch** encadrant The Mall, l'avenue conduisant à Buckingham Palace. Le côté ouest est bordé par la **Canada House**, œuvre de Sir Robert Smirke, datant de 1824-27.

National Gallery
Le portique de façade de la National Gallery (☎ 839 3321) longe le côté nord de la place. Riches de plus de 2 000 peintures, ses collections sont parmi les plus belles du monde. L'aile Salisbury, du côté ouest, fut l'objet d'une vive controverse architecturale au cours de laquelle le prince Charles s'illustra en qualifiant l'un des projets modernistes de "furoncle sur le visage d'un être cher."

Pour faciliter la visite, l'accrochage a été réorganisé il y a quelques années suivant un ordre chronologique strict. En commençant par l'aile Sainsbury et en allant vers l'ouest, vous verrez des peintures s'échelonnant de 1260 à 1920. Cependant, vous pourrez aller directement admirer votre époque préférée, sachant que l'aile Sainsbury couvre la période 1260-1510, l'aile ouest la Renaissance tardive (1510-1600), l'aile nord le XVIIe siècle (Rubens, Rembrandt et Murillo) et l'aile est la période de 1700 à 1920 (Gainsborough, Constable, Turner, Hogarth et les impressionnistes).

L'encadré concernant la National Gallery vous signale un certain nombre de chefs-d'œuvre qui font la réputation de ce musée, mais la liste n'est évidemment pas exhaustive. Pour parfaire votre connaissance sur les tableaux exposés, procurez-vous un magnétophone National Gallery Soundtrack dans le hall central et composez le numéro attribué à chaque peinture.

On peut aussi suivre l'une des visites guidées gratuites qui commentent une demi-douzaine de toiles à la fois. A la fin de la visite, on se reposera dans une succursale de Pret-a-Manger ou dans la brasserie.

Le musée est ouvert du lundi au samedi de 10h à 18h (20h le mercredi), et le dimanche de 14h à 18h (entrée gratuite).

A ne pas manquer à la National Gallery

Le Mariage des Arnolfini	van Eyck
La Vénus Rokeby	Velasquez
Le diptyque Wilton	
Les Baigneuses	Cézanne
Vénus et Mars	Boticelli
La Vierge aux rochers	Léonard de Vinci
La Vierge à l'Enfant avec sainte Anne et saint Jean-Baptiste	Léonard de Vinci
La Bataille de San Romano	Uccello
Les Ambassadeurs	Hans Holbein le Jeune
Charles Ier	van Dyck
Le Chapeau de paille	Rubens
La Charrette à foin	Constable
Les Tournesols	van Gogh
Les Nymphéas	Monet
Le Téméraire remorqué vers son dernier mouillage	Turner ∎

National Portrait Gallery
Ce n'est pas tant pour la qualité de ses peintures que l'on visite la National Portrait Gallery que pour le plaisir de mettre des visages sur les noms, petits et grands, de l'histoire britannique. Les peintures sont rangées par ordre chronologique, des Tudor au dernier étage aux personnalités du XXe siècle au rez-de-chaussée. Chacun aura ses préférences, mais les portraits d'Élisabeth Ire en grande tenue d'apparat et de Byron en accoutrement oriental méritent le détour. Le portrait d'Élisabeth II qui vous accueille, en montant l'escalier, ne fut pas du goût des royalistes qui lui reprochaient ses gros doigts boudinés.

Le rez-de-chaussée inférieur abrite des petites expositions temporaires. Un nouveau système d'audio-guides permet d'entendre la voix de certains personnages représentés.

La NPG (☎ 306 0055) se trouve à l'angle de la National Gallery en face de l'église St Martin's (métro : Charing Cross). Elle ouvre du lundi au samedi, de 10h à 18h, et à partir de 12h le dimanche (entrée gratuite).

Sur le terre-plein à l'extérieur du musée, se dresse la **statue d'Edith Cavell** (1865-1915), l'infirmière britannique fusillée par les Allemands qui aida des soldats alliés à fuir Bruxelles pendant la Première Guerre mondiale.

St Martins-in-the-Fields

Bel édifice qui a marqué son époque, cette église très connue (☎ 930 0089), œuvre de James Gibbs, occupe une place de choix à l'angle nord-est de Trafalgar Square. La flèche très ornementée est mise en valeur par l'harmonieuse composition, en pierre blanche, liant St Martin's et la National Gallery. Sous les rayons du soleil, c'est l'un des plus beaux ensembles architecturaux de Londres.

La soupe populaire de St Martin's n'est que l'une des facettes d'une longue tradition de bienfaisance envers les pauvres et les sans-abri. C'est le type même de la "sociable church" anglicane, avec un accent marqué sur la convivialité et la rencontre entre les fidèles. Ses services annexes comprennent un marché d'artisanat, un Brass Rubbing Centre (atelier où les amateurs peuvent réaliser des décalques de plaques funéraires en cuivre), une librairie et un café dans la crypte. En ce qui concerne les concerts du déjeuner et du soir, reportez-vous au paragraphe *Églises* du chapitre *Distractions*.

L'église est ouverte du lundi au samedi de 10h à 18h, et le dimanche de 12h à 18h.

Leicester Square

En dépit des efforts accomplis pour le rendre plus élégant et d'un environnement de cinémas, de boîtes de nuit, de pubs et de restaurants, Leicester (prononcez "lester") Square n'est guère qu'un lieu de passage entre Covent Garden et Piccadilly Circus. On a du mal à imaginer que Joshua Reynolds et William Hogarth ont choisi d'y vivre.

Le carré de verdure au milieu de la place est tout juste tolérable pour un pique-nique si vous n'avez pas eu le courage d'aller jusqu'à St James's Park. La fontaine centrale, flanquée d'une petite statue de Charlie Chaplin, honore la mémoire de Shakespeare. Les plaques incrustées dans le sol rappellent les distances qui séparent Londres des capitales des pays du Commonwealth. Sur le trottoir, d'autres plaques portent les empreintes de mains de diverses stars hollywoodiennes (les nouveaux films sortent en exclusivité dans les cinémas de la place).

Le **Silver Jubilee Walkway**, de 19 km de long, part de Leicester Square et fait une boucle par Lambeth Bridge à l'ouest et Tower Bridge à l'est. Un plan montre le parcours dans son entier (voir *Circuits organisés* dans le chapitre *Comment circuler*).

Chinatown

Immédiatement au nord de Leicester Square, Lisle St et Gerrard St constituent le centre du quartier chinois de Londres avec ses plaques de rue traduites en cantonais, ses lanternes chinoises et ses arcs ornés de dragons. On vient y dîner après le travail (Lisle St est un peu moins chère que Gerrard St), mais c'est au Nouvel An chinois, fin janvier-début février, qu'il est le plus pittoresque quand la foule descend dans les rues pour assister aux danses du lion.

Piccadilly Circus

Qui ne connaît la statue d'Eros de Piccadilly Circus ? L'endroit était autrefois le noyau central de Londres, le lieu où l'on se donnait rendez-vous et où convergeaient les marchandes de fleurs. De nos jours, on y respire surtout les gaz d'échappement devant les vitrines du Rock Circus, de Tower Records et d'un grand magasin japonais décevant. Derrière la statue, somme toute pas très excitante, du dieu grec de l'amour se cache l'histoire romantique du comte de Shaftesbury, un philanthrope de l'époque victorienne qui lutta pour mettre fin au travail des femmes et des enfants dans les mines et dont la statue commémore le souvenir.

Ne manquez pas le restaurant Criterion, voisin du théâtre du même nom. C'est l'une des meilleures adresses de Londres dirigée par le chef Marco Pierre White, réputé pour ses talents culinaires et son mauvais caractère (voir le chapitre *Où se restaurer*).

Les avenues rayonnant autour de Piccadilly Circus sont aussi célèbres qu'Eros. Vers le nord-est, **Shaftesbury Ave** est le centre de la vie théâtrale londonienne. A l'est, Planet Hollywood et le Fashion Café bordent Coventry St qui rejoint Leicester Square. Au sud, Haymarket dessert le Design Centre et gagne Pall Mall, tandis que Lower Regent St passe devant le British Travel Centre avant de remonter jusqu'à Pall Mall. A l'ouest, Piccadilly est bordée par Fortnum & Mason, la Royal Academy et Green Park, et se termine à Hyde Park Corner. Regent St part de l'angle nord-ouest et relie Oxford Circus en longeant d'élégantes galeries marchandes.

Rock Circus. Grande énigme du tourisme londonien, le Rock Circus (☎ 734 8025), London Pavilion, Piccadilly Circus W1 (métro : Piccadilly Circus), est une des attractions les plus courues.

En quelques minutes vous aurez fait le tour des idoles et entendu des extraits de leurs plus grands succès dans des écouteurs qui grésillent. Vous ferez ensuite un quart d'heure de queue pour voir le spectacle, tout à fait étrange à l'heure de la vidéo ! A peine aurez-vous le temps de réaliser qu'on vous a transporté aux origines du rock que déjà défilent devant vous des mannequins animés qui gesticulent comme des pantins et articulent des paroles mal synchronisées avec la musique. En apothéose, Springsteen gazouille *Born in the USA*. Au total, rien de très actuel et la Britpop est passée sous silence.

Le Rock Circus est ouvert tous les jours de 10h à 22h de fin juin à début septembre. En dehors de cette période, il ouvre les lundi, mercredi, jeudi et dimanche de 11h à 21h, le mardi de 12h à 21h, les vendredi et samedi jusqu'à 22h ; entrée : 7,95/6,50 £ (1 £ de réduction sur les billets achetés au Madame Tussaud's).

Pepsi Trocadero et Segaworld. Le Pepsi Trocadero (☎ 439 1791), Piccadilly Circus W1 (métro : Piccadilly Circus), fut à son ouverture, en 1744, un court de tennis pour hommes. C'est maintenant une salle de jeux dévolue à toutes sortes d'attractions hi-tech, autour du parc à thème Segaworld.

L'endroit plaira aux adolescents que rebutent les passe-temps plus intellectuels, mais ne comptez pas faire des économies. L'entrée de Segaworld (☎ 0990-505040) coûte 2 £, auxquelles s'ajoutent 2 £ pour l'accès à chacun des cinq manèges et 3 £ pour entrer dans chacun des deux simulateurs 3D. Les files d'attente sont parfois interminables. Le centre est ouvert tous les jours de 10h à 24h (1h les vendredi et samedi soirs).

Piccadilly
Le curieux nom de Piccadilly viendrait de "piccadils", des fraises que fabriquait un tailleur du XVIIe siècle qui construisit une maison à cet endroit. En quittant Piccadilly Circus, sur le trottoir de gauche de Piccadilly, on jettera un coup d'œil à **St James's**, œuvre de Christopher Wren postérieure au Grand Incendie de 1666 et autre église réputée pour ses œuvres sociales, ses concerts et son excellent café (voir le chapitre *Où se restaurer*).

Sur la droite, vous apercevrez la **Royal Academy of Arts** (☎ 439 7438), Burlington House, Piccadilly W1 (métro : Green Park), sorte de parent pauvre de la Hayward Gallery, avec des expositions internationales un petit peu moins séduisantes ou attendues, ce qui ne veut pas dire qu'elles ne soient pas excellentes. Chaque été, l'académie tient sa traditionnelle Summer Exhibition, une exposition ouverte à tous. La qualité est très variable, mais le public qui déambule dans ce magnifique hôtel particulier du XVIIIe siècle ne semble guère s'en soucier.

L'académie est ouverte tous les jours de 10h à 18h. Le prix d'entrée varie selon l'exposition (consultez *Time Out*) mais avoisine les 5 £. Pour les grandes expositions, il est nécessaire de réserver sa visite.

Un peu plus loin sur la droite, on arrive à **Burlington Arcade** datant de 1819 et toujours empreinte de l'atmosphère de cette époque. On y vend des objets qui satisfont les goûts d'une clientèle aisée. L'ambiance, malgré tout, reste modeste et les vitrines valent le détour. A l'autre bout de la galerie, tournez à droite et vous verrez un imposant édifice italianisant du XIXe siècle, qui abritait encore récemment le **Museum of Mankind**. Ses collections réintègrent actuellement le British Museum, mais le déménagement ne sera pas achevé avant l'an 2000.

En continuant vers l'ouest, on arrive à Old Bond St, bordée de nombreuses galeries d'art. **Royal Arcade**, une allée marchande couverte, donne sur la rue. Vous y trouverez la quintessence du chic anglais : vestes de chasse, tabac à pipe, pulls en cachemire et chaussures de golf. Construite en 1879, cette galerie reflète l'engouement de l'époque pour le style gothique.

Plus loin sur la gauche, vous passerez devant le **Ritz**, le plus clinquant des grands hôtels londoniens. C'est l'un des premiers bâtiments à avoir été construit avec une charpente en acier, mais ce n'est pas pour cette raison qu'on aime y prendre le thé (voir l'encadré *L'heure du thé* au chapitre *Où se restaurer*). **Green Park** s'étend tout de suite à l'ouest du Ritz. En continuant, vous arrivez à Hyde Park Corner.

Mayfair
Coincé entre Hyde Park et Soho, Mayfair est un des quartiers les plus huppés de Londres. Il gravite autour de **Grosvenor Square**, où trône l'ambassade américaine et, au centre, le monument dédié à Franklin D. Roosevelt. L'autre pôle du quartier est **Berkeley Square** où il serait encore possible d'entendre chanter les rossignols dans les platanes, n'était le bruit de la circulation. Le numéro 44 a conservé ses vieilles grilles en fer avec leurs éteignoirs pour éteindre les torches que portaient les valets de pied.

Regent St
Regent St fut conçue à l'origine par John Nash, mais les élégantes vitrines actuelles ne remontent qu'à 1925. C'est ici que vous trouverez les boutiques universellement connues, **Hamley's** et **Liberty**. En suivant Beak St sur la droite, vous arrivez dans **Carnaby St**. On la pensait démodée depuis longtemps, mais elle a retrouvé son tonus depuis que les nouveaux groupes Oasis, Spice Girls et autre Cool Britannia ont lancé la vogue des objets drapés dans l'Union Jack.

Oxford St
Ce qui fut autrefois la plus belle artère commerçante de Londres a de quoi décevoir aujourd'hui, surtout entre la station Oxford Circus et Tottenham Court Rd. Des vendeurs entreprenants et plus ou moins honnêtes vous pressent de profiter de soldes, généralement d'appareils électriques, dans des magasins où il semble que "tout doive disparaître" en permanence (voir *Rabatteurs* au chapitre *Renseignements pratiques*). La situation s'améliore dans la partie ouest, entre Oxford Circus et Marble Arch. Là, vous trouverez les grands magasins célèbres comme Debenhams, John Lewis et l'imposant Selfridges dont la Santa's Grotto, au moment de Noël, est très prisée.

Outre HMV et Virgin pour les disques, Marks & Spencer possède son magasin principal dans Oxford St. Beaucoup de clients sont des inconditionnels de ce grand magasin, qui n'est pas aussi désuet qu'on pourrait le croire.

Pour d'autres possibilités d'emplettes dans Oxford St et Regent St, reportez-vous au chapitre *Achats*. Concernant Marble Arch, à l'extrémité ouest d'Oxford St, voir la rubrique *Hyde Park*, ci-après.

Wallace Collection
A l'ouest d'Oxford Circus, la Wallace Collection (☎ 935 0687), Hertford House, Manchester Square W1 (métro : Bond St), rassemble dans une somptueuse demeure de style italianisant un petit nombre de peintures des XVIIe et XVIIIe siècles de qualité exceptionnelle (Rubens, Titien, Poussin, *Le Chevalier souriant* de Frans Hals, Rembrandt). Une collection d'armures d'une beauté époustouflante complète l'ensemble. L'escalier est l'un des plus beaux exemples

d'architecture intérieure française. Il fut conçu à l'origine pour la Banque Royale à Paris, puis acquis et transporté ici-même par Sir Richard Wallace en 1874. Il est orné de grandes toiles de François Boucher.

La collection fut léguée à la nation à la fin du siècle dernier. L'intimité du lieu a été sauvegardée ; on ne croisera pas ici les foules compactes qui serpentent dans les grands musées.

La Wallace Collection est ouverte du lundi au samedi de 10h à 17h, le dimanche de 14h à 17h (entrée gratuite). Des visites commentées gratuites ont lieu tous les jours, à des horaires que l'on vous communiquera par téléphone.

The BBC Experience
Au nord d'Oxford Circus, dans Regent St en direction de Langham Place, se dresse l'élégant bâtiment de la Broadcasting House (1931) décoré de sculptures d'Eric Gill, siège de la BBC. Le sous-sol abrite un musée où l'on peut voir des extraits d'émissions célèbres et admirer la collection Marconi d'anciens postes de TSF. Grâce à ses installations interactives, vous pourrez participer à un épisode du vieux feuilleton rural de Radio 4, *The Archers*, ou réaliser vous-même un épisode du feuilleton tout aussi populaire de BBC1, *EastEnders*.

The BBC Experience (☎ 0870-603 0304) est ouvert tous les jours de 9h30 à 17h30 (entrée : 5,75/4 £ ; métro : Oxford Circus, carte 5).

Soho
A l'est de Regent St et au sud d'Oxford St, Soho est l'un des quartiers les plus vivants et les plus branchés de Londres, à fréquenter surtout le soir. Autrefois, la zone était couverte de champs où l'on venait chasser ; on pense que "so-ho" était un cri de chasseurs. Il y a dix ans, Soho était à peine fréquentable, avec ses alignements de clubs de strip-tease et de peep-show.

Ces clubs sont restés, mais ils cohabitent maintenant avec des boîtes de nuit, bars et restaurants très en vogue (voir les chapitres *Où se restaurer* et *Distractions*). En venant suffisamment tard, vous constaterez que les Anglais ne sont pas aussi réservés qu'on le dit.

Perdu dans ce royaume de Mammon, le **temple de Radha Krishna,** 9-10 Soho Square, vous enivrera de vapeurs d'encens. Au sous-sol, le restaurant végétarien est une adresse à connaître.

COVENT GARDEN (carte 3)
Dans les années 1630, Inigo Jones transforma un ancien potager dépendant de l'abbaye de Westminster en galerie élégante fréquentée plus tard par les écrivains Pepys, Fielding et Boswell, en quête de plaisirs nocturnes. A l'époque victorienne, un marché de fruits et légumes s'y était installé (immortalisé dans le film *My Fair Lady* tiré de la pièce de Shaw, *Pygmalion*). Quand, dans les années 80, les fruits et légumes émigrèrent à Nine Elms dans le quartier de Battersea, un urbaniste inspiré eut l'idée d'ouvrir les vieilles arcades à toutes sortes de boutiques pittoresques.

L'été, Covent Garden (métro : Covent Garden) attire une foule dense, mais c'est encore l'un des rares espaces londoniens où le piéton est roi, et l'on trouvera toujours un coin tranquille où se poser pour regarder les passants et les musiciens ambulants. Malheureusement, une lente dégradation s'opère depuis l'ouverture d'un Pizza Hut et d'un Dunkin Donuts à la périphérie.

Les produits frais ont cédé la place aux antiquités, vêtements et objets hétéroclites de luxe. A l'angle de la place et de Southampton St, le marché couvert Jubilee Market vend des vêtements et des bijoux bon marché du mardi au vendredi, et de qualité supérieure le week-end.

Réfugié dans le sous-sol de la place, le **Cabaret Mechanical Theatre** (☎ 379 7961) et son trésor d'automates en tous genres réveillera à coup sûr l'enfant qui sommeille en vous. Les meilleures figurines sont l'œuvre de Paul Spooner et Keith Newstead. Le théâtre mécanique est ouvert du lundi au samedi de 10h à 18h30, à partir de 11h le dimanche (1,95/1,20 £). Le foyer accueille d'autres automates, que l'on peut manipuler pour une poignée de pièces de 10 p et 20 p.

Sur le côté ouest de la place, se dresse le portique du fond de l'**église Saint-Paul**. Conçue par Inigo Jones dans les années 1630, ce n'est guère qu'un rectangle de pierre coiffé d'un toit en pente..."la plus belle grange d'Angleterre." Devant, sur la place où Samuel Pepys put voir le premier spectacle de guignol d'Angleterre en 1662, des musiciens ambulants se produisent toujours. Pour trouver le calme, descendez King St ou Henrietta St et cherchez les petites entrées donnant accès à la cour de l'église plantée d'arbres et de fleurs.

De l'autre côté de la place, se dresse le **Floral Hall** (marché aux fleurs) de style victorien, actuellement en cours de restauration en vue de l'intégrer au **Royal Opera House** voisin. Les fouilles menées par le Museum of London ont mis au jour des vestiges de murs en clayonnage enduit de torchis ayant appartenu au village saxon de Lundenwic. Elles devraient se poursuivre encore plusieurs années.

Les rues qui entourent la place sont bordées de boutiques de vêtements, de productions du design contemporain, de bars et de restaurants. Neal St, une rue étroite entre Long Acre et Shaftesbury Ave, mérite une mention particulière (voir le chapitre *Où se restaurer* pour plus de détails sur Neal's Yard et le chapitre *Achats* pour le shopping à Covent Garden).

Tournez à gauche dans King St en sortant de Saint-Paul pour aller à l'Africa Centre (☎ 836 1973), 38 King St WC2. Des groupes africains s'y produisent souvent et l'on prendra un délicieux repas, à prix modéré, au restaurant Calabash (voir *Où se restaurer*).

Dans Floral St, la rue parallèle juste au nord, les couturiers Paul Smith, Jigsaw, Jones et Agnès B ont ouvert leur boutique principale. La rue suivante au nord, Long Acre, accueille Emporio Armani, Woodhouse, The Gap et Flip (une boutique de vêtements américains des années 50). Dans la même rue, vous trouverez des librairies (dont Stanford's pour les guides et les cartes) et le St Martin's College of Fashion & Design.

London Transport Museum

Entre le Jubilee Market et le restaurant Tutton, le London Transport Museum (☎ 836 8557) retrace l'intéressante histoire des transports londoniens, de la calèche au Docklands Light Railway. Il permet notamment de replacer dans une perspective historique les difficultés actuelles liées aux restrictions budgétaires et à la dérèglementation. En semaine, les salles sont envahies par des classes d'écoliers.

Le musée (métro : Covent Garden) est ouvert tous les jours de 10h à 17h15, à partir de 11h le vendredi (entrée : 4,50/2,50 £). Il abrite une excellente boutique et un Transport Café où les croissants au fromage et aux champignons remplacent les fritures chères aux cafétérias des gares. Le programme des conférences sur divers aspects des transports est communiqué par téléphone au ☎ 379 6344.

Theatre Museum

Annexe du Victoria & Albert Museum, le Theatre Museum (☎ 836 7891), Russell St, Covent Garden (métro : Covent Garden), expose des costumes de scène, des accessoires et des objets ayant notamment appartenu à des acteurs célèbres. Ailleurs, on peut voir comment s'utilise le maquillage (très amusant pour les enfants). Enfin, on peut visionner des films faisant partie de la récente collection de la National Video Archive of Stage Performance, avant de sortir par un couloir aux murs tapissés d'empreintes de mains de célébrités théâtrales.

Le musée est ouvert du mardi au dimanche de 11h à 18h30 (3,50/2 £).

THE STRAND
Courtauld Gallery

Logée dans le Strand Block de la splendide Somerset House de style palladien, la Courtauld Gallery (☎ 873 2526), Strand WC2 (métro : Covent Garden, carte 3) expose une partie de la fabuleuse collection de peintures du Courtauld Institute dans les salles en partie meublées du premier étage. Vous verrez des œuvres de Rubens, Bellini, Velasquez et Botticelli, mais la collection est surtout connue pour ses richesses en impressionnistes et post-impressionnistes (Van Gogh, Cézanne, Manet, Pissarro, Sisley, Rousseau, Toulouse-Lautrec, Gauguin, Renoir, Degas et Monet) occupant le dernier étage. Un tel rassemblement de chefs-d'œuvre en une seule salle, bien éclairée, est unique au monde.

Le musée possède une petite collection de peintures du XXe siècle des artistes de Bloomsbury, Duncan Grant, Vanessa Bell et Roger Fry, ainsi que des meubles charmants sortis des Omega Workshops (également à Bloomsbury), alors influencés par la récente découverte des masques africains et autres objets ethnologiques.

Une collection d'argenterie fabriquée par les huguenots au XVIIIe siècle est exposée dans une petite salle entourée de caricatures de Thomas Rowlandson (1756-1827).

Quand ce guide sera publié, le musée devrait avoir rouvert après une rénovation financée par la loterie nationale. La librairie d'art sera à coup sûr toujours aussi intéressante et le café du sous-sol se sera peut-être amélioré.

Le musée est ouvert du lundi au samedi de 10h à 18h, le dimanche de 14h à 18h. L'entrée revient à 4 £ mais est gratuite après 17h et en permanence pour les expositions temporaires.

Royal Courts of Justice

A l'extrémité est du Strand, à la jonction avec Fleet St, on passe devant la Royal Courts of Justice (☎ 936 6000, carte 6), mélange gargantuesque de flèches et de pinacles gothiques et de pierre de Portland lustrée, sorti de l'imagination de G.E. Street en 1874. C'est ici que sont jugées les affaires civiles et qu'aboutissent les pourvois en appel les plus retentissants, ce qui vaut à la Haute Cour, comme on l'appelle également, de figurer fréquemment au journal télévisé. Les affaires criminelles sont jugées à l'Old Bailey, près de Saint-Paul (voir *La City*).

Les visiteurs peuvent assister aux procès après passage au contrôle électronique. Les appareils photo et caméras sont interdits ; moyennant 1 £, BK News de l'autre côté de la rue, vous les gardera.

WESTMINSTER ET PIMLICO (carte 4)

Une *city* se définissant comme une ville (*town*) dotée d'une cathédrale, Londres est constituée en fait de deux *cities* : Westminster et London, autour des cathédrales de Westminster et de Saint-Paul. C'est la City of London que l'on nomme simplement "the City", mais Westminster est le centre du pouvoir politique et la plupart de ses centres d'intérêt sont liés à la puissance royale et/ou parlementaire. Dans le domaine culturel, on relève la présence de deux institutions notables, l'une au nord et l'autre au sud, l'Institut des arts contemporains (ICA) et la Tate Gallery.

Abbaye de Westminster

L'abbaye de Westminster (☎ 222 7110), Dean's Yard SW1 (métro : Westminster), est l'une des églises les plus visitées du monde. Elle a joué un rôle important dans l'histoire de l'Église anglaise. A l'exception d'Édouard V et Édouard VIII, tous les souverains y ont été couronnés depuis 1066 et, depuis Henri III, également enterrés.

En septembre 1997, le monde entier a pu voir l'intérieur de l'abbaye à l'occasion des funérailles de la princesse Diana qui repose dans le domaine familial d'Althorp dans le Northamptonshire.

L'abbaye est un exemple remarquable d'un mélange de styles gothiques. L'église primitive fut érigée par Édouard le Confesseur, futur saint Édouard, qui est enterré à l'extrémité est. Henri III (1216-72) commença les travaux du bâtiment neuf, mais ne put les achever. Il faut être expert pour voir que la nef en gothique français fut achevée en 1375. La chapelle d'Henri VII fut rajoutée en 1503.

L'entrée principale se fait par la façade ouest dominée par deux tours de Christopher Wren et son élève Hawksmoor. Incrustée dans le sol, tout de suite à l'entrée, on remarquera la **tombe du soldat inconnu**, entourée de coquelicots honorant la mémoire des victimes de la Grande Guerre. A proximité, une pierre commémore le souvenir de Winston Churchill, Premier ministre de 1940 à 1945 et de 1951 à 1955.

Une **clôture** datant de 1834 sépare la nef du chœur. Contre elle se dressent les monument de Rysbrack, dédiés à Sir Isaac Newton et à Lord Stanhope. L'orgue magnifique qui surmonte la clôture date de 1730. Levez les yeux pour admirer la belle voûte en pierre de la nef et les voûtes en éventail des bas-côtés.

Il faut malheureusement payer pour voir le reste de l'église. Le guichet se trouve dans le bas-côté nord. Après le tourniquet, vous passez devant des tuyaux d'orgue, à l'entrée de la **nef des musiciens** où sont rassemblés les monuments à la mémoire des musiciens attachés au service de l'abbaye. Vous remarquerez ceux de Henry Purcell, qui fut organiste à l'abbaye, de Vaughan Williams, Edward Elgar et Benjamin Britten.

Plus loin, la **nef des hommes d'État** abrite d'imposantes statues en marbre d'hommes politiques et d'éminentes personnalités de la vie publique. Gladstone et Disraeli, les Premiers ministres whig et tory qui dominèrent la vie politique de la fin de l'ère victorienne, ont été curieusement placés côte à côte, non loin de Robert Peel qui créa la force de police et donna aux agents leurs surnoms de "bobbies". Au-dessus d'eux, une rose dessinée par Sir James Thornhill représente les onze disciples (Judas n'y figure pas).

Avancez jusqu'à la **lanterne**, au cœur de l'abbaye, où se déroulent les couronnements. Vers l'est, vous faites face au sanctuaire, avec son maître autel. L'**autel très décoré**, conçu par Sir George Gilbert Scott en 1897, représente la Cène.

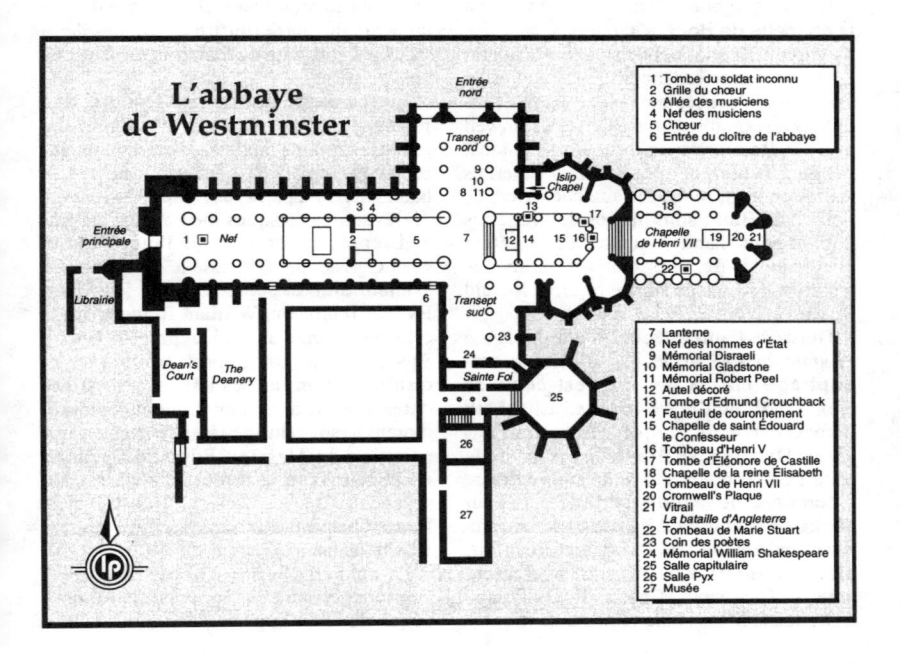

Derrière vous, le **chœur** d'Edward Blore (milieu du XIXe siècle) est une prodigieuse structure en gothique victorien bleu, rouge et or. Les moines qui chantaient aux offices quotidiens ont été remplacés par 20 garçons de la Choir School et 12 chantres laïcs.

Sur votre gauche, toujours en avançant vers l'est, vous apercevez plusieurs petites chapelles décorées de beaux monuments du XVIe siècle. En face de l'Islip Chapel se dressent trois magnifiques tombeaux médiévaux, dont celui d'Edmund Crouchback, fondateur de la maison de Lancaster.

Derrière les chapelles, en haut des marches et sur votre gauche, se trouve l'étroite **chapelle de la reine Élisabeth**. Élisabeth Ire, qui accorda sa charte à l'abbaye, partage un tombeau très travaillé avec sa demi-sœur Marie Ire. Les deux femmes ne s'entendaient guère, ce qui explique pourquoi Marie n'est pas représentée. Devant l'autel, des monuments commémorent les filles de Jacques Ier, mortes en bas âge. La princesse Sophie est montrée bébé dans son berceau.

La partie la plus orientale de l'abbaye est la **chapelle de Henri VII**, rajoutée en 1503, exemple exceptionnel de style perpendiculaire tardif avec ses magnifiques voûtes en éventail. A l'entrée, une plaque signale l'endroit où reposait le corps d'Oliver Cromwell avant la Restauration ; il fut alors exhumé, pendu à Tyburn et décapité. Les superbes stalles en bois, réservées aux chevaliers de l'ordre de Bath, sont ornées de vignettes portant pour chaque titulaire la déclaration personnelle de son choix. Parmi les membres récents de l'ordre figurent Ronald Reagan et Norman Schwarzkopf.

Derrière l'autel décoré d'une *Vierge à l'Enfant* du XVe siècle, par Vivarini, le **sarcophage** en marbre noir est celui de Henri VII et de sa femme, Élisabeth d'York, œuvre du sculpteur florentin Torigiani. Derrière, se dresse le vitrail de la Bataille d'Angleterre. La nef sud renferme le **tombeau de Marie Stuart** (décapitée sur l'ordre de sa cousine Élisabeth) et le surprenant tombeau de Lady Margaret Beaufort, mère de Henri VII. Ici sont également enterrés Charles Ier, Charles II, Guillaume d'Orange et Marie, et la reine Anne.

De l'autre côté du pont, le tombeau de Henri V est placé à l'entrée de la **chapelle de saint Édouard le Confesseur**, l'endroit le plus sacré de l'abbaye, derrière le maître-autel. Saint Édouard fut le fondateur de l'abbaye, consacrée quelques jours avant sa mort. Son tombeau fut légèrement modifié après la destruction de l'original pendant la Réforme. Sur le cercueil, qui repose sous un baldaquin vert en bois, on voit encore des traces de la mosaïque et des niches où les pèlerins venaient prier et demander une guérison.

Édouard est entouré par les tombeaux de Henri III, Édouard Ier, Édouard III, Richard II, Henri V et de quatre reines, dont la femme d'Édouard Ier, **Éléonore de Castille**. Elle repose dans l'un des plus beaux et des plus anciens tombeaux de bronze, œuvre de William Torel en 1291 (voir l'encadré *Croix d'amour* au chapitre *Excursions*).

Le **fauteuil du couronnement** fait face au tombeau d'Édouard. Il est placé devant un écran de pierre illustré d'épisodes de sa vie. Le trône, datant d'environ 1300, est en bois de chêne.

Le **transept sud** abrite le **coin des poètes**, où sont enterrés de nombreux grands écrivains anglais, coutume inaugurée avec Geoffrey Chaucer qui ne devint habituelle qu'à partir de 1700.

Devant les fresques médiévales du mur sud représentant Thomas l'incrédule et saint Christophe, se dresse le **monument à William Shakespeare**. Comme T.S. Eliot, Byron, Tennyson, William Blake (dont la tête en bronze modelée par Sir Jacob Epstein jette un regard troublant) et d'autres sommités des lettres, il n'est pas enterré ici. D'autres monuments commémorent le souvenir de Haendel (tenant une partition du *Messie*), Edmund Spencer, Lord Tennyson et Robert Browning. En revanche, Charles Dickens, Henry James, Lewis Carroll et Rudyard Kipling reposent effectivement à Westminster.

La chapelle Sainte Foi est réservée à la prière personnelle. Sur la porte, les lambeaux de chair appartiennent à un voleur

PAT YALE

TOM SMALLMAN

DOUG McKINLAY

A gauche : séquence frissons à Adrenalin Village, Battersea
A droite : l'artiste et son modèle... à Leicester Square
En bas : Big Ben et les Houses of Parliament

DOUG McKINLAY

DOUG McKINLAY

RACHEL BLACK

A gauche : l'abbaye de Westminster est un mélange de styles gothiques
En haut : le Blues & Royal Squadron, Horse Guards Parade
En bas : un garde du Household Regiment en tenue d'apparat

qui s'introduisit dans l'abbaye au XVIe siècle ; il n'eut pas le temps d'aller loin et fut écorché vif pour son crime.

L'entrée du cloître, dans l'angle nord-est, date du XIIIe siècle ; le reste est du XIVe. A l'est, au bout d'un corridor donnant sur le cloître, la **salle capitulaire** possède l'un des carrelages médiévaux les mieux préservés d'Europe. Elle conserve aussi des traces de fresques religieuses. Elle servit au Conseil privé du roi et, au XVIe siècle, de salle de réunion pour la Chambre des communes. Jusqu'à ce jour, le gouvernement dispose de la salle capitulaire et de la **salle Pyx** voisine, ancienne salle du trésor royal où l'on expose maintenant l'argenterie de l'abbaye et son plus vieil autel.

Le **musée** présente les masques mortuaires de plusieurs générations de membres de la famille royale. Des effigies en cire montrent Charles II et Guillaume III (juché sur un tabouret pour être aussi grand que sa femme Marie).

Pour accéder au Jardin du Collège, le plus ancien d'Angleterre avec ses 900 ans, passez par la cour du Doyen (Dean's Yard) et les **cloîtres** de Great College St.

Les visites guidées de l'abbaye durent environ 1 heure 30 (7 £), ou vous pouvez louer un audio-guide (6 £). L'accès aux chapelles (4/2 £) est compris dans le prix des visites guidées ou enregistrées. Un demi-tarif est accordé le mercredi de 18h à 19h10 et c'est le seul moment où les photographies sont autorisées. Il fut un temps où l'accès à la nef était gratuit, mais le nombre de visiteurs est tel que l'accès risque fort d'être payant quand vous lirez ces lignes.

L'abbaye est ouverte du mardi au jeudi de 7h30 à 18h, le mercredi de 7h30 à 19h45. Les chapelles royales et les transepts sont ouverts du lundi au vendredi de 9h à 15h45, le samedi de 9h à 13h45 et de 16h à 16h45. Le dimanche est réservé aux offices.

La salle capitulaire, la salle Pyx et le musée de l'Abbaye (☎ 222 5897) sont ouverts de 10h à 18h d'avril à septembre et ferment à 16h d'octobre à mars (entrée : 2,50/1,90 £, gratuite pour les membres de l'English Heritage). Le College Garden ouvre le mardi et le jeudi, de 10h à 18h d'avril à septembre, de 10h à 16h d'octobre à mars. Le Brass Rubbing Centre (☎ 222 4589) est ouvert du lundi au samedi de 9h à 17h30.

L'une des meilleures façons de voir l'abbaye est de participer à un office, particulièrement celui du soir. L'atmosphère et l'acoustique vous feront frissonner. L'office du soir a lieu les lundi, mardi, jeudi et vendredi à 17h, les samedi et dimanche à 15h.

Houses of Parliament
Le palais de Westminster abrite les Chambres du Parlement (Houses of Parliament, ☎ 219 4272), Parliament Square SW1 (métro : Westminster), comprenant la Chambre des communes et la Chambre des lords. Construit conjointement par Sir Charles Barry et Augustus Pugin en 1840 au plus fort de la vogue néo-gothique, l'édifice a retrouvé récemment, après un ravalement complet, son éclat mordoré d'origine. A l'extérieur, son trait le plus caractéristique est la St Stephen's Tower, la fameuse Big Ben. En fait, Ben est le nom de la cloche qui est suspendue à l'intérieur. Ce surnom lui vient de Sir Benjamin Hall, commissaire des travaux lors de l'achèvement de la tour en 1858. A l'autre extrémité du palais, la Victoria Tower fut terminée en 1860. Le bâtiment des Communes fut ravagé par les bombardements de 1941 et reconstruit en 1950.

La **House of Commons** est l'endroit où siègent les députés pour proposer et discuter des nouvelles lois et questionner le Premier ministre et les membres de son gouvernement. La disposition de la chambre s'appuie sur celle de la St Stephen's Chapel du palais d'origine. La chambre actuelle, conçue par Sir Giles Gilbert Scott, est une copie de celle qui fut détruite en 1941. Bien que les députés soient au nombre de 651, la chambre ne contient que 437 places. Les membres du gouvernement s'assoient à droite du Speaker (le président) et les membres du cabinet fantôme (l'opposition), à gauche.

Les visiteurs peuvent accéder à la Strangers' Gallery après 16h15, du mardi au jeudi, et à partir de 10h le vendredi. Les vacances parlementaires durent trois mois l'été, et quelques semaines à Pâques et à Noël. Il est donc préférable d'appeler pour savoir si le Parlement est en session. Pour connaître l'ordre du jour, consultez le *Daily Telegraph* ou rendez-vous à l'entrée de la Strangers' Gallery. Comptez une heure d'attente même si le débat est sans relief. Les mallettes et sacs à dos sont interdits, les sacs à main et appareils photo inspectés. L'entrée est gratuite.

En attendant de passer le contrôle, jetez un œil sur l'étonnante charpente du **Westminster Hall**, ajoutée entre 1394 et 1401. Le premier palais fut construit en 1097-99 ; cette partie est aujourd'hui la plus ancienne du palais de Westminster, résidence principale de la monarchie anglaise du XIe au début du XVIe siècles. Salle de banquet pour les fêtes du couronnement au Moyen-Age, Westminster Hall servit aussi de tribunal jusqu'au XIXe siècle. Ici furent jugés William Wallace (1305), Sir Thomas More (1535), Guy Fawkes (1606) et le roi Charles Ier (1649). Plus récemment, on y exposa la dépouille mortelle de plusieurs monarques et de Sir Winston Churchill en 1965.

Le **Palace of Westminster** se visite en partie quand le parlement ne siège pas, sur demande préalable auprès du Public Information Office, 1 Derby Gate, SW1A 2DG. L'accès est gratuit, mais les guides demandent 25 £ environ pour un groupe de 16 personnes.

Le palais donne sur **Parliament Square** où la circulation automobile empêche d'apprécier réellement les statues des anciens Premiers ministres et autres chefs d'État. Au sud de la place se dresse l'abbaye de Westminster et, en face, la petite **St Margaret's Church**, célèbre pour les mariages de la haute société. A l'ouest, le **Middlesex Guildhall**, très travaillé, abrite aujourd'hui la Middlesex Crown Court (cour d'assises du Middlesex).

Jewel Tower

En face des Houses of Parliament et à côté de l'abbaye de Westminster, la Jewel Tower (☎ 973 3479), construite en 1365 pour abriter le trésor d'Édouard III, faisait autrefois partie du palais de Westminster. Les douves qui l'entouraient à l'origine furent comblées en 1664. Plus tard, elle servit de bureaux aux employés de la Chambre des lords. On y organise maintenant des expositions sur l'histoire et le fonctionnement du Parlement. Il est conseillé de passer par ici avant d'assister à un débat parlementaire pour mieux comprendre les mécanismes du pouvoir législatif.

La Jewel Tower est ouverte tous les jours de 10h à 18h du 1er avril au 31 octobre et jusqu'à 16h en hiver (entrée : 1,50 £/80 p, gratuite pour les membres de l'English Heritage).

Whitehall

Cette large avenue bordée de bâtiments gouvernementaux relie Trafalgar Square à Parliament Square. Autrefois centre administratif de l'empire, cette artère est restée un haut lieu du gouvernement britannique, avec l'Admiralty (ministère de la Marine) et le ministère de la Défense à l'extrémité nord, les Bureaux écossais et gallois au milieu, Downing St et le Trésor au sud. Beaucoup de ces édifices s'élèvent sur le périmètre de l'ancien Tudor Whitehall Palace qui fut, en son temps, le plus grand palais du monde, avant de brûler dans un incendie en 1698.

La plus belle pièce de cet ensemble architectural est la Banqueting House d'Inigo Jones, où eut lieu l'exécution du roi Charles Ier. En face, se dresse le **Horse Guards Parade** où l'on peut assister, deux fois par jour, à une relève de la garde à cheval analogue à celle de Buckingham Palace.

Aux abords de Parliament Square, le **Cenotaph** ("tombeau vide") honore la mémoire des citoyens du Commonwealth tombés au cours des deux guerres mondiales. Chaque année au mois de novembre, la reine entourée de personnalités vient y déposer des coquelicots au cours d'une cérémonie du souvenir.

L'un des plus beaux bâtiments gouvernementaux est le **Foreign & Commonwealth Office** (1872), œuvre conjointe de Sir George Gilbert Scott et de Matthew Digby Wyatt récemment restaurée. Le grand escalier victorien et la grande salle de réception, que l'on visite uniquement pendant les Journées du patrimoine (Heritage Open Days) à la mi-septembre, sont également impressionnants.

Banqueting House. Construite en 1622, l'imposante Banqueting House (☎ 930 4179), Whitehall SW1 (métro : Westminster) est le seul élément qui ait survécu du Whitehall Palace, première réalisation de style Renaissance en Angleterre.

Inigo Jones, son architecte (1573-1652 ?) en dressa les plans au retour d'un voyage en Italie du Nord où il avait été fortement impressionné par les constructions de Palladio et la manière dont il utilisait les portiques et les pilastres. Réservée aux banquets et divertissements masqués, Banqueting House est surtout célèbre pour avoir été le lieu d'exécution de Charles Ier, le 30 janvier 1649, sur un échafaud dressé au niveau d'une fenêtre du premier étage. Elle retrouva sa fonction première sous la Restauration de Charles II, puis fut transformée en chapelle royale après l'incendie du palais en 1698. On y donne encore quelques fois des réceptions d'État et des concerts.

A l'intérieur, une vidéo retrace l'histoire du lieu. Au premier étage, une vaste salle pratiquement vide s'orne d'un plafond décoré de neuf panneaux peints par Rubens en 1634. Ils illustrent le droit divin des rois en général (raison de la mort de Charles Ier), et de Jacques Ier en particulier, et la réunion de l'Écosse à l'Angleterre, scellée sous son règne. En effet, Élisabeth Ire étant morte sans héritier, Jacques VI d'Écosse, fils de Marie Stuart, lui succéda et devint Jacques Ier d'Angleterre.

Le bâtiment est ouvert du lundi au samedi de 10h à 16h30 (entrée : 3/2,25 £).

Downing Street. Sir George Downing, diplomate de Dublin, passe pour avoir été le deuxième diplômé de Harvard. Après de glorieuses années dans les colonies américaines, Downing s'installa à Londres où il fit construire une rangée de robustes demeures dans la rue qui porte son nom. Il en reste quatre, que l'on ne peut voir qu'à travers de grosses grilles en fer.

C'est en 1732 que Georges II donna le **n°10** à Robert Walpole. La maison est restée depuis la résidence officielle des Premiers ministres. Le chancelier de l'échiquier (ministre de l'économie et des finances) habite au n°11. Les deux autres maisons sont occupées par des bureaux gouvernementaux. Non sans raison, Margaret Thatcher fit élever les grilles et fermer la rue au public par crainte d'un attentat de l'IRA ; quelques années plus tard, le cabinet de John Major faillit être soufflé par une bombe.

Cabinet War Rooms

Durant la Seconde Guerre mondiale, le gouvernement britannique se réfugia sous 3 mètres de béton pour conduire les affaires. C'est depuis le Cabinet War Rooms (☎ 930 6961), Clive Steps, King Charles St SW1 (métro : Westminster), que Churchill adressa au peuple ses plus vibrants discours, dont vous pourrez écouter quelques extraits. Restauré sous son aspect des années 40, le bunker mérite une visite malgré l'étroitesse de ses corridors envahis par la foule en été. Pendant la guerre, les officiels préféraient courir les risques de la vie à l'air libre plutôt que de rester dans un environnement aussi confiné. Churchill lui-même dormit rarement dans son luxueux appartement.

Le commentaire enregistré, qui dure 40 minutes, aide certainement à s'orienter dans ce dédale de portes et de couloirs. Retiendront particulièrement l'attention : la salle de réunion du cabinet de guerre, la salle des cartes (Map Room) où l'on tenait à jour les mouvements de troupes et de bateaux, et la salle du télégraphe (Telegraph Room), avec sa plaque "libre/occupé" sur la porte, laissant croire à certains que c'était les toilettes privées de Churchill, et enfin les chambres avec leurs petits détails mesquins soulignant la ségrégation de classe. Même ceux que ne passionnent pas les affaires militaires seront intéressés par ce coup d'œil sur un monde secret.

Les War Rooms sont ouvertes tous les jours de 9h30 à 17h15 et à partir de 10h d'octobre à mars (entrée : 4,20/2,10 £).

Institute for Contemporary Arts (ICA)

L'Institut des arts contemporains (☎ 930 3647), The Mall SW1 (métro : Charing Cross), a la réputation d'être à la pointe dans tous les domaines de la création contemporaine : films oubliés, danse, photographie, art, théâtre, musique, conférences, vidéo et lectures publiques.

Outre les salles de théâtre, de cinéma et d'exposition, le complexe comporte une librairie et un café. La programmation est continuelle, le restaurant et le bar sont de qualité et le public est intéressant et décontracté.

L'ICA ouvre tous les jours de 12h à 1h. Le forfait pour la journée coûte 1,50 £, 1 £ avec n'importe quel ticket d'achat, 50 p après 21h.

En haut de l'escalier qui longe l'ICA, se dresse la **Duke of York's Column**, en l'honneur d'un fils de George III, héros d'une chanson enfantine. Elle fut érigée en 1834, mais n'eut jamais la popularité de celle de Trafalgar Square.

St James's Park et St James's Palace

St James's Park (☎ 930 1793), The Mall SW1 (métro : St James's Park), est le plus soigné des parcs royaux londoniens. Il jouit de très belles vues sur Westminster, Buckingham Palace, St James's Palace, Carlton Terrace et Horse Guards Parade. Les parterres de fleurs sont somptueux ; certains ont été refaits sur le modèle des parterres "florifères" originaux de John Nash, mêlant arbustes, fleurs et arbres. La particularité de St James's tient au grand lac qui le traverse sur toute sa longueur, refuge de nombreux oiseaux aquatiques, dont un groupe de pélicans dont la présence est attestée depuis le règne de Charles II. Il faut venir ici en début de soirée quand les amoureux des oiseaux s'efforcent de les attirer en imitant leurs cris.

St James's Palace n'est pas ouvert au public. Pour apprécier l'étonnante loge Tudor de 1530, unique vestige d'un palais voulu par l'insatiable Henri VIII, il vaut mieux passer par St Jame's St. Le palais n'a jamais beaucoup servi, bien que les ambassadeurs étrangers soient toujours accrédités à la cour de St James.

Sur la St James's Place voisine, **Spencer House** (☎ 409 0526) fut construite entre 1756 et 1766 pour le premier comte Spencer, un ancêtre de la princesse Diana, dans un style mi-palladien, mi-néoclassique. Les Spencer ont quitté les lieux en 1927 et la grande demeure a été convertie en bureaux. Récemment, Lord Rothschild a procédé à une restauration méticuleuse. Des visites guidées sont organisées de 11h45 à 16h45 le dimanche, sauf en juillet et août (entrée : 6/5 £).

Buckingham Palace

Buckingham Palace (☎ 930 4832), SW1 (métro : Victoria), est situé à l'extrémité du Mall, à la jonction de St James's Park et de Green Park, devant un immense rond-point.

Il fut construit en 1803 pour le duc de Buckingham et sert de résidence à la famille royale depuis 1837 quand le St James's Palace fut rejeté pour son manque d'éclat. Dix-huit salles (sur 661) sont ouvertes en été aux visiteurs et seuls les appartements officiels sont accessibles.

Il est facile de faire la fine bouche devant ces décors blanc et or et ces papiers tontisses qui ne sont plus au goût du jour ; cependant, à moins d'être viscéralement hostile à la monarchie, on prendra plaisir à découvrir l'envers de cette façade inexpressive, et la vue depuis le jardin ne manque pas d'attrait.

Vous traverserez la Salle du Trône, avec les trônes de leurs majestés alignés sous une sorte d'arc théâtral, la salle des dîners officiels avec un portrait de Georges III, très séduisant dans ses fourrures, et le salon bleu avec un magnifique plafond à rainures de John Nash. Dans la Long Gallery sont accrochées plusieurs toiles prestigieuses de Rembrandt, un Vermeer et deux portraits de Charles Ier par van Dyck.

Le palais est ouvert tous les jours de début août à début octobre, de 9h30 à 16h30 ; pour les dates précises appelez le ☎ 839 1377 (entrée : 9/5 £). Les tickets sont vendus à un guichet situé dans Green Park, ou l'on peut régler par carte de crédit au ☎ 321 2233.

Quel dommage qu'il ait fallu attendre l'incendie du château de Windsor en 1993 pour que la reine se décide à ouvrir les portes de son château à ses sujets (payeurs) !

Royal Mews. Le Royal Mews (☎ 839 1327) est logé à l'abri des regards indiscrets dans Buckingham Palace Rd SW1, derrière le palais. A l'origine demeures des faucons, ces remises abritent maintenant les véhicules royaux des cérémonies officielles, notamment le Gold State Coach de 1761, un carrosse servant lors des couronnements depuis Georges IV et le Glass Coach de 1910 réservé aux mariages royaux. On notera également un char à bancs français offert à la reine Victoria en 1844 et la calèche miniature qui clôt l'exposition. N'oubliez pas d'aller voir les écuries où les chevaux royaux mâchent leur avoine dans des stalles dessinées par John Nash dans les années 1820.

Le Royal Mews est ouvert de Pâques à août, du mardi au jeudi, de 12h à 16h ; d'août à octobre, du lundi au jeudi de 10h30 à 16h30 ; et le reste de l'année le mercredi seulement (entrée : 3,70/2,10 £).

Queen's Gallery. Un peu plus loin, la Queen's Gallery (☎ 930 4832) contient quelques peintures de la vaste collection de la reine. L'accrochage est régulièrement renouvelé, mais le musée est très petit.

Le musée ouvre tous les jours de 9h30 à 16h30, sauf pendant les changements d'accrochage (entrée : 3,50/2,50 £).

Relève de la garde. Voilà l'un des événements londoniens par excellence auxquels tous les visiteurs se doivent d'assister, quitte à en repartir déçus. La relève de la garde se déroule dans la cour du palais, ce qui permet aux touristes d'admirer les uniformes rouges, les bonnets à poils, les cris et les pas cadencés. Si vous arrivez tôt, vous aurez peut-être une place contre les grilles, sinon vous serez relégué à l'arrière et ne verrez presque rien. Une cérémonie analogue se déroule à la caserne des gardes dans Whitehall.

Buckingham Palace
   Du 3 avril au 3 août, tous les jours à 11h30 ; d'août à avril, un jour sur deux à 11h30.
Whitehall
   Du lundi au samedi à 11h, le dimanche à 10h.

Green Park
Moins apprêté que St James's Park, Green Park, de l'autre côté du Mall, offre des arbres et des espaces dégagés, de la lumière et des zones ombragées. Autrefois, on venait s'y battre en duel. Par la suite, comme Hyde Park, il fut transformé en potager pendant la Seconde Guerre mondiale. Moins fréquenté que son illustre voisin, Green Park est agréable à traverser pour rejoindre Hyde Park Corner.

Westminster Cathedral
Achevée en 1903, Westminster Cathedral (☎ 798 9064), Ashley Place SW1 (métro : Victoria), est le siège de l'Église catholique de Grande-Bretagne et le seul beau spécimen de style néo-byzantin de Londres. Sa tour très particulière à bandes de brique rouge et de pierre blanche se détache dans le paysage de l'ouest londonien. Pour 2 £, tous les jours de 9h à 17h, un ascenseur vous emmène au sommet de la tour d'où vous admirerez la vue panoramique sur Londres (fermée du lundi au mercredi, de décembre à mars).

L'intérieur de brique nue est en partie recouvert de marbre et de mosaïque – l'argent vint à manquer, mais des projets sont actuellement à l'étude pour achever le décor. Les 14 stations du Chemin de Croix du sculpteur Eric Gill et l'atmosphère sombre et prenante, surtout en fin de journée quand les mosaïques brillent dans l'obscurité, ajoutent à la paix et au recueillement du lieu.

La cathédrale est ouverte tous les jours de 7h à 19h. Huit messes y sont dites quotidiennement du lundi au vendredi, sept le samedi et le dimanche.

Un festival d'orgue (☎ 798 9055) a lieu un mardi sur deux à 19h, du 18 juin au 10 septembre (entrée : 6/4 £).

Tate Gallery

La Tate Gallery (☎ 887 8000), Millbank SW1 (métro : Pimlico), est la gardienne des collections d'art moderne international et d'art britannique. Ce musée moderne et lumineux ne peut accueillir qu'un quart de ses collections à la fois, mais l'ensemble est montré une fois par an. Si vous voulez voir une peinture en particulier, appelez au préalable. Cependant, vous pouvez être sûr de voir de grandes œuvres de Picasso, Matisse, Cézanne, Rothko et Pollock, d'ennuyeux tableaux victoriens de purs-sangs et cette sorte d'art contemporain qui met l'Establishment en transe (la Tate ne s'est jamais vraiment remise d'une exposition de briques archi-banales alignées sur plusieurs rangées, qu'elle eut le courage, ou la folie, de monter dans les années 70). Parmi les trésors, ne manquez pas les peintures mystiques de William Blake des salles 6 et 7, les Hogarth de la salle 2 et les Constable de la salle 8.

Voisine du bâtiment principal, la **Clore Gallery** héberge la collection des Turner de la Tate ; l'architecte, James Stirling, s'est laissé tenter par un post-modernisme

---

Mon beau château

"Laissez-moi vous dire une chose à propos des gens très riches," écrivait l'auteur américain Scott F. Fitzgerald, "ils sont différents de vous et moi." Si les gens riches sont effectivement différents, la famille royale l'est davantage encore. Ses membres habitent des châteaux et des palais fastueusement aménagés. Mais où se dressent ces somptueuses demeures ? Et qui habite quoi ?

Tout le monde sait où Élisabeth II et le prince consort Philip passent leurs nuits durant leur "semaine" (le week-end, ils se reposent au château de Windsor, à 35 km environ de la capitale). Immédiatement après la porte sud, lorsque l'étendard royal flotte au vent (ce qui signifie que la reine est présente au palais), on peut assister au spectacle d'une foule compacte massée devant les grilles. "Buck House", comme on l'appelle, constitue également le doux logis de trois des quatre rejetons royaux : la princesse Anne et son époux Timothy Laurence ; Andrew, le duc d'York divorcé ; et le prince Edward, encore célibataire.

Il suffit de suivre The Mall pendant quelques minutes pour arriver à St James's Palace. Ici évoluent Charles, prince de Galles et héritier du trône, en compagnie de ses deux fils, William et Harry. Clarence House, rattachée à l'aile occidentale de St James, abrite les journées de la reine mère, dont la popularité ne faiblit pas.

Véritable garnison de sang bleu, Kensington Palace se situe à l'extrémité ouest de Kensington Gardens. Au cas – hautement improbable – où vous seriez convié pour le thé, vous rencontrerez la princesse Margaret, sœur d'Élisabeth, ainsi que des membres plus éloignés de la famille royale : le duc et la duchesse de Gloucester ; le duc et la duchesse de Kent ; le prince et la princesse Michael de Kent ; sans oublier la tante nonagénaire de la reine, la princesse Alice.

Fin 1997, il fut décidé qu'à la mort ou au départ de ses illustres habitants, Kensington Palace serait transformé en mémorial consacré à la princesse de Galles tragiquement disparue en août 1997. Après sa séparation puis, en 1996, son divorce d'avec Charles, c'est ici que Diana vécut les dernières – et, selon certains, les plus belles – années de sa vie. L'ironie du sort a voulu que sa dépouille, rapatriée de Paris en septembre 1997, soit exposée jusqu'aux funérailles dans le lieu qu'elle détestait le plus, St James Palace. ■

acceptable. Turner est sans doute le seul artiste britannique qui fasse indéniablement partie des maîtres de tous les temps. La Clore, comme le musée principal, est à voir absolument.

Une annexe de la Tate est actuellement en construction dans l'ancienne usine électrique de Bankside, sur l'autre rive de la Tamise. Son ouverture, qui n'est pas prévue avant l'an 2000, devrait entraîner une réorganisation complète des collections entre la National Gallery et les deux Tate.

La Tate est ouverte du lundi au samedi de 10h à 17h50, le dimanche de 14h à 17h50 (entrée gratuite). L'accès aux grandes expositions coûte entre 4 et 7 £. Le café en sous-sol, avec sa fresque de Rex Whistler, est extrêmement populaire. On y sert une grande variété de plats chauds et froids à des prix raisonnables.

La City

La City of London (carte 6) est le "mile carré" s'étendant sur la rive nord de la Tamise, où les Romains établirent une ville fortifiée voici 2 000 ans. Les limites de la City n'ont pas beaucoup varié ; vous saurez que vous ne les avez pas dépassées au blason de la Corporation of London qui apparaît sur les plaques de ses rues. La City est un centre économique et financier où sont installées la Bank of England et une multitude de banques et de compagnies d'assurance anglaises et étrangères. Seuls 6 000 habitants vivent dans la City, mais ils sont 300 000 à venir y travailler chaque matin.

La cathédrale Saint-Paul et la Tour de Londres sont toutes deux dans la City, tout comme les sièges de nombreuses confréries de Londres (voir l'encadré *Les Confréries*) et maintes églises construites par Wren après le Grand Incendie de 1666. L'IRA y a perpétré un terrible attentat en 1992 dont les dégâts ne sont toujours pas entièrement effacés.

En vous promenant le week-end, quand les banques et les bureaux sont fermés, vous pourrez apprécier tranquillement les richesses architecturales de ce quartier. Sachez, cependant, que certains sites ferment le samedi et le dimanche, de même que les boutiques du Leadenhall Market.

Cathédrale Saint-Paul

La cathédrale Saint-Paul (☎ 236 4128) fut construite par Christopher Wren, en dépit de nombreuses résistances, de 1675 à 1710 et fait partie des 50 commandes confiées à Wren après le Grand Incendie. Elle se dresse à l'emplacement de deux anciennes cathédrales, la première remontant à 604.

Malgré la présence d'édifices disgracieux (et promis à la démolition), la coupole domine toujours la City. Elle n'est dépassée en taille que par celle de Saint-Pierre de Rome. Des photos de la cathédrale miraculeusement préservée et entourée des ruines des bombardements de la dernière guerre sont visibles au Britain at War Experience (voir la section *Le Sud du Centre de Londres*). Certaines parties ont néanmoins souffert, en particulier les fenêtres (d'où la quantité de vitres transparentes), mais la coupole s'en est sortie indemne.

En 1981, on y célébra le mariage du prince Charles et de lady Diana Spencer. Ils rompirent avec la tradition, car Charles, entre autres raisons, préférait l'acoustique de Saint-Paul à celle de l'abbaye de Westminster. Tâchez de faire coïncider votre visite avec un office et jugez par vous-même. L'office du soir est célébré la plupart des jours de semaine à 17h et à 15h15 le dimanche.

Une **statue de la reine Anne** se dresse en face de la cathédrale. Vous entrez par le portail ouest et avancez dans la nef jusqu'à la coupole. La **Whispering Gallery** court à 30 mètres au-dessus de vos têtes ; c'est une galerie à écho qui porte vos paroles, prononcées près du mur, au point opposé.

On accède à cette galerie et aux deux galeries supérieures, la **Stone Gallery** et la **Golden Gallery**, par un escalier dans le transept sud. Il y a 530 marches à la montée et 543 à la descente. Même si vous n'allez pas jusqu'à la Golden Gallery, la plus haute, montez jusqu'à la Stone Gallery pour apprécier l'une des plus belles vues sur Londres.

Dans la cathédrale, admirez les **stalles du chœur** de Grinling Gibbons et les **grilles en fer** de Jean Tijou, qui ont tous deux travaillé à Hampton Court. Passez derrière l'autel, avec son baldaquin insensé, pour voir l'**American Chapel** dédiée aux Américains morts pendant la Seconde Guerre mondiale.

En suivant le déambulatoire, côté sud, vous verrez le **monument au poète John Donne** (1571-1631), ancien doyen de Saint-Paul, représenté debout dans son linceul.

Sur le côté ouest du transept sud, près du monument au peintre Turner, un escalier descend dans la **crypte** et le **Trésor**. La crypte rassemble des monuments à quelques demi-dieux militaires, tels Wellington, Kitchener et Nelson, qui reposent sous la coupole dans un sarcophage noir. Des effigies abîmées par l'incendie proviennent de l'ancienne cathédrale. Une niche montre les projets contestés de Wren et sa "grande" maquette. Le monument le plus poignant est celui à Wren lui-même où figure l'épitaphe rédigée par son fils : *Lector, si monumentum requiris, circumspice* (lecteur, si tu cherches son monument, regarde autour de toi).

Le Trésor renferme une partie de l'argenterie de la cathédrale et des travaux d'aiguille spectaculaires comme la chape du jubilé de 1977 de Beryl Dean où figurent les clochers de 73 églises londoniennes. De retour dans la nef centrale, suivez le côté sud pour voir la fameuse peinture du préraphaélite Holman Hunt, *La Lumière du monde*, montrant le Christ frappant à une porte envahie par la végétation.

La cathédrale (métro : St Paul's ou Mansion House) est ouverte du lundi au samedi de 8h30 à 16h (entrée : 3,50/2 £, ou 6/3 £ avec la visite des galeries). Les visites enregistrées de 45 minutes se louent 2,50 £ ; les visites guidées de 90 minutes partent du guichet des visiteurs à 11h, 11h30, 13h30 et 14h. Un café doit s'ouvrir dans la crypte tout prochainement.

Museum of London

En dépit de son emplacement très discret au milieu des allées en béton du Barbican, le Museum of London (☎ 600 3699), 150 London Wall EC2 (métro : Barbican), est l'un des fleurons des musées londoniens. Il retrace l'évolution de la ville

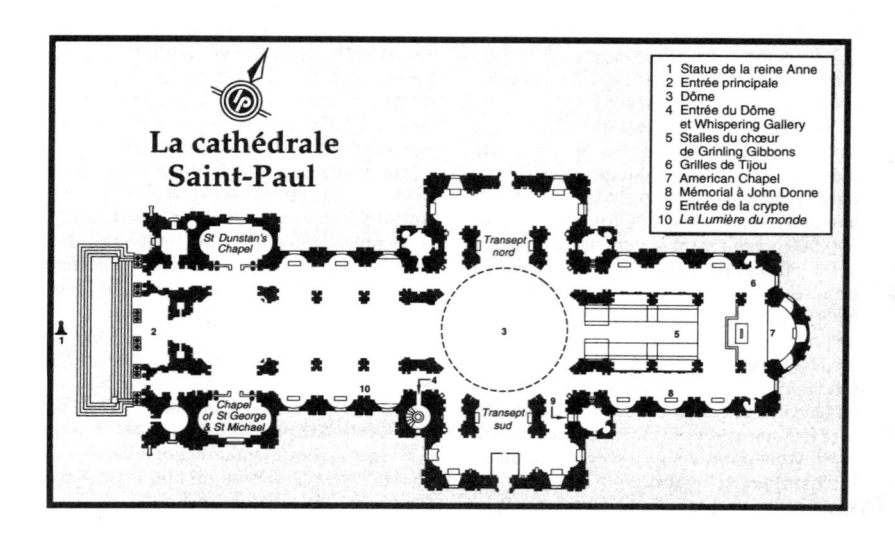

La cathédrale Saint-Paul

1 Statue de la reine Anne
2 Entrée principale
3 Dôme
4 Entrée du Dôme et Whispering Gallery
5 Stalles du chœur de Grinling Gibbons
6 Grilles de Tijou
7 American Chapel
8 Mémorial à John Donne
9 Entrée de la crypte
10 *La Lumière du monde*

depuis l'ère glaciaire jusqu'à celle du téléphone portable. Les sections sur Londinium et l'Angleterre romaine tirent parti des ruines d'un fort romain découvert au cours de travaux routiers. Pour le reste, la présentation suit un ordre chronologique et fait appel à des moyens audio-visuels pour évoquer des grands événements comme le Great Fire (le Grand Incendie de 1666).

La vie du peuple tient une place aussi importante que les monuments. Le Londres de Dickens, de la prostitution massive, du travail clandestin, des luttes syndicales et des suffragettes sont des épisodes particulièrement émouvants. La galerie London Now rappelle les évolutions récentes (au moins jusqu'au tournant des dernières élections). Le tableau de John Bartlett illustrant l'émeute contre la poll tax à Trafalgar Square en 1990 a choqué quelques bien pensants, qui ont sans doute oublié la révolte paysanne de Wat Tyler, les Gordon Riots et moult épisodes d'agitation urbaine.

Le musée est ouvert du mardi au samedi de 10h à 18h, le dimanche de 12h à 18h (entrée : 4/2 £, gratuite de 16h30 à 18h). Les billets sont valables trois mois. Un agréable café, face à l'entrée, sert des sandwiches au brie, aux raisins et aux noix à 2,50 £. La librairie est bien fournie en romans et documents sur Londres.

Barbican

Sur l'emplacement d'une ancienne tour de guet (ou barbacane, d'où son nom), le Barbican (☎ 638 8891), Silk St EC2 (métro : Barbican ou Moorgate), est un vaste ensemble immobilier construit sur un cratère de bombe de la dernière guerre. Le plan d'origine prévoyait un complexe hyper-luxueux de bureaux, de logements et de centres artistiques.

Le résultat, inévitable peut-être, est une enfilade rébarbative de tunnels venteux avec quelques maigres boutiques, des tours d'appartements coûteux et un énorme centre culturel perdu au milieu. Ici ont élu domicile la Royal Shakespeare Company (RSC), le London Symphony Orchestra et le London Classical Orchestra. Deux cinémas, des petites salles de théâtre et un vaste espace d'exposition, où la photo tient une place importante, complètent l'ensemble. A l'instar des Londoniens, prévoyez d'arriver bien en avance au Barbican pour avoir le temps de trouver votre salle de spectacle.

Pour les détails sur les activités culturelles, voir le chapitre *Distractions* et le chapitre *Où se restaurer* pour tout savoir sur la célèbre Searcy's Brasserie.

Smithfield Market

Le marché de viande en gros de Smithfield, West Smithfield EC1 (métro : Farringdon), est le dernier marché de produits frais encore en activité à Londres. Si l'on a cessé d'y vendre du bétail il y a un siècle, Smithfield déborde d'activité les jours de semaine, au petit jour. Les pubs des alentours sont pleins et vous pourrez prendre votre breakfast en compagnie des bouchers.

Smithfield ouvre du lundi au vendredi de 5h à 10h30 ; à l'heure actuelle, les halles principales sont encore en réfection. Il n'est pas certain que le marché de la viande reste à Londres. Peut-être émigrera-t-il en banlieue comme le marché aux poissons de Billingsgate et le marché aux fruits et légumes de Covent Garden. Les rues environnantes sont déjà en voie de rénovation et des cafés avec terrasse ouvrent les uns après les autres.

St Bartholomew-the-Great

A deux pas du Barbican, St Bartholomew-the-Great (☎ 606 5171), West Smithfield EC1 (métro : Barbican), est l'une des plus vieilles églises de Londres, voisine de l'un des plus anciens hôpitaux (menacé de fermeture). Ses arcs romans authentiques lui confèrent un calme rustique. En venant du marché de Smithfield, tout proche, vous passerez sous un porche restauré du XIIIe siècle et vous aurez l'impression de plonger dans le passé. Les cinéphiles reconnaîtront un des sites de *Quatre mariages et un enterrement*.

L'église est ouverte du lundi au vendredi de 8h30 à 17h, le samedi de 10h30 à 13h30 et le dimanche de 8h à 20h.

Londres vu d'en haut...

Non seulement les rares gratte-ciel de Londres gâchent le paysage, mais ils ne sont pas facilement accessibles aux visiteurs. La Telecom Tower, non loin de Cleveland St, a longtemps offert la meilleure vue sur la ville mais elle est fermée au public depuis des années. De même, on ne peut plus monter à Canary Wharf ni dans la NatWest Tower. Pour prendre de la hauteur, vous avez néanmoins le choix entre plusieurs perchoirs :

La Golden Gallery de la cathédrale Saint-Paul (métro : St Paul's),
Les passerelles piétonnières du Tower Bridge (métro : Tower Hill),
La plate-forme du Monument dans Fish St (métro : Monument),
La tour byzantine rayée de Westminster Cathedral (métro : Victoria),
La plate-forme panoramique au 8e étage de l'Oxo Tower (métro : Waterloo).

Reste encore, pour les acharnés, les 60 mètres de la tour du Chelsea Bridge à Battersea (5 £), du haut de laquelle ils pourront faire du saut à l'élastique (35 £).

A condition qu'ils ne soient pas utilisés pour une cérémonie quelconque, les Kensignton Roof Gardens (☎ 937 7994), 0,6 ha de jardins suspendus délicieusement inattendus, offrent un point de vue sur la rue en contrebas (pour y accéder, prenez Derry St et l'ascenseur jusqu'au 6e étage).

La plupart de ces vues sont payantes. Pour dominer de vastes secteurs de Londres sans débourser un penny, il faut grimper sur Parliament Hill au sud de Hampstead Heath ou sur Primrose Hill au nord de Regent's Park. On peut aussi monter, plus à l'ouest, sur One Tree Hill à Greenwich Park.

... et vu d'en bas

La façon la plus pratique et la plus rapide de circuler dans Londres est d'emprunter le métro. Londres fut la première ville du monde à se doter d'un chemin de fer souterrain, avec l'ouverture de la ligne Paddington-Farringdon en 1863. Si aucune station ne peut rivaliser avec la splendeur du métro de Moscou, les quais ont subi un ravalement dans les années 80 et ont été revêtus d'un décor de céramique à thèmes : Sherlock Homes avec sa pipe et son chapeau à Baker St, des maçons du Moyen Age travaillant à l'Eleanor Cross à Charing Cross, et le décor abstrait d'Eduardo Paolozzi censé représenter les magasins d'appareils électriques à Tottenham Court Rd. Le London Transport Museum organise de temps en temps des visites guidées de la station Aldwych, fermée en 1994 (7,50/5 £, ☎ 379 6344 pour tout renseignement).

Les autres sites souterrains sont les suivants :

Les cryptes de la cathédrale Saint-Paul, St Bride's Fleet St, All Hallows-by-the-Tower et St John's Clerkenwell.
Les Cabinet War Rooms près de Whitehall où, pendant la guerre, l'on débattait des questions stratégiques sous plusieurs mètres de béton.
La crypte médiévale du Guildhall (groupes de 10 personnes minimum ; ☎ 332 1460 pour plus amples détails).

London Walks (☎ 624 3978) organise à l'occasion des promenades le long du cours de l'ancienne Fleet River qui part de Hampstead Heath, passe sous Farringdon St et se jette dans la Tamise près du Blackfriars Bridge.

On peut aussi manger sous terre dans les cryptes de St Mary-the-Bow et St Martin-in-the-Fields. ■

Central Criminal Court (Old Bailey)

Tous les grands gangsters et tueurs en série d'Angleterre sont passés devant la Cour criminelle centrale, mieux connue sous le nom d'Old Bailey, du nom de la rue. Sur la grande coupole de cuivre, on a représenté la Justice tenant une épée et une balance.

La vieille prison de Newgate, théâtre d'innombrables pendaisons, se dressait là autrefois. Comme la plupart des prisons de

Londres, elle fut incendiée pendant les Gordon Riots de 1780, puis reconstruite pour fonctionner jusqu'en 1902.

Inns of Court

Il existe quatre "Inns of Court", associations d'avocats et de juges, toutes regroupées autour de Holborn et de Fleet St : **Lincoln's Inn** (☎ 405 1393), Lincoln's Inn Fields WC2 (métro : Holborn), **Gray's Inn** (☎ 405 8164), Gray's Inn Rd WC1 (métro : Holborn ou Chancery Lane), **Inner Temple** (☎ 797 8250), King's Bench Walk EC4 (métro : Temple) et **Middle Temple** (☎ 353 4355), Middle Temple Lane EC4 (métro : Temple). Ces deux dernières font partie du complexe du Temple entre Fleet St et Embankment.

Tous les avocats de Londres sont membres d'une des Inns qui comptent parmi leurs anciens membres des noms aussi prestigieux qu'Oliver Cromwell, le Mahatma Gandhi, Charles Dickens ou Margaret Thatcher. Si vous pensez que l'Angleterre était en train de devenir une société sans classe, venez voir ces curiosités pour être détrompé. Tout ici respire la suffisance et l'immuabilité. Vous en serez encore plus convaincu en voyant un groupe de sans-abri occuper Lincoln's Inn Fields.

Il faudrait toute une vie pour pénétrer les subtilités du protocole des Inns. Elles rappellent un peu la franc-maçonnerie (les deux organisations datent du XIIIe siècle et un grand nombre d'avocats sont également francs-maçons).

Gray's Inn et Lincoln's Inn possèdent de paisibles pelouses et des cours très plaisantes à traverser, surtout le matin en semaine avant l'arrivée des nuées d'avocats qui pressent le pas, l'air important sous leurs perruques amusantes.

Les quatre Inns ont été très endommagées pendant la guerre. Lincoln's Inn a réussi à conserver ses bâtiments originaux du XVe siècle, notamment la loge Tudor de Chancery Lane, bien que le passage venant du parc voisin, Lincoln's Inn Fields, soit une contrefaçon. Inigo Jones a prêté son concours au plan de la chapelle de Lincoln's Inn, qui date de 1621 et demeure en bon état. Les Lincoln's Inn Grounds sont ouverts du lundi au vendredi de 9h à 17h. La Lincoln's Inn Chapel ouvre du lundi au vendredi de 12h30 à 14h30. Gray's Inn, Inner Temple et Middle Temple ouvrent du lundi au vendredi de 10h à 16h.

Sir John Soane's Museum

Le Sir John Soane's Museum (☎ 405 2107), 13 Lincoln's Inn Fields, WC2 (métro : Holborn, carte 5), est à la fois une belle maison originale et un petit musée reflétant le goût personnel d'un homme.

Sir John Soane (1753-1837) était un architecte en vue qui conçut la Bank of England, la Dulwich Picture Gallery et le Pitshanger Manor à partir des idées et impressions qu'il recueillit lors d'un "Grand Tour" en Italie. Il fit un mariage d'argent et consacra sa fortune à aménager selon son goût deux maisons de Lincoln's Inn Fields. Le bâtiment est en lui-même une curiosité, avec une coupole de verre qui éclaire le sous-sol, une pièce lanterne remplie de statues et une galerie de peintures où, en poussant les tableaux, on fait apparaître une seconde toile cachée derrière. Aucune chose n'est vraiment ce qu'elle paraît, formant ainsi, avec le bric-à-brac réuni par Soane, un ensemble plein de charme.

La collection d'objets égyptiens, comprenant un sarcophage de Séthi Ier, anticipe la vogue pour la période pharaonique qui sévit à l'époque victorienne. On y verra également le *Rake's Progress* (la "Carrière du roué") de William Hogarth, une série de caricatures sur les bas-fonds londoniens de la fin du XVIIIe siècle.

Le musée est ouvert du mardi au samedi de 10h à 17h (entrée gratuite).

Fleet Street

Il fut un temps où Fleet Street était surnommée la "rue de la honte," quand des rotatives épuisées et des journalistes à bout de souffle remplissaient les journaux du pays de ragots, de supputations et de mensonges.

Depuis l'époque de Caxton, premier imprimeur anglais du XVe siècle, tout le

> **Le barbier démoniaque de Fleet Street**
> Dans l'histoire de Thomas Peckett Priest qu'on trouve à l'origine de milliers de restaurants, Sweeney Todd tenait une boutique de coiffeur dans Fleet St avec son assistant Tobias. Chaque fois que des clients inconnus se présentaient, Tobias était envoyé faire une course. Au moment où Sweeney allait se mettre à l'œuvre, la chaise pivotait et le client tombait par une trappe dans la cave où il était assassiné par un prisonnier. Son corps, découpé en morceaux, remontait à l'étage supérieur où Mrs Lovett le mêlait à ses pâtés, réputés pour "leur saveur insurpassable et rarement égalée."
> Finalement, Tobias s'en alla et fut remplacé par Joanna qui s'était déguisée en garçon pour essayer de percer le mystère de la disparition de son amant après une visite à la boutique de Sweeney. Grâce à elle, le barbier fut pris sur le fait et le prisonnier, qui s'avéra être son petit ami, s'échappa miraculeusement. ■

monde dans le quartier a de l'encre sur les mains. Cependant, dans les années 80, sont arrivés tout ensemble Rupert Murdoch, une technologie nouvelle et la réhabilitation des Docklands. L'action s'étant déplacée à l'est, il ne reste plus que des fantômes : El Vino's, le bar de journalistes le plus fréquenté, l'ancien bâtiment (1930) resplendissant du *Daily Telegraph*, aujourd'hui occupé par des banques, et l'ancien immeuble (1932) du *Daily Express*, première tour moderniste en verre de Londres (le "Black Lubianka") conçue par Sir Owen Williams et aujourd'hui murée. Espérons que le projet de restaurer la façade et le superbe vestibule Art déco aboutira bientôt.

St Bride's Church. St Bride's (☎ 353 1301), Fleet St EC4 (métro : Blackfriars), est une petite église aux proportions parfaites, la cinquième sur ce site, conçue par Christopher Wren en 1670-75. La flèche, ajoutée en 1701-03, a pu servir de modèle au traditionnel gâteau de mariage anglais. L'église fut touchée par les bombes en 1940 et l'intérieur a été refait selon les vues modernes.

Au XVIe siècle, Wynkyn de Worde déménagea l'imprimerie de Caxton de Westminster aux abords de St Bride's, amorçant ainsi la spécialisation du quartier, qui n'a pas varié même après le départ de la presse pour les Docklands. Dans le bas-côté nord, une chapelle honore les journalistes morts dans l'accomplissement de leur travail, comme l'Irlandaise Veronica Guerin, assassinée à Dublin en 1996.

Dans la crypte, ne manquez pas le petit musée de l'imprimerie logé parmi les fondations des églises précédentes et les vestiges romains découverts au cours des rénovations d'après-guerre. Vous verrez également une tenue de fête de Susannah Pritchard, épouse de William Rich (1755-1811), le pâtissier qui aurait le premier façonné ses gâteaux de mariage suivant la forme du clocher.

L'église est ouverte du lundi au vendredi de 8h à 16h45, le samedi de 9h à 16h45, le dimanche de 9h à 12h30 et de 17h30 à 19h30.

Dr Johnson's House. La maison du Dr Johnson (☎ 353 3745), 17 Gough Square EC4 (métro : Blackfriars), est une demeure géorgienne bien conservée. Ce lexicographe y vécut de 1748 à 1759 et, avec l'aide de six assistants travaillant à plein temps dans la mansarde, il compila le premier dictionnaire anglais.

Johnson est réputé aussi pour ses aphorismes spirituels et cinglants, notés par son secrétaire et concitoyen écossais, James Boswell. C'est Johnson qui affirmait que "si un homme est las de Londres, il est las de la vie, car Londres offre tout ce que la vie peut donner." La maison est pleine de portraits de ses amis et intimes, notamment son serviteur noir, Francis Barber, auquel il fit un legs d'une étonnante générosité. Une vidéo évoque la vie et le travail de Johnson et de Boswell ; cette visite intéressera avant tout les spécialistes. On notera avec amusement le dispositif anti-vol fixé à la porte d'entrée : l'insécurité n'est pas une nouveauté du XXe siècle !

Dr Johnson's House ouvre de mai à septembre, du lundi au samedi de 11h à 17h30, et d'octobre à avril, du lundi au samedi de 11h à 17h (entrée : 3/1 £).

Pour plus d'informations sur Fleet St, reportez-vous à la Promenade n°2 du chapitre *Promenades dans Londres*.

Temple Church

Temple Church (☎ 353 1736), Inner Temple, King's Bench Walk EC4 (métro : Temple, ou Blackfriars le dimanche), fut conçue et construite par les Templiers entre 1161 et 1185. Ils prirent modèle sur l'église du Saint-Sépulcre de Jérusalem et employèrent du marbre de Purbeck pour les piliers. C'est l'une des cinq églises rondes d'Angleterre et la seule qui reste à Londres. En 1240, un chœur plus conventionnel en gothique primitif fut ajouté.

Par la suite, l'ordre des Templiers, devenu trop puissant, fut supprimé, et ses terres louées aux juristes qui y installèrent les Inns of Court. Des effigies de pierre des chevaliers du XIIIe siècle ornent encore le sol de la nef circulaire. Certains ont les jambes croisées, mais contrairement à la croyance populaire, ceci ne signifie pas forcément qu'ils étaient des croisés. Repérez également les faces grotesques qui pointent au-dessus de l'arcature aveugle faisant le tour des murs. Un ou deux monstres lilliputiens leur grignotent les oreilles.

A l'extérieur, le trait le plus intéressant est le portail ouest, roman, entouré d'un beau travail de moulures. Il est pris dans une pente qui montre l'élévation du niveau du sol au cours des siècles.

L'église a beaucoup souffert lors de la dernière guerre, mais elle a été restaurée avec goût et sert maintenant de chapelle privée aux Middle Temple et Inner Temple. Elle est ouverte du mercredi au samedi de 10h à 16h, le dimanche de 12h45 à 16h. En dehors de l'abbaye de Westminster et de la cathédrale Saint-Paul, c'est sans doute l'église de Londres la plus intéressante et la plus importante sur le plan architectural.

Guildhall

Le Guildhall (☎ 606 3030), non loin de Gresham St EC2 (métro : Bank), est le siège du gouvernement de la City depuis près de 800 ans. Le bâtiment actuel, dont les murs ont résisté au Grand Incendie de 1666 et au Blitz de 1940, date du début du XVe siècle, mais les constructions environnantes ne permettent pas de l'apprécier de l'extérieur.

Les visiteurs pourront voir le Great Hall où l'on élit encore le Mayor et les Sheriffs, une grande salle vide ornée de monuments de style religieux et des bannières des 12 grandes confréries londoniennes (voir l'encadré *Les confréries*). Le plafond en bois a été refait après-guerre par Sir Giles Gilbert Scott. La galerie des ménestrels, à l'extrémité ouest, porte les statues de Gog et Magog (voir l'encadré *Gog et Magog* au chapitre *Promenades dans Londres*), copies modernes des originaux du XVIIIe détruits pendant le Blitz.

Parmi les monuments commémoratifs, on relèvera ceux de Sir Winston Churchill (1874-1965), de l'amiral Nelson (1758-1805), du duc de Wellington (1769-1852) et des deux Premiers ministres Pitt l'Ancien (1708-78) et le Jeune (1759-1806).

Les vitraux du Guildhall ont disparu pendant le Blitz. Un vitrail moderne, dans l'angle sud-ouest, dépeint l'histoire de la City. On y retrouvera Dick Whittington et son chat, l'ancienne et la nouvelle Saint-Paul, et des immeubles modernes comme le building de la Lloyd's. Scellés dans deux rebords de fenêtres, on verra les étalons du pied, du yard et du mètre.

Le conseil municipal se réunit encore dans cette salle tous les troisièmes jeudi du mois (sauf en août). Le Guildhall accueille aussi diverses cérémonies comme la remise du Booker Prize, le prix littéraire britannique le plus prestigieux, et une exposition florale annuelle.

Sous le Great Hall, se trouve la plus vieille crypte médiévale de Londres, avec ses 19 vitraux ornés des armoiries des confréries. Le **Guildhall Clock Museum** conserve plus de 700 horloges et montres remontant pour certaines à plus de cinq siècles. Une nouvelle **bibliothèque** devrait avoir ouvert ses portes dans le Guildhall Yard quand vous lirez ces lignes.

Le Guildhall est ouvert tous les jours de 10h à 17h, fermé le dimanche d'octobre à avril (entrée gratuite). Le Clock Museum ouvre du lundi au vendredi de 9h30 à 16h45.

Sur un côté du Guildhall Yard se dresse l'église de **St Lawrence Jewry**, église de la Corporation of London construite à l'origine par Wren en 1678 et presque entièrement refaite après-guerre. Sur le buffet d'orgue à l'extrémité ouest, on remarquera les armoiries de la City of London. Dans la Commonwealth Chapel du côté nord, un tableau moderne représente la Vierge à l'Enfant entourée des péchés du monde moderne : la soif du profit, la drogue, la pornographie et l'obsession du niveau de vie. Elle est ouverte de 7h30 à 17h15.

Bank

Bank est la station de métro idéale pour explorer le cœur de la City. Elle vous dépose au carrefour de six rues bordées de banques. Prince's St au nord-ouest vous conduit au Guildhall, et Threadneedle St au nord-est vers le Bank of England Museum et la Lothbury Gallery.

Coincé entre Threadneedle St et Cornhill à l'est, le **Royal Exchange** est le troisième bâtiment construit sur le site choisi à l'origine, en 1564, par Sir Thomas Gresham, dont la sauterelle emblématique figure sur la girouette. Jusqu'en 1992, il était possible de pénétrer à l'intérieur mais, aujourd'hui, on n'a plus accès qu'aux boutiques assez chères et aux restaurants qui l'entourent. De l'escalier, on a un beau point de vue sur la citadelle qu'est la Bank of England.

Lombard St, dont le nom rappelle que du XIIIe au XVIe siècles le marché de l'argent

---

Les confréries

Au Moyen Age, les ouvriers appartenaient à des corporations qui organisaient l'apprentissage et que l'on peut considérer comme les ancêtres des syndicats. Les corporations les plus riches se firent construire de magnifiques palais et leurs chefs arborèrent des habits, ou livrées (*liveries*), d'un luxe approprié, d'où le nom de "livery companies" donné aux corporations. Ces mêmes notables étaient élus à une série de postes dont le plus important était celui de Lord Mayor de la City of London.

De l'histoire ancienne que tout cela ? Sans doute, mais si les corporations du Moyen Age ont disparu, il reste 82 confréries dont les dirigeants siègent à la Court of Common Council qui gouverne la Corporation of London.

Les hôtels des corporations ont beaucoup souffert du Grand Incendie de 1666 et du Blitz. Certains ont depuis été reconstruits et sont toujours aussi impressionnants et rarement accessibles. L'un des plus anciens et des plus intéressants est le Merchant Taylors Hall (l'hôtel des tailleurs), dans Threadneedle St, toujours en possession de sa cuisine du XVe siècle. La riche confrérie des négociants en vin (Vintners Company) vient d'emménager dans un nouveau bâtiment néo-classique riverain de la Tamise, à côté de Southwark Bridge ; on peut en admirer la façade depuis la South Bank Walkway.

Pour visiter ces hôtels, il faut en faire la demande au City of London Information Centre (= 332 1456) plusieurs semaines à l'avance. Chaque année en février, il reçoit un nombre limité de billets pour les hôtels des orfèvres (Goldsmiths), des poissonniers (Fishmongers), des quincailliers (Ironmongers), des marchands de suif (Tallow Chandlers), des merciers (Haberdashers) et des peaussiers (Skinners), qui partent très rapidement.

Les membres des confréries se réunissent au Guildhall pour élire deux sheriffs en juin et le Lord Mayor en septembre. ■

était entre les mains des banquiers italiens, part en direction du sud-est. A l'angle de King William St et de Lombard St, s'élèvent les tours jumelles de **St Mary Woolnoth**, de l'architecte Hawksmoor. Les grandes colonnes corinthiennes de l'intérieur sont un avant-goût de la Christ Church, encore plus fastueuse, qu'il réalisa à Spitalfields.

Entre King William St et Walbrook se dresse l'imposante **Mansion House** avec son portique du milieu du XVIIIe siècle, œuvre de George Dance l'Ancien et résidence officielle du Lord Mayor de Londres. Le public n'y a pas accès.

Walbrook, qui part vers le sud, porte le nom d'une rivière aujourd'hui disparue. On y trouvera **St Stephen Walbrook** que beaucoup considèrent comme la plus belle réalisation de Wren dans la City. Sa coupole fut un coup d'essai avant celle de la cathédrale Saint-Paul. Les seize piliers à chapiteaux corinthiens portant la coupole et le plafond s'interrompent au milieu pour dégager un espace central aujourd'hui occupé par un irrésistible bloc de travertin qui n'est autre qu'une pierre d'autel du sculpteur Henry Moore. Sa présence ne choque pas dans cet environnement classique, ce qu'on ne pourrait dire, en revanche, des hideux bancs modernes qui l'entourent.

Victoria St se dirige vers le sud-ouest depuis Bank. A une courte distance sur la gauche, vous passerez devant les vestiges du **temple de Mithra** d'époque romaine, mis au jour en 1954 et légèrement déplacé par rapport à son lieu de découverte. Mithra était le dieu perse de la lumière dont le culte s'est répandu dans tout l'empire romain à la faveur des mouvements des légionnaires. Cependant, il n'y a pas grand-chose à voir. Le produit des fouilles du temple est conservé au Museum of London.

A l'ouest de Bank, Poultry se prolonge en Cheapside, site d'un grand marché médiéval. Sur la gauche se dresse un autre chef-d'œuvre de Wren, **St Mary-the-Bow**, dont on dit que la portée des cloches détermine qui est cockney et qui ne l'est pas. La flèche délicate de cette église, qui fut la plus coûteuse des églises de Wren, suscite beaucoup d'admiration. Au sous-sol, on trouvera un bon café, The Place Below (voir le chapitre *Où se restaurer*).

Bank of England Museum

La Bank of England (☎ 601 5545), Threadneedle St EC2 (métro : Bank), est chargée de maintenir l'intégrité et la valeur de la livre sterling et du système financier britannique. Elle fut créée en 1694 quand le gouvernement eut besoin de réunir des fonds pour financer une guerre contre la France. D'abord logée dans les corporations des marchands de tissus et des épiciers, elle s'installa en 1734 dans ses nouveaux quartiers, sur le site actuel. L'édifice que l'architecte John Soane éleva entre 1788 et 1833, fut remanié après la Première Guerre mondiale ; cependant, une partie vient d'être reconstruite suivant les plans originaux.

La première salle que l'on traverse, le Bank Stock Office, est une reconstruction de la banque de Soane, animée par des mannequins figurant les employés et les clients. Sur un côté, on voit la statue de Guillaume III sous le règne duquel la banque fut créée. Les cariatides, replacées selon les plans de Sir Herbert Baker, supportaient à l'origine la rotonde.

Les salles du musée retracent l'histoire de la banque et des billets. Dans la rotonde, vous verrez une paire de lingots d'or romains. Un diorama montre une attaque de la banque pendant les Gordon Riots de 1780. Une vidéo interactive permet de s'initier au négoce sur le marché des changes.

Le musée est ouvert du lundi au vendredi de 9h à 17h (entrée gratuite).

The Monument

A l'extrémité de King William St, près du London Bridge, The Monument (métro : Monument) fut conçu par Wren pour commémorer le Grand Incendie de 1666 qui éclata à proximité, dans Pudding Lane. Haut de 62 mètres (la distance qui le sépare de Pudding Lane), il est couronné d'un vase de flammes en cuivre. Si le cœur vous en dit, vous pouvez gravir ses 311 marches pour admirer la vue sur la City.

> **Les églises de Wren**
> Après le Grand Incendie de 1666 qui détruisit 86 églises paroissiales londoniennes, on confia la reconstruction de 51 d'entre elles et de la cathédrale Saint-Paul à Sir Christopher Wren. Elles furent financées par une taxe sur les importations de charbon transitant par le port de Londres. Le trait le plus frappant des ouvrages de Wren est sans doute leurs flèches délicates de style Renaissance qui remplaçaient les lourdes tours carrées des églises médiévales.
> Wren construisit encore 3 églises à Londres. Depuis 1781, 19 d'entre elles ont disparu. Pour avoir la liste d'une partie des églises restantes et de leurs emplacements, reportez-vous à la carte de la City, Clerkenwell et Embankment (carte 6). ■

Il est ouvert d'avril à septembre, du lundi au vendredi de 9h à 18h, et de 14h à 18h les week-ends. Le reste du temps, il ferme à 16h et le dimanche toute la journée (entrée : 1 £/50 p).

Leadenhall Market

De tout temps, un marché a occupé ce site de Whittington Ave, Gracechurch St EC1 (métro : Bank). Il y eut d'abord un forum romain puis, au XVe siècle, Richard Whittington, Lord Mayor de Londres, en fit un marché d'alimentation. Aujourd'hui, les galeries de Leadenhall servent nourriture et boissons aux employés affairés de la City. Les prix sont élevés mais la marchandise est excellente et la structure victorienne en verre et en fer est de toute beauté. Il est ouvert du lundi au vendredi de 7h à 15h et se remplit à l'heure du déjeuner.

Lloyd's of London

Bien qu'il s'agisse de la compagnie d'assurances la plus célèbre du monde où tout, des avions aux jambes des stars d'Hollywood, peut être assuré, la Lloyd's of London (☎ 327 6210), 1 Lime St EC3 (métro : Aldgate ou Bank), ne serait pas un site touristique si son bâtiment ne méritait absolument pas le détour.

Richard Rogers, doyen de l'architecture post-moderne et coauteur du centre Pompidou à Paris, a réalisé là l'une des constructions les plus spectaculaires de Londres. Toutefois, elle n'a pas soulevé l'enthousiasme d'une population restée très conservatrice dans son goût architectural. Alors que la Grande-Bretagne a produit quelques-uns des meilleurs architectes de l'époque actuelle, leurs plus belles réalisations ont souvent été édifiées hors du pays. La Lloyd's, avec sa tuyauterie extérieure, est une exception triomphale, surtout la nuit, quand elle se transforme en charpente jaune et bleue illuminée.

L'accès à l'intérieur, de qualité égale, est limité aux groupes professionnels qui doivent réserver à l'avance.

La Tour de Londres

Un des deux sites londoniens inscrit au Patrimoine mondial de l'Unesco, la Tour de Londres (☎ 709 0765), Tower Hill EC3 (métro : Tower Hill), domine le quart sud-est de la City depuis 1078, lorsque Guillaume le Conquérant posa la première pierre de la White Tower remplaçant un château de terre et de bois.

Guillaume II acheva la White Tower ; de 1190 à 1285, on construisit tout autour deux murailles entrecoupées de tours et bordant un fossé. Après l'ajout d'un quai pour recevoir les bateaux, les défenses médiévales n'ont guère changé.

Jusqu'au règne de Henri III (1216-72), les rois se plurent dans la White Tower mais, outre le renfort des défenses, Henri fit construire un palais entre la White Tower et la rivière. Il commença également la Royal Menagerie, le premier zoo londonien, après que Saint-Louis lui eut fait don d'un éléphant en 1255.

La statue d'Eros, à Piccadilly Circus, sert de point de rassemblement pour les touristes

PAT YALE

PAT YALE

TOM SMALLMAN

En haut : les parterres floraux des Kew Gardens
Au milieu : vous trouverez ces tableaux à la Marianne North Gallery des Kew Gardens
En bas : la police montée en patrouille à Camberwell Green

Au Moyen Age, la tour n'était pas seulement une résidence royale mais aussi un trésor, un hôtel de la monnaie, un arsenal et une prison. Après qu'Henri VIII eut déménagé à Whitehall Palace en 1529, le rôle de prison de la Tour s'accentua. C'est ainsi que, sous les Tudor, y séjournèrent Sir Thomas More, les reines Anne Boleyn et Catherine Howard, l'archevêque Cranmer, Lady Jane Grey, la princesse (et future reine) Élisabeth et Sir Robert Devereux, comte d'Essex.

Après la restauration de la monarchie en 1660, une garnison nombreuse stationna dans la Tour et l'arsenal fut agrandi. Pour la première fois, le public fut autorisé à venir admirer les insignes du couronnement.

Quand le duc de Wellington devint Constable de la Tour en 1826, il fit renforcer sa puissance militaire, craignant que la révolution traverse la Manche. La Royal Menagerie fut fermée et les archives nationales transférées en un autre lieu. Une nouvelle caserne remplaça le Grand Entrepôt après son incendie en 1841.

Le prince Albert, mari de la reine Victoria, avait une tout autre idée sur la Tour. Il fit démolir certaines constructions récentes et réparer ou reconstruire les tours médiévales, mettant fin à l'histoire macabre et parfois cruelle de la Tour.

Quelques prisonniers y furent encore détenus jusqu'à la Seconde Guerre mondiale, notamment Rudolf Hess en 1941. Depuis, elle n'est plus qu'une attraction touristique.

La Tour est visitée par plus de 2 millions de personnes chaque année. La foule est considérable même par les plus froides journées d'hiver. Sachant qu'en été il faut attendre une heure en moyenne pour voir les Joyaux de la couronne, essayez de venir hors saison.

Visite de la Tour. Vous entrez par la West Gate et traversez le fossé qui sépare la **Middle Tower** de la **Byward Tower**.

En remontant le Water Lane qui s'intercale entre les murailles, vous arrivez à **St Thomas's Tower**, sur la droite. Construite par Édouard Ier entre 1275 et 1279, elle s'élève à l'aplomb de **Traitor's Gate**, la terrible porte par laquelle entraient les prisonniers conduits par voie fluviale. Les salles de cette tour ont été restaurées pour montrer à quoi pouvait ressembler le palais royal et comment les archéologues arrivent à remonter aux constructions d'origine à travers les transformations successives.

Directement en face de St Thomas's Tower se dresse la **Wakefield Tower**, construite par Henri III entre 1220 et 1240. Le rez-de-chaussée, ancien corps de garde, a été restauré pour faire apparaître la maçonnerie d'origine. Très différent, l'étage supérieur est meublé d'une réplique d'un trône et d'un immense candélabre, rappelant son aspect à l'époque d'Édouard Ier. On pense que Henri VI fut assassiné dans la chapelle en 1471.

Passant sous la Watergate de Henri III, vous arrivez à la **Cradle Tower**, la **Well Tower** et la **Develin Tower** sur la droite. Sur la gauche, se dresse la **Lanthorn Tower**, copie victorienne de l'originale qui brûla en 1774. Passez ensuite dans la cour intérieure et tournez à droite pour voir la **Salt Tower** de 1238 environ, qui servait peut-être à entreposer le salpêtre dont on avait besoin pour faire de la poudre. Au premier étage, les prisonniers des Tudor ont laissé des graffitis sur les murs.

A côté de la Salt Tower se dressent les **New Armouries** (nouveaux dépôts d'armes) de 1663-64. On y expose maintenant d'anciennes gravures de la Tour, des tableaux de la Royal Menagerie, le fronton finement sculpté du Grand Storehouse (grand entrepôt) qui survécut à l'incendie de 1841, et la liste des prisonniers célèbres, de Ranulf Flambard, évêque de Durham en 1100, à Josef Jakobs, un espion allemand fusillé en 1941. Sur la pelouse d'en face, un magnifique **canon flamand** de 1607 a été ramené de Malte en 1800. Il porte le blason de l'ordre de Saint-Jean de Jérusalem et du grand maître Alof de Wignacourt, ainsi qu'une plaque d'étain montrant saint Paul faisant naufrage au large de Malte.

Passé le **Hospital Block** de 1699-1700 destiné à l'origine à loger les officiels du Board of Ordnance (service du matériel), vous arrivez au **Royal Fusiliers Museum** (entrée : 50 p). Le musée retrace l'histoire des Royal Fusiliers depuis 1685 et montre des maquettes de batailles. Une vidéo de 10 minutes vous présentera le régiment moderne.

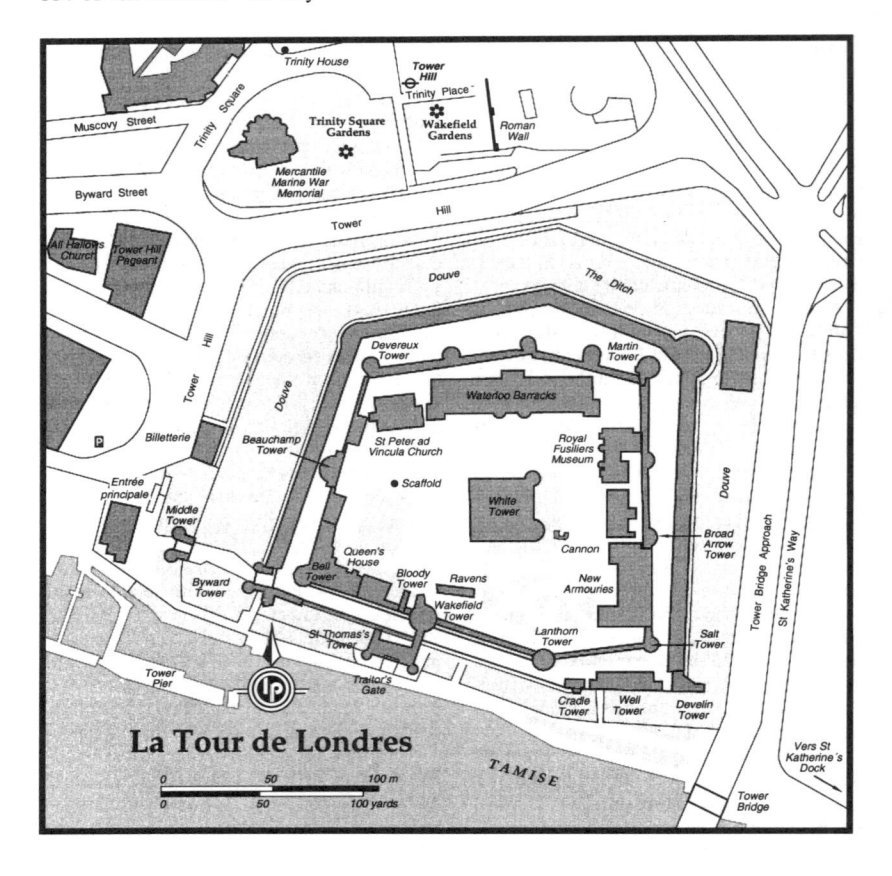

La **Martin Tower** est réservée à la présentation des anciens insignes du couronnement. Vous verrez quelques unes des anciennes couronnes. La plus vieille est celle de George Ier couronnée du globe et de la croix de la couronne de Jacques II. La couronne de George IV (1821) était incrustée de 12 314 diamants.

C'est dans la Martin Tower que le colonel Thomas Blood essaya de voler les joyaux de la Couronne en 1671, déguisé en prêtre ; dérangé, il dut abandonner le sceptre et s'enfuir, mais fut rattrapé quelques minutes plus tard. La tour donne accès au **Wall Walk**, la promenade sur les remparts du XIIIe siècle. La **Broad Arrow Tower** (1238) a été meublée comme la chambre de Sir Simon Burley, tuteur du jeune roi Richard II.

L'édifice le plus remarquable est la grosse **White Tower**, avec sa solide architecture romane et ses quatre tours. Malheu-

Les Beefeaters

Impossible de visiter la Tour de Londres sans voir les Yeoman Warders, plus connus sous le nom de Beefeaters ("mangeurs de bœuf"), dans leur uniforme très particulier noir et rouge. Sauf lors de grandes cérémonies, vous ne les verrez pas en costume d'apparat rouge et or ; il est trop lourd, trop chaud et trop coûteux (environ 12 000 £ l'unité).

Les 38 gardiens ont servi au moins 22 ans dans l'Army, les Royal Marines ou la Royal Air Force et ont atteint le grade de sergent-major. Ils peuvent rester en poste jusqu'à l'âge de 60 ans et ils habitent dans l'enceinte de la Tour.

Les Beefeaters font visiter la Tour et exécutent chaque soir l'immémoriale "Ceremony of the Keys" qui consiste à fermer les portes de la forteresse et à mettre les clefs en lieu sûr dans la Queen's House.

Le surnom pittoresque qui leur est attaché vient de ce que les Yeoman Warders recevaient autrefois une ration quotidienne de bœuf et de bière. Le bœuf étant un luxe interdit aux pauvres, cette coutume suscita la jalousie et donna lieu à ce sobriquet, qui date du XVIIe siècle. ■

---

reusement, la réfection en cours ne sera pas terminée avant 1999. A sa réouverture, seront présentées des peintures, des armes espagnoles et la chapelle Saint-Jean-l'Évangéliste, sous un nouvel aspect. En attendant, des expositions temporaires permettent de voir les macabres instruments de torture et de punition, tels que le dernier billot (utilisé pour l'exécution, en 1747, de Simon Fraser, Lord Lovat, âgé de 80 ans) et quelques armes de la collection royale, dont une armure d'enfant réalisée pour le jeune fils de Jacques Ier, Henry. Vous verrez également des pièces issues de l'ancienne Line of Kings, un ensemble de modèles des souverains à cheval datant de 1660.

En face de la White Tower, la **Waterloo Barracks** est la caserne néo-gothique voulue par le duc de Wellington et qui abrite aujourd'hui les Joyaux de la Couronne. Une fois passées les massives portes d'acier, vous montez sur un tapis roulant qui vous propulse à une telle vitesse que c'est à peine si l'on a le temps de voir quelque chose.

A côté de la Waterloo Barracks, la **Chapel Royal of St Peter ad Vincula** (St Pierre-aux-Liens) se visite en groupe (individuellement après 16h30). Attendez qu'un groupe arrive et joignez-vous à lui. Troisième église de la Tour et rare spécimen d'architecture religieuse Tudor, elle est surtout le lieu d'inhumation des malheureux qui sont montés sur l'échafaud dressé dans la cour ou sur Tower Hill. Enterrés sans égard, ils furent, à l'époque victorienne, exhumés puis ensevelis avec des sépultures adéquates. Les offices ont lieu le dimanche à 9h15 et 11h.

Le coin le plus paisible et le plus pittoresque de la Tour est en fait l'un des plus tragiques. L'**échafaud** dressé sous le règne d'Henri VIII se trouvait sur la petite pelouse devant l'église. Il servit pour ses deux femmes soi-disant adultères, Anne Boleyn et Catherine Howard, et pour Jane Rochford, dame d'honneur de Catherine Howard. Margaret Pole, comtesse de Salisbury exécutée à 70 ans, avait le grand tort d'appartenir à la maison d'York, ce qui irrita fortement Henri.

Lady Jane Grey, en revanche, n'avait que 16 ans quand elle monta sur l'échafaud sous le règne de Marie Ire, fille de Henri.

Proclamée reine à la mort d'Édouard VI pour s'assurer qu'un catholique ne récupererait pas la couronne, Jane vint à la Tour pour attendre son couronnement mais, 9 jours plus tard, les partisans de Marie s'insurgèrent contre elle. De sa chambre donnant sur Tower Green, Jane assista au supplice de son mari avant d'être à son tour emmenée vers son destin.

Ces cinq femmes furent exécutées dans l'enceinte de la Tour pour épargner au souverain l'embarras d'une exécution publique. Les deux seuls hommes exécutés dans les mêmes circonstances furent William, Lord Hastings, en 1483, et Robert Devereux, le comte d'Essex, ancien favori de la reine Élisabeth Ire. Bien qu'il l'ait trahie, on crut voir dans ce souci de lui épargner une exécution publique le témoignage d'une affection fidèle... mais peut-être craignait-on un soulèvement populaire en sa faveur.

La **Beauchamp Tower**, face à l'échafaud, remonte à 1281 et doit son nom à Thomas Beauchamp, comte de Warwick, qui y fut incarcéré de 1397 à 1399. Les murs, en particulier ceux de la chambre supérieure, sont recouverts de graffitis. Une liste numérotée vous permet de repérer les plus intéressants.

Les belles maisons Tudor à colombages disposées autour de Tower Green sont maintenant habitées par le personnel de la Tour. La **Queen's House**, où Anne Boleyn aurait été emprisonnée, est le logement de fonction du Resident Governor. Si le prince Charles succède un jour à la reine, elle s'appellera la King's House.

A côté de la Wakefield Tower, la **Bloody Tower** est sans doute la partie la plus connue de la Tour. Au premier étage, vous verrez le treuil qui commandait la herse du corps de garde. Dans la pièce séparée par un écran de bois du XVIIe siècle, on a rassemblé des objets datant de 1520 à 1620. C'est ici que Sir Walter Raleigh, emprisonné pendant 12 ans, rédigea son *Histoire du monde* dont un exemplaire est exposé. La chambre du haut est pareillement meublée dans le style du XVIe siècle, avec un beau lit à baldaquin en chêne.

Autrefois dénommée Garden Tower, la Bloody Tower a acquis son sinistre surnom après l'épisode sanglant des "Princes de la Tour," Édouard V et son jeune frère, qui y furent assassinés. On accuse généralement de ce crime leur oncle Richard III, mais on trouve aussi des partisans de la culpabilité de Henri VII (voir l'encadré *Une ténébreuse affaire chez les Tudor*).

Ne quittez pas la Tour sans jeter un coup d'œil au jardin qui s'étend devant la White Tower à l'emplacement de l'ancien Great Hall. C'est ici que vous verrez les fameux corbeaux de la Tour. La présence de corbeaux a toujours été attestée. Ces volatiles charognards se nourrissaient des déchets jetés par la fenêtre... et des cadavres des traîtres qu'on exposait pour l'exemple. Au XVIIe siècle, ils s'étaient tellement multipliés qu'on proposa de les éliminer, mais quelqu'un se souvint de la légende selon laquelle la White Tower s'effondrerait en un grand désastre s'abattrait sur l'Angleterre si les corbeaux quittaient la Tour. Superstitieux et impressionnable, le roi Charles II accepta un compromis. De nos jours, les corbeaux ne sont jamais moins de six, et leurs ailes sont coupées pour qu'ils ne puissent s'échapper. Le fait qu'on leur rogne les ailes les empêche de se livrer au ballet nuptial et donc de se reproduire. En 1989, un oisillon fut néanmoins élevé avec succès et, suite à concours télévisé, nommé "Ronald Raven".

La Tour est ouverte de mars à octobre, du lundi au samedi de 9h30 à 18h et le dimanche de 10h à 18h. De novembre à février, elle ouvre du lundi au samedi de 9h à 17h (entrée : 8,30/6,25 £). Malgré la présence d'une rampe pour fauteuils roulants à l'entrée des Joyaux de la Couronne, le reste du circuit est difficile voire impossible à emprunter pour les personnes à mobilité réduite.

Deux Pret-à-Manger proposent des sandwiches sur le quai à l'extérieur de la Tour et un coffee-shop se trouve à l'intérieur. Les bus n°15, 25, 100 et D1 passent à proximité.

L'environnement du monument est totalement décevant. A la sortie de la station de métro Tower Hill, un grand **cadran solaire**

Une ténébreuse affaire chez les Tudor

A la mort du roi Édouard IV en 1483, son fils Édouard, âgé de 12 ans, hérita de la Couronne. Son oncle Richard, duc de Gloucester, ayant été nommé Protector, Édouard fut emmené à la Tour de Londres pour y attendre son couronnement.

Trois mois plus tard, Richard réussit à convaincre la reine de laisser son autre fils, le duc d'York, rejoindre son frère dans la Tour. Au début, on vit les deux frères jouer puis, peu à peu, leurs apparitions se firent plus brèves et moins fréquentes. Finalement, ils disparurent complètement et leur oncle fut déclaré roi sous le nom de Richard III.

Bien que l'on eut la quasi certitude que les garçons avaient été étouffés dans la Garden Tower (baptisée depuis Bloody Tower), on ne put trouver de témoin. Plus tard, des imposteurs voulurent se faire passer pour l'un ou l'autre des garçons. Le plus célèbre fut Perkin Warbeck, un jeune Belge qui, en 1495, tenta de provoquer un soulèvement en Écosse en prétendant être le duc d'York. Il fut pendu à Tyburn en 1499.

En 1674, des ouvriers découvrirent un coffre contenant les squelettes de deux enfants près de la White Tower. On pensa qu'il s'agissait des "Princes in the Tower" et on les enterra dans le quartier des innocents de l'abbaye de Westminster.

En admettant que les garçons aient été assassinés, qui est le coupable ? Le doigt a toujours été pointé vers Richard, directement concerné par leur disparition. Dans sa pièce *Richard III*, Shakespeare brosse un tableau accusateur du roi, bossu, aigri et meurtrier. Cependant, le dramaturge est parfois soupçonné d'avoir voulu défendre les Tudor. D'autres historiens ont souligné que le roi Henri VII avait tout autant intérêt à se débarrasser des enfants. En effet, bien qu'il se soit emparé de la Couronne à la bataille de Bosworth en 1485, les deux garçons, s'ils avaient été en vie, auraient pu menacer son trône.

Poirot lui-même aurait calé devant une telle énigme ! ■

---

moderne illustre l'histoire de Londres de l'an 43 à 1992. Il est situé sur une plate-forme d'où l'on peut voir les **Trinity Gardens** voisins, où se dressait autrefois l'échafaud de Tower Hill et occupés de nos jours par le **monument** de Lutyens, dédié aux marins victimes de la Première Guerre mondiale. Par une ouverture donnant sur le passage souterrain franchissant la rue principale, vous verrez un fragment de la muraille romaine et une statue moderne de l'empereur Trajan. Puis la descente continue jusqu'à la Tour dont les environs immédiats de l'entrée sont particulièrement repoussants. Un projet d'urbanisme est actuellement à l'étude pour les améliorer. En attendant, il est plus agréable d'arriver par bateau au Tower Pier (voir les horaires dans la rubrique *Croisières sur les canaux* du chapitre *Comment circuler*).

All Hallows by the Tower

Préservée lors du Grand Incendie de 1666, All Hallows by the Tower succomba sous les bombes allemandes. De l'édifice ancien seuls demeurent la tour en brique et les murs extérieurs. La flèche fut rajoutée en 1957 pour mieux faire ressortir l'église dans un environnement écrasé par les bombes. On remarquera la chaire provenant d'une église de Wren aujourd'hui disparue et les beaux fonts baptismaux du XVIIe siècle. Entre autres suppliciés, Sir Thomas More et l'archevêque William Laud ont trouvé ici leur dernière demeure. William Penn, fondateur de la Pennsylvanie, y fut baptisé et John Quincy Adams, sixième président des États-Unis, s'y maria en 1797. Samuel Pepys raconte dans son journal qu'il avait observé la progression du Grand Incendie depuis la flèche d'All Hallows.

Au sous-sol, un petit musée (☎ 481 2928) montre les vestiges d'un sol romain et d'une église saxonne du VIIe siècle. Il est ouvert de 10h à 16h30 et l'audio-guide coûte 2,50 £.

Tower Hill Pageant

Dissimulé dans les environs peu attrayants de la Tour, Tower Hill Pageant (☎ 709

0081), 1 Tower Hill Terrace, EC3 (métro : Tower Hill), est une tentative du Museum of London de présenter l'histoire de Londres de manière plus accessible : une "voiture à remonter le temps" passe devant diverses reconstitutions historiques. Les puristes feront la moue ; en revanche, si vous avez des lacunes ou des incertitudes, le commentaire enregistré vous rafraîchira la mémoire en quelques minutes. Madame Tussaud's remplit le même office de façon plus pittoresque, mais le Pageant est plus précis.

A la sortie, vous pourrez voir une partie des fouilles mises au jour au bord de la Tamise dans les années 80-90, quand les vieux entrepôts ont été démolis pour laisser la place à des bureaux modernes. Les trouvailles les plus intéressantes sont le quai romain de Billingsgate et le bateau romain trouvé à Blackfriars. On verra aussi un squelette provenant du seul cimetière remontant à la Peste Noire découvert à ce jour.

Le Pageant est ouvert tous les jours de 9h30 à 17h30 et jusqu'à 16h30 d'octobre à mars (entrée : 6,95/4,95 £).

Tower Bridge

Tower Bridge (☎ 403 3761) fut construit en 1894 quand Londres était encore un port en pleine activité. Avant sa construction, le London Bridge était le point de passage le plus à l'est, mais l'encombrement était tel que les armateurs furent contraints d'accepter la présence d'un nouveau pont équipé d'un ingénieux mécanisme de bascule qui peut dégager la voie aux bateaux en moins de 2 minutes. Les deux tours de 25 mètres de haut possèdent une armature en fer cachée sous un revêtement de pierre.

Maintenant que le port de Londres n'est plus qu'un souvenir, les occasions de voir le pont en action sont rares. Néanmoins, ses passages pour piétons offrent d'excellents points de vue sur la City et Docklands. Un ascenseur mène dans la tour nord où l'on a retracé l'histoire de l'ouvrage. Si une visite à la salle des machines et à la galerie des ingénieurs s'impose, vous pouvez sans regret renoncer à la reconstitution de l'inauguration royale du pont.

Le pont (métro : Tower Hill) est ouvert tous les jours d'avril à octobre de 10h à 18h30, et de novembre à mars de 9h30 à 18h (entrée : 5,50/3,75 £).

St Katherine's Dock

En venant de la Tour de Londres, passez sous Tower Bridge pour déboucher sur le St Katherine's Dock, créé en 1825 par Thomas Telford. Avec ses deux bassins est et ouest, c'est le premier dock à avoir été rénové. Comparé à la Tour, c'est un havre de paix où l'on peut se restaurer agréablement à la Dickens Inn ou dans les restaurants et snacks voisins et, éventuellement, loger au Tower Thistle Hotel (voir le chapitre *Où se loger*).

Le Nord du Centre de Londres

Le Nord du Centre de Londres décrit un arc de cercle allant de St John's Wood à l'ouest à Highbury et Islington à l'est, deux quartiers aux antipodes économiques l'un de l'autre. Entre l'aisance et le raffinement des abords de St John's Wood et le délabrement des abords de l'Angel à Islington, on passe par la verdure et l'espace de Regent's Park et Primrose Hill, son prolongement. Le Regent's Canal longe le parc au nord et permet d'accéder agréablement au Camden Market en évitant les encombrements de la circulation.

ST JOHN'S WOOD, REGENT'S PARK ET MARYLEBONE (carte 2)

Madame Tussaud's, le premier piège à touristes de la capitale, est situé dans Marylebone Rd, au nord d'Oxford St. Le musée de cire est proche du calme Regent's Park et de l'agitation de Camden Town, juste à l'est. Au nord-ouest s'étend le quartier luxueux de St John's Wood, aux aristocratiques villas entourées de végétation. Les amateurs d'art contemporain feront un détour sous ses ombrages pour visiter la Saatchi Gallery, une collection réputée qui donne le ton dans son domaine même si elle peut plonger le profane dans la perplexité. Si le cricket vous passionne, précipitez-vous au Lord's Cricket Ground. Légèrement au sud-ouest se trouvent Maida Vale et la charmante Little Venice d'où partent les promenades sur les canaux en direction du zoo et de Camden (voir *Croisières sur les canaux* au chapitre *Comment circuler*).

Saatchi Gallery

La Saatchi Gallery (☎ 624 8299), 98a Boundary Rd NW8 (métro : St John's Wood), rassemble la collection privée d'art contemporain de Charles Saatchi, co-président jusqu'à une date récente de la plus grosse agence de publicité au monde, Saatchi & Saatchi. Inutile de venir ici si vos goûts s'arrêtent à Constable et Monet.

Ce collectionneur sérieux possède les moyens d'influer sur la cote des artistes. Quand Saatchi achète une fournée de toiles de Julian Schnabel, c'est la gloire et la fortune pour le peintre, mais quand Saatchi liquide sa collection de Schnabel, c'est la catastrophe. Saatchi fut le mécène de Damien Hirst, le roi du formol, et de Rachel Whiteread qui transforma toute une maison en sculpture, démolie peu de temps après.

Hormis quelques détails gênants, l'espace d'exposition est lumineux, aéré et spacieux. Programmez votre visite un jeudi, jour où l'accès est gratuit. La galerie est ouverte du jeudi au dimanche de 12h à 18h (entrée : 3,50 £, gratuite le jeudi). Pour y accéder depuis la station de métro, tournez à droite dans Finchley Rd. Traversez et tournez à gauche dans Marlborough Place. Prenez ensuite la troisième à droite, Abbey Rd (où se trouvait le studio d'enregistrement des Beatles). Boundary Rd est la cinquième à gauche.

Lord's Cricket Ground

Les visites guidées du Lord's Cricket Ground permettent de voir la fameuse Long Room où les membres du club assistent aux matchs entourés des portraits d'anciennes vedettes de ce jeu. Le musée conserve des souvenirs et offre aux fans la possibilité de se faire prendre en photo à côté de l'urne renfermant les Ashes – qui restent en Angleterre quelle que soit l'issue du championnat ! Sur le terrain, vous verrez la girouette représentant le Temps personnifié. Les visites (5,50/4 £, 1 heure 30) partent des Grace Gates dans St John's Wood Rd à 12h et 14h, ou à 10h les jours de matchs entre équipes du comté (pas de visites les jours de grands matchs). Réservation au ☎ 432 1033.

Regent's Park

Au nord de Marylebone Rd et à l'ouest de Camden, Regent's Park (métro : Baker St ou Regent's Park) fut d'abord, à l'instar des autres parcs londoniens, une chasse royale, transformée par la suite en exploitation agricole, puis réaménagée en terrain de jeu et de détente au cours du XVIIIe siècle.

Peu après, le Régent demanda à John Nash de réaliser un ensemble architectural grandiose. Le projet urbanistique de Nash est ce que Londres a connu de plus ambitieux dans ce domaine, avec Regent St descendant majestueusement du parc au Mall. Les Victoriens n'en ont pas laissé grand-chose, mais l'apport de Nash – les alignements de maisons aux stucs immaculés qui ceinturent le parc – ont survécu.

Avec le zoo de Londres, le **Regent's Canal** au nord, un **théâtre en plein air** jouant du Shakespeare en été, des étangs et des parterres de fleurs, des terrains de foot et des matchs de softball en été, Regent's Park est un havre animé mais paisible au cœur de la cité, londonien et cosmopolite tout à la fois. Les **Queen Mary Rose Gardens**, une roseraie très spectaculaire, sont dotés d'un café.

Sur le côté est du parc, le **London Central Islamic Centre & Mosque** est un grand édifice blanc à coupole brillante. Si vous enlevez vos chaussures et gardez une tenue modeste, vous pourrez pénétrer à l'intérieur, d'une simplicité décevante.

Au nord-est du parc, de l'autre côté de Prince Albert Rd, **Primrose Hill**, moins touristique et moins conventionnel, offre une vue splendide sur Londres.

Zoo de Londres

Un des plus vieux zoos du monde, le zoo de Londres (☎ 722 3333), Regent's Park NW1 (métro : Camden Town), est victime, comme le métro londonien, de son grand âge. Ses nombreux bâtiments, intéressants d'un point de vue historique, ne répondent plus aux attentes d'un public soucieux du bien-être des animaux. Après un long déclin, marqué par le sauvetage *in extremis* de l'émir du Koweit qui injecta 1 million de £, le zoo est maintenant engagé dans un programme de rénovation de 21 millions de £ étalé sur 10 ans. L'accent est mis sur la conservation et l'éducation, avec des espèces moins nombreuses, si possible en groupes pouvant se reproduire.

A court terme, d'importants changements sont à prévoir et, si vous voulez voir une espèce en particulier, renseignez-vous au préalable. Les grands fauves, les éléphants, les rhinocéros, les singes, les petits mammifères et la plupart des oiseaux sont habituellement visibles. Le Children's Zoo est également ouvert, mais l'aquarium doit être refait entièrement. Les anciennes Mappin Terraces viennent de rouvrir mais l'un des ours donne déjà des signes de faiblesse. Ne manquez pas l'élégant et joyeux bassin des pingouins (Penguin Pool), une réussite de l'architecture moderniste, créée par Berthold Lubetkin en 1934.

Le zoo est ouvert tous les jours de mars à fin octobre de 10h à 17h30, et de novembre à mars de 10h à 16h (entrée : 8/6 £, billet familial : 24 £). Un plan du zoo est disponible à la demande.

La manière la plus agréable d'accéder au zoo est le bateau depuis Little Venice ou Camden (voir *Croisières sur les canaux* dans *Comment circuler*) ; on peut aussi longer le canal à pied depuis Camden Lock.

Madame Tussaud's et le Planetarium

Madame Tussaud's (☎ 935 6861), Marylebone Rd NW1 (métro : Baker St), est l'un des sites londoniens les plus visités. En été, comptez sur de longues files d'attente.

Madame Tussaud a commencé par modeler les têtes des victimes de la Révolution française. La nouvelle exposition réalisée pour les deux cents ans du musée la montre dans son atelier en train de travailler sur le modèle de Napoléon, à côté d'un ouvrier moderne créant un moulage de Jerry Hall.

Le musée actuel est constitué pour l'essentiel de la "Garden Party", où vous pouvez vous faire photographier aux côtés de vedettes sportives ou de comédiens. Dans le Grand Hall, vous approcherez des leaders mondiaux d'hier et d'aujourd'hui et la famille royale anglaise, moins Fergie, la duchesse d'York tombée en disgrâce, mais avec feu la princesse Diana.

La dernière innovation du musée est une promenade historique intitulée **Spirit of London**. Vous prenez place à bord d'un faux taxi londonien et traversez en 5 minutes un résumé de l'histoire de Londres. Les modèles sont bien faits, encore faut-il que le commentaire ne soit pas décalé par rapport au panorama.

A l'écart, au sous-sol, la **Chamber of Horrors** (chambre des horreurs, à déconseiller aux très jeunes enfants et aux personnes sensibles) a été complétée avec des modèles de prisonniers contemporains, comme Denis Nilson, "le meurtrier de Muswell Hill," qui voisinent avec des représentations douteuses, pour ne pas dire vulgaires, d'anciens faits divers horribles. Le cadavre mutilé d'une victime de Jack l'Éventreur est particulièrement repoussant.

Le **Planetarium** présente un grand spectacle de 30 minutes sur les étoiles et les planètes, agrémenté d'effets spéciaux qui ne sont malgré tout pas à la hauteur de ceux du parc à thème Alton Towers dans le Staffordshire. En attendant votre tour, vous pouvez examiner les cires des grands scientifiques, de Copernic à Stephen Hawkings et approfondir votre connaissance de l'univers sur des consoles informatiques.

Le musée est ouvert tous les jours de 9h à 17h30 de juin à septembre ; d'octobre à mai, du lundi au vendredi de 10h à 17h30, les samedi et dimanche de 9h30 à 17h30. Le billet tout compris coûte 11,20/7,10 £ ; pour Madame Tussaud's seulement, 8,95/5,90 £, et pour le planétarium seule-

> **Pas ce soir, dit Joséphine**
> La grande dame du zoo de Londres n'est pas, comme on pourrait l'imaginer, une tigresse ou une femelle éléphant, mais Joséphine, un grand calao indien de la volière tropicale où elle est entrée en 1945 venant d'un cirque de New Brighton.
> Malgré tous les soins apportés à son accouplement, Joséphine a toujours refusé les avances des deux partenaires qu'on lui a présenté dès 1953. Quand elle finit par pondre un œuf en 1989, ses gardiens y virent le résultat de changements hormonaux et lui ôtèrent les oviductes.
> Aujourd'hui, Joséphine coule des jours paisibles et heureux, indifférente à son statut de plus vieux pensionnaire du zoo. ■

ment, 5,65/3,70 £. Arrivez tôt le matin ou tard dans l'après-midi si vous voulez éviter la foule.

Sherlock Holmes Museum
Juste au coin de la rue, le petit Sherlock Holmes Museum (☎ 935 8866) est domicilié au 221b Baker St alors que le fameux détective résidait dans l'immeuble Abbey National, plus bas dans la rue. Les inconditionnels du héros apprécieront les trois étages de souvenirs victoriens mais la bâtisse est trop petite pour le nombre de visiteurs qu'elle reçoit en été et, à 5 £ (3 £ pour les enfants), l'entrée est chère payée. Le musée est ouvert de 9h30 à 18h tous les jours et abrite un restaurant à thème victorien, le Hudson's (voir le chapitre *Où se restaurer*).

EUSTON ET KING'S CROSS (carte 5)
Euston Rd relie la gare de Euston aux gares de King's Cross et de St Pancras. Le quartier n'est pas spécialement plaisant, mais vous serez forcé de le traverser si vous allez dans le nord de l'Angleterre. Les sites touristiques sont rares, hormis la gare de St Pancras elle-même, chef-d'œuvre de l'architecture victorienne qui vient de retrouver sa première splendeur.

Malgré les efforts entrepris pour éliminer la prostitution et le trafic de drogue qui sévissaient aux abords de King's Cross, le quartier est resté très délabré et dangereux le soir.

L'élément le plus imposant de la gare de Euston, l'arc dorique de Philip Hardwick, a hélas disparu en 1947, avant qu'on ne se préoccupe de conservation du patrimoine et à une époque où les monuments victoriens étaient jugés extravagants. Le tollé soulevé par cet acte de vandalisme a contribué à la naissance de la Victorian Society.

Si vous avez le temps, avant de prendre un train, faites un saut à l'imposant **Wellcome Building**, de l'autre côté de la rue, et visitez l'exposition Science for Life (entrée gratuite).

St Pancras Station
Avec les Houses of Parliament de Barry et Pugin, la gare de St Pancras est un sommet du néo-gothique victorien. Qu'on l'aime ou pas, il faut lui reconnaître une certaine originalité. Une halle superbe en verre et en fer, conçue par le grand ingénieur Brunel, couvre les voies à l'arrière et un hôtel inouï, hérissé de pinacles, imaginé par Sir George Gilbert Scott, se dresse en façade.

Quoique la gare soit toujours en activité, l'hôtel est désaffecté depuis des années. Il faut donc attendre les journées du Patrimoine en septembre pour voir l'immense escalier central et la superbe décoration. A côté, se trouve la nouvelle **British Library** (bibliothèque nationale) dont l'architecture de brique nue, austère sinon carcérale, s'oppose violemment à celle de la gare.

St Pancras Church
En dehors de la gare, l'édifice le plus notable de Euston Rd est l'église de St Pancras dont la tour est une imitation du temple des Vents d'Athènes. A l'instar de

l'erechtheion, elle possède un portique de six colonnes ioniques et une aile décorée de cariatides. St Pancras, qui date de 1816, fut l'église la plus chère qui ait été construite depuis la cathédrale Saint-Paul. Elle est malheureusement fermée la plupart du temps.

CAMDEN TOWN ET ISLINGTON (cartes 10 et 2)

En remontant Eversholt St depuis la gare de Euston, vous arrivez à Camden, un haut lieu touristique très animé le week-end. Il y a 20 ans, Camden Town était habité par une importante communauté irlandaise : l'arrivée d'une vague de yuppies a changé le visage du quartier qui se fond, désormais, avec la tranquillité bourgeoise de Hampstead, plus au nord.

Au nord-est de Londres, Islington est un quartier qui monte, où vous viendrez très certainement pour manger dans un restaurant d'Upper St ou pour voir un spectacle à l'Almeida Theatre (voir *Distractions*). Les amateurs d'antiquités exploreront Camden Passage, parallèle à Upper St, tout de suite au nord de la station de métro Angel.

Camden Market

En 20 ans à peine, Camden Market s'est propulsé à la seconde place du palmarès des sites touristiques de Londres, juste après le British Museum. Le groupe de stands d'artisanat concentré à l'origine autour de Camden Lock (une écluse sur le Grand Union Canal) s'étire maintenant sur toute la distance séparant les stations de métro Camden Town et Chalk Farm. La foule est dense et le spectacle des flâneurs qui se gavent de saucisses-frites devant des étalages de brocante sans intérêt (côté Camden Town) n'est pas toujours réjouissant.

Le marché s'anime le week-end, surtout le dimanche, mais beaucoup de stands ouvrent également en semaine (jeudi et vendredi notamment).

Si vous arrivez par la station Camden Town, prenez la sortie de droite et tournez à droite dans Camden High St (qui se prolonge en Chalk Farm Rd). Pour plus de détails sur la localisation des stands, voir la rubrique *Marchés* du chapitre *Achats*.

Pour fuir la foule, allez vous promener vers l'ouest, sur le chemin de halage du canal qui longe le zoo de Londres et rejoint Little Venice à Maida Vale. Pour en savoir plus sur les promenades en bateaux, voir *Croisières sur les canaux* du chapitre *Comment circuler*.

Camden Passage

Attention ! Ne confondez pas ce paradis de l'art et des antiquités situé à Islington (métro : Angel) avec le Camden Market, plus connu. Le meilleur jour de visite est le samedi, quand les stands offrent une marchandise plus abordable que les boutiques spécialisées (voir *Antiquités* au chapitre *Achats*).

BLOOMSBURY (carte 5)

A l'est de Tottenham Court Rd et au nord de Holborn, Bloomsbury se signale par l'élégance de ses squares géorgiens et ses beaux alignements de *terraces* victoriennes. C'est le quartier du British Museum et de la London University.

Entre les deux guerres, ces rues agréables furent colonisées par le groupe d'artistes et d'hommes de lettres qu'on appelle le groupe de Bloomsbury. Virginia Woolf et E.M. Forster (auteur de *Chambre avec vue* et de *Passage to India*), qui habitaient respectivement Tavistock Square et Brunswick Square, ainsi que l'économiste John Maynard Keynes, en sont les membres les plus connus. Le groupe comprenait également le biographe Lytton Strachey, le critique d'art Roger Fry, qui organisa la première exposition d'impressionnistes français à Londres et qui aurait donné son nom au mouvement, Vanessa Bell, la sœur de Virginia Woolf, et Duncan Grant, un peintre de second ordre. Le cœur du Bloomsbury littéraire était **Gordon Square** où résidèrent, à des époques diverses, nombre de membres de ce groupe.

Jusqu'à une date récente, le beau **Bedford Square** était l'adresse de nombreux éditeurs, aujourd'hui rachetés par des conglomérats américains et transférés dans l'ouest londonien. Parmi eux figuraient Jonathan Cape, Chatto et le Bodley Head (créé par Woolf et son mari Leonard). Ils ont grandement contribué à créer et entretenir la légende du Bloomsbury Group en publiant un stock apparemment inépuisable de lettres, souvenirs et biographies.

Non loin du British Museum, dans Bloomsbury Way, **St George's Bloomsbury** est une autre création de l'architecte Nicholas Hawksmoor, remarquable par son portique aux chapiteaux corinthiens et sa flèche couronnée d'une statue de George Ier en costume romain. On reconnaît cette flèche à l'arrière-plan de la gravure très célèbre de Hogarth, *Gin Lane*, où il dépeint les ravages de l'alcool dans les classes populaires.

British Museum

Le British Museum (☎ 636 1555), Great Russel St WC1 (métro : Tottenham Court Rd ou Russell Square), est le plus grand musée d'Angleterre et l'un des plus anciens du monde. C'est aussi la première attraction touristique de la capitale. Six millions de visiteurs ne peuvent se tromper, alors ne le manquez pas ! Les collections étant trop riches et trop diverses pour être vues en entier en un seul jour, on profitera du fait que l'entrée est encore gratuite pour les découvrir à son rythme.

Le bâtiment lui-même mérite attention. Il est l'œuvre de Sir Robert Smirke, qui supervisa sa construction entre 1823 et 1847, et comporte de nombreux ajouts postérieurs. A l'origine du musée se trouve le legs de la collection du médecin Hans Sloane à la nation en 1753. Ce premier apport a ensuite été enrichi et continue de l'être, en fonction des moyens financiers dont le musée dispose.

Il existe deux entrées : la majestueuse entrée de Great Russell St, sous les portiques de Smirke, et une petite entrée, moins fréquentée, à l'arrière du musée, sur Montague Place. Si vous passez par l'entrée principale, dirigez-vous vers le bureau d'informations au fond du grand hall et demandez une liste des visites guidées gratuites *Eye Opener*, classées par département. Elles durent 1 heure et sont généralement programmées entre 11h et 15h, du lundi au samedi, et entre 15h30 et 16h30 le dimanche. Le musée lui-même organise des visites de 90 minutes (6 £) faisant le tour de ses principales richesses, mais elles peuvent afficher complet.

Si vous ne voulez pas des services d'un guide, servez-vous du plan du musée. Vous pouvez alors soit suivre la foule et vous diriger vers les joyaux les plus connus, soit visiter les départements les moins fréquentés (arts du Japon, de la Chine, de l'Asie du Sud-Est et antiquités d'Asie occidentale).

Du hall d'entrée, vous avez le choix entre partir vers la gauche, la droite, ou prendre l'escalier. Dans le survol qui suit, nous avons pris à gauche et laissé de côté la boutique du musée pour arriver dans les salles égyptiennes montrant des sculptures, des momies et la fameuse **pierre de Rosette**, découverte en 1799 et qui permit de déchiffrer les hiéroglyphes grâce à son inscription en trois langues. On ne manquera pas de faire un crochet par les antiquités assyriennes (salles 19 à 21) pour voir le produit des fouilles de Nimrud, Ninive et Khorsabad. Les immenses taureaux ailés à tête humaine, anciens gardiens du temple d'Assurnazirpal II, attirent le regard, mais les bas-reliefs du VIIe siècle av. J.-C. sont presque aussi fascinants.

A l'ouest, on arrive dans les salles d'art grec, romain et hellénistique (salles 3-15). Les **Elgin Marbles**, clous de ces collections, ont été arrachés sous un prétexte fallacieux des murs du Parthénon de l'Acropole d'Athènes par Lord Elgin en 1801-06. Ils proviennent de la frise entourant le haut du temple et des frontons. On pense qu'ils représentent la grande procession au temple qui avait lieu lors de la fête des Panathénées, mais ils ont beaucoup souffert au cours du temps. Le gouvernement grec aimerait les récupérer, mais le gouvernement travailliste, à peine arrivé au pouvoir, a confirmé qu'ils ne bougeraient pas.

A ne pas manquer au British Museum

- Les bronzes du Bénin
- Les marbres d'Elgin
- Les momies égyptiennes
- La pierre de Rosette
- La Magna Carta
- Les évangiles de Lindisfarne
- Le trésor de Sutton Hoo
- Le jeu d'échecs de Lewis
- Le trésor de Mildenhall
- Le bouclier de Battersea et le casque de Waterloo
- L'homme de Lindow
- Le trésor d'Oxus
- Le vase de Portland ■

La célébrité des marbres d'Elgin ne doit pas vous empêcher d'apprécier les autres beautés de ce département, comme la reconstitution de la façade du **monument des Néréides** provenant de Xanthos dans la Turquie actuelle. Les Turcs eux-aussi souhaiteraient voir revenir ce monument, mais ceci est une autre histoire. Dans la salle 6, on verra l'une des cariatides du portique de l'Erechtheion d'Athènes, et la salle 12 présente des sculptures du mausolée d'Halicarnasse et du temple d'Artémis d'Éphèse, deux des sept merveilles du monde antique, tous deux situés dans la Turquie actuelle et dont il ne reste presque plus rien.

En montant l'escalier ouest, vous arriverez dans les salles consacrées à Rome et à la Grèce proprement dites. De retour dans le grand hall d'entrée et prenant à droite cette fois, vous traverserez la Grenville Library jusqu'au Manuscript Saloon (salle des manuscrits) où sont exposés divers documents comme la **Magna Carta**, la Grande Charte de 1215 fixant les droits respectifs de la noblesse et de la royauté britanniques, ou les manuscrits originaux des chansons des Beatles. Le British Museum possède aussi le **Codex Sinaiticus**, version de la bible grecque trouvée dans une décharge du monastère du mont Sinaï en 1844, et le **journal de Scott en Antarctique**, rédigé lors de la malheureuse expédition de 1912. A gauche, vous traverserez la King's Library au sol parqueté, pleine de manuscrits enluminés, de reliures en cuir et de miniatures orientales.

Au bout de la King's Library, on pénètre dans la Mexican Gallery, derrière l'escalier est, où se trouve le beau **masque de Tzcatlipoca** et sa mosaïque turquoise recouvrant un vrai crâne. Ensuite, on passera en revue la collection des déesses indiennes aux généreuses poitrines, des Shiva dansants et des bouddha aux jambes croisées. En haut de l'escalier est, tournez à gauche pour voir les collections provenant d'Asie occidentale (salles 51-52). Ici est conservé l'étonnant **trésor d'Oxus**, objets persans en or du VIIe au IVe siècles av. J.-C. que des bandits cherchaient à écouler sur le bazar de Rawalpindi. On pense qu'il proviendrait de Persépolis, la capitale de la Perse antique. Ici aussi se trouvent les objets découverts à **Ur**, la ville des Chaldéens, comme cette belle chèvre debout sur ses pattes de derrière regardant à travers des feuilles d'or. Ces trésors remonteraient au troisième millénaire av. J.-C.

Les salles 49 à 51 renferment des objets de l'Angleterre romaine, ainsi que de l'âge du bronze et des Celtes continentaux. On verra l'admirable **trésor de Mildenhall**, un service de table de 28 pièces en argent remontant au IVe siècle, le **trésor de Snettisham**, un amoncellement de torques (colliers rigides) en or et en argent d'époque celtique, le **bouclier de Battersea** et le **casque de Waterloo**, trouvés dans la Tamise à la hauteur des ponts dont ils tirent leurs noms. Le bouclier date d'environ 350-150 av. J.-C. On pense qu'il aurait été jeté dans la Tamise en offrande aux dieux ou au cours de funérailles. Le casque à cornes, unique de son espèce, date d'environ 150-50 av. J.-C.

C'est ici également que se trouve l'**homme de Lindow**, un malchanceux de l'âge du fer qui semble avoir été garrotté avant d'être égorgé au cours d'une mise à mort rituelle. Il vieillissait tranquillement sous sa peau parcheminée, au fond d'une tourbière, quand il fut coupé en deux en 1984.

On arrive enfin dans une série de salles (41-43) consacrées à l'art médiéval européen. Le visiteur intéressé par l'histoire de Londres s'attardera devant les fragments de **fresques de St Stephen Chapel** dans le palais de Westminster, aujourd'hui Houses of Parliament. La chapelle a brûlé en 1834 mais ces scènes, tirées du livre de Job, ont été sauvées. Deux panneaux provenant du plafond de la grande chambre du roi, dite la chambre peinte à cause de ses fresques du XIVe siècle, furent redécouvertes à Bristol en 1993. Elles montrent un séraphin et un prophète.

Ne manquez pas non plus les découvertes faites à **Sutton Hoo**, un bateau anglo-saxon servant de lieu de sépulture, dans le Suffolk, mis au jour en 1939. A l'intérieur des vestiges du bateau en bois, on a trouvé une agrafe en cloisonné incrustée de grenat et des décors d'une bourse. L'objet le plus évocateur est sans doute le casque du présumé roi – tel qu'il est présenté, on dirait l'homme au masque de fer.

A ne pas manquer également : les 67 pièces du **jeu d'échec en ivoire de morse** trouvé dans les bancs de sable de l'île de Lewis en 1831 et qui remonte au milieu du XIIe siècle, et le tout petit **cygne de Dunstable**, une merveille de l'orfèvrerie du XVe siècle avec ses ailes rehaussées d'émail blanc.

Les objets d'art exposés dans les salles 44 à 48 seraient plus à leur place au Victoria & Albert Museum, mais on ne se privera pas d'admirer la "nef" bohémienne, une horloge-bateau où vous aurez du mal à repérer le cadran au pied du grand mât d'un bateau miniature. Impossible aussi de négliger les bijoux de la collection Hull-Grundy, avec des pièces de Tiffany et de Boucheron, entre autres.

Sur le palier supérieur du grand escalier, vous verrez l'étonnante **mosaïque romaine** du IVe siècle provenant de Hinton St Mary où figure le symbole chrétien *chi-rho*. En contrebas sur les murs de la cage d'escalier, sont accrochés des **bronzes du Bénin** du XVIIe siècle, plaques représentant des soldats, des musiciens et d'autres scènes de la vie quotidienne, volées au roi et à ses chefs en 1897 lors de la prise de contrôle de Benin City par une compagnie britannique. Il va sans dire que le gouvernement du Bénin réclame le retour de ses bronzes…

De l'autre côté du corridor, vous verrez encore des objets de fouilles datant des empires grec et romain d'Italie du Sud et de Chypre (salles 69-73). Le **vase de Portland** en verre bleu et blanc est devenu très

---

Prêts pour l'entraînement ?
Des exercices préparatoires d'échauffement, des repos d'une demi-heure, un siège portable, une bouteille d'eau et une banane pour l'énergie… vous ne partez pas pour le mont Blanc mais pour les musées londoniens. On pouvait lire ces recommandations dans un numéro récent du magazine consacré aux musées de Londres.

Rien qu'au British Museum, ce sont 4 kilomètres de couloirs qu'il faudra parcourir si l'on veut voir les 7 millions d'objets exposés, sans compter les efforts pour se frayer un chemin au milieu des 6 millions de visiteurs annuels. On comprend que certains soient fatigués avant même de franchir le seuil.

Il est très certainement conseillé de porter des chaussures confortables et d'utiliser les vestiaires gratuits à votre disposition, mais il est encore plus recommandé de ne pas chercher à tout voir en une seule fois. Procurez-vous un plan gratuit du musée que vous visitez et faites une sélection. Rendez-vous ensuite directement dans la salle choisie sans vous laisser détourner de votre chemin. Vous pourrez toujours revenir une autre fois.

Une autre façon de ne pas manquer l'essentiel sans s'épuiser est de se joindre à une visite guidée. Beaucoup sont gratuites, mais celles du British Museum valent 6 £. ■

célèbre après qu'un fou l'eut brisé en 200 morceaux qui furent patiemment recollés. Il a également inspiré à Keats son *Ode on a Grecian Urn* de 1820. D'autres antiquités d'Égypte et d'Asie occidentale bordent le corridor séparant les escaliers est et ouest. La salle 66 est le domaine de l'Égypte copte, puis vient une galerie d'expositions temporaires, de gravures et de dessins le plus souvent. La galerie suivante (91) est consacrée à l'art coréen. Continuez à l'étage supérieur pour voir les paisibles salles japonaises (92-94) récemment ouvertes.

Au cœur du musée, la **salle de lecture de la British Library** déploie sa majestueuse structure. Bernard Shaw et Gandhi y étudièrent et Karl Marx écrivit *Le Capital*. Après le départ de la British Library à St Pancras, les travaux de modernisation du musée ont commencé. Quand ils seront terminés, les collections ethnographiques du Museum of Mankind seront exposées dans de nouvelles salles.

Des perturbations sont à prévoir pendant les travaux. Si vous ne trouvez pas un objet particulier, les gardiens se feront un plaisir de vous renseigner. Le café du musée est exigu et coûteux. Allez plutôt vous restaurer dans Museum St (voir *Bloomsbury et Holborn* au chapitre *Où se restaurer*).

Le musée est ouvert du lundi au samedi, de 10h à 17h, et le dimanche de 14h30 à 18h. L'entrée est gratuite, mais un don de 2 £ est demandé. Pour toute information concernant les visiteurs à mobilité réduite, appelez le ☎ 637 7384.

Dicken's House

La maison de Charles Dickens (☎ 405 2127), 49 Doughty St WC1 (métro : Russell Square), est la seule résidence encore existante parmi celles que le grand romancier occupa avant de s'installer dans le Kent. Il vécut ici de 1837 à 1839, le temps d'écrire *Pickwick Papers*, *Nicholas Nickleby* et *Oliver Twist*, tiraillé en outre par les soucis d'argent, les décès et la charge d'une famille toujours plus nombreuse.

A l'époque de Dickens, Doughty St était une rue huppée, fermée par des grilles et gardée par des concierges en livrée à galons d'or. A l'intérieur de la maison, deux bureaux illustrent la prodigieuse ascension sociale de Dickens, qui passa de la table grossière du jeune employé de 15 ans au service d'un avocat de Gray's Inn, au bureau à dessus de velours que, plus tard, il emportait dans ses tournées de lectures en Angleterre et aux États-Unis.

La maison est ouverte du lundi au samedi de 10h à 17h (entrée : 3,50/1,50 £).

CLERKENWELL

Jusqu'à une date récente, le quartier tranquille de Clerkenwell, au nord-est de la City, ne méritait aucune mention particulière. Réputé pour être pauvre et mal famé à l'époque victorienne, il fut ensuite colonisé par les Italiens qui ont laissé des traces dans quelques cafés. Le révolutionnaire Mazzini y habita et Garibaldi fit un bref séjour en 1836. Le ténor Caruso chanta sur les marches de l'église St Peter.

Récemment, Clerkenwell a décidé de tirer parti de la proximité de la City. C'est maintenant un endroit à la mode avec son lot de restaurants chics. Les alentours du Green, avec l'église St James dominant les maisons, sont superbes. Le Clerkenwell Conference Centre est logé dans la Sessions House du XVIIIe siècle, que l'on croit hantée par une femme dont l'amant avait été banni.

St John's Church et St John's Gate

La porte médiévale qui barre St John's Lane (métro : Farringdon ; carte 6) n'est pas un modèle réduit ; elle est authentique, quoique restaurée au XIXe siècle. Durant les croisades, les chevaliers de St Jean de Jérusalem tinrent lieu d'infirmiers. Ils établirent un prieuré de 4 ha à Clerkenwell dont l'église, sur St John's Square, avait une nef ronde comme celle des Templiers. La rue porte encore sa silhouette en brique.

La porte fut construite en 1504 pour rehausser l'entrée, juste avant qu'Henri VIII ferme le prieuré comme tous ceux du pays. Les bâtiments furent démolis mais la porte a survécu et a connu un destin original. Le père de William Hogarth, au XVIIIe siècle, y ouvrit sans grand succès un café où l'on parlait latin. A l'époque de sa restauration, elle abritait l'Old Jerusalem Tavern.

A l'intérieur, un petit musée assez banal retrace l'histoire des Chevaliers et de leurs possessions en divers coins du monde, ainsi que celle du British Order of St John qui leur a succédé. On peut aussi voir une maquette du vieux café.

Pour tirer le meilleur parti de votre visite, essayez de venir à 11h ou à 14h30 les mardi, vendredi ou samedi, quand une visite guidée vous emmène à l'église restaurée de St John's Square. Sa belle crypte romane renferme un robuste monument en albâtre à la gloire d'un chevalier castillan (1575), un monument délabré montrant le squelette du dernier prieur William Weston enveloppé d'un linceul et des vitraux où sont représentés les principaux protagonistes de l'histoire.

De retour dans le bâtiment principal, vous verrez la salle du chapitre où le chapitre général de l'ordre se réunit tous les trois mois. Au dessus de la cheminée trône un portrait de la reine dans ses atours de grande maîtresse de l'ordre et, sur les murs, vous lirez les noms de tous les grands prieurs jusqu'à l'actuel duc de Gloucester. Le meuble le plus intéressant est un cabinet du XVIIe siècle doté de 50 tiroirs secrets.

Au-dessus de la porte, vous verrez d'autres salles reliées par un escalier en spirale datant de 1502. L'une est remplie de souvenirs du séjour des chevaliers à Malte après leur éviction de Terre sainte puis de Rhodes. Le musée est ouvert du lundi au vendredi de 10h à 17h et le samedi de 10h à 16h (entrée gratuite).

House of Detention
De 1616 à 1890, une prison se trouvait dans l'actuel Clerkenwell Close ; elle fut démolie pour construire une école. Les visiteurs de la House of Detention (☎ 493 1089) peuvent descendre dans un sous-sol sombre, sentant le moisi, et examiner l'ancienne cuisine, la buanderie et quelques cellules réaménagées, où l'on donne toutes sortes de détails sur une vague de criminalité auprès de laquelle les pickpockets modernes sont bien peu de chose. A l'époque, on pensait qu'il était sage de garder les prisonniers dans des cellules obscures et solitaires et de leur faire porter des masques chaque fois qu'ils sortaient. L'ensemble est bien conçu... et vous aurez hâte de ressortir à l'air libre !

Le musée est ouvert tous les jours de 10h à 18h (entrée : 4/2,50 £). Il n'est pas très facile à trouver, mais il est indiqué depuis Clerkenwell Green.

L'Est du Centre de Londres

La périphérie orientale du centre de Londres est traitée conjointement avec les Docklands, une zone tentaculaire contrastée où la vétusté et le délabrement voisinent avec la modernité la plus déchaînée. L'East End, adjacent à la City, est également décrit dans cette partie.

EAST END (cartes 2 et 6)
Malgré leur proximité de la City, Shoreditch, Hoxton, Spitalfields et Whitechapel offrent une atmosphère et un style totalement différents. On se trouve ici dans les quartiers ouvriers traditionnels de Londres, où s'établirent par vagues successives diverses communautés d'immigrants, irlandais, huguenots, bangladeshi et juifs, qui toutes ont laissé leur empreinte culturelle. Oublié et à l'abandon au début des années 80, l'East End commence à revivre, essentiellement dans les parties proches de la City et de la gare de Liverpool St à Spitalfields. Certaines maisons georgiennes ont été rénovées par des yuppies urbains et les promoteurs cherchent de plus en plus à construire de luxueux complexes. Hoxton, au nord de Shoreditch, intéresse depuis peu les artistes qui aménagent des lofts à la mode new-yorkaise dans de vieux immeubles.

Cependant, ces efforts de réhabilitation coexistent avec une misère repoussante qui, si elle n'atteint pas les abîmes décrits par Dickens, témoigne de manière criante des inégalités sociales actuelles.

Les visiteurs qui veulent avoir une vision moderne et multiculturelle de Londres ne manqueront pas de faire un tour dans l'East End. Outre deux musées intéressants, ils trouveront la meilleure cuisine asiatique de la capitale (voir le chapitre *Où se restaurer*) et des marchés parmi les plus pittoresques (voir la rubrique *Marchés* du chapitre *Achats*). Ils pourront également voir les expositions de la Whitechapel Art Gallery et déjeuner dans son excellent café (voir la rubrique *Galeries* plus bas dans ce chapitre).

Pour de plus amples informations sur l'East End, reportez-vous à la Promenade n°4 du chapitre des *Promenades dans Londres*.

Geffrye Museum

Le Geffrye Museum (☎ 739 9893), Kingsland Rd, Dalston E2 (métro : Old St, sortie n°2 puis bus n°243), fut d'abord une maison de retraite pour pauvres gens. Elle fut construite par Robert Geffrye, un maire de Londres de la fin du XVIe siècle qui avait fait fortune dans la traite des esclaves. Sa statue surmonte l'entrée principale.

Après le départ des pensionnaires sous des cieux plus riants à l'extérieur de Londres, la maison devint une école de charpentiers et d'artisans, aujourd'hui transformée en musée d'architecture intérieure. Chaque salle montre un aménagement et un décor particuliers à une époque, de l'ère élisabéthaine aux années 50. La chapelle d'origine est encore en place. De nouvelles salles du XXe siècle devraient avoir ouvert quand vous lirez ces lignes.

Le musée est ouvert du mardi au samedi de 10h à 17h, et le dimanche de 14h à 17h (entrée gratuite). Il est desservi par les bus n°22A, 22B, 67, 149 et 243. Il abrite un petit café et il est possible de pique-niquer sur place.

Bethnal Green Museum of Childhood

Le musée de l'enfance Bethnal Green (☎ 0181-983 5200), Cambridge Heath Rd E2 (métro : Bethnal Green), vous replongera à coup sûr dans l'ambiance de vos premières années. Dans une bâtisse XIXe plutôt négligée, sont entassés des poupées, des maisons de poupées, des petits trains, des petites voitures, des habits d'enfant, des jeux de société anciens, des livres d'enfant, des théâtres miniatures et des marionnettes. A l'étage, on a tenté de récréer l'environnement de ces jouets propre à chaque âge, de la naissance à la fin de l'adolescence.

Le musée est ouvert du lundi au jeudi et le samedi de 10h à 17h50, le dimanche de 14h30 à 17h50, fermé le vendredi (entrée gratuite). Un petit café sert du thé et des sandwiches, et des casiers de consigne fonctionnent avec une pièce de 1 £ (remboursable). Il est desservi par les bus n°8, D9, 26, 48, 55, 106, 253 et 309.

DOCKLANDS (carte 7)

Le port de Londres a connu son heure de gloire du temps de l'empire britannique ; c'était alors le plus grand port du monde où convergeaient toutes les richesses des colonies. Au XVIe siècle, vingt quais accueillaient le trafic des cargos, mais ils se révélèrent insuffisants pour répondre à l'augmentation sensible de l'activité portuaire tout au long du XVIIIe siècle. Le West India Dock fut ouvert en 1802, suivi par le London Dock en 1805, l'East India Dock en 1806 et le Victoria Dock en 1855. Une nouvelle vague de construction débuta en 1868 avec l'ouverture du Midwall, puis du Royal Albert en 1880, du Tilbury en 1886, pour finir par le King George VI, inauguré en 1921.

Cependant, en 1940, 25 000 bombes s'abattirent sur le secteur en 57 nuits consécutives. Déjà en perte de vitesse, les docks ne purent relever le défi des mutations technologiques et politiques de l'après-guerre. Tandis que l'ère coloniale s'achevait, l'apparition de cargos vraquiers et porte-conteneurs à fort tonnage exigeait

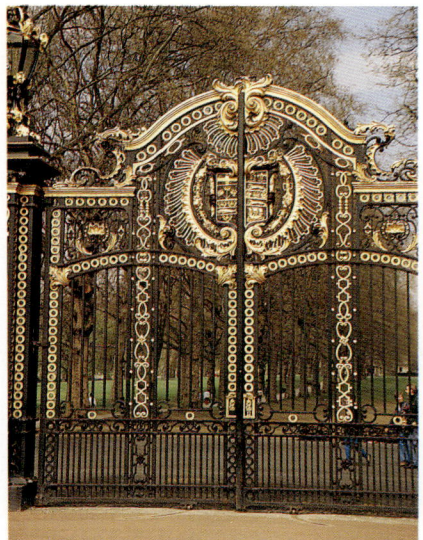

RACHEL BLACK

RACHEL BLACK

PAT YALE

A gauche : portail finement ouvragé de Green Park, près de Buckingham Palace
A droite : la tour d'horloge du palais de Hampton Court
En bas : détail du carrosse utilisé lors des cérémonies du couronnement, Royal Mews

SHOOT

DOUG McKINLAY

En haut : les mille éclats du Tower Bridge au crépuscule
En bas : la remarquable façade de Liberty, dans Regent Street

des ports en eau profonde et des techniques nouvelles de chargement et déchargement. A partir des années 60, les fermetures se succédèrent à un rythme encore plus rapide que les ouvertures du XIXe siècle ; les emplois chutèrent de 50 000 en 1960 à 3 000 en 1980. Près du huitième de la superficie de Londres finit par être purement et simplement abandonné.

C'est alors que Mme Thatcher jugea qu'il était temps de relancer le quartier. Les constructeurs s'y intéressèrent, le Docklands Light Railway fut construit pour le relier au reste de Londres et les yuppies affluèrent. Dans une frénésie de développement immobilier, les bureaux se multiplièrent et de nouvelles marinas s'entourèrent de nouveaux lotissements. Des lieux comme le beau **Tobacco Dock** (☎ 702 9681), The Highway E1 (métro : Wapping), se transformèrent en galeries marchandes bordées d'épiceries fines et de boutiques de couturiers, non sans provoquer des controverses. La gauche protesta, arguant du fait que les retombées n'étaient pas à la hauteur des sommes investies et que la population locale n'était pas associée aux décisions de la London Docklands Development Corporation (LDDC).

Naturellement, avec la récession du début des années 90, la bulle spéculative éclata. Les bureaux restèrent vacants, les yuppies perdirent leurs emplois, leurs appartements se vendirent difficilement, et les panneaux "A vendre" fleurirent sur les vitrines des boutiques de luxe. Le destin du Canary Wharf, projet phare des années 80, est emblématique de cette évolution en dents de scie. Dès avant l'attentat de l'IRA de 1996 qui dévasta ses environs immédiats, il était en pleine déroute financière. Actuellement, il semble que les choses s'améliorent ; ce "rossignol" coûteux et encombrant est devenu une ruche journalistique, un "Fleet Street vertical" visible à des kilomètres à la ronde, où logent le *Telegraph* et l'*Independent*. Tobacco Dock, en revanche, reste une coquille vide, dans l'attente d'une résurrection.

Les moyens de transport ont toujours été le point faible des Docklands. Dans les années Thatcher, on pensait qu'il était philosophiquement incorrect qu'un gouvernement favorise le développement immobilier en créant des infrastructures de transport décentes. Cependant, le Docklands Light Railway (DLR) a réussi à surmonter les difficultés initiales et constitue aujourd'hui un excellent moyen d'observer de haut la transformation du secteur. La prolongation de la ligne Jubilee jusqu'à Canary Wharf et au-delà améliorera encore la situation.

Le croirait-on ? Il se murmure que les Docklands pourraient bien être le meilleur coup de génie de Mme Thatcher.

Bref aperçu des Docklands
Le point de départ d'un tour des Docklands est Tower Hill, où le réseau de l'Underground rejoint le DLR à Tower Gateway. Juste derrière Tower Hill, **St Katherine's Dock** fut le premier dock réhabilité, autrefois à l'avant-garde du mouvement et symbole de l'optimisme d'alors. De tous les projets immobiliers, c'est celui qui s'est le plus soucié du tourisme. Cafés et boutiques touristiques encadrent le bassin où plusieurs bateaux ont été amarrés. Le pub Dickens accueille avec une égale faveur les visiteurs et les employés du World Trade Centre voisin.

En longeant la rivière vers l'est, vous arrivez à **Wapping** et Wapping High St, siège de l'empire de Rupert Murdoch et théâtre des batailles rangées entre policiers et imprimeurs au milieu des années 80. L'ancien Prospect of Whitby (☎ 481 1095), 57 Wapping Wall, est un très célèbre pub au bord de l'eau. A la station Shadwell voisine, vous pourrez prendre le DLR qui vous emmènera jusqu'à l'Isle of Dogs.

La station DLR suivante est à Limehouse Basin, cœur de la ville chinoise au siècle dernier. Il n'en reste plus que des noms comme Ming St ou Mandarin St, mais comment ne pas oublier la longue histoire des Docklands quand elle est enfouie sous des projets immobiliers aussi considérables que **Canary Wharf**, trois arrêts plus loin (DLR : Canary Wharf). Un temps le plus gros chantier d'Europe, Canary Wharf est dominé par la tour de Cesar Pelli, prisme carré au sommet pyramidal. A son achèvement, Londres comptait 1 700 000 m² de bureaux inoccupés dont plus du quart dans le seul Canary Wharf. Avec la faillite des promoteurs en 1992, les Cassandre croyaient avoir vu juste. Pourtant, à l'heure actuelle, les étages se remplissent et les abords s'animent. Marco Pierre White ouvre ici un MPW, première brasserie d'une future chaîne de franchisés, ce qui en dit long.

Reprenez le DLR jusqu'à Island Gardens en face de Greenwich, ou bien changez à West India Quay et prenez le DLR jusqu'à All Saints, au nord. Au 240 East India Dock Rd E14 (DLR : All Saints), vous verrez un bâtiment qui illustre à merveille les heurs et malheurs des Docklands. Superbe création en métal et verre de Nicholas Grimshaw destinée à recevoir les **presses du Financial Times**, il reste vide depuis que le journal a déménagé.

Plus à l'est, le barrage de la Tamise (Thames Flood Barrier) protège Londres de la montée des eaux lors des grandes marées. Les grosses vannes reposent sur une rangée de piles en béton coiffées de métal brillant, telle une étrange sculpture. Les docks des environs, Victoria, Royal Albert et George VI, les plus grands et les derniers construits, furent les derniers à capituler. Ici se trouve l'aéroport de London City, destiné à l'origine à faciliter les déplacements des hommes d'affaires de la City. Désormais, il dessert les villes d'Europe du Nord, sans les tracas de Heathrow et de Gatwick.

London Docklands Visitor Centre

Le London Docklands Visitor Centre (☎ 512 1111), 3 Limeharbour, Isle of Dogs E14 (DLR : Crossharbour), vous informera sur l'histoire du quartier. Les initiatives de la LDDC y sont présentées sous un jour favorable, en insistant sur les centres médicaux, les infrastructures de sport nautique, etc. Cela dit, les projets des Docklands ont été si largement critiqués qu'il est intéressant d'écouter les défenseurs de la seule partie de Londres qui n'a pas succombé aux sirènes de la protection du patrimoine.

Le centre est ouvert du lundi au vendredi de 8h30 à 18h et le week-end de 9h30 à 17h (entrée gratuite). La librairie est riche en ouvrages sur les Docklands modernes et l'East End. Si vous restez quelque temps dans ce secteur, procurez-vous *Eating Out in Docklands* (2 £).

Le Sud du Centre de Londres

Il y a encore 10 ans, la frange méridionale du centre de Londres était oubliée de tous, en piteux état et dépourvue d'attraits touristiques hormis les musées de South Bank. La situation a changé récemment et certaines parties de la rive sud peuvent rivaliser avec la rive nord. Le nouveau Globe Theatre a été accueilli avec enthousiasme par le public et la nouvelle Tate Gallery at Bankside devrait être prête pour l'an 2000. Une pléiade de nouveaux musées et salles d'exposition ont ouvert à Southwark et le succès du nouveau restaurant de l'Oxo Tower a consolidé la popularité du secteur.

Pour plus de détails sur la rive sud de la Tamise entre Hungerford Bridge et Tower Bridge, consultez la Promenade n°3 du chapitre *Promenades dans Londres*.

BERMONDSEY ET SOUTHWARK (carte 6)

Occupé d'abord par les Romains, Southwark (prononcez sutherk) devint, au Moyen Age, un important nœud de communication aux portes de Londres. Pendant des siècles, le London Bridge, aux arches alourdies de maisons et de boutiques, fut le seul point de passage sur la Tamise, obligeant les voyageurs à converger à Southwark où s'ouvrirent de nombreuses auberges. A l'époque des Tudor, les autorités de la City ayant refusé la construction de théâtres dans leur municipalité, c'est sur le Bankside de

Southwark que s'établirent le Globe, le Rose, le Swan et le Hope. L'endroit jouissait d'une réputation sulfureuse qu'entretenaient les nombreux "stews" (maisons de tolérance doublées de bains-douches), plusieurs prisons et d'innombrables fosses pour les combats d'ours et de chiens.

A l'époque victorienne, Southwark prospéra dans le sillage des docks. Des entreprises de transformation et d'emballage des denrées importées s'installèrent dans les environs, dont beaucoup sont encore très célèbres comme Crosse & Blackwell, Jacob's, Peek Frean's et Courage. Si la Seconde Guerre mondiale porta un rude coup à Southwark, l'après-guerre lui fut fatale avec la fermeture des docks.

Le quartier est encore passablement délabré, mais ne manquez pas de visiter la cathédrale. Les petites rues recèlent bon nombre de musées et d'attractions, comme le HMS *Belfast*, le London Dungeon, l'exposition Britain at War et l'excellent Old Operating Theatre Museum. Le Globe Theatre de Sam Wanamaker vient en tête de liste, mais il aura fort à faire pour ne pas être détrôné quand la Tate at Bankside ouvrira ses portes.

Un peu plus à l'est, Bermondsey abrite le Design Museum de Sir Terence Conran. Les chineurs exploreront le marché des antiquités du vendredi matin (voir *Antiquités* au chapitre *Achats*). Il fallut attendre les années 80 pour que la vie renaisse dans les entrepôts à l'abandon. Si certaines parties de Bermondsey sont encore bien tristes, les rénovations se multiplient et, le long du fleuve, on peut même parler d'embourgeoisement.

Design Museum

Le blanc et éclatant Design Museum (☎ 378 6055), Shad Thames SE1 (métro : London Bridge), est le fruit d'une idée personnelle de Sir Terence Conran. On y montre comment évolue la forme des objets au cours du temps, et comment le design peut déterminer le succès ou l'échec d'un produit destiné à la consommation de masse. Essayez plusieurs chaises pour tester leur confort, puis dessinez une brosse à dent révolutionnaire à l'aide d'un ordinateur. Le 2e étage accueille les expositions temporaires où vous apprendrez, par exemple, comment fut élaboré l'aspirateur cyclonique Dyson ; au rez-de-chaussée, des téléphones et des appareils photo dernier cri vous ébahiront.

Le musée est ouvert du lundi au vendredi de 11h30 à 18h, le samedi et le dimanche de 12h à 18h (entrée : 4,75/3,50 £). On trouvera un coffee-shop et une boutique de cadeaux. Le Blue Print Café voisin offre des vues superbes sur le fleuve et des prix à l'avenant (voir le chapitre *Où se restaurer*).

Bramah Tea & Coffee Museum

En bordure de Butler's Wharf où débarquait autrefois 5 000 caisses de thé par jour, le Bramah Tea & Coffee Museum (☎ 378 0222), The Clove Building, Maguire St SE1 (métro : London Bridge), retrace l'histoire du thé et du café dans les coutumes alimentaires britanniques. Vous découvrirez des théières de toutes formes, parfois inimaginables : un cactus, une pelote de laine avec des aiguilles à tricoter, Daniel Lambert (l'homme le plus gros du monde), une poubelle, un train du tunnel sous la Manche. Ne manquez pas la plus grande théière jamais fabriquée, qui pèserait 154 kg si on s'avisait de la remplir.

Le musée ouvre tous les jours de 10h à 18h (entrée : 3,50/2 £). Dans l'excellent salon de thé, on sert le thé avec un sablier pour le laisser infuser le temps qui convient.

HMS Belfast

Le HMS *Belfast* (☎ 407 6434), Morgan's Lane, Tooley St SE1 (métro : Tower Hill ou London Bridge), est un grand croiseur léger portant seize canons de 145 mm, sorti des chantiers navals Harland & Wolff à Belfast en 1936. Au cours de la dernière guerre, il escorta les navires marchands du convoi de l'Arctique et prit part, en 1943, à la dernière grande bataille navale livrée en Europe, la bataille du Cap Nord ; le *Scharnhorst* allemand fit naufrage et sur les 1963 hommes de bord, seuls 36 furent rescapés. Ensuite, le *Belfast* participa au débarquement de Normandie avant d'être envoyé en Extrême-Orient, à la fin de la guerre, pour rapatrier les prisonniers de guerre. Plus tard, il servit 404 jours durant la guerre de Corée.

En 1952, il rentra en Angleterre et fut entièrement restauré avant d'entreprendre une tournée mondiale. En 1963, il regagna le dock de Devonport et l'Imperial War Museum l'acheta pour en faire un musée.

Sans doute est-il préférable de bien connaître les manœuvres militaires, mais l'aperçu que le *Belfast* donne de la vie quotidienne à bord d'un croiseur intéressera tout le monde. Le parcours, divisé en huit zones, est assez confus et il faut monter et descendre plus d'une échelle en pente raide.

Dans la salle des opérations de la zone 3, des maquettes accompagnées d'effets sonores tentent de faire revivre la bataille du Cap Nord, tandis que, dans la zone 5, l'exposition HMS *Belfast* in War and Peace, donne des détails complémentaires et montre une vidéo de la bataille. Une autre exposition, la Modern Royal Navy, à caractère plus propagandiste, informe le public sur l'arme nucléaire britannique. La zone 7 comprend la cambuse, l'hôpital, la chapelle, le cabinet du dentiste et la buanderie. Plus intéressante encore, la zone 4 comporte les postes des matelots où quelques infortunés devaient suspendre leurs hamacs au milieu de la machinerie du cabestan.

Le navire est ouvert tous les jours de 10h à 17h15 de mars à octobre, et jusqu'à 16h15 de novembre à mars (entrée : 4,40/2,20 £).

Southwark Cathedral

L'église d'origine fut rebâtie en 1086, puis en 1106 et enfin au XIIIe siècle. Partie intégrante du prieuré de St Mary Overie, elle devint église paroissiale en 1539 après la dissolution des monastères. Ce que l'on voit aujourd'hui date pour l'essentiel du XIXe siècle (la nef fut refaite en 1897), les seules parties anciennes étant la tour centrale de 1520 et le chœur du XIIIe siècle. En 1905, la Colegiate Church of St Saviour (☎ 407 3708) devint une cathédrale avec son propre évêque.

On entre par le portail sud-est. Tout de suite à gauche se trouve un **monument** à la mémoire des 51 victimes du naufrage du *Marchioness* en 1987, un yacht de plaisance qui heurta un dragueur sur la Tamise. Contre le mur ouest, on a disposé une série de **clefs de voûte du XVe siècle** provenant de la nef d'origine. L'une d'elles montre le démon avalant Judas Iscariote.

Descendez le bas-côté nord et vous arriverez devant le **tombeau à baldaquin** très coloré de John Gower (mort en 1408), considéré comme le tout premier poète anglais.

Le transept nord abrite plusieurs monuments des XVIIe et XVIIIe siècles, et un beau **porte-épée** en bois du XVIIe siècle provenant de l'église disparue de St Olave. Sur le côté est, la Harvard Chapel, ancienne chapelle de Saint-Jean l'Évangéliste, est maintenant dédiée à John Harvard, fondateur de l'université du même nom, qui fut baptisé ici en 1607.

Dans le bas-côté nord du chœur, cherchez le macabre **monument médiéval** montrant un squelette enveloppé d'un linceul et la rare **effigie en bois** du XIIIe siècle, lourdement restaurée, représentant un chevalier en cotte de mailles. Juste en face se dresse un **monument du XVIIe siècle** à Richard Humble qui le montre s'agenouillant devant l'autel suivi de ses deux femmes.

Traversez l'arrière-chœur derrière le maître autel et revenez par le bas-côté sud du chœur où se trouve le beau **monument du XVIIe siècle** à Lancelot Andrews, évêque de Winchester. Il fut restauré et redécoré par Sir Ninian Comper en 1930. Quelques mètres plus loin, vous apercevrez la **statue romaine** d'un dieu chasseur, trouvée dans un puits des environs et datée du IIe ou IIIe siècle.

Pénétrez dans le chœur pour admirer les arcs et les voûtes en gothique primitif (Early English) et la **grille du XVIe siècle** séparant le chœur de l'arrière-chœur. Les statues des niches ont été ajoutées en 1905.

Revenez dans le bas-côté sud du chœur et avancez vers le transept sud en notant au passage le bel **orgue** de Lewis, construit en 1897 et restauré en 1952.

Placez-vous sous la tour de la croisée du transept et levez les yeux pour admirer le plafond joliment peint. Le **candélabre en laiton** de 1620 incorpore des motifs de couronne, de mitre et de colombe qui traduiraient les interrogations de l'époque sur les relations entre l'Église et l'État.

Revenant par le bas-côté sud, arrêtez-vous devant le **monument à William Shakespeare**, en albâtre. Les grandes pièces de l'illustre dramaturge furent écrites pour les théâtres du Bankside. Shakespeare repose à Stratford-upon-Avon et son monument ne date que de 1912. Au second plan, on reconnaît le théâtre du Globe et la cathédrale de Southwark, tandis que les vitraux montrent des personnages du *Songe d'une nuit d'été*, de *Hamlet* et de *La Tempête*. Juste à côté se dresse un monument à Sam Wanamaker (1919-1993), le réalisateur canadien à l'origine de la reconstruction du Globe.

La cathédrale est ouverte tous les jours. Un don de 2 £ est demandé. L'office du soir est à 17h30 les mardi et vendredi, et à 15h le dimanche. Dans la salle capitulaire (Chapter House), un restaurant Pizza Express ouvre tous les jours de 10h à 16h. Des concerts ont lieu les lundi et mardi à 13h10.

Winchester Palace et Clink Prison Museum

A deux pas de la cathédrale, Clink St était autrefois au cœur de l'immense complexe du Winchester Palace, commencé par Henry de Blois, demi-frère du roi Étienne, en 1144. De nos jours, il n'en reste plus que de maigres vestiges, dont la belle rose de la grande salle du XIVe siècle.

La Clink Prison était une prison privée attenante au palais, où l'on enfermait les débiteurs, les prostituées, les voleurs, les martyrs et même les comédiens. Elle fut incendiée en 1780 au cours des Gordon Riots. Le petit musée (☎ 403 6515), assez déprimant, rappelle quelles étaient les terribles conditions de vie des prisonniers, contraints de payer leur pension à leurs geôliers et parfois obligés d'attraper des souris pour se nourrir. Il est ouvert tous les jours de 10h à 18h (entrée : 3,50/2,50 £, métro : London Bridge).

London Dungeon

Situé sous les arcs de la gare de London Bridge dans Tooley St, le Dungeon (☎ 403 0606, métro : London Bridge) doit être l'attraction la plus sordide de Londres. Il aurait été créé pour satisfaire un caprice d'enfants gâtés qui ne trouvaient pas la Chambre des horreurs de Madame Tussaud's assez effrayante à leur goût. En hors-d'œuvre, vous verrez des corps pendre au gibet de Tyburn, vous entendrez les dernières paroles d'Anne Boleyn avant qu'on ne la décapite, vous assisterez au meurtre de St Thomas Becket et vous serez surpris par l'ingéniosité de diverses tortures. Comme plat de résistance, vous dégusterez la guillotine française en action, le dessert étant Jacques l'Éventreur et ses cinq victimes aux entrailles répandues. Pour vous remettre d'aplomb, la direction du Dungeon a cru bon de vous faire sortir juste devant une odoriférante Pizza Hut.

Le Dungeon (cachot) est ouvert tous les jours, de 10h à 16h30 de mars à octobre, et jusqu'à 17h30 en été. Pour voir ce sommet du mauvais goût, il faudra sans doute faire la queue en juillet et en août.

Britain at War Experience

Le Britain at War Experience (☎ 403 3171) se trouve sous un autre arc du chemin de fer de Tooley St. Le but de ce musée est de montrer à la jeune génération les effets de la dernière guerre sur la vie quotidienne tout en plongeant la génération de la guerre dans une étrange nostalgie. Assis dans une maquette d'abri antiaérien Anderson (petits abris de taille familiale), les visiteurs qui ont vécu la guerre écoutent les hurlements des sirènes et le grondement des bombardiers avec un détachement étonnant.

Un ascenseur vous descend dans la reconstitution d'une station de métro entièrement équipée de couchettes, de fontaines à thé et même d'une bibliothèque de prêt, comme c'était le cas dans certaines stations. Les salles suivantes vous font découvrir les premières pages des journaux de l'époque, des affiches et des carnets de tickets de rationnement. Des mannequins illustrent les diverses manières de s'accommoder d'une pénurie de tissu et l'on voit un gâteau de mariage en carton, équipé d'un petit tiroir où l'on mettait un tout petit bout de vrai gâteau. Enfin, vous traversez les décombres d'une boutique touchée par une bombe, avec nuages de poussière et conduite d'eau crevée.

Le musée ouvre d'octobre à mars de 10h à 16h30 et jusqu'à 17h30 en été (entrée : 5,50/2,95 £).

Old Operating Theatre & Herb Garret

Après les horreurs grotesques du Dungeon, voici la cruauté ordinaire de la science médicale du XIXe siècle. L'Old Operating Theatre Museum (☎ 955 4791), 9A St Thomas St SE1 (métro : London Bridge), est logé en haut de la tour de l'église St Thomas (1703), dans une mansarde ("garret") où l'apothicaire de l'hôpital St Thomas entreposait ses remèdes végétaux. Les bouquets d'herbes accrochés aux murs donnent un cachet particulier à ce musée et tempèrent l'effet des engins menaçants exposés dans les vitrines.

Une salle d'opération du siècle dernier se trouve dans une pièce adjacente. Le pavillon chirurgical était attenant à l'église dont les combles constituaient une salle d'opération idéale, assez haute pour profiter de la lumière naturelle et suffisamment isolée pour que les bruits ne s'entendent pas. A une époque où l'importance de l'asepsie n'était pas encore reconnue, les étudiants se massaient autour de la table d'opération placée au centre de ce qui ressemble à une salle de cours d'aujourd'hui. Sous la table, un seau de sciure recueillait le sang et les chirurgiens portaient des redingotes "raides et puantes à force de recevoir des sanies et du sang", comme le rapporte une chronique de l'époque.

Le musée est ouvert du mardi au dimanche de 10h à 16h (entrée : 2,50/ 1,70 £).

Shakespeare Globe Centre & Theatre

A l'heure actuelle, le Shakespeare Globe Centre (☎ 928 6406), Bear Gardens, Bankside SE1 (métro : London Bridge), comprend le Globe Theatre et une exposition ouverte dans la carcasse du théâtre d'Inigo Jones (XVIIe siècle), promis à reconstruction. La visite de l'exposition inclut une visite guidée du Globe Theatre. L'exposition est ouverte tous les jours de 10h à 17h (5/3 £).

Le premier Globe (que Shakespeare appelait son "wooden O," son O en bois) date de 1598-99. Il partit en fumée en 1613 et fut immédiatement reconstruit. En 1642, il fut définitivement fermé par les puritains qui considéraient les théâtres comme d'épouvantables lieux de perdition. En dépit de la renommée de Shakespeare, la situation n'avait pas évolué en 1949 quand le producteur canadien Sam Wanamaker se lança sur les traces du Globe. Nullement découragé par le fait que les fondations du théâtre avaient disparu sous une rangée de maisons georgiennes classées, il créa le Globe Playhouse Trust en 1970 et commença à réunir des fonds. Les travaux débutèrent en 1987, mais Wanamaker mourut en 1993 avant leur achèvement.

Le nouveau Globe a ouvert en 1997 sous les applaudissements. A la différence d'autres salles shakespeariennes, celle-ci ressemble autant que faire se peut à l'original, même s'il a fallu pour cela laisser la scène à ciel ouvert et les 500 spectateurs du parterre debout. Le style des productions n'est pas conservateur pour autant ; du Shakespeare en zoulou non traduit figurait au programme de la première saison ! Pour les réservations, voir la rubrique *Théâtre* du chapitre *Distractions*.

WATERLOO ET LAMBETH
(cartes 2 et 4)

Les abords immédiats de la gare de Waterloo sont actuellement un chaos de rues en mauvais état et de passerelles en béton. C'est pourtant là que se trouve le quartier de South Bank, où se concentrent plusieurs théâtres et salles de concert importants. Le South Bank Walkway offre des vues exceptionnelles sur l'autre rive de la Tamise. Considérant l'ampleur des travaux en cours, mieux vaut, en sortant de la gare de Waterloo, suivre la direction de Festival Hall plutôt qu'emprunter le Bullring en béton jusqu'au Waterloo Bridge. Depuis des années, ce souterrain misérable porte le surnom de "Cardboard City" (ville en carton) vu le nombre de sans-abris qui y ont trouvé refuge.

Immédiatement au sud de Westminster Bridge, le quartier de Lambeth recèle l'ancien County Hall, qui abrite aujourd'hui le London Aquarium, Lambeth Palace et son voisin, le Museum of Garden History, et St Thomas' Hospital, qui héberge le Florence Nightingale Museum dans son enceinte.

South Bank

South Bank (voir carte ci-contre), entre Hungerford Railway Bridge et Waterloo Bridge (métro : Waterloo), est un labyrinthe de salles consacrées à l'art, reliées par des passerelles en béton tachées de pluie. Personne n'en regrettera l'architecture une fois terminée la refonte complète du secteur actuellement en cours. Celle-ci englobera la Hayward Gallery, le Queen Elizabeth Hall et la Purcell Room.

Le **Festival Hall**, construit en 1951 pour le Festival of Britain, se consacre à la musique classique et chorale, à l'opéra et au jazz. Outre des cafés et des restaurants assez coûteux et un bon magasin de musique, il abrite un foyer où des récitals gratuits sont donnés presque chaque soir. Le **Queen Elizabeth Hall** et la **Purcell Room**, plus petits, présentent le même type de concerts.

Difficile à trouver, le **National Film Theatre** (NFT), construit en 1958, doit se doter d'un nouveau café-restaurant. Juste à côté, le célèbre Museum of the Moving Image (MOMI), beaucoup plus récent, conte l'histoire du cinéma et de la télévision. Un marché du livre d'occasion et de la gravure se tient juste en face, au bord de l'eau.

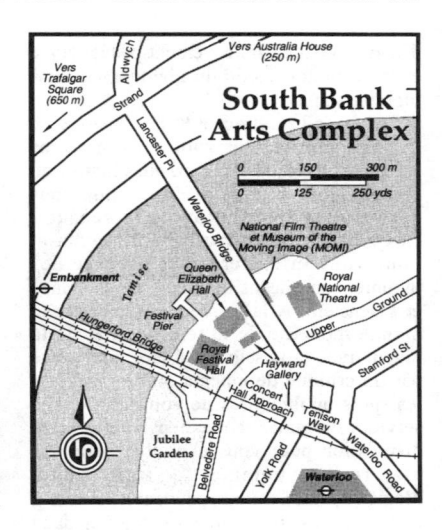

La **Hayward Gallery** date du milieu des années 60 et accueille les grandes expositions d'art moderne. Enfin, le **Royal National Theatre**, qui comprend trois salles, est le théâtre phare du pays. Moqué par le prince Charles qui l'a comparé à "une centrale électrique désaffectée", le National fut conçu en 1976 par l'architecte moderniste Denys Lasdun, un amoureux du béton et des lignes horizontales. Des travaux de rénovation ont commencé en 1997.

A quelques pas à l'est le long de South Bank, le groupe de boutiques d'artisanat du **Gabriel's Wharf** témoigne de la résistance de la population locale à l'empiétement des grands projets. Vue du South Bank Walkway, l'autre rive ressemble à un Manhattan-sur-Tamise, d'où se détachent St Paul's, la Lloyds, Canary Warf, etc.

Museum of the Moving Image. Perdu au milieu des grands centres prestigieux du South Bank, le MOMI (☎ 401 2636), South Bank SE1 (métro : Waterloo), a su trouver l'équilibre entre la sécheresse d'une approche exclusivement pédagogique et la séduction facile du glamour cinématographique.

Ses 44 salles retracent toute l'histoire de l'image animée, des zootropes et autres lanternes magiques, aux grandes heures du cinéma muet et parlant. En chemin, vous découvrirez l'évolution de la censure, l'expression du surréalisme à l'écran et vous vous informerez sur l'œuvre des pionniers européens du cinéma, tels Gance et Eisenstein. A la fin, vous retrouverez le monde moderne de la télévision et de la vidéo, avec la possibilité d'être interviewé par un critique de cinéma ou de visionner les spots publicitaires de votre choix. Les services de guides comédiens sont à votre disposition pour vous expliquer certaines bizarreries, comme le train russe d'agitprop. Les enfants peuvent s'exercer à faire des dessins animés ou à jouer dans leurs propres films. A tout moment, on peut regarder des extraits de vieux films et d'émissions de télévision.

Le MOMI ouvre tous les jours de 10h à 18h (entrée : 5,95/4 £). Comptez 2 heures pour la visite.

Hayward Gallery. La Hayward Gallery (☎ 928 3144), Belvedere Rd SE1 (métro : Waterloo), est le plus grand espace d'exposition de Londres. Si les avis divergent sur son architecture de béton gris, son aménagement intérieur est tout à fait propice aux grandes rétrospectives de l'art du XXe siècle. Lorsqu'une exposition est plébiscitée par les médias, de longues files d'attente sont à prévoir.

Entre deux expositions, il arrive que la Hayward soit fermée ; appelez avant de vous déplacer. En général, elle est ouverte du jeudi au lundi de 10h à 18h et les mardi et mercredi de 10h à 20h. Le prix du billet, variable selon l'exposition, tourne autour de 5/3,50 £. Le café Aroma est réservé aux visiteurs munis d'un billet.

Imperial War Museum
L'Imperial War Museum (☎ 416 5000), Lambeth Rd SE1 (métro : Lambeth North), est logé dans un remarquable bâtiment datant de 1815, auquel fut ajoutée, en 1845, une splendide coupole en cuivre. Il a d'abord accueilli le Royal Bethlehem Mental Hospital, un hôpital psychiatrique dont le surnom de Bedlam est passé dans l'usage courant pour désigner une situation chaotique. L'hôpital, dont l'origine remontait au XIIIe siècle, déménagea dans le Kent en 1926 et le vicomte Rothermere acheta le vieux bâtiment qu'il légua à la nation pour en faire un musée. A gauche de l'entrée principale, on remarquera un morceau du mur de Berlin.

Bien qu'essentiellement axé sur le matériel militaire et l'histoire des deux guerres mondiales, le musée cherche plutôt à souligner le coût social de la guerre : les effets du Blitz, les pénuries alimentaires et la propagande. Un film très dur, tourné à la libération du camp de Bergen Belsen, est projeté dans une petite salle. Non sans raison, les enfants de moins de 14 ans non accompagnés n'y sont pas admis. L'étage supérieur est consacré à la peinture de guerre, avec des œuvres de Henry Moore, Paul Nash et John Singer Sargent.

Parmi les animations qui ont le plus de succès, on notera la Trench Experience qui fait "partager" la vie ordinaire d'un soldat dans les tranchées de la Première Guerre mondiale, et la Blitz Experience qui vous conduit dans un abri pendant un bombardement avant de vous faire traverser les rues dévastées de l'East End. Cette "expérience" ne dure que 10 minutes mais il faudra attendre pour la vivre, surtout si les écoliers sont de sortie. L'exposition sur la Secret History attire également un nombreux public. On y découvre le travail des services secrets, avec une séquence vidéo du siège, en 1980, de l'ambassade d'Iran à Knightsbridge par un commando SAS cagoulé. L'assaut, qui dura 11 minutes, se termina tragiquement.

Parallèlement, des expositions temporaires abordent des thèmes apparentés comme le reportage de guerre ou la mode de l'après-guerre.

Le musée est ouvert tous les jours de 10h à 18h (entrée : 4,70/2,35 £, gratuite après

16h30). Les groupes scolaires sont très nombreux ; il est conseillé de venir tôt le matin ou en fin d'après-midi pour les éviter.

Museum of Garden History

A faible distance de l'Imperial War Museum, le Museum of Garden History (☎ 401 8864), Lambeth Palace Rd SE1 (métro : Lambeth North), occupe l'ancienne église de St Mary-at-Lambeth. Il s'inspire de l'œuvre de John Tradescant et de son fils, prénommé John comme son père, successivement jardiniers de Charles Ier et de Charles II. Les Tradescant ont parcouru le monde à la recherche de plantes exotiques et de "toutes choses étranges et rares" qu'ils amassèrent dans l'Arche, leur maison de South Lambeth Road. Cette collection forma ensuite le noyau de l'Ashmolean Museum d'Oxford, premier véritable musée britannique.

La tour de St Mary's date du XIVe siècle, mais la nef fut reconstruite au XIXe et sert maintenant d'espace d'exposition pour ce musée traitant de la vie des Tradescant et d'une paysagiste majeure du XXe siècle, Gertrude Jekyll. Un jardin de parterres a été planté dans la petite cour de l'église qui abrite les tombes des Tradescant et de William Bligh, le fameux capitaine du *Bounty* dont l'équipage se mutina en 1789. La tombe des Tradescant est ornée, sur le côté, de crocodiles nageant dans une sorte de marécage.

Le musée est ouvert du lundi au vendredi de 10h30 à 16h et le dimanche jusqu'à 17h, fermé le samedi (entrée gratuite). Un café a été aménagé dans l'ancien chœur de l'église.

La loge Tudor en brique rouge qui jouxte l'église commande l'accès au **Lambeth Palace**, résidence londonienne de l'archevêque de Canterbury. Elle n'est pas ouverte au public, mais les jardins sont parfois accessibles. Renseignez-vous auprès de l'office du tourisme.

London Aquarium

En face des Houses of Parliament se dresse l'ancien County Hall, où siégeait le Greater London Council (conseil du Grand Londres) jusqu'à son désaccord final avec Mme Thatcher en 1985. Le majestueux édifice à colonnade incurvée date de 1922. Après 10 années d'incertitude sur son avenir, il vient d'entamer une nouvelle carrière en accueillant un grand aquarium dans son sous-sol. S'il est, certes, plus séduisant que celui du zoo de Londres, on peut néanmoins déplorer l'obscurité des lieux et la trop grande disproportion entre les énormes bassins à requins et les tout petits aquariums latéraux dont l'accès peut être interdit par le sans-gêne d'un seul vidéaste amateur. Si vous avez visité le Sea World de Floride ou les Sea Life Centres d'Angleterre, vous serez déçu.

L'aquarium (☎ 967 8000) ouvre tous les jours de 10h à 18h et de 9h30 à 19h30 de juin à août (entrée : 6,50/4,50 £). On trouvera un café et une grande boutique. Toutes sortes d'installations de loisir et un hôtel devraient ouvrir prochainement dans les étages supérieurs.

Le County Hall est voisin des **Jubilee Gardens** où l'on projette de construire la grande roue la plus haute du monde pour les festivités du prochain millénaire.

En traversant Westminster Bridge (métro : Westminster) pour rejoindre le County Hall, notez, sur la gauche, la **statue de Boadicée**, reine des Icènes qui, en 60, prit la tête de la résistance contre les Romains et rasa entièrement la première ville de Londres. Les Romains se ressaisirent et repoussèrent Boadicée, qui mit fin à ses jours en avalant du poison.

Florence Nightingale Museum

Non loin de l'Aquarium et attenant au St Thomas' Hospital, le Florence Nightingale Museum (☎ 620 0374), 2 Lambeth Palace Rd SE1 (métro : Westminster), rend hommage à une héroïne de la guerre de Crimée qui soigna les blessés et fut le fer de lance du mouvement infirmier du siècle dernier. Travaillant jour et nuit, on l'avait surnommée la "dame à la lampe." Certains trouveront qu'il y a un peu trop de textes, mais la vidéo sur sa vie est d'un grand intérêt.

Le musée est ouvert du mardi au dimanche de 10h à 17h (dernière entrée à 16h) et coûte 2,50 £.

BATTERSEA (cartes 2 et 14)

Entre Brixton et Wandsworth, Battersea n'est pas le plus attirant des districts londoniens. Cependant, il peut s'enorgueillir de son beau parc en bordure de la Tamise, doté d'un zoo pour enfants et d'une pagode, de son Adrenalin Village (voir *Saut à l'élastique* à la rubrique *Activités* de ce chapitre) et de la charpente de l'ancienne Battersea Power Station.

Battersea Park

Battersea Park est un grand espace vert de 80 ha plein d'attractions et de curiosités dont la plus célèbre est la **pagode japonaise de la paix**, érigée en 1985 par la secte bouddhiste Nipponzan Myohoji qui envisage d'ouvrir des pagodes de ce type dans le monde entier. Les quatre côtés sont ornés de niches abritant des bouddhas d'or et le pinacle se dresse à 10 m de haut.

Des bateaux de location (3,50 £ de l'heure) permettent de découvrir le lac, et l'on peut courir sur une piste de 1,6 km de long. Le petit **zoo pour enfants** est ouvert de Pâques à octobre, de 10h à 17h (entrée : 1,10 £/60 p). Les jours fériés, on est à peu près sûr d'y trouver une fête foraine.

Battersea Power Station

Popularisée après la vente d'un album des Pink où elle figurait sur la couverture, la centrale électrique de Battersea est le bâtiment ressemblant à une table retournée que l'on voit du Chelsea Bridge. Construite par Sir Giles Gilbert Scott en 1933, elle fut arrêtée en 1983 et, depuis, son sort reste en suspens. La dernier projet en date envisageait d'en faire un cinéma Warner de 32 salles.

L'Ouest du Centre de Londres

L'ouest londonien est le domaine des beaux quartiers – Knightsbridge, Chelsea, Kensington et Holland Park – où les zones de moindre standing, comme Paddington et Earl's Court, semblent avoir été déposées là par erreur. Le visiteur y découvrira certains des musées les plus célèbres de Londres et les grands magasins de luxe Harrods et Harvey Nichols (voir le chapitre *Achats*).

CHELSEA ET KNIGHTSBRIDGE (cartes 8 et 2)

Jusqu'au XVIIIe siècle, Chelsea était un village de campagne où l'élite aimait se retirer. De nos jours, Chelsea fait partie intégrante de Londres et sa situation en bordure du fleuve attire les nantis. Dans les années 60, King's Road était l'artère favorite des gens qui font la mode. Après un bref retour sur le devant de la scène au plus fort de la vague punk, Chelsea a retrouvé sa discrétion, mais son élégance demeure inchangée, avec des rues ombragées, bordées de maisons qui retiennent l'attention. Ainsi dans **Cheyne Walk**, qui longe la Tamise de Battersea Bridge à Albert Bridge avant d'obliquer vers l'intérieur, on passera devant la maison où George Eliot mourut (n°4) et celle où vécurent le peintre Dante Rossetti et le poète Algernon Swinburne (n°16). Dans l'actuelle Cheyne Mews se dressait autrefois un des nombreux manoirs d'Henri VIII. Il fut démoli à la mort de son dernier occupant, Sir Hans Sloane, le bienfaiteur du British Museum qui mourut en 1753 et repose dans la Chelsea Old Church voisine.

Les meilleures boutiques se situent un peu plus au nord, et surtout dans Knightsbridge, invariablement associé à Harrods et Harvey Nichols.

Chelsea Royal Hospital

Bien connu pour son Flower Show (exposition florale) annuel, le Royal Hospital (☎ 730 5282), Royal Hospital Rd SW3 (métro : Sloane Square), est un superbe édifice conçu par Sir Christopher Wren sous le règne de Charles II dont la statue en habit romain orne une cour intérieure. Il accueillait des anciens combattants et abrite encore 420 Chelsea Pensioners, reconnaissables à leurs vestes, rouges en été et bleues en hiver, et à leurs toques noires.

On peut se promener dans les jardins et visiter la chapelle d'une élégante simplicité, ainsi que le Great Hall qui n'est en fait, derrière l'apparat des drapeaux et des portraits royaux, qu'une cantine où traîne une odeur de poisson.

Le Royal Hospital est ouvert du lundi au samedi de 10h à 12h et de 14h à 16h. Le dimanche, il n'ouvre que l'après-midi (entrée gratuite).

National Army Museum
Juste à côté du Royal Hospital, le National Army Museum (☎ 730 0717), Royal Hospital Rd SW3 (métro : Sloane Square, cartes 8 et 14), affiche sa laideur avec un souverain mépris pour son noble voisin. A l'intérieur, on a tenté, mais en vain, d'insuffler un peu vie aux collections, qui relatent l'histoire des armes, des armées, de l'artillerie et de la tactique ; du matériel ayant essuyé le feu lors de la guerre du Golfe est exposé. Les femmes seront peut-être davantage intéressées par l'exposition permanente du deuxième étage traitant de leur rôle dans les forces armées.

Le musée est ouvert tous les jours de 10h à 17h30 (entrée gratuite). Le bus n°239 s'arrête juste devant.

Chelsea Physic Garden
Paisible oasis dissimulée derrière un haut mur en brique, le Chelsea Physic Garden (☎ 352 5646, métro : Sloane Square, cartes 2 et 14) fut créé par la Society of Apothecaries (la société des apothicaires) en 1673 pour étudier les liens de la botanique avec la médecine, alors appelée "art physique".

Comptant parmi les plus anciens jardins botaniques d'Europe, il comporte de nombreuses espèces rares. La rocaille, dont les blocs de lave noire ont été rapportés d'Islande en 1773, serait également la première du genre. Des secteurs particuliers sont consacrés aux médecines du monde et aux plantes utilisées en teinture et en aromathérapie. Malheureusement, le jardin n'est ouvert que d'avril à octobre, le mercredi de 14h à 17h et le dimanche de 14h à 18h. Pendant le Chelsea Flower Show et le Chelsea Festival, il ouvre du lundi au vendredi de 12h à 17h (entrée : 3,50/1,50 £). L'entrée se trouve dans Swan Walk. Du thé et d'excellents gâteaux sont servis de 14h30 à 16h45 (17h45 le dimanche).

Carlyle's House
A partir de 1834, le grand essayiste et historien Thomas Carlyle (1795-1881) vécut au 24 Cheyne Row SW3 (métro : Sloane Square, cartes 2 et 14), une maison de trois étages datant de 1708. C'est ici qu'il écrivit sa célèbre histoire de la Révolution française. On raconte que, à peine le livre achevé, une domestique le jeta au feu par mégarde et que l'infatigable Thomas le réécrivit de bout en bout.

La maison n'est pas très grande mais possède beaucoup de charme. Le public la découvrira quasiment dans l'état où elle était à l'époque des Carlyle, surpris de ne pas tomber nez à nez avec les propriétaires au détour d'un couloir. Les artistes – Chopin, Thackeray et Dickens entre autres – y passaient fréquemment ; on les comprend. A l'arrière se trouve un petit jardin.

Carlyle's House (☎ 352 7087) est ouverte de fin mars à octobre, du mercredi au dimanche, de 11h à 16h30 (entrée : 3/1,50 £, gratuite pour les membres du National Trust).

Chelsea Old Church
En descendant Cheyne Walk, vous remarquerez une pittoresque statue de Sir Thomas More (1478-1535), l'homme politique qui fut exécuté pour avoir osé s'opposer au projet d'Henri VIII de s'instituer chef de l'Église d'Angleterre après son divorce d'avec Catherine d'Aragon. More et sa famille habitaient à Chelsea. Derrière la statue se dresse la Chelsea Old Church, édifice du XIVe siècle qui fut abattu par deux mines en 1941 et reconstruit peu après.

Poussez la porte et vous découvrirez avec surprise que l'extérieur en brique rouge masque un intérieur qui a conservé une grande partie de ses beaux monuments Tudor. L'élément le plus intéressant est la

More Chapel au sud-est, construite par Sir Thomas More en 1528. Elle possède encore son plafond en bois et ses chapiteaux où l'on sent frémir la Renaissance. A l'extrémité ouest du bas-côté sud, ne manquez pas les seuls livres enchaînés que vous verrez dans une église londonienne (ceci, bien sûr, pour éviter les vols), dont un exemplaire du *Book of Martyrs* de Foxe, datant de 1684.

King's Rd
Au XVIIe siècle, Charles II installa à Chelsea un nid d'amour pour sa maîtresse, la vendeuse d'oranges Nell Gwyn. Pour revenir à Hampton Court, il empruntait un chemin de ferme qui prit bientôt le nom de King's Road.

Encore aujourd'hui, même après l'arrivée des hippies et des punks, King's Road reste un quartier extrêmement branché où des voitures longues comme des paquebots stationnent devant des bars agencés par des designers. A mi-chemin, sur la gauche en venant de Sloane Square, on remarquera l'**Old Town Hall** de 1886 où se tient, le samedi, un marché d'antiquités.

Michelin Building
Même si vous ne pouvez vous offrir un repas au Bibendum, le restaurant de Terence Conran au 81 Fulham Rd, venez jeter un coup d'œil à son architecture Art déco d'une étonnante gaieté, qui fait davantage penser à une promenade de bord de mer qu'à une usine. Elle fut conçue pour Michelin par François Espinasse, en 1905. Le bonhomme Michelin apparaît dans le vitrail moderne. Au rez-de-chaussée, on passe devant des étals de luxe vendant du poisson et des fleurs ; l'entrée est décorée de carreaux de céramique montrant des voitures du début du siècle et donne accès à un bar à huîtres et au Conran Shop (voir *Mobilier et articles pour la maison* au chapitre *Achats*). Le restaurant est à l'étage (voir *Où se restaurer*).

LES ENVIRONS DE HYDE PARK (cartes 2, 8 et 9)
A l'extrémité ouest de Piccadilly, les abords de Hyde Park Corner sont le domaine exclusif des hôtels et des boutiques de luxe. En voiture, il est préférable d'éviter le rond-point si l'on ne veut pas se perdre. En métro, il est tout aussi difficile de trouver la bonne sortie !

Apsley House (Wellington Museum)
Apsley House, dite aussi Wellington Museum (☎ 499 5676, carte 4) a été réalisée par Robert Adam entre 1771 et 1778 pour le baron Apsley, puis vendue au premier duc de Wellington, vainqueur de la bataille de Waterloo et futur Premier ministre. Le portique corinthien fut ajouté en 1828. La maison fut léguée à la nation en 1947. Contrairement à la plupart des hôtels particuliers du XVIIIe, Apsley House a conservé son mobilier et ses collections et les descendants des anciens propriétaires habitent encore sur place.

Au rez-de-chaussée, vous verrez une étonnante collection de porcelaine, notamment un service de table décoré de scènes égyptiennes et une partie de l'argenterie du duc de Wellington, dont les étonnants Waterloo Vase and Shield. La cage d'escalier est dominée par une sculpture de Canova de 3,26 m de haut représentant Napoléon, vêtu d'une seule feuille de vigne (tâchez de ne pas rire en voyant le portrait réaliste de l'homme sur le palier). Les salles du premier étage sont ornées de beaux plafonds en plâtre et de tableaux de Landseer, Goya, Rubens, Brueghel et Murillo.

Le clou de la collection est sans doute le surtout de table portugais constitué de 1 000 pièces en vermeil, exposé – en partie – dans la salle à manger. On le sortait pour le banquet annuel célébrant la victoire de Waterloo.

Au sous-sol, on a rassemblé des objets ayant trait à la personne de Wellington, notamment d'anciennes caricatures amusantes. La maison est ouverte du mardi au dimanche, de 11h à 17h (entrée : 4/2,50 £).

Hyde Park
Avec ses 144 ha Hyde Park est le plus grand des parcs du centre de la capitale. Henri VIII

l'acheta à l'Église pour en faire un terrain de chasse de la cour, puis il devint un lieu de duels, d'exécutions et de courses de chevaux. En 1851, il accueillit la Grande Exposition et se vit transformé en champs de pommes de terre pendant la dernière guerre. Plus récemment, on y organisa les concerts de Queen, des Rolling Stones et de Pavarotti. Au printemps, le parc resplendit de mille couleurs et, en été, une foule nombreuse s'y prélasse au soleil. Les plus courageux pourront ramer sur le Serpentine.

Outre des sculptures de Henry Moore et de Jacob Epstein, ainsi que la statue de Peter Pan (carte 9), Hyde Park possède sa propre galerie d'art, la **Serpentine Gallery** (☎ 402 6075, cartes 8 et 9), joliment située au sud du lac et à l'ouest de la route principale coupant le parc. Spécialisée en art contemporain, elle devrait rouvrir d'ici peu. Auparavant, elle ouvrait tous les jours de 10h à 18h et l'entrée était gratuite. Vérifiez avant de venir.

Le **Speaker's Corner** (près de Marble Arch) naquit en 1872 en réponse à de graves émeutes. Tous les dimanche, n'importe qui peut grimper sur une tribune de fortune et haranguer la foule sur les sujets de son choix. Cette coutume reste distrayante à condition de ne pas s'attendre à une éloquence churchillienne.

Hyde Park est ouvert tous les jours de 5h à 24h mais, comme dans tous les grands parcs urbains, on évitera de s'y promener la nuit tombée.

Marble Arch

L'angle nord-est de Hyde Park est marqué par la présence de la Marble Arch (métro : Marble Arch, carte 2), un grand arc conçu par John Nash en 1828 et érigé à l'origine devant le palais de Buckingham. Non loin, se dressait le **gibet de Tyburn** où des milliers d'infortunés furent exécutés entre 1196 et 1783. Beaucoup y étaient traînés depuis la Tour de Londres ou la prison de Newgate. Au 8 Hyde Park Place, près de Bayswater Rd, le **Tyburn Convent** (☎ 723 7262) possède une chapelle où sont conservées les reliques de 105 martyrs. Des visites gratuites de 40 minutes commencent à 10h30, 15h30 et 17h30.

KENSINGTON ET HOLLAND PARK (carte 8)

Kensington est un autre de ces quartiers où les maisons coûtent une petite fortune. South Kensington sera votre destination si vous voulez visiter des musées prestigieux (Victoria & Albert Museum, Science Museum et Natural History Museum). Pour faire du lèche-vitrine ou visiter les appartements d'État du palais de Kensington, vous descendrez à la station de métro Hight St Kensington.

Holland Park s'étend à l'ouest de Notting Hill et High St Kensington. Au cœur d'un quartier d'élégantes villas, ce parc très ombragé appartenait autrefois à Holland House, vaste manoir à pinacles détruit durant la guerre. Vous y trouverez une auberge de jeunesse, un terrain de jeu et un restaurant, ainsi qu'un beau jardin à la française, particulièrement séduisant en été. La vieille orangerie a été convertie en salle d'exposition pour jeunes artistes.

Victoria & Albert Museum

Le Victoria & Albert Museum (☎ 938 8441), Cromwell Rd SW7 (métro : South Kensington), est un immense et merveilleux musée consacré aux arts décoratifs, que le prince Albert légua aux Londoniens après le succès de la Grande Exposition de 1851.

Comme au British Museum, il serait vain de vouloir examiner en détail les 4 millions de pièces en une seule visite. L'entrée est payante, à moins que vous n'investissiez dans une London White Card (voir *Réductions* au chapitre *Renseignements pratiques*). Des plans sont à votre disposition pour faire vos choix et établir votre parcours. Par ailleurs, des visites guidées gratuites permettent de découvrir chaque département individuellement.

L'entrée principale du V&A, comme on le surnomme, se trouve dans Cromwell Rd et une entrée secondaire donne dans Exhibition Rd. Le rez-de-chaussée est consacré pour l'essentiel à l'art indien,

> **A ne pas manquer au Victoria & Albert Museum**
> - Les cartons de Raphaël
> - Le grand lit de Ware
> - Le salon de musique de Norfolk House
> - Les salles de restauration de Morris, Gamble et Poynter
> - Le tigre de Tippoo
> - La coupe de Shah Jahan
> - Le trône du maharajah Ranjit Singh
> - *Les Trois Grâces* de Canova
> - Le coffret Becket ■

chinois, japonais, coréen et européen. Une salle consacrée aux costumes a ouvert récemment ; on y verra toutes sortes de curiosités, d'absurdes perruques du XVIIIe siècle, des baleines de corset ou les chaussures à semelles compensées qui ont provoqué la chute de Naomi Campbell lors d'un défilé parisien.

Une salle entière est dédiée au sept cartons de tapisserie que Raphaël exécuta à la demande de Léon X (les tapis sont au musée du Vatican). Les plus beaux représentent le *Commandement du Christ à saint Pierre* et *La Pêche miraculeuse*. Ils entrèrent dans la grande collection de Charles Ier, furent mis en gage par Charles II, dégagés par Guillaume III et accrochés à Hampton Court jusqu'à ce que la reine Victoria consente à les transférer au musée (des copies du XVIIe siècle les ont remplacés à Hampton Court).

Toujours au rez-de-chaussée, on peut admirer les trois salles de restauration des années 1860. La délicieuse Green Dining Room fut dessinée par William Morris avec l'aide de son ami, Edward Burne-Jones. A côté, la Gamble Room, avec son décor de céramique, ses statues en marbre et sa frise aux citations extraites du livre du Siracide, n'a rien à envier aux restaurants modernes les plus stylés. Enfin, la Poynter Room, conçue par Edward Poynter, possède toujours son gril d'origine.

Au deuxième étage se trouvent les collections de fer forgé, de vitraux et de bijoux, ainsi qu'une merveilleuse présentation d'instruments de musique. Dans les salles anglaises, vous pourrez difficilement manquer le Grand Lit de Ware, à cinq places, réalisé à la fin du XVIe siècle pour une auberge de Ware désireuse d'attirer l'attention. Cependant, les nouvelles salles d'argenterie constituent l'attraction majeure de cet étage. Les gobelets et calices sont exposés dans une belle galerie victorienne à laquelle on accède par un escalier décoré de carreaux de céramique : il échappa de justesse à la destruction à l'époque où l'art victorien passait pour le comble du mauvais goût.

Au même étage, vous découvrirez des textiles, des armes, des armures, et du mobilier du XXe siècle, comme le célèbre canapé ayant la forme des lèvres de Mae West. Les troisième et quatrième étages sont dévolus aux arts décoratifs anglais et à la céramique et la porcelaine d'Europe et d'Extrême-Orient.

La Henry Cole Wing est une annexe donnant sur Exhibition Rd. Des gravures, avec leurs techniques de fabrication, y sont exposées, ainsi que des miniatures et des peintures européennes. La collection des Constable semble s'être détachée d'un bloc de la National Gallery.

Le musée est ouvert le lundi de 12h à 17h50, et du mardi au dimanche de 10h à 17h50 (entrée : 5/3 £, gratuite après 16h30). Le restaurant de l'aile Henry Cole sert des en-cas et des repas légers et, le dimanche, un jazz brunch de 11h à 15h.

Science Museum

Le Science Museum (☎ 938 8008), Exhibition Rd, South Kensington SW7 (métro : South Kensington), a été complètement repensé depuis l'époque où l'on ne croisait dans ses salles grises que des fous de mécanique et des écoliers distraits. Le rez-de-chaussée remonte aux origines de la révolution industrielle et jette un regard vers la conquête spatiale du futur. Il présente suffisamment de vieux trains (le "Puffing Billy" notamment) et de voitures pour émerveiller les enfants. Au premier étage, vous découvrirez quel fut l'impact de la science sur la nourriture et, au deuxième étage, vous plongerez dans le monde des ordinateurs. Au troisième étage, vous verrez de vieux avions, comme celui d'Alcock et Brown, qui furent les premiers à traverser l'Atlantique en 1919, et celui avec lequel Amy Johnson s'envola vers l'Australie en 1930. Les quatrième et cinquième étages sont consacrés à l'histoire de la médecine.

Dans le hall, vous remarquerez une version du célèbre pendule de Foucault. A mesure que les heures passent, le pendule semble changer de direction mais, en fait, il reste à la même place et c'est la terre qui se déplace. Foucault démontra ainsi que la Terre tournait sur son axe.

Au sous-sol, des salles sont réservées aux enfants : Garden, pour les petits de 3 à 6 ans, et Things pour les 7 à 11 ans.

Le musée ouvre tous les jours de 10h à 18h (entrée : 5/2,60 £, gratuite après 16h30). Si vous pensez venir à plusieurs reprises, pensez à acheter une London White Card. Pour tout renseignement concernant les personnes handicapées, appelez le ☎ 938 9788.

Natural History Museum

Le Natural History Museum (☎ 938 9123), Cromwell Rd, South Kensington SW7 (métro : South Kensington), est l'un des plus beaux exemples d'architecture néo-gothique de Londres, édifié entre 1873 et 1880 par Alfred Waterhouse. Ce dernier s'inspira des cathédrales pour la majestueuse entrée, le dota d'une brillante façade de brique et de terre cuite et de voûtes articulées reposant sur de fines colonnes, le tout orné de sculptures de plantes et d'animaux.

Les collections, réunies à celles du Geological Museum, ont été complètement refondues. Elle se partagent désormais entre les deux galeries adjacentes de la Vie et de la Terre. Les tristes vitrines d'autrefois ont fait place à de remarquables présentations interactives sur des thèmes divers : biologie humaine (Human Biology), petits animaux (Creepy Crawlies), sans oublier les fameux dinosaures (certains mobiles et rugissants) et les mammifères.

En période scolaire, les Life Galleries sont envahies d'écoliers turbulents, remplacés, en été, par des cohortes de touristes. Les dinosaures accaparant l'attention des enfants, vous serez plus à l'aise pour admirer la baleine bleue (Blue Whale) au très beau balcon des mammifères, ou la spectrale galerie de l'écologie (une forêt vierge au clair de lune). Seuls les oiseaux attendent encore la modernisation de leurs vieilles vitrines.

Cependant, ce sont les Earth Galleries qui font le plus impression. En entrant par Exhibition Rd, vous montez par un escalator qui vous hisse à l'intérieur d'une sphère évidée. Autour de sa base, des spécimens uniques de différentes roches et pierres précieuses sont disposés avec art.

Au niveau supérieur, vous visiterez deux grandes expositions, Power Within (puissance cachée) et Restless Surface (agitation de surface) qui explique comment le vent, l'eau, la glace, la pesanteur et la vie elle-même agissent sur la terre. Dans la section Power Within, une étonnante maquette montre ce qui est arrivé à une boutique de Kobe pendant le tremblement de terre de 1995 qui fit 6 000 victimes. Debout sur un sol qui tremble de plus en plus, on se demande où s'arrête la démonstration et commence le divertissement.

Essayez de venir le matin de bonne heure ou en fin d'après-midi. Ici encore,

---

A ne pas manquer au Science Museum
- La machine à vapeur Boulton & Watt
- Le pendule de Foucault
- Le module de commande d'Apollo 10
- La *Rocket* de Robert Stephenson
- L'appareil de forage gazier
- Le modèle d'ADN de Watson et Crick
- Le *Gypsy Moth* d'Amy Johnson
- Le Vickers Vimy d'Alcock et Brown

l'achat de la London White Card se justifie en cas de visites multiples. Le musée ouvre du lundi au samedi de 10h à 17h50, le dimanche de 11h à 17h50 (entrée : 5,50/2,80 £, gratuite après 16h30 en semaine et 17h le week-end).

Appartements d'État et jardins de Kensington

Un temps la résidence de la princesse Margaret et de la princesse Diana, Kensington Palace (☎ 937 9561), Kensington Gardens W8 (métro : High St Kensington, cartes 8 et 9), a d'abord appartenu, lors de sa construction en 1605, au deuxième comte de Nottingham. Quand Guillaume d'Orange arriva pour prendre la succession de Jacques II en 1688, il trouva le vieux palais de Whitehall trop proche du fleuve pour ses poumons asthmatiques. Avec sa femme Marie, il acheta la demeure au comte de Nottingham et en confia la transformation à Sir Christopher Wren et à Nicholas Hawksmoor. Quand George Ier arriva de Hanovre pour succéder à la reine Anne, dernière Stuart morte sans héritier, il recruta William Kent pour moderniser le palais. Pour l'essentiel, l'intérieur que l'on visite actuellement est de la main, parfois maladroite, de Kent. Une pièce rend hommage à la reine Victoria qui y naquit en 1819.

Les visites guidées d'une heure vous mènent à travers les petits appartements lambrissés datant de l'époque des Stuart et ceux, beaucoup plus vastes, de l'époque georgienne.

Dans certaines pièces sont exposés, sous un faible éclairage, des costumes de la Court Dress Collection, notamment des jupes d'une largeur telle qu'il était impossible de s'asseoir ou de traverser une pièce sans renverser tables et chaises.

On s'attardera dans la Cupola Room où se déroulait l'initiation des hommes à l'ordre, très fermé, de la Jarretière. L'ordre est peint sur le trompe-l'œil de la coupole. La pièce est entourée de colonnes marbrées et de niches encadrant les statues dorées de style romain. Au centre, une horloge est posée sur un socle en escalier. Autrefois, elle jouait du Haendel et du Corelli.

La King's Long Gallery montre une partie de la collection royale où figure la seule toile de van Dyck d'inspiration mythologique connue, représentant Cupidon et Psyché. Apparemment, c'est la première toile qui serait sauvée en cas d'incendie. Au plafond, William Kent a peint l'histoire d'Ulysse mais ses cyclopes ont deux yeux !

Le salon du roi (King's Drawing Room) est dominé par une peinture d'une rare laideur représentant une Vénus au physique de catcheuse et Cupidon. L'auteur en est Giorgio Vasari, plus connu pour ses écrits sur l'art. Par la fenêtre, on aperçoit l'**étang rond** (Round Pond) où les modélistes font voguer leurs bateaux. On aperçoit également une **statue de la reine Victoria** dans son jeune âge, sculptée par sa fille, la princesse Louise.

L'escalier du roi (King's Staircase) est décoré de fresques de William Kent, qui s'est représenté enturbanné sur la fausse coupole. Il a placé un Highlander bien en évidence, à une époque où la menace des Jacobites écossais était loin d'avoir disparu. Autre singularité de la fresque, on y remarque Peter the Wild Boy (Pierre l'enfant sauvage) qui avait été découvert dans les forêts de Hanovre et amené en Angleterre pour distraire la cour.

Le **jardin en contrebas** près du palais est à voir en été, au sommet de sa splendeur. L'**orangerie** de Hawksmoor et de Vanbrugh est ornée de reliefs sculptés par Grinling Gibbons. Le thé qu'on y sert est un plaisir onéreux (voir *L'heure du thé* au chapitre *Où se restaurer*).

Les State Apartments sont ouverts de mai à octobre de 9h à 17h, du lundi au samedi, et à partir de 11h le dimanche (entrée : 6/4 £).

Albert Memorial and Visitor Centre

Sur la bordure sud du parc, l'Albert Memorial est un monument outrancier à la gloire d'Albert (1819-61), mari allemand de la reine Victoria. Soi-disant inspiré des croix d'Éléonore (voir l'encadré *Croix d'amour* du chapitre *Excursions*), le monument de 53 m fut conçu par Sir George Gilbert Scott et orné de 178 figures représentant les continents, les arts, l'industrie et la science et de mosaïques de Clayton et Bell, artistes renommés en art religieux.

La restauration actuellement en cours ne sera pas achevée avant l'été 1999. Un centre de visiteurs explique le rôle d'Albert dans le développement de South Kensington ("Albertopolis") et permet d'observer les travaux. Il ouvre tous les jours de 10h à 18h, et de 9h à 15h30 d'octobre à mars (entrée gratuite).

Royal Albert Hall

L'immense amphithéâtre de brique rouge faisant face à l'Albert Memorial est le Royal Albert Hall (☎ 589 8212, métro : South Kensington) construit en 1867-71 et orné d'une frise de carreaux de Minton.

Le Royal Albert Hall est célèbre pour les concerts "Prom" annuels (voir le chapitre *Distractions*). Le seul moyen de voir cette salle magnifique est d'assister à un concert.

Royal Geographical Society

De l'autre côté de la rue, 1 Kensington Gore, le siège de la Royal Geographical Society est un édifice en brique rouge de 1874, facilement reconnaissable aux statues des explorateurs David Livingstone et Sir Ernest Shackleton. Une petite exposition de cartes anciennes est ouverte à tous.

Linley Sambourne House

Un peu à l'écart, 18 Stafford Terrace W8, et juste derrière High St Kensington, la Linley Sambourne House (☎ 0181-742 3438) fut, de 1874 à 1910, la résidence du caricaturiste du *Punch*, Linley Sambourne, arrière-grand-père de Lord Snowdon, l'ex-mari de la princesse Margaret. C'est une de ces demeures étranges où rien ne semble avoir bougé depuis un siècle. Son intérieur victorien bourgeois, tout de bois sombre, de tapis turcs et de vitraux, fera chavirer d'aise ceux qui ne supportent pas de voir un espace vide.

La maison est ouverte de mars à octobre, le mercredi de 10h à 16h et le dimanche de 14h à 17h (entrée : 3/1,50 £).

Leighton House

Près de Holland Park et de Kensington, Leighton House (☎ 602 3316), 12 Holland Park Rd W14 (métro : High St Kensington), est souvent oubliée alors que c'est un petit joyau, conçu par George Aitchison entre 1864 et 1879. Lord Leighton (1830-1896), peintre pré-raphaélite, l'habita et la décora en partie dans un style moyen-oriental. L'Arab Hall est une merveille, tapissée de carreaux de céramique bleu et vert provenant de Rhodes, du Caire, de Damas et d'Iznik en Turquie. Au centre, une fontaine émet son doux clapotis. Même les moucharabiehs garnissant les fenêtres et la galerie viennent de Damas. La maison renferme d'importantes toiles pré-raphaélites de Burne-Jones, Watts, Millais et Lord Leighton lui-même.

Quand vous lirez ce guide, l'atelier devrait avoir retrouvé sa splendeur des premiers jours, avec la grille centrale où Leighton rangeait ses brosses et ses peintures. Peut-être aura-t-on commencé la restauration du jardin. La maison est ouverte du lundi au samedi, de 11h à 17h30 (entrée gratuite).

Commonwealth Institute

Sur le côté sud de Holland Park, un espace découvert garni de fontaines et de mâts à drapeaux devance le Commonwealth Institute (☎ 371 3530), conçu en 1962 à l'image d'une grande tente et bâti de matériaux provenant de tout le Commonwealth britannique. A l'intérieur, la présentation assez banale est en cours de rénovation pour mieux chanter la louange de chacun des 50 pays qui forment le Commonwealth.

Au sous-sol, la muséographie est davantage tournée vers les enfants, avec des objets à toucher et un tour en hélicoptère qui simule le survol de Kuala Lumpur et la Malaisie. Le café demande 1 £ pour une tasse de thé et les visiteurs individuels doivent laisser 50 p au vestiaire (gratuit pour les groupes).

Le Commonwealth Experience (métro : High St Kensington) est ouvert tous les jours de 10h à 17h (entrée : 4,45/2,95 £).

NOTTING HILL, BAYSWATER ET EARL'S COURT (cartes 8 et 9)

La grande notoriété du carnaval de Notting Hill, à la fin du mois d'août, témoigne de l'attrait exercé par ce quartier multiculturel de l'ouest londonien. A la fin des années 50, Notting Hill se peupla d'immigrants en provenance de Trinidad. Aujourd'hui, c'est un quartier prospère, qui bouge, comme on le constatera en visitant le marché de Portobello Rd, le dimanche matin (voir la rubrique *Marchés* du chapitre *Achats*).

Bayswater et Earl's Court sont des quartiers animés, cosmopolites, attirant une population nombreuse et mobile. L'élégance y côtoie, parfois avec humour, le négligé, mais Bayswater est incontestablement le plus bourgeois des deux. C'est ici que l'on viendra acheter des tableaux, le dimanche matin (voir la rubrique *Art* du chapitre *Achats*) ou se détendre au Porchester Spa (voir la rubrique *Bains publics* plus loin dans ce chapitre).

HAMMERSMITH ET FULHAM

Hammersmith n'est pas un *borough* particulièrement attrayant, écrasé qu'il est par un horrible pont routier et un rond-point chaotique. Les seuls sites pouvant justifier un déplacement sont les Riverside Studios et le Lyric Theatre (voir *Distractions*). Cependant, la situation s'améliore avec la rénovation de la station de métro et de King St. Avec un peu de temps devant soi, on pourra s'attarder dans les pubs riverains de la Tamise, du côté Chiswick du Hammersmith Bridge, et se promener le long du fleuve sur 3 km, entre le mail proche du pont et Chiswick.

Fulham est d'un abord plus accueillant ; Fulham Road, en particulier, est un bon endroit où sortir le soir.

Riverside Studios

Les Riverside Studios (☎ 0181-741 2255), Crisp Rd W6 (métro : Hammersmith), sont l'équivalent dans l'ouest londonien de l'ICA. Ce centre artistique pluridisciplinaire est doté de deux grands auditoriums qui accueillent cinéma, théâtre, danse moderne et une douzaine d'expositions annuelles d'artistes parmi lesquels de grands noms étrangers.

Le centre est ouvert du lundi au samedi de 9h à 23h, et le dimanche de 12h à 23h.

Fulham Palace

Dans le Bishop's Park longeant la Tamise, du côté Fulham du Putney Bridge, Fulham Palace (☎ 736 3233, métro : Putney Bridge, carte 13) fut la résidence d'été des évêques de Londres de 704 à 1973. A l'origine, il était entouré, sur 1,6 km, des douves les plus longues d'Europe. La partie la plus ancienne est le coquet poste de garde Tudor en brique rouge. Le bâtiment principal date du milieu du XVIIe et fut remanié au XIXe. Il comporte un joli jardin clos et, séparée du corps principal, une chapelle néo-Tudor de 1866, œuvre de Butterfield.

Le musée, qui retrace l'histoire du palais, ouvre du mercredi au dimanche, de 14h à 17h (entrée : 50/25 p). Le deuxième dimanche du mois, des visites de 90 minutes (2 £) commencent à 14h et vous guident dans le Great Hall, la chapelle, la salle à manger de l'évêque Sherlock et le musée.

Le Nord de Londres

La principale attraction du Nord de Londres est le vaste espace naturel de Hampstead Heath où il est aussi facile d'oublier la ville que de s'y perdre. Ses autres points forts sont le Highgate Cemetery (cimetière) et, pour les fans de football, le stade de Wembley, plus quelques autres sites de moindre importance. Les étrangers séjournant longtemps à Londres peuvent être tentés d'y résider.

WEMBLEY ET NEASDEN

Les amateurs de football visiteront le fameux stade de Wembley, au nord-ouest, qui dresse ses tours jumelles, assurées de survivre à la refonte totale du complexe. Neasden, en revanche, n'a rien à offrir aux curieux, si ce n'est le Shri Swaminarayan Mandir, perdu dans les vastes zones industrielles désolées.

Wembley Stadium
La visite guidée du Wembley Stadium emprunte le tunnel par lequel les joueurs arrivent sur le terrain, avant de remonter pour recevoir la coupe sous les acclamations (enregistrées) de la foule. Les visites (☎ 0181-902 8833) ont lieu chaque jour entre 10h et 16h (15h en hiver) et coûtent 6,95/4,75 £. Pour accéder au stade, descendez à la station Wembley Park et suivez tout droit Olympic Way en direction des tours jumelles, ou tournez à droite dans Bridge Rd, puis à gauche au rond-point, dans Empire Way ; le stade se trouve sur la gauche, juste après Wembley Arena.

Pour en savoir plus sur les clubs de foot londoniens, consultez l'encadré *Six clubs de foot dans une seule ville* dans le chapitre *Achats*.

Shri Swaminarayan Mandir
Dans l'environnement insaisissable de Neasden, la communauté indienne britannique a construit le premier *mandir* (temple) traditionnel d'Europe, inauguré en 1995. L'édifice surprend par ses tours et ses pinacles en sucre glace. Construit en calcaire de Bulgarie et en marbre d'Italie, les blocs furent envoyés en Inde pour être taillés par des artisans traditionnels avant d'être réexpédiés à Londres. Sur les piliers, certains reliefs semblent assez grossiers, mais la coupole est une véritable dentelle de pierre qui force l'admiration. Les travaux, exécutés en grande partie par des bénévoles, ont duré 3 ans et coûté 7,5 millions de livres.

Les visiteurs sont accueillis de 9h à 12h et de 16h à 18h. On laisse ses chaussures à l'entrée et les femmes en jupes courtes reçoivent un morceau de tissu pour se couvrir les jambes.

Pour y accéder, descendez à Neasden, tournez à gauche et rejoignez le grand rond-point pour prendre le bus n°16 jusqu'à Tesco ; là, le bus n°206 ou PR2 vous conduira jusqu'au temple.

HAMPSTEAD ET HIGHGATE (carte 11)
Perché sur une colline à 6 km au nord de la City, Hampstead est une banlieue distinguée accolée à une lande immense, qui voudrait être un village. Si la ville paraît effectivement lointaine quand on se perd dans la lande, elle reprend ses droits dans Hampstead High St et Heath St, deux artères très passagères bordées de boutiques élégantes.

Hampstead a néanmoins gardé tout son cachet et attire les intellectuels de gauche et la bohème artiste. Ici habite Michael Foot, l'ancien chef du Parti travailliste, et le député n'est autre que l'actrice Glenda Jackson, qui s'est reconvertie dans la politique. Beaucoup de célébrités ont vécu à Hampstead depuis le XVIIIe siècle : les poètes Coleridge, Keats et Pope, Nell Gwyn, la maîtresse de Charles II, le général de Gaulle, Sigmund Freud et les peintres John Constable et William Hogarth. Plus récemment, l'auteur des chansons du groupe Oasis, Noel Gallagher, a élu domicile à la limite sud de Hampstead.

Sur le plan architectural, Hampstead se distingue par un bel équilibre entre les styles georgien et début victorien, entrecoupé çà et là de quelques remarquables spécimens du modernisme. L'excellent guide *Hampstead Town Trail* (1 £), disponible chez les bouquinistes de Flask Walk et à la Keats House, vous conduira aux plus beaux endroits. On comprendra rapidement pourquoi l'annonce de l'ouverture d'un McDonald's a provoqué un tollé général. La société américaine est parvenue à ses fins, mais elle a dû réduire ses arcs dorés aux dimensions d'un petit logo sur un panneau noir.

La lande est garnie de bois, de prés, de collines et d'étangs, mais sa plus grande richesse reste l'espace. Un concert en plein air dans les jardins de Kenwood House constituera certainement un souvenir marquant de votre voyage (voir le chapitre *Distractions*).

A l'exception de la maison de Freud et du cimetière de Highgate, la station de métro la plus proche des attractions ci-après est Hampstead. On peut facilement passer une journée à explorer Hampstead et Highgate, mais si vous voulez visiter toutes les maisons ouvertes au public, mieux vaut éviter les lundi, mardi et mercredi, jours de fermeture de plusieurs d'entre elles.

Keats House
A quelques mètres de la lande, cette élégante demeure Regency (☎ 435 2062), dans Keats Grove, a hébergé l'enfant prodige des poètes romantiques. Entouré de généreux amis, Keats se laissa convaincre par Tom Armitage Brown de venir se retirer ici au cours des années 1818-20. Il y rencontra sa fiancée, Fanny Brawne. Assis sous le prunier du jardin, il écrivit son poème le plus célèbre, *Ode to a Nightingale* en 1819 ; l'arbre a été remplacé depuis.

Outre des souvenirs du poète, notamment des manuscrits originaux et la collection des œuvres de Shakespeare et de Chaucer, vous pourrez examiner quelques-unes de ses lettres d'amour. La maison, hélas, n'est pas très bien entretenue, comme en témoignent les traces d'humidité sur les murs de la chambre. Sa restauration est prévue.

Elle est ouverte d'avril à octobre, du lundi au vendredi de 10h à 13h et de 14h à 18h (jusqu'à 17h le samedi et fermée le dimanche matin). Le reste de l'année, elle n'ouvre que l'après-midi, sauf le samedi où elle ouvre de 10h à 13h. L'entrée est gratuite mais les dons sont les bienvenus.

N°2 Willow Rd
Les amateurs d'architecture moderne iront jeter un coup d'œil à cette maison toute proche (au milieu d'un groupe de trois), conçue par Erno Goldfinger en 1939 pour être sa résidence (☎ 435 6166). L'architecte a beau prétendre avoir suivi les principes georgiens, beaucoup trouveront qu'elle ressemble étrangement à l'architecture insipide et omniprésente des années 50. L'intérieur toutefois, avec ses espaces de rangement intelligemment conçus et sa collection d'œuvres modernes de Henry Moore et de Bridget Riley (entre autres), mérite certainement l'attention.

La maison est ouverte pour des visites guidées de mi-avril à octobre, les jeudi, vendredi et samedi, de 12h à 16h (entrée : 3,60/1,80 £, gratuite pour les membres du National Trust).

Fenton House
Dans Hampstead Grove, il est possible de visiter l'une des plus vieilles maisons de la ville, ayant appartenu à un marchand du XVIIe siècle. Ses attraits particuliers sont un jardin clos et une belle collection d'instruments de musique. Elle est ouverte d'avril à octobre, le week-end de 11h à 17h30 et les mercredi, jeudi et vendredi de 14h à 17h30. En mars, elle ouvre les après-midi du week-end (entrée : 3,60/1,80 £, gratuite pour les membres du National Trust).

Burgh House
Sur New End Square, vous pourrez visiter ce manoir de la fin du XVIIe qui abrite le Hampstead Museum, consacré à l'histoire locale. Il ouvre du mercredi au dimanche de 12h à 17h (entrée gratuite).

Hampstead Heath et Kenwood House
La lande s'étend sur 320 ha et comporte quelques secteurs aménagés pour la pratique de sports tels que le football et le cricket. Plusieurs étangs se prêtent à la baignade mais s'adressent aux nageurs robustes et expérimentés. L'un est réservé aux hommes, un autre aux femmes et un troisième est mixte. Le sommet de Parliament Hill offre une belle vue sur Londres. C'est ici que les amateurs de cerfs-volants font voler leurs engins les jours de vent.

A la limite nord de la lande, Kenwood House (☎ 0181-348 1286) est une splendide demeure néo-classique, retouchée par Robert Adam en 1764 et tapissée de tableaux de peintres aussi illustres que Rembrandt, Vermeer et Van

Dyck. Elle est ouverte de 10h à 18h d'avril à septembre et ferme à 16h le reste de l'année (entrée gratuite).

Pour vous désaltérer après la promenade, allez à The Spaniards, Jack Straw's Castle ou The Old Bull & Bush, les meilleurs pubs (voir le chapitre *Distractions*). Le lien entre révolte et boisson ne date pas d'hier. Les deux premiers de ces estaminets ont joué leur rôle lors de célèbres émeutes d'autrefois : Jack Straw's Castle porte le nom du compagnon d'armes de Wat Tyler lors de la Révolte des paysans de 1381 et certains émeutiers des Gordon Riots de 1780 vinrent reprendre des forces à The Spaniards avant d'aller donner l'assaut à Kenwood House.

Freud's House

N'étant plus en sécurité à Vienne, investie par les nazis en 1938, Sigmund Freud habita au 20 Maresfield Gardens NW3 (☎ 435 2002) durant les 18 derniers mois de sa vie. On y verra la chaise originale du psychiatre, d'où sont issues toutes les copies ultérieures, ses objets grecs et orientaux et ses livres, naturellement. Une photo permet de constater avec quel soin il chercha à reproduire son intérieur viennois dans ce nouvel environnement.

Ensuite, la maison fut habitée par sa fille, Anna, elle-même grande psychologue pour enfants. A l'étage, une pièce conserve ses souvenirs, dont un métier à tisser en état de marche.

La maison est ouverte du mercredi au dimanche, de 12h à 17h (entrée : 3/1,50 £). A la boutique, on trouvera toutes sortes de livres historiques, biographiques ou traitant de la psychologie. Pour y accéder, sortez du métro à Finchley Rd, assez proche ou, mieux encore, à Swiss Cottage plus, après avoir repéré le chalet en bois qui a donné son nom à la station, remontez Fitzjohn's Ave et tournez à gauche dans Maresfield Gardens.

Highgate Cemetery

Ici reposent Karl Marx, le romancier George Eliot et une multitude d'humains ordinaires sous des tombeaux d'une déroutante excentricité. Highgate Cemetery (☎ 0181-340 1834), Swain's Lane N6 (métro : Highgate), déroule sa forêt de tombeaux victoriens ornés jusqu'à l'absurde, de catacombes et de parcelles familiales, disposés en cercle conformément aux anciens sites funéraires égyptiens, le tout dominé par de noirs cyprès.

Le cimetière est divisé en deux parties. La seule façon de voir le secteur ouest consiste à suivre la visite guidée. Elle part à l'heure pile, entre 11h et 16h, toute l'année les samedi et dimanche, et du lundi au vendredi, à 12h, 14h et 16h, de mars à novembre (3 £).

La tombe de Marx est située dans la partie est, moins intéressante et ouverte tous les jours de 10h à 16h, 17h d'avril à octobre (entrée : 1 £ supplémentaire).

WALTHAMSTOW

Le principal titre de notoriété de Walthamstow, au nord-est de Londres, est sans doute d'être le lieu de naissance de East 17, le seul groupe pop à porter le nom d'un code postal (E17). Cet ancien village du XIXe siècle, situé alors à la périphérie de Londres, avait déjà vu naître le designer et militant socialiste, William Morris. Une plaque, sur le poste de pompiers de Forest Rd, rappelle qu'il est né à Elm House en 1834.

William Morris Gallery

La William Morris Gallery (☎ 0181-527 3782), Lloyd Park, Forest Rd E17 (métro : Walthamstow Central), est logée dans une délicieuse demeure georgienne où la famille Morris vécut de 1848 à 1856. Les pièces du rez-de-chaussée racontent l'histoire de sa vie et des relations de travail avec les pré-raphaélites, tels Burne-Jones.

Elles regorgent de papiers peints, de chintz et de meubles dessinés par Morris, ainsi que de carreaux de céramique et de vitraux produits par ses amis. La galerie du premier étage renferme un choix de peintures pré-raphaélites et une exposition sur le designer A.H. Mackmurdo (1851-1942) et la Century Guild.

La galerie est ouverte du mardi au samedi, de 10h à 13h et de 14h à 17h, et le premier dimanche du mois de 10h à 12h et de 14h à 17h (entrée gratuite). Pour y accéder, sortez du métro à Walthamstow Central et prenez le bus n°97, 97A ou 215 dans Hoe Rd jusqu'à l'embranchement de Forest Rd. Ou bien marchez 10 minutes depuis la station de métro. Lloyd Park est un endroit agréable pour pique-niquer.

Le Sud de Londres

A en croire certains Londoniens, la Tamise serait toujours cette grande barrière entre le Nord et le Sud qu'elle était au Moyen Age. Rien n'est plus faux, bien sûr, et ces propos sont à mettre au compte de l'esprit de clocher. Il n'en reste pas moins que, jusqu'à l'ouverture du prolongement de la ligne Jubilee prévue pour 1998, les habitants du sud-est de la capitale ont quelques raisons de se sentir isolés.

Pour les touristes, la principale, sinon unique, raison de s'aventurer au sud de la Tamise est la visite de Greenwich. Cependant, le pittoresque marché caribéen de Brixton mérite le détour, de même que l'excellent Horniman Museum de Forest Hill et la Picture Gallery de Soane à Dulwich.

GREENWICH

Greenwich (prononcez grinitch) est inséparable de la royauté, de la mer et de la science. Riche en beautés architecturales et fier de posséder le magnifique *Cutty Sark*, il se situe au sud-est du centre de Londres, en bordure d'une Tamise large et profonde dont il tire une sensation d'espace inconnue dans la reste de l'agglomération. Greenwich est un endroit délicieux, au cachet villageois très personnel, dont l'inscription au patrimoine mondial a été proposée mais non encore acceptée. Bref, sa visite constituera un temps fort d'un séjour à Londres. Une journée est le minimum qu'il faille lui consacrer, surtout si vous voulez descendre la Tamise jusqu'au Barrier (le barrage de grande marée).

Greenwich renferme un extraordinaire ensemble de bâtiments classiques liés les uns aux autres. Tous les architectes de l'époque des Lumières y ont laissé leur empreinte du fait, la plupart du temps, de commandes royales. Henri VIII et ses filles Marie et Élisabeth Ire y sont nées. Charles II aimait particulièrement l'endroit et confia à Christopher Wren la construction du Royal Observatory et d'une partie du Royal Naval College, que Vanbrugh acheva au début du XVIIe siècle.

Un tunnel piétonnier de 371 m, datant de 1902, passe sous la Tamise et relie Greenwich à l'Isle of Dogs, où bureaux flambants neufs, appartements de yuppies et délabrement sont au coude à coude. L'entrée du tunnel offre un point de vue exceptionnel sur le patrimoine architectural de Greenwich.

Essayez de programmer votre visite un vendredi, un samedi ou un dimanche, quand les marchés d'artisanat et d'antiquités battent leur plein. Si vous voulez limiter la marche, prenez la navette de bus qui part du quai et dessert l'Old Observatory, le Fan Museum et la Ranger's House (1 £/50 p).

Un TIC (☎ 0181-858 6376) se trouve 46 Greenwich Church St.

Cutty Sark

Le *Cutty Sark* (☎ 0181-858 3445) est amarré dans King William Walk, à coté de Greenwich Pier. En son temps, il fut le voilier le plus rapide qui ait jamais parcouru les sept océans et il demeure l'un des plus beaux.

Lancé en 1869, c'est le seul survivant des clippers qui dominèrent le transport maritime du thé et de la laine au milieu du XIXe siècle. Le *Cutty Sark* fit sa dernière traversée en 1938 et prit sa retraite à Greenwich dans les années 50. On peut se promener sur les ponts et jeter un coup d'œil aux cabines réaménagées, puis lire les explications historiques sous le pont et examiner la plus grande collection de figures de proue du monde, dans la cale.

Le bateau est ouvert d'avril à septembre, du lundi au samedi de 10h à 18h et le dimanche de 12h à 18h, d'octobre à mars, du lundi au samedi de 10h à 17h et le dimanche de 12h à 17h (entrée : 3,50/2,50 £).

Gipsy Moth IV

Non loin de là, le *Gipsy Moth IV* (☎ 0181-853 3589) est le bateau avec lequel Francis Chichester accomplit le tour du monde à la voile en solitaire en 1966-67. Il était le premier Anglais à réaliser un tel exploit. A l'âge de 64 ans, il passa 226 jours à bord de ce vaisseau exigu. Il fut anobli et reçut diverses distinctions civiles.

Royal Naval College

En quittant le *Cutty Sark*, si vous marchez tout droit, vous arriverez devant l'entrée du Royal Naval College (☎ 0181-858 2154), à gauche de King William Walk. Ce chef-d'œuvre de Christopher Wren est en grande partie inaccessible au public et son avenir, après le départ de la marine, n'est pas fixé.

Il fut construit entre 1696 et 1701, par Guillaume III et la reine Marie, sur l'emplacement de l'ancien palais de Greenwich, en remerciement pour la victoire navale de La Hague sur les Français en 1692. Il était destiné à accueillir les marins à la retraite, tout comme le Chelsea Royal Hospital hébergeait les anciens soldats de l'armée de terre. Le bâtiment fut coupé en deux corps séparés pour ne pas boucher la vue sur le fleuve depuis la Queen's House, une petite merveille d'équilibre néo-palladien d'Inigo Jones.

Vous pourrez visiter la chapelle, achevée 20 ans après la mort de Wren, dévastée par un incendie en 1779 et redécorée en style rococo plus léger. A l'extrémité est, notez la peinture de Benjamin West, artiste américain du XVIIIe siècle, représentant *Saint Paul sauvé après le naufrage de Malte*.

Le Painted Hall, également ouvert au public, est encore plus beau. A peine entré, votre œil sera attiré vers le plafond, orné de peintures de James Thornhill montrant Guillaume et Marie entourés des symboles de vertu. Sous les pieds de Guillaume, on aperçoit Louis XIV vaincu, se traînant à terre. En haut de quelques marches, le mur ouest de l'Upper Hall porte une peinture de George Ier entouré de sa famille. En bas à droite, Thornhill s'est inclus lui-même dans le tableau.

Selon le plan de Wren, le hall devait être la salle à manger de l'hôpital, mais fut rapidement jugé trop exigu. Il resta vide jusqu'à ce qu'on y expose solennellement la dépouille de l'amiral Nelson en 1806.

Le collège est ouvert tous les jours de 14h30 à 17h (entrée gratuite).

National Maritime Museum

Un peu plus loin dans King William Walk, se dresse le National Maritime Museum (☎ 0181-858 4422), Romney Rd SE10, où est rassemblée une profuse collection de bateaux, de cartes terrestres et maritimes, d'uniformes et de pièces diverses contant l'histoire, longue et mouvementée, de la puissante marine britannique. Certaines salles sont en cours de réaménagement en vue de l'an 2000, mais l'exposition sur le XXe siècle devrait être ouverte. On lira un compte rendu édulcoré de l'épisode controversé du torpillage du *Belgrano*, un navire argentin, pendant la guerre des Malouines.

En haut, la Nelson Gallery intéressera même les plus indifférents. Des vidéos présentent les batailles du Nil et de Trafalgar et les souvenirs de Nelson occupent une place de choix.

Le bâtiment lui-même constitue l'un des attraits majeurs du musée. Conçu par Inigo Jones et achevé par Wren, il est parfaitement encastré derrière le Naval College et, depuis ses passages à colonnades, vous aurez de belles vues sur One Tree Hill et le Royal Observatory.

Le musée ouvre tous les jours de 10h à 17h (entrée : 5,50/3 £, comprenant l'accès à Queen's House et au Royal Observatory).

Queen's House

La Queen's House (☎ 0181-858 4422), de style palladien, prolonge le National Maritime Museum à l'est. Inigo Jones commença en 1616 une maison pour Anne de Danemark, femme de Jacques Ier, mais elle ne fut achevée qu'en 1635 et ce furent Charles Ier et son épouse, Henrietta Maria, qui y résidèrent.

Les pièces donnent sur un Grand Hall, orné à l'origine d'un plafond peint par Orazio Gentileschi et sa fille Artemisia, une des premières et rares femmes peintres ayant connu la célébrité. L'œuvre, hélas, n'est plus *in situ* et a été remplacée par des photographies laser. Une grande partie du mobilier a également disparu, de sorte que l'extérieur est la facette la plus intéressante de l'édifice.

Il est ouvert tous les jours de 10h à 17h (entrée comprise dans le billet du National Maritime Museum).

Greenwich Park et Old Royal Observatory

Greenwich Park est l'un des plus beaux parcs de Londres, avec une avenue majestueuse, de grands espaces découverts, une roseraie et de charmantes allées pleines de coins et de recoins. Il fut en partie dessiné par Le Nôtre, l'architecte des jardins de Versailles.

En 1675, Charles II fit bâtir l'**Old Royal Observatory** (☎ 0181-858 4422) au milieu du parc afin que l'astronomie serve à déterminer la longitude en mer. John Flansteed, le premier astronome du roi, fit ses observations et ses calculs dans l'Octogon Room, conçue par Wren. C'est l'un des rares intérieurs de cet architecte encore intacts. Le savant y reçut la visite du tsar Pierre le Grand.

Greenwich devint alors le lieu du premier méridien et de l'heure H et, depuis 1884, le Greenwich Mean Time (GMT) a été accepté comme temps universel dans le monde entier. C'est ici que le globe se partage entre l'est et l'ouest et les visiteurs pourront s'amuser à placer un pied de chaque côté du méridien. Une horloge précise au millionième de seconde compte le temps qui nous sépare du troisième millénaire.

L'observatoire est ouvert tous les jours de 10h à 17h (entrée : 4/2 £, ou incluse dans le billet du National Maritime Museum).

Depuis l'observatoire, ou depuis la statue de James Wolfe devant le bâtiment, la vue s'étend jusqu'aux Docklands où se dresse la tour de Canary Wharf.

Au **Greenwich Planetarium**, adjacent à l'observatoire, vous verrez le ciel nocturne projeté sur un dôme. Les présentations ont lieu toutes les demi-heures de 11h30 à 16h (1,50/1 £).

Plus au sud, la **Ranger's House** (maison du garde forestier, ☎ 0181-973 3479), est une noble demeure construite par l'amiral Francis Hosier en 1700, puis attribuée au gardien du parc. A l'intérieur, rien ne mérite une attention particulière hormis les portraits de l'époque de Jacques Ier, œuvres de Lely et Kneller notamment, plus remarquables par leurs dimensions que par leur qualité artistique. Du haut du belvédère de l'amiral Hosier, la vue n'est pas meilleure que celle que l'on a depuis l'observatoire.

La Ranger's House ouvre toute l'année de 10h à 13h et de 14h à 16h, jusqu'à 18h d'avril à septembre (entrée : 2,50/1,50 £, gratuite pour les membres de l'English Heritage).

En sortant par la Chesterfield Gate, on débouche sur le terrain communal de **Blackheath**, où Wat Tyler regroupa ses troupes avant de marcher sur Londres et où Henri VIII combattrit les rebelles de Cornouailles en 1497. Plus tard, il devint un repère de bandits de grand chemin.

Comment s'y rendre

Le bateau est le meilleur moyen de transport pour se rendre à Greenwich. Il vous dépose sur le quai de Greenwich à deux pas du *Cutty Sark* et du *Gipsy Moth IV*. Il part du Westminster Pier (à côté du Westminster Bridge, carte 4) toutes les demi-heures de 10h à 16h (aller simple 5,50/3 £, aller-retour 6,70/3,50 £). Le dernier bateau quitte Greenwich à 17h ou 18h, selon la demande.

Des trains, plus rapides et moins chers, circulent depuis la gare de Charing Cross. Vous pouvez aussi prendre le Docklands Light Railway, entre Tower Gateway et Island Gardens, et emprunter ensuite le tunnel piétonnier pour rejoindre la rive sud. Le week-end, le service est réduit, et il préférable de consulter les horaires si vous voulez rentrer tard (l'ascenseur du tunnel s'arrête à 19h, ensuite il faut prendre l'escalier).

Les Catamaran Cruises relient également Charing Cross Pier et Tower Pier à Greenwich. De Charing Cross, l'aller simple s'élève à 6/3,50 £ (7/3,80 £ l'aller-retour) et de Tower, à 3,30/2,80 £ (6,30/4,95 £ l'aller-retour).

THAMES BARRIER

Le Thames Barrier (barrage de la Tamise), entre Greenwich et Woolwich, fut construit entre 1972 et 1983 pour protéger Londres des risques d'inondation. Il est constitué de 10 portes mobiles retenues par des piles de béton, coiffées de toits argentés renfermant le mécanisme. Ils forment un étrange spectacle, à l'ombre d'un immense entrepôt de la Tate & Lyle.

On peut se demander pourquoi Londres a soudain ressenti le besoin d'une telle protection, alors qu'aucun drame n'est survenu depuis que la ville existe. La raison en est que le niveau de la mer monte petit à petit pendant que le cours du fleuve ne cesse de se rétrécir – à l'époque romaine, il mesurait probablement 800 m de large, contre 250 à l'heure actuelle – et que les berges sont de plus en plus construites. Le niveau de la Tamise monte et descend deux fois par jour sans dommage, avec une grande marée tous les quinze jours. Le danger apparaît quand la grande marée coïncide avec une houle exceptionnelle, qui pousse des tonnes d'eau à contre-courant de la rivière. Le barrage a pour but d'éviter que cette eau inonde les berges et les maisons riveraines.

Il est fermé pour vérification environ une fois par mois. Appelez le ☎ 0181-305 4188 pour connaître la date et l'heure précises.

Le centre des visiteurs est ouvert tous les jours de 10h à 17h (17h30 le week-end) et retrace l'histoire de la Tamise, de la construction du barrage et des tentatives récentes de dépollution.

L'entrée coûte 3,40/2 £, mais la visite seule du barrage est gratuite. Sur place, vous trouverez un petit café abordable et des bancs pour pique-niquer.

Comment s'y rendre

Le moyen le pus agréable de se rendre au barrage est le bateau au départ de Greenwich Pier. D'avril à octobre, des navettes (☎ 0181-305 0300) partent à 11h15, 12h30, 14h et 15h30 (35 minutes, aller simple 3/1,75 £, aller-retour 4,50/2,50 £) ; le dernier départ ne laisse pas le temps de voir le centre des visiteurs. En hiver, le service de 11h15 est supprimé et, en janvier, il n'y a aucun bateau.

On peut aussi prendre le train de London Bridge à la gare de Charlton, qui se trouve à 15 minutes de marche du barrage. En quittant la gare, tournez à gauche et suivez la flèche en direction de Thames Path. Suivez ensuite le sentier vers l'est sur 800 m. Ce n'est pas son tronçon le plus attrayant, mais il est quand même plus agréable que Woolwich Rd.

Depuis Romney Rd à Greenwich, les bus n°177 et 180 vous déposent à une distance raisonnable du barrage.

DULWICH ET FOREST HILL (carte 13)

Isolé dans cette partie du sud-est de Londres non desservie par le métro, Dulwich (prononcer dullitch) est l'une de ces banlieues qui peut prétendre avec raison au titre de "village". Les rues ombragées et calmes jouissent de belles architectures et d'une atmosphère de discrète aisance. La Dulwich Picture Gallery, œuvre de ce génie singulier de l'architecture du XIXe qu'était Sir John Soane, peut justifier un déplacement.

Également en dehors des sentiers battus, Forest Hill manque de la cohésion de Dulwich mais possède un site qui vaut grandement le détour, le Horniman Museum.

Dulwich Picture Gallery

Sir John Soane conçut la Dulwich Picture Gallery (☎ 0181-693 5254), College Rd SE21 (gare de North Dulwich), en 1817 pour abriter la collection de peintures de Noel Desenfans et Sir Francis Bourgeois. Exemple unique sans doute, le musée se double d'un mausolée dont la "lumière mystérieuse" contraste violemment avec les salles à éclairage zénithal contenant les peintures. Des toiles d'artistes majeurs, comme Rembrandt, Rubens, Reynolds, Gainsborough, Lely et autres, sont accrochées à l'ancienne mode, c'est-à-dire côte à côte. Les œuvres d'artistes modernes des expositions temporaires sont plus aérées.

La galerie est ouverte du mardi au vendredi de 10h à 17h, à partir de 11h le samedi et de 14h le dimanche (entrée : 3/1,50 £). En été, une buvette est installée sous une tente dans le jardin. Pour y accéder, prenez le train jusqu'à North Dulwich et tournez à gauche en sortant de la gare. Traversez East Dulwich Grove et descendez vers le village. A la fourche, prenez à gauche College Rd. L'entrée est sur la droite en face de Dulwich Park.

Horniman Museum

Le Horniman est un petit musée extraordinaire que Frederick John Horniman, fils d'un riche marchand de thé, fit construire spécialement en 1901 pour abriter sa collection. Cet édifice art nouveau, doté d'une tour d'horloge et de mosaïques, est l'œuvre de C. Harrison Townsend. L'étage supérieur du musée (☎ 0181-699 1872), 100 London Rd SE23 (gare de Forest Hill), donne une idée des conceptions muséologiques d'antan, avec un méli-mélo de masques d'arts premiers et d'animaux empaillés. En bas, le tableau est très différent. Une superbe collection d'instruments de musique est complétée d'enregistrements, que l'on peut écouter au casque, et une merveilleuse salle est consacrée à la vie nomade, avec des tentes et des yourtes. Jusqu'à ce que les collections du Museum of Mankind soient à nouveau exposées au British Museum, le Horniman est le meilleur musée ethnographique de Londres.

Il est ouvert du mardi au samedi, de 10h30 à 17h30 et de 14h à 17h30 le dimanche (entrée gratuite). Pour y accéder, prenez le train jusqu'à Forest Hill. En sortant de la gare, tournez à gauche dans Devonshire Rd, puis à droite dans London Rd. Le Horniman se trouve sur la droite. Sinon, vous pouvez prendre le bus P4 depuis Dulwich, qui vous déposera devant le musée.

BRIXTON

Au terminus de la ligne Victoria, Brixton est peuplé d'une nombreuse communauté caribéenne. Ses marchés regorgent de fruits exotiques (voir la rubrique *Marchés* du chapitre *Achats*) et ses clubs se bercent aux rythmes tropicaux. Brixton ne s'est jamais totalement remise des émeutes de 1981 et, quand la tension monte, mieux vaut rester à l'écart de la "ligne de front" qu'est Railton Rd. Cependant, depuis cette époque, l'envolée des prix de l'immobilier a attiré les prospecteurs de bonnes affaires et quelques zones bien délimitées se sont embourgeoisées.

WIMBLEDON (carte 13)

Cette verte banlieue est à jamais associée aux championnats de tennis sur gazon qui s'y déroulent chaque année en juin depuis 1877. Le reste de l'année, vous pouvez visiter le musée du tennis et le terrain communal (Common), un des espaces naturels les plus décontractés de Londres, idéal pour pique-niquer.

Wimbledon Lawn Tennis Museum

Ce musée (☎ 0181-946 6131), Church Rd SW19 (métro : Southfields), recense les moindres détails de l'histoire du tennis, depuis l'invention de la tondeuse à gazon en 1830 et de la balle en caoutchouc des Indes dans les années 1850. La présentation est à la pointe du progrès, avec une multitude de séquences vidéos permettant aux fans de revivre les instants mémorables des championnats.

Il est ouvert du mardi au samedi de 10h30 à 17h et le dimanche de 14h à 17h (entrée : 2,50/1,50 £). Pendant les championnats, les horaires d'ouverture sont réduits. Renseignez-vous avant de vous déplacer.

Consultez également l'encadré *Wimbledon, le tournoi où l'herbe est plus verte...* dans le chapitre *Distractions*.

Wimbledon Common

Succédant immédiatement à la Putney Heath, le Wimbledon Common s'étend sur une superficie de 440 ha. L'endroit se prête merveilleusement à la marche et aux pique-niques, bien qu'un tragique fait divers – le meurtre sordide de Rachel Nickell – en ait terni l'attrait dans l'esprit de nombreux Londoniens.

Le Common est émaillé de quelques attractions, tel le **Wimbledon Windmill**, un beau moulin à vent à toit tournant datant de 1817.

C'est au cours d'un séjour au moulin que Baden-Powell écrivit une partie de son manuel pour boy-scouts, *Scouting for Boys*, en 1908. Le moulin est ouvert de 14h à 17h les week-ends d'avril à octobre (entrée : 1 £/50 p). Les Windmill Tea Rooms sont plus expertes en cake et petit pain à la saucisse qu'en ciabatta et pesto ; le service est parfois d'une lenteur insupportable. Le brunch du dimanche y est fort plaisant (4,50 £).

Au sud du Common, **Caesar's Camp** est un ouvrage préhistorique en terre prouvant l'occupation du site bien avant l'époque romaine.

Buddhapadipa Temple

Surgissant de manière incongrue au 14 Calonne Rd, à 800 m du village de Wimbledon, cet authentique temple thaïlandais (☎ 0181-946 1357) a ouvert ses portes en 1982. Il comprend un *bot* (chapelle) décoré par deux artistes thaïlandais qui ont intégré des scènes de la vie anglaise à une iconographie, pour le reste, traditionnelle. Pour y accéder, prenez le métro ou un train grandes lignes jusqu'à Wimbledon, puis le bus n°93 jusqu'à Wimbledon Parkside. Calonne Rd est sur la droite.

L'Ouest de Londres

Les visiteurs tentés par une excursion à l'Ouest de Londres doivent s'arrêter à Hampton Court, mais aussi aux Kew Gardens et à Syon House. S'ils ont un peu plus de temps, ils pourront inclure Osterley House, Ham House et Chiswick House. Enfin, Richmond Park est l'un des plus beaux espaces naturels que Londres ait à offrir.

RICHMOND (carte 14)

S'il existe un endroit à Londres pouvant légitimement être appelé village sans provoquer l'hilarité, c'est bien Richmond. Nichée dans la verdure, au bord de l'eau, la bourgade est riche en bonnes adresses où prendre un verre et se restaurer, telles le pub White Cross, si proche de l'eau que les consommateurs doivent parfois le quitter à la rame. Du Richmond Palace, où la reine Élizabeth Ire s'éteignit en 1603, il ne reste qu'un corps de garde en brique rouge et une cour, mais Richmond Park est le plus grand et le plus rural des parcs royaux. On peut gagner Richmond à pied depuis Kew en suivant le fleuve en direction de Twickenham.

Richmond Park

Richmond Park (☎ 0181-948 3209) s'étend sur 1 000 ha, peuplés d'une faune variée (cerfs, daims, renards et blaireaux). Du fait de la diversité des habitats (jardins entretenus, bois et étangs), les oiseaux y sont nombreux. Le philosophe Bertrand Russell (1872-1970) a grandi à Pembroke Lodge, devenu un salon de thé. Édouard VIII est né à White Lodge, une demeure du XVIIIe siècle. Pour voir l'Isabella Plantation dans toute sa splendeur, venez en avril-mai quand les rhododendrons et les azalées sont en fleurs.

Le parc ouvre au lever du jour et ferme une demi-heure avant le coucher du soleil.

Les ponts de Londres
Aujourd'hui, on compte 28 ponts routiers, ferroviaires et piétonniers enjambant la Tamise, entre l'écluse de Teddington et la Tour de Londres. Un 29e sera bientôt inauguré à Dartford et un 30e est en préparation pour l'an 2000. Dans le centre de Londres, vous ne serez jamais loin d'un pont, mais ils sont de plus en plus distants à mesure que l'on s'éloigne vers l'ouest. Beaucoup sont des monuments d'architecture et d'ingéniérie au passé intéressant.

Richmond Bridge
Reliant Richmond à East Twickenham, le pont à cinq arches de Richmond fut réalisé par James Paine entre 1774 et 1777. C'est la plus ancienne structure existante. Le cadre est assez verdoyant et un charmant chemin de halage passe en-dessous. A droite et au sud du pont, ne manquez pas le pastiche georgien de Quilan Terry, conforme aux goûts architecturaux du prince Charles.

Twickenham Bridge
Ce pont est l'œuvre, assez banale, de Maxwell Ayrton en 1933. Il est agrémenté de beaux lampadaires et garde-fous en bronze.

Kew Bridge
Célèbre pour les ralentissements que provoque le rétrécissement de sa chaussée, le pont de Kew offre des lignes gracieuses qu'il est difficile d'apprécier quand on est bloqué dans la circulation. Mieux vaut descendre sur la berge à l'est du pont et l'admirer depuis les très agréables pubs riverains de Strand-on-the-Green. Le pont actuel, le troisième en cet endroit, fut inauguré en 1903.

Chiswick Bridge
Ouvert le même jour de 1933 que les ponts de Twickenham et Hampton Court, ce pont à trois arches marque le point d'arrivée de la course d'aviron Oxford-Cambridge.

Hammersmith Bridge
Le beau pont suspendu de Hammersmith est l'œuvre du grand ingénieur victorien Sir Joseph Bazelgette, en 1887. Actuellement en réparation, il devrait rouvrir en 1998.

Putney Bridge
Le pont de Putney est le célèbre point de départ de la course annuelle d'aviron Oxford-Cambridge, qui se dispute ici depuis 1829. Le premier pont de 1729 fut remplacé par un autre ouvrage de Bazelgette en 1884. La tour de l'église St Mary's (XVe siècle), du côté Putney, répond à celle de l'église All Saints, du côté Fulham. Signe des temps, les anciennes toilettes publiques de la rive Fulham abritent désormais un stand de sandwiches !

Wandsworth Bridge
Le pont actuel fut érigé en 1938, en remplacement d'un précédent pont de 1873.

Battersea Bridge
Le pont peint par Turner et Whistler datait de 1772. Une fois de plus, Bazelgette dessina le pont actuel, vivement coloré, en 1890.

Albert Bridge
Un des ponts les plus surprenants de Londres, l'Albert est un mélange de pont cantilever et de pont suspendu, consolidé dans les années 60 pour éviter sa fermeture. Il fut conçu par Roland Mason Ordish en 1873 et retouché par l'inévitable Bazelgette. La nuit, ses câbles festonnés de lumières lui donnent un petit air festif. Aux deux extrémités du pont, les loges datent de l'époque du péage.

Chelsea Bridge
Le pont suspendu actuel fut inauguré en 1937, en remplacement d'un pont de 1858.

Vauxhall Bridge
Ce pont de 1906 est orné de figures censées représenter le Savoir, la Technique, les Beaux Arts, l'Astronomie, l'Agriculture et l'Architecture. Il remplace un pont de 1816 qui fut le premier à porter une ligne de tramway. A côté du pont, côté nord, se dresse une extraordinaire construction en escalier de Terry Farrell, réalisée en 1992 pour le MI6, le service de renseignements anglais.

A voir et à faire – L'Ouest de Londres

Lambeth Bridge
Notez les ananas placés aux deux extrémités de ce pont de 1929. Ils commémorent le souvenir des Tradescant, qui introduisirent ce fruit en Angleterre et sont enterrés près de l'église St Mary's.

Westminster Bridge
Entre Westminster et Lambeth, le pont à sept arches de Westminster fut réalisé en 1862 par Thomas Page, en remplacement d'un pont de 1747.

Hungerford Bridge
L'actuel pont ferroviaire et piétonnier de Hungerford n'intéresse guère la population londonienne. Il se substitua en 1860 au pont suspendu de Brunel, vieux d'à peine 15 ans. Des projets sont à l'étude pour le remplacer, mais ils ne devraient pas aboutir avant la fin de l'an 2000.

Waterloo Bridge
Ce pont à cinq arches fut le premier à être construit en béton, sur les plans de Sir Gilbert Scott en 1944. Il est essentiellement l'œuvre des femmes dont les maris étaient à la guerre. Ceux qui le trouvent disgracieux seront navrés d'apprendre qu'il remplace un pont du XIXe siècle de Sir John Rennie, que le sculpteur Canova considérait comme le plus beau du monde.

Blackfriars Bridge
Il fut construit en 1869 sur les plans de James Cubbit et possède, de chaque côté, des contreforts qui ressemblent à des chaires d'église. Il fut élargi en 1909 pour permettre le passage des tramways. Entre ce pont et la ligne de chemin de fer voisine, une rangée de poutres métalliques tronquées est l'unique vestige de l'Alexandra Railway Bridge, démoli en 1985.

Millennium Bridge
Ce pont n'existe encore que dans l'imagination de l'architecte Norman Foster, mais il devrait se matérialiser au printemps 2000.

Southwark Bridge
Le pont que Sir Ernest George réalisa en 1921 remplaça un ouvrage du début du XIXe siècle de Sir John Rennie, que Dickens appelait "le pont de fonte" dans *Little Dorrit*.

London Bridge
De tous les ponts de Londres, le London Bridge est celui qui possède la plus longue histoire, remontant à l'époque romaine. La *Chronique anglo-saxonne* mentionne qu'une prétendue sorcière aurait été jetée du haut du pont au Xe siècle et une comptine anglaise "London Bridge is Falling Down" ferait référence à une attaque du roi Olaf de Norvège pour soutenir le roi Ethelred en 1015. En 1176, Pierre de Colechurch commença à travailler sur ce que l'on pense être le premier pont de pierre construit en Europe depuis les Romains.
Les travaux ne furent pas achevés avant 1209. Le nouveau pont reposait sur 19 piles, mais sa largeur ne dépassait pas deux charrettes de front. Malgré cela, en 1358, on dénombrait déjà 139 boutiques accrochées à ses flancs. Jusqu'en 1749, date de la construction du Westminster Bridge, il fut le seul point de passage sur la Tamise et peu après, en 1758, les vieilles boutiques étaient démolies. Sir John Rennie commença les travaux d'un nouveau pont en 1823 et son fils les acheva. Ce pont fut à son tour remplacé en 1973 par un pont plat à trois arches en béton, œuvre de Harold Knox King. L'ancien pont de Rennie fut soigneusement démonté et remonté aux États-Unis où il est l'attraction majeure du parc du Lake Havusu (Arizona).

Tower Bridge
Tower Bridge, le plus célèbre des ponts londoniens, est l'ouvrage à tours jumelles et à passerelles mobiles qui relie la Tour de Londres à Shad Thames (pour plus de détails, reportez-vous à la rubrique *La City*). On raconte que les Américains qui achetèrent le London Bridge croyaient avoir fait l'acquisition de Tower Bridge... sans doute une rumeur ! ■

Comment s'y rendre. Il est préférable d'avoir une voiture, même si le stationnement est difficile le week-end. Depuis la gare de Richmond, tournez à droite dans la grande rue qui fait le tour jusqu'à Richmond Bridge. A la fourche, prenez à gauche et remontez Richmond Hill – en vous arrêtant pour contempler des vues que Reynolds et Turner fixèrent sur la toile – jusqu'à ce que vous arriviez au Star & Garter, un centre pour invalides de guerre. De l'autre côté de la route (carrefour dangereux) se trouvent Richmond Gate et le parc.

Ham House

Ce Hampton Court miniature fut édifié en 1610 pour le premier comte de Dysart, qui eut la malchance de servir officiellement comme "bouc émissaire" de Charles Ier, recevant les punitions à la place du roi chaque fois que celui-ci commettait une bêtise. L'intérieur est meublé avec la faste approprié. Le grand escalier est un magnifique exemple de menuiserie Stuart. On notera les peintures des plafonds d'Antonio Verrio, qui travailla également à Hampton Court, une miniature d'Élisabeth Ire par Nicholas Hilliard et des tableaux de Constable, Reynolds et Kneller.

Le parc descend vers la Tamise et comprend un agréable jardin à la française du XVIIe siècle.

De Pâques à octobre, le manoir (☎ 0181-940 1950) est ouvert du lundi au mercredi de 13h à 17h et de 12h à 17h les samedi et dimanche. Les jardins sont ouverts tous les jours (sauf le vendredi) de 10h30 à 18h (entrée : 4,50/2 £, gratuite pour les membres du National Trust). Pour y accéder, prenez le train ou le métro jusqu'à Richmond, puis le bus n°65 en direction du sud. Vous pouvez aussi emprunter le ferry (passagers seulement) de Marble Hill House à Ham House, de 10h à 18h tous les jours (40 p).

TWICKENHAM, TEDDINGTON ET HAMPTON (carte 14)

En face de Richmond sur l'autre rive de la Tamise, Twickenham est une autre de ces banlieues londoniennes indissociables d'un sport, en l'occurrence le rugby. Rien d'autre ne retiendra le visiteur, si ce n'est la Marble Hill House qui domine la Tamise.

Teddington est un borough riverain de la Tamise, comprenant le Bushy Park (400 ha). Hampton Court Park rejoint Bushy Park, mais fait partie de Hampton.

The Twickenham Experience

Autre musée à la pointe de la muséologie destiné aux amoureux du sport, le Twickenham Experience (☎ 0181-892 2000), Rugby Rd, Twickenham (métro : Twickenham), se cache derrière les gradins est du nouveau stade. Vous revivrez les moments forts des matchs anciens dans la salle vidéo, avant de faire un tour des lieux.

Le Museum of Rugby est ouvert du mardi au samedi de 10h30 à 17h et le dimanche de 14h à 17h (entrée : 2,50/1,50 £). Il faut réserver pour suivre une visite guidée (2,50/1,50 £) ; elles sont supprimées les jours qui précèdent et suivent les matchs. Le billet global (entrée + visite guidée) revient à 4/2,50 £. De la gare, prenez le bus n°281.

Marble Hill House

Marble Hill House est un nid d'amour de style palladien du XVIIIe siècle, destiné à l'origine à la maîtresse de George II, Henrietta Howard, et plus tard occupé par Mrs Fitzherbert, l'épouse secrète de George IV. Le poète Alexander Pope participa à la conception du parc qui s'étend jusqu'à la Tamise. A l'intérieur, une exposition présente la vie et l'époque d'Henrietta et un ensemble de meubles de style Early Georgian (début XVIIIe).

Le manoir est ouvert tous les jours de Pâques à octobre, de 10h à 18h. En hiver, il ouvre de 10h à 16h et reste fermé les lundi et mardi (entrée : 2,50/1,90 £, gratuite pour les membres de l'English Heritage).

Pour vous y rendre, prenez le train jusqu'à la gare de St Margaret et tournez à droite dans St Margaret's Rd. A la bifurcation, suivez Crown Rd à droite et tournez à gauche dans Richmond Rd. Ensuite, tournez à droite dans Beaufort Rd et traversez Marble Hill Park jusqu'au manoir. Vous pouvez aussi prendre le ferry depuis Ham House (voir précédemment).

De l'autre côté d'Orleans Rd, **Orleans House Gallery** est installée dans l'Octogon du début du XVIIIe siècle, conçu par James Gibbs pour Orleans House. Elle présente des expositions artistiques, ouvertes du mardi au samedi de 13h à 17h30 (entrée gratuite).

Hampton Court Palace

En 1515, Thomas Wolsey, cardinal et lord chancelier d'Angleterre, voulut un palais à la mesure du sentiment qu'il avait de sa propre importance. Malheureusement, même Wolsey ne put convaincre le pape d'autoriser le divorce d'Henri VIII et de Catherine d'Aragon et les relations entre le roi et le chancelier se dégradèrent rapidement. Un simple coup d'œil au palais suffit pour comprendre pourquoi Wolsey se sentit obligé de l'offrir à Henri, monarque que froissait toute manifestation d'autorité. Wolsey, accusé de haute trahison, mourut avant son jugement.

Dès qu'il entra en possession du palais, Henri le fit agrandir, lui ajoutant le Great Hall, la chapelle et les immenses cuisines. En 1540, Hampton Court était l'un des plus grandioses palais d'Europe. A la fin du XVIIe siècle, Guillaume et Marie confièrent des agrandissements supplémentaires à Christopher Wren. Il en résulte la superbe architecture actuelle, mélange de styles Tudor et néo-classique.

Hampton Court est le plus grand édifice Tudor d'Angleterre. Il s'entoure de superbes jardins et d'un célèbre labyrinthe vieux de 300 ans. Prévoyez beaucoup de temps si vous voulez le visiter conscien-cieusement ; si vous venez en bateau, le trajet vous prendra déjà une demi-journée.

Les billets sont en vente à gauche de l'entrée principale, la Trophy Gate. Un imprimé donnant le programme du jour vous aidera à planifier votre visite. Pour suivre la plupart des visites guidées gratuites, il faut s'inscrire à l'avance.

En avançant vers le palais, vous pourrez admirer la longue façade en brique rouge, garnie de cheminées torsadées de style Tudor et d'une porte massive. Passée l'entrée principale, vous arrivez dans la **cour de l'horloge** (Clock Court), ainsi dénommée à cause de l'horloge astronomique du XVIe siècle qui montre le soleil tournant autour de la terre. Des flèches vous dirigent vers les six principaux ensembles de salles du complexe.

Les escaliers de l'entrée Anne Boleyn (Anne Boleyn's Gateway) conduisent aux **appartements d'État** (State Apartments) **d'Henri VIII**. Le Great Hall, la plus grande pièce du palais, est tendu de tapisseries sous une spectaculaire charpente d'où émergent des petites têtes peintes qui dévisagent les visiteurs. Un vestibule orné de ramures précède la Great Watching Chamber, l'antichambre des gardes du roi, qui est la moins altérée de toutes les pièces datant de l'époque d'Henri. La petite chambre des pages (Pages' Chamber) et la galerie hantée (Haunted Gallery) donnent sur l'antichambre. Arrêtée pour adultère et détenue au palais en 1542, Catherine Howard, cinquième femme du monarque, réussit à tromper la surveillance de ses gardes et à s'enfuir en hurlant dans le corridor à la recherche du roi, comme son fantôme se plaît à le refaire des siècles après le drame.

En suivant le corridor, vous arrivez à la belle chapelle royale. Une tribune royale, faisant partie des appartements d'État, permet de voir l'autel en contrebas. A l'origine, le plafond voûté bleu et or était destiné à la Christchurch d'Oxford et le retable du XVIIIe siècle fut sculpté par Grinling Gibbons.

Datant de l'époque d'Henri, les **cuisines Tudor** sont également accessibles par l'entrée d'Anne Boleyn. On y préparait à manger pour les 1 200 personnes de la maison royale. Ne manquez pas le Great Wine Cellar (cellier) où l'on entreposait les 300 tonneaux de bière – et autant de vin – consommés annuellement au milieu du XVIe siècle.

En revenant à la Clock Court et en passant sous la colonnade de droite, vous accédez aux **appartements du roi** (King's

Apartments), réalisés par Wren à la fin du XVIIe pour Guillaume III et récemment restaurés après un grave incendie en 1986. Montez le grand escalier du roi peint par Antonio Verrio vers 1700, où le monarque est comparé à Alexandre le Grand. En haut, la chambre des gardes (King's Guard Chamber) est décorée d'armes, de baïonnettes et d'épées. Elle conduit à la King's Presence Chamber, dominée par un trône adossé à des tentures rouges et par un portrait équestre de Guillaume III par Sir Godfrey Kneller.

Vient ensuite la King's Eating Room, où le roi prenait parfois ses repas en public, derrière laquelle se trouve la King's Privy Chamber, où il recevait les ambassadeurs. Le lustre et le dais du trône ont été soigneusement restaurés après l'incendie. La King's Withdrawing Room était réservée aux réunions plus intimes. Chaque matin, le roi s'habillait en grande pompe dans la splendide King's Great Bedchamber au lit couronné de plumes d'autruches, mais il dormait dans la petite chambre (Little Bedchamber) derrière.

A l'arrière du cabinet du roi (King's Closet), un escalier conduit à trois autres cabinets lambrissés, décorés de peintures et de sculptures de Grinling Gibbons. On traverse ensuite une orangerie avant de pénétrer dans le salon et la salle à manger privés du roi (King's Private Drawing Room and Dining Room), ornés de peintures de Kneller illustrant les *Beautés de Hampton Court*.

Marie II, l'épouse de Guillaume, disposait de ses propres **appartements** (Queen's Apartments) auxquels on accède par l'escalier de la reine (Queen's Staircase) décoré par William Kent. Ils n'étaient pas achevés à la mort de la reine en 1694. La reine Anne poursuivit les travaux, mais ils ne furent terminés que sous George II. La reine Charlotte les utilisa pour ses divertissements entre 1716 et 1737 et c'est sous cet aspect qu'ils sont présentés.

Comparés aux appartements d'État du roi, ceux de la reine semblent plus austères bien que le trône de la Queen's Audience

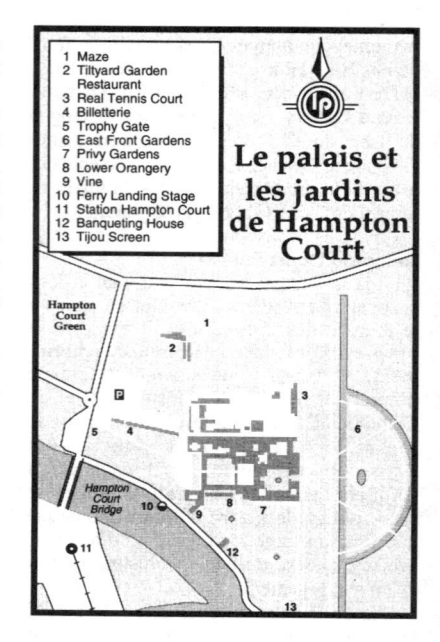

Le palais et les jardins de Hampton Court

1 Maze
2 Tiltyard Garden Restaurant
3 Real Tennis Court
4 Billetterie
5 Trophy Gate
6 East Front Gardens
7 Privy Gardens
8 Lower Orangery
9 Vine
10 Ferry Landing Stage
11 Station Hampton Court
12 Banqueting House
13 Tijou Screen

Room soit aussi imposant que celui du roi. Après le salon de la reine (Queen's Drawing Room), on arrive à la chambre d'État (State Bedchamber) où se déroulaient les grands levers en présence de la cour, mais où la reine ne dormait pas. La Queen's Gallery est tendue de tapisseries du XVIIIe siècle représentant les aventures d'Alexandre le Grand.

A l'étage également et entourant la gracieuse cour de la fontaine (Fountain Court) de Wren, les **salles georgiennes** (Georgian rooms) accueillirent le roi George II et la reine Charlotte lors de leur dernière visite au palais en 1737. Les premières salles étaient destinées au second fils du roi, le duc de Cumberland, dont le lit est ridiculement petit dans ce cadre grandiose. Le cabinet Wolsey (Wolsey Closet) fut restauré et recouvert de boiseries en 1888 pour qu'il retrouve son aspect de l'époque Tudor. La galerie des Communications, construite par

RACHEL BLACK

CHARLOTTE HINDLE

DOUG McKINLAY

A gauche : les Beefeaters en tenue d'apparat à la Tour de Londres
A droite : Le Golden Hinde, St Mary Overie Dock, Southwark
En bas : un peu d'exercice à Hyde Park Corner

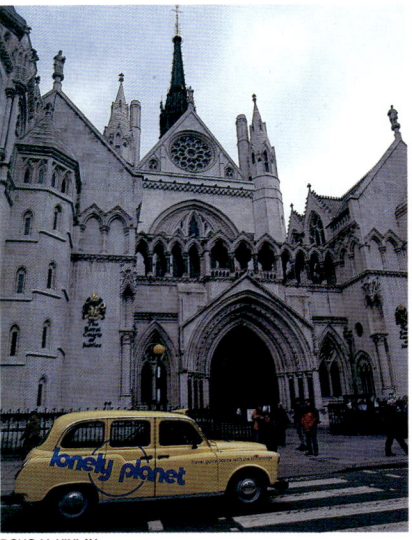

DOUG McKINLAY

CHARLOTTE HINDLE

TOM SMALLMAN

A gauche : les Royal Courts of Justice, The Strand
À droite : socle du monument commémoratif du Grand Incendie, à Pudding Lane
En bas : le British Museum est le plus grand musée d'Angleterre

Guillaume III, est ornée de portraits des *Beautés de Windsor*, les plus belles femmes de la cour de Charles II, par Sir Peter Lely. Ensuite s'étend la galerie des Cartons où étaient autrefois suspendus les cartons de tapisseries de Raphaël, aujourd'hui au Victoria & Albert Museum et remplacés par des copies du XVIIe.

On pénètre ensuite dans les appartements privés de la reine : son salon et sa chambre à coucher où le couple royal se retirait quand il voulait goûter la solitude. On notera la salle de bains de la reine, avec sa baignoire posée sur une serpillière pour éponger les éclaboussures, et l'oratoire, avec son tapis persan du XVIe siècle.

Une fois terminée la visite de l'intérieur du palais, il vous reste à découvrir les jardins. Allez voir le **court de tennis royal** des années 1620, où l'on pratiquait le "real tennis", un jeu assez différent du tennis actuel. Les **jardins privés** (Privy Gardens), de toute beauté, viennent d'être restaurés. Vous apprécierez le mélange très réussi d'intimité et de faste. La grande vigne (Great Vine), plantée en 1768, produit encore 300 kg de raisin par an. L'orangerie basse (Lower Orangery) abrite la série des neuf *Triomphes de César* d'Andrea Mantegna, acquis par Charles Ier en 1629, la salle des banquets (Banqueting House) destinée à Guillaume III et peinte par Antonio Verrio. Remarquez les grilles en fer du forgeron français Jean Tijou, repeintes peu à peu.

Il est impossible de quitter Hampton Court sans s'être aventuré dans le **labyrinthe** de charmes et d'ifs de 800 m de long, planté en 1690. On a calculé que, pour atteindre le centre, les visiteurs mettent 20 minutes en moyenne.

Hampton Court Palace (☎ 0181-781 9500) est ouvert d'avril à octobre, le lundi de 10h15 à 18h et du mardi au dimanche de 9h30 à 18h ; de fin octobre à mars, le lundi de 10h15 à 16h30 et du mardi au dimanche de 9h30 à 16h30. Le billet tout compris s'élève à 8/5,75 £, mais l'accès aux jardins est gratuit jusqu'au crépuscule. Dans ce cas, vous paierez 50/25 p pour visiter le court de tennis, 2/1 £ pour voir les Privy Gardens et 1,70/1 £ pour le labyrinthe. Des boissons sont servies dans la Privy Kitchen et le Tiltyard Tea Room, mais elles sont chères. Un tour du parc en calèche, entre 10h et 17h30, revient à 13 £ (6 personnes maximum).

Comment s'y rendre. Des trains quittent toutes les demi-heures la gare de Waterloo à destination de la gare de Hampton Court (3,90 £ l'aller-retour, Zone 6).

Vous pouvez aussi prendre un bateau au Westminster Pier jusqu'au Hampton Court Pier. Les ferries fonctionnent d'avril à octobre et partent à 10h30, 11h15 et 12h. Le trajet dure 3 heures 30 et passe les écluses de Richmond et de Teddington (8/4 £ l'aller simple).

CHISWICK ET KEW (carte 14)

Malgré l'abominable A4 qui traverse la ville de part en part et isole les rues proches de la Tamise du centre commercial, Chiswick (prononcer tchissik) reste une banlieue agréable. La High Rd est assez large pour que les cafés et restaurants puissent sortir leurs tables sans gêner les passants. Les touristes sont surtout attirés par la Chiswick House et la maison du peintre Hogarth. Une très belle promenade longe les bords de la Tamise jusqu'à Hammersmith.

Kew, naturellement, c'est avant tout les Kew Gardens, un des plus beaux jardins botaniques du monde, domaine de la Royal Botanical Society. Le Kew Green est aussi un bel endroit où se déroulent, en été, des matchs de cricket. La Kew Church du XVIIIe siècle est certainement digne d'intérêt, à condition de pouvoir y entrer.

Chiswick House

Chiswick House (☎ 0181-995 0508), Chiswick Park W4 (métro : Turnham Green), est un beau pavillon palladien coiffé d'une coupole octogonale et agrémenté d'un portique à colonnes. Il fut conçu par le troisième comte de Burlington (1694-1753) au retour de son "Grand Tour" d'Italie, dans un élan d'enthousiasme pour l'antiquité romaine. Lord Burlington y recevait ses amis et y gardait sa bibliothèque et sa collection d'œuvres d'art. En 1788, le cinquième comte en fit une maison plus conventionnelle et ajouta deux ailes de part et d'autre du pavillon. Elles furent démolies en 1951 alors que la maison commençait à tomber en ruines.

A l'intérieur, au rez-de-chaussée, le travail de restauration est présenté en détail et vous verrez des statues provenant du parc. A l'étage, quelques pièces ont retrouvé un faste que certains jugeront écrasant, mais la splendeur du grand salon est indéniable. La coupole a été laissée sans dorure et huit gigantesques peintures ornent les murs. Dans la Blue Velvet Room (qui n'est pas tapissée de velours mais de papier tontisse), notez le portrait d'Inigo Jones, un architecte que Lord Burlington admirait beaucoup, surmontant l'une des portes. Les peintures du plafond sont de William Kent qui décora également les Kensington State Apartments.

Lord Burlington dessina également les jardins de sa maison, devenus Chiswick Park, mais ils ont été profondément remaniés depuis et le seront encore plus s'ils obtiennent un financement de la Loterie nationale. La Cascade en particulier, silencieuse depuis des années, pourrait être remise en marche. Le Burlington's Café, ouvert de 10h à 16h30, n'est pas un endroit sympathique mais sa nourriture est excellente, surtout pour les végétariens. Il propose un breakfast à 4,50 £ et des sandwiches ciabatta à partir de 2,30 £.

Chiswick House est ouverte tous les jours, de Pâques à octobre de 10h à 18h et le reste de l'année de 10h à 16h (entrée : 2,50/1,50 £, gratuite pour les membres de l'EH).

La maison est loin de la gare, mais le bus n°E3, qui s'arrête sous le pont à la sortie de la gare, vous déposera à proximité. Demandez au chauffeur de vous indiquer l'arrêt.

Hogarth's House

Coupé de son cadre par le trafic assourdissant de l'A4, Hogarth's House (☎ 0181-994 6757), Hogarth Lane, Great West Rd W4 (métro : Turnham Green), donne l'occasion de voir l'intérieur d'une petite maison du XVIIIe siècle aux murs couverts de boiseries pistache, entourée d'un joli jardin.

William Hogarth (1697-1764), peintre graveur spécialisé dans la satire et l'imagerie moralisatrice, y vécut de 1749 à 1764. Si le mobilier d'origine a en grande partie disparu, les murs sont décorés de gravures du maître évoquant la vie londonienne à l'époque des rois George : *The Rake's Progress* (la carrière du roué), *The Harlot's Progress* (la carrière de la prostituée), *Mariage à la mode* et les célébrissimes *Gin Lane* et *Beer Street*. *Gin Lane* fut créée pour appuyer une campagne visant à interdire la distillation du gin (qui aboutira au Gin Act de 1751), les pauvres ne devant pas gaspiller leur maigre argent dans l'alcool. Elle montre des ivrognes titubant dans les rues de la commune de St Giles ; au second plan, on reconnaît l'église de St George's Bloomsbury.

La maison est ouverte du mardi au vendredi de 13h à 17h (18h les samedi et dimanche) et ferme une heure plus tôt de novembre à mars (entrée gratuite). Pour voir la tombe de Hogarth au **cimetière St Nicholas**, tournez à droite en sortant de la maison et continuez jusqu'au rond-point Hogarth. Prenez le passage souterrain pour rejoindre Church St, une rue bordée de belles maisons qui conduit à l'église, puis au fleuve. Si vous avez le temps, vous pourrez faire une très belle promenade de 3 km le long de la Tamise, jusqu'à Hammersmith.

Kew Gardens

Kew Gardens (☎ 0181-940 1171), Kew Rd, Kew, Surrey (métro : Kew Gardens), est un des sites les plus visités, surtout les week-ends d'été. Le printemps est sans doute la saison où le jardin est le plus beau. Outre le parc comportant des pelouses, des jardins à la française et des serres, Kew est un important centre de recherche botanique, doté de la plus riche collection botanique au monde.

Si vous arrivez par le métro et entrez par la **porte Victoria** (Victoria Gate), vous rencontrerez presque tout de suite un grand bassin dominé par la splendide **palmeraie** (Palm House), une serre en métal et en verre conçue par Decimus Burton et Richard Turner entre 1844 et 1848 qui abrite toutes sortes de plantes tropicales. Devant la serre, une rangée de statues représentent des animaux héraldiques, notamment le cheval blanc de la dynastie de Hanovre peint sur les plafonds de Kensington Palace. Au nord-ouest de la palmeraie se trouve la minuscule et charmante **serre des nénuphars** (Waterlily House) de 1852.

En allant vers le nord, vous arriverez devant le **jardin d'hiver Princesse de Galles** (Princess of Wales Conservatory). Ouvert en 1987, il abrite des plantes de 10 zones climatiques différentes, gérées par ordinateur. Vient ensuite la **Kew Gardens Gallery** où sont organisées des expositions de peintures et de photos en rapport avec la botanique. Elle ouvre tous les jours de 9h30 à 13h et de 14h à 17h30.

À l'ouest de la galerie, le **Kew Palace** en brique rouge date du début du XVIIe siècle. Cette ancienne résidence royale est meublée dans le goût de l'époque de George III, qui s'y plaisait beaucoup (son épouse Charlotte y mourut en 1818). Les jardins sont particulièrement beaux.

Si vous coupez à travers les pelouses au sud du palais, vous suivrez un **lac** tout en longueur. Faites-en le tour vers l'ouest en direction du **Queen Charlotte's Cottage**, un pavillon de jardin en bois utilisé par George III et sa famille, entouré de jacinthes au printemps.

À l'est du cottage, vous trouverez la nouvelle **entrée japonaise** (Japanese Gateway) et la célèbre **pagode** construite par William Chambers en 1761 ; on ne peut pas la visiter.

En repartant vers le nord, vous arriverez à la **serre tempérée** (Temperate House), autre magnifique structure en fer et en verre de Decimus Burton, commencée en 1860 et achevée en 1899. Sur le côté ouest, un petit **pavillon de l'évolution** (Evolution House) montre comment les plantes ont évolué au cours des millénaires.

À l'est de la serre tempérée, la **Marianne North Gallery** célèbre une des femmes indomptables de l'époque victorienne. Marianne North refusa de rester cloîtrée dans son foyer et préféra courir le monde de 1871 à 1885, peignant des arbres et des fleurs. Le résultat de son labeur est maintenant exposé dans ce musée, spécialement construit pour le recevoir.

Après un tel périple, vous aurez certainement envie d'aller reprendre des forces à l'**orangerie** où l'on sert des cream teas à partir de 14h (3,95 £).

Les Kew Gardens ouvrent tous les jours : de novembre à janvier, de 9h30 à 16h30, en février, de 9h30 à 17h, en mars, de 9h30 à 18h, d'avril à août, du lundi au samedi de 9h30 à 18h30 et le dimanche de 9h30 à 20h, et de septembre à mi-octobre, de 9h30 à 18h (entrée : 4,50/3 £). La plupart des serres ferment à 17h30 en été et plus tôt en hiver.

À l'heure où nous écrivons, le Kew Palace (☎ 0181-332 5189) est fermé pour rénovation. Il devrait rouvrir dans le courant de l'été 1998. Normalement, il est ouvert d'avril à septembre, tous les jours de 11h à 17h30 (80 p). Avec les jardins, le billet combiné revient à 4,80/2,80 £.

Comment s'y rendre. Vous avez le choix entre le métro et le train grandes lignes. En sortant de la gare, allez tout droit, traversez Kew Gardens Rd et suivez Lichfield Rd qui se termine en face de Victoria Gate.

Vous pouvez aussi prendre le bateau au Westminster Pier à 10h15 et 14h de mars à septembre. En juillet et août, des services supplémentaires sont prévus à 11h et 14h30, et 13h s'il y a suffisamment de passagers (1 heure 45, 6/3 £ l'aller simple, 10/5 £ l'aller-retour).

ISLEWORTH, BRENTFORD ET EALING (carte 14)

Isleworth est une tranquille banlieue riveraine de la Tamise qui ne peut guère proposer au visiteur qu'Osterley House et son beau parc, au nord, et le pub London Apprentice au bord de l'eau (voir la rubrique *Bars et pubs* du chapitre *Distractions*).

Brentford, qui relie Kew à Osterley et Ealing, est tout aussi quelconque, mais la magnifique Syon House justifie le détour.

Ealing, reliée aux lignes Central et District du métro et à la gare de Paddington, est une banlieue intéressante pour ceux qui cherchent à se loger. En outre, c'est une ville assez verte. Les studios de cinéma Ealing Film Studios on The Green sont encore utilisés de temps à autre par la BBC. Le Pitshanger Manor, une retraite campagnarde conçue par Sir John Soane, mérite une visite. En chemin vers Ealing, vous pourrez vous arrêter à l'amusant Western Ave Tesco's, un magasin installé dans une ancienne usine Hoover de 1932 aux jolis détails Art déco.

Le borough d'Ealing comprend également Southall, un secteur d'abord habité par les immigrants sikhs du Pendjab arrivés dans les années 50 et 60, puis par les Indiens fuyant l'Ouganda et le Kenya dans les années 70. C'est un quartier très animé, avec d'excellentes maisons de curry (voir l'encadré *Où déguster un bon curry* au chapitre *Où se restaurer*) et des magasins de vidéos et de musique indiennes. Le marché du samedi est égayé d'une nuée de saris chatoyants et le quartier possède plusieurs temples hindous.

Osterley House & Park

Osterley House (☎ 0181-560 398) a vu le jour en 1575, pour servir de retraite campagnarde à Thomas Gresham, le créateur du Royal Exchange (la bourse du commerce). La demeure fut profondément remaniée au XVIIIe siècle par Robert Adam. Les décors en plâtre, les meubles et les peintures sont tous merveilleux, mais c'est la cuisine du sous-sol qui, très souvent, impressionne le plus les visiteurs.

Elle est ouverte de Pâques à octobre, du mercredi au dimanche de 13h à 17h (entrée : 3,80/1,90 £, gratuite pour les membres du NT). La réduction de 1 £ accordée aux porteurs d'une carte de transport encourage les visiteurs à venir par les transports en commun. L'écurie Tudor ouvre les dimanche d'été. Le parc et son lac artificiel sont accessibles de 9h au coucher du soleil. La M4 le coupe en deux et son grondement trouble la paix des lieux. Toutefois, il existe encore des zones importantes où l'on peut oublier son existence.

Pour y accéder, prenez le métro jusqu'à Osterley, remontez Osterley Avenue et tournez à gauche dans Thornbury Rd qui vous conduira jusqu'à l'entrée du parc.

Syon House

Syon House (☎ 0181-560 0881), Syon Park, Brentford (métro : Gunnersbury, gare : Syon Lane), est un superbe exemple de ces manoirs anglais ouverts au public. La demeure où, en 1554, Lady Jane Grey monta sur le trône pour un règne de 9 jours fut remaniée par Robert Adam au XVIIIe siècle et possède encore bon nombre des meubles et des boiseries en chêne de cet architecte. Le décor intérieur diffère selon le sexe de l'occupant, rose et violet pastel pour la galerie des femmes et fausses sculptures romaines pour la salle à manger des hommes. Le jardin et son lac artificiel, dessinés par Capability Brown, renferme aujourd'hui la London Butterfly House, ouverte tous les jours de 10h à 17h (2,90/1,85 £).

Syon House ouvre du mercredi au dimanche de 11h à 16h15 d'avril à septembre ; d'octobre à mi-décembre, le dimanche seulement de 11h à 16h15 (entrée : 5,50/4 £).

Pitshanger Manor

Ancienne bibliothèque d'Ealing, Pishanger Manor (☎ 0181-567 1227), Mattock Lane W5 (métro : Ealing Broadway), est maintenant ouvert aux amateurs de l'architecture de John Soane, auteur de ce manoir Regency. Au sous-sol, une vidéo en retrace l'histoire. Il abrite une collection de poteries XIXe des frères Martin de Southall. Vous n'êtes pas forcé d'apprécier leurs dessins grotesques, quoique les jarres-hiboux à têtes pivotantes soient incontestablement comiques. Une fontaine des Martin, sauvée des vandales du Southall Park, a trouvé refuge ici.

Le manoir est ouvert de 10h à 17h, du mardi au samedi (entrée gratuite).

Autres curiosités

MUSÉES ET BÂTIMENTS PUBLICS

En plus des curiosités décrites ci-dessus, Londres possède une multitude de petits musées et bâtiments ouverts au public. Certains présentent un intérêt très ciblé ou n'ouvrent que de manière très restrictive.

Alexander Fleming Laboratory
　St Mary's Hospital, Praed St, Paddington W2 (☎ 725 6528, métro : Paddington) ; reconstitution du laboratoire où Fleming découvrit la pénicilline en 1928. Ouvert du lundi au jeudi de 10h à 13h.

Brass Rubbing Centre
　St Martin-in-the-Fields WC2 (☎ 930 1862, métro : Charing Cross, carte 6) ; copies de plaques mortuaires conservées dans la crypte ; les décalques coûtent 2,99 £ minimum.

Brunel's Engine House
　Railway Ave, Rotherhithe SE16 (☎ 0181-318 2489, métro : Rotherhithe, carte 7) ; maison des machines conçue par Brunel pour drainer l'eau du Thames Tunnel, le premier grand tunnel du monde (1825-1843), où passe aujourd'hui le chemin de fer. Ouvert le premier dimanche du mois, de 12h à 16h (entrée : 1,50 £/50 p).

Fan Museum
　12 Crooms Hill, Greenwich SE10 (☎ 0181-305 1441, gare : Greenwich, carte 12) ; collection d'éventails remontant au XVIIe siècle et provenant du monde entier, exposée dans un petit hôtel particulier du XVIIIe siècle. Ouvert du mardi au samedi de 11h à 17h et le dimanche de 12h à 17h (entrée : 3/2 £).

Gunnersbury Park Museum
　Pope's Lane W3 (☎ 0181-992 1612, métro : Acton Town) ; grande maison Regency renfermant un musée d'histoire locale et une collection de calèches. Ouvert tous les jours de 13h à 17h, jusqu'à 18h le week-end et 16h en hiver (entrée gratuite).

Haendel House Museum
　25 Brook St, W1 (métro : Bond St) ; quand vous lirez ces lignes, un nouveau musée consacré à la vie du compositeur du XVIIIe siècle, Haendel, devrait avoir ouvert ses portes dans la maison où il a vécu pendant 36 ans et où il composa son célèbre *Messie*.

House Mill
　Three Mill Lane E3 (☎ 0181-980 4626, métro : Bromley-le-Bow) ; le plus grand moulin marémoteur subsistant d'Angleterre (1776) qui produisait de la farine et faisait marcher la distillerie. Ouvert de mi-mai à octobre, le dimanche seulement, de 14h à 16h (entrée : 2 £).

Jewish Museum
　129 Albert St, Camden Town NW1 (☎ 284 1997, métro : Camden Town) ; musée présentant le judaïsme et l'histoire de la communauté juive en Grande-Bretagne. Ouvert tous les jours, sauf le vendredi et le samedi, de 10h à 16h (entrée : 3/1,50 £).

Kew Bridge Steam Museum
　Green Dragon Lane, Brentford (☎ 0181-568 4757, gare : Kew Bridge) ; station de pompage du XIXe, restaurée, équipée de 5 machines à balancier de Cornouailles, dont 2 pompent encore le week-end. Ouvert tous les jours de 11h à 17h (entrée : 3,25/2,80 £).

London Canal Museum
　12 New Wharf Rd N1 (☎ 713 0836, métro : King's Cross) ; entrepôt victorien abritant un petit musée sur la vie des canaux. Ouvert tous les jours, sauf le lundi, de 10h à 16h30 (entrée : 2,50/1,25 £).

London Toy & Model Museum
　21 Craven Hill, Bayswater W2 (☎ 706 8000, métro : Queensway) ; 5 étages de jouets et de modèles anciens et un manège dans le jardin (entrée : 4,95/2,50 £).

Musical Museum
　368 High St, Brentford TW8 (☎ 0181-560 8108, gare : Kew Bridge, carte 14) ; ancienne église abritant une collection d'"instruments" de musique mécaniques. Visites guidées uniquement, d'avril à octobre, le week-end entre 14h et 17h, en juillet et août, le mercredi de 14h à 16h (90 minutes, 3,20/2,50 £).

North Woolwich Old Station
　Pier Rd E16 (☎ 474 7244, gare : North Woolwich) ; petite gare ferroviaire ancienne qui intéressera les passionnés du rail. Ouverte le vendredi et le dimanche de 14h à 17h, et le samedi de 10h à 17h d'avril à septembre (entrée gratuite).

Pollock's Toy Museum
　1 Scala St W1 (☎ 636 3452, métro : Goodge St) ; collection de modèles anciens de théâtres (entrée : 2,75 £).

Ragged School Museum
46 Copperfield Rd E3 (☎ 0181-980 6405, métro : Mile End) ; petit musée de l'East End informant sur les centres et la pédagogie du Dr Barnado. Ouvert le mercredi et le jeudi de 10h à 17h, et le premier dimanche du mois de 14h à 17h (entrée gratuite).

Royal Air Force Museum
Grahame Park Way, Hendon, NW9 (☎ 0181-205 2266, métro : Colindale) ; musée immense dans le vieil aérodrome Hendon où sont exposés 70 avions et machines volantes, avec un simulateur de vol. Ouvert tous les jours de 10h à 18h (entrée : 5,70/2,85 £).

Sutton House
2 & 4 Homerton High St, Hackney E9 (☎ 0181-986 2264, gare : Homerton) ; demeure Tudor en brique rouge avec ajouts et jardins du XVIIIe siècle. Ouverte de février à novembre, les mercredi et dimanche de 11h30 à 17h et le samedi de 14h à 17h (entrée : 1,80 £/50 p, gratuite pour les membre du NT).

Wellcome Trust
183 Euston Rd NW1 (☎ 611 7211, métro : Euston) ; exposition "la Science pour la vie" sur la biomédecine et musée d'histoire de la médecine. Ouvert du lundi au vendredi de 9h45 à 17h, et le samedi jusqu'à 13h (entrée gratuite).

John Wesley's House & Museum of Methodism
49 City Rd EC1 (☎ 253 2262, métro : Old St) ; maison, musée et chapelle bien entretenus et remplis de souvenirs de Wesley, fondateur du méthodisme. Ouvert du lundi au samedi de 10h à 16h, le dimanche de 12h à 14h (entrée : 4/2 £).

GALERIES

Londres est évidemment très riche en galeries d'art. Le mensuel gratuit *Galleries* vous informera sur le programme des expositions. Vous le trouverez dans les galeries ou en appelant le ☎ 0181-740 7020.

La liste suivante est une simple suggestion. Vous trouverez d'autres galeries dans Cork St, New Bond St et Old Bond St :

Agnew's (☎ 629 6176), 43 Old Bond St W1 (métro : Bond St)
Bankside Gallery (☎ 928 7521), 48 Hopton St SE1 (métro : Blackfriars)
Berkeley Square Gallery (☎ 493 7939), 23A Bruton St W1 (métro : Green Park)
Brixton Artists' Collective (☎ 733 6957), 35 Brixton Station Rd SW9 (métro : Brixton)
Chinese Contemporary (☎ 734 9808), 11 New Burlington Place W1 (métro : Piccadilly Circus)
Colnaghi (☎ 491 7408), 15 Old Bond St W1 (métro : Bond St)
Crafts Council (☎ 278 7700), 44A Pentonville Rd N1 (métro : Angel)
Fine Art Society (☎ 629 5116), 148 New Bond St W1 (métro : Bond St)
London Institute Gallery (☎ 514 6127), 65 Davies St W1 (métro : Bo nd St)
Lothbury Gallery (☎ 726 1642), 41 Lothbury EC2 (métro : Bank, carte 6)
Mall Galleries (☎ 930 6844), The Mall SW1 (métro : Charing Cross)
Marlborough Fine Arts (☎ 629 5161), 6 Albermarle St W1 (métro : Green Park)
October Gallery (☎ 242 7367), 24 Old Gloucester St WC1 (métro : Holborn)
Photographers' Gallery (☎ 831 1772), 5 Great Newport St WC2 (métro : Leicester Square, carte 3)
Sackville Gallery (☎ 734 8014), 26 Sackville St W1 (métro : Piccadilly Circus)
Spink & Son (☎ 930 7888), 5 King St SW1 (métro : Piccadilly Circus)
Tracey Emin Museum (☎ 401 2692), 221 Waterloo Rd SE1 (métro : Waterloo)
Whitechapel Art Gallery (☎ 522 7878), 80-82 Whitechapel High St E1 (métro : Aldgate East)

BAINS PUBLICS

Au Moyen Age et sous les Tudor, Londres possédait d'innombrables bains publics qu'on appelait des *stews* ("ragoûts") à la réputation douteuse. En 1879, la capitale comptait encore plus d'une douzaine de bains turcs. Ceux qui restent valent réellement le déplacement.

Mentionnons le **Porchester Spa** (☎ 792 3980), Porchester Centre, Queensway W2 (métro : Bayswater ou Queensway, carte 9), dont la salle de repos possède une petite piscine sertie d'un décor de céramique Art déco. Vous pouvez vous détendre puis goûter aux bains de vapeur turc et russe, au sauna finlandais et au bain à remous. Toute une gamme de massages est offerte à des prix intimidants. Les bains sont ouverts tous les jours de 10h à 22h (dernière entrée à 20h). Les lundi, mercredi et samedi sont réservés aux hommes, les mardi, jeudi, vendredi et dimanche jusqu'à 16h aux femmes. Le dimanche, de 16h à 22h, les bains s'ouvrent aux couples (entrée : 17,60 £).

Les **Ironmonger Row Baths** (☎ 253 4011), 1 Ironmonger Row EC1 (métro : Old St), sont plus abordables, à défaut d'être aussi raffinés, et plus proches des authentiques bains turcs. Les lundi, mercredi, vendredi et un dimanche sur deux sont réservés aux femmes, les mardi, jeudi, samedi et un dimanche sur deux, aux hommes. Les bains restent ouverts jusqu'à 22h (dernière entrée à 20h). L'entrée s'élève à 9,60 £ (5,70 £ le matin). Un vigoureux massage à la turque vous reviendra à 7 £.

Ces deux bains abritent des piscines traditionnelles.

The Sanctuary (☎ 240 9635), 12 Floral St WC2 (métro : Covent Garden), réservé aux femmes, propose des forfaits journaliers à 47,50 £, avec accès au sauna, au bain de vapeur, au bain à remous et aux piscines. Il ouvre tous les jours de 10h à 18h.

Activités

PISCINES

Chaque borough ou presque dispose de sa piscine dont on trouvera l'adresse dans l'annuaire, dans les *Yellow Pages* ou en appelant la Sportsline au ☎ 222 8000. **The Oasis**, 32 Endell St WC2 (métro : Covent Garden), est centrale et très courue. Elle ouvre de 6h30 à 21h en semaine et de 9h30 à 17h le week-end (entrée : 2,45 £/85 p).

De Pâques à septembre, on peut nager dans la piscine découverte du **Lido** (carte 9), à côté du Serpentine dans Hyde Park (entrée : 1,50 £). Les plus courageux et les plus sportifs vont nager dans les bassins de Hampstead Heath.

TENNIS

Des courts de tennis ont été aménagés dans la plupart des parcs, mais ils sont souvent retenus des semaines à l'avance. La Lawn Tennis Association publie un guide utile, *Where to Play Tennis in London*, qu'elle vous enverra sur demande accompagnée d'une enveloppe timbrée : Queen's Club, Palliser Rd W14 (☎ 381 7000). Vous pouvez aussi appeler la Sportsline au ☎ 222 8000 qui vous conseillera.

GOLF

Deux terrains de golf boisés sont situés à la périphérie de Londres. Pour tout renseignement concernant le **Brent Valley Course**, Church Rd, Cuckoo Lane W7 (gare : Hanwell), téléphonez au ☎ 0181-567 1287. Pour le **Richmond Park Course**, Roehampton Gate SW15 (gare : Barnes), appelez le ☎ 0181-876 3205.

ÉQUITATION

Si vous souhaitez monter à cheval dans Hyde Park, louez une monture (25 £) auprès des **Hyde Park Stables**, 63 Bathurst Mews W2 (métro : Lancaster Gate). Pour tout renseignement sur les leçons d'équitation, appelez le ☎ 723 2813.

SPORTS NAUTIQUES

Vous pourrez ramer sur le Serpentine de Hyde Park. Toutefois, les Docklands, équipés pour le jetski, le ski nautique et la planche à voile, offrent un choix plus diversifié. Pour connaître toutes les possibilités dans ce domaine, faites une demande accompagnée d'une enveloppe timbrée au Visitor Centre, 3 Limeharbour E14 9TJ, ou contactez le Docklands Watersports Club, King George VI Dock, Woolwich Manor Way E16 (☎ 511 7000).

SAUT À L'ÉLASTIQUE

Le saut à l'élastique (☎ 720 9496) est un des sports proposés aux visiteurs de l'Adrenalin Village, coincé au bord de la Tamise entre le Battersea Park et la Power Station (cartes 2 et 14). Pour se jeter dans le vide du haut d'une tour de 100 m, il vous en coûtera 35 £, plus 15 £ d'assurance premier saut (valable un an). Entre 18 et 50 ans, vous n'avez besoin ni d'autorisation parentale ni de certificat médical.

Cours

Floodlight (3,50 £), qui paraît chaque année en juillet, rassemble toutes les informations concernant la multitude des cours réguliers en tous genres offerts à Londres.

LANGUE
Chaque année des milliers de personnes viennent à Londres étudier l'anglais. Avant de s'inscrire, il préférable de s'adresser au British Council (☎ 930 8466), 10 Spring Gardens SW1, qui vous aidera à choisir une école de bonne réputation. Il tient à jour une liste (gratuite) des collèges délivrant des diplômes reconnus par l'État et répondant aux normes minimales d'équipement, de qualification des enseignants et de soutien par un tutorat. Il peut aussi conseiller les étudiants étrangers sur les possibilités d'études au Royaume-Uni. En effet, beaucoup de collèges et d'universités offrent désormais des cours destinés aux étudiants étrangers. La plupart des collèges proposent des cours préparant aux examens de Cambridge ou de l'IELTS et aident leurs étudiants à trouver un hébergement.

Le British Council étant représenté dans le monde entier, renseignez-vous avant d'arriver à Londres. Le British Tourist Authority dispose aussi d'une brochure destinée aux personnes désireuses d'étudier en Angleterre.

Nous donnons ici une liste d'écoles reconnues. Toutes dispensent des cours de tous niveaux, à plein temps ou à temps partiel, qui conduisent aux diplômes Cambridge University Preliminary, First Level et Proficiency. Elles offrent aussi des stages intensifs d'été et des cours privés. Un stage de 4 semaines à plein temps peut coûter 120/180 £, et un stage de 12 semaines, 300/400 £ selon le nombre d'heures de cours.

Central School of English
  1 Tottenham Court Rd W1 (☎ 580 2863)
English in Central London
  Peter St W1 (☎ 437 8536)
Frances King School of English
  195 Knightsbridge SW7 (☎ 838 0200)
Hampstead School of English
  553 Finchley Rd NW3 (☎ 794 3533)
Holborn English Language Services
  14 Soho St W1 (☎ 734 9989)
Kingsway College
  Vernon Square WC1 (☎ 306 5880)
London Study Centre
  Munster House, 676 Fulham Rd SW6
  (☎ 731 3549)

Promenades dans Londres

Londres est une ville immense, impressionnante, mais les principaux sites sont regroupés au centre, et vous pourrez aisément les découvrir à pied.

Les quatre itinéraires proposés vous permettront d'explorer différents quartiers de Londres.

La première promenade vous conduira vers les centres d'intérêt incontournables, de la cathédrale Saint-Paul à Trafalgar Square ; c'est sans doute celle que vous effectuerez si le temps vous fait défaut. La deuxième se concentrera sur le Strand et Fleet St, deux rues célèbres qui relient Westminster à la City, et qui furent le lieu de prédilection de figures londoniennes aussi illustres que Samuel Pepys, le docteur Johnson et Charles Dickens. C'est aussi l'occasion de découvrir quelques chefs-d'œuvre de Christopher Wren, en dehors de la cathédrale Saint-Paul.

La troisième promenade vous fera découvrir la rive sud de la Tamise, un des endroits les plus dynamiques de Londres, où les changements s'effectuent à un rythme étourdissant. Vous verrez de superbes bâtiments modernes, comme le Design Museum de Terence Conran, et aussi les quartiers moins avenants de Southwark, autour de l'ancienne Clink Prison.

Le quatrième parcours vous entraînera loin des sentiers battus, dans l'East End, quartier très délabré par endroits. Vous aurez un aperçu de la richesse et de la diversité culturelle de Londres, et verrez à quel point le renouveau peut côtoyer la misère de certains quartiers laissés à l'abandon.

PROMENADE 1 : DE LA CATHÉDRALE SAINT-PAUL A TRAFALGAR SQUARE

Le meilleur moyen de vous repérer consiste à tourner autour du centre, là où se trouvent les sites les plus connus. Le parcours décrit ci-après peut se faire en une journée et constitue une bonne introduction au West End et à Westminster. Pour plus de renseignements sur chaque monument, reportez-vous au chapitre *A voir et à faire*.

Partez de la **cathédrale Saint-Paul** (1), le chef-d'œuvre de Wren achevé en 1710, et grimpez au sommet de la Golden Gallery, d'où vous embrasserez un remarquable panorama sur Londres. Ensuite, à moins que vous ne préfériez continuer à pied le long de Fleet St et du Strand (Promenade 2), prenez les bus n°501 ou 521 de Newgate St (derrière la station Saint-Paul) jusqu'à Covent Garden.

Covent Garden (2). Cet ancien marché aux fruits et aux légumes est aujourd'hui une place très animée. Le piéton est roi et vous pourrez en profiter pour boire un verre ou vous restaurer. La **Royal Opera House** (3) (actuellement en cours de rénovation) se situe au nord-est, face au Theatre Museum. Le London Transport Museum est à l'angle de la place.

Remontez en direction du nord-est dans James St, jusqu'au métro Covent Garden, puis tournez à gauche dans Long Acre. En suivant cette rue, vous passerez devant la librairie de voyage Stanfords.

Après avoir traversé Charing Cross Rd, continuez jusqu'à **Leicester Square** (4), où la verdure a bien du mal à s'imposer face aux nombreux cinémas, night-clubs et fast-foods. Notez que le Leicester Square Theatre Ticket Booth, au sud, vend des billets à demi-tarif pour les spectacles du jour.

Poursuivez le long de Coventry St, en passant devant le **Trocadero Centre** (5), un parc à thèmes couvert, puis à **Rock Circus** (6), avant de rejoindre **Piccadilly Circus** (7) que domine la fameuse statue d'Éros. Tower Records, à l'ouest, est l'un des meilleurs magasins de musique de Londres. Shaftesbury Ave, le fief des théâtres, quitte la place en direction du nord-est. Des échoppes de kebabs et de pizzas bon marché se succèdent. L'avenue

Promenade 1

1	Cathédrale Saint-Paul	11	St James's Palace
2	Covent Garden Market	12	Buckingham Palace
3	Royal Opera House	13	Cabinet War Rooms
4	Leicester Square	14	Abbaye de Westminster
5	Pepsi Trocadero Centre	15	Houses of Parliament
6	Rock Circus	16	Big Ben
7	Piccadilly Circus et statue d'Éros	17	10 Downing St
8	St James's Piccadilly	18	Banqueting House
9	Royal Academy	19	Horse Guards Parade
10	Burlington Arcade	20	Trafalgar Square et Nelson's Column

longe ensuite le quartier de Soho, réputé pour ses restaurants et sa vie nocturne agitée. Regent St s'élance vers le nord-ouest en dessinant une courbe élégante jusqu'à Oxford Circus.

Continuez vers l'ouest dans Piccadilly jusqu'à **l'église Saint-James** (8) (restaurants excellents et pas chers) et la **Royal Academy** (9), qui propose régulièrement des expositions temporaires. Faites un détour vers la droite dans l'extraordinaire **Burlington Arcade** (10), juste après l'académie, mais prenez garde aux Burlington Berties (sorte de police privée), chargés de réprimer les sifflements ou tout autre comportement inconvenant.

Retournez dans Piccadilly et continuez jusqu'à ce que vous atteigniez St James St sur votre gauche (au sud). Vous arriverez devant la façade en brique rouge de **St James Palace** (11), résidence royale de 1660 à 1837, date à laquelle la reine Victoria accéda au trône et emménagea à Buckingham Palace. En faisant le tour par le côté est, vous débouchez sur le Mall.

Trafalgar Square se trouve à l'est (à gauche) et **Buckingham Palace** (12) à l'ouest. Si vous souhaitez assister à la relève de la garde, sachez qu'elle a lieu chaque jour à 11h30 d'avril à août et un jour sur deux d'août à avril. C'est en se plaçant devant les grilles de Buck House qu'on a le meilleur point de vue, mais la foule est parfois impressionnante. Revenez sur vos pas en traversant le magnifique St James Park et longez le lac par l'est jusqu'au bout. En tournant à droite dans Horse Guard Rd, vous passerez devant les **Cabinet War Rooms** (13), témoins extraordinaires des jours les plus sombres de la Seconde Guerre mondiale.

Poursuivez vers le sud, le long de Horse Guards Rd, puis prenez à gauche dans Great George St qui mène à l'abbaye de

Westminster, aux Houses of Parliament et à Westminster Bridge. L'histoire de l'abbaye de Westminster est d'une telle richesse qu'il vous faudra une demi-journée pour la visiter. Le trône du couronnement, sur lequel deux monarques seulement furent couronnés depuis 1066, est situé juste derrière l'autel, et de nombreux personnages illustres – de Darwin à Chaucer – reposent à cet endroit.

Malheureusement, le grand nombre de visiteurs peut gâcher l'atmosphère. Mieux vaut alors revenir plus tard assister à l'office du soir.

Les **Houses of Parliament** (15) et **St Stephen Tower** (16) – plus connue sous le nom du célèbre carillon qu'elle abrite, **Big Ben** – furent construites au XIXe siècle dans un style faussement médiéval. Le meilleur moyen d'apprécier ce qui s'y passe est de suivre un débat parlementaire depuis les galeries réservées aux visiteurs de la Chambre des communes ou de celle des lords. Pour tout renseignement, appelez le ☎ 219 4272.

En vous éloignant de Westminster Bridge, tournez à droite dans Whitehall, une artère bordée d'imposants ministères. Sur votre gauche, la maison d'allure banale du **10 Downing St** (17) sert de résidence temporaire aux premiers ministres. Des grilles installées par Margaret Thatcher en interdisent désormais l'accès, et vous devrez vous contenter d'un rapide coup d'oeil au travers. Plus loin sur la droite, se dresse la somptueuse **Banqueting House** (18), construite par Inigo Jones, et où Charles Ier fut décapité. Continuez en passant devant les **Horse Guards** (19) sur votre gauche, où vous pourrez assister à une relève de la garde moins courue, à 11h du lundi au samedi et à 10h le dimanche.

Vous arrivez finalement à **Trafalgar Square** (20), place au centre de laquelle s'élève l'immense Nelson's Column. La National Gallery et la National Portrait Gallery se trouvent au nord, l'église de St Martin-in-the-Fields et l'Ambassade d'Afrique du Sud à l'est, et l'Admiralty Arch au sud-ouest. Au cas où vous ne pourriez plus mettre un pied devant l'autre, la station de métro Charing Cross n'est qu'à deux pas en direction du sud-est.

PROMENADE 2 : D'EMBANKMENT STATION A LUDGATE CIRCUS

Cet itinéraire vous entraîne le long du Strand et de Fleet St, deux des artères les plus célèbres de Londres qui établissent la jonction entre Westminster et la City.

Prenez le métro jusqu'à Embankment (District et Circle lines). Une fois arrivé, tournez à gauche après le tourniquet afin de sortir dans Villiers St, puis prenez immédiatement à droite vers **Victoria Embankment Gardens** (1), lieu très apprécié des employés de bureau qui déjeunent parmi les nombreuses statues. Les plus remarquables sont celles du poète Robert Burns (1759-1796) et d'Arthur Sullivan (1842-1900), compositeur d'opéras comiques, notamment *Trial by Jury* (qui se passe à la Tour de Londres) et *The Mikado*. Difficile de rater cette statue, une femme à moitié nue s'accroche désespérément au socle, le visage déformé par le chagrin. En été, des concerts gratuits ont lieu à l'extrémité ouest des jardins (du côté de la station de métro) ; une notice affichée à l'entrée fournit de plus amples détails. La **Cleopatra's Needle** (2) se dresse juste à l'extérieur des jardins, sur Victoria Embankment (Promenade 3).

Traversez les jardins qui longent la Tamise, sortez par la porte est, et vous verrez le Waterloo Bridge. Tournez à gauche dans Savoy St, juste avant le pont. Vous apercevrez sur votre gauche la **Savoy Chapel** (3). Jusqu'en 1381, se dressait ici le majestueux palais de John of Gaunt, Duc de Lancaster, et protecteur de Geoffrey Chaucer. Il fut détruit pendant la Révolte des paysans, et Henri VII fit construire sur cet emplacement un hôpital pour les pauvres. La chapelle actuelle remplace celle qui jouxtait l'hôpital et qui brûla en 1864 ; ce qu'on voit aujourd'hui est une réplique construite à l'époque victorienne. Il ne reste que quelques parties de l'originale, notamment dans le chœur. Les magnifiques vitraux héraldiques et le plafond lambrissé valent la peine d'être vus. La chapelle est ouverte du mardi au vendredi, de 11h30 à 15h30.

Poursuivez dans Savoy St. Lorsque vous débouchez sur le Strand, tournez à droite et traversez Lancaster Place. Peu après, vous arriverez à **Somerset House** (4), à droite. Cet immeuble élégant, conçu par Sir William Chambers en 1774, ne fut achevé qu'en 1835. Il accueille à présent divers services du gouvernement, ainsi que la Courtauld Gallery qui possède l'une des plus belles collections de peintures de Londres.

Si vous n'avez pas le temps de visiter la galerie, prenez tout de même la peine de vous promener dans les cours intérieures afin d'admirer la gracieuse architecture palladienne (on peut admirer la façade depuis Waterloo Bridge). Plusieurs parties de Somerset House doivent être aménagées en un complexe artistique qui permettra aux visiteurs de découvrir une collection de plâtres du XVIIIe.

Au XVIIIe siècle, le Strand était un quartier à la mode, bordé de palais et de demeures imposantes appartenant à la noblesse. C'était un lieu très fréquenté par les promeneurs. Certaines des constructions érigées dans les années 60 n'ont malheureusement rien fait pour préserver l'élégance de la rue.

Toujours sur le Strand, dirigez-vous vers l'est en laissant sur votre droite les affreux bâtiments des années 60 de King's College. Traversez la chaussée pour visiter **St Mary-the-Strand** (5), construite par James Gibbs entre 1715 et 1724. Les plâtres du plafond offrent un contraste saisissant avec les murs de couleur beige ; les fenêtres furent placées en hauteur afin d'atténuer les bruits de la rue.

Continuez à gauche sur le Strand jusqu'à **Bush House** (6), qui date de 1920. Une partie du bâtiment abrite le BBC World Service. Un peu plus loin, se dresse Australia House, conçue par Marshall Mackenzie entre 1912 et 1918, et dont la façade est agrémentée de statues immenses dessinées par Harold Parker.

L'église au milieu de la chaussée est **St Clement Danes** (8), devant laquelle se trouve une statue de **William Ewart Gladstone** (9), trois fois Premier ministre entre 1868 et 1894.

L'ancienne église de St Clement Danes fut construite par Sir Christopher Wren en 1682, et le clocher qui surplombe la tour fut ajouté en 1719 par James Gibbs. Presque entièrement détruite par les bombardements de 1941 (seuls les murs et le clocher résistèrent), l'église fut reconstruite en 1958 pour la Royal Air Force ; plus de 800 plaques d'ardoise, arborant les écussons des différents escadrons de la RAF, sont incrustées dans le dallage de la nef. Son curieux nom rappel celui de l'église érigée sur le même site au IXe siècle. A cette époque, les marins danois mariés à des Anglaises avaient le droit d'habiter dans un périmètre compris entre Westminster et Ludgate. Lorsqu'ils bâtirent leur propre église, ils lui donnèrent tout naturellement le nom de St Clement, saint patron des marins.

Si vous prévoyez votre visite à 9h, à 12h, à 15h ou à 18h, vous entendrez le carillon égrener une vieille comptine populaire, *Oranges and Lemons*.

Outre celle de Gladstone, plusieurs autres statues entourent St Clement, dont celle, très controversée, de **"Bomber" Harris** (10), maréchal de la RAF de 1942 à 1945, jugé responsable du bombardement de Dresde. Moins sujette à polémique, la statue érigée derrière l'église rend hommage au **Dr Samuel Johnson** (1709-1784) (11), connu pour avoir déclaré : "si un homme est las de Londres, c'est qu'il est las de la vie".

Sur le trottoir nord du Strand, se dresse le **Royal Courts of Justice** (12), savante combinaison d'arches, de tourelles et de flèches de style néogothique. C'est ici que se déroulent de nombreux procès décisifs. Il est possible de le visiter, mais il est interdit de prendre des photos dans l'enceinte du bâtiment.

Face au palais de justice, côté sud du Strand, se trouve l'entrée de **Twinings**

Promenade 2

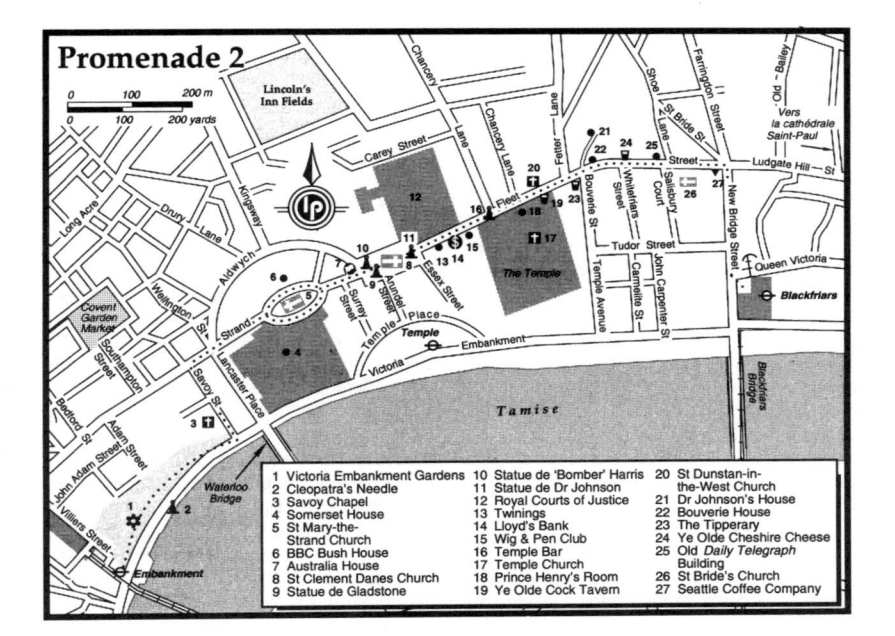

1 Victoria Embankment Gardens	15 Wig & Pen Club
2 Cleopatra's Needle	16 Temple Bar
3 Savoy Chapel	17 Temple Church
4 Somerset House	18 Prince Henry's Room
5 St Mary-the-Strand Church	19 Ye Olde Cock Tavern
6 BBC Bush House	20 St Dunstan-in-the-West Church
7 Australia House	21 Dr Johnson's House
8 St Clement Danes Church	22 Bouverie House
9 Statue de Gladstone	23 The Tipperary
10 Statue de 'Bomber' Harris	24 Ye Olde Cheshire Cheese
11 Statue de Dr Johnson	25 Old *Daily Telegraph* Building
12 Royal Courts of Justice	26 St Bride's Church
13 Twinings	27 Seattle Coffee Company
14 Lloyd's Bank	

(13), magasin de thé ouvert en 1706 par Thomas Twining (1675-1741), sans doute la plus ancienne compagnie de Londres à avoir conservé la même adresse et à appartenir toujours à la même famille. Sur l'enseigne colorée, s'entremêlent deux Chinois et un lion doré – Thomas avait appelé son premier magasin le Lion Doré. Au fond de l'établissement, une petite collection de souvenirs rappelle la longue histoire de la compagnie.

En vous dirigeant à l'est vers Fleet St, levez les yeux pour apprécier l'architecture raffinée des bâtiments. A quelques portes de Twinings, les fenêtres rondes du service juridique de la **Lloyd's Bank** (14) sont entourées de poissons sculptés. Des carreaux agrémentent la niche qui abrite désormais des distributeurs de billets.

Toujours du même côté de la rue, au n°229, le **Wig and Pen Club** (15), qui date de 1625, est le seul bâtiment du Strand à avoir survécu au Grand Incendie de 1666. C'est aujourd'hui un luxueux restaurant, mais on peut admirer les perruques et les plumes en plâtre de la façade.

Au milieu de la rue, un griffon enserrant un socle richement sculpté marque l'emplacement de l'ancienne **Temple Bar** (16), où la Cité de Westminster devint la Cité de Londres. Ce socle est orné de statues de la reine Victoria et de son mari Albert, de symboles évoquant l'Art, la Science, la Guerre et la Paix, et de scènes de processions.

Un peu plus loin, vous arriverez devant un kiosque à journaux et un passage voûté qui mène sur la droite. Empruntez-le, et vous vous retrouverez devant le Temple, une des quatre Inns of Courts. Le dramaturge Oliver Goldsmith, le romancier William Thackeray et le chroniqueur John Evelyn ont tous séjourné ici à des époques différentes. Selon Shakespeare, c'est à

Temple Gardens que commença la Guerre des Roses, après que les ducs d'York et de Lancaster y ont cueilli des roses blanches et rouges représentant leurs camps respectifs. La fontaine de Fountain Court a été immortalisée par Charles Dickens dans *Martin Chuzzlewit*.

Juste sous le passage voûté se trouve un plan du Temple. L'atmosphère du lieu permet de se représenter un collège d'Oxford ou de Cambridge. Les édifices marqués d'un agneau et d'un drapeau appartiennent au Middle Temple, ceux arborant Pégase, le cheval ailé, à l'Inner Temple.

Il est impossible d'entrer dans les bâtiments du Temple, à l'exception du splendide **Temple Church** (17), l'une des rares églises médiévales de Londres (elle est antérieure à 1185) à avoir survécu, et aussi l'une des cinq églises rondes de toute la Grande-Bretagne.

Retournez dans Fleet St en empruntant le même passage et, immédiatement à droite, prenez l'escalier qui mène à la **Prince Henry's Room** (18). Cette maison du XVIe siècle fut en grande partie transformée en taverne en 1610-1611. Prenez le temps d'admirer sa superbe façade à colombage. La taverne s'appelait autrefois *The Princes Arms*, on retrouve d'ailleurs les plumes du Prince de Galles sur les boiseries extérieures. La salle du premier étage possède le plafond de style jacobéen le mieux conservé de Londres ainsi que les cloisons en bois lambrissé d'origine. La Prince Henry's Room est ouverte du lundi au samedi, de 11h à 14h (entrée libre).

Un peu plus loin, du même côté, se trouve **Ye Olde Cock Tavern** (19), le plus ancien pub de Fleet St (1549). Le coq multicolore qui lui tient lieu d'enseigne aurait été dessiné par Grinling Gibbons, dont les œuvres ornent de nombreuses églises londoniennes.

De l'autre côté de la rue se dresse une église octogonale, **St Dunstan-in-the-West** (20), construite par John Shaw en 1832, qui possède une tour lanterne spectaculaire. Cherchez sur la façade la statue de la reine Élisabeth Ire et les fameux personnages de Gog et Magog sur l'horloge (voir encadré) ; si vous passez à l'heure pile, vous les verrez apparaître pour frapper les cloches. St Dunstan est une église œcuménique qui abrite une congrégation roumaine orthodoxe. Une magnifique icône du XIXe siècle ferme la chapelle à gauche de l'autel.

En continuant à l'est dans Fleet St, vous verrez apparaître le dôme de la cathédrale Saint-Paul. Traversez Fletter Lane, puis tournez à gauche dans Johnson's Court, une des nombreuses et étroites ruelles subsistant dans cette rue. Elle vous amènera à Gough Court où vous pourrez visiter la **Maison du docteur Johnson** (21), célèbre auteur du dictionnaire et paroissien de St Clement Danes.

Revenez dans Fleet St et continuez vers l'est. Au nord, vous passerez devant **Bouverie House** (22), ancien siège du *Sun* à l'époque où les quotidiens nationaux étaient imprimés dans Fleet St (la plupart sont désormais imprimés à Docklands). En face, **The Tipperary** (23), pub construit sur l'emplacement d'un monastère du Moyen Age habité par des brasseurs. Le pub d'origine, *The Boar's Head*, fut construit en 1605 et survécut au Grand Incendie, avant d'être racheté en 1700 par une société de brasseurs dublinois qui en fit le premier pub irlandais d'Angleterre. En 1918, des imprimeurs revenant de la guerre l'ont baptisé The Tipperary.

Un peu plus loin à l'est, du même côté, vous apercevrez un autre fameux pub londonien, **Ye Olde Cheshire Cheese** (24), reconstruit après le Grand Incendie et fréquenté par le docteur Johnson et Charles Dickens. L'entrée se situe dans Wine Office Court, où se trouvait le bureau des taxes jusqu'en 1665, et où vous pourrez admirer plusieurs demeures géorgiennes.

Le Cheshire Cheese et ses murs lambrissés de bois est un pub à l'atmosphère très agréable. Il est préférable d'éviter la cohue à l'heure du déjeuner. Au-dessus du bar exigu, un écriteau précise : "On ne sert ici que les Gentlemen" ; ceci rappelle l'époque pas si lointaine, et heureusement révolue, où les femmes se voyaient refuser le droit de commander à boire dans la plupart des pubs du centre-ville.

> **Gog et Magog**
> Fondateurs mythiques de Londres, ces deux figures symboliques sont très populaires.
>
> Selon un historien du XIIe siècle, la Grande Bretagne était peuplée jadis par des géants qui furent vaincus par les Troyens vers 1200 av. J.-C. Après avoir été couronné roi de Cornouailles, le général troyen Corineus tua tous les géants. Le dernier à périr fut un monstre de 12 pieds, Gogmagog, qui fut jeté à la mer.
>
> Vers le XVIIIe siècle, on disait de Gog et de Magog qu'ils étaient les deux derniers géants à avoir survécu, et qu'ils avaient été condamnés à travailler au palais du troyen Brutus, érigé à l'emplacement du Guildhall (hôtel de ville de la Cité de Londres), dans ce qui s'appelait – vous n'allez pas le croire – la Nouvelle Troie. ■

En continuant toujours vers l'est, vous passerez devant le **135-141 Fleet St** (25), superbe immeuble de style "égyptien" de Tommy Tait; autrefois siège du *Daily Telegraph*, il abrite maintenant le Crédit Agricole et une filiale de Goldman Sachs.

Traversez la rue, puis franchissez le portail sur la droite qui conduit à **St Bride's Church** (26), une œuvre de Christopher Wren surnommée "la pièce montée" en raison de sa gracieuse flèche qui fit l'objet de millions de reproductions en sucre.

Ludgate Circus est alors en vue. Une des succursales de la **Seattle Coffee Company** (27), 91 Fleet St, arrive à point nommé pour vous rafraîchir avant de prendre le métro à la station Blackfriars (Circle et District Lines).

PROMENADE 3 : LA RIVE SUD, DE HUNGERFORD BRIDGE A TOWER BRIDGE

Ce parcours vous donnera un aperçu des transformations entreprises le long de la rive sud de la Tamise, à l'est du Royal National Theatre. Sur une bonne partie du chemin, vous suivrez la Silver Jubilee Walkway, tracée en 1977 pour célébrer le Jubilé d'Argent de la reine Élisabeth II. De nombreuses plaques indiquent les points intéressants du parcours.

Prenez le métro jusqu'à la station Embankment. Une fois parvenu à destination, sortez à droite devant les guichets, en direction de Victoria Embankment. Sur votre droite, vous verrez Hungerford Bridge, horrible structure en fer forgé qui mériterait d'être remplacée. Du pont, vous aurez une vue superbe sur le fleuve en direction de la City. Si vous regardez sur votre gauche, vous devriez voir se dresser **Cleopatra's Needle** (1), obélisque égyptien érigé en l'honneur du pharaon Touthmôsis III vers 1500 av. J.-C., puis transporté à Londres en 1879. Le nom de Cléopatre n'a aucun rapport avec celle que nous connaissons. L'obélisque fut convoyée depuis Alexandrie dans un cylindre de métal baptisé Cleopatra, lui-même embarqué sur un vapeur nommé Olga. En faisant route vers l'Angleterre, il s'est échoué dans le golfe de Gascogne, et six hommes trouvèrent la mort en tentant de le renflouer.

Immédiatement sur votre gauche, vous apercevrez **Charing Cross Pier** (2) et, sur votre droite, le bateau-restaurant *Hispaniola* (3). Après avoir traversé le pont, tournez à gauche le long de la Tamise. Vous passerez devant le **Royal Festival Hall** (4), construit en 1951, puis devant le **Queen Elizabeth Hall** (5), bâti en 1957. Vous arriverez bientôt devant **Waterloo Bridge**, d'où vous embrasserez un panorama sur le fleuve, les Houses of Parliament à l'ouest et la Tour de Londres à l'est.

Juste à côté de Waterloo Bridge, à l'est, se trouve le **Royal National Theatre** (6), sinistre construction en béton, très décriée, conçue en 1976 par Denys Lasdun. En continuant vers l'est, vous passerez devant le South Bank Television Centre avant d'arriver au **Gabriel's Wharf** (7). C'est là que les habitants entamèrent leur lutte contre le plan de réaménagement d'après-guerre; les magasins et les écoles durent fermer, et le prix du terrain s'envola. Seules de grandes compagnies comme IBM purent construire.

En 1900, la population de Waterloo s'élevait à environ 50 000 personnes. Mais le quartier fut dévasté par le "Blitz", et l'on démolit les bâtiments jugés insalubres. Vers 1970, seulement 4 000 personnes vivaient encore ici. Dans les années 70, les habitants firent pression sur le Greater London Council et sur les Southwark and Lambeth Councils afin de favoriser un plan d'aménagement plus raisonnable.

Le Coin St Action Group exigea des logements abordables et un parc au bord de la Tamise, projets que le gouvernement approuva finalement en 1983. Le GLC racheta le terrain et le fit classer en zone d'habitation et de loisirs, réduisant ainsi sa valeur auprès des promoteurs. L'association à but non lucratif des Coin St Community Builders fit raser les derniers immeubles en ruines. A la place, ils achevèrent la South Bank Walkway, dessinèrent les Bernie Spain Gardens (un petit parc) et créèrent un marché d'artisanat sur Gabriel's Wharf.

Juste à côté, s'élève la splendide **Oxo Tower** (8), construite en 1928, et dont les lettres "OXO", placées derrière les fenêtres, montrent une tentative à peine déguisée de contourner la loi interdisant la publicité extérieure. Actuellement, la tour abrite des appartements. Au dernier étage se trouve le très luxueux Oxo Tower Restaurant and Brasserie, qui appartient aux grands magasins Harvey Nichols. Dans ce restaurant – l'un des plus courus de Londres –, impossible d'espérer obtenir une table à moins de réserver cinq semaines à l'avance.

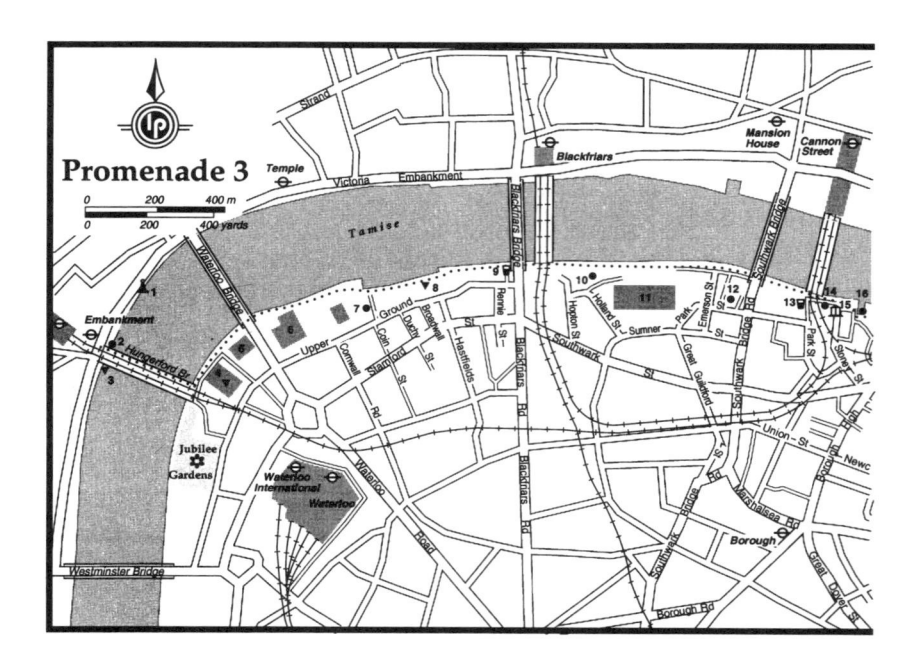

Continuez vers l'est jusqu'à Blackfriars Bridge et vous arriverez devant le **Doggett Coat and Badge pub** (9). Thomas Doggett, comédien irlandais du XVIIIe siècle, organisa en 1715 la première compétition à la rame de l'histoire. Chaque année, au début du mois d'août, six hommes prennent le départ au London Bridge et descendent le fleuve jusqu'à Chelsea Bridge. Le vainqueur se voit récompenser d'une veste rouge et d'un insigne en argent. Pour connaître la date précise et les détails de la compétition, appelez le ☎ 626 3531.

Sous le **Blackfriars Bridge**, un chemin mène à la **Bankside Gallery** (10), siège de la Royal Watercolour Society (☎ 928 7521). Les expositions sont ouvertes le mardi de 10h à 20h, du mercredi au vendredi jusqu'à 17h, et le dimanche de 13h à 17h. Peu après, vous verrez se dresser sur votre droite la masse gigantesque de l'ancienne **Bankside Power Station** (11). Cette centrale électrique construite par Sir Giles Gilbert Scott après la Seconde Guerre mondiale ferma ses portes en 1986. Elle doit devenir l'annexe de la Tate Gallery.

Un peu plus loin à l'est, vous apercevrez un alignement de maisons de style géorgien. Juste derrière, se profile le nouveau **Globe Theatre** (12), reconstruit au plus près de l'emplacement exact du théâtre de William Shakespeare (les restes du Globe original sont enfouis sous des maisons).

En continuant sous Southwark Bridge, vous passerez devant l'**Anchor pub** (13), qui, malgré quelques transformations, résiste au temps depuis le XVIIIe siècle. Il offre une vue magnifique sur le fleuve. Tournez le dos à la Tamise et suivez les panneaux jusqu'au Clink Prison Museum. Vous arriverez dans Clink St, où subsistent quelques vestiges du **Palais de l'Évêque de Winchester** (14), notamment une belle fenêtre médiévale en forme de rosace. La **Clink Prison** (15) se trouvait juste à côté du palais. Son nom est à l'origine de l'expression "in the clink" (en taule).

Suivez la rue jusqu'à ce que vous débouchiez sur St Mary Overie Dock, où est amarrée une réplique du **Golden Hinde** (16), bateau sur lequel Sir Francis Drake navigua autour du globe entre 1577 et 1580.

On peut monter à bord tous les jours de 9h du matin au coucher du soleil (2,30/1,50 £). Vous pourrez y voir des

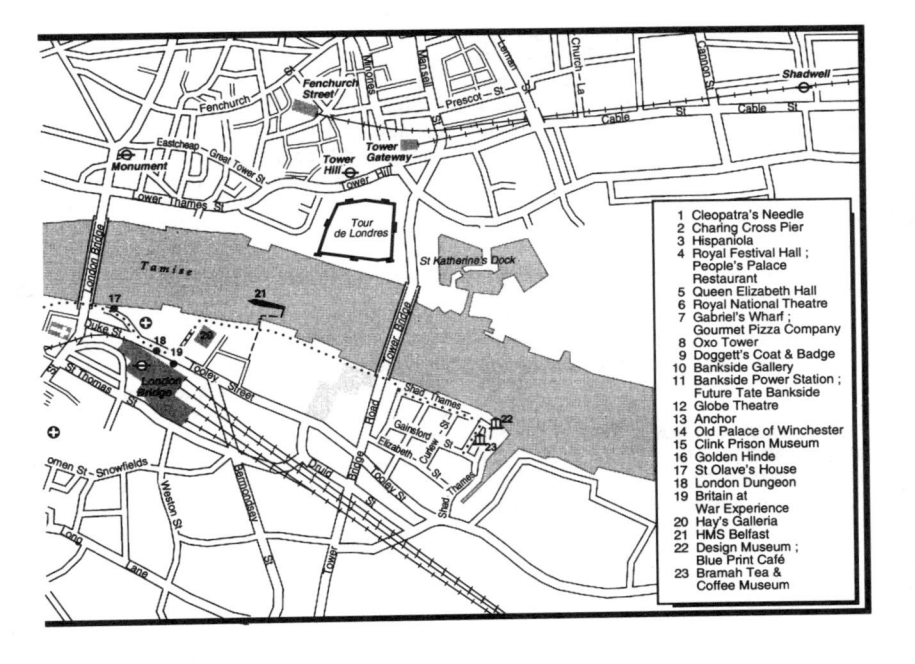

1	Cleopatra's Needle
2	Charing Cross Pier
3	Hispaniola
4	Royal Festival Hall ; People's Palace Restaurant
5	Queen Elizabeth Hall
6	Royal National Theatre
7	Gabriel's Wharf ; Gourmet Pizza Company
8	Oxo Tower
9	Doggett's Coat & Badge
10	Bankside Gallery
11	Bankside Power Station ; Future Tate Bankside
12	Globe Theatre
13	Anchor
14	Old Palace of Winchester
15	Clink Prison Museum
16	Golden Hinde
17	St Olave's House
18	London Dungeon
19	Britain at War Experience
20	Hay's Galleria
21	HMS Belfast
22	Design Museum ; Blue Print Café
23	Bramah Tea & Coffee Museum

copies de costumes de l'époque Tudor ainsi que quelques canons.

Prenez Montague Close vers London Bridge, longez le pont de la voie ferrée sur la gauche, et dirigez-vous à l'est, dans Tooley St. Sur votre gauche, **St Olave's House** (17) est un des plus beaux édifices Art déco de Londres; la façade de ce minuscule ensemble de bureaux, construit en bordure du fleuve en 1932, est décorée de mosaïques et de bas-reliefs en bronze. Plus loin, de l'autre côté de Tooley St, se trouvent **London Dungeon** (18) et **Britain at War Experience** (19). L'entrée de la **Hay's Galleria** (20) se situe sur la gauche. Coupez à travers cette luxueuse galerie marchande; une verrière métallique inspirée de l'époque victorienne coiffe une cour intérieure où donnent des bureaux, des boutiques et des cafés.

Continuez vers l'est, le long de la Tamise, en passant devant le **HMS *Belfast*** (21), amarré en permanence et que l'on peut visiter. **Tower Bridge** se dresse alors devant vous avec ses fausses tours gothiques. Passez sous le pont en suivant Shad Thames, le long d'anciens entrepôts aménagés en cafés et en boutiques. Un peu plus loin, la rue débouche sur Butler's Wharf, où vous verrez le **Design Museum** (22) sur la droite. Cette structure, d'un modernisme sévère, renferme des objets hétéroclites de qualité inégale. Si vos moyens vous le permettent, nous vous conseillons le Blue Print, le café du musée.

Sinon, tournez à droite après le musée, prenez Maguire St et là, dans l'immeuble rénové du Clove Building, vous découvrirez le **Bramah Tea and Coffee Museum** (23), endroit idéal pour se relaxer devant une excellente tasse de thé.

PROMENADE 4 : L'EAST END, DE LIVERPOOL ST A TOWER GATEWAY

Ce parcours vous emmène dans les rues de Spitalfields et de Whitechapel, deux quartiers qui ont successivement accueilli des communautés huguenotes, juives et bengalies ; chacune d'entre elles a laissé une empreinte particulière. A la fin des années 80, cette partie de la ville fut considérablement réaménagée, que ce soit autour de Liverpool St station ou de Tower Gateway, point de départ de la Docklands Light Railway. Si vous aimez les marchés ou la cuisine au curry, prenez le temps de visiter ces quartiers, en particulier pendant le week-end.

En sortant de la station Liverpool St, retournez-vous pour admirer la toute nouvelle tour du **Broadgate Centre** (1) ; la patinoire en plein air fonctionne en hiver. Tournez ensuite à gauche dans Bishopsgate, à l'angle du **Hamilton Hall pub** (2). Traversez et dépassez la rue qui mène à Spital Square. C'est là que se trouvait l'hôpital construit au Moyen Age qui donna son nom au quartier ("hospital" prononcé "spittle"). Il n'en reste malheureusement plus grand chose aujourd'hui. Tournez à droite dans Folgate St, rue bordée de belles maisons géorgiennes. C'est ici que les Huguenots s'établirent après la révocation de l'Édit de Nantes en 1685 (il leur garantissait la liberté de culte). Ils apportèrent avec eux leur talent de tisseurs de soie. Vers 1700, on comptait sept églises françaises dans ce quartier.

Presque au milieu de Folgate St, sur la droite, au **n°18** (3), s'élève la splendide maison XVIIIe siècle de Dennis Severs, dans laquelle sont régulièrement données de petites représentations théâtrales réservées à un public de huit spectateurs. Des visites sont néanmoins possibles de 14h à 17h, le premier dimanche de chaque mois (☎ 248 2762, pour plus de détails).

Engagez-vous à gauche dans Elder St, rue dont les maisons georgiennes sont encore plus belles. Attardez-vous notamment devant celle du n°17, où trois fenêtres ont été murées par des briques, sans doute en réaction contre la taxe sur les fenêtres introduite en 1742. Juste avant le croisement de Folgate St et de Commercial St, jetez un coup d'œil au **Peabody Building** (4), érigé par le Peabody Trust en 1863. George Peabody (1795-1869) était un philanthrope américain qui s'était donné pour mission de procurer des logements dignes et abordables aux pauvres.

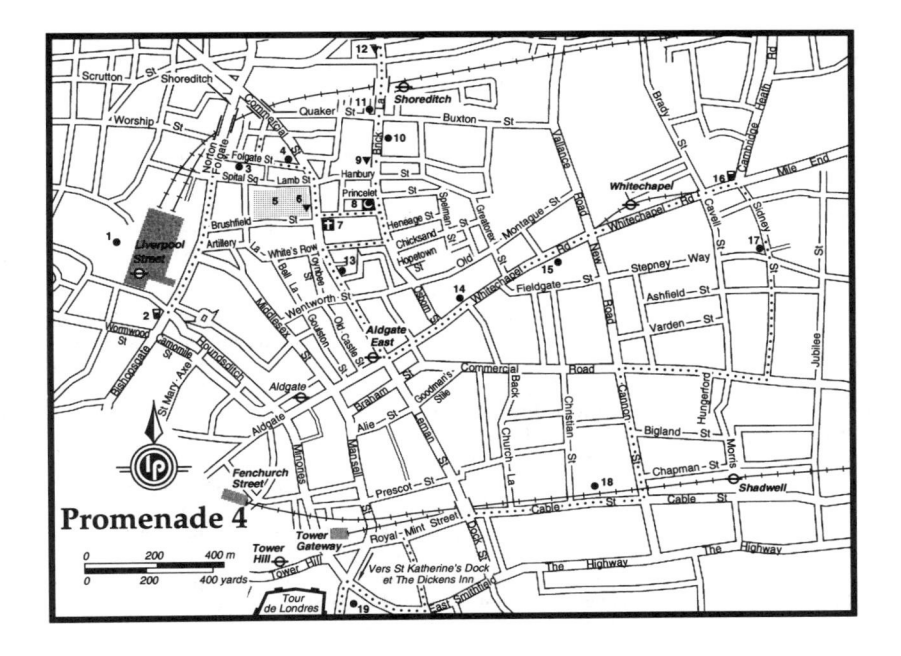

Promenades dans Londres – L'East End, de Liverpool St à Tower Gateway 179

1	Broadgate Centre
2	Hamilton hall
3	Dennis Severs' House
4	Peabody Trust Housing
5	Spitalfields Market
6	Spitz
7	Christ Church Spitalfields
8	Mosque
9	Truman's Brewery
10	Vat House
11	Cannon Bollard
12	Brick Lane Beigel Bake
13	Toynbee Hall
14	Whitechapel Art Gallery et café
15	Whitechapel Bell Foundry
16	Blind Beggar
17	Site of Sidney St Siege
18	Town Hall et Mural
19	World Trade Centre

Tournez à droite (vers le sud) dans Commercial St, et vous verrez bientôt le marché couvert de **Spitalfields Market** (5) sur votre droite. En semaine, c'est un espace tranquille entouré de petites boutiques et de restaurants, comme par exemple le **Spitz** (6). Chaque dimanche, en revanche, s'ouvre l'un des marchés les plus intéressants et les plus variés de Londres (voir la rubrique *Marchés* dans le chapitre *Achats*). Différents types de marchés se sont tenus ici depuis 1682, mais le bâtiment actuel ne date que de 1887. Il fut conçu par Robert Horner, qui commença sa carrière comme débardeur au marché de fruits et légumes.

Dans Commercial St, pratiquement face au marché, impossible de rater l'étonnant portique de la **Christ Church, Spitalfields** (7), construite par Nicholas Hawksmoor et achevée en 1729. Profitez des brèves heures d'ouverture (du lundi au vendredi, de 12h à 14h30 ; ☎ 247 7202). L'intérieur est extraordinaire. Difficile d'imaginer que l'édifice fut laissé à l'abandon jusqu'à très récemment.

Tournez dans Fournier St à gauche (au nord) de Christ Church, en admirant les maisons géorgiennes superbement restaurées et leurs volets de bois qui rappellent les chalets suisses. La plupart furent construites entre 1718 et 1728 par des marchands londoniens prospères, avant d'être rachetées par des tisserands. Au XIXe siècle, Fournier St était une rue délabrée et très mal famée. Aujourd'hui, les maisons de style géorgien sont extrêmement convoitées.

A l'angle de Brick Lane et de Fournier St se dresse l'un des édifices les plus intéressants de Spitalfields, symbole même des vagues d'immigrants venus successivement s'établir dans le quartier. La **New French Church** (8) fut construite par les Huguenots en 1743, et sur le cadran solaire peut lire : "Umbra Sumus" (Nous sommes des ombres). En 1899, l'église devint la Grande Synagogue des réfugiés juifs qui avaient fui les pogroms de Russie et d'Europe centrale. Elle connut un nouveau changement de confession avec la communauté bengalie : en 1975, elle devint la Grande Mosquée (Jamme Masjid).

Tournez à gauche (au nord) dans Brick Lane, merveilleuse rue où les petits restaurants de curry et de balti se mêlent aux magasins de tissus colorés, et d'objets du culte : rosaires, lutrins pour le Coran, tapis de prière, etc. En 1550, cette rue n'était qu'une route de campagne débouchant sur des fabriques et des entrepôts de briques, d'où son nom. Pavée au cours du XVIIIe siècle, elle abritait alors un mélange de maisons et de chaumières habitées par les tisserands, dont certains se révoltèrent contre l'introduction des métiers à tisser automatisés. De nos jours, nombre de Bengalis gagnent leur vie dans le commerce de l'habillement.

Après avoir traversé Hanbury St, vous arriverez devant la **Truman Brewery** (9), qui était la plus grande brasserie londonienne au milieu du XVIIIe siècle. La maison du directeur se trouve à gauche, dans une petite cour, et celle du chef brasseur à droite ; la maison de Ben Truman date de 1740, mais celle du brasseur ne fut construite qu'au XIXe siècle, dans un style proche des constructions antérieures. Fermée en 1899, la brasserie est devenue un café.

De l'autre côté de la rue, notez l'ancienne **Vat House** (10) qui possède un clocher hexagonal. Elle date du début du XIXe siècle. Juste à côté, l'Engineer's House, construite en 1830, et les anciennes écuries ont cédé la place à de nouvelles activités. A l'angle de Quaker St, vous apercevrez la **balise** (11), fondue dans un canon du XVIIIe siècle. Un peu plus loin se trouve **Brick Lane Beigel Bake** (12) (voir le chapitre *Où se restaurer*).

Revenez sur vos pas dans Brick Lane (vers le sud) et dépassez Princelet St, autre rue bordée de belles maisons du XVIIIe. Tournez ensuite à droite dans Fashion St, puis à gauche dans Commercial St. Vous verrez sur votre gauche **Toynbee Hall** (13), fondé en 1884 pour permettre l'éducation des habitants de l'East End. On continue aujourd'hui d'y enseigner.

Commercial St rejoint plus loin Whitechapel High St, connue des joueurs anglais de Monopoly comme l'un des secteurs les moins reluisants de Londres. Tournez à gauche dans Whitechapel Rd et visiter la **Whitechapel Art Gallery** (14). Elle accueille d'intéressantes expositions temporaires et dispose d'une cafétéria agréable au premier étage. La superbe entrée flanquée d'une tourelle de chaque côté fut dessinée par Charles Harrison Townshend en 1897.

A partir de là, les rues délabrées rendent le quartier triste et déprimant. Si vous décidez d'en rester là, prenez le métro à la station Aldgate East. Dans le cas contraire, continuez vers l'est dans Whitechapel Rd. Au n°32-4, la **Whitechapel Bell Foundry** (15) occupe le même emplacement depuis 1738. Une autre fonderie voisine est connue pour avoir commencé son activité en 1570. Vous êtes désormais sur le territoire de Jack l'Éventreur. Même si la véritable identité de cet assassin en série reste aujourd'hui encore un mystère (en dépit des théories plus ou moins sérieuses qui se répandent chaque année dans la presse), cela n'a pas empêché l'émergence d'un commerce douteux qui entretient la légende du sinistre personnage. Seule certitude, il assassina cinq prostituées dans les rues sombres et misérables de l'East End victorien en 1888 ; Mary Ann Nichols est morte dans Bucks Row (à présent Durward St), Annie Chapman dans Hanbury St, Elizabeth Stride dans Berner St (devenue Henriques St), Catherine Eddowes à Mitre Square et Mary Kelly à Miller's Court.

En continuant à l'est jusqu'au croisement avec Cambridge Heath Rd, vous verrez le **Blind Beggar pub** (16), célèbre pour être l'endroit où Ronnie Kray tua George Cornell en 1966, lors d'une bagarre opposant deux gangs, les Kray et les Richardson, chacun voulant prendre le contrôle du crime organisé dans l'East End. Le film *The Krays* (1990), avec Martin et Gary Kemp du Spandau Ballet, raconte l'histoire de ce gang de criminels endurcis qui ont d'une certaine manière réussi à se faire passer pour de charmantes canailles.

Le nom du pub commémore l'histoire plus romantique de Bessie, fille d'Henry de Montfort qui, ayant perdu la vue à la Bataille d'Evensham en 1265, mendiait dans les rues de Londres. Sa ravissante fille, serveuse de son état, fut courtisée par un riche chevalier prêt à oublier la déchéance de son père. Comme dans un conte de fées, celui-ci arriva pendant la cérémonie, se débarrassa de ses haillons, et leur offrit les 3 000 £ qu'il avait accumulées en mendiant.

Traversez la rue et descendez vers le sud dans Sidney St, en vous attardant au n°100, là où se déroula le Siège de Sidney St en 1911 ; deux anarchistes russes, qui avaient tué trois policiers au cours d'un cambriolage raté, se retrouvèrent coincés là par des Gardes Écossais. Winston Churchill fut témoin de la fin du siège qui se solda par l'incendie de la maison et la mort des anarchistes.

Au bout de Sidney St, tournez à droite dans Commercial Rd, puis à gauche dans Cannon St en allant vers le **town hall** (18). Une fresque murale retrace un épisode fameux de l'histoire de l'East End, lorsqu'en 1936, le fasciste Sir Oswald Mosley fit venir une bande de Chemises noires afin d'intimider la population juive du quartier. Les habitants repoussèrent le sinistre cortège.

Continuez jusqu'au bout de Cable St, qui devient Royal Mint St ; c'est là que résida la Monnaie Royale de 1811 à 1968, date à laquelle elle déménagea à Llantrisant, au Pays de Galles (avant cela, les pièces étaient frappées à la Tour de Londres). Prenez à gauche dans Cartwright St, puis à droite dans East Smithfield, où le **World Trade Center** (19) se dresse sur la gauche. Juste derrière, la rue serpente jusqu'à St Katherine Dock, dans l'ombre de la Tour de Londres et du Tower Bridge, endroit parfait pour conclure votre balade en buvant un verre à la Dickens Inn, avant de reprendre le métro à Tower Hill.

Où se loger

Quelle que soit la formule que vous privilégierez, l'hébergement représentera une part importante de votre budget. La demande est souvent supérieure à l'offre, notamment dans la catégorie petit budget, aussi est-il prudent de réserver une nuit ou deux, en particulier aux mois de juillet et août.

L'English Tourist Board établit une classification et un système de notation des différents types d'hébergements londoniens ; une plaque est apposée à l'entrée des hôtels, des pensions et des B&B (Bed and Breakfast) répertoriés. Si vous voulez vous assurer des normes de sécurité et d'hygiène de tel ou tel établissement, sachez que "Listed", la première classification, signifie que l'endroit est propre et confortable ; une couronne précise que les chambres disposent d'un lavabo et d'une clef ; deux couronnes signalent la présence d'un lavabo, d'une lampe de chevet et d'une télévision dans la chambre ou dans la salle commune ; trois couronnes indiquent que la moitié des chambres sont pourvues de salles de bains et que l'établissement sert des repas chauds. Cette classification peut aller jusqu'à cinq couronnes.

Il existe en outre des notations ("approuvé", "recommandé", "hautement recommandé" et "luxe") qui s'avèrent plus significatives dans la mesure où elles reflètent un jugement de qualité.

Néanmoins, une même classification peut regrouper des établissements très disparates, et certains des meilleurs B&B ne figurent nulle part, faute d'avoir payé des droits d'inscription. Un B&B "listed" peut s'avérer beaucoup plus agréable qu'un hôtel "trois couronnes" médiocre. Essayez de voir l'endroit, même de l'extérieur, et demandez à visiter la chambre avant de vous engager.

Comme toujours, les chambres simples sont peu nombreuses et les responsables d'établissements rechignent à louer une chambre double à une personne seule, même hors saison. Ils ne manqueront pas de vous facturer un supplément important.

Le London Tourist Board édite *Where to Stay in London* (2,95 £), qui donne la liste des hôtels, des pensions, des appartements et des B&B approuvés. Il propose également une autre brochure intitulée *Accommodation for Budget Travellers*.

Le code pour tous les numéros de téléphone et de fax dans ce secteur est le 0171, sauf mention contraire.

Services de réservation

Il est possible de réserver une chambre pour le jour même auprès des TICs de Victoria Station et de l'aéroport d'Heathrow. Il vous sera demandé 5 £ pour une réservation d'hôtel ou de B&B, et 1,50 £ pour celle d'une auberge de jeunesse ; en été, la queue est parfois impressionnante, notamment à Victoria Station. Appelez le ☎ 824 8844.

Autre solution, le British Hotel Reservation Center (☎ 0800-726298) dont le bureau est situé dans le hall principal de Victoria station ; il vous sera exigé 3 £ par réservation.

Thomas Cook propose également un service de réservation dont le prix unique est de 5 £. Des kiosques sont installés à Paddington (☎ 723 0184), Charing Cross (☎ 976 1171), Euston (☎ 388 7435), King's Cross (☎ 837 5681), dans la gare de Victoria (☎ 828 4646), aux stations de métro Earl's Court (☎ 244 0908) et South Kensington (☎ 581 9766) et à la gare de l'aéroport de Gatwick (☎ 01293-529372).

La YHA dispose d'un système central de réservation (☎ 248 6547 ; fax 236 7681), et vous paierez directement l'auberge de jeunesse. L'équipe vous indiquera précisément où se trouvent les lits disponibles, et vous sera d'un grand secours si vous n'arrivez pas à obtenir les numéros directs – ce qui est fort possible en été ! Vous pouvez également réserver par e-mail à YHALondonReservations@ compuserve.com, ou écrire à YHA Central Reservations, 36 Carter Lane, London ECAV 5AB.

Si vous souhaitez descendre dans un B&B, des réservations pour un minimum de trois jours peuvent être effectuées gratuitement par l'intermédiaire des London Homestead Services (☎ 0181-949 4455; fax 0181-549 5492), Coombe Wood Rd, Kingston-upon-Thames, Surrey KT2 7JY. Bed and Breakfast (GB) (☎ 01491-578803), PO Box 66, Henley-on-Thames, RG9 1XS, est spécialisé dans les établissements du centre de Londres. Host and Guest Service (☎ 731 5340), Harwood House, 27 Effie Rd SW6 1EN, s'occupe également de rechercher des hébergements pour les étudiants. Primrose Hill B&B (☎ 722 6869), 14 Edis St NW1 8LG, loue des propriétés cossues à Hampstead et dans ses environs.

OÙ SE LOGER – PETITS BUDGETS

Les terrains de camping sont rares, et le nombre de places dans les auberges de jeunesse est limité. Certaines d'entre elles sont dirigées par la YHA/HI, d'autres sont indépendantes. Pendant les vacances de Noël ou de Pâques, ainsi qu'en juillet et en août, des chambres sont disponibles dans les résidences universitaires. La YMCA possède quelques rares auberges dans le centre de Londres, souvent réservées longtemps à l'avance, et pour de longs séjours. Quelques B&B parviennent à se glisser dans la catégorie petit budget.

Camping

Camper n'est pas la meilleure solution pour visiter Londres.

Tent City (☎ 0181-743 5708), Old Oak Common Lane W3 (métro : East Acton), représente ce qu'il y a de moins cher si l'on est prêt à dormir à la dure. Les lits, installés dans des tentes dortoirs, coûtent 6 £. Le camping est ouvert de juin à septembre, et il est préférable de réserver. Il est possible de planter sa propre tente, mais rien n'est conçu pour les caravanes ou les camping-cars.

Une seconde *Tent City* (☎ 0181-985 7656), Millfields Rd, Hackney (métro : Clapton), au nord-est de Londres, dispose d'emplacements réservés aux tentes et aux camping-cars (5 £).

Lee Valley Park (☎ 0181-345 6666), Picketts Lock Sport and Leisure Centre, Picketts Lock Lane, Edmonton N9 (métro : Tottenham Hale, puis bus N°363), comporte deux cents places pour les tentes et les caravanes. Le parc est ouvert toute l'année et le prix à la nuit est de 5 £ par personne (2,10 £ pour les enfants). Ajoutez 2,20 £ pour l'électricité.

YHA/HI Hostels

A Londres, neuf auberges de jeunesse sont affiliées à Hostelling International (HI), plus connue sous le nom de Youth Hostel Association (YHA) de Grande-Bretagne. Les membres de la YHA bénéficient d'un important réseau d'auberges de jeunesse à travers l'Angleterre, le Pays de Galles et l'Écosse – il n'est pas nécessaire d'être jeune ou célibataire pour y séjourner.

Vous pouvez vous inscrire à la YHA Adventure Shop (☎ 836 8541), 14 Southampton St WC2 (métro : Covent Garden ; carte 3). Vous y trouverez une librairie, une boutique de matériel de camping et une agence Campus Travel. L'inscription annuelle coûte 9,50 £ (3,50 £ pour les enfants). Vous pouvez bien évidemment vous inscrire en France. Si vous n'êtes pas membre de l'association, vous vous verrez remettre une carte. Il vous faudra la remplir de six timbres, chaque timbre correspondant à une nuit et valant 1,55 £. Une fois la carte remplie, vous paierez le même prix que les membres de l'association.

Les principaux avantages des auberges de jeunesse sont leur prix (bien que la différence entre un B&B bon marché et une auberge au tarif élevé ne soit pas énorme), et la possibilité qu'elles offrent de rencontrer d'autres voyageurs. Leur inconvénient ? Le confort : on dort généralement dans des lits superposés, les dortoirs ne sont pas mixtes, et l'atmosphère est quelque peu institutionnelle – l'ambiance s'est néanmoins beaucoup détendue depuis quelques années, en partie grâce au succès des auberges indépendantes.

Dans Londres même, on compte sept auberges de jeunesse YHA, bondées en été. Une auberge de l'association se trouve également à Epping Forest. S'il ne reste aucune place, essayez celle de Windsor (voir le chapitre *Excursions*). Toutes ces auberges acceptent les réservations par téléphone (à condition de payer avec les cartes Visa ou Mastercard). Elles gardent quelques lits pour les voyageurs qui se présentent le jour même. Dans ce cas, arrivez de bonne heure et attendez-vous à faire la queue. A l'exception d'une seule, elles sont ouvertes 24h/24 et disposent d'un bureau de change. Dans la plupart vous aurez la possibilité de faire la cuisine, certaines proposent même des repas bon marché. Les adultes paient entre 15 £ et 19,75 £, les enfants entre 12,80 £ et 16,55 £.

L'excellente *City of London YHA* (☎ 236 4965 ; fax 236 7681), 36 Carter Lane EC4 (métro : St Paul's ; carte 6), est à deux pas de la cathédrale Saint-Paul. Le bâtiment, joliment restauré, abritait autrefois l'école de la chorale de la cathédrale. Les chambres disposent de deux, trois, ou quatre lits. Deux chambres seulement sont dotées de s.d.b. attenantes. La cafétéria vend de l'alcool mais ne sert aucun repas. Les prix varient entre 16 et 22,75 £ selon la chambre (entre 12,50 et 19,15 £ pour les enfants).

Le *Earl's Court* (☎ 373 7083 ; fax 835 2034), 38 Bolton Gardens SW5 (métro : Earl's Court ; carte 8), se trouve dans une maison victorienne. Malgré la légère dégradation du quartier, l'endroit reste l'un des plus animé de la ville. L'auberge propose des dortoirs de 10 lits, et vous devrez vous contenter de douches communes. Sont également à disposition, une chambre à trois lits et cinq chambres "familiales". Dans l'ensemble, l'équipement est assez rudimentaire, mais l'établissement possède une cafétéria et une cuisine. La nuit est facturée 18 £ par personne (15,80 £ pour les enfants).

La *Hampstead Heath* (☎ 0181-4589054 ; fax 0181-209 0546), 4 Wellgarth Rd NW11 (métro : Golders Green ; carte 11), jouit d'un environnement agréable et possède un jardin bien entretenu. Elle est cependant un peu isolée. Les dortoirs sont confortables, et chaque chambre dispose d'un lavabo. La cafétéria n'est pas d'une grande qualité. Vous paierez 15 £ par personne (12,80 £ par enfant).

Superbement située, la *Holland House* (☎ 937 0748 ; fax 376 0667), Holland Walk, Kensington W8 (métro : High Kensington ; carte 8), se dresse sur les vestiges d'une demeure jacobine, au beau milieu de Holland Park. Dans cette grande auberge très fréquentée, l'atmosphère est peut-être un peu guindée, mais sa situation la rend vraiment exceptionnelle. Elle est équipée d'une cafétéria et d'une cuisine. La nuit se monte à 18 £ (15,80 £ par enfant).

En plein centre-ville, *l'Oxford St* (☎ 734 1618 ; fax 734 1657), 14-18 Noël St W1 (métro : Oxford Circus ; carte 3) est plutôt sommaire. On ne propose aucun repas. Pour une nuit, un adulte devra s'acquitter de 18 £ (14,65 £ pour les enfants). Réservez tout de même longtemps à l'avance car l'auberge ne dispose que de 89 lits.

La *St Pancras International* (☎ 248 6547 ; fax 236 7681), Euston Rd N1 (métro : King's Cross, St Pancras ; carte 5), est l'auberge la plus récente de la ville. Le quartier manque cruellement d'attrait, mais il s'avère pratique si vous vous rendez au nord ou à l'est. L'auberge se prévaut d'un équipement ultramoderne : cuisine, restaurant, vestiaires, garage à vélo et salle commune. Comptez 20 £ pour un adulte et 17,20 £ pour un enfant.

Nous pourrions recommander *Rotherhithe* (☎ 232 2114 ; fax 237 2919), Sallter Rd SE16 (métro : Rotherhithe ; carte 7), mais cette auberge est assez excentrée et le quartier n'est pas franchement agréable. La plupart des chambres comportent six lits (quatre pour certaines). On trouve peu de chambres doubles. Vous pourrez faire vous-même votre cuisine et commander des boissons alcoolisées au restaurant. Les tarifs avec petit déjeuner s'élèvent à 19,75 £ et 16,55 £. A noter : six chambres sont accessibles aux handicapés.

La *Epping Forest* (☎/fax 0181-508 5161), High Beach, Loughton, Essex (métro : Loughton), est à plus de 16 km du centre-ville. De plus, il vous faudra marcher 3 km pour rejoindre la station de métro la plus proche. Vous débourserez 6,75 £ par personne (4,60 £ pour les enfants), sans oublier le ticket de métro. L'auberge possède une petite boutique. Signalons tout de même un avantage : la proximité de la forêt. Vous serez idéalement situé pour visiter l'abbaye de Waltham et le pavillon de chasse de la reine Élisabeth, une magnifique construction en bois installé à Chingford.

Encore plus loin, l'*auberge de jeunesse de Windsor* (☎ 01875-861710 ; fax 01753-832100), Egdeworth House, Mill Lane (métro : Windsor et Eton Central). Elle se trouve à près de 30 km du centre, mais à seulement 16 km de l'aéroport d'Heathrow. Installé au milieu d'un très beau jardin, dans un bâtiment contemporain de la reine Anne (XVIIIe siècle), l'établissement dispose d'une cuisine. La nuit est facturée 9,10 £ (6,15 £ pour un enfant). La grande majorité des dortoirs comprennent neuf lits. La réception est fermée entre 10h et 13h.

Auberges indépendantes

Elles sont en général moins chères que leurs concurrentes de la YHA, et l'ambiance est plus détendue. Les critères d'appréciation restent cependant hasardeux. Attendez-vous à payer 10 £ pour une nuit passée dans un dortoir sans grand confort.

Les auberges offrent en général les mêmes prestations. La plupart proposent des chambres de trois ou quatre lits superposés, et mettent à la disposition de la clientèle une petite cuisine et une salle commune. Certaines ont un restaurant bon marché et un bar. Les vols sont relativement rares, mais déposez vos objets de valeur au coffre-fort de la réception. Tenez compte également de l'ambiance propre à chaque établissement.

La plupart des auberges indépendantes sont regroupées à Earl's Court – d'où le nombre de voyageurs sacs au dos que l'on croise dans la rue ! On trouve également des auberges à Paddington et à Bayswater (W2), à Notting Hill et à Holland Park (W11), à Bloomsbury (WC1), à Pimlico (SW1), à Battersea (SW8) et à Southwark (SE1). Bon à savoir : Paddington, Pimlico, Battersea et Southwark sont des quartiers assez mal fréquentés. Ils présentent néanmoins l'avantage d'être relativement proches du centre et bien desservis par les transports en commun.

Notting Hill. Le *Palace Hotel* (☎ 221 5628 ; fax 243 8157), 31 Palace Court W2 (métro : Notting Hill Gate ; carte 9), propose des dortoirs à 12 £ la nuit. Le quartier est agréable et commode. L'hôtel est moins délabré que d'autres et nettement plus calme.

D'un bon rapport qualité/prix, la *London Independent Hostel* (☎ 229 4238), 41 Holland Park W11 (métro : Holland Park ; carte 9), est située dans une rue élégante. Une nuit en dortoir revient à 8 £ (9 £ en chambre de quatre, 10 £ en chambre de trois et 11 £ dans une double).

Paddington et Bayswater. L'accueil est chaleureux au *Quest Hotel* (☎ 229 7782 ; fax 727 8106), 45 Queensborough Terrace W2 (métro : Bayswater ; carte 9). L'établissement est pris d'assaut car il est à une encablure de Queensway et de Hyde Park. L'hôtel possède une cuisine et un billard. Comptez 11,50 £ pour un lit en dortoir (12,50 £ pour un enfant). Un petit nombre de places peut être réservé à la semaine. Le prix de la nuit sera alors diminué de 2 £ environ.

A proximité du précédent, le *Royal Hotel* (☎ 229 7225), 43 Queensborough Terrace, n'a rien d'original. Il possède pourtant une particularité : ses dortoirs étant rarement surpeuplés, nombre de voyageurs s'y installent pour de longues périodes. Le prix de la double ordinaire est de 10 £ par personne, celui des chambres à quatre lits de 9 £.

Earl's Court. L'ambiance détendue et amicale du *Curson House Hotel* (☎ 581 2116 ; fax 835 1319), 58 Courtfield Gardens SW5 (métro : Gloucester Rd ; carte 8), en fait l'une des meilleures auberges privées. La nuit en dortoir coûte 13 £ (23/36 £ la simple/double avec cuisine).

Le *Chelsea Hotel* (☎ 244 6892 ; fax 244 6891), 33 Earl's Court Square SW5 (métro :

Earl's Court ; carte 8), est une auberge tout à fait classique, fréquentée en permanence par de joyeux globe-trotters. Les chambres et les dortoirs présentent un bon rapport qualité/prix : la simple est facturée 25 £ (35 ou 40 £ la double). En dortoir, le lit coûte 12 £. Petite ombre au tableau, le restaurant sert des repas sans prétention.

Le *Regency Court Hotel* (☎ 244 6615), 14 Penywern Rd SW5 (métro : Earl's Court ; carte 8), aurait grand besoin d'être rénové, mais tout le monde n'est pas sensible à ce type de désagrément. Une place en dortoir est tarifée 10 £, en chambre double 20 £, en triple 40 £ et 50 £ en quadruple. Jetez plutôt votre dévolu sur l'auberge voisine, la *Windsor House* (☎ 373 9087), au n°12 de la même rue. Une nuit en dortoir vous coûtera 10 £. Les simples/doubles/triples sont louées 28/38/48 £, petit déjeuner compris.

Les *Court Hotels* (métro : Earl's Court ; carte 8) se tiennent 194-196 Earl's Court Rd SW5 (☎ 373 0027) et 17-19 Kempford Gardens (☎ 373 2174 ; fax 912 9500). Ils disposent de cuisines bien équipées et la plupart des chambres ont la télévision. Comptez 11 £ la nuit en dortoir et 21/24 £ la simple/double. Tarifs préférentiels à la semaine.

Pimlico. Le *Victoria Hotel* (☎ 834 3077 ; fax 932 0693), 71 Belgrave Rd SW1 (métro : Victoria ; carte 4), n'est qu'à une quinzaine de minutes à pied de Victoria Station. Il est souvent bondé et assez mal entretenu mais la proximité de la gare présente un réel avantage. La réception est ouverte 24h/24. Prix moyen de la nuit : 14 £.

Bloomsbury. Assez mal organisé, le *Museum Inn* (☎ 580 5360 ; fax 636 7948), 27 Montague St WC1 (métro : Russell Square ou Tottenham Court Rd ; carte 5), jouit d'une excellente situation géographique ; il fait face au British Museum. L'hôtel possède en outre une petite cuisine et un salon. Certaines chambres ont la télévision. Prévoyez 17 £ par personne dans l'unique chambre double, 15/14 £ dans un dortoir à 4/10 lits, petit déjeuner (sommaire) compris.

L'*International Students House* (☎ 631 8300 ; fax 631 8315), 229 Great Portland St W1 (métro : Great Portland St ; carte 5), tient plus de la résidence universitaire que de l'auberge de jeunesse. Les chambres sont simples et propres. Ouvert toute l'année, l'établissement est très bien équipé et l'ambiance conviviale. Les tarifs oscillent entre 9,99 £ (dortoir) et 27,50 £ en chambre simple. Réservation conseillée.

Southwark. La *St Christopher Inn* (☎ 407 1856), 121 Borough High St SE1 (métro : London Bridge), est idéale pour ceux qui veulent explorer le sud de Londres, le quartier qui "monte". Les places sont cependant rares car nombre de voyageurs s'installent pour de longs séjours. Pensez à réserver longtemps à l'avance, en particulier pour l'été. Vous débourserez 10/14 £ pour une nuit dans un dortoir à 8/3 lits, petit déjeuner compris. Vous pourrez profiter d'une petite terrasse et d'un salon. L'auberge, attenante à un pub, se targue d'être tenue par des "voyageurs sachant faire la fête".

Chelsea. Le *New Ark Backpackers Flotel* (☎ 720 9496), Adrenalin Village, Queenstown Rd SW8 (métro : Sloane Square ; cartes 2 et 14), est décrit comme "un endroit très funky". Imaginez une péniche aménagée en hôtel pouvant accueillir jusqu'à quarante personnes dans des cabines de quatre, chaque couchette ne coûtant que 12 £ la nuit. Ajoutez un bar ouvert 24h/24 et la possibilité de cuisiner au barbecue sur le quai, et vous aurez une idée plus précise du mot *funky*. En outre, la péniche se trouve près de la Chelsea Wharf Tower où l'on peut pratiquer le saut à l'élastique. Seul bémol, les cabines sont exiguës et n'ont pas de véritables portes, ce qui ne convient pas à tout le monde.

Résidences universitaires
Les résidences universitaires sont mises à la disposition du public pendant les vacances, c'est-à-dire de la fin juin à la mi-septembre. Les tarifs pratiqués sont un peu plus élevés que dans les auberges de jeu-

nesse, mais les résidences proposent généralement des chambres simples (et quelques doubles), avec des sanitaires communs, et le petit déjeuner est inclus.

Côté restauration, les prix sont raisonnables, et le choix varié : bars, self-services, plats à emporter ou restaurants. Plusieurs formules vous seront proposées : pension complète, demi-pension, B&B ou possibilité de cuisiner vous-même.

La *London School of Economics* (Room B508, LSE, Houghton St WC2A 2AE), loue plusieurs de ses résidences pendant les vacances de Pâques et en été. Le *Carr Saunders Hall* (☎ 323 9712 ; fax 580 4718), 18-24 Fitzroy St W1 (métro : Warrent St ; carte 5), n'est certes pas situé dans le meilleur quartier de la ville mais se trouve à deux pas d'Oxford St, donc assez près du centre. L'endroit est ouvert à Noël, à Pâques et aux mois de juillet et août ; les simples/doubles avec petit déjeuner complet reviennent à 17/31 £ à Pâques, et à 22,50/48 £ en été. Des appartements meublés sont loués à la semaine pendant l'été. Un appartement d'une capacité de deux/cinq personnes coûte 238/539 £. Durant l'été, le *Central Holborn* (☎ 379 5589 ; fax 379 5640), 178 High Holborn WC1 (métro : Holborn ; carte 3), propose des simples/doubles bien équipées à 27/45 £, petit déjeuner compris.

Le *Passfield Hall* (☎ 387 3584 ; fax 387 4364), Endsleigh Place WC1 (métro : Euston ; carte 5), une résidence composée de dix maisons datant de la fin de l'époque géorgienne, est situé en plein cœur de Bloomsbury. Le B&B en chambre simple vous sera facturé 18 £, la double 38 £ et la triple 51 £. Les prix sont analogues au *Rosebery Avenue Hall* (☎ 278 3251 ; fax 278 2068), 90 Rosebery Ave EC1 (métro : Angel ; carte 5).

L'*Imperial College of Science and Technology* (☎ 594 9494 ; fax 594 9505), 15 Prince's Gardens SW7 (métro : South Kensington ; carte 8), est remarquablement situé. Il se trouve en effet à proximité des musées de South Kensington. A Pâques, la formule B&B coûte 26,50 £ (42 £ en été).

Le *Regent's College* (☎ 487 7483 ; fax 487 7524), Inner Circle, Regent's Park NW1 (métro : Baker St ; carte 2), occupe un manoir de style Régence, en plein milieu du superbe Regent's Park. L'endroit, ouvert à Noël, ainsi que de mai à septembre, est idéal pour rejoindre Camden et le centre. Le tarif de la simple/double s'élève à 25/36 £ la nuit.

Le *John Adams Hall* (☎ 387 4086 ; fax 383 0164), 15-23 Endsleigh St WC1 (métro : Euston ; carte 5), est composé d'un ensemble de maisons de style géorgien. Il possède une piscine et ouvre à Noël, à Pâques et en été. Vous réglerez 20/34 £ pour la formule B&B en chambre simple/double.

Le *King's Campus Vacation Bureau* (☎ 351 6011 ; fax 352 7376) ; 552 Kings Rd SW10 0UA (métro : Fulham Broadway), se charge de réserver des lits dans plusieurs résidences de King's College, situé dans le centre. Le *Hampstead Campus* (☎ 435 3564 ; fax 431 4402), Kidderpore Ave NW3 (métro : Finchley Rd ; carte 11) est doté de 392 lits répartis en chambres simples et doubles. Les premières sont à 12,80 £ et les secondes à 22,30 £.

Les *Finsbury Residences* (☎ 477 8811 ; fax 477 8810), Bastwick St EC1 (métro : Angel/Old Street ; carte 2), se divisent en deux bâtiments à l'architecture moderne qui appartiennent à la City University. Le lit coûte 19,50 £ par personne, petit déjeuner compris. Comptez 97,50 £ pour une semaine. L'établissement vous accueille à Noël, à Pâques et en été. Dîners servis sur commande.

L'*University of Westminster* (☎ 911 5000), 35 Marylebone Rd NW1 (métro : Baker St ; carte 2), met à votre disposition des simples et des doubles moyennant 22,50 £ (18,50 £ pour les moins de 26 ans). Majorez ces tarifs de 3 £ pour le petit déjeuner.

Les YMCA

Le National Council for YMCA (☎ 0181-520 5599) vous fournira la liste de ses auberges de jeunesse à Londres. La location d'une simple/double revient à 20/35 £.

Les principales auberges sont les suivantes : la *Barbican* (☎ 628 0697), 2 Fann St EC2 (métro : Barbican ; carte 6), qui propose 240 lits ; la *London City Hostel* (☎ 628 8832), 8 Errol St EC1 (métro : Barbican ; carte 6), 111 lits ; et le *Central Club* (☎ 636 7512), 16 Great Russell St WC1 (métro : Tottenham Court Rd : carte 5), d'une capacité de 240 lits.

Bed and Breakfast (B&B) et pensions

Les B&B constituent à la fois une institution britannique extraordinaire et l'hébergement privé le plus économique. Même avec un petit budget, vous pourrez louer une chambre dans une maison particulière, avec s.d.b. commune et petit déjeuner anglais (jus de fruit, céréales, œufs au bacon, saucisse, haricots et toast). Certains B&B n'ayant qu'une chambre, vous aurez l'impression d'être l'hôte de la famille. Les B&B offrent la plupart du temps un bon rapport qualité/prix. Si votre budget quotidien est d'environ 18/20 £, vous devrez probablement vous éloigner de Londres ou trouver une maison d'un standing moyen.

Dans le centre-ville, la formule la moins onéreuse demeure la pension. Il s'agit d'anciennes maisons particulières pourvues d'une demi-douzaine de chambres, et qui n'ont pas le cachet des B&B. Les prix s'échelonnent entre 30 et 60 £ la nuit, selon le standing de la maison et la qualité de la nourriture. En règle générale, les chambres doubles comportent des lits jumeaux (twins), les grands lits étant assez rares.

Bloomsbury (WC1), Bayswater (W2), Paddington (W2), Pimlico (SW1) et Earl's Court (SW5) sont les quartiers du centre de Londres où sont installées les pensions les plus abordables.

Pour les B&B et les pensions répertoriés dans cette rubrique, comptez environ 25 £ la simple et 30 £ la double. Si vous désirez une simple avec s.d.b., il vous faudra dépenser 30 £ (40 £ pour une double).

En basse saison, il est souvent possible de négocier les tarifs. Si vous séjournez plus de deux nuits ou si vous ne prenez pas le petit déjeuner, essayez de bénéficier d'un rabais. En juillet, août et septembre, les tarifs peuvent faire un bond de plus de 25%. Il est impératif de téléphoner un peu à l'avance pour réserver. La plupart des établissements modestes n'acceptent pas les cartes de crédit.

Certains endroits très bon marché ne sont nullement destinés à recevoir des touristes étrangers : ils hébergent des familles sans logement, placées là "temporairement" par les autorités locales. Il est donc préférable de vous en tenir à la liste approuvée par l'office du tourisme.

Paddington. Les hôtels sont nombreux et bon marché, mais le quartier est plutôt mal fréquenté. Les femmes seules préféreront probablement séjourner ailleurs.

Situé dans l'un des quartier les plus animés, le *Norfolk Court and St David's Hotel* (☎ 723 4963 ; fax 402 9061), 16 Norfolk Square W2 (métro Paddington ; carte 9), est un établissement sympathique, confortable et propre, au décor extravagant. Les simples et les doubles disposent d'un lavabo, d'une TV couleur et d'un téléphone et sont louées respectivement 30 et 46 £. Une double avec douche et toilettes vaut 56 £ la nuit. Le Norfolk Square, véritable oasis de verdure, est situé juste en face, ce qui représente un avantage non négligeable en été. Bien qu'un peu plus cher, le *Camelot Hotel* (☎ 723 9118 ; fax 402 3412), au n°45, représente également un bon choix. Si ces deux établissements affichent complet, allez rendre visite à leurs concurrents qui sont installés sur la place.

Bayswater. Idéalement situé, le quartier draine une foule de gens. Certaines rues à l'ouest de Queensway sont un peu tristes. Elles abritent cependant d'excellentes restaurants.

Le *Sass House Hotel* (☎ 262 2325 ; fax 262 0889), 11 Craven terrace W2 (métro : Lancaster Gate ; carte 9), est d'un confort assez sommaire. Les prix des simples avec petit déjeuner débutent à 22 £. Pour une double, on vous demandera 28 £ et plus.

L'une des meilleures adresses de Bayswater est le *Garden Court Hotel* (☎ 229 2553 ; fax 727 2749), 30 Kensington Gardens Square W2 (métro : Bayswater ; carte 9). Cet hôtel familial, bien géré et bien tenu, propose des chambres avec téléphone et TV. Les simples/doubles sans s.d.b. coûtent 32/48 £ (45/66 £ avec s.d.b.).

Le *Manor Court Hotel* (☎ 729 3361 ; fax 229 2875) 7 Clanricarde Gardens W2 (métro : Queensway ; carte 9), donne dans Bayswater Rd, un endroit très bien situé. L'hôtel n'a rien d'exceptionnel, mais vous ne serez pas déçu. Les chambres sont équipées de douches. Vous paierez 30/45 £ la simple/double (avec douche).

Earl's Court. Earl's Court a longtemps été le point de chute des réfugiés qui arrivaient des contrées les plus éloignées de l'empire britannique. Actuellement, Africains, Arabes et Indiens sont les plus nombreux. Le fait que la plupart des habitants sont en transit confère une atmosphère très particulière au quartier. Pourtant, même si la situation s'est beaucoup améliorée, certaines rues sont encore assez sales, et nombre d'immeubles délabrés. Depuis ce quartier, aucun centre d'intérêt n'est réellement accessible à pied, mais le métro Earl's Court est une station de correspondances, et circuler en "tube" est un jeu d'enfant.

Le *St Simeon* (☎ 373 0505 ; fax 589 6412), 38 Harrington Gardens SW7 (métro : Gloucester Rd ; carte 8), proche des musées de South Kensington, propose des dortoirs, des simples et des doubles. Les premiers prix sont de 18 £ environ, mais il est possible de négocier.

Le *Boka Hotel* (☎ 370 1388), 33 Eardley Crescent SW5 (métro : Earl's Court ; carte 8), est un établissement avenant. Les simples/doubles, pour la plupart sans s.d.b., sont louées 25/40 £. Un dortoir est à votre disposition à partir de 16 £, et vous aurez accès à la cuisine.

Pimlico et Victoria. Il ne s'agit sans doute pas du quartier le plus attrayant de Londres, mais vous serez au cœur de l'action. Malgré le nombre élevé des personnes de passage, la qualité des établissements est plutôt correcte. D'une façon générale, les hôtels les moins chers (autour de 30 £ par personne) sont plus satisfaisants que leurs concurrents d'Earl's Court.

Si seulement tous les hôtels bon marché de Londres ressemblaient au *Luna-Simone Hotel* (☎ 834 5897 ; fax 828 2474), 47 Belgrave Rd SW1 (métro : Victoria ; carte 4) ! Central, d'une propreté irréprochable, confortable et sans décoration intempestive, il met à votre disposition des simples/doubles sans s.d.b. à partir de 28/50 £ la nuit (65 £ la double avec s.d.b.). Les équipements varient selon les chambres. Le petit déjeuner anglais est compris. Vous pourrez laisser gratuitement vos bagages à l'hôtel.

Le *Brindle House Hotel* (☎ 828 0057 ; fax 931 8805), 1 Warwick Place North SW1 (métro : Victoria ; carte 4), occupe un bâtiment ancien, à l'écart des artères principales de la ville. Bien que le décor ne soit franchement pas réussi, les chambres, claires et propres, sont beaucoup plus agréables que ne le laisse supposer l'entrée. Les simples/doubles sans s.d.b. se montent à 30/38 £ (42 £ la double avec s.d.b.).

Le *Romany House Hotel* (☎ 834 5553 ; fax 834 0495), 35 Longmoore St SW1 (métro : Victoria ; carte 4), possède un charmant petit côté vieillot qui évoque un passé riche en histoires de bandits de grand chemin. La salle de bain est commune, les petits déjeuners très bons, et le prix de 25/35 £ pour une simple/double.

Bloomsbury. Ce quartier englobe, entre autres, la London University, le British Museum, de ravissantes petites places et des maisons de style géorgien. La circulation est intense et les rues très fréquentées par des employés de bureau, des étudiants et des touristes. Bloomsbury est en outre très bien placé, surtout si l'on désire se rendre dans le West End.

L'*Hotel Cavendish* (☎ 636 9079), 75 Gower St (carte 5) et le *Jesmond Hotel* (☎ 636 3199 ; fax 580 3609), au n°63, peuvent paraître assez rudimentaires. Ils sont néanmoins propres et tout à fait convenables. Les simples/doubles sont facturées 28/38 £ la nuit, petit déjeuner inclus. Il n'y a qu'une s.d.b. commune, mais toutes les chambres possèdent des lavabos. Métro le plus proche : Goodge St.

Le *Repton Hotel* (☎ 436 4922 ; fax 636 7045), 31 Bedford Place WC1 (métro : Russell Square ; carte 5), offre un bon rapport qualité/prix dans la mesure où Bedford Place est moins fréquentée que Gower St. Le prix des simples/doubles se chiffre à 48/63 £, avec TV et téléphone. On peut également jeter son dévolu sur un dortoir de six lits moyennant 15 £ par personne.

Chelsea et Kensington. Les adresses vraiment bon marché se font rares dans ces quartiers à la mode.

Le *Magnolia Hotel* (☎ 352 0187 ; fax 352 3610), 104-105 Oakley St SW3 (métro : South Kensington ; carte 8), est bien situé. Pour un tel prix, le service est remarquable. Les chambres possèdent une TV couleur. Attention cependant : les chambres donnant sur la rue sont très bruyantes. Les prix des simples/doubles démarrent à 35/45 £. Si vous désirez une s.d.b., comptez 60 £ pour une double. Les chambres triples coûtent également 60 £. Seul inconvénient : l'éloignement de la station de métro.

OÙ SE LOGER – CATÉGORIE MOYENNE

Les meilleurs B&B occupent souvent de beaux bâtiments anciens. Malheureusement, rares sont ceux qui possèdent des s.d.b. privées. Les pensions et les petits hôtels sont mieux équipés et vous disposerez plus facilement d'une s.d.b. et d'une TV. Ils n'ont toutefois pas le caractère des B&B. Notons que les douches qui fonctionnent correctement restent une exception.

Les établissements cités dans cette rubrique proposent des simples/doubles entre 40/60 et 60/70 £. Avant de réserver dans cette catégorie (ou en catégorie supérieure), voyez si vous pouvez acheter un forfait incluant le séjour et le transport, depuis votre lieu de résidence.

Notting Hill
Ces dernières années, ce quartier de Londres est devenu extrêmement à la mode, et les prix s'en ressentent. Notting Hill reste cependant un agréable lieu de séjour. Les bars et les restaurant du quartier valent souvent le détour et, chaque week-end, se tient le marché de Portobello Rd.

Le *Holland Park Hotel* (☎ 792 0216 ; fax 727 8166), 6 Ladbroke Terrace W11 (métro : Notting Hill Gate ; carte 9), jouit à la fois d'une situation enviable (il se tient dans une rue calme près de Holland Park) et de la joyeuse animation de Notting Hill. Les chambres, très agréables, sont d'un excellent rapport qualité/prix : sans s.d.b., la simple/double est louée 40/54 £ (54/72 £ avec s.d.b.).

Tout au sud de Portobello Rd, le *Gate Hotel* (☎ 221 2403 ; fax 221 9128), 6 Portobello Rd W11 (métro : Notting Hill Gate ; carte 9), occupe un ancien hôtel particulier. Le décor, d'un style typiquement anglais, regorge de fioritures. Toutes les chambres sont équipées de s.d.b. Vous devrez débourser 40/65 £ pour une simple/double.

Paddington et Bayswater
Paddington n'est certes pas l'endroit le plus attirant de la capitale, bien qu'il soit très commode, notamment si vous comptez vous rendre à l'ouest du pays. Bayswater est plus attrayant, à condition de bien choisir la rue.

Plusieurs petits hôtels bordent les Sussex Gardens de Paddington, que longe malheureusement une route très fréquentée. Le *Balmoral House Hotel* (☎ 723 7445 ; fax 402 0118), au n°156 (métro : Paddington ; carte 9), est très confortable et impeccablement tenu. On trouve une TV dans chaque chambre. Les simples coûtent 35 £ (40 avec s.d.b.) et les doubles, toutes équipées de s.d.b., se montent à 60 £, petit déjeuner non compris. Les chambres du *Europa House Hotel* (☎ 723 7343 ; fax 224 9331), au n°151 (carte 9), sont très propres, calmes et possèdent s.d.b., TV et téléphone. La chambre simple vous sera louée 45 £ la nuit. On vous demandera 45/60 £ pour une simple/double.

L'*Oxford Hotel* (☎ 402 6860 ; fax 706 4318), 13 Craven Terrace W2 (métro : Lancaster Gate ; carte 9), pratique des tarifs raisonnables : les simples et les doubles, avec la TV, coûtent 65 £. Si vous réservez pour huit jours, le prix passe à 48 £.

Earl's Court

D'une qualité très acceptable, tous les établissements de catégorie moyenne du quartier offrent peu ou prou les mêmes prestations.

Le *Shellbourne Hotel* (☎ 373 5161 ; fax 373 9824), 1 Lexham Gardens W8 (métro : Gloucester Rd ; carte 8), est assez délabré. Il n'en demeure pas moins propre, et ses chambres sont parfaitement équipées (TV, douche et ligne de téléphone directe). Trois catégories de chambres sont à votre disposition : simples, doubles, triples. Prévoyez respectivement 35, 55 et 65 £.

Le *York House Hotel* (☎ 373 7519 ; fax 370 4641), 27 Philbeach Gardens SW5 (métro : Earl's Court ; carte 8), relativement bon marché, fournit des chambres sommairement équipées – quelques-unes seulement disposent d'une douche. Vous acquitterez 28/45 £ la simple/double, 62 £ pour une double avec s.d.b. et 75 £ pour une triple avec s.d.b.

Très agréable, le *London Town Hotel* (☎ 370 4356 ; fax 370 7923), 15 Penywern Rd SW5 (métro : Earl's Court ; carte 8), propose des simples/doubles avec s.d.b. et TV à partir de 38/62 £.

Le *Merlyn Court Hotel* (☎ 370 1640 ; fax 370 4986), 2 Barkston Gardens SW5 (métro : Earl's Court ; carte 8), est un établissement modeste où règne néanmoins une très bonne ambiance. Petites et propres, les simples/doubles avec s.d.b. coûtent 50/55 £. Sans s.d.b., prévoyez respectivement 25 et 35 £. Les chambres à trois/quatre lits (sans s.d.b.) sont louées 65/70 £.

West End

Dans le centre de Londres, les bonnes occasions sont rarissimes. La plupart du temps, le rapport qualité/prix est meilleur dans les autres quartiers.

Le *Glynne Court Hotel* (☎ 262 4344 ; fax 724 2071), 41 Great Cumberland Place W1 (métro : Marble Arch), est assez représentatif. Les simples/doubles avec petit déjeuner sont facturées 45/50 £. La TV et le téléphone sont installés dans toutes les chambres, mais le petit déjeuner n'a rien de très anglais.

Relativement bon marché, dans la mesure où il se trouve juste à côté de Piccadilly Circus, le *Regent Palace Hotel* (☎ 734 7000 ; fax 734 6435), mériterait un bon ravalement. Les chambres ne possèdent pas de salle de bain, et le prix du petit déjeuner est en sus. Pour une simple/double, prévoyez 49/75 £.

Pimlico et Victoria

Si vous pouvez vous permettre de dépenser un peu plus, Pimlico est sans nul doute plus agréable qu'Earl's Court ; on y trouve quelques établissements d'un bon rapport qualité/prix. Le quartier de Victoria, quant à lui, est extrêmement bien desservi. Ce n'est cependant pas le plus agréable, ni le moins bruyant de la capitale.

Le *Hamilton House Hotel* (☎ 821 7113 ; fax 630 0806), 60 Warwick Way SW1 (métro : Victoria ; carte 4), possède des simples et des doubles équipées de s.d.b., téléphone et TV. On vous demandera 48/58 £ pour une simple/double – le prix de ces dernières nous semble assez intéressant. Au N°142, le *Windermere Hotel* (☎ 834 5163 ; fax 630 8831 ; carte 4), offre un bon choix de petites chambres, d'une propreté irréprochable, dont le prix varie entre 34 et 48 £. L'hôtel possède son propre restaurant.

Le *Winchester Hotel* (☎ 828 2972 ; fax 828 5191), 17 Belgrave Rd SW1 (métro : Victoria ; carte 4), est bien tenu, confortable et accueillant. Les prix sont plutôt intéressants pour le quartier. Les chambres doubles à lits jumeaux, avec s.d.b., téléphone et TV, coûtent 65 £.

Le *Woodville* (☎ 730 1048 ; fax 730 2574), 107 Ebury St SW1 (métro : Victoria ; carte 4), est doté de 12 chambres propres et confortables. Vous aurez accès à la cuisine, mais devrez vous contenter d'une s.d.b.

commune. La nuit dans une simple/double revient à 38/58 £. L'établissement est sympathique et présente un bon rapport qualité/prix. Les propriétaires possèdent également la *Morgan House* (☎ 730 2384 ; fax 730 8842), 120 Ebury St (carte 4), dont les prix sont légèrement plus élevés.

Camden

Au 78 Albert St NW1, *Peter and Suzy Bell* (☎ 387 6813 ; fax 387 1704 ; carte 10) mettent à votre disposition trois chambres confortables. L'établissement, qui donne sur une rue tranquille, est idéalement placé pour se rendre au Camden Market. Le B&B coûte 70 £. Comptez 40 £ pour une personne seule.

Bloomsbury

Dans Cartwright Gardens, au nord de Russell Square, vous trouverez des hôtels parmi les plus confortables et les plus attrayants de Londres, sans parler de leur bon rapport qualité/prix. Depuis ce quartier, vous pourrez vous rendre à pied dans le West End (métro : Russel Square). Les hôtels sont disposés en croissant autour d'un magnifique jardin. Si vos moyens vous le permettent, courrez au *Jenkin's Hotel* (☎ 387 2067 ; fax 383 3139), au n°45 (carte 5). Cet établissement propose de ravissantes chambres, confortables et meublées avec style. Elles disposent toutes d'un lavabo, d'une TV, d'un téléphone et d'un réfrigérateur. Les simples/doubles sont à 45/55 £ ; les doubles avec s.d.b. coûtent 65 £ (petit déjeuner anglais compris). Les clients de l'hôtel peuvent utiliser les courts de tennis situés de l'autre côté de la rue. Le *Crescent Hotel* (☎ 387 1515 ; fax 383 2054), au n°49 (carte 5), est plus grand. C'est une affaire familiale, le standing est bon, et les tarifs sont à peu près les mêmes qu'au Jenkin's. Tout à côté, l'*Euro Hotel* (☎ 387 4321 ; fax 383 5044), et le *George Hotel* (☎ 387 8777 ; fax 387 8666) sont également bien tenus et coûtent environ le même prix.

Le long de Gower St (métro : Goodge St ou Euston Square), plusieurs établissements offrent de bons services à des prix raisonnables. Ils ne sont malheureusement pas tous équipés de double vitrage, ce qui peut dissuader ceux qui supportent mal le bruit de la circulation. Insistez pour avoir une chambre sur le jardin – ce sont d'ailleurs les plus belles. Le sympathique et accueillant *Arran House Hotel* (☎ 636 2186 ; fax 436 5328), au n°77 (carte 5), possède un grand jardin et est équipé de machines à laver le linge. Les chambres possèdent une TV couleur et un téléphone. Les simples coûtent entre 31 et 41 £ (avec douche et toilettes), les doubles entre 46 et 61 £. On trouve également des chambres à trois et quatre lits. Bon à savoir : les chambres donnant sur la rue sont isolées contre le bruit.

Le *St Margaret's Hotel* (☎ 636 4277 ; fax 323 3066), 26 Bedford Place WC1B (métro : Russell Square ou Holborn ; carte 5), situé dans un hôtel particulier typique du quartier de Bloomsbury, est tenu par une famille. Les chambres sont propres et sont dotée d'une TV et d'un téléphone. Le tarif des simples/doubles est de 42,50/ 54,50 £. Certaines chambres disposent d'une s.d.b.. Au premier abord, l'endroit n'est pas très enthousiasmant, mais ne vous arrêtez pas à cette première impression.

Le *Ruskin Hotel* (☎ 636 7388), 23 Montague St WC1, et son voisin (ils se ressemblent comme deux jumeaux) le *Haddon Hall Hotel* (☎ 636 2474 ; fax 580 4527), 39 Bedford Place WC1 (métro : Russell Square ou Holborn ; carte 5), n'ont apparemment rien d'extraordinaire. Simples, d'une décoration sans intérêt, ils ont l'avantage d'être très bien placés. De plus, le service est tout à fait satisfaisant. Les doubles avec s.d.b. valent 67 £. Sans s.d.b., il faut compter 39/55 £ la simple/double.

Le *Royal National Hotel* (☎ 636 8401 ; fax 837 4653), Woburn Place WC1 (métro : Russell Square ; carte 5), qui vient juste d'être rénové, propose des chambres propres et modernes au prix de 62/75 £ la simple/double.

Chelsea et Kensington

Ces quartiers chic permettent un accès facile aux musées et à quelques-unes des meilleures boutiques de Londres.

A	B
C	D

A : le Dickens Inn à St Katherine's Dock
B : enseigne du Bag O'Nails près de Victoria
C : la boutique The Three Kings à Clerkenwell, paradis du papier mâché
D : devanture du Caffé Uno

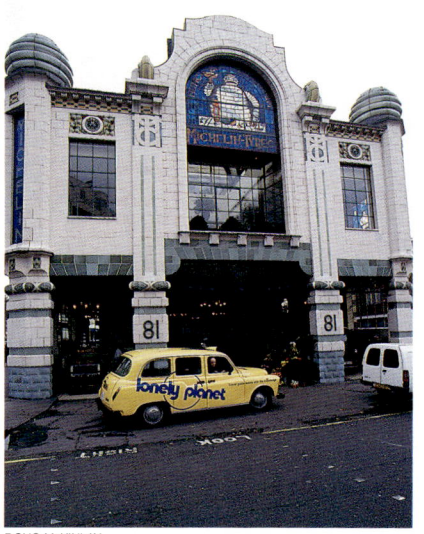

DOUG McKINLAY

PAT YALE

JUDI SCHIFF

A gauche : le Michelin Building et le Bibendum Restaurant, Fulham Road
À droite : boutique à Brick Lane, East End
En bas : enseigne du The Shakespeare's Head, Carnaby Street

Le *Swiss House Hotel* (☎ 373 2769 ; fax 373 9383), 171 Old Brompton Rd (métro : Gloucester Rd ; carte 8), se trouve à la limite d'Earl's Court. C'est un endroit propre et d'un bon rapport qualité/prix. Le prix des simples avec s.d.b. s'échelonne entre 36 et 68 £ ; les doubles avec s.d.b. sont au tarif unique de 68 £. Les chambres disposent d'une TV et d'une ligne téléphonique directe.

Le *Vicarage Private Hotel* (☎ 229 4030 ; fax 792 5989), 10 Vicarage Gate W8 (métro : High St Kensington ; carte 8), est agréablement situé. Tout près de Hyde Park, il se trouve à mi-chemin de Notting Hill et de Kensington. C'est un hôtel agréable, bien tenu, qui possède beaucoup de charme. Vous disposerez de vraies douches. La simple/double est facturée 38/60 £. Cet hôtel étant recommandé dans plusieurs guides, mieux vaut réserver. La *Abbey House* (☎ 727 2594), 11 Vicarage Gate, est un excellent petit hôtel. Les tarifs correspondent parfaitement aux services dont vous pourrez bénéficier. Modestement décrit comme un B&B, le décor est correct et l'accueil tout à fait chaleureux. On vous demandera 38/60 £ pour une simple/double. Là aussi, il est préférable de réserver.

Hampstead
Cet élégant faubourg a gardé l'atmosphère d'un village. Bien qu'on puisse s'y sentir un peu coupé du centre de Londres, l'accès en est facile par le métro.

La Gaffe (☎ 794 7526 ; fax 794 7592), 107 Heath St NW3 (métro : Hampstead ; carte 11), est un hôtel un peu excentrique, mais néanmoins confortable, installé dans une chaumière du XVIIIe siècle. Le restaurant italien qui s'y trouve existe depuis toujours. Les chambres sont équipées de s.d.b. Les simples/doubles valent 50/75 £.

Le *Sandringham Hotel* (☎ 435 1569), 3 Holford Rd NW3 (métro : Hampstead ; carte 11), est un établissement agréable.

La petite France
A Londres, la plupart des "froggies" (surnom des Français) vivent à South Kensington, l'un des quartiers les plus cotés de la capitale.

Il n'en fut pas toujours ainsi. Aux XVIIe et XVIIIe siècles, les tisserands huguenots fuyant la révocation de l'Édit de Nantes s'installèrent dans le quartier de Spitalfields, à l'est de la ville. L'industrie de la soie assura leur prospérité, comme en témoignent les maisons bourgeoises et les noms que portent certaines rues (Fournier Street, Fleur-de-Lis Street). Par la suite, les artisans huguenots – horlogers, relieurs, orfèvres – investirent Soho. L'hôpital et le dispensaire français de Shaftsbury Street, ainsi que l'église protestante française de Soho Square, fondés par leurs soins, existent toujours. Lors de la Seconde Guerre mondiale, le quartier devint le centre de la Résistance. Les Forces françaises libres avaient établi leur Q.G. au York Minister Pub, dans Dean Street (aujourd'hui le French House) et c'est chez Angelucci's, au coin de la rue dans Frith Street, que le général de Gaulle se procurait son café en grains favori.

Au lendemain du conflit, la communauté française quitta les rues délabrées de Spitalfields et de Soho pour l'environnement plus respectable de South Kensington, à l'ouest de Londres (SW7 ; métro : South Kensington). La vie s'organisa désormais autour du Lycée français de Cromwell Road et de l'Institut français de Queensberry Place. Aujourd'hui, le quartier recèle nombre de magasins d'alimentation haut de gamme fournissant les ressortissants d'outre-Manche, dont une boucherie (*South Kensington Butchers*, 19 Bute St), un pâtissier-chocolatier (24a Bute St), le *Raison d'Être Café* (28 Bute St), une librairie française (*French Bookshop*, au n°28) et la *Rôtisserie Jules* (6-8 Bute St), réputée pour son succulent gratin dauphinois et son gigot d'agneau. Dans les rues avoisinantes, d'autres affaires sont tenues par des Français. Le *Traiteur Fileric* se tient 57 Old Brompton St et *La Bouchée Bistro* au 56. La *Librairie La Page* est installée 7 Harrington Rd. Quant à *Bagatelle Boutique*, 44 Harrington Rd, cette enseigne sert de remarquables tartes et croissants. *D McKay's Premiers Choix*, à l'angle de Harrington Rd et de Glendower Place, est une épicerie. ■

Les chambres du dernier étage dominent la ville. Les petits déjeuners à l'américaine témoignent de l'origine des propriétaires. Le soir, lorsque vous ferez appel au *room service*, les plats que l'on vous servira viendront probablement de *La Gaffe*. Les simples/doubles démarrent à 65/90 £.

Greenwich
Bien qu'un peu éloigné du centre, Greenwich est une partie de Londres très plaisante. Il y règne aussi une atmosphère de village; Greenwich Park et Blackheath offrent des avantages indéniables.

L'*Ibis Hotel* (☎ 0181-305 1177; fax 0181-858 7139), Stockwell St SE10 (métro : Greenwich; carte 12), est l'un de ces nouveaux hôtels standardisés où les chambres coûtent le même prix, quel que soit le nombre d'occupants – idéale pour les couples, ce type de formule est nettement moins avantageuse pour les célibataires. Les chambres valent 52 £. On trouve facilement à se garer, et un Café Rouge est installé juste à côté.

Les aéroports
Les possibilités d'hébergement ne manquent pas à Heathrow et à Gatwick, mais elles sont assez semblables et extrêmement chères. Néanmoins, à ceux qui arrivent tard et partent de bonne heure, nous recommandons les hôtels Ibis.

Le *London Heathrow Ibis* (☎ 0181-759 4888), 112-114 Bath Rd, Hayes, Middlesex, demande 53 £ pour une chambre, transfert aux terminaux 1, 2 et 3 compris. Le *London Gatwick Skylodge* (☎ 01239-611762), London Rd, Lowfield Heath, Crawley, Sussex, propose des chambres à 38 £. Au *Luton Airport Ibis* (☎ 01582-424 488), Spittlesea Rd, Luton, le prix est de 42 £. Que vous soyez un ou deux, les tarifs restent inchangés.

OÙ SE LOGER – CATÉGORIE SUPÉRIEURE

Le terme "hôtel" recouvre toutes sortes d'établissements. Certaines maisons aménagées en hôtels sont impossibles à distinguer des pensions, et quelques vieilles demeures abritent d'authentiques palaces. Nombreuses sont les nouvelles chaînes d'hôtels qui apparaissent au centre de Londres; la plupart ont une clientèle essentiellement composée d'hommes d'affaires. Elles proposent parfois des tarifs week-end très compétitifs, susceptibles d'intéresser les touristes.

On trouve de bons hôtels dans toute la capitale ; Notting Hill, Marble Arch, le West End et Bloomsbury en possèdent d'excellents. Les chambres coûtent généralement plus de 75 £.

Notting Hill
Le *Hillgate Hotel* (☎ 221 3433; fax 229 4808), 6 Pembridge Gardens W2 (métro : Notting Hill Gate; carte 9), est remarquablement situé dans une rue paisible. Les simples/doubles, tout confort, sont facturées 70/94 £. Un peu plus loin, au n°20, l'*Abbey Court* (☎ 221 7518; fax 792 0858), propose des chambres à la décoration personnalisée, dont certaines jouissent d'une vue splendide sur les toits. Des repas froids sont servis toute la journée. Comptez à partir de 88/130 £ pour une simple/double.

Le *Portobello* (☎ 727 2777; fax 792 9641), 22 Stanley Gardens W11 (métro : Notting Hill Gate; carte 9), est un hôtel superbement aménagé et très bien situé. Il n'est certes pas bon marché, mais les tarifs correspondent bien au cadre et aux services. Vous paierez 80/140 £ la simple/double. Non loin de là, au 34 Pembridge Gardens W2, se tient le *Pembridge Court Hotel* (☎ 229 9977; fax 727 4982), autre établissement fort bien placé et impeccablement tenu, qui séduira tout particulièrement ceux qui s'ennuieraient de leur chat : Spencer et Churchill, les deux chats roux de la maison, sont une véritable institution. Vous débourserez 110/135 £ pour une simple/double.

Le *Portobello Gold* (☎ 460 4910; fax 460 4911), 95 Portobello Rd W11 (métro : Notting Hill Gate; carte 9), fut le premier hôtel de Londres à équiper chacune de ses chambres d'un ordinateur avec liaison e-mail. Un restaurant élégant vous accueille au rez-de-chaussée, et un bar trône au premier étage. La maison loue ses simples/doubles 45/55 £. Si vous désirez une chambre avec baignoire, prévoyez 60/80 £.

Paddington et Bayswater

Le *Gresham Hotel* (☎ 402 2920), 116 Sussex Gardens W2 (métro : Paddington ; carte 9), est un petit hôtel élégant aux chambres bien équipées. Vous débourserez 60/75 £ pour une simple/double.

L'*Inverness Court Hotel* (☎ 229 1444 ; fax 706 4240), Inverness Terrace W2 (métro : Queensway ; carte 9), plaira certainement aux amateurs d'histoire. Construit par un gentleman de l'époque victorienne pour sa maîtresse, une actrice, l'hôtel abrite un théâtre privé, transformé aujourd'hui en bar à cocktails. Plusieurs chambres donnent sur Hyde Park. Vous dépenserez 70/90 £ pour une simple/double.

Earl's Court

A mi-chemin entre Kensington et Earl's Court, l'*Amber Hotel* (☎ 373 8666 ; fax 835 1194), 101 Lexham Gardens W8 (métro : Earl's Court ; carte 9), est d'un bon rapport qualité/prix vu sa situation. Les chambres, bien équipées, coûtent 75 £ en juillet et 95 £ en août. De l'autre côté de la rue, le *London Lodge Hotel* (☎ 244 8444 ; fax 373 6661), au n°134 (carte 9), propose des chambres entièrement équipées, à 75/85 £ la simple/double. Le petit déjeuner, inclus, est excellent.

Le B&B installé au *47 Warwick Gardens* (☎/fax 603 7614) n'a curieusement pas de nom. Il met à votre disposition trois chambres doubles, assez confortables, situées dans un soubassement et ouvrant sur un patio. Le prix unique est de 75 £. Très sympathique, l'endroit n'est pas trop loin du métro Earl's Court. Il faut cependant séjourner deux nuits minimum. Réservez longtemps à l'avance.

Victoria

Rénové et plus cher qu'auparavant, le *Rubens* (☎ 834 6600 ; fax 828 5401), 39 Buckingham Palace Rd SW1 (métro : Victoria ; carte 4), jouit d'une extraordinaire situation puisqu'il donne sur l'enceinte même de Buckingham Palace. Toutes les chambres possèdent une s.d.b. Les simples/doubles sont à partir de 110/135 £, petit déjeuner non compris. Le Rubens reçoit de nombreux groupes.

Knightsbridge, Chelsea et Kensington

Hotel 167 (☎ 373 0672 ; fax 373 3360), 167 Old Brompton Rd SW5 (métro : Gloucester Rd ; carte 8), est un établissement stylé, très bien tenu, à la décoration particulièrement raffinée. Toutes les chambres possèdent des s.d.b. Le prix des simples démarre à 65 £. Les doubles oscillent entre 82 à 90 £.

En matière de style et de luxe, il est difficile de battre le *Blakes* (☎ 370 6701 ; fax 373 0442), 33 Roland Gardens SW7 (métro : Gloucester Rd), et ses cinq maisons victoriennes réunies en une seule, décorées de lits à baldaquin et de meubles anciens, le tout sur de vieux parquets cirés. Bien entendu, un tel confort se monnaie : à partir de 150/175 £ la simple/double.

Sur Sumner Place se cachent deux excellents établissements difficiles à trouver car dépourvus d'enseigne. Le *Five Sumner Place* (☎ 584 7586 ; fax 823 9962), 5 Sumner Place SW7 (métro : South Kensington ; carte 8), a remporté de nombreuses distinctions et offre les meilleurs prix. Les chambres sont confortables, très bien équipées (s.d.b., TV, téléphone, bar, etc.), et l'établissement possède deux jardins, l'un à intérieur, l'autre à l'extérieur. La simple/double est louée 81/111 £.

L'*Hotel Number Sixteen* (☎ 589 5232 ; fax 584 8615), au n°16 (carte 8), dispose des mêmes avantages que le n°5. Le prix des simples varie entre 80 et 105 £, celui des doubles entre 140 et 170 £. Renseignez-vous sur les formules week-end, assez avantageuses (à partir de 50 £ par personne).

Les amoureux de l'époque victorienne éliront sans doute domicile au *Gore* (☎ 584 6601 ; fax 589 8127), 189 Queen's Gate

SW7 (métro : Gloucester Rd). Les somptueuses plantes vertes s'épanouissent au milieu de centaines de photos anciennes et de tapis d'Orient. Certains d'entre vous adoreront les salles de bains meublées à l'ancienne, bien que toutes ne possèdent pas de baignoire. Les tarifs se montent à 111/156 £ la simple/double.

L'*Annandale House Hotel* (☎ 730 5051 ; fax 730 2727), 39 Sloane Gardens, Sloane Square SW1 (métro : Sloane Square ; carte 8), est un petit hôtel discret, de style traditionnel, situé dans un quartier à la mode – les nappes et les serviettes sont en lin ! On vous demandera 45/70 £ pour une simple/double. Chaque chambre est équipée du téléphone et de la télévision.

En plein cœur de Knightsbridge, le *Basil Street Hotel* (☎ 581 3311 ; fax 581 3693 ; métro : Knightsbridge), est un établissement discret. C'est pourtant un endroit étonnant, rempli de meubles anciens, et idéalement placé pour ceux qui aiment s'adonner aux joies du shopping (proximité de nombreux magasins). Les prix des simples/doubles commencent à 70/110 £. Certaines chambres ne sont pas encore équipées de s.d.b.

West End

En plein cœur de Londres, l'*Hazlitt's* (☎ 434 1771 ; fax 439 1524), 6 Frith St, Soho Square W1V (métro : Tottenham Court Rd ; carte 3), est l'un des meilleurs hôtels de la capitale. Il propose un service d'une grande efficacité. Construit en 1718, l'hôtel se compose de trois maisons de style géorgien. Chacune des 23 chambres possède un nom et une décoration personnalisée. Vous vivrez au milieu de meubles et de tapis anciens. Les simples/doubles se négocient à partir de 127/162 £. Il est conseillé de réserver.

Situé dans une rue piétonne, pratiquement en face de la Royal Opera House, le *Fielding Hotel* (☎/fax 836 8305), 4 Broad Court, Bow St WC2 (métro : Covent Garden ; carte 3), présente un rapport qualité/prix remarquable. L'hôtel a des allures de vieux pub, et les chambres sont parfaitement propres (presque toutes sont équipées d'une s.d.b., d'une TV et d'un téléphone). Vous réglerez 65/85 £ pour une simple/double.

Le décor du *Wigmore Court Hotel* (☎ 935 0928 ; fax 487 4254), 23 Gloucester Place, Portman Square W1 (métro : Marble Arch), est peu engageant. En revanche, l'organisation est parfaite, les chambres bien équipées et les clients ont accès à une cuisine et à une laverie en libre service. Pendant la saison, l'hôtel vous demandera 45/79 £ pour une simple/double. Hors saison, les prix baissent de 10% environ.

L'*Edward Lear Hotel* (☎ 402 5401 ; fax 706 3766), 30 Seymour St W1 (métro : Marble Arch), était autrefois la maison d'un peintre et poète de l'époque victorienne du même nom. Les chambres sont équipées de TV et de téléphone. Petite particularité, vous aurez la possibilité de vous faire du thé ou du café dans la chambre. Le tarif des simples/doubles sans s.d.b. est de 39,50/54,50 £. Avec s.d.b., les prix passent à 70/84,50 £.

Juste derrière la Wallace Collection et merveilleusement situé pour faire du shopping, le *Durrants Hotel* (☎ 935 8131 ; fax 487 3510), Georges St W1 (métro : Marble Arch), est un grand hôtel luxueux. Cette ancienne auberge de campagne a su conserver une atmosphère de club pour gentlemen. Équipées de s.d.b., les chambres confortables démarrent à 90/108 £ la simple/double. Le petit déjeuner est en sus.

Avec ses fauteuils de cuir et son style un peu guindé, le *Bryanston Court* (☎ 262 3141 ; fax 262 7248), 55 Great Cumberlad Place W1 (métro : Marble Arch), évoque lui aussi le club anglais. Cet endroit rêvé pour les hommes d'affaires met à la disposition de sa clientèle des chambres parfaitement équipées (s.d.b., téléphone, TV). Il est assez cher pendant la semaine, mais propose des tarifs week-end entre décembre et février. Le prix des doubles descend alors jusqu'à 75 £.

Parfait pour se rendre à Oxford St ou au British Museum, l'*Academy Hotel* (☎ 631

4115; fax 636 3442), 21 Gower St (métro : Goodge St; carte 2), est situé dans une rue très fréquentée. Heureusement, des doubles vitrages atténuent le bruit. Les chambres, décorées dans des tons pâles, sont assez jolies, et un charmant jardin se trouve derrière l'hôtel. Vous paierez 90/115 £ pour une simple/double.

Le gigantesque *Strand Palace* (☎ 836 8080; fax 836 2077), Strand WC2 (métro : Charing Cross; carte 3), a traversé une mauvaise passe. Il a cependant effectué quelques travaux et la situation semble se redresser. Autre avantage, Covent Garden n'est qu'à deux pas. La note n'en demeure pas moins salée (94/121 £ la simple/double), d'autant plus que le petit déjeuner n'est pas compris. Renseignez-vous sur les formules incluant le transport.

La City

Le *Tower Thistke Hotel* (☎ 481 2575; fax 481 3799), St Katherine's Way E1 (métro : Tower Hill; carte 7), est idéalement situé. Dominant la Tamise près de St Katherine's Dock, vous apercevrez la Tour de Londres toute proche, et Tower Bridge. Vu de l'extérieur, l'hôtel n'est pas une réussite, mais on oublie ce désagrément aussitôt que l'on découvre la vue. La chambre avec petit déjeuner coûte 154/186 £ en simple/double. Il est très facile de se garer.

Wimbledon

C'est un peu éloigné, certes, mais c'est un véritable bijou : la *Cannizaro House* (☎ 0181-879 1464; fax 879 7338), Westside, Wimbledon Common SW 19 (métro : Wimbledon). Complètement restaurée, cette maison géorgienne possède 46 chambres confortables, équipées de façon moderne, et à la décoration personnalisée. Les prix commencent à 137/158 £ pour une simple /double, sans le petit déjeuner. Pour jouir d'un calme reposant, demandez une chambre donnant sur Cannizaro Park.

OÙ SE LOGER – CATÉGORIE LUXE

Certains hôtels du centre de Londres sont de vénérables et luxueuses institutions qui drainent une foule de touristes. Les chambres sont extrêmement confortables, les restaurants et les bars rivalisent avec les meilleurs de la capitale, et les prix sont plutôt exorbitants ! En dépit de leur splendeur surannée, ces établissements se sont adaptés aux besoins des hommes d'affaires d'aujourd'hui : vous y trouverez fax, modem, services de secrétariat, etc. Bref, la grande classe !

Le *Claridges* (☎ 629 8860; fax 499 2210), Brook St W1 (métro : Bond St; carte 2), témoin d'une époque révolue, est l'un des meilleurs cinq-étoiles de Londres. Vous croiserez probablement certains de ceux qui font la une du magazine *Hello*. Les suites Art déco ont été dessinées en 1929 et possèdent des cheminées dans lesquelles brûle un feu de bois en hiver. Attendez-vous tout de même à débourser 258/348 £ pour une simple/double.

Autre cinq-étoiles étonnant, le *Brown's* (☎ 493 6020; fax 493 9381), 30 Albemarle St W1 (métro : Green Park; carte 3), fut créé en rassemblant une dizaine de maisons. Le service est bien sûr très haut de gamme. Les lavabos pour dames (le terme de *powder's room* est pour une fois justifié) valent à eux seuls le détour.

Le plus célèbre hôtel de Londres, le *Ritz* (☎ 493 8181; fax 493 2687), 150 Piccadilly W1 (métro : Green Park; cartes 3 et 4), offre une vue spectaculaire sur Green Park. Les simples coûtent la somme vertigineuse de 253 £, et les doubles 306 £. Vous trouverez cependant tout le luxe auquel on est en droit de s'attendre. En revanche, le Terrace Restaurant, décoré comme un boudoir, n'est pas toujours à la hauteur de ses prix exorbitants.

Le *Connaught* (☎ 499 7070; fax 495 3262), Carlos Place W1 (métro : Green Park), loin des engouements et des modes, possède une élégance particulière et abrite l'un des meilleurs restaurants de la capitale. On sert de la cuisine française et anglaise, avec la belle assurance que donne le fait d'avoir su garder le même chef pendant un quart de siècle. Les chambres, meublées à l'ancienne, sont du meilleur goût. Vous disposerez bien entendu des services du fax et du modem. La nuit en chambre simple coûte 233 £. Si vous venez à deux, il vous faudra débourser 311 £.

De classe comparable, le *Savoy* (☎ 836 4343 ; fax 240 6040), Strand WC2 (métro : Charing Cross ; carte 3), fut reconstruit à l'emplacement de l'ancien Savoy Palace, incendié pendant la Révolte des Paysans, en 1381. Les chambres sont tellement confortables et la vue si superbe que certaines personnes sont connues pour y vivre en permanence. Plusieurs chambres sont meublées dans le style Art déco, et toutes sont équipées d'un modem et d'une messagerie vocale. Le prix des simples/doubles est de 240/285 £. Les tarifs du Savoy Grill correspondent à la clientèle d'affaires qui le fréquente. L'Art Déco American Bar sert des cocktails originaux. Vous pouvez également venir prendre le thé sous les lustres du vaste Thames Foyer (voir l'encadré *L'heure du thé* dans le chapitre *Où se restaurer*).

Encore du mobilier Art déco dans le grand salon du *Park Lane Hotel* (☎ 499 6321 ; fax 499 1965), Piccadilly W1 (métro : Green Park ; carte 4), un autre lieu haut en couleur. L'établissement n'a pas hésité à s'équiper de triples vitrages pour supprimer les nuisances dues à la circulation. La plupart des chambres ont été rénovées dans un style agréable et moderne. Le groupe Sheraton vient de prendre la direction, aussi faut-il s'attendre à de nouveaux changements. A ce jour, les tarifs sont les suivants : 200 £ la nuit en chambre simple, 217 £ en chambre double.

Le *Waldorf* (☎ 836 2400 ; fax 836 7244) Aldwych WC2 (métro : Charing Cross ; carte 3), est également un grand classique. Il entretient avec talent les fastes d'une époque révolue : chasseurs en livrée, etc. Le magnifique Palm Court Lounge organise des thés dansants le week-end. Les simples/doubles sont louées 185/200 £, petit déjeuner non compris.

Impossible de trouver plus central que le *Hampshire* (☎ 839 9399 ; fax 930 8122), Leicester Square (métro : Leicester Square ; carte 3). Cet hôtel, appartenant au groupe Radisson Edwardian, attire surtout de riches Américains à la retraite et des hommes d'affaires fortunés. Vous paierez 230/265 £ la simple/double.

Oubliez les uniformes à galons et les lustres, le *Halkin* (☎ 333 1000 ; fax 333 1100), 5 Halkin St SW1 (métro : Hyde Park Corner), est réservé aux adeptes du minimalisme. Les chambres sont tapissées de bois, à peine meublées, et bien évidemment très cossues ; portes et chauffage se commandent électroniquement... Tout ceci confère à l'ensemble une ambiance un peu new-age. Les serveurs surgissent en costume Giorgio Armani, ce qui explique peut-être le prix minimum de 259 £ pour une chambre.

Tout aussi moderne mais moins tape-à-l'œil, le *Covent Garden Hotel* (☎ 806 1000 ; fax 806 1100), 1 Monmouth St WC2 (métro : Covent Garden), est un établissement récent, qui a préféré un décor plus classique fait de meubles anciens et de tissus magnifiques. Il possède un bar, une brasserie, un café, et les premiers prix sont à 176/206 £ la simple/double.

HÔTELS GAY

Philbeach Gardens SW5 (métro : Earl's Court ; carte 8), est une petite rue tranquille, en plein centre de Londres, où se sont regroupés les hôtels fréquentés principalement par une clientèle homosexuelle. Le *Philbeach Hotel* (☎ 373 1244 ; fax 244 0149), au n°30, est un établissement agréable et joliment décoré. Fréquenté par des hommes aussi bien que par des femmes, il dispose d'un restaurant correct, d'un bar et d'un beau jardin. Les simples/doubles coûtent 45/55 £. Si vous désirez une s.d.b., prévoyez 50/70 £.

Attenant, au n°32, le *New York Hotel* (☎ 244 6884) s'adresse exclusivement à une clientèle masculine. Une confortable simple/double avec TV vous coûtera 70 £. Vous pourrez profiter d'un jacuzzi et du jardin.

HÔTEL POUR ENFANTS

La *Pippa's Pop-Ins* (☎ 385 2457), 430 Fulham Rd SW6 (métro : Fulham Broadway ;

carte 13), offre aux parents la possibilité de faire garder leurs enfants. Elle est ouverte 24h/24. Des *nannies* diplômées se chargent de distraire les enfants âgés de 2 à 12 ans ; ceux qui restent dormir ont droit à une petite fête avant d'aller se coucher. La nuit revient à 40 £ par enfant, dîner et petit déjeuner compris.

LOCATIONS EN MEUBLÉ

Les familles nombreuses préféreront peut-être louer un appartement plutôt que descendre à l'hôtel ou dans un B&B. Parmi les agences susceptibles de faciliter vos recherches, mentionnons *Aston's* (☎ 370 0737), 39 Rosary Gardens SW7, et *Holiday Flats Services* (☎ 373 4477), 140 Cromwell Rd SW7, toutes deux à proximité du métro Gloucester Rd.

Le Landmark Trust (☎ 01628-825925), Shottesbrooke, Maidenhead, Berkshire SL6 3SW, est une organisation fondée par des architectes, qui a pour vocation de sauver des bâtiments historiques ; elle est en partie financée par la location de maisons restaurées et meublées. Malheureusement, elle ne dispose actuellement que de quatre propriétés à Londres. Deux d'entre elles sont situées à Cloth Fair, Smithfields E1 (métro : Farringdon), dans un petit ensemble de maisons du XVIIIe siècle ; le n°43 peut héberger deux personnes, et la location pour une semaine en juillet coûte 501 £ ; le n°45A peut recevoir quatre personnes (643 £). A Hampton Court (métro : Hampton), la Fish Court accueille, en juillet et en août, six personnes moyennant 1 276 £ la semaine (939 £ en hiver). La Georgian House, pour huit personnes, est facturée 1 386 £ pendant l'été (1 020 £ hors saison).

MAISONS OU APPARTEMENTS A LOUER

En général, le prix des locations est élevé, et le standing plutôt bas. Elles ont néanmoins l'avantage d'être entièrement équipées (draps et vaisselle compris).

En catégorie petit budget, les "bedsits" correspondent à des chambres meublées, généralement avec accès à une s.d.b. et une cuisine, bien que certaines possèdent leur propre kitchenette. Comptez entre 50 et 100 £ la semaine.

Un cran au-dessus, les studios, équipés généralement d'une s.d.b. et d'une cuisine séparées, coûtent entre 75 et 120 £. Les deux-pièces valent en moyenne entre 90 et 136 £.

Partager une maison ou un appartement représente probablement la formule la plus intéressante, les chambres variant entre 40 et 60 £, sans les charges. La plupart des propriétaires exigent une caution (équivalant habituellement à un mois de loyer), plus un mois de loyer d'avance.

Pour vous aider à trouver un appartement, appelez le ☎ 388 5153 ou passez au bureau de Capital Radio, 29-30 Leicester Square WC2, et consultez la liste des appartements à partager. Sachez que les listes sont réactualisées chaque vendredi à 16h et que les meilleures adressent partent très vite. L'édition du samedi du *Guardian* contient un supplément utile, *The Guide*, où est reproduite cette fameuse liste. Vous trouverez également des annonces de chambres et d'appartements à louer dans *TNT*, *Time Out*, *Evening Standard*, et *Loot*. Quand vous inspectez un appartement, pensez à emmener quelqu'un avec vous, non seulement pour des raisons de sécurité, mais aussi pour vous aider à repérer d'éventuels problèmes.

Avant de signer un contrat de location, vérifiez toujours les quelques points suivants :

- le coût du gaz, de l'électricité, du téléphone et de la TV, ainsi que le mode de réglement.
- les possibilités de stationnement dans la rue et la distance avec la station de métro la plus proche.
- les dispositions prises pour effectuer le ménage après votre départ.
- l'hébergement d'amis.

Si vous préférez passer par une agence, assurez-vous qu'une commission n'est pas demandée aux locataires ; Jenny Jones (☎ 493 4381) et Derek Collins (☎ 930 2773) vous renseigneront gratuitement.

Où se restaurer

Dans certaines parties de la ville, il ne reste pas un centimètre carré qui ne soit occupé par un restaurant, un café ou un snack-bar. Londres est sans conteste la capitale culinaire de l'Angleterre. Quoi que vous ayez envie de consommer, nul doute qu'on vous le servira, mais généralement à un prix exorbitant ; un repas convenable servi avec un verre de vin coûte au minimum 10 £ par personne, excepté dans les pubs où la nourriture est rarement excellente.

Pour les voyageurs à petit budget, le risque est de rater quelque chose par souci d'économie. Nombre de restaurants mentionnés dans ce chapitre leur paraîtront exagérément chers. Ces établissements font néanmoins partie intégrante du paysage londonien, et aucun guide sérieux ne peut se permettre de ne pas les citer. Pour éviter de trop dépenser, résistez à la tentation des boissons alcoolisées (elles atteignent des prix astronomiques). Prenez garde également au tarif des bouteilles d'eau minérale ; si aucun prix n'est indiqué, réfléchissez-y à deux fois avant de commander.

Les chaînes de restaurants (Pizza Express, Garfunkel's, Nachos, Stockpot...) vous offriront une nourriture d'un bon rapport qualité/prix dans un environnement agréable. Pour les Londoniens, la véritable révolution fut l'arrivée de nouvelles chaînes de cafés : le Café Rouge, le Café Flo, le Caffé Uno, le Dôme et surtout le Prêt-à-Manger servent un grand choix de plats, du sandwich au repas chaud, dans des décors souvent élégants, et à des prix très raisonnables. Comme le suggère son nom, la chaîne Pâtisserie Valérie est passée maître dans l'art du gâteau. Les cafés de la Seattle Coffee Company, et les Aroma coffee houses, ont également apporté un plus, même s'ils mettent davantage l'accent sur les boissons que sur la nourriture.

Les restaurants de pizzas et de pâtes restent intéressants. La chaîne Caffé Uno, propose une carte italienne assez variée, avec les habituels spaghettis à 5 £ environ, mais aussi des gnocchis et des linguinis. Plusieurs filiales de la Pizza Express, la plus ancienne chaîne de ce genre, continuent à offrir des pizzas de bonne qualité, et souvent dans des locaux agréables (allez voir celle qui doit ouvrir prochainement dans King's Rd).

Les restaurants chinois sont une bonne solution, surtout si vous allez dans Chinatown, derrière Leicester Square, ou vers la banlieue. Essayez aussi les restaurants thaïlandais, indonésiens et vietnamiens. Toutefois, le *nec plus ultra* est certainement le bar à sushis – il y en a partout ! La chaîne Sofra, quant à elle, fait de son mieux pour convaincre les Britanniques que la cuisine turque ne se limite pas aux sempiternels kebabs.

Assez curieusement, il est difficile de dénicher de la très bonne cuisine anglaise traditionnelle : on sert généralement de la cuisine "moderne", c'est-à-dire un mélange de différentes cuisines à des prix astronomiques.

De nombreux restaurants sont concentrés dans le West End. Le mieux est d'aller à Covent Garden, dans la partie nord-est, entre Endell St et St Martin's Lane ; ou bien autour de Soho, au nord-ouest de l'intersection de Shaftesbury Ave et de Charing Cross Rd (notamment Old Compton St et Frith St) ; ou encore au nord de Leicester Square, dans Lisle St et Gerrard St (Chinatown).

A Camden Town, les restaurants et les cafés cosmopolites sont pris d'assaut le week-end. Clerkenwell et Islington sont également truffés de bonnes adresses. Quant au quartier des hôtels, près de Bayswater, il regorge de restaurants bon marché, en particulier le long de Queensway et Westbourne Grove. Notting Hill offre aussi un choix intéressant, bien que les petits restaurants d'Earl's Court n'aient rien de très engageant.

Les restaurants indiens présentent toujours un bon rapport qualité/prix, surtout lorsqu'on s'éloigne du centre (rassurez-vous, le dosage des épices est adapté aux papilles anglaises). Drummond St regroupe plusieurs excellents restaurants du sud de l'Inde, qui conviendront tout particulièrement aux végétariens. Brick Lane, dans l'East End, possède une foule de petits restaurants du Bangladesh, bons et pas chers. Church St, à Stoke Newington, rassemble une série de restaurants intéressants, dont plusieurs sont indiens. A Southall, la banlieue où réside une importante communauté indienne, les restaurants sont légion.

Les restaurants à thème font actuellement fureur. L'atmosphère familiale et les divertissements sont les principales raisons de leur succès. Côté cuisine, ces établissements se limitent aux classiques : hamburgers, salades, frites, glaces et milk-shakes. Leur ancêtre est bien sûr le célèbre Hard Rock Café, installé près de Green Park. Dans le même style, citons le Planet Hollywood et le Fashion Café, côte à côte sur Leicester Square, et encore le Sports Café et le Football Football, à Haymarket. Juste derrière Kensington High St se trouve le Sticky Fingers, restaurant ouvert par l'ex-Rolling Stones Bill Wyman.

Le meilleur des guides de restaurants londoniens est probablement *Time out Eating & Drinking in London Guide* (8,50 £), bien qu'il n'indique que peu d'adresses à prix raisonnables, et qu'il soit difficile à utiliser. L'*Evening Standard Restaurant Guide* (9,99 £) s'appuie sur les compétences de Fay Maschler, célèbre critique gastronomique du journal. Pour des prix plus abordables, consultez le *Good Cheap Eats* de Harden, un guide annuel qui recense les établissements bon marché.

N'oubliez pas que les tables à la mode sont réservées des semaines à l'avance. Certains établissements demandent un numéro de carte de crédit pour confirmer la réservation (ils peuvent ainsi prélever une taxe d'annulation si vous changez d'avis à la dernière minute).

Dans cette rubrique, les cafés et les restaurants que nous conseillons aux voyageurs à petit budget coûtent moins (ou beaucoup moins) de 10 £ par personne. Le tarif des restaurants à prix modérés varie entre 10 et 20 £. Les "folies douces" vous feront débourser plus de 20 £ par personne. Toutefois, souvenez-vous que certains des établissements les plus onéreux proposent des formules moins chères à l'heure du déjeuner et/ou tôt dans la soirée.

Le code pour tous les numéros de téléphone et de fax cités dans cette rubrique est ☎ 0171, sauf indication contraire.

Si vous recherchez un type de cuisine particulier, reportez-vous à l'encadré *Cuisines du monde entier*. Référez-vous au quartier indiqué entre parenthèses (Hyde Park, Soho...) pour retrouver le restaurant dans le texte.

Nourriture végétarienne

Il existe en plus de nombreux établissements spécialisés. La chaîne de restaurants la plus ancienne et la plus connue est *Cranks*. Proposant des menus végétariens et végétaliens, elle possède des succursales au 8 Adelaide St WC2 ; 23 Barrett St W1 ; 17 Great Newport St WC2 ; 1 The Market, Covent Garden WC2 ; 8 Marshall St W1 ; et 9 Tottenham Court Rd W1. Un repas complet vous coûtera aux alentours de 10 £. Vous pourrez cependant vous contenter d'un plat.

LE WEST END ET SOHO

Actuellement, Soho est le centre gastronomique de Londres. Ce quartier offre en effet un choix extraordinaire de restaurants. Les rues les plus animées sont Greek St, Frith St, Old Compton St et Dean St, où les tables envahissent les trottoirs. Quelques-uns de ces cafés attirent presque exclusivement une clientèle homosexuelle. Gerrard St et Lisle St constituent pour leur part le fief de la communauté chinoise.

Cafés

La *Pâtisserie Valérie* (☎ 823 9971), 44 Old Compton St W1 (métro : Leicester Square ou Tottenham Court Rd), véritable institution de Soho, est célèbre pour ses gâteaux aussi

Cuisines du monde entier

Si vous recherchez un type de cuisine particulier, la liste ci-dessous devrait pouvoir vous aider. Le quartier indiqué entre parenthèses vous permettra de retrouver le restaurant dans le texte.

Africaine
Calasbah (Covent Garden)

Allemande
Prost (Notting Hill Gate)

Américaine
Fatboy's Diner (City) ; Sticky Fingers (Kensington) ; Hard Rock Café (Hyde Park) ; Planet Hollywood, Fashion Café, Sports Café, Football Football (West End)

Belge
Belgoo Central (Covent Garden) ; Belgoo Nord (Camden)

Britannique
Arcadia (Kensington) ; The Ivy (Soho) ; RS Hispaniola (Embankment) ; Hudsons's (Marylebone) ; Newens Maids of Honour (Kew) ; Porters, Rules (Covent Garden) ; St John (Clerkenwell) ; Simpson-in-the-Strand (Covent Garden) ; Sweeting's (City) ; Veronica's (Bayswater)

Chinoise
Mr Wu, Poons, Wong Kei, Chuen Cheng Ku, Jade Garden (Soho) ; New Culture Revolution (Camden, Chelsea) ; Mr Wing (Earl's Court) ; Four Regions (Lambeth)

Colombienne
El Pilon Quindiano (Brixton)

Cubaine
Cuba Libre (Islington) ; Bar Cuba (Kensington) ; Havana (Fulham)

Espagnole
El Parador (Camden) ; Churreria Espanola (Bayswater) ; Café Gaudi (Clerkenwell)

Européenne (moderne)
Apprentice, Pont de la Tour, Blue Print Café (Bermondsey) ; Criterion, Mezzo (West End) ; Searcy's Brasserie (City) ; The Canteen (Chelsea) ; Oxo Tower, People's Palace (Waterloo) ; The Collection, Daphne's, Bibendum (South Kensington) ; Mange-2 (Clerkenwell) ; All Saints (Ladbroke Grove, *voir* Notting Hill) ; Kensington Place (Notting Hill Gate)

Européenne de l'est
Primrose Brasserie (Camden)

Française
Maison Bertaux, Quo Vadis (Soho) ; Le Montmartre, Sacre Cœur (Islington) ; Aubergine (Chelsea) ; Novelli W8 (Notting Hill Gate) ; Chez Lindsay (Richmond)

Grecque
Costa's Grill (Notting Hill Gate) ; Kalamaras Taverna (Bayswater)

Hollandaise
My Old Dutch (Holborn, Chelsea, Ealing)

Hongroise
Gay Hussar (Soho)

Indienne
Gopal's (Soho) ; Nazrul, Aladin (East End) ; Raj (Camden) ; Modhuban (Notting Hill Gate) ; Khan's (Bayswater) ; Jai Krishna (Finsbury Park)

Indonésienne
Nusa Dua, Melati (Soho)

Italienne
Kettners (Soho) ; Gourmet Pizza Company (Waterloo) ; Uno, O Sole Mio (Pimlico) ; Marine Ices (Camden) ; Mille Pini, Spaghetti House (Holborn) ; Pizza on the Park (Hyde Park) ; Pizzeria Castello (Elephant and Castle, *voir sous* Waterloo et Lambeth) ; La Porchetta Pizzeria (Finsbury Park) ; Assagi (Notting Hill Gate) ; River Café (Hammersmith)

Japonaise
Tokyo Diner, Yo Sushi, Wagamama (Soho) ; Inaho (Bayswater)

Marocaine
Momo (Soho)

Mauricienne
Chez Liline (Finsbury Park)

Mexicaine
Cafe Pacifico (Soho) ; Nachos (Notting Hill Gate)

Mongole
Mongolian Barbecue (Camden, Ealing)

Polonaise
Wodka, Daquise (Kensington)

Portugaise
Nando's (Earl's Court)

Suédoise
Emma's

Thaïlandaise
Chiang Mai (Soho) ; Silk and Spices (Camden) ; Tuk Tuk (Islington) ; Vong (Knightsbridge) ; Jim Thompson's (Chelsea) ; Krungtap (Earl's Court) ; Thai Bistro (Chiswick)

Turque
Sofra (Soho, Mayfair). ■

raffinés que riches en calories ; il n'est pas facile d'obtenir une table. A côté, la *Maison Bertaux* (☎ 437 6007), 28 Greek St W1, mieux notée que "Pat Val" par certains gastronomes, propose de délicieuses pâtisseries. Elle reste ouverte jusqu'à 20h.

Le très agréable *Living Room* de Bateman St, entre Frith St et Greek St (métro : Tottenham Court Rd), très fréquenté par les jeunes et les branchés de Soho, mérite son nom – on se croirait chez un particulier. Le personnel vous sert des sandwiches sans faire de manières, et les canapés du fond sont si confortables qu'on s'y attarde en lisant le journal.

Pour plus de détails sur le Bar Italia et la Monmouth Coffee Company, reportez-vous à l'encadré intitulé *"... ou du café"*.

Petits budgets

Leicester Square possède un grand nombre de cafés et vous pourrez, si vous trouvez une place, prendre une part de pizza et un café pour 2 £ environ. A l'est de la place, le *Capital Radio Café* (☎ 484 8888), un endroit élégant et à la mode, est plus cher : les salades sont à partir de 7,95 £, et les sandwiches coûtent environ 6,95 £. La carte mêle plats italiens, spécialités grecques, recettes thaïlandaise et cuisine chinoise avec une désinvolture typiquement postmoderne.

La *Bunjies Coffee House* (☎ 240 1796), 27 Lichtfield St WC2 (métro : Leicester Square) est un club de musique folk niché derrière Charing Cross Rd, où l'on vous sert des plats végétariens corrects et bon marché pour environ 4 £. Vous pouvez également commander du poisson.

Le *Café in the Crypt* (☎ 839 4342), St Martins-in-the-Fields, Trafalgar Square (métro : Charing Cross), vous donnera l'occasion de déjeuner sous une église. La nourriture est bonne, mais l'endroit est très fréquenté et souvent bruyant. Comptez entre 5 et 6 £. Le dîner est servi tous les jours entre 17h et 19h.

Dans Chinatown, chez *Mr Wu* (☎ 839 6669), 6-7 Irving St WC2 (métro : Leicester Square), le buffet à volonté (une dizaine de plats) vous est proposé midi et soir pour la somme de 4,50 £. L'addition est un peu chère, mais cela reste une excellente affaire pour les gros appétits.

C'est au minuscule Poons (☎ 437 4549), 27 Lisle St WC2 (métro : Leicester Square), que l'empire Poons a démarré. Spécialisé dans les viandes séchées, l'établissement vous sert une nourriture exceptionnelle à des prix très raisonnables. Le canard séché est divin, et le poulet vapeur tout aussi sensationnel. Si vous avez très faim, commencez par une soupe, puis commandez deux plats avec du riz – vous paierez environ 9 £. Attendez-vous à faire la queue et à libérer la table rapidement.

Wong Kei (☎ 437 6833), 41 Wardour St W1 (métro : Leicester Square), est connu pour la rudesse de ses serveurs. Malgré tout, laissez-vous tenter par la cuisine cantonaise, bonne et bon marché. Les menus sont à partir de 5,80 £ pour deux personnes minimum.

Le *New Tokyo Diner* (☎ 287 8777), 2 Newport Place WC2 (métro : Leicester Square), présente un bon rapport qualité/prix. Idéal pour prendre un bol de nouilles ou des sushis avant le cinéma ou le théâtre, ce restaurant se distingue de ses concurrents nippons grâce à son décor typiquement japonais. Le repas devrait vous revenir à 8 £ environ, mais les bento commencent à 9,50 £.

Pollo (☎ 734 5917), 20 Old Compton St W1 (métro : Leicester Square), attire une foule d'étudiants en art avec ses assiettes de pâtes à 3 £. Il y a autant de monde au Stockpot, situé au n°18 de la même rue, qui propose une longue liste de plats simples à moins de 5 £ (voir encadré *Se restaurer à petits prix*).

Que vous choisissiez ou non de vous aventurer au *Garlic and Shots* (☎ 734 9505), 14 Frith St W1 (métro : Leicester Square), dépendra vraisemblablement de votre degré de tolérance à l'ail – on le mélange à tout, cheesecake et eau-de-vie compris. Les principaux plats tournent autour de 8,50 £.

Le *Sofra* (☎ 930 6090), 17 Charing Cross Rd (métro : Leicester Square), fait partie d'une chaîne de restaurants et de cafés turcs, montée à l'origine par un Cappadocien, et maintenant franchisée. Les autres adresses sont 18 Shepherd St, Mayfair W1 (☎ 493 3320), et 36 Tavistock St WC2 (☎ 240 3972). L'assortiment de mezzés (9,95 £) vaut la peine d'être goûté. On croit souvent que la cuisine turque est entièrement à base de viande, mais le Sofra arrivera très bien à satisfaire les végétariens.

En face, au n°30, le *Gaby's Continental Bar* (☎ 836 4233), est un merveilleux snack-bar, juste à côté du Wyndham (métro : Leicester Square). Il existe depuis toujours et attire les amateurs de grands classiques tels que le houmous ou le falafel à 3,20 £, et le couscous royal à 7,50 £. Les jus de fruits à 1,70 £ sont un peu onéreux, mais l'endroit offre en général un bon rapport qualité/prix.

Yo Sushi (☎ 287 0443), 52 Poland St W1 (métro : Oxford Circus), est l'un des bars à sushis les plus animés (les boissons sont posées sur un chariot qui se déplace tout seul). Le prix des plats oscille entre 1,30 et 3,50 £ ; un repas peut revenir à 10 £ par personne.

Le *Nusa Dua* (☎ 437 3559), 11 Dean St W1 (métro : Tottenham Court Rd), restaurant indonésien un peu tape-à-l'œil, propose une nourriture succulente à des prix raisonnables. En partageant des plats, vous dépenserez 10 £ par personne. Le tofu et le tempeh sont excellents.

La *Pizza Express* (☎ 437 9595) du 10 Dean St est particulièrement intéressante. Au rez-de-chaussée, une bonne pizza et un verre de vin coûtent 2,10 £ ; en bas, on mange en écoutant de l'excellent jazz (le prix d'entrée de la salle du bas varie entre 8 et 20 £).

Le *Mildred's* (☎ 494 1364), 58 Greek St W1 (métro : Tottenham Court Rd), est tellement petit que vous devrez sans doute partager une table. Inconvénient mineur dans la mesure où la nourriture végétarienne est bonne et son prix correct. Attendez-vous à débourser environ 5,10 £ pour un plat copieux d'une exquise fraîcheur, et 2,30 £ pour un verre de vin.

Le *Govinda's* (☎ 437 4928), 9-10 Soho St W1 (métro : Tottenham Court Rd), prépare avec dévotion des plats exclusivement végétariens. La raison en est qu'il est rattaché au temple londonien de Hare Krishna ; allez jeter un coup d'œil discret au premier étage avant de vous installer. Un savoureux buffet (4,99 £) est servi à volonté entre 11h et 20h.

Autre endroit bon marché et sans surprise, le *Star Café* (☎ 437 8778), 22 Great Chapel St W1 (métro : Tottenham Court Rd), qui sert de bonnes saucisses-purée à 3,96 £, et des soupes à 1,75 £. L'établissement existe depuis les années 30, ce qui est plutôt bon signe.

Entrer au New Piccadilly (☎ 437 8530), 8 Denman St (métro : Piccadilly Circus), vous fait remonter le temps – rien n'a changé depuis son ouverture dans les années 50. Les prix eux-mêmes n'ont pas beaucoup augmenté : les pâtes et les pizzas coûtent environ 3,50 £, le poulet et les steaks autour de 4,50 £.

Le *Melati* (☎ 437 2745), 21 Great Windmill St W1 (métro : Piccadilly Circus), restaurant indonésien très apprécié des Londoniens, propose une nourriture succulente et un bon choix de plats végétariens. Les beignets au maïs doux à 2,95 £ sont délicieux. Les divers plats de nouilles et de riz coûtent environ 6 £. Mais attendez-vous à débourser près de 10 £ pour le vin.

Très couru, le *Wagamama* (☎ 292 0990), 10A Lexington St W1 (métro : Piccadilly Circus), offre une excellente nourriture japonaise. Ce n'est cependant pas l'endroit idéal pour dîner tranquillement : après avoir fait la queue, vous devrez partager une table, et on vous fera sentir qu'il ne faut pas s'attarder. Les prix des plats s'échelonnent entre 4 et 7 £.

Inutile de vous préciser le thème du restaurant (330 couverts) *Football Football* (☎ 930 9970), 57-60 Haymarket (métro : Piccadilly Circus). Soyez prêt à payer 10 £ environ un hamburger, une glace et un café ; les vidéos et l'ambiance sont néanmoins gratuites. Les tables sont réservées un mois à l'avance lorsque l'Angleterre joue un match international.

Les amateurs de sports suivront la rue jusqu'au *Sports Café* (☎ 839 8300), n°80, qui comporte un restaurant, une piste de danse, un simulateur de descente à ski, un terrain de basket, et des tas de souvenirs ayant trait au sport. Le sport d'évasion n'est évidemment pas à l'honneur : l'œil rivé aux postes de télévision qui diffusent de grands événements sportifs, vous attendrez un hamburger-frites à 8 £ environ. De 17h à 19h, les couche-tôt pourront dîner à deux pour le prix d'un.

Prix modérés
Si le manque de caractère des Pizza Express vous rebute, *Kettner's* (☎ 734 6112), 29 Romilly St W1 (métro : Leicester Square), propose des pizzas d'une qualité et d'un prix comparables, dans une atmosphère merveilleuse et légèrement surannée. C'est un lieu immense (deux étages), avec photos, miroirs baroques et piano à queue.

Une façon intéressante de goûter le meilleur de la cuisine chinoise est d'aller dans les dim sum cantonais. Vous y sélectionnerez différents petits plats que vous accompagnerez d'un thé au jasmin. Si vous n'arrivez pas à vous décider, le *Chuen Cheng Ku* (☎ 437 1398), 17 Wardour St W1 (métro : Leicester Square), est idéal. Tous les plats – boulettes, raviolis de crevettes et autres friandises – circulent sur des chariots abondamment garnis. Les mêmes spécialités peuvent se déguster juste à côté, au *Jade Garden* (☎ 439 7851), où vous commanderez à la carte. Dans ces deux restaurants, un repas complet pour deux revient à environ 15 £.

La chaîne de restaurant d'Arnold Schwarzenegger, Bruce Willis et Sylvester Stallone est un succès international. Attendez-vous à faire la queue au *Planet Hollywood* (☎ 287 1000), 13 Coventry St W1 (métro : Piccadilly Circus), où une cuisine américaine classique vous sera servie à des prix dignes de Beverly Hills. Côté filles, Naomi Campbell, Claudia Schiffer, Christy Turlington et Elle MacPherson ont créé non loin de là le *Fashion Café* (☎ 287 5888). Toujours dans le même quartier, vous pourrez manger un hamburger au *Rock Island Diner* (☎ 287 5500), 2nd Floor, London Pavillion W1 (métro : Piccadilly Circus), où un DJ maison passe des tubes des années 60 et 70. La nourriture est typiquement américaine, et on peut danser dans les allées. Comptez environ 15 £ pour un repas.

Véritable casbah londonienne, *Momo* (☎ 434 4040), 25 Heddon St (métro : Piccadilly Circus), est un excellent restaurant marocain où vous pourrez vous asseoir autour de grands plateaux ronds. L'endroit étant très apprécié, ceux qui n'auront pas réservé feront la queue avant de savourer les tajines et les couscous superbement préparés. Si la carte comporte inévitablement de la viande, un couscous végétarien est également proposé à 7,50 £.

Le *Gopal's of Soho* (☎ 434 0840), 12 Bateman St W1 (métro : Tottenham Court Rd), sert une nourriture délicatement épicée à des prix abordables. Les thalis (menus complets) sont intéressants ; vous paierez 10,75 £ le repas végétarien (ajoutez 1 £ pour le même repas avec viande). Le vin maison coûte 1,95 £ le verre.

Folies douces
La *French House Dining Room* (☎ 437 2477), 49 Dean St W1 (métro : Leicester Square ou Tottenham Court Rd), occupe le premier étage d'un vieux pub de Soho. Il règne une atmosphère conviviale sous les hauts plafonds de cette minuscule salle. Restreinte, la carte change quotidiennement et propose de la vraie cuisine anglaise. Le canard rôti à 12 £ et la selle d'agneau grillée accompagnée de lentilles à 9,50 £ sont des exemples très représentatifs ; le choix de fromages anglais est excellent. Pensez à réserver.

Pour revendiquer son absence totale de goût en matière d'art, le *Quo Vadis* (☎ 437 9585), 26-29 Dean St, a été jusqu'à exposer des œuvres de Damien Hirst, célèbre pour ses expositions de cadavres de vaches plongées dans le formol. Cela dit, la cuisine française préparée par le non moins célèbre Marco Pierre White est bonne, et

Se restaurer à petits prix

Si les prix des restaurants londoniens vous paraissent exorbitants, sachez toutefois qu'il reste quelques possibilités de déjeuner ou de dîner sans trop se ruiner.

La meilleure façon de ne pas trop dépenser est bien entendu de faire soi-même ses courses. Si vous logez dans une auberge de jeunesse, vous aurez probablement accès à une cuisine et, si le temps le permet, les parcs londoniens sont parfaits pour pique-niquer. Méfiez-vous de certaines petites épiceries dont les prix semblent revus fortement à la hausse. Allez plutôt dans un magasin de la chaîne de supermarchés *Tesco Metro*, la mieux implantée dans les villes anglaises. Vous trouverez cette enseigne 21 Bedford St, Covent Garden ; 76 Cheapside ; 25-9 Upper St ; 311 Oxford St ; 224 Portobello Rd ; 29 George St, Richmond ; Cabot Place, Canary Wharf ; 326 Shopping Centre, Elephant and Castle ; et à Broadway Center, Hammersmith.

Des prix compétitifs sont également affichés dans les chaînes Safeway, Sainsbury, Somerfield et Waitrose.

Le petit déjeuner

Dans un B&B, le petit déjeuner est inclus dans le prix. Sinon, dans une auberge de jeunesse, comptez 3 £. Quelques grands magasins proposent des petits déjeuners consistants à des prix très raisonnables. *BHS*, Oxford St, sert un petit déjeuner comportant six items à 1,50 £ jusqu'à 10h30, puis un brunch à 2,50 £ jusqu'à 11h30. A côté, *Debenhams* sert un petit déjeuner de cinq items à 1,25 £ jusqu'à 11h.

Vous trouverez d'autres bons endroits pour prendre le petit déjeuner autour de Smithfield Market. Difficile de trouver plus abordable que le *Ferrari's Cafe*, un établissement ouvert 24h/24, situé juste en face du marché, 8 West Smithfield EC1. Une tasse de thé ne coûte ici que 35 p, un banana sandwich 1 £.

Si vous préférez un bagel et du thé, vous irez directement au *Brick Lane Beigel Bake*, ouvert en permanence, dans Bethnal Green Rd, au bout de Brick Lane (voir *East End* pour plus de détails).

Mais en cherchant bien, même les quartiers les moins prometteurs peuvent s'avérer intéressants. Au *Franx Snack Bar*, 192 Shaftesbury Ave, au bout du très branché Neal's Yard, des grands classiques comme les œufs au bacon ne vous reviendront qu'à 2,40 £.

Le déjeuner

A défaut de faire vous-même votre sandwich, la chaîne *Prêt-à-Manger* (40 enseignes) vous en proposera tout un assortiment ; pour obtenir la liste des adresses, contactez le ☎ 827 6300 ou consultez l'annuaire.

---

les prix restent raisonnables étant donné le quartier (14,95 £ pour un déjeuner composé de deux plats). A noter : Karl Marx aurait travaillé dans le bar à vodka situé juste au-dessus.

Le *Chiang Mai* (☎ 437 7444), 48 Frith St W1 (métro : Tottenham Court Rd), restaurant thaïlandais de grande classe, propose entre autres un menu végétarien et une grande variété de soupes. Les amateurs de viande devraient goûter au kratong tong (curry de viande en beignets). Vous débourserez au moins 30/40 £ pour un repas pour deux.

Le gigantesque *Dell'Ugo* (☎ 734 8300), 56 Frith St W1 (métro : Tottenham Court Rd), suscite des avis partagés. Il se compose d'un café et d'un bar au rez-de-chaussée, d'un bistro au premier étage et d'un restaurant au second. La carte est toujours la même. Prévoyez environ 25 £ pour un repas aux saveurs méditerranéennes.

Le *Gay Hussar* (☎ 437 0973), 2 Greek St W1 (métro : Tottenham Court Rd), est un restaurant familial pour une clientèle d'habitués. Ouvert depuis près de cinquante ans, il propose un large assortiment de plats hongrois. L'un des grands favoris est le goulasch de veau à 14,25 £ (les légumes sont en supplément, ce qui fait inévitablement grimper la note). Ce restaurant vous donnera l'occasion de vivre une

Des chaînes de magasins telles que *Boots the Chemist* vendent également des sandwiches corrects à des prix raisonnables. Le brie aux noisettes sur ciabatta est parfait, mais un simple cheddar/tomate entre deux tranches de pain de mie vous reviendra encore moins cher.

Le dîner

Si vous ne pouvez vraiment vous permettre aucune dépense, le *Govinda's* (☎ 437 4928), restaurant du temple Hare Krishna, 9 Soho St W1 (métro : Tottenham Court Rd), acceptera peut-être de vous offrir un repas végétarien gratuit. N'y allez cependant pas plus d'une fois, à moins d'envisager sérieusement d'étudier de près la religion.

Au cas où vous seriez prêt à vous offrir un dîner, plusieurs chaînes de restaurants vous serviront un repas pour un billet de cinq livres. *Stockpot*, qui existe depuis 1953, a eu le temps d'affiner des plats bon marché tels que les œufs au jambon accompagnés de frites. Vous trouverez des établissements 18 Old Compton St ; 40 Panton St ; 273 King's Rd ; 50 James St ; et 6 Basil St. Le *Chelsea Bun*, 98 King's Rd, et la *West End Kitchen*, 5 Panton St, proposent un choix similaire.

Nouveau venu dans le domaine de la restauration à petits prix, *Pierre Victoire* possède des filiales 42 New Oxford St, Notting Hill Gate, et 86 The Broadway, Wimbledon. La formule trois plats coûte 4,90 £ au déjeuner et 9,90 £ au dîner, excepté le dimanche. La cuisine, d'inspiration française, peut se révéler d'un étonnant rapport qualité/prix.

Tous les jours, le *Dôme* sert également une formule trois plats à 4,99 £. Les différentes adresses sont : 58 Heath St NW3 ; 35A KensingtonCourt W8 ; 341 Upper St N1 ; 57 Old Compton St SW1 ; 354 King's Rd SW3 ; 91 High St SW19 ; 32 Long Acre WC2 ; 26 Hill St TW9 ; 57 Charterhouse St WC1 ; 194 Earl's Court SW5 ; et 8 Charing Cross Rd WC2 ; ainsi que dans l'enceinte du magasin Selfridge's dans Oxford St.

Entre les repas

Si vous aimez grignoter, vous trouverez de quoi vous satisfaire à l'angle de Cranbourn St et de Leicester Square, où sont rassemblés de nombreux cafés servant une part de pizza pour 1 £. Des endroits comparables sont regroupés au coin de Shaftesbury à Piccadilly Circus, le long d'Oxford St et à l'angle de Tottenham Court Rd, où les prix se montent quelquefois à 1,50 £ la part. ■

---

expérience gastronomique unique dans un décor luxueux.

Autre lieu suffisamment vaste pour se perdre, le *Mezzo* (☎ 314 4000), 100 Wardour St W1 (métro : Piccadilly Circus), est une des nombreuses créations de Terence Conran (elle attire le monde des médias et ceux qui rêvent d'en faire partie). L'endroit est néanmoins amusant : le premier étage est plus détendu et d'un meilleur rapport qualité/prix (plats à 6 £ environ). Pendant le week-end, le restaurant est ouvert jusqu'à 3h et sert plus de 1 000 repas chaque soir.

L'*Atlantic and Bar Grill* (☎ 734 4888), 20 Glasshouse St W1 (métro : Piccadilly Circus), possède une grande salle à manger et deux bars. L'endroit est très animé, et la nourriture chère (14 £ pour un plat, sans les boissons). Il est indispensable de réserver pour le week-end (11h30 au plus tard). Le bar propose une carte moins chère jusqu'à 2h.

Sur Piccadilly Circus, le *Criterion* (☎ 930 0488) est très richement décoré (lustres, miroirs, marbre) ; il est donc préférable de s'habiller en conséquence. La carte propose de la cuisine méditerranéenne façon Marco Pierre White (poivrons grillés au fromage de chèvre sauté), et quelques classiques anglais comme le fish and chips. Vous dépenserez au moins de 30 £ pour un dîner. A l'heure du déjeuner, en revanche, les menus coûtent 14,95 £ (deux plats au choix) et 17,95 £ (trois plats). Les quantités rappellent la cuisine minceur !

L'*Odéon* (☎ 287 1400), 65 Regent St W1 (métro : Piccadilly Circus), vaut le détour, ne serait-ce que pour la vue que ses fenêtres offrent sur Regent St. La cuisine de Bruno Loubet est également à recommander, surtout si vous choisissez les deux plats à 14,50 £ proposés au déjeuner et au dîner (dîner servi de 17h30 à 19h uniquement).

Avec son chasseur en livrée, *The Ivy* (☎ 836 4751), 1 West St WC2 (métro : Leicester Square), est un rendez-vous du showbiz (il faut absolument réserver). La carte, anglaise et moderne, comporte des plats comme le steak tartare et les saucisses purée avec oignons. Les filets de truite de mer valent 16,75 £, les œufs Benedict, 5 £. C'est un restaurant un peu cher (30 £ par personne), mais parfait pour une occasion spéciale.

Vous pouvez également manger sur l'eau, à bord du RS *Hispaniola* (☎ 839 3011), ancien ferry reliant les îles écossaises et ancré près de Hungerford Bridge. Il propose une cuisine anglaise moderne présentée avec soin. Comptez environ 20 £ par personne.

COVENT GARDEN (carte 3)

Juste derrière Soho, faisant théoriquement partie du West End, Covent Garden est un quartier truffé d'endroits où se restaurer. Sauf indication contraire, les adresses mentionnées ci-dessous sont accessibles depuis la station de métro Covent Garden.

Petits budgets

Plusieurs cafés New Age sont regroupés dans Neal's Yard. Le *Beach Café*, le *World Food Café*, le *Neal's Yard Salad Bar* et le *Paprika* offrent des cadres avenants et des plats similaires, comme le pain au fromage et les nouilles fraîches maison. Ils sont souvent pleins. Neal's Yard, en retrait de Short's Gardens et de Monmouth St, est indiqué par des panneaux installés dans Neal St. En choisissant bien, déjeuner dans l'un ou l'autre de ces cafés devrait vous revenir à moins de 5 £.

Le minuscule *Food for Thought* (☎ 836 0239), 31 Neal St, est un restaurant végétarien non-fumeur, dont la carte présente des plats tels que épinards et champignons à l'indienne (2,90 £) ou légumes sautés (2,70 £). Il faut arriver tôt pour disposer d'une table.

Pour un repas mexicain dans une ambiance sympathique, essayez le *Café Pacifico* (☎ 379 7728), 5 Langley St, qui parvient à proposer un plat à 3,75 £ à l'heure du déjeuner. Vous pouvez aussi aller au *La Perla Pacifico Bar* (☎ 240 7400), 28 Maiden Lane (la direction est la même), où sont servis de copieux déjeuners, ainsi que des tequilas.

Le *Diana's Diner* (☎ 240 0272), 39 Endell St, est très sommaire mais très bon marché. Peu inspirée, la nourriture est correcte. Les spaghetti commencent à 3,50 £, et vous trouverez un choix de viandes grillées ou rôties à partir de 4,50 £. A deux pas, au n°27, le *Designer Sandwiches* prépare d'excellents sandwiches à moins de 3 £.

Le *Rock and Sole Plaice* (☎ 836 3785) est une échoppe de fish and chips sans grande fantaisie, avec des tables en formica. Les délicieux beignets de cabillaud ou de haddock coûtent 5 £. On n'y vend aucune boisson alcoolisée, mais vous pouvez apporter votre bouteille.

Les tourtes ont toujours fait partie de la cuisine anglaise, bien qu'elles figurent rarement sur les cartes à la mode. Au *Porters* (☎ 836 6466), 17 Henrietta St, vous pourrez déguster des tourtes d'agneau à l'abricot, des tourtes de poulet aux brocolis, et d'autres encore pour 7,95 £. Le pudding à la viande et aux rognons et le bœuf rôti s'élèvent à 8 £.

Prix modérés

Le *Café Pélican* (☎ 379 0309), 45 St Martin's Lane (métro : Leicester Square), fait office de restaurant, de brasserie et de café-bar. Situé près de l'English National Opera, sa situation est fantastique pour observer les passants, surtout lorsque le temps permet de s'asseoir en terrasse. L'intérieur ressemble à un paquebot. Quelques plats à prix raisonnables sont servis à la brasserie. De la copieuse cuisine française est proposée au restaurant : le confit de canard coûte 9,25 £ et un bon repas complet environ 20 £.

Le *Calabash* (☎ 836 1976), dans l'Africa Center, 38 King St, prépare des spécialités africaines (la carte fournit des explications aux non-initiés). Un des plats typiques est le yassa sénégalais (6,50 £), poulet mariné dans du jus de citron relevé de poivrons. Les bières viennent de toute l'Afrique, les vins d'Algérie, du Zimbabwe et d'Afrique du Sud. Comptez 1,60 £ pour un verre de vin et 15 £ en moyenne pour un repas.

Prendre l'ascenseur jusqu'au sous-sol et traverser les cuisines font partie du charme du *Belgo Centraal* (☎ 813 2233), 50 Earlham St. De plus, les serveurs sont habillés en moines ! Dans ce restaurant belge, les moules, les rôtis à la broche et la bière sont naturellement à l'honneur, et c'est le seul endroit de Londres où l'on peut déguster 100 marques de bières différentes, notamment à la banane, à la pêche ou à la cerise. A l'heure du déjeuner, un menu est proposé à 5 £. Du lundi au vendredi, de 17h30 à 20h, il est possible de choisir le menu "Beat the Clock" – l'heure de votre arrivée détermine le prix du plat : vous vous asseyez à 18h15, vous paierez 6,15 £. Un minimum de 6 £ est demandé.

Folies douces

Le *Café des Amis du Vin* (☎ 379 3444), 11-14 Hanover Place, est un endroit idéal pour manger un morceau avant ou après le théâtre. Les prix varient selon l'étage. A la brasserie du rez-de-chaussée, vous trouverez des plats classiques tels que steak-frites, quiche et omelette à 6 ou 9 £. En haut, un repas complet coûte 17,95 £ (déjeuner ou dîner).

Création déjà ancienne, *Joe Allen* (☎ 836 0651), 13 Exeter St WC2, vous donnera l'occasion de côtoyer des stars : les murs sont tapissés d'affiches de cinéma ! A midi, les tables sont recouvertes de petits carreaux vichy, le soir, de nappes blanches avec bougies. Il est prudent de réserver. La carte est assez variée (côtes d'agneau, flétan grillé, plats végétariens, etc.). Une entrée, un plat et un dessert vous reviendront à 20 £ minimum.

Le *Rules* (☎ 836 5314), 35 Maiden Lane WC2, est un restaurant très chic et très anglais ; les garçons portent des tabliers blancs, et la salle d'une autre époque est superbe. Si la carte privilégie les viandes, quelques poissons y figurent également. Les desserts sont des plus traditionnels : trifles, puddings et gâteaux, le tout largement arrosé de crème anglaise. La qualité et l'atmosphère de l'endroit compensent les prix élevés (les plats démarrent à 14 £).

Pour savourer des rôtis dans la plus pure tradition britannique, la meilleure adresse est sans doute le *Simpson's-in-the-Strand* (☎ 836 9112), 100 Strand (métro : Charing Cross), où des viandes de première qualité sont servies depuis 1848 dans une superbe salle aux murs lambrissés. 25 carrés de bœuf, 23 selles d'agneau et 36 canetons sont engloutis chaque jour. Il vous faudra débourser 17,50 £ pour une pièce de bœuf au boudin du Yorkshire, et 14,50 £ pour de l'agneau à la gelée de groseilles ou du canard à la compote de pommes.

WESTMINSTER ET ST JAMES'S
Petits budgets

A un jet de pierres de l'abbaye de Westminster et des Houses of Commons (métro : Westminster), le *Footstool Restaurant* (☎ 222 2779 ; carte 4), est installé dans la crypte de St John (XVIIIe), Smith Square, transformée à présent en salle de concert. Vous aurez le choix entre des soupes à 3 £, des ragoûts à 6,50 £, et un restaurant plus traditionnel qui sert des déjeuners à la carte (la raie ou le crabe valent 10,75 £) et des menus pour dîner après le concert (10 £ les deux plats).

Le *Wren at St James* (☎ 437 9419), 35 Jermyn St SW3 (métro : Piccadilly Circus ; carte 3), est un endroit idéal pour sortir du West End, mais il n'est ouvert que pendant la journée. Attenant à St James's Church (où des concerts gratuits ont souvent lieu à l'heure du déjeuner), ce restaurant installe en été ses tables dans la cour ombragée de l'église. Les nombreux plats végétariens proposés valent environ 3,50 £, et les pâtisseries maison sont délicieuses.

Folies douces

Le *Quaglino's* (☎ 930 6767), 16 Bury St W1 (métro : Green Park ou Piccadilly Circus ; carte 4), est très apprécié depuis sa réouverture en 1993. La nourriture est bonne, mais on vient surtout pour son atmosphère amusante et élégante. Le prix des plats démarre à 13 £.

PIMLICO ET VICTORIA (carte 4)
Petits budgets

Si vous devez attendre un car à Victoria, ne restez pas à la gare routière mais traversez Eccleston Place, où *The Well* (☎ 730 7303), entreprise gérée par l'église, sert depuis toujours aux voyageurs du thé et des gâteaux, ainsi que des soupes et des repas légers. Ouvert jusqu'à 18h en semaine (17h le samedi), fermé le dimanche.

Le *Uno* (☎ 834 1001), 1 Denbigh St SW1 (métro : Victoria), propose des pâtes à partir de 5,50 £, dans un décor noir et blanc. Des menus basses calories et végétariens sont également servis.

O Sole Mio (☎ 976 6887), 39 Churton St SW1 (métro : Victoria), est un restaurant italien pas très original mais correct, qui sert des pizzas et des pâtes pour 6 £ environ. Le *Grumbles*, un agréable bar à vin qui se trouve juste à côté, prépare des aubergines farcies à 6,45 £, des kebabs à 7,25 £ et des steaks dans l'aloyau à 9,95 £.

Le *Mackintosh's* (☎ 821 1818), 46 Moreton St SW1 (métro : Pimlico), appartient au fameux restaurant Chiswick (voir plus loin dans ce chapitre). Les petits déjeuners coûtent 4,95 £, les déjeuners (deux plats) 8,50 £.

Prix modérés

Le *Mekong* (☎ 834 6896), 46 Churton St SW1 (métro : Victoria), passe pour l'un des meilleurs restaurants vietnamiens de Londres. Ils propose un menu à 2 £ (deux personnes minimum), et le prix du vin est raisonnable : 1,70 £ le verre. Il est préférable de réserver.

LA CITY (carte 6)
Petits budgets

La crypte de St Mary-the-Bow (l'église cockney) abrite *The Place Below* (☎ 329 0789 ; métro : Saint-Paul ou Mansion House), un restaurant végétarien agréable, ouvert de 7h30 à 14h30 ; si vous venez entre 11h30 et midi, vous aurez droit à un rabais de 2 £ sur la plupart des plats. Les salades coûtent 6,95 £, la soupe épicée aux lentilles 2,95 £. En été, quelques tables sont installées dans la cour.

Ceux qui apprécient les hamburgers à l'américaine iront au *Fatboy's Diner* (☎ 375 2763), 296 Bishopgate EC2 (métro : Liverpool St). Hamburgers, hot-dogs, œufs au bacon et pommes de terres sautées, tout cela est d'une qualité à faire pleurer McDonald's. Attendez-vous à débourser entre 3,50 et 5 £ pour un plat, plus 2,75 £ si vous vous laissez tenter par un dessert.

Prix modérés

Le *Sweeting's Oyster Bar* (☎ 248 3062), 39 Queen Victoria St EC4 (métro : Mansion House), est un endroit merveilleusement rétro avec sol en mosaïque et serveurs en tabliers blancs. Installés derrière les comptoirs, ils vous servent toutes sortes de mets succulents, dont le summer pudding. Le saumon sauvage fumé coûtant 9 £, vous paierez probablement 15 à 20 £ pour un repas. Les huîtres sont vendues de septembre à avril.

Folies douces

Dénicher la *Searcy's Brasserie* (☎ 588 3008) dans le Barbican Centre EC2 (métro : Barbican), est un exploit en soi. Le chef Richard Corrigan, un inconditionnel de la cuisine anglaise moderne, est capable de vous préparer des lasagnes au homard à se damner. Mais, à moins de débourser 35 £ par personne au minimum, il faudra vous contenter des deux plats à 17,50 £ (20,50 £ pour trois plats). Dernière précision : le restaurant se situe au Niveau 2 du bâtiment de l'Arts Center, bâtiment dans lequel il est pratiquement impossible de s'orienter.

L'EAST END
Petits budgets

Brick Lane regorge de restaurants du Bangladesh pratiquant des tarifs intéressants. Citons l'*Aladin* (☎ 247 8210), n°132, et le *Nazrul* (☎ 247 2505), n°130 (métro : Aldgate East ; carte 6). Ni l'un ni l'autre ne vendent de boissons alcoolisées, mais on peut apporter sa bouteille et se restaurer pour environ 7 £. Certains affirment qu'on trouve là les meilleures spécialités indiennes. Pour de plus amples détails, voir l'encadré *Où dégusterun bon curry*.

Le *Brick Lane Beigel Bake* (☎ 729 0616), 159 Brick Lane, est ouvert 24h/24. Nulle part ailleurs vous ne trouverez de bagels aussi bon et aussi peu chers ; le bagel saumon-fromage blanc (90 p) est tout simplement divin. La tasse de thé ne vaut que 25 p.

Le *Spitz* (☎ 247 9747), 109 Commercial St EC1 (métro : Aldgate East ; carte 6), à l'est de Spitalfields Market, est ouvert toute la semaine. Le dimanche, c'est l'endroit idéal pour prendre un repas rapide et délicieux avant de faire ses courses au marché.

Le café du premier étage de la *Whitechapel Art Gallery* (☎ 522 7878), 80-82 Whitechapel High St E1 (métro : Aldgate East), sert des strudels aux carottes (4,65 £ avec une salade) ainsi que d'autres spécialités du même genre. Il est ouvert du mardi au vendredi de 11h à 17h (et jusqu'à 20h le mercredi).

La plupart des petits restaurants cités plus haut sont également mentionnés sur la carte correspondant à la Promenade 4, dans le chapitre *Promenades dans Londres*.

MARYLEBONE
Prix modérés

Le *Hudsons's* (☎ 935 3130), 221b Baker St NW1 (métro : Baker St ; carte 2), attenant au Sherlock Holmes Museum, vous sert le déjeuner, le thé et le dîner dans un faux décor victorien. Sachez que vous ne pourrez pas commander moins de deux plats. Aussi est-il préférable de venir à l'heure du thé.

CAMDEN ET ISLINGTON

Ne vous fiez pas au nombre de "take-away" vendant des saucisses et des hamburgers. En effet, les bons restaurants abondent dans Camden High Street (carte 10).

Islington, quartier à la mode, est fait pour sortir le soir. On compte plus de soixante cafés et restaurants entre Angel et Highbury Corner, et le *Granita* d'Islington High St est devenu célèbre pour avoir accueilli Tony Blair au moment de la rénovation du Parti travailliste. L'animation se concentre principalement dans Upper St, où se trouvent les succursales de Nachos et de Pizza Express.

Petits budgets

Un restaurant tranquille de Camden Town, *El Parador* (☎ 387 2789), 245 Eversholt St (métro : Camden Town), propose une bonne sélection de plats végétariens, comme les empanadillas aux épinards et au fromage (3,50 £), ainsi que des viandes et du poisson à peine plus chers.

Le *Raj* (☎ 388 6663), 19 Camden High St (métro : Camden Town), est un petit restaurant indien végétarien où le buffet à volonté revient à 3,50 £ au déjeuner et 3,75 £ au dîner.

Le *Ruby in the Dust* (☎ 485 2744), 102 Camden High St (métro : Camden Town), est un café-bar à l'atmosphère réjouissante. La carte comporte des en-cas mexicains, des soupes (2,90 £), et des plats plus consistants comme des saucisses-purée ou du fish and chips (6,45 £).

Le *Silks and Spice* (☎ 267 2718), 28 Chalk Farm Rd NW1 (métro : Camden Town), restaurant de spécialités thaïlandaises et malaises, sert des déjeuners express à 4,95 £. Les cocktails (bien forts) des Caraïbes coûtent 4 £ à la *Cottons Rhum Shop, Bar and Restaurant* (☎ 482 1096), 55 Chalk Farm Rd (métro : Chalk Farm).

Bar à tapas au style bohème et amusant, le *Bar Gansa* (☎ 267 8909), 2 Inverness St NW1 (métro : Camden Town), se caractérise par un service agréable, un personnel sympathique, et des plats à 3 £ environ. Le petit déjeuner se monte à 3,95 £.

Le *Bintang* (☎ 284 1640), 93 Kentish Town Rd NW1 (métro : Camden Town), est un petit restaurant d'Asie du Sud-Est décoré avec mauvais goût. La cuisine est cependant délicieuse, et les prix raisonnables. Le service laisse à désirer, mais l'assortiment de fruits de mer ne vaut que 5,95 £. Ouvert de 18h à 23h30 du mardi au dimanche.

Comme le suggère son nom, le *Marine Ices* (☎ 485 3132), 8 Haverstock Hill NW3 (métro : Chalk Farm), a commencé par vendre des glaces, mais propose maintenant quelques plats savoureux. Que vous déjeuniez ou pas, il est impératif de goûter une de leurs étonnants "ice creams" (à partir de 2,40 £). Le *Marathon* (☎ 485 3814), tout proche, sert des kebabs et de la bière jusque tard dans la nuit.

A la *Primrose Brasserie/Trojika Russian Tea Room* (☎ 483 3765), 101 Regents Park Rd NW1 (métro : Chalk Farm), la nourriture d'Europe de l'Est est d'un bon rapport qualité/prix (essayez le bœuf au sel). Le prix des entrées commence à 2,50 £ et celui des plats à 5,50 £. On peut apporter sa boisson.

A côté de Primrose Hill, le *Lemonia* (☎ 586 7454), 89 Regent's Park Rd NW1 (métro : Chalk Farm), étant très fréquenté, mieux vaut réserver. Les prix sont intéressants, l'ambiance est animée. Le mezzé coûte 12,25 £ par personne, et les moussakas végétariennes, particulièrement délicieuses, 7,50 £. Les viandes sont au même prix.

En remontant Upper St, Islington N1 (métro : Angel ; carte 2), le *Tuk Tuk* (☎ 226 0837), n°330, sert une bonne cuisine thaïlandaise à des prix peu élevés ; un bol de nouilles avec des cacahuètes, des crevettes, de l'œuf et des germes de soja revient à 4,95 £. On y vend de la bière Singha.

Au n°331, le *Café Flo* (☎ 226 7916) propose des spécialités françaises comme le ragoût alsacien (8,50 £). On peut égale-

---

Où déguster un bon curry

Le centre de Londres possède quelques restaurants de tout premier plan, comme le *Red Fort* (☎ 437 2525), 77 Dean St W1 (métro : Leicester Square), ou la *Bombay Brasserie* (☎ 370 4040), Courtfield Rd SW7 (métro : Gloucester Rd). Le problème est que ces établissements sont plutôt chers, comme la plupart des restaurants du West End. En outre, la couleur locale est rarement au rendez-vous. Pour trouver quelque chose de meilleur marché et de plus authentique, il vous faudra aller vers l'est, à Brick Lane, ou vers l'ouest, à Southall, deux quartiers où vivent d'importantes communautés indiennes.

Brick Lane, plus facilement accessible, présente néanmoins un inconvénient : dans le restaurant que vous aurez choisi, vous risquez de vous retrouver entouré de gens de la City parlant haut et fort dans leurs téléphones portables. Parmi les bonnes adresses, il faut toutefois citer le *Nazrul* et le *Clinton* (voir à la rubrique *East End*). Si vous êtes prêt à quitter les sentiers battus, allez à Whitechapel où vous trouverez des restaurants encore plus étonnants, tels la *Lahore Kebab House* (☎ 481 9738), 2 Umberston St E1 (métro : Whitechapel), un délicieux restaurant pakistanais qui sert du dahl brun et des tandoori pour seulement 3,50 £ dans une salle sans aucune prétention ; ou encore le *Café Spice Namaste* (☎ 488 9242), 16 Prescot St (métro : Tower Hill), plus sélect, où vous savourerez de succulentes spécialités de Goa, comme l'émincé de rognons et de foie de porc à 9,75 £.

Rallier Southall est plus compliqué. Pour rejoindre Southall Broadway, il faut aller à la gare de Paddington, prendre la principale ligne de train vers Southall, puis faire un court trajet en bus. Parmi les meilleures adresses, et assez central, le *Sagoo and Takhar* (☎ 0181-574 3476), 157 The Broadway, connu aussi sous le nom de Asian Tandoori Centre, est spécialisé dans la cuisine du Pendjab. Un repas complet ne vous coûtera pas plus de 10 £. Si vous êtes prêt à pousser jusqu'à Western Rd (bus n°105, 195 ou 232), vous pourrez découvrir la cuisine très différente des Asiatiques kenyans de Southall que propose le *Brilliant* (☎ 0181-574 1928), au n°72-74. ■

ment savourer des gâteaux et un café en regardant les passants.

Le *Upper St Fish Shop* (☎ 359 1401), n°324, prépare d'excellents poissons et vous ouvre une demi-douzaine d'huîtres irlandaises moyennant 5,90 £. Un peu cher, le cabillaud servi avec des frites coûte 7 £. Si vous êtes amateur de fruits de mer, c'est une adresse à retenir.

Le *Ravi Shankar* (☎ 833 5849), 422 St John St EC1 (métro : Angel ; carte 5), est un petit restaurant bon marché particulièrement apprécié des végétariens – la formule buffet à volonté (4,50 £) proposée pour le déjeuner rencontre un franc succès. La maison possède une succursale au 133 Drummond St NW1 (métro : Warren St ou Euston Square).

Prix modérés

Le *Belgo Noord* (☎ 267 0718), 72 Chalk Farm Rd NW1 (métro : Chalk Farm), est un établissement belge spécialiste de poissons. Le décor est superbe et les serveurs sont encore habillés en moines. L'endroit a beau être à la mode, la nourriture est d'un excellent rapport qualité/prix. Si vous hésitez, optez pour le menu fixe – une entrée, une bière et des moules-frites –, à 12 £. Malgré les trois salles, il est nécessaire de réserver. Il existe une succursale à Covent Garden.

Le *Mongolian Barbecue* (☎ 482 6626), 88 Chalk Farm Rd NW1 (métro : Chalk Farm), fait partie d'une chaîne de restaurants dont le nombre des succursales ne cessent d'augmenter. Ici, vous choisissez les ingrédients qu'un chef fera sauter devant vous. Un dîner (trois plats) vous reviendra à 15 £ environ, boissons non comprises.

Le *Café Delancey* (☎ 387 1985), 3 Delancey St NW1 (métro : Camden Town), vous donne l'occasion de prendre une tasse de café et un en-cas (ou un vrai repas) dans une grande brasserie de style européen. L'atmosphère est détendue et on peut tranquillement lire les journaux. Vous débourserez entre 7 et 13 £. Quant à la demi-bouteille de vin, elle est facturée à partir de 6,50 £.

Le *Cuba Libre* (☎ 354 9998), 72 Upper St N1 (métro : Angel), est un endroit très fréquenté. Le bar vous propose des mojitos et des Cuba libre. Le restaurant prépare des tapas et des plats plus consistants : moros et christianos (haricots et riz). Attendez-vous à payer 18 £. Malheureusement, la musique cubaine a été remplacée par du rock assourdissant. La happy hour dure de 17 à 20h et le bar reste ouvert jusqu'à 2h.

Le *Montmartre* (☎ 359 3996), 26 Liverpool Rd N1 (métro : Angel), établissement déjà récompensé, est un bistro français minuscule mais très apprécié, dont les prix raisonnables attirent les foules ; il est prudent de réserver. Vous débourserez 15 £ pour une copieuse soupe de poissons suivie de pâtes au saumon, aux champignons et à la ciboulette, le tout arrosé de vin.

Appartenant à la même chaîne, le *Sacre Cœur* (☎ 354 2618), 18 Theberton St N1 (métro : Angel ; carte 2), propose une cuisine française tout aussi bonne dans des locaux tout aussi exigus. Les moules-frites à 4,95 £ sont d'un bon rapport qualité/prix, mais l'addition atteint rapidement 10 £.

Folies douces

Chez Emma's (☎ 284 1059), 257 Royal College St NW1 (métro : Camden Town), est un restaurant suédois moins connu. Vous pourrez goûter de délicieuses spécialités comme la soupe aux pois et le renne fumé moyennant 17 £ environ. La glace aux mûres roses vaut à elle seule le détour.

Le *Vegetarian Cottage* (☎ 586 1257), 91 Haverstock Hill NW3 (métro : Chalk Farm), est un restaurant végétarien de bonne qualité. Le délicieux "cottage special" est un mélange de champignons, de racines de lotus, de moisissure de coussin de Bouddha (sic), de noisettes et de légumes, le tout enveloppé dans une feuille de lotus. Comptez environ 15 £ pour un repas complet.

BLOOMSBURY ET HOLBORN (carte 5)
Petits budgets

Si vous allez visiter le British Museum, sachez que Museum St (métro : Tottenham

Les neuf restaurants préférés de Lonely Planet Londres
Les membres du bureau anglais de Lonely Planet ont rassemblé leurs expériences culinaires et vous livrent leurs coups de cœur :
The Standard (☎ 727 4818), 21-23 Westbourne Grove W2 (métro : Bayswater) – La cuisine indienne n'a jamais été ma préférée, mais je ne peux pas m'empêcher de revenir ici. Situé juste à côté du fameux restaurant Khan's, The Standard sert des plats délicieux, à des tarifs imbattables (10 £ par personne) – Victoria Wayland.
Tiger Lil's (☎ 376 5003), 500 King's Rd SW10 (métro : Fulham Broadway) – Dans ce restaurant thaïlandais animé, vous créez votre propre plat en sélectionnant des ingrédient savant de les apporter aux chefs qui vous les font cuire dans un wok géant. Le prix étant fixe, vous pouvez continuer ainsi toute la nuit. Aussi vaut-il mieux prendre des petites portions afin de se concocter toutes sortes de plats. Des filiales sont installées16a Southside, Clapham Common SW4 et 270 Upper St N1 (11 £ par personne) – Sarah Yorke.
Quo Vadis (☎ 437 9585), 26-29 Dean St W1 (métro : Tottenham Court Rd) – Savourer une nourriture somptueuse au milieu de sculptures étranges et de créations de Damien Hirst est une expérience surréaliste. Mais ne vous inquiétez pas, aucun plat au formol nefigure sur la carte ! (ouvert le soir uniquement ; 30 £ par personne) – Sarah Yorke.
Osteria Basilico (☎ 727 9372), 29 Kensington Park Rd W11 (métro : Notting Hill Gate ou Ladbroke Grove) – Un bon mélange de charme italien rustique et de chic londonien, avec une carte authentique, dans une ambiance animée et très détendue. Les tables près de la fenêtre sont les plus agréables, mais il vous faudra réserver (10 £ par personne) – Claire Gibson.
The Criterion Brasserie (☎ 930 0488), 224 Piccadilly W1 (métro : Piccadilly Circus) – Il s'agit d'un restaurant d'une opulence fabuleuse, en plein milieu de Piccadilly Circus. Le décor, raffiné et précieux, donne l'impression de dîner à l'intérieur d'un œuf de Fabergé. La cuisine est excellente (25 £ par personne) – Jennifer Cox.
The Gate (☎ 0181-748 6932), 51 Queen Caroline St, Hammersmith W6 (métro : Hammersmith) – Cette adresse est à conseiller aux végétariens désireux de faire du prosélytisme ! C'est en effet l'endroit rêvé pour convertir vos amis "carnivores". La nourriture superbement présentée est délicieuse, pleinement satisfaisante et d'un prix raisonnable. Ce restaurant a remporté plusieurs fois le titre de "meilleur restaurant végétarien de l'année" (20 £ par personne) – Sarah Bennett.
Pizzeria Castello (☎ 703 2556), 20 Walworth Rd SE1 (métro : Elephant and Castle) – Demandez à n'importe quel habitant du sud de Londres de vous indiquer la meilleure pizzeria de la capitale, et vous vous retrouverez ici. Cette affaire familiale qui existe depuis de longues années est très sympathique et extrêmement appréciée. La Quatro Formaggio est fantastique et toutes les pizzas ont une bonne pâte épaisse. (11 £ par personne) – Charlotte Hindle.
The Jaishan (☎ 0181-340 9880), 19 Turnpike Lane N8 (métro : Turnpike Lane) – Cet authentique restaurant indien est de loin le meilleur que je connaisse. Sa situation n'est pas idéale, mais la carte à elle seule vous met l'eau à la bouche... Allez-y ! (13 £ par personne) – Helen McWilliam.
Langan's Brasserie (☎ 491 8822), Stratton St W1 (métro : Green Park) – De la bonne cuisine anglaise traditionnelle dans un cadre élégant et détendu. Cette brasserie appartient au comédien Michael Caine, et rencontre un réel succès ; il y a beaucoup d'animation. (25 £ par personne) – Joanna Clifton. ■

Court Rd) regorge d'endroits nettement plus intéressants que la cafétéria du musée. La *Ruskin Coffee Shop*, n°41, prépare des soupes à 1,80 £ et des pommes de terre farcies au four à 2,85 £. La *Uncle Sam Deli* propose de délicieux falafels à 2,80 £. Le minuscule *Garden Café*, n°32, confectionne des gâteaux à se damner. La meilleure adresse de toutes est le très fréquenté *Coffee Gallery* (☎ 436 0455), n°23, où vous pourrez déguster des plats savoureux (sardines grillées sur lit de salade, par exemple) dans une salle pimpante et lumineuse, agrémentée de peintures modernes.

Quoique plutôt spartiate, le *Wagamama* (☎ 323 9223), 4A Streatham St, dans Coptic St WC1 (métro : Tottenham Court Rd), est un restaurant japonais non-fumeur qui remporte un succès mérité et où l'on s'asseoit autour de longues tables, comme dans une cantine. Les plats tournent autour de 5 £, et les portions sont généreuses.

La *Greenhouse* (☎ 637 8038), 16 Chenies St WC1 (métro : Goodge St), se situe en-dessous du Drill Hall. Compte tenu de l'affluence, attendez-vous à partager une table. Une excellente cuisine végétarienne est servie ici avec des plats à 3,95 £.

Le *North Sea Fish Restaurant* (☎ 387 5892), 7 Leigh St WC1 (métro : Russell Square), a pour ambition de savoir préparer le poisson frais et les pommes de terre – il y parvient admirablement. Frit ou grillé, un poisson accompagné d'une montagne de frites vous coûtera entre 6 et 7,50 £.

Le très apprécié *Mille Pini* (☎ 242 2434), 33 Boswell St WC1 (métro : Russell Square ou Holborn), est un vrai restaurant italien aux prix raisonnables. Vous serez satisfait en sortant, alors que vous n'aurez dépensé que 10 £ environ pour deux plats.

Si vous voulez déguster de délicieux pancakes de la taille d'une assiette, *My Old Dutch* (☎ 242 5200), 132 High Holborn (métro : Holborn) est une adresse de référence, ouverte 7j/7, où vous débourserez moins de 10 £ par personne. Deux autres annexes vous accueilleront – 221 King's Rd (☎ 376 5650) et 53 New Broadway, Ealing (☎ 0181-567 4486).

Comme l'indique son nom, l'*October Gallery Café* (☎ 242 7367), 24 Old Gloucester St WC1 (métro : Russell Square ou Holborn), se trouve dans une petite galerie. Il n'est ouvert qu'à l'heure du déjeuner, et la carte est renouvelée quotidiennement. Par beau temps, vous pourrez profiter de la petite cour. Un déjeuner léger coûte autour de 7 £.

Une annexe importante de la *Spaghetti House* (☎ 405 5215), Vernon Place WC1 (métro : Holborn), est installée dans la ravissante Sicilian Ave, voie piétonnière reliant Southhampton Row à Vernon Place. L'endroit est relativement calme, et très agréable en été. Les assiettes de pâtes commencent à 5,95 £, et sont très correctes.

Folies douces
Le *Museum Street Café* (☎ 405 3211), 47 Museum St WC1 (métro : Tottenham Court Rd), est bondé à l'heure du déjeuner et nettement plus tranquille le soir. La nourriture, comme le décor, est simple. Vous vous régalerez de produits frais, tels que les poissons grillés au charbon de bois accompagnés de salsas relevées. Les formules déjeuners sont les moins chères. Pour le dîner, comptez 23,50 £ pour trois plats et 18,50 £ pour deux. Le restaurant vend de l'alcool, mais on peut aussi apporter sa bouteille en payant 5 £ par bouchon.

CHELSEA ET SOUTH KENSINGTON
Petits budgets
King's Rd (métro : Sloane Square ou South Kensington) offre toutes sortes de variantes pour se restaurer. Si le temps le permet, jetez votre dévolue sur le *Chelsea Farmers'Market* (carte 8), dans Sidney St, où sont regroupées plusieurs petites échoppes avec terrasse. Parmi celles-ci, le *Market Place Restaurant-Bar* prépare une soupe inspirée du marché du jour (3 £), ainsi qu'un copieux petit déjeuner comprenant un steak et des œufs (6,50 £). *Il Cappuccino* sert un café à 1 £. Les pizzas valent 5,20 £ et plus à *La Delizia*. Le *Chelsea Deli* confectionne des sandwiches-baguette à 1,80 £, ainsi que des raviolis végétariens à 4 £.

Au 305 King's Rd SW3, le *New Culture Revolution* (☎ 352 9281 ; métro : Sloane Square ; carte 2), est un bar très à la mode servant des boulettes et des nouilles à un bon rapport qualité/prix. La façade vitrée rend la salle très lumineuse, et vous expose au regard des passants. Les plats tournent autour de 6 £. Une succursale est installée 43 Parkway NW1 (☎ 267 2700 ; métro : Camden Town).

La *Chelsea Kitchen* (☎ 589 1330), 98 King's Rd (carte 8), propose, dans un environnement assez austère, l'une des cartes les moins chères de Londres. Vous paierez le minestrone 90 p, les spaghetti 2,40 £ et l'apple crumble 99 p. Un menu coûte 4,20 £.

Plus haut dans King's Rd, au n°249, le *Made in Italy* (☎ 352 1880) sert des pizzas à partir de 4,50 £. La décoration intérieure est moderne et chic, et l'établissement ouvre sur la rue en été. Encore plus loin, au n°273, une des annexes de *Stockpot* sert le fish and chips pour 3,50 £ et les spaghetti bolognese pour 2,40 £.

Le bar/restaurant américain *Henry J Bean's* (☎ 352 9255), 195 King's Rd (carte 8), est l'un des rares endroits de Londres à posséder un jardin équipé de ventilateurs et de chauffages. La musique et la happy hour confèrent à l'endroit une atmosphère fort plaisante. Les plats s'échelonnent entre 5 et 7 £. A côté, au n°221, *My Old Dutch* (☎ 376 56 50) affiche une sélection de plus de cent types de pancakes et de gaufres, pour la plupart énormes.

Géré par des membres de l'équipe de rugby d'Angleterre, le *Shoeless Joes* (☎ 384 2333), n°555 (métro : Fulham Broadway ; carte 2), est le second restaurant à thème consacré au sport. La carte fait preuve de plus d'imagination que celle de ses concurrents de Haymarket.

Version britannique du *diner* américain, le *Chelsea Bun* (☎ 352 3635), Limerston St SW10 (métro : Earl's Court ; carte 2), offre un excellent rapport qualité/prix. Le petit déjeuner est servi toute la journée et l'on peut s'asseoir dans la véranda à l'étage. Les plats valent entre 4 et 7 £.

Si vous cherchez un endroit où dîner tard, allez directement au *Vingt Quatre* (☎ 376 7224), 325 Fulham Rd SW10 (métro : South Kensington), un bar à hamburgers très apprécié des Londoniens et ouvert 24h/24 (on peut commander à boire jusqu'à 24h).

Près des musées de South Kensington, le *Spago* (☎ 225 2407), 6 Glendower Place SW7 (métro : South Kensington ; carte 8), est un restaurant pratiquant des prix très attractifs, avec un large choix de pâtes et de pizzas à partir de 4 £.

Le *Daquise* (☎ 589 6117), 20 Thurloe St SW7 (métro : South Kensington ; carte 8), tout proche des musées, est un établissement polonais peu rutilant. On y trouve en revanche un bon assortiment de vodkas ainsi que des plats corrects. Un menu à 6,80 £ est servi au déjeuner.

Prix modérés

Avec ses fauteuils en osier et ses miroirs, la brasserie *Oriel* (☎ 730 2804), 50 Sloane Square SW1 (métro : Sloane Square ; carte 8), est un endroit parfait pour se retrouver avant d'aller faire des emplettes à King's Rd. Quelques tables donnent sur la place. Comptez entre 5 et 11 £ pour un plat.

Portant le nom de celui qui introduisit la fabrication de la soie en Thaïlande avant de disparaître dans les Highlands, le *Jim Thompson's* (☎ 731 0999), 617 King's Rd SW6 (métro : Fulham Broadway ; carte 14), propose un mélange de cuisines orientales plus que vraiment thaïlandaises. Au milieu d'une profusion de plantes vertes, de bougies et de soie, vous vous imaginerez facilement loin de Londres, et ce pour 15 £.

Folies douces

La dernière création de Terence Conran s'appelle le *Bluebird* (☎ 559 1000), 350 King's Rd SW3 (métro : Fulham Broadway ; carte 14), où un restaurant et un bar immenses dominent un marché d'alimentation haut de gamme ainsi que le Café Bluebird, un établissement plus petit.

The Canteen (☎ 351 7330), Chelsea Harbour SW10 (métro : Fulham Broadway), célèbre restaurant appartenant à l'acteur Michael Caine, est situé dans le centre commercial peu engageant de Harbour Yard. Les plats de cuisine traditionnelle française et anglaise avoisinent les 25 £, et le décor (sur le thème du jeu de cartes) n'est pas forcément au goût de tout le monde.

Gordon Ramsay, le chef de l'*Aubergine* (☎ 352 3449), 11 Park Walk SW10 (métro : Sloane Square), s'est taillé une solide réputation. La cuisine est française, mais le chef laisse libre cours à son imagination : le cappuccino de haricots blancs est un de ses plats favoris, tout comme le délicieux soufflé à la rhubarbe. Ce genre de cuisine n'est évidemment pas bon marché ; un dîner de trois plats revient à 40 £. *The Collection* (☎ 225 2641), 64 Brompton Rd SW3 (métro : South Kensington carte 8), est merveilleusement situé dans une galerie rénovée ; la salle à manger occupe un balcon qui donne sur le bar. Les en-cas coûtent environ 5 £, mais les boissons sont onéreuses. C'est un lieu très prisé par ceux qui veulent voir et être vus.

Dans un décor charmant au cœur de South Kensington, le *Daphne's* (☎ 589 4257), 110-112 Draycott Ave (métro : South Kensington ; carte 8), est si petit que l'on peut dîner en toute intimité. On y sert une délicieuse cuisine méditerranéenne, avec des prix qui commencent vers 12 £. L'endroit ayant du succès auprès des gens à la mode, il est indispensable de réserver.

C'est dans ce qui est sans doute l'un des plus beaux cadres de Londres que se trouve le *Bibendum* (☎ 581 5817), 81 Fulham Rd SW3 (métro : South Kensington ; carte 8), le superbe restaurant de Terence Conran, installé dans une ancienne usine Michelin. Le rez-de-chaussée accueille un bar à huîtres très apprécié, où vous retrouverez le meilleur du style Art déco. En haut, la salle est plus claire et plus lumineuse, mais il vous faudra réserver deux semaines à l'avance pour avoir une table le week-end. La cuisine britannique moderne qu'on y propose se compose de plats variés, tels que le blanc de pintade (10 £). Un repas ici risque de vous revenir à 50 £ par personne avec le vin.

Le *Kartouche* (☎ 823 3515), 329 Fulham Rd SW10 (métro : South Kensington), est un des restaurants de la rue qui rencontre le plus de succès auprès des 20-40 ans. La cuisine et le service sont bons. Le bar reste ouvert jusqu'à 2h. Les plats, inspirés de pays du monde entier, tournent autour de 10 £.

KNIGHTSBRIDGE ET KENSINGTON
Petits budgets

La *Pâtisserie Valérie* (☎ 823 9971), 215 Brompton Rd SW5 (métro : Knightsbridge ; carte 8), est un merveilleux endroit où s'arrêter après une visite au V&A. Le petit déjeuner (4,80 £ dans sa version anglaise) est très couru le week-end, d'autant plus qu'on peut lire les journaux mis à disposition.

La *Pizza on the Park* (☎ 235 5273), 11 Knightsbridge SW5 (métro : Hyde Park Corner ; carte 4), est également très recherchée pour ses pizzas et le jazz qu'on y écoute. L'établissement dispose d'un restaurant spacieux au premier étage et d'une salle en bas. Avec un peu de chance, vous aurez une table donnant sur Hyde Park. Comptez environ 6,50 £ pour une pizza.

Malgré ses 25 ans, le premier *Hard Rock Café* (☎ 629 0382), 150 Old Park Lane W1 (métro : Hyde Park Corner carte 4), est plus populaire que jamais. Malgré la concurrence, il est assez fréquent d'y faire la queue. Les hamburgers-frites (à partir de 6,95 £) sont testés par des diététiciens !

Le *Wodka* (☎ 937 6513), 12 St Albans Grove W8 (métro : High St Kensington ; carte 8), se situe dans un quartier calme et résidentiel, loin de l'agitation de High St. Le décor est simple et la carte propose des blinis (6,50 £ environ), ainsi qu'un grand choix de vodkas.

C'est au *Sticky Fingers* (☎ 938 5338), 1A Philimore Gardens W8 (métro : High St Kensington ; carte 8), que l'ex-Rolling Stones Bill Wyman a choisi d'accrocher ses disques d'or et de nombreux d'autres souvenirs. L'endroit sert de bons hamburgers, et les prix démarrent à 6,95 £. En outre, le service est excellent et vous apprécierez de pouvoir écouter un bon vieux rock en attendant sa commande.

Presqu'en face du Royal Garden Hotel, au bout des Kensington Gardens, Kensington Court (carte 8) compte plusieurs bons restaurants. La *Dallas Pizza and Pasta*

(☎ 938 1286) installe quelques tables sur le trottoir et propose des pizzas classiques et bon marché. Une succursale du *Dôme* se trouve juste en face, mais vous pouvez aussi essayer le *Bellini's* (☎ 937 5510), n°47, où l'on vous servira trois plats au déjeuner pour 9,50 £ ; ce restaurant élégant, avec quelques tables à l'extérieur, donne sur une ruelle remplie de fleurs.

Endroit sympathique et à la mode, le *Bar Cuba* (☎ 938 4137), 11 Kensington High St (métro : High St Kensington ; carte 8), propose une large sélection de tapas (à partir de 2,75 £), de steak-sandwiches, et de viandes rôties, le tout à des prix raisonnables. En bas, un orchestre (parfois un DJ) officie chaque soir et vous fait danser jusqu'à 2h. Un repas complet avec vin pour deux personnes se monte à environ 35 £.

Folies douces

Le *Fifth Floor Café* (☎ 235 5250) de Harvey Nichols, Knightsbridge SW1 (métro : Knightsbridge ; carte 8), est parfait pour faire une pause après le shopping. C'est cher (les plats servis entre 12h et 15h valent entre 10 et 15 £), mais vous pouvez vous contenter d'une pâtisserie et d'un café.

La cuisine thaïlandaise connaît une telle vogue qu'il existe des restaurants où voir et être vu semble plus important que le contenu de son assiette. Le *Vong* (☎ 235 1010), Berkeley Hotel, Wilton Place SW1 (métro : Knightsbridge ; carte 8), est surtout un endroit extrêmement branché, même si la plupart des gens trouveront la nourriture (et son petit côté français) aussi réjouissante que le décor est sévère. Sachez que pour un repas (30 £ par personne en moyenne), vous pourriez faire trois repas thaïlandais mémorables, par exemple au *Thaï Bistro* de Chiswick.

Pendant les mois de juillet et d'août, il est parfois possible de faire un dîner-jazz à *L'Orangerie*, dans Kensington Gardens (carte 9). Les tickets vendus pour un repas (trois plats) avec concert de jazz inclus coûtent 35 £ (boissons non comprises), plus une taxe de réservation de 1,50 £. Ils doivent être achetés à l'avance en appelant le ☎ 316 4949. La musique commence à 19h.

Le *Launceston Place* (☎ 937 6912), 1A Launceston Place W8 (métro : High St Kensington ; carte 8), se cache dans de petites rues derrière Kensington. C'est un restaurant charmant et intime, idéal pour dîner en tête-à-tête. La cuisine continentale servie ici est assez chère, bien que des menus soient proposés à 14,50 £ et à 17,50 £.

Dans Kensington Court, l'*Arcadia* (☎ 937 4294), n°35, est le plus haut de gamme de ce groupe de restaurants et de cafés ; le décor est élégant et original. La carte présente des plats tels que le carré d'agneau aux épinards sautés. Mieux vaut choisir le menu à 12,95 £ (deux plats).

EARL'S COURT (carte 8)
Petits budgets

Le *Benjy's*, situé 157 Earl's Court Rd SW5 (métro : Earl's Court), est une sorte d'institution – ce n'est pourtant rien de plus qu'un café traditionnel, toujours bondé, où la cuisine nourrissante et bon marché n'a rien d'inoubliable. Les petits déjeuners copieux avec thé ou café à volonté coûtent en moyenne 3,50 £ (90 p de moins pour les végétariens).

Le *Nando's* (☎ 259 2544), 204 Earl's Court Rd SW5 (métro : Earl's Court), prépare une cuisine d'inspiration portugaise, comme le poulet grillé à la broche. Un plat avec boisson vaut environ 5 £.

Le *Krungtap* (☎ 259 2314), 227 Old Brompton Rd SW10 (métro : Earl's Court), restaurant sympathique et animé, propose des spécialités thaïlandaises et orientales. La plupart des plats s'échelonnent entre 3 et 4 £. Les portions sont généreuses, mais la bière est chère.

Le *Troubadour* (☎ 370 1434), 265 Old Brompton Rd (métro : Earl's Court), est un café au passé illustre : de célèbres chanteurs folk comme Dylan, Donovan et Lennon sont venus ici. Des groupes s'y produisent encore de temps en temps, et la nourriture présente un bon rapport qualité/prix. Le service est lent, mais l'attente récompensée. Les commandes se prennent au comptoir. La soupe de légumes coûte 2,10 £, les pâtes 4 £.

L'heure du thé...

Étant donné le rôle primordial que joue le thé dans la culture anglaise, sortir prendre un "afternoon tea" est évidemment un moment cher au cœur des Londoniens. Mais oubliez le thé trop infusé et les simples biscuits... Un thé traditionnel se compose d'une sélection de sandwiches raffinés (ceux au concombre et au saumon fumé sont les plus appréciés), de gâteaux moelleux, de scones accompagnés de crème et de confiture, et naturellement, de litres de thé.

Les endroits suivants conviennent parfaitement pour s'initier au rituel du thé :

The Ritz
The Ritz (☎ 493 8181), Piccadilly W1 (métro : Green Park ; carte 3), est probablement l'endroit le plus connu, bien qu'il soit devenu une sorte d'usine en dépit de la splendeur du cadre. L'"afternoon tea" se savoure tous les jours entre 14h et 18h et coûte 21 £ par personne. Il faut réserver un mois à l'avance pour les jours de semaine, et trois mois pour le week-end. Tenue correcte exigée.

Fortnum and Mason
Au 4e étage du grand magasin, la Fortnum's Fountain (☎ 734 8040), 181 Piccadilly W1 (métro : Piccadilly ; carte 3), facture l'"afternoon tea" 10,50 £, et sert le "high tea" avec champagne (15,75 £) entre 15h et 17h15 (sauf le dimanche).

Brown's Hotel
Le Brown's (☎ 493 6020), 33-4 Albermarle St W1 (métro : Green Park ; carte 3), offre le thé dans le salon du rez-de-chaussée, où un pianiste vous fera oublier le stress des rues avoisinantes. Comptez 16,95 £ par personne.

Claridge's
Le Claridge's (☎ 629 8860), Brook St W1 (métro : Bond St ; carte 2), vous accueille tous les jours entre 15h et 17h15 dans le splendide foyer XVIIIe siècle (16,50 £ par personne).

Waldorf Meridien
Au Waldorf Meridien (☎ 836 2400), Aldwych WC2 (métro : Covent Garden ; carte 3), le thé est servi dans le Palm Court Lounge, superbement restauré, de 15h50 à 18h chaque week-end. Il est possible de s'adonner au plaisir un peu rétro du thé dansant. On vous demandera 22 £. Réservation indispensable.

Savoy
Le Savoy, Strand WC2 (métro : Charing Cross ; carte 3), propose de prendre le thé dans l'immense Thames Foyer. Ouvert tous les jours de 15h à 17h30. Comptez 17 £ par personne.

The Orangery
La salle XVIIIe de l'Orangerie (☎ 376 0239), Kensington Gardens (métro : High St Kensington ; carte 9), offre un cadre somptueux pour déguster un "afternoon tea", bien que le service ne soit pas à la hauteur de celui qu'on trouve dans les hôtels. En revanche, les prix sont nettement plus raisonnables ; un thé d'été avec des sandwiches au concombre, ou un thé traditionnel avec des scones coûtent 6 £, un thé avec des sandwiches et des scones, 7,50 £.

Jane Asher Tea Shop
L'actrice Jane Asher, connue surtout pour avoir eu une liaison avec l'ex-Beatles Paul McCartney, s'est reconvertie dans la pâtisserie fine. Vous pourrez goûter ce qu'elle propose à l'heure du thé dans sa boutique située 24 Cale St SW3 (☎ 584 6177 ; métro : South Kensington) pour 10,50 £ par personne. ■

Folies douces
Mr Wing (☎ 370 4450), 242-244 Old Brompton Rd (métro : Earl's Court), est l'un des meilleurs restaurants thaïlandais/chinois de Londres. Assurez-vous d'avoir une table au sous-sol – il est décoré façon jungle. La cuisine est onéreuse (la soupe aux nids d'hirondelles avec coquilles Saint-Jacques, crevettes et calmars est à 10,95 £), mais excellente.

NOTTING HILL, BAYSWATER ET MAIDA VALE (carte 9)

Vous trouverez à Notting Hill toutes sortes d'endroits intéressants, ainsi que le long de

Queensway et de Westbourne Grove – de l'échoppe bon marché au restaurant de qualité. Curieusement, il existe même quelques restaurants corrects au premier étage de l'immense centre commercial de Whiteley, bien qu'ils ne soient pas particulièrement économiques.

Petits budgets
Portobello Rd est un endroit rempli de bars et de restaurants à la mode ; le *Café Grove*, au bout de Ladbroke Grove, possède une véranda et affiche des plats végétariens alléchants et bon marché (5 £ environ).

Le *Costa's Grill* (☎ 229 3794), 14 Hillgate St W8 (métro : Notting Hill Gate), est un restaurant grec correct, avec des dips à 1,50 £ et des plats comme le souvlaki à 4,50 £.

Le *Nachos* (☎ 221 5250), 147 Notting Hill Gate W11 (métro : Notting Hill Gate), est un restaurant mexicain de bonne qualité qui pratique des tarifs raisonnables. Deux tortillas vous coûteront 8 £ environ. Comptez deux fois plus pour un repas complet.

Prost (☎ 727 9620), 35 Pembridge Rd W11 (métro : Notting Hill Gate), petit restaurant à propos duquel les avis sont partagés, sert une cuisine allemande traditionnelle. Les plats ne dépassent pas 10 £ ; le chevreuil au vin rouge et sa sauce aux myrtilles, par exemple, vous reviendra à 8,25 £. Entre 17h30 et 23h, on vous demandera 8,95 £ pour deux plats. Les déjeuners ne sont servis que les week-ends. Le dîner est assuré tous les jours.

Le *Modhubon* (☎ 243 1778), 29 Pembridge Rd W11 (métro : Notting Hill Gate), est recommandé pour sa cuisine indienne bon marché. Les plats coûtent moins de 5 £, la formule déjeuner est à 3,90 £ et le buffet à volonté du dimanche à 5,90 £.

Le *Geales* (☎ 727 7969), 2 Farmer St W8 (métro : Notting Hill Gate), est un restaurant de poissons à l'ancienne (le prix varie selon les saisons). Comptez 7 £ par personne pour un fish and chips, ce qui est plus cher qu'ailleurs, mais il est vraiment délicieux. Fermeture le dimanche.

Le *Mandola* (☎ 229 4734), 139 Westbourne Grove W2 (métro : Bayswater), propose des plats soudanais comme le tamia (4 £), une sorte de falafel, et de la viande pour 7 £. Les portions ne sont pas généreuses, aussi mieux vaut commander plusieurs plats.

La *Kalamaras Taverna* (☎ 727 9122), 76 Inverness Mews W2 (métro : Bayswater), est la moins chère des Mega-Kalamaras du quartier. Les tables sont petites, mais la nourriture copieuse. Les prix sont de l'ordre de 7,50 £.

Au *Khan's* (☎ 727 5420), 13 Westbourne Grove W2 (métro : Bayswater), établissement indien immense et très prisé, les clients mangent au milieu de colonnades et de palmiers ; c'est un restaurant au décor élégant et d'un bon rapport qualité/prix. Vous trouverez des plats végétariens et une sélection de curries de viande à environ 3 £.

La *Churreria Espanola* (☎ 727 3444), 179 Porchester Rd W2 (métro : Bayswater), est un café surprenant où l'on déguste un petit déjeuner espagnol traditionnel – chocolat chaud et churros – pour 1,75 £.

Au *Waterside Café*, Warwick Crescent, Little Venice W9 (métro : Warwick Avenue), les tables sont installées sur une péniche, près de la station du London Waterbus (en direction du zoo). Ici, le thé complet vous reviendra à 3,95 £, le déjeuner du marinier à 4,60 £.

Prix modérés
Le *All Saints* (☎ 243 2808), 12 All Saints Rd W11 (métro : Westbourne Park), est un endroit "funky" très fréquenté, notamment le samedi pendant le marché aux puces de Portobello Rd. Assommé par une assourdissante musique, vous parviendrez peut-être à goûter la cuisine moderne anglaise (20 £ environ).

Dans une rue adjacente, le *Chepstow*, un bar attrayant, possède de grandes salles superbement décorées. En haut, l'*Assagi* (☎ 792 5501), 39 Chepstow Place W2 (métro : Notting Hill Gate), prouve que la cuisine italienne ne se limite pas aux pâtes. C'est l'occasion de goûter des encornets farcis au risotto ou des côtelettes d'agneau

... ou du café

Les premières maisons du café sont apparues à Londres au milieu du XVIIe siècle. Elles sont cependant tombées peu à peu en désuétude, si bien que jusqu'à encore très récemment, les amateurs de café n'étaient nullement gâtés. Heureusement, les choses s'améliorent, grâce notamment à deux chaînes, la Seattle Coffee Company et Aroma, qui produisent un café suffisamment bon pour avoir converti les inconditionnels du Nescafé. Méfiez-vous toutefois des imitations... Londres s'est vue d'un seul coup inondée de café latte et de "hazelnut steamer".

La *Seattle Coffee Company* possède des filiales 25A Kensington High St W8 ; 14 James ST W1 ; 163 Fulham Rd SW3 ; 87 King William St EC4 ; 44 New King's Rd SW6 ; 26 Pembridge Rd, Notting Hill Gate W11 ; 47 Queensway W2 ; 355 The Strand WC2 ; 137 Victoria St WC1 ; 27 Berkeley St W1 ; 365 Cabot Place East, Canary Wharf ;116 Cannon St EC4 ; 74 Cornhill ; 51 Long Acre, Covent Garden WC2 ; 20 Eastcheap ; 18 Eldon St EC2 ; 90-1 Fleet St EC4 ; 34 Great Marlborough St W1 ; 3 Grosvenor St W1 ; et 11 Heathmans Rd, Parsons Green SW6. Il y en a également deux autres à l'intérieur de Books etc au 421 Oxford St et dans le marché intérieur du Plaza, 120 Oxford St W1.

Vous trouverez des succursales *Aroma* dans la Hayward Gallery et le Festival Hall, ainsi qu'au 36A St Martin's Lane WC2 (☎ 836 5110).

Si vous préférez prendre un café dans un endroit qui n'appartienne pas à une chaîne, allez directement à la *Monmouth Coffee Company*, 2 Monmouth St WC2 (métro : Covent Garden), où vous dégusterez dans une minuscule salle des mélanges en provenance du Nicaragua et du Guatemala. Une autre bonne adresse est le *Bar Italia*, 22 Frith St, Soho W1 (métro : Leicester Square), installé dans un merveilleux décor années 50, ouvert 24h/24. C'est toujours bondé, aussi aurez-vous plus de chance de trouver une place après 1h ! ■

---

aux aubergines. Un repas devrait vous coûter 25 £ par personne.

Très chic, *L'accento* (☎ 243 2201), 16 Garway Rd W2 (métro : Bayswater), offre un menu composé de deux plats pour 11,50 £ : moules au vin blanc et aux herbes fraîches, suivies d'une côte de porc grillée accompagnée de tomates séchées et de poireaux, par exemple. Si vous vous écartez de cette formule, les prix grimpent aussitôt.

Le *Veronica's* (☎ 229 5079), 3 Hereford Rd W2 (métro : Bayswater), s'efforce de démontrer que l'Angleterre possède réellement une tradition culinaire. Vous trouverez quelques plats fascinants (tonnerre et éclairs des Cornouailles) dans ce restaurant qui a remporté plusieurs distinctions. Une formule trois plats vous coûtera 16,50 £.

En attendant de prendre le bateau sur Regent's Canal pour aller au zoo, peut-être aurez-vous envie de déjeuner au *Jason's* (☎ 286 6752), face au 60 Bloomfield Rd W9 (métro : Warwick Avenue). Vous pourrez savourer des poissons à la mauricienne, à l'indienne et à la chinoise tout en profitant de la vue agréable sur les bateaux de Little Venice. En semaine, un déjeuner est proposé à 12,95 £, mais le prix du dîner passe directement à 21,50 £.

Folies douces

L'*Inaho* (☎ 221 8495), 4 Hereford Rd W3 (métro : Bayswater) est un minuscule restaurant japonais où un menu Tempura comprenant "appetizer", soupe, salade, yakitori, sashimi, tempura, riz et fruits de saison s'élève à 20 £. Une formule teriyaki équivalente coûte 22 £.

Le *Kensington Place* (☎ 727 3184), 201 Kensington Church St W8 (métro : Notting Hill Gate), possède une impressionnante façade vitrée et un intérieur très design qui en font le parfait endroit pour conclure une affaire. Les entrées commencent à 4 £, les plats à 9 £. Attendez-vous à débourser 25 £ par personne, à moins que vous ne choisissiez la formule trois plats du déjeuner à 14,50 £. Les avis demeurent néanmoins partagés.

Le *Sugar Club* (☎ 221 3844), All Saints Rd W11 (métro : Westbourne Park), relève le défi de servir une des cuisines les plus branchées de Londres, dans un environnement pour le moins dégradé. Le chef néo-zélandais, Peter Gordon, affectionne les spécialités de la zone Pacifique − comme le kangourou grillé ou le pigeon rôti avec haricots noirs cuits au wok. Cette adresse est si célèbre que Madona s'est vu refuser l'entrée faute d'avoir réservé. Vous voilà prévenu !

Le *W11* (☎ 229 8889), 123A Clarendon Rd W11 (métro : Holland Park), élabore une excellente cuisine britannique/européenne moderne, en dépit d'un curieux décor d'inspiration égyptienne. Comptez en moyenne 20 à 25 £ par personne pour un plat, vin maison compris.

Le *Novelli W8* (☎ 229 4024), 122 Palace Gardens Terrace W8 (métro : Notting Hill), sert une cuisine française de qualité dans un lieu discret et romantique. Les plats tournent autour de 20 £. Pensez à réserver. Une annexe est installée à Clerkenwell Green (☎ 251 6606).

HAMMERSMITH ET FULHAM
Petits budgets

Difficile de ne pas remarquer le *Havana* (☎ 381 5005), 490 Fulham Rd SW6 (métro : Fulham Broadway), un bar/restaurant d'un bleu et d'un jaune agressifs, avec des sièges façon peau de zèbre. Vous pourriez vous contenter d'un repas à 4,90 £, mais la tentation de succomber à une boisson alcoolisée − et donc de faire grimper l'addition − s'avèrera probablement trop forte pour y résister. Happy hour entre 18h et 20h.

Le *Deals* (☎ 0181-563 1001), The Broadway Centre W6 (métro : Hammersmith Broadway), offre un bon rapport qualité/prix et une carte convenant à tous les goûts. On peut s'asseoir dehors, le bar du haut sert des cocktails et la happy hour commence tôt.

Folies douces

The River Café (☎ 381 8824), Thames Wharf, Rainville Rd W6 (métro : Hammersmith), est un restaurant à la mode, très animé, qui doit autant sa réputation au livre de cuisine qu'il a publié qu'à ce qu'on y déguste. L'appellation de café est trompeuse, car la nouvelle cuisine italienne servie ici est probablement la meilleure de Londres. Les plats commencent au prix raisonnable de 17 £, mais vous dépenserez difficilement moins de 40 £ une fois ajoutés le dessert et le vin.

CLERKENWELL (carte 6)

Adossé à la City, le quartier de Clerkenwell vivait tranquillement avant que les promoteurs découvrent son potentiel. A présent, il figure en bonne place parmi les endroits branchés, même si l'environnement laisse encore à désirer. Toutes les adresses suivantes sont accessibles depuis la station de métro Farrington.

Petits budgets

The Greenery (☎ 490 4870), 5 Cowcross St EC1, est un petit café végétarien qui résiste à l'embourgeoisement du quartier. Une salade coûte 3,95 £, un chapati de pois chiches et coriandre, 1,80 £.

Folies douces

Le *Café Gaudi* (☎ 608 3220), 61 Turnmill St EC1, a pris quelques libertés avec le génial architecte catalan, pour fournir une toile de fond à ce restaurant chic, spécialisé dans ce qu'il est convenu d'appeler la nouvelle cuisine espagnole. Le poisson joue ici un rôle important, pour ne pas dire exclusif, et il vous faudra probablement dépenser 30 £ par personne. La boîte de nuit installée au sous-sol ouvre ses portes chaque week-end.

Le *St John* (☎ 251 0848), 26 St John St EC1, est l'endroit où l'on peut déguster des plats britanniques à l'ancienne, comme les tripes aux pieds de cochon (9,80 £) ou le pigeon aux radis (10,50 £). Le décor est réduit au minimum et les murs sont badigeonnés à la chaux. L'endroit s'enorgueillit également d'un bar, ainsi que d'une excellente pâtisserie ouverte dès 9h.

Le *Mange-2* (☎ 250 0035), 2-3 Cowcross St EC1, restaurant extrêmement à la mode et un peu tape-à-l'œil, est agréable lorsque les possesseurs de téléphone portable ne s'y retrouvent pas tous en même temps. Bien que ce ne soit pas un restaurant de poissons, on y déguste de délicieux fruits de mer. Difficile de résister au roulé de fruits de mer à la sauce de homard, à moins de trouver le prix (13,75 £) dissuasif.

FINSBURY PARK ET CROUCH END
Lieu extrêmement cosmopolite du nord de Londres, Finsbury Park offre un grand choix de restaurants à prix très raisonnables. Crouch End, juste à côté, est un quartier où les bonnes adresses constituent une des principales attractions.

Petits budgets
Si vous êtes prêt à faire un détour pour une pizza, vous en trouverez d'excellentes à *La Porchetta Pizzeria* (☎ 281 2892), 147 Stroud Green Rd N4 (métro : Finsbury Park). La fiorentina à 4,70 £ est délicieuse, et les autres plats sont tout aussi appétissants. Des tables sont installées sur le trottoir lorsqu'il fait beau, mais la rue est loin d'être l'une des plus pittoresques de Londres.

Le *Jai Krishna* (☎ 272 1680), un peu plus loin au nord, n°161, est un café indien végétarien. Le décor n'a rien de sensationnel, mais les prix sont avantageux ; le masala dosa coûte 2,50 £, le mixed bahjiya, 1,75 £.

Le *World Café* (☎ 0181-340 5635), 130 Crouch Hill N8 (métro : Finsbury Park, puis bus W2 ou W7), rencontre un franc succès en raison de sa cuisine et de sa sélection de bières du monde entier. Comptez 8,95 £ pour deux plats, et 10,95 £ pour trois. C'est ouvert au petit déjeuner, mais payer 1,95 £ le jus d'orange est un peu exagéré.

Prix modérés
Le *Cats* (☎ 281 5557), 79 Stroud Green Rd N4 (métro : Finsbury Park), est un charmant restaurant thaïlandais qui propose des entrées particulièrement succulentes, et aussi de très bons plats de nouilles. Le mobilier est taillé dans un bois incroyablement lourd – c'est le genre de décor qu'on adore ou qu'on déteste. Un repas avec vin devrait vous revenir à environ 15 £.

Folies douces
L'endroit ne se remarque pas vraiment de l'extérieur, mais *Chez Liline* (☎ 263 6550), 101 Stroud Rd N4 (métro : Finsbury Park), sert depuis dix ans d'excellents poissons à la mode mauricienne. L'assiette créole à 9,95 £ est un excellent moyen de s'initier à cette cuisine.

BERMONDSEY
Prix modérés
The Apprentice (☎ 234 0254), 31 Shad Thames SE7 (métro : Tower Hill ; carte 6), est ainsi nommé à cause des futurs chefs qui viennent y faire leur apprentissage. Les prix sont plus bas que dans les restaurants Conran voisins : un menu coûte 9,50 £ au déjeuner et 17,50 £ au dîner. Fermeture à 20h30 (18h le week-end).

Folies douces
Le créateur de meubles et restaurateur Terence Conran, qui a ouvert le Design Museum dans les Docklands, a aussi installé quelques-uns de ses superbes et célèbres restaurants juste à côté. Mentionnons le très élégant *Blue Print Café* (☎ 378 7031), qui se trouve justement au sommet du Design Museum (carte 6) et jouit d'une vue spectaculaire sur la Tamise. La cuisine britannique moderne est à l'ordre du jour, et vous devrez débourser un minimum de 35 £ pour un dîner arrosé de vin.

Vous pouvez également essayer *Le Pont de la Tour* (☎ 403 8403), Butlers Wharf Building, 36D Shad Thames SE1 (métro : Tower Hill), qui offre également un beau panorama sur le fleuve, ainsi qu'une carte française et une liste de vins de trente pages. Attendez-vous à payer environ 25 £ par personne.

WATERLOO ET LAMBETH
Cette partie sud de Londres n'est pas toujours la plus attirante pour sortir, bien que les cafés et les restaurants situés dans le Festival Hall, le Royal National Theatre et le National Film Theatre (actuellement en cours de rénovation) soient des lieux très agréables pour se retrouver et se restaurer un peu.

Petits budgets
Bien qu'elle n'ait rien de très avenant, il n'est pas rare de faire la queue devant la

Gourmet Pizza Company (☎ 928 3188), Gabriel's Wharf SE1 (métro : Waterloo), dont les pizzas sont recouvertes d'ingrédients inhabituels, par exemple de poulet thaïlandais (7,50 £) ou de saucisse italienne (6,60 £). Les simples pizzas tomate/fromage démarrent à 4,70 £.

Pour de succulentes pizzas, allez deux kilomètres plus loin vers le sud, à la *Pizzeria Castello* (☎ 703 2556), Walworth Rd, Elephant and Castle (métro : Elephant and Castle). Les prix étant bas, il est indispensable de réserver si vous voulez éviter d'attendre trop longtemps.

Prix modérés

La reconversion de l'ancien County Hall se poursuit à grands pas avec, entre autres, l'ouverture d'une filiale de *Four Regions* (☎ 928 0988), Westminster Bridge Rd SE1 (métro : Waterloo ou Lambeth North), installée à présent à l'intérieur du vieux bâtiment, juste à côté du London Aquarium (carte 4). La cuisine, censée s'inspirer des quatre principales cuisines chinoises (celles de Canton, du Sichuan, de Pékin et de Shanghaï) et préparée "sans glutamate de monosodium" (sic), suscite des avis partagés. Mieux vaut commencer par le menu à 15,50 £. Personne ne conteste le fait qu'on jouisse d'une des plus belles vues de Londres.

Très prisé, le *Fire Station* (☎ 401 3267), 150 Waterloo Rd SE1 (métro : Waterloo), est installé dans un quartier qui autrefois ne possédait aucun restaurant. Le bar est suffisamment agréable pour rendre l'attente supportable, d'autant que la carte variée propose des prix raisonnables (plats de 7 à 10 £).

Si vous avez envie d'une atmosphère plus intime et plus paisible, essayez le *Bar central* (☎ 928 5086), 131 Waterloo Rd E1 (métro : Waterloo). Contrairement à ce que laisse supposer son nom, il s'agit d'un vrai restaurant doté d'un petit bar. Les plats valent en moyenne 7 £ et le service est efficace.

Folies douces

Dans le domaine de la restauration, la grande nouvelle de 1997 fut la reconversion de l'Oxo Tower (carte 6) en appartements, et l'installation d'un restaurant au sommet. Le *restaurant* (☎ 803 3888), Barge House St SE1 (métro : Waterloo), appartient aux grands magasins Harvey Nichols. Le lieu et la vue ont connu un tel succès qu'il faut réserver cinq semaines à l'avance pour obtenir une table le soir. Si le déjeuner coûte 24,50 £, le prix du dîner s'élève à 40 £ par personne. Bien que quelques critiques gastronomiques aient fait la fine bouche, seuls les gourmets blasés seront déçus. Au cas où vous n'arriveriez pas à trouver de table, il y a une brasserie moins chère, et un bistro au rez-de-chaussée.

Pas très facile à repérer dans le Festival Hall, et se vantant de posséder une aussi belle vue, *The People's Palace* (☎ 928 2355) est un restaurant situé au troisième étage, qui ne ressemble en rien au palais annoncé. Un repas avant le concert, avec par exemple un délicieux lapin rôti, vous coûtera facilement 20 £.

HAMPSTEAD (carte 11)
Petits budgets

La *Coffee Cup* (☎ 435 7565), 74 Hampstead High St NW3 (métro : Hampstead), connaît un vif succès. C'est un café d'un bon rapport qualité/prix qui propose de tout, depuis les œufs au bacon jusqu'aux assiettes de pâtes.

L'*Everyman Café* (☎ 431 2123), Holly Bush Vale NW3 (métro : Hampstead) est attenant au cinéma du même nom. Si vous cherchez un endroit tranquille servant une cuisine à prix raisonnables, c'est l'adresse qu'il vous faut. Le menu trois plats coûte 7 £.

GREENWICH (carte 12)
Petits budgets

Greenwich Church St recèle des cafés corrects et bon marché, ainsi qu'une filiale du *Café Rouge*, installée près de l'Ibis Hotel, au bout de la rue. Le *Millennium Café* propose un pâté en croûte des Cornouailles pour 3,50 £, tandis que le *Peter de Wit Café* sert des thés complets pour 3,80 £, dans ce qu'il appelle sa minuscule cour.

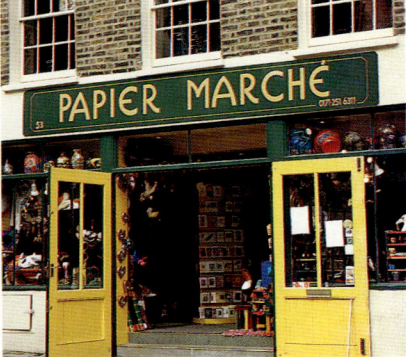

A gauche : Chinatown, près de Leicester Square
En haut : Ye Olde Cheshire Cheese, que fréquentait déjà Dickens
Au milieu : boutique à Clerkenwell
En bas : le Spitalfields Market, dans l'East End, est réputé pour ses produits bio

A	B
C	D
E	F

A : étals de fruits et légumes au Brixton Market, dans le Sud de Londres
B : boutique dans Camden High Street
C : quelques souvenirs kitsch
D : le Bermondsey Market ravira les amateurs d'antiquités
E : la boutique de thé Twinings dans Fleet Street
F : Camden High Street

Anguilles et autres douceurs

La cuisine anglaise réserve de bonnes surprises. Déjeuner dominical avec rôti de bœuf et Yorkshire pudding (une pâte onctueuse cuite au four) dans un restaurant chic ou cornet de *fish and chips* (poisson frit accompagné de frites) pris sur le pouce, les spécialités britanniques comblent n'importe quel palais lorsqu'elles sont bien préparées.

A Londres, les pubs proposent généralement des plats traditionnels de qualité variable. Vous aurez l'occasion de goûter aux différentes tourtes farcies à la viande : *pork pie* (au porc), *Cornish pasties* (au bœuf, aux épices et aux pommes de terre), *sheperd's pie* (au bœuf ou à l'agneau cuisiné à la crème fraîche) et *steak and kidney pie* (au bœuf et aux rognons). Sont également servis les *bangers and mash* (saucisses accompagnées d'une purée de pommes de terre), les *sausage rolls* (farce de porc en croûte) ou le *ploughman's lunch* (pain croustillant accompagné de cheshire ou de cheddar, de pickle et d'oignons). La farandole des desserts, plutôt calorique, comprend notamment le gâteau au pain et au beurre, le biscuit à la vapeur ou le *spotted dick*, un gâteau roulé parsemé de raisins secs.

Le plus britannique des plats anglais reste cependant le fish and chips : du poisson blanc (cabillaud, carrelet ou haddock) trempé dans une pâte avant d'être frit et servi avec des frites arrosées de quelques gouttes de vinaigre. Néanmoins, depuis l'avènement des fast-foods à l'américaine, les authentiques "chippies" se font rares. *Olley's Traditional Fish and Chips* (☎ 0181-671 8259), 69 Norwood Rd, SW23, à Harne Hill, prépare les meilleurs cornets à emporter de la capitale. Pour consommer assis, choisissez parmi *Faulkner's Fish Restaurant* (☎ 254 6152), 424-426 Kingsland Rd, E8, à Dalston ; *Geales* (☎ 727 7969), 2 Farmer St, W8, à Notting Hill ; ou *The Nautilus Fish Restaurant* (☎ 435 2532), 27-29 Fortune Green Rd, NW6, à West Hampstead. A défaut d'être un vrai fish and chips, *Sweetings* (☎ 248 3062), 39 Victoria St, EC4, dans la City, mérite qu'on s'y attable pour son décor de mosaïque et de marbre digne d'un musée victorien, ainsi que pour sa soupe de tortue (3,50 £), ses crevettes au beurre fondu (4,80 £) ou son anguille fumée (5,25 £).

Du milieu du XIXe siècle jusqu'à l'après-guerre, le repas de base du Londonien consistait en une tourte fourrée à l'anguille cuisinée aux épices, servie avec de la purée de pommes de terre et une sauce salée au persil. Aujourd'hui, ce plat se compose généralement d'un chausson à la viande et d'anguille fumée ou en gelée servie à part. Le tout revient à environ 4 £. Allez chez *Manze's*, (☎ 407 2985), 87 Tower Bridge Rd, SE1, à Bermondsey, ou chez *Clark and Sons* (☎ 837 1974), 46 Exmouth Market, EC1, à Clerkenwell.

Malgré les apparences, la gastronomie anglaise ne se limite pas aux pubs et aux en-cas. Parmi les restaurants offrant d'excellents repas, qu'il soient traditionnels, nouvelle cuisine ou les deux, citons l'élégant *Simpson's-in-the-Strand* (☎ 836 9112), 100 Strand, WC2 ; *Rules* (☎ 836 5314), 35 Maiden Lane, WC2, à Covent Garden, où dînait Charles Dickens ; et *St John* (☎ 251 0848), 26 St John St, EC1, à Farringdon, installé dans un ancien fumoir.

La maladie de la vache folle s'est traduite par un effondrement de la consommation de viande de bœuf, et la vente de côtes de bœuf et de T-bone, entre autres, a été interdite fin 1997. Cette interdiction ne concerne pas en revanche la viande de bœuf importée (d'Irlande, de France etc.). ■

Sous le marché couvert, le *Meeting House Café* prépare un ploughman's lunch (fromage, pain et salade) à 3,50 £ et des milk-shakes à 1,50 £. Le week-end, un minimum de 2 £ est exigé par couvert, et la fermeture a lieu à 17h.

Au *Beachcomber Restaurant* (☎ 0181-853 1155), deux plats au déjeuner vous coûteront 5,90 £ ; il y a quelques tables en terrasse, où les suspensions florales envahissent l'espace.

BRIXTON
Petits budgets

La *Pizzeria Franco* (☎ 738 3021), 4 Market Row, confectionne sans doute les meilleurs pizzas et cappuccinos du sud de Londres, tandis que le *Phœnix*, 441 Coldharbour Lane, est un snack-bar classique et correct.

Le café colombien *El Pilon Quindiano* (☎ 326 4316), Brixton Market, vous régalera d'authentiques merveilles, comme par exemple les tamales à 4,50 £. Un déjeuner complet coûte 6 £. Non loin de là, le bar *La Terraza* est tenu par les mêmes gérants.

Également dans le marché, le *Café Pushkar* (☎ 738 6161) est un endroit petit, intime et végétarien, où l'on sert une soupe au potiron et au gingembre à 2,40 £, et de très bons gâteaux. Un panneau d'affichage renseigne sur les activités du secteur alternatif.

Toutes ces adresses sont à proximité de la station de métro Brixton.

RICHMOND

Il existe de nombreux cafés et restaurants le long de Richmond High St (qui part du sud-ouest de la station de métro/chemin de fer en direction du fleuve), mais les plus intéressants sont regroupés dans Hill Rise, à l'est de Richmond Bridge. Vous trouverez là notamment des *Café rouge* et des *Caffé Uno*.

Petits budgets

Le *Pierre Victoire* (☎ 0181-940 0999), 7 Hill Rise TW10 (métro : Richmond), est une des succursales les plus appréciées de cette chaîne qui s'est fait connaître en Angleterre en proposant une cuisine française à prix raisonnables.

Au *Crusts* (☎ 0181-940 1577), Hill Rise TW10 (métro : Richmond), un café qui sert des hamburgers et des grillades depuis longtemps, le décor est chaleureux et attrayant, et la terrasse surélevée donne sur le rond-point de Richmond, toujours très animé. Les hamburgers sont à partir de 4,65 £, les steaks à partir de 7,95 £ et le brunch coûte 4,95 £.

Prix modérés

Chez Lindsay (☎ 0181-948 7473), 11 Hill Rise TW10 (métro : Richmond), est un restaurant français accueillant, spécialiste de crêpes arrosées de cidre ou de vin normand, qui propose un menu français traditionnel. L'éventail des prix étant très large, tout le monde peut y aller.

CHISWICK ET KEW

Chiswick High Rd rassemble des restaurants et des cafés pouvant également convenir à toutes les bourses.

Petits budgets

Le *Mackintosh's* (☎ 0181-994 2628), 142 Chiswick High Rd (métro : Turham Green), brasserie très appréciée, installe des tables en terrasse aux beaux jours. La carte propose un choix assez conventionnel de hamburgers, de salades et de grillades, mais les portions sont généreuses et les desserts un véritable régal ; la tarte au citron et le banoffi pie à 2,95 £ sont tout particulièrement irrésistibles.

Le *Tootsies* (☎ 0181-747 1869), 148 Chiswick High Rd (métro : Turnham Green), appartient à une mini-chaîne possédant d'autres succursales dans Old Brompton Rd, Haverstock Hill, New King's Rd, Holland Park Ave et Wimbledon High St. On trouve là une sélection assez classique de hamburgers, de grillades et de sandwiches-baguette, mais l'addition ne dépasse pas 10 £. Les soirs où il fait doux, il est possible de s'asseoir aux tables installées dans la rue.

Le *Newens Maids of Honour* (☎ 0181-940 2752), 288 Kew Rd (métro : Kew Gardens), est un agréable salon de thé à l'ancienne qui ne déparerait pas dans un village de la campagne anglaise. Il doit sa réputation à un pudding original – censé avoir été concocté par la seconde femme d'Henri VIII, Anne Boleyn – à base de pâte feuilletée, de citron, d'amandes et de fromage blanc caillé. Une "demoiselle d'honneur" vous reviendra à 1 £. N'espérez pas cependant pouvoir y goûter le lundi après-midi ou le dimanche, ce sont les jours de fermeture.

Prix modérés

Le *Thai Bistro* (☎ 0181-995 5774), 99 Chiswick High Rd W4 (métro : Turnham Green), prépare une cuisine thaïlandaise délicieuse, dans un décor noir et blanc simple et élégant – peut-être devrez-vous partager une longue table, mais la première cuillerée de soupe aux champignons tom yam het (2,95 £), vous fera oublier ce léger inconvénient. Vatcharin Bumichitr, le propriétaire du bistro, tire les recettes de ses plats végétariens de ses propres livres : *The Taste of Thailand* et *Thai Vegetarian Cooking*.

Folies douces

En dépit d'un nom sans grande imagination et d'un décor assez austère, *The Chiswick* (☎ 0181-994 6887), 131 Chiswick High Rd W4 (métro : Turnham Green), offre un brillant exemple de cuisine britannique moderne, avec des combinaisons d'artichaux, d'aïoli et d'anchois tout à fait étonnantes.

Ce restaurant mérite donc pleinement son succès. Si l'idée de dépenser 10 £ pour un plat vous fait reculer, il existe une formule deux plats à 8,50 £ au déjeuner et le soir jusqu'à 20h.

Distractions

Peu de villes offrent autant de distractions que Londres ; vous n'aurez que l'embarras du choix. Mis à part les prix, votre problème sera de trouver le moyen de rentrer. Le dernier métro passe entre 11h30 et 0h30 (vérifiez les informations affichées dans les stations) et vous serez parfois obligé de prendre un bus de nuit ou un taxi.

Le code de tous les numéros de téléphone et de fax de cette rubrique est ☎ 0171, à moins qu'il ne soit précisé autrement.

GUIDES
Pour être au courant, achetez le magazine *Time Out* (1,70 £). Il sort chaque mardi et dresse la liste des événements de la semaine. Vous pouvez également utiliser le service téléphonique du London Tourist Board ; ☎ 0839-123400, pour le programme de la semaine ; ☎ 0839-123401, pour le programme des trois prochains mois ; ☎ 0839-123407, pour les activités proposées le dimanche ; ☎ 0839-123422 pour les concerts de musique rock ou pop. Ces numéros d'appel vous reviendront à 49 p la minute, plus toute taxe supplémentaire que votre hôtel pourra vous facturer pour l'utilisation du téléphone.

THÉÂTRE
Londres est l'une des capitales mondiales du théâtre. Rares sont les villes qui offrent autant de variété et de qualité à des prix aussi raisonnables. Il serait donc dommage de ne pas assister à un spectacle, même si d'ordinaire vous n'êtes pas un passionné.

Réservations
Le meilleur moyen est de téléphoner au guichet du théâtre pour savoir s'il vend les billets directement, ou s'il faut passer par une agence et payer une commission. La plupart des guichets sont ouverts du lundi au samedi, de 10h à 20h. Si le spectacle affiche complet, vous pourrez essayer d'acheter un billet pour le jour même. Toutefois, pour les spectacles connaissant un vif succès, il vous faudra faire la queue avant même que les billets non retirés soient remis en vente.

Des billets au tarif étudiant sont parfois disponibles sur présentation d'une carte d'identité une heure avant le début de la représentation. Contactez le ☎ 379 8900 pour de plus amples détails.

Pour les théâtres subventionnés (le Royal National, le Barbican et le Royal Court), les billets sont uniquement vendus aux guichets (voir ci-dessous).

Le jour de la représentation, il est possible d'acheter des billets à demi-tarif pour les spectacles du West End au Leicester Square Half-Price Ticket Booth (Leicester Square). Il est ouvert de 12h à 16h30 et perçoit une commission de 2 £ sur chaque billet. Notez que, contrairement aux indications que vous lirez sur certains panneaux, vous ne pourrez pas y acheter de billets pour des superproductions comme *Cats* ou *Starlight Express*.

De nombreuses agences vendent des billets pour ces comédies musicales populaires ; la plupart prélèvent une forte commission. Méfiez-vous particulièrement des kiosques situés près de Leicester Square (notamment celui qui fait face à l'hippodrome, dans Cranbourne St) ; ils affichent des billets à demi-tarif sans mentionner la commission qui vient s'ajouter au prix. La pire des solutions est bien entendu d'acheter un billet au marché noir dans la rue.

La Society of London Theatre (☎ 836 0971) donne les quelques recommandations suivantes aux personnes souhaitant réserver des places dans une agence :

- Renseignez-vous auprès du théâtre du prix normal du billet.
- Demandez à l'agence le montant de la commission.
- Exigez de voir où vous serez placé sur un plan de la salle.

- Ne payez pas les billets avant de les avoir vus.
- Refusez de passer prendre vos billets plus tard ou de vous les faire envoyer.

Le Royal National Theatre

Le théâtre national vedette est le *Royal National Theatre* (☎ 928 2252) ; métro : Waterloo), sur la rive sud, qui regroupe trois auditoriums (l'Olivier, le Lyttleton et le Cottesloe). Il présente des pièces classiques et contemporaines et accueille des spectacles montés par les meilleures jeunes compagnies du monde entier.

Les billets pour les représentations données en soirée à l'Olivier et au Lyttleton coûtent entre 10 et 32,50 £. Il est quelquefois possible d'acheter une ou deux places au guichet pour la représentation du jour même (entre 10 et 11,50 £).

Des billets non retirés sont parfois mis en vente deux heures avant le début du spectacle, au tarif de 13 £. Sur présentation d'une carte d'identité, les étudiants ne paieront leur place que 7 £, mais devront attendre 45 minutes avant le lever du rideau pour les retirer. En semaine, vous obtiendrez un billet moins cher en assistant à une matinée, les prix s'échelonnant alors entre 8 et 16 £.

Les spectateurs de moins de 18 ans paient entre 7,50 et 10,50 £ en matinée ; les seniors entre 10 et 12,50 £. Des réductions sont accordées aux handicapés sur présentation de leur carte.

Au Cottesloe, la plupart des billets valent 16 £ ; les moins bonnes places coûtent 12 £.

Le Barbican

Le *Barbican* (☎ 638 8891) ; métro : Barbican) Silk St EC2 (carte 6), siège londonien de la Royal Shakespeare Company, possède deux auditoriums, le Barbican Theatre et le Pit – ce dernier, plus petit, est installé dans le très controversé Barbican Centre. Le lundi soir, les billets sont à demi-tarif pour tous les spectateurs de moins de 25 ans. Des réductions sont également accordées aux plus de 60 ans le samedi en matinée.

Le Royal Court

Le *Royal Court* (☎ 730 1745) est provisoirement accueilli par les théâtres Duke of York et Ambassadors, en attendant la réouverture de ses propres locaux de Sloane Square. Il favorise la nouveauté et l'anti-establishment – plusieurs enfants terribles de la scène britannique (John Osborne, Caryl Churchill...) ont fait leurs premiers pas ici.

Le Globe Theatre

Le *Globe Theatre* (☎ 401 9919 ; métro : London Bridge ; carte 6), réplique du "wooden O", le théâtre de Shakespeare, domine Bankside. Là, se trouvaient autrefois la plupart des théâtres élisabéthains ; on y vient maintenant vivre une expérience théâtrale différente. Malgré les sièges en bois qui occupent un tiers de l'espace, beaucoup de spectateurs, à l'instar de ceux du XVIIe siècle, choisiront le parterre, préférant rester debout devant la scène et déambuler au gré de leur humeur. Le Globe ne fait que peu de concessions à la sensibilité moderne. Dépourvu de toiture, il est ouvert aux intempéries ; pensez à vous habiller chaudement (les parapluies sont interdits) et à apporter un thermos. Les représentations des pièces de Shakespeare ou de ses contemporains sont données de mai à septembre.

Les places assises coûtent entre 10 et 20 £. Les 500 places debout valent 5 £ chacune et peuvent se réserver (il est toutefois possible d'acheter des billets pour le jour même).

Les théâtres du West End

Chaque été, les nombreux théâtres du West End proposent une multitude de spectacles : pièces, comédies musicales... Pour plus de détails, consultez *Time Out*. Voici les adresses et les numéros de téléphone de ces salles :

Adelphi, Strand WC2 (☎ 344 0055 ; métro : Charing Cross)
Albery, St Martin's Lane WC2 (☎ 369 1740 ; métro : Leicester Square)
Aldwych, Aldwych WC2 (☎ 416 6003 ; métro : Holborn)

230 Distractions – Théâtre

Ambassadors, West St WC2 (☎ 565 5000; métro : Leicester Square)
Apollo, Shaftesbury Ave W1 (☎ 494 5072; métro : Piccadilly Circus)
Apollo Victoria, 17 Wilton Rd SW1 (☎ 416 6054; métro : Victoria)
Cambridge, Earlham St WC2 (☎ 494 5083; métro : Covent Garden)
Comedy, Panton St SW1 (☎ 369 1731; métro : Piccadilly Circus)
Criterion, Piccadilly Circus W1 (☎ 369 1737; métro : Piccadilly Circus)
Dominion, Tottenham Court Rd W1 (☎ 656 1888; métro : Tottenham Court Rd)
Drury Lane, Catherine St WC2 (☎ 494 5000; métro : Covent Garden)
Duchess, Catherine St WC2 (☎ 494 5075; métro : Covent Garden)
Duke of York, St Martin's Lane WC2 (☎ 565 5000; métro : Leicester Square)
Fortune, Russell St WC2 (☎ 836 2238; métro : Covent Garden)
Garrick, Charing Cross Rd WC2 (☎ 494 5085; métro : Charing Cross)
Gielgud, Shaftesbury Avec W1 (☎ 494 5557; métro : Piccadilly Circus)

Haymarket, Haymarket SW1 (☎ 930 8800; métro : Piccadilly Circus)
Her Majesty's, Haymarket SW1 (☎ 494 5400; métro : Piccadilly Circus)
Labatt's Apollo Hammersmith, Queen Caroline St W6 (☎ 416 6050; métro : Hammersmith)
London Palladium, Argyll St W1 (☎ 494 5020; métro : Oxford Circus)
Lyceum, Wellington St WC2 (☎ 656 1800; métro : Covent Garden)
Lyric Hammersmith, King St W6 (☎ 0181-741 2311; métro : Hammersmith)
New London, Drury Lane WC2 (☎ 405 0072; métro Holborn)
Old Vic, Waterloo Rd SE1 (☎ 928 7616; métro : Waterloo)
Palace, Shaftesbury Ave W1 (☎ 434 0909; métro : Leicester Square)
Phoenix, Charing Cross Rd WC2 (☎ 369 1733; métro : Tottenham Court Rd)
Piccadilly, Denman St W1 (☎ 369 1734; métro : Piccadilly Circus)
Prince, Edward Old Compton St W1 (☎ 447 5400; métro : Leicester Square)
Prince of Wales, Coventry St W1 (☎ 839 5987; métro : Piccadilly Circus)

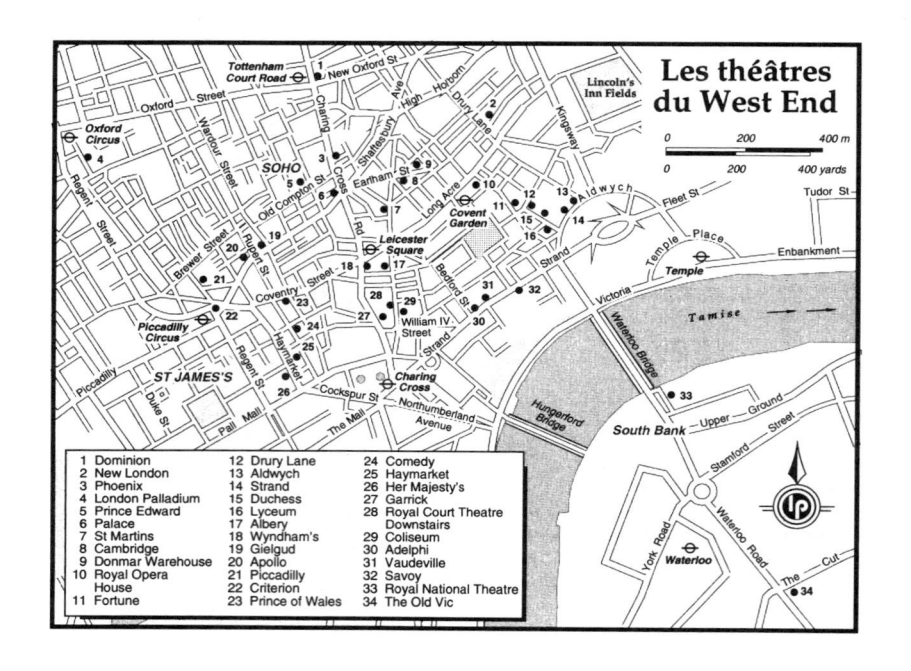

Les théâtres du West End

1 Dominion	12 Drury Lane
2 New London	13 Aldwych
3 Phoenix	14 Strand
4 London Palladium	15 Duchess
5 Prince Edward	16 Lyceum
6 Palace	17 Albery
7 St Martins	18 Wyndham's
8 Cambridge	19 Gielgud
9 Donmar Warehouse	20 Apollo
10 Royal Opera House	21 Piccadilly
11 Fortune	22 Criterion
	23 Prince of Wales
24 Comedy	
25 Haymarket	
26 Her Majesty's	
27 Garrick	
28 Royal Court Theatre Downstairs	
29 Adelphi	
30 Coliseum	
31 Vaudeville	
32 Savoy	
33 Royal National Theatre	
34 The Old Vic	

Royal Court Downstairs, St Martin's Lane WC2 (☎ 565 5000 ; métro : Leicester Square)
St Martins, West St, Cambridge Circus WC2 (☎ 836 1443 ; métro : Leicester Square)
Savoy, Strand WC2 (☎ 836 8888 ; métro : Charing Cross)
Strand, Aldwych WC2 (☎ 930 8800 ; métro : Covent Garden)
Vaudeville, Strand WC2 (☎ 836 9987 ; métro : Charing Cross)
Victoria Palace, Victoria St SW1 (☎ 834 1317 ; métro : Victoria)
Wyndham's, Charing Cross Rd WC2 (☎ 369 1736 ; métro : Leicester Square)

Le spectacle joué depuis le plus longtemps à Londres – et à vrai dire dans le monde – est *The Mousetrap*, une adaptation du roman policier d'Agatha Christie, à l'affiche depuis 46 ans au St Martins.

Lorsque le temps le permet, et bien que les voix soient souvent couvertes par le passage des avions, il est amusant d'assister à une représentation d'une pièce de Shakespeare ou d'une comédie musicale à l'*Open Air Theatre* (☎ 486 2431 ; métro : Baker St), situé dans Regent's Park.

En dehors du West End, nombre de théâtres présentent tout au long de l'année des spectacles de qualité inégale. Citons quelques-unes des meilleures salles :

Almeida, Almeida St N1 (☎ 359 4404 ; métro : Highbury et Islington)
Donmar Warehouse, Earlham St WC2H 9LD (☎ 369 1732 ; métro : Covent Garden)
Hampstead Theatre, Avenue Rd NW3 (☎ 722 9301 ; métro : Swiss Cottage)
Tricycle Theatre, 269 Kilburn High Rd NW6 (☎ 328 1000 ; métro : Kilburn)
Young Vic, 66 The Cut SE1 (☎ 928 6363 ; métro : Waterloo)

CINÉMA

Pendant les années 50 et 60, de merveilleux cinémas de style Art déco ou Art Nouveau ont fermé leurs portes. La fin des années 80 a vu l'arrivée des premières salles multiplexes qui continuent à fleurir aujourd'hui. Si ces cinémas offrent un plus grand nombre de films (et des fauteuils nettement plus confortables), ils sont chers et projettent surtout des films américains grand public. Les tickets valent en moyenne 7 £, mais les séances de l'après-midi sont généralement moins chères, et plusieurs salles vendent des tickets à demi-tarif le lundi.

Chaque année, en novembre, le National Film Theatre ouvre son bunker de la rive sud au London Film Festival (☎ 420 1122).

Barbican, Silk St EC2 (☎ 382 7000 ; métro : Barbican)
Curzon Mayfair, Curzon St W1 (☎ 369 1720 ; métro : Hyde Park Corner)
Curzon Phoenix, Charing Cross Rd WC1 (☎ 369 1721 ; métro : Tottenham Court Rd)
Curzon West End, Shaftesbury Ave W1 (☎ 369 1722 ; métro : Leicester Square)
Everyman, Holy Bush Vale NW3 (☎ 435 1525 ; métro : Hampstead ; carte 11)
Gate, Notting Hill Gate W1 (☎ 727 4043 ; métro : Notting Hill Gate)
ICA, Nash House, The Mall SW1 (☎ 930 3647 ; métro : Charing Cross)
Minema, 45 Knightsbridge SW1 (☎ 369 1723 ; métro : Knightsbridge)
National Film Theatre, South Bank SE1 (☎ 928 3232 ; métro : Embankment)
Renoir, Brunswick Square WC1 (☎ 837 8402 ; métro : Russell Square)
Rio, Kingsland High St E8 (☎ 254 6677 ; métro : Dalston/Kingsland)
Ritzy, Brixton Oval, Coldharbour Lane SW2 (☎ 733 2229 ; métro : Brixton)
Riverside Studios, Crisp Rd W6 (☎ 0181-741 2255 ; métro : Hammersmith)
Screen on Baker St, 96 Baker St NW1 (☎ 935 2772 ; métro : Baker St)
Screen on the Green, Islington Green N1 (☎ 226 3520 ; métro : Angel)
Screen on the Hill, 203 Haverstock Hill NW3 (☎ 435 3366 ; métro : Belsize Park)

Installé sur Leicester Place, le *Prince Charles* (☎ 437 8181 ; carte 3) est le cinéma le moins cher du centre de Londres ; il passe des films en exclusivité pour la modique somme de 1,75 £. Comme il projette plusieurs films par jour, regardez attentivement le programme.

Lors de notre passage, l'*Electric Cinema*, 191 Portobello Rd W11, était en cours de rénovation. Il doit rouvrir bientôt, doté de nouveaux sièges, d'une librairie et d'un bar.

Pour connaître les salles accessibles aux handicapés, appelez Artsline ☎ 388 2227.

CLUBS – DISCOTHÈQUES

Vous serez peut-être surpris de découvrir que la majorité des pubs ferment encore à 23h. Il existe heureusement des clubs où vous pourrez continuer à faire la fête, mais l'entrée est payante et les boissons chères.

Les lieux qui ferment tard possèdent souvent une licence "club" qui signifie que l'accès est réservé aux seuls membres. En fait, la cotisation est généralement comprise dans le prix d'entrée. De nombreux clubs ne fonctionnent qu'un soir par semaine et visent un marché précis – soit un certain type de musique, soit une clientèle particulière.

Ces établissements peuvent changer à une vitesse sidérante, et ils invoquent parfois la nécessité d'être membre pour interdire l'entrée à ceux dont ils n'apprécient pas l'allure. *Time Out* et *Mixmag* vous fourniront les informations nécessaires. Quelques magasins de disques de Soho, comme Black Market Records, 25 D'Arblay St, disposent de prospectus et de renseignements sur tout ce qui se passe. De nombreux clubs organisent des soirées réservées aux gays (voir l'encadré *Les sorties gays et les lesbiennes*).

Dans la plupart des établissements, le prix d'entrée coûte de 10 à 15 £, plus 3 £ environ pour une boisson alcoolisée. Les clubs les plus en vogue n'ouvrent pas avant minuit et restent parfois ouverts jusqu'à 4 ou 5h du matin. La tenue peut être élégante (le port du costume n'est nullement indispensable) ou décontractée ; plus vous aurez une allure originale, plus vous aurez de chances d'entrer !

Au moment où nous mettons sous presse, il est toujours illégal de faire payer l'entrée le dimanche. Les clubs contournent néanmoins la loi en percevant une cotisation de membre. Il est probable que la législation soit bientôt modifiée. Le nombre de clubs ouverts le dimanche devrait alors augmenter.

Aquarium, 256 Old St EC1 (☎ 251 6136 ; métro : Old St) – une ancienne salle de gym, avec piscine et jacuzzi, à l'atmosphère détendue et ouverte le dimanche.

Bagley's Studios, Kings Cross Freight Depot, dans York Way N1 (☎ 278 2777 ; métro : Kings Cross) – cet immense entrepôt rénové abrite cinq pistes de danse, quatre bars et un coin en extérieur pour l'été. La musique change de salle en salle et l'ambiance est excellente.

Bar Rumba, 36 Shaftesbury Ave W1 (☎ 287 2715 ; métro : Piccadilly Circus ; carte) – ce club, petit mais très prisé, propose des soirées variées, y compris de la salsa. De la cuisine thaïlandaise est servie toute la nuit.

Blue Note, 1 Hoxton Square N1 (☎ 729 8440 ; métro : Old St) – des orchestres live de funk, de jazz et de soul passent dans ce club décontracté qui ouvre dès l'heure du déjeuner le dimanche.

Browns, 4 Great Queen's St WC2 (☎ 831 0802 ; métro : Holborn ; carte) – c'est là que passent les stars avant d'aller se coucher. Quoique légèrement prétentieux, ce club est amusant et animé.

Londres la nuit

La capitale regorge de lieux où l'on peut se déchaîner jusqu'à l'aube. Les amateurs branchés de techno, de house, de garage, de speed garage et de drum n' bass trouveront leur bonheur au *Blue Note*, au *Café de Paris*, à l'*End* et au *Ministry of Sound*, ainsi qu'aux endroits énumérés ci-dessous. Sachez cependant que, musicalement, les soirées se suivent mais ne se ressemblent pas et que les Londoniens sont dans le coup et se déplacent de boîte en boîte selon les caprices de leur DJ favori. Renseignez-vous sur les tendances du moment et consultez la rubrique *Clubs* du magazine *Time Out*. Les vendredi et samedi soirs, le prix de l'entrée oscille entre 8 et 12 £. Vous paierez moins cher avant minuit et en semaine.

The Complex (☎ 288 1986), 1-5 Parkfield Street, N1 (métro : Angel)
The Leisure Lounge (☎ 242 1345), 121 Holborn, EC1 (métro : Chancery Lane)
Subterania (☎ 0181-960 4590), 12 Acklam Rd, W10 (métro : Ladbroke Grove)
Tummills (☎ 250 3409), 63 Clerkenwell Rd, EC1 (métro : Farringdon) ■

Café de Paris, 3 Coventry St W1 (☎ 734 7700 ; métro : Piccadilly Circus/Leicester Square ; carte 3) – entièrement retapé, c'est le dining bar le plus récent de Londres. Si vous préférez rester spectateur, cet immense bâtiment dispose d'une restaurant en mezzanine avec vue sur la piste de danse.

Cloud 9, 67 Albert Embankment SE1 (☎ 735 5590 ; métro : Vauxhall) – club bruyant et tape-à-l'œil situé sous deux arches de la voie ferrée. Bien pour un samedi soir.

The Cross, Good Ways Depot, dans York Way N1 (☎ 837 0828 ; métro : King's Cross) – c'est l'un des lieux les plus fréquentés de Londres, caché sous le pont du chemin de fer. Les DJ, excellents, et l'ambiance extraordinaire garantissent une bonne soirée.

Dingwalls, The East Yard, Camden Lock NW1 (☎ 267 0545 ; Camden Town ; carte 10) – ce club propose des numéros comiques le week-end, de la musique en semaine et une discothèque tous les soirs. Le bar en terrasse offre une vue sur l'écluse et le marché ; on peut s'y restaurer.

Dog Star, 389 Coldharbour Lane SW9 (☎ 733 7515 ; métro : Brixton) – un endroit très décontracté ; inutile de se mettre sur son trente-et-un.

Emporium, 62 Kingly St W1 (☎ 734 3190 ; métro : Oxford Circus ; carte 3) – très apprécié des "beautiful people", c'est l'un des clubs les plus branchés de la ville.

The End, 16A West Central St WC1 (☎ 419 9199 ; métro : Holborn) – avec un décor industriel moderne, et un distributeur d'eau gratuit, cette discothèque s'adresse aux vrais noctambules qui aiment la musique seulement.

The Fridge, Town Hall Parade SW2 (☎ 326 5100 ; métro : Brixton) – une grande diversité de soirées sont proposées dans ce club excellent, ni trop grand, ni trop petit. Nuit gay le samedi.

Gardening Club, 4 The Piazza WC2 (☎ 497 3154 ; métro : Covent Garden ; carte 3) – la clientèle est assez variée ; la salle style cave a tendance à attirer les provinciaux qui aiment faire la fête.

Hanover Grand, 6 Hanover St W1 (☎ 499 7977 ; métro : Oxford Circus ; carte 3) – ce lieu sur plusieurs niveaux, ouvert depuis deux ans, a été élu "meilleur club de l'année" ; n'hésitez pas à faire la queue.

Heaven, Under the Arches, Craven St WC2 (☎ 930 2020 ; métro : Charing Cross ; carte 3) – un nightclub qui existe depuis déjà longtemps, fréquenté par les gays.

Hippodrome, Hippodrome Corner WC2 (☎ 437 4311 ; métro : Leicester Square ; carte 3) – célèbre pour ses parquets clinquants et ses lumières éclatantes, c'est un endroit cher et très fréquenté par les touristes.

HQ Club, West Yard, Camden Lock NW1 (☎ 485 6044 ; métro : Camden Town) – ici, on écoute principalement de la house et de la musique garage. L'entrée coûte 5 £ en moyenne, le prix variant selon les jours de la semaine.

Iceni, 11 White Horse, dans Curzon St W1 (☎ 495 5333 ; métro : Green Park ; carte 4) – trois étages de musiques différentes et une atmosphère sympathique.

Legends, 29 Old Burlington St W1 (☎ 437 9933 ; métro : Green Park ; carte 3) – avec son décor à l'élégance très apprêtée et ses bars, ce club est plus accueillant que d'autres. *Leopard Lounge* The Broadway, Fulham Rd SW6 (☎ 385 0834 ; métro : Fulham Broadway) – sur le thème du safari, l'immense salle attire aussi bien ceux qui veulent se défouler que ceux qui ont envie de s'asseoir pour bavarder.

Madame Jo Jo's, 8 Brewer St W1 (☎ 734 2473 ; métro : Piccadilly Circus) – les superbes travestis chargés du service entretiennent la vieille image de Soho, mais il ne se passe rien de louche ici ; ouvert le dimanche.

Ministry of Sound, 103 Gaunt ST SE1 (☎ 378 6528 ; métro : Elephant and Castle ; carte 2) – de réputation désormais internationale, ce club, qui ressemble à une caverne, attire les noctambules invétérés comme ceux qui cherchent simplement à se distraire. On murmure toutefois que son heure de gloire est passée. Il reste ouvert jusqu'à 9h du matin. Très bruyant.

Po Na Na, The Hedgehog, 259 Upper St N1 (☎ 359 6191 ; métro : Highbury et Islington) – cet établissement bas de gamme, décoré façon léopard, ouvre un jeudi sur deux.

Velvet Underground, 143 Charing Cross Rd WC2 (☎ 734 4687 ; métro : Tottenham Court Rd ; carte 3) – un club intime et sympathique drapé de velours rouge.

CABARETS

Le centre de Londres accueille plusieurs clubs pour qui le rire et la détente sont l'unique raison d'être. D'autres cabarets consacrent certaines de leurs soirées au divertissement. Comme toujours, vous trouverez des informations détaillées dans *Time Out*. Voici néanmoins quelques-uns des hauts lieux du rire et de la comédie :

Comedy Store, 1A Oxendon St SW1 (☎ 01426-914433 ; métro : Piccadilly Circus ; carte 3).

Jongleurs Battersea, The Cornet, 49 Lavender Gardens SW11 (☎ 924 2766 ; métro : Clapham Junction).

Jongleurs Bow Wharf, 221 Grove Rd E3 (☎ 924 2766 ; métro : Mile End).

Jongleurs Camden Lock, Dingwalls, Middle Yard, Chalk Farm Rd, Camden Lock NW1 (☎ 924 2766 ; métro : Camden Town ; carte 10)

MUSIQUE
Musique classique
Londres est la capitale européenne de la musique classique : elle possède cinq orchestres symphoniques, diverses formations plus réduites, et de superbes salles qui présentent des concerts de haut niveau à des prix raisonnables.

Il se passe tellement de choses que vous risquez d'avoir du mal à choisir. Chaque soir, vous aurez la possibilité d'entendre des œuvres du répertoire ou bien de la musique contemporaine. La création lyrique, quant à elle, est plus rare, et le prix des places reste élevé.

Salles de la rive sud. Le *Royal Festival Hall*, le *Queen Elizabeth Hall* et la *Purcell Room* (☎ 960 4242 ; fax 401 8834) sont trois des principales scènes londoniennes proposant des concerts de musique classique. Les prix, qui s'échelonnent de 5 à 50 £, varient bien évidemment en fonction de l'affiche et de la place choisie. Le guichet est ouvert tous les jours de 10h à 21h.

Le Wigmore Hall. Le *Wigmore Hall* (☎ 935 2141 ; métro : Bond St), 35 Wigmore St W1, offre à la fois l'intimité et la variété. Les récitals du dimanche matin sont particulièrement bons.

Le Barbican. Le *Barbican* (☎ 638 8891 ; métro : Barbican), Silk St EC2 (carte 6), est le siège du London Symphony Orchestra. Les prix varient là aussi, mais les étudiants et les personnes de plus de 60 ans peuvent parfois obtenir avant le spectacle des billets à 6,50 £ ou à 8 £.

Le Royal Albert Hall. Le *Royal Albert Hall* (☎ 589 8212 ; métro : South Kensington), Kensington Gore SW7 (carte 8), est une salle victorienne splendide où, de la mi-juillet à la mi-septembre, se déroulent les Proms – un des principaux festivals de musique classique. Les billets coûtent de 5 à 32 £, selon l'affiche. Assister aux "proms" consiste en partie à faire la queue pour obtenir une des 1 000 places debout mises en vente une heure avant le lever de rideau au prix de 3 £ (on peut se déplacer pendant le concert). Il existe deux files d'attente séparées : une pour la galerie, l'autre pour le parterre.

La dernière nuit des Proms est un événement on ne peut plus anglais ; tout le monde agite le drapeau de l'Union Jack, reprend plus ou moins en chœur le *Land of Hope and Glory* d'Elgar, et discute la qualité du programme. Ces dernières années, le concert a été diffusé sur des écrans installés dans Hyde Park ; les billets coûtent 8,50 £.

La Royal Opera House (ROH). En dépit de problèmes financiers constants, la *Royal Opera House* (☎ 304 4000), Covent Garden WC2 (métro : Covent Garden ; carte 3), maintient sa réputation d'excellence en invitant régulièrement des superstars, telles que Luciano Pavarotti ou Placido Domingo. Si les meilleures places coûtent évidemment une fortune, les moins bonnes ne sont qu'à 2 £. Le prix des places moyennes s'échelonne entre 7,50 et 29 £. Malheureusement, à l'heure où nous mettons sous presse, la Royal Opera House est fermée pour rénovation. Les concerts ont donc lieu au Shaftesbury Theatre, au Barbican, ou au Sadler's Wells Theatre, dans Rosebury Ave.

Le Coliseum. Le *London Coliseum*, qui héberge le English National Opera (☎ 632 8300 ; métro : Leicester Square), St Martin's Lane WC2 (carte 3), propose des prix plus raisonnables et présente des opéras en anglais. Le jour de la représentation, dès 10h, des places de balcon sont vendues au tarif réduit de 5 £ ; attendez-vous à faire longuement la queue. Le Coliseum espère déménager bientôt dans de nouveaux locaux.

La Kenwood House. Les concerts en plein air donnés dans le parc de la *Ken-*

wood House (☎ 413 1443 ; métro : Hampstead ; carte 11), à Hampton Heath, représentent sans conteste un des grands moments de l'été. Assis sur l'herbe, les spectateurs mangent des fraises en buvant du vin blanc.

Les églises

De nombreuses églises accueillent des concerts en soirée ou des récitals à l'heure du déjeuner. Ils sont quelquefois gratuits, bien qu'une contribution libre soit demandée ; d'autres fois, un prix fixe est exigé. Quelques églises désaffectées servent désormais de salles de concert.

All Hallows by the Tower
   Récitals d'orgue le mardi à 13h15 ; participation libre (carte 6).
St George's Bloomsbury
   Concerts le mardi à 13h10 ; participation libre. Les concerts du dimanche soir, à 17h20, coûtent 2 £ (carte 5).
St James's, Piccadilly
   Concerts tous les jours à 13h10 ; participation libre. Les concerts du soir commencent à 19h30 et valent 12 £ (carte 3).
St John's, Smith Square
   Concerts chaque lundi à 13h ; les billets sont à 6 £. Les concerts à 19h30 (☎ 407 2276), entre 6 et 18 £ (carte 4).
St Lawrence Jewry
   Récitals de piano le lundi, et d'orgue le mardi, à 13h. Les concerts du soir (☎ 344 9214) débutent à 19h30 et coûtent 6 £. (carte 6).
St Martin-in-the-Fields
   Concerts à l'heure du déjeuner (13h05) le lundi, les mardi, mercredi et vendredi ; participation libre. Les concerts du soir se déroulent à la chandelle (☎ 839 8362 ; carte 3).
St Mary-le-Strand
   Concerts chaque mercredi et vendredi à 13h05 ; participation libre. Les concerts du soir (☎ 0181-980 2948) coûtent entre 2 et 4 £.
Southwark Cathedral
   Récitals d'orgue le lundi à 13h10 ; autres récitals le mardi à 13h10 (☎ 407 3708 ; carte 6).Temple Church
   Concerts chaque mercredi à 13h 15 (carte 6).

Musique rock et pop

Londres se targue de posséder un vaste choix de salles rock et pop, depuis les lieux capables d'accueillir des milliers de personnes venues écouter une superstar (Wembley, Earl's Court...), jusqu'aux salles plus confidentielles où se produisent des groupes d'avant-garde (l'Astoria de Charing Cross Rd, le Subterania de Notting Hill, la Brixton Academy de Brixton, ou le Forum de Kentish Town). Le rock se joue également beaucoup au pub Powerhouse d'Islington ou au Garage.

La station de radio Capital FM dispose d'une permanence téléphonique très utile (☎ 420 0958) ; de même, Ticketmaster propose une ligne de réservation par cartes de crédit 24h/24, ☎ 0990-344444. Vous trouverez également des billets en vente chez HMV ou Tower Records, à la Camden Ticket Shop attenante au Jazz Café, ou au London Tourist Board de la gare Victoria.

Ces adresses vous seront utiles :

Astoria, 157 Charing Cross Rd WC2 (☎ 434 0403 ; métro : Tottenham Court Rd ; carte 3) – une salle sombre, moite et pleine d'ambiance, offrant une bonne vue sur la scène ; des soirées gays à prix réduit (1 £) ont lieu le jeudi.
Brixton Academy, 211 Stockwell Rd SW9 (☎ 924 9999 ; métro : Brixton) – un lieu immense, empreint d'une agréable atmosphère.
Earl's Court Exhibition Centre, Warwick Rd SW5 (☎ 373 8141 ; métro : Earl's Court ; carte 8) – dans cette salle, se déroulent des concerts à succès : les billets sont vendus très longtemps à l'avance.
Forum, 9-17 Highgate Rd NW5 (☎ 344 0044 ; métro : Kentish Town) – anciennement le club Town and Country, cette salle est excellente et spacieuse.
Hackney Empire, 291 Mare St E8 (☎ 0181-985 2424 ; métro : Bethnal Green) – une très bonne salle, dans un superbe théâtre de style édouardien.
London Arena, Limeharbour, Isle of Dogs E14 (☎ 538 1212 ; Crossharbour DLR) – on assiste parfois à d'immenses concerts.
Royal Albert Hall, Kensington Gore SW7 (☎ 589 8212 ; métro : South Kensington ; carte 8) – un auditorium historique et vaste qui attire les plus grands noms.
Shepherd's Bush Empire, Shepherd's Bush Green W12 (☎ 0181-740 7474 ; métro : Shepherd's Bush) – une des meilleures adresses de Londres.
Wembley Arena, Empire Way, Middlesex (☎ 0181-900 1234 ; métro : Wembley Park) – lieu célèbre et gigantesque.

Une ambiance club pour ces petites salles où se produisent des groupes intéressants :

Barfly at the Falcon, 234 Royal College St NW1 (☎ 485 3834 ; métro : Camden Town) – Oasis y donna son premier concert londonien (il s'appelait alors le Splash) ; ce petit club continue de donner leur chance à de nombreux artistes.

Borderline, Orange Yard, dans Manette St W1 (☎ 734 2095 ; métro : Tottenham Court Rd ; carte 3) – une petite salle à l'atmosphère détendue ; des groupes connus s'y produisent parfois sous un pseudonyme.

Rock Garden, The Piazza WC2 (☎ 240 3961 ; métro : Covent Garden ; carte 3) – une salle en sous-sol, très fréquentée par les touristes, présentant de bons groupes.

Subterania, 12 Acklam Rd W10 (☎ 0181-960 4590 ; métro : Ladbroke Grove ; carte 9) – un endroit plein d'ambiance où viennent jouer les groupes qui montent.

Underworld, 174 Camden High St NW1 (☎ 482 1932 ; métro : Camden Town ; carte 10) – située sous le pub World's End, cette petite salle propose de jeunes formations.

Jazz

La scène du jazz est plus florissante que jamais, que ce soit dans des styles aussi différents que l'acid-jazz, le hip-hop, le funk ou le swing.

Jazz Café, 5 Parkway NW1 (☎ 344 0044 ; métro : Camden Town ; Carte 10) – une salle et un restaurant très à la mode. Mieux vaut réserver.

Pizza Express, 10 Dean St W1 (☎ 437 9595 ; métro : Tottenham Court Rd ; carte 3) – une petite salle en sous-sol située sous le restaurant principal.

Ronnie Scott's, 47 Frith St W1 (☎ 439 0747 ; métro : Leicester Square ; carte 3) – ce club agréable existe depuis 1959 et se révèle assez cher pour ceux qui n'en sont pas membres (45 £ par an). L'entrée coûte 15 £ du lundi au jeudi et 14 £ les autres jours. Boire ou manger n'est pas obligatoire, mais une bouteille de vin coûte au minimum 12 £, une demi-pinte de bière 1,40 £ et un plat 5 £.

100 Club, 100 Oxford St W1 (☎ 636 0933 ; métro : Oxford Circus ; cartes 3 et 5) – ce lieu légendaire où se sont autrefois produits les Stones, a été au centre de la révolution punk avant de se concentrer sur le jazz.

Blues et folk

Les trois endroits les plus intéressants sont les suivants :

Biddy Mulligans, 205 Kilburn High Rd NW6 (☎ 624 2066 ; métro : Kilburn) – un pub irlandais traditionnel avec de la musique live le week-end.

Bunjies, 27 Lichtfield St WC2 (☎ 240 1796 ; métro : Leicester Square) – ce club de musique folk existe depuis longtemps et possède un restaurant d'un bon rapport qualité/prix.

Mean Fiddler, 24 High St, Harlesden NW10 (☎ 0181-961 5490 ; métro : Willesden Junction) – un lieu réputé pour ses concerts de folk acoustique d'excellente qualité.

PUBS ET BARS

Rien ne vaut un bon pub, symbole de l'art de vivre britannique. La tradition veut que le "local" ait toujours été au centre de la communauté, et les habitants de certains quartiers considèrent le pub comme un second chez-soi. Les *regulars* (habitués) sont les membres d'une grande famille même si, curieusement, les relations ne se prolongent pas toujours une fois franchi le seuil de la porte. Trouver le "local" dans lequel vous vous sentirez à l'aise est la première condition pour être un vrai Londonien.

Depuis quelque temps, les pubs traditionnels se font rares. Si vous cherchez quelque chose d'authentique, méfiez-vous des établissements dont l'enseigne comporte les mots "slug", "lettuce", "rat", "carrot", "firkin", "newt", "parrot", etc. Ces endroits sont tout à fait fréquentables, mais ils n'ont de typiquement anglais que le nom ; leur personnel n'a généralement rien de britannique, et les machines à sous s'acharnent à couvrir le bruit de la télévision ou du juke-box. La plupart vous proposeront une nourriture variée et bon marché. Or, un pub traditionnel propose justement un nombre très limité de plats.

Dans certaines parties de Londres, le nombre des bars dépasse celui des pubs. Le verre y coûte plus cher (la bière n'est pas toujours à la pression) et les réfrigérateurs sont remplis de boissons importées. En revanche, le décor élégant, les heures d'ouverture tardives et l'atmosphère plus sélect attirent la tranche des 20-35 ans en pleine ascension sociale.

Quelques bars accueillent des DJ le week-end et font payer l'entrée. Pitcher

La bière, une valeur nationale

Dans une "public house" – autrement dit, un pub –, il est tout à fait possible d'obtenir du vin voire un cocktail. Cependant, la raison d'être de ces établissements est avant tout de servir de la bière, que ce soit de la *lager*, de l'*ale* ou de la *stout*, servie au verre ou en bouteille. A la pression, l'unité de mesure est la *pint* (570 ml environ) ou la *half-pint* (285 ml). Le degré d'alcool, de 2% minimum, peut atteindre 8%.

Le terme de lager désigne le breuvage couleur ambre à haute fermentation que l'on trouve dans le monde entier. Elle se sert fraîche. A Londres, les plus connues sont Tennent's et Carling, bien que celles-ci n'offrent rien de particulier. L'ale est une bière de basse fermentation dont le goût décrit une large gamme de nuances, allant du très subtil au robuste. Les amateurs de "real ale" (fabriquée selon les recettes et les méthodes traditionnelles) empruntent leur langage aux œnologues pour les décrire. Les ales sont très peu ou pas du tout gazeuses. Elle se boivent chambrées. L'ale véritable est parfois pompée du tonneau. Parmi la multitude de sortes différentes, London Pride, Courage Best, Burton Ale, Adnam's, Theakston (Old Peculiar surtout) et Old Speckled Hen figurent en tête des consommations. En cas d'hésitation, demandez "a bitter", on vous servira l'ale maison. Le stout, sur lequel Guiness a bâti sa réputation, indique une bière brune au goût légèrement plus sucré dont l'arôme provient du rôtissage du grain.

Les pubs londoniens sont aussi variés que nombreux : les salles aux murs chargés et criards succèdent aux établissements chaleureux et confortables offrant un large choix de bières. Mis à part ceux cités dans la rubrique *Pubs et bars* de ce chapitre, signalons le *Coach & Horses*, 29 Greek St, W1, à Soho ; l'*Old Queen's Head*, 41 Essex Rd, N1, à Islington ; le *Hollybush*, 22 Holly Mount, NW3, à Hampstead ; et *Ye Olde Mitre Tavern*, 1 Ely Court, près de High Holborn.

Les bars à vin, succès des années 80, sont aujourd'hui aussi passés de mode que les yuppies. Ceci étant, vous pouvez encore lever le coude de manière honorable au *Cork & Bottle*, dans le West End, ou au *Gordon's*, à Westminster. En revanche, les bars à l'américaine ou les pubs chics font fureur. *All Bar One*, situé à Leicester Square, *Canteloupe*, dans le East End et *Beach Blanket Babylon*, à Notting Hill, constituent les lieux de rendez-vous les plus prisés. Autres bonnes adresses : le *Saint*, 8 Great Newport St, WC2, à proximité de Leicester Square ; le *Slug and Lettuce*, 14 Upper St Martin's Lane, WC2, à Covent Garden ; *Mondo*, 12-13 Greek St, W1, dans le quartier de Soho ; le *Fire Station*, 150 Waterloo Rd, SE1, non loin de la gare de Waterloo ; et *WKD*, 18 Kentish Town Rd, NW1, à Camden Town. ■

---

and Piano (Balham Hill, Chiswick High Rd, Dean St, Fulham Rd, William IV St and Wimbledon High St) et All Bar One (Canary Wharf, Chiswick, Dean St, Fulham Rd, Hanover St, Islington, Leicester Square, Ludgate Hill, Richmond, Regent St, St John's Wood et Wimbledon) sont des chaînes en expansion rapide. Les établissements comme le Dôme ou le Café Rouge ressemblent davantage à nos brasseries qu'à un pub.

Si vous aimez les pubs sans pour autant apprécier le bruit et la fumée, il est bon de connaître la chaîne Wetherspoon qui propose des zones non-fumeurs et une cuisine correcte ; certains bars ont même un juke-box. Comble d'ironie, l'ancien Marquee Club de Charing Cross Rd, qui a présenté de nombreux groupes punks dans les années 70, est devenu un pub Wetherspoon, *The Moon Under Water*. Un moyen simple de reconnaître ces pubs, la présence du mot "moon" dans l'enseigne : *JJ Moon's*, *The Moon and Stars*, etc. Pour connaître leurs adresses, contactez ☎ 01923-477774 ou consultez leur site web, www.jdwetherspoon.co.uk.

Essayer différents pubs et bars est presque une obligation pour celui qui prétend visiter Londres. La liste suivante vous donnera quelques pistes, mais rien ne remplace une recherche personnelle et appliquée.

Vous trouverez d'autres suggestions dans le *Evening Standard Pub Guide* (9,99 £). Le London Docklands Visitor Centre vend un guide des pubs du secteur des Docklands (2 £), guide qui mêle étrangement les plus anciens et les plus chargés d'atmosphère, aux plus récents et aux plus tape-à-l'œil.

Si votre budget est serré, sachez que la chaîne Pitcher and Piano demande la somme exorbitante de 2,40 £ pour une pinte de bière blonde – dans un pub Wetherspoon, vous paierez jusqu'à 1 £ de moins.

Le West End (carte 3)

Le *All Bar One*, Leicester Square (métro : Leicester Square), est un bar chic avec baies vitrées donnant sur la place. Outre les bouteilles alignées sur les murs, la carte propose des sandwiches à partir de 3,50 £ ainsi qu'un choix de plats, sur petite ou grande assiette, qui valent respectivement 5 et 7 £ en moyenne.

The Moon Under Water, Leicester Square (métro : Leicester Square), appartient à la nouvelle chaîne Wetherspoon où l'on trouve des zones non-fumeurs et une nourriture correcte. Les murs de cet établissement sont décorés de vieilles photos qui retracent l'histoire de la place.

Le *Cork and Bottle*, 44-46 Cranbourn St (métro : Leicester Square) est un endroit bondé à l'heure de la sortie des bureaux, mais la cuisine est bonne, la liste des vins variée, et l'ambiance agréable, grâce notamment à de petits recoins qui permettent de s'isoler un peu.

The Polar Bear, 30 Lisle St WC2 (métro : Leicester Square), est bien placé pour aller dîner ensuite dans un restaurant chinois après la fermeture.

Le *Waxy O'Connors*, 14 Rupert St W1 (métro : Leicester Square), est un grand pub irlandais très fréquenté au décor excentrique (style gothique). L'ambiance y est sympathique.

The Salisbury, 90 St Martin's Lane WC2 (métro : Leicester Square), était autrefois fréquenté par les gays. Depuis que Sohowards est devenu l'endroit à la mode, tout le monde peut admirer les fenêtres superbement gravées et le décor raffiné de ce pub victorien qui semble avoir échappé à la modernisation.

The Flamingo Bar, Hanover St W1 (métro : Oxford Circus), est un bar latino-américain qui propose souvent des concerts – l'endroit est idéal pour boire un verre avant d'aller au Hanover Grand (voir la rubrique *Clubs – Discothèques*).

Le convivial *ICAfé*, The Mall SW1 (métro : Piccadilly Circus), dans le centre artistique ICA, reste ouvert jusqu'à 1h du matin.

Vous aurez beau chercher, vous ne trouverez sûrement pas d'autre enseigne proclamant *I am the Only Running Footman*. Ce pub d'une autre époque, 5 Charles St W1 (métro : Green Park), a été largement rénové : aucun des valets de pied qui le fréquentaient au XVIIIe siècle ne reconnaîtrait les lieux. Il n'en est pas moins agréable. Quant à sa mystérieuse enseigne (valet de pied qui court), elle évoque un domestique embauché par un homme fortuné pour courir devant son carrosse afin de dégager la voie.

Le personnel de cet établissement serait horrifié d'appartenir à la catégorie des pubs, mais pour ceux qui aiment s'habiller et qui ne souffrent pas du vertige, il peut être agréable d'aller prendre un verre (un peu cher), au *Windows on the World* (☎ 493 8000), le bar installé au sommet de l'hôtel Hilton (28e étage), Park Lane W1. Les prix sont élevés (3,50 £ la bouteille de bière) et la décoration n'est pas du meilleur goût, mais le bar reste ouvert tard et la vue sur Hyde Park et le fleuve est superbe.

Soho et Covent Garden (carte 3)

Le *Coach and Horses*, 29 Greek St W1 (métro : Leicester Square), est un petit pub très animé dont la clientèle se compose essentiellement d'habitués. L'accueil fait aux étrangers est néanmoins sympathique. Ce pub est devenu célèbre grâce au chroniqueur du *Spectator*, Jeffrey Bernard, grand amateur d'alcool. Depuis sa rénovation, le tout proche *Three Greyhounds*, 25 Greek St, a adopté un style plus continental. On y sert de la bonne cuisine et plusieurs variétés de bières.

The French House, 49 Dean St W1 (métro : Leicester Square), est un bar très apprécié, bien qu'il ne serve que des demipintes ; le restaurant du premier étage est plutôt chic (voir *Où se restaurer*). Plus loin, au n°70, le *Pitcher and Piano* fait partie d'une des chaînes qui montent. Si vous êtes habitué à l'agitation de Soho, l'endroit ne vous surprendra pas. On trouve ici quantité de bières, beaucoup de monde et une grande animation.

Le *Dog and Duck*, 18 Bateman St W1 (métro : Tottenham Court Rd), est minuscule, mais il a gardé beaucoup de caractère et attire une clientèle de fidèles. A côté, au n°23, le *Riki Tik* est réputé pour ses vodkas parfumées (essayez la Rolo ou la Toblerone), et pour ses cocktails servis à moitié prix en semaine jusqu'à 20h. C'est un lieu plaisant et à la mode, où les gens sont un peu habillés.

The 'O'Bar, 83-85 Wardour St W1 (métro : Piccadilly Circus), possède deux salles. Le week-end, un DJ officie dans celle du bas (l'entrée ne coûte que 5 £). Avant 20h en semaine, les cocktails sont à moitié prix.

L'immuable et toujours agréable *Lamb and Flag*, 33 Rose St WC2 (métro : Covent Garden), est niché au fond d'une ruelle entre Garrick St et Floral St. On peut y manger, mais les tables sont prises d'assaut à l'heure du déjeuner.

La *Walkabout Inn*, 11 Henrietta St (métro : Covent Garden), propose des concerts. En milieu de semaine, les boissons sont à des prix intéressants. Beaucoup de monde s'y presse du jeudi au lundi.

Le *Punch and Judy* se trouve dans l'enceinte du marché de Covent Garden. Ce n'est ni le plus beau, ni le moins cher des pubs, mais il est extrêmement bien placé, et son balcon permet de regarder les musiciens ambulants, un verre à la main.

Le *Freud*, 198 Shaftesbury Ave (métro : Covent Garden), est un petit bar en sous-sol. Son style bohème est accentué par des photos et d'imposants cierges d'église. Les bières sont assez chères, mais l'ambiance est très agréable.

Westminster

The Sherlock Holmes, Northumberland St WC2 (métro : Charing Cross ; carte 4), est situé un peu à l'écart de Northumberland Ave ; il n'est donc pas trop fréquenté. On vient y prendre un verre et pour l'ambiance évoquant Sherlock Holmes.

Le *Gordon's*, 47 Villiers St WC2 (métro : Embankment ; carte 3), pub tout proche du London Dungeon, est un bar à vin à l'atmosphère merveilleuse. Installé sous d'anciennes voûtes, il empiète un peu sur les Embankment Gardens en été. Les buffets froids sont excellents. Tâchez de trouver une table avant la sortie des bureaux.

La City

L'entrée du *Ye Old Cheshire Cheese*, Wine Office Court EC4 (métro : Blackfriars), se fait par une petite rue pittoresque donnant dans Fleet St. A peine franchi le seuil, vous vous retrouverez dans un ravissant intérieur lambrissé de bois, divisé en plusieurs salles de bar et de restaurant. C'était l'un des pubs favoris de Charles Dickens (voir la *Promenade 2* dans le chapitre *Promenades dans Londres*).

Très animé, l'*Eagle*, 159 Farringdon Rd EC1 (métro : Farringdon), a été l'un des premiers pubs nouvelle tendance ; il propose des plats délicieux ainsi qu'une bonne sélection de bières.

Le *Hamilton Hall*, Bishopsgate (métro : Liverpool St ; carte 6), est un immense pub construit dans un entrepôt, juste à côté de Liverpool Station – parfait pour aller boire un verre avant de prendre son train. En 1901, il a servi de salle de bal au Great Eastern Hotel, et appartient maintenant à la chaîne Wetherspoon ; des bibliothèques remplies de livres jaunis sont installées dans ce décor grandiose.

The Cock Tavern, The Poultry Market, Smithfield Market EC1 (métro : Farringdon ; carte 6), est le "local" des commerçants qui travaillent au marché de la viande de Smithfield. Le steak de 40 oz (1kg 134 !) est la spécialité de la maison (16,50 £). Une bouteille de vin est offerte à quiconque arrive à terminer son assiette (le record est de 13 minutes). Ce lieu est ouvert à partir de 5h30 pour le petit déjeuner.

L'East End

Le *Canteloupe*, 33 Charlotte Rd (métro : Old St), situé dans la partie branchée de Hoxton, offre l'atmosphère bohème qui convient au quartier. Il y a un petit restaurant à l'arrière.

Surplombant St Katherine Dock, près de la Tour de Londres, la *Dickens Inn* (métro : Tower Hill ; carte 7), est une ancienne brasserie en bois du XVIIIe siècle, qui a été découverte lors de la démolition d'un entrepôt. La façade est une réplique moderne de l'ancienne, et l'intérieur possède encore beaucoup de caractère. Vous trouverez une pizzeria au premier étage, un restaurant de poissons de la chaîne Wheeler au second et des bars où l'on peut grignoter quelque chose au rez-de-chaussée.

Au cours des dernières années, *The Bricklayers Arms*, Rivington St EC2 (métro : Old St), est devenu un endroit très à la mode en raison du grand nombre d'artistes venus s'installer à Hoxton et à Shoreditch. Certains prétendent que son heure de gloire est passée, mais l'été, lorsque la foule envahit le trottoir, c'est un lieu très agréable.

Maida Vale

The Warrington, 93 Warrington Crescent W9 (métro : Maida Vale), était autrefois une maison de passe ; le décor style Art Nouveau a beaucoup de caractère, l'ambiance est très détendue et on peut s'asseoir dehors. Le restaurant thaïlandais offre un bon rapport qualité/prix.

Camden, Islington et Primrose Hill

Le *Crown and Goose*, 100 Arlington Rd NW1 (métro : Camden Town ; carte 10), pub nouveau style attirant une clientèle jeune, sert des plats à la fois bons et copieux.

Le *Lansdowne*, 90 Gloucester Ave NW1 (métro : Charlk Farm ; carte 10), est un autre pub de la nouvelle génération de style bohème. La nourriture qu'il sert est excellente, quoique relativement chère. Le dimanche, le menu à 15 £ est extrêmement prisé. Pensez à réserver.

Le *Cuba Libre*, 72 Upper St (métro : Angel), cache un bar animé derrière son restaurant. Il ne passe plus de musique latino-américaine, mais les cocktails valent le détour. Venez de bonne heure, la salle est petite.

The *Engineer*, 65 Gloucester Ave NW1 (métro : Chalk Farm), un beau bâtiment victorien transformé en pub, connaît un réel succès. Le restaurant est fréquenté par les jeunes branchés du nord de Londres.

Bloomsbury et Holborn (carte 5)

Le *Lamb*, 94 Lamb's Conduit St WC1 (métro : Russell Square), abrite un intérieur victorien bien conservé, décoré de miroirs, de vieux bois et de "snob screens".

Le *Queen's Larder*, 1 Queen's Square WC1 (métro : Russell Square), situé à l'angle de la place, dispose d'une petite terrasse en été, et sert une cuisine typique de pub.

Après une dure journée de travail à la salle de lecture du British Museum, Karl Marx venait se réfugier à la *Museum Tavern*, 49 Great Russell St WC1 (métro : Tottenham Court Rd), un pub spacieux où vous pourrez savourer une pinte dans l'ombre du grand homme.

Le *Truckle's*, Pied Bull Yard (métro : Tottenham Court Rd), niché dans une cour derrière Museum St, est idéal pour grignoter un en-cas après une visite au British Museum (c'est bien meilleur marché que la cafétéria du musée). Le décor est original et agréable, et il est possible de boire un verre dehors quand il fait beau.

Le *Princess Louise*, 208 High Holborn (métro : Holborn), un charmant pub, se trouve dans un immeuble classé. On ne se lasse pas de son décor victorien (jolies céramiques, miroirs gravés, colonnades, moulures en plâtre), et la bière est excellente.

Clerkenwell

Le *Three Kings*, 7 Clerkenwell Close EC1 (métro : Farringdon), est à deux pas de Clerkenwell Green. Les murs sont couverts de maquettes en papier mâché, et une tête

CHARLOTTE HINDLE

CHARLOTTE HINDLE

CHARLOTTE HINDLE

En haut : impossible de ne pas remarquer la façade du Theatre Royal Haymarket
Au milieu : cher à Shakespeare, le Globe Theatre, à Southwark, ne manque pas d'attrait
En bas : les lignes harmonieuses du Garrick Theatre, Charing Cross Road

CHARLOTTE HINDLE

CHARLOTTE HINDLE

CHARLOTTE HINDLE

DOUG McKINLAY

En haut à gauche : le Strand à Aldwych
En haut à droite : Her Majesty's Theatre, Haymarket
En bas à gauche : l'Old Vic, Waterloo Road
En bas à droite : le Palace, Shaftesbury Avenue

Les sorties gays et lesbiennes

A Londres, la communauté gay se porte si bien que vous serez probablement étonné par le nombre de lieux où aller. Le Gay London est plus animé et plus éclectique que la plupart des scènes gays des autres villes européennes.

Le mieux est de vous procurer un magazine gratuit comme *The Pink Paper of Boyz*, disponible dans la plupart des cafés, bars et clubs gays. D'autres comme *Gay Times* (2 £) ou *Diva* (2 £) pour les lesbiennes vous fourniront également des adresses. *Time Out* est aussi une excellente source d'information.

Il existe des bars et des clubs pour tous les goûts, mais la tendance est de plus en plus au mélange homos et hétéros. Des soirées réservées aux hommes ou aux femmes sont également organisées ; consultez la presse pour plus de détails.

Dans le "village gay" de Soho, les bars et les cafés sont pratiquement au coude à coude. Il suffit de descendre Old Compton St en partant de Charing Cross Rd. A droite, au n°34, se trouve le convivial, et parfois frénétique, *Compton St Café*, ouvert 24h/24. Le *Balaans*, au n°60, est un café de style continental très prisé, qui pratique des prix modérés. Plus haut dans la rue se succèdent des bars, des boutiques et des restaurants tenus par des gays. *Soho Men*, au-dessus de *Clone Zone*, au n°64, propose un soin du visage de 90 minutes pour 35 £. Plus loin dans Soho, vous trouverez le très branché *Freedom Café*, 60 Wardour St, qui sert des plats et des boissons à une clientèle mixte. Le *Yard*, 57 Rupert St, dispose d'une cour agréable où l'on peut boire et se restaurer.

Près du métro Tottenham Court Rd, le sympathique *First Out*, 52 Giles High St, est un café pour gays et lesbiennes établi depuis longtemps. Il sert une nourriture végétarienne et accueille des expositions temporaires.

Le *Café de Paris*, 3 Coventry St (métro : Leicester Square), est un club intime où passe principalement de la musique house et garage. Juste derrière Long Acre, *The Base*, 167 Drury Lane (métro : Covent Garden), est le plus grand bar gay d'Europe. Non loin de là, le *Garden Club*, 4 The Piazza (métro : Covent Garden), est notamment apprécié pour ses soirées Club for life (le samedi) et Queer Nation (le dimanche).

Plus vous vous éloignerez du West End, plus la clientèle sera locale. Le bar *The Black Cap*, 171 Camden High St (métro : Camden Town), reste ouvert tard. Il est réputé pour être un bon lieu de drague. Plus loin dans Hampstead Heath, *The King William IV*, 75 Heath St (métro : Hampstead Heath), est un pub agréable et très prisé, avec canapés et feu de bois. Toujours au nord de Londres, *The Central Station*, 37 Wharfdale Rd (métro : King's Cross), est un bar qui organise des soirées spéciales, dont l'une est réservée aux femmes et s'appelle le Clit Club – cette soirée est parfois très fréquentée. Plus à l'est, au métro Angel, *The Angel*, café végétarien niché 65 Graham St (carte 2), ouvre à partir de 12h. Il est très bien pour les femmes.

Bien que concurrencé par Soho, Earl's Court possède encore quelques adresses intéressantes, notamment l'excellent restaurant *Wilde about Oscar* du *Philbeach Hotel* (carte 8), 31 Philbeach Gardens, et *The Coleherne*, 261 Old Brompton Rd (carte 8), l'un des plus vieux pubs de Londres.

Le *Fridge*, Town Hall Parade, Brixton Hill (métro : Brixton), propose de la dance music le samedi soir à une clientèle mixte. Le *Heaven*, Villiers St (métro : Charing Cross), dans le West End, est le club gay le plus célèbre de Londres. Il possède trois pistes de danse. Chaque soirée s'adressant à une tendance différente, vérifiez les informations dans la presse.

Le *Turnmills*, 55B Clerkenwell Rd EC1 (métro : Farringdon ; carte 6), organise trois soirées gays. De 22h à 3h le samedi, c'est la Pumpin Curls, et le club est réservé aux femmes. A partir de 3h du matin, c'est au tour de Trade et il est ouvert à tous jusqu'à 12h30 le dimanche ; le petit déjeuner est servi dès 6h. Le dimanche soir, toujours à la même adresse, ff prend le relais jusqu'au lundi 8h avec de la techno et de la trance.

Avant d'aller dans les clubs, pensez à prendre des brochures publicitaires (disponibles dans la plupart des bars) qui vous permettront de bénéficier d'entrées à tarif réduit. Étant donné le prix parfois élevé des clubs, tous les moyens de faire des économies sont bons. Ces endroits ont tendance à être bondés pendant le week-end, mais vous pourrez faire la fête du vendredi au lundi sans discontinuer.

Si les clubs ne vous disent rien, vous pouvez vous adresser à un groupe de rencontre, un groupe sportif ou un cours de danse. *Time Out* et la presse gay vous fourniront tous les détails. ■

géante de rhinocéros est accrochée au-dessus de la cheminée – fausse, bien sûr !

Au coin de Cowcross St, près de la station de métro Farringdon, vous découvrirez le *Castle* (carte 6), seul pub de Londres à posséder une licence de prêteur sur gages (vous verrez trois boules en or suspendues au-dessus de l'enseigne). Cette fonction date de l'époque où George IV obtint un prêt du tenancier pour honorer ses dettes de jeu. Inutile toutefois de demander une avance au bar – le personnel actuel ne semble pas être au courant.

Docklands

Au *Mayflower*, 117 Rotherhithe St SE16 (métro : Rotherhithe ; carte 7), vous pourrez vous asseoir sur le quai et regarder couler la Tamise depuis l'un des rares pubs à avoir survécu aux transformations du quartier.

Le *Prospect of Whitby*, 57 Wapping Wall E1 (métro : Wapping ; carte 7), l'un des plus vieux débits de boissons de Londres, fait partie du circuit touristique obligé. Une terrasse agréable donne sur le fleuve.

Southwark

La *George Inn*, 77 Borough High St SE1 (métro : London Bridge ; carte 6), est une véritable rareté : ce pub fait partie du National Trust (patrimoine). Cet ancien relais de poste avec galerie et cour intérieure est le dernier qui subsiste à Londres. Le lieu est magnifique et très fréquenté à l'heure de la sortie des bureaux.

The Anchor, Bankside (métro : London Bridge), pub du XVIIIe siècle au bord de la Tamise, offre une vue superbe sur le fleuve depuis sa terrasse. En été, il propose parfois des barbecues.

Chelsea

Le *Po Na Na Souk Bar*, 316 King's Rd SW3 (métro : Sloane Square ; carte 2), est un bar original de style africain. Assis sur des fauteuils ou des canapés en peau de léopard, vous pourrez boire un verre tout en jouant au backgammon. Même le distributeur de cigarettes est peint couleur zèbre.

Présenté comme un "bar dans le style donjon design", *Come The Revolution*, 541 King's Rd SW6 (métro : Fulham Broadway), possède un décor d'inspiration italienne, agrémenté de fresques et d'un mobilier en fer forgé. Malgré sa taille, il peut contenir beaucoup de monde, et le jardin permet d'aller prendre l'air en été.

The Cooper's Arms, 87 Flood St SW3 (métro : Sloane Square), est un pub à ne pas manquer. Situé derrière King's Rd, sa principale attraction est un ours empaillé. Les journaux sont mis à disposition et la cuisine est excellente.

The King's Head and Eight Bells, 50 Cheyne Walk (métro : Sloane Square), petit pub attrayant, est joliment décoré de suspensions florales en été. On peut s'y restaurer et déguster un grand choix de bières. Autre avantage, il est à cinq minutes de Victoria Embankment.

The Antelope, 22 Eaton Terrace SW1 (métro : Sloane Square), perpétue le meilleur de la tradition anglaise. Tranquille et charmant, ce pub, antérieur à tous les bâtiments qui l'entourent, aurait sans doute beaucoup d'histoires à raconter.

Kensington

Le *Fez Bar*, 222 Fulham Rd SW6 (métro : South Kensington), ressemble à une grotte. Il est installé dans la partie la plus animée de Fulham Rd et reste ouvert jusqu'à 2h le week-end. L'entrée à 5 £ risque toutefois d'en dissuader certains.

Notting Hill and Earl's Court

Le *Beach Blanket Babylon*, 45 Ledbury Rd W11 (métro : Notting Hill Gate ; carte 9), très fier de son extraordinaire décor à la Gaudi, est un endroit parfait pour observer les B.C.B.G. de Notting Hill. La nourriture est cependant assez chère.

The Churchill Arms, 119 Kensington Church St SW8 (métro : Notting Hill Gate), est un pub anglais traditionnel, réputé pour sa collection de souvenirs de Winston Churchill et sa fabuleuse cuisine thaïlandaise.

Au *Market Bar*, 240A Portobello Rd W11 (métro : Ladbroke Grove ; carte 9), le décor est intéressant, la foule joyeuse, et l'atmosphère détendue.

Le *Windsor Castle*, 114 Campden Hill Rd W11 (métro : Notting Hill Gate ; carte 9), possède un agréable jardin et propose une bonne cuisine de style pub. Chose plus rare, vous pourrez commander une demi-douzaine d'huîtres et une demi-bouteille de champagne pour 15 £.

The Westbourne, 101 Westbourne Park Villas W2 (métro : Westbourne Park ; carte 9), est un pub à la mode où se retrouvent les habitués de Notting Hill. La grande cour est merveilleuse en été, et la nourriture (servie au bar) d'un excellent rapport qualité/prix.

Appartenant à Tom Conran, le fils du fameux restaurateur Sir Terence, *The Cow*, 89 Westbourne Park Rd W2 (métro : Notting Hill Gate), est un bar extrêmement fréquenté dont les huîtres sont la spécialité.

Le bar du *Blanco's*, 314 Earl's Court Rd SW5 (métro : Earl's Court ; carte 8), très animé, sert d'authentiques tapas et de la bière espagnole. Il est ouvert jusqu'à 24h.

Hammersmith et Fulham

Le Pitcher and Piano, 873 Fulham Rd (métro : Parsons Green), bar nouvelle tendance en pin brut, s'ouvre sur la rue les jours de soleil. Certains trouvent ces endroits (il existe plusieurs établissements du même genre) plutôt ternes, d'autres les adorent.

Le *Bootsy Brogans*, 1 Fulham Broadway SW6 (métro : Fulham Broadway), est un pub irlandais fraîchement rénové et très apprécié des voyageurs.

Dans un petit immeuble XVIIe siècle proche de la Tamise, le *Dove*, 19 Upper Mall W6 (métro : Ravenscourt Park), sert de la bonne cuisine et d'excellentes bières.

Hampstead (carte 11)

Le *Flask*, 14 Flask Walk NW3 (métro : Hampstead), "local" convivial situé tout près du métro, propose une bonne cuisine et de la vraie "ale".

Le *Holly Bush*, 22 Holly Mount NW3 (métro : Hampstead) est un pub idyllique où l'on boit toutes sortes de bières. La nourriture est néanmoins assez ordinaire.

La *Spaniards Inn*, Spaniards Rd NW3 (métro : Hampstead), date de 1585. Vous pourrez vous réchauffer devant le feu en hiver et profiter du jardin en été.

Les autres bars favoris du quartier sont le *Jack Straw's Castle*, à l'angle de Spaniards Rd et de West Heath Rd, et l'*Old Bull and Bush* dans North End Rd.

Greenwich (carte 12)

Au bord de l'eau, juste après le Royal Naval College, la *Trafalgar Tavern* évoque une caverne. De grandes fenêtres sont ouvertes sur la Tamise lorsqu'il fait beau. Il est construit sur l'emplacement de l'ancien Placentia Palace où naquit Henri VIII. Les premiers ministres Gladston et Disraeli avaient l'habitude de venir y déguster de petites fritures. Faites comme eux, la part ne coûte que 3,75 £.

Richmond, Putney et Wandsworth

Le *White Cross Hotel*, Water Lane Riverside TW9 (métro : Richmond), est apprécié pour plusieurs raisons : sa situation sur le fleuve, sa bonne cuisine, et ses excellentes bières. Lorsque les eaux de la Tamise sont au plus haut, le pub est pratiquement coupé du monde.

Dans Old Palace Lane, qui va de Richmond Green au fleuve, le *White Swan* est un autre pub agréable où l'on peut se restaurer et profiter d'un jardin.

Face au Green, le *Prince's Head* et le *Cricketers* sont de bons endroits pour aller prendre un verre avant le théâtre ou pour s'asseoir dehors par beau temps.

Le *Bar M*, 4 Lower Richmond Rd SW15 (métro : Putney Bridge), café/bar entièrement rénové, jouit d'une belle vue sur le fleuve. L'ambiance est détendue et la salle spacieuse.

Le *Bar Coast*, 50 High St SW15 (métro : Putney Bridge), est un bar branché, fréquenté par les yuppies du voisinage. Si le choix de bières est intéressant, la carte est en revanche assez réduite. Bien qu'il ne soit pas facile à trouver, *The Ship*, 41 Jews

Row SW18 (métro : Wandsworth Town), vaut la peine de faire un effort. Là, vous vous détendrez en prenant un verre ou un bon plat, tout en profitant de la vue sur la Tamise.

Chiswick
The City Barge, 27 Strand on the Green, Chiswick W4 (métro : Kew Gardens), construit en 1484, est dangereusement perché au bord du fleuve. On y sert de la cuisine anglaise simple. A côté, le *Bull's Head* constitue également un bon choix. Ces deux établissements peuvent être remplis à craquer les beaux soirs d'été.

The Tabard, 2 Bath Rd W4 (métro : Turnham Green), a été conçu en 1880 par Norman Shaw en même temps que Bedford Park, le premier jardin de la banlieue de Londres. Restauré après un incendie en 1971, il tire sa fierté des papiers peints de William Morris et des céramiques de William de Morgan. Le petit restaurant thaïlandais situé au fond a bonne réputation et il y a un théâtre à l'étage (☎ 0181-995 6035).

Isleworth
S'aventurer aussi loin est intéressant, ne serait-ce que pour visiter *The London Apprentice*, un pub au bord de l'eau qui date du début du XVIIe siècle et qui possède des peintures de Hogarth. L'enseigne évoque les apprentis qui remontaient le fleuve à la rame pendant leurs jours de congé. On raconte que le roi Henri VIII donnait rendez-vous à sa future épouse Catherine Howard (la cinquième), dans l'ancienne taverne qui se trouvait sur ce site. Des contrebandiers auraient transporté leur butin dans un tunnel reliant le pub à la crypte de l'église voisine. Allez boire une pinte après avoir exploré la Syon House toute proche.

CAFÉS INTERNET
Pour certains, être branché sur le net représente plus qu'un simple hobby. Si vous ne pouvez pas vous en passer, les adresses suivantes vous seront utiles :

Le *Cyberia Cyber Café* (☎ 209 0983), 39 Whitfield St W1 (métro : Goodge St ; carte 5), a été le premier café Internet de Londres. L'accès au réseau est possible sur 10 terminaux installés dans le café (2,50 £ la demi-heure) et sur 12 autres branchés dans la salle réservée à cet effet. En semaine, la séance d'initiation coûte 30 £ les deux heures et doit se réserver. La nourriture est bonne, avec des formules entre 4 et 5 £. Une annexe est installée 73 New Broadway, Ealing W5 (métro : Ealing Broadway).

Le *Webshack* (☎ 439 8000), 15 Dean St W1, est le plus central des cafés de ce genre.

Le *Spider Café* (☎ 229 2990), 195 Portobello Rd W11 (métro : Notting Hill Gate), dispose d'ordinateurs dans deux salles, en haut et en bas, et sert des plats et des milk-shakes. L'accès à Internet vous reviendra à 2,50 £ la demi-heure. Si vous souhaitez des cours, ils valent 5,95 £ la demi-heure ou 35 £ la séance plus approfondie de deux heures.

Le *Portobello Gold* (☎ 460 4910), 95 Portobello Rd, est un hôtel-restaurant élégant, dont l'un des bars est équipé de terminaux réservés à la clientèle (voir le chapitre *Où se loger*).

The Bean, 126 Curtain Rd (☎ 739 7829), est un café Hackney doublé d'un point Internet.

Pour toute information sur les voyages, branchez-vous sur le site de Lonely Planet : www.lonelyplanet.com.au.

DANSE ET BALLET
Berceau de cinq compagnies majeures, Londres héberge également plusieurs petites compagnies expérimentales. Le *Royal Ballet* (☎ 240 1066) partage les locaux de la Royal Opera House à Covent Garden (carte 3), et présente les meilleurs ballets classiques du pays. Comme le Royal Opera, le Royal Ballet va se produire dans différents endroits pendant la rénovation de l'Opera House. Vous aurez peut-être une chance de le voir au Labatt's Apollo à Hammersmith (☎ 416 6022 ;

métro : Hammersmith) ou au Festival Hall (☎ 960 4242; métro : Waterloo). Une fois rouvert, le Sadler's Wells Theatre accueillera temporairement le Royal Ballet.

Le *Sadler's Wells* possède un long passé consacré à la danse, mais son théâtre de Rosebury Ave, en cours de rénovation, devrait rouvrir prochainement à l'heure où nous mettons sous presse. Le *Peacock Theatre* (☎ 312 1996), Portugal St WC2 (métro : Holborn; carte 3), accueille désormais le London Contemporary Dance Theatre et le London City Ballet. Quant au Royal Sadler's Wells Ballet, c'est à présent le Birmingham Royal Ballet.

Les *Riverside Studios* et *ICA* (voir la rubrique *Cinémas*) sont les principaux lieux recevant les petites compagnies expérimentales.

SORTIES ORGANISÉES

Bien entendu, plusieurs endroits proposent des dîners-spectacles. *London Entertains* (☎ 224 9000) gère trois établissements qui organisent chaque jour de telles soirées. Celles-ci commencent à 19h15 et vous coûteront 39,50 £ par personne. Voici leurs adresses :

Cockney Cabaret
    Dîner traditionnel anglais (trois plats), numéros de music-hall et de cabaret ; 161 Tottenham Court Rd W1 (métro : Tottenham Court Rd).
Talk of London
    Il s'agit là aussi d'un dîner et d'un spectacle ; New London Theatre, Drury Lane, Parker St WC2 (métro : Holborn).
Beefeater by the Tower
    Le banquet médiéval se compose de cinq plats. Il est animé par des bouffons, des combats de chevaliers et des ménestrels ; Ivory House, St Katherine's Dock E1 (métro : Tower Hill).

Il est possible de réserver des déjeuners ou des dîners-croisières sur la Tamise au cours desquels vous danserez au son d'un orchestre. *Bateaux London* (☎ 925 2215) propose des déjeuners-croisières à 19,50 £, des dîners-croisières à 53 £ et des déjeuners-croisières le dimanche à 26 £. L'embarquement a lieu à 12h15 ou à 19h30. Les départs se font de Temple Pier ou de Charing Cross Pier sur Victoria Embankment.

Catamaran Cruises (☎ 987 1185) organise des croisières le mercredi, le vendredi et le dimanche soirs (20h), de mai à septembre. Elles coûtent 35 £ et partent de Charing Cross Pier. Des croisières disco d'une durée de quatre heures embarquent à 19h le vendredi et le samedi. Elles valent 12,50 £ par personne.

MANIFESTATIONS SPORTIVES

Tout au long de l'année, Londres accueille de nombreuses manifestations dans le domaine du sport. Comme pour le reste, *Time Out* sera votre meilleure source d'informations pour connaître les lieux, les horaires et le prix des billets.

Football

Même si vous n'êtes pas un véritable fan, le "beautiful game" suscite un tel enthousiasme en Angleterre que vous aurez peut-être envie de vous laisser tenter.

Wembley (☎ 0181-902 8833), temple du football anglais, est le stade où l'équipe d'Angleterre joue ses matchs internationaux, et où se déroule la finale de la Coupe FA à la mi-mai. Pour plus de détails sur les visites, reportez-vous à la rubrique *Wembley Stadium* dans le chapitre *A voir et à faire*.

Il existe à Londres une douzaine d'équipes de ligue, dont six environ ont l'honneur de jouer en Première Ligue, ce qui signifie que tous les week-ends de la saison, du mois d'août à la mi-mai, il est possible d'aller assister à des matchs de qualité en prenant le métro.

Les équipes actuellement en Première Ligue sont les suivantes :

Arsenal
    Avenell Rd, Highbury N5 (☎ 704 4040 ; métro : Arsenal) – les places sont en vente un mois à l'avance au prix de 15 £ environ. Pour réserver en payant par carte de crédit ☎ 413 3366.
Chelsea
    Stamford Bridge, Fulham Rd SW6 (☎ 385 5545) ; métro : Fulham Broadway ; carte 2) – les billets coûtent de 8 à 50 £. Pour réserver en payant par carte de crédit ☎ 386 7799.

Crystal Palace
   Selhurst Park, Whitehorse Lane SE25 (☎ 0181-768 6000; métro : Selhurst) – les places valent entre 12 et 27 £. Pour réserver en payant par carte de crédit ☎ 0181-771 8841.
Tottenham Hotspur
   White Hart Lane, 748 High Rd, Tottenham N17 (☎ 0181-365 5000; métro : White Hart Lane – le prix des billets va de 16 à 35 £. Pour réserver en payant par carte de crédit ☎ 396 4567.
West Ham United
   Boleyn Ground, Green St, Upton Park E13 (☎ 0181-548 2748; métro : Upton Park) – les places coûtent entre 18 et 31 £. Pour réserver en payant par carte de crédit ☎ 0181-548 2700.
Wimbledon
   Selhurst Park, Whitehorse Lane SE25 (☎ 0181-771 2233; métro : Selhurst) – le billets sont à 18 £. Pour réserver en payant par carte de crédit ☎ 0181-771 8841.

Le problème des hooligans n'est plus vraiment à l'ordre du jour. Depuis la tragédie du Hillsborough Stadium en 1989, au cours de laquelle près de 100 supporters sont morts écrasés par la foule, la plupart des stades ne vendent plus que des places assises, et l'atmosphère de la majorité des matchs s'en est trouvée considérablement améliorée. La seule chose qui en dissuade certains est le prix exorbitant des billets ; vous paierez bien entendu nettement moins en allant encourager des équipes moins célèbres. Notez que les six équipes citées disposent de quelques places pour les supporters en fauteuil roulant, et de casques pour les non-voyants (pensez à réserver).

Si vous désirez découvrir les coulisses du stade de Chelsea (métro : Fulham Broadway), des visites sont organisées le vendredi à 11h. Elles sont gratuites et durent en moyenne 1 heure 30.

Cricket
Malgré les déboires de l'équipe d'Angleterre, le cricket reste un sport très en vogue. Les matchs internationaux ont lieu sur les terrains de Lord's (☎ 289 8979 ; carte 2) et de l'Oval (☎ 582 6660; carte 2). Malheureusement, les places coûtent une fortune et sont vendues très vite. Mieux vaut assister à des rencontres régionales. Le Middlesex joue au Lord's et le Surrey à l'Oval. Les billets valent environ 8 £.

Pour obtenir des informations sur les visites du Lord's, reportez-vous à la rubrique *Lord's Cricket Ground* dans le chapitre *A voir et à faire*.

Rugby à 15
Que les fans de rugby à 15 aillent tout droit au sud-ouest de Londres ; c'est en effet là que se trouvent des équipes telles que les Harlequins, Richmond et les Wasps.

Six clubs de foot pour une seule ville
Londres ne compte pas moins de six clubs de football de première division dans ses murs ! Et non des moindres : Arsenal, Chelsea, Tottenham Hotspur, West Ham, Crystal Palace, Wimbledon, autant de noms qui font rêver les amateurs du ballon rond.

Les années 60 et 70 furent fastes pour le foot londonien : les Spurs et Arsenal gagnèrent le doublé coupe-championnat en 1961 et 1971, Tottenham s'illustrant également en décrochant le premier trophée européen d'un club anglais (Coupe des clubs vainqueurs de Coupe en 1963) pendant que West Ham et Chelsea remportaient la FA Cup, puis un titre européen en 1965 et 1971. Après une longue traversée du désert dans les années 80 – sombre décennie pour le football anglais en général –, Londres est redevenue depuis peu la mégalopole du football. Non contente de disposer de certains des meilleurs éléments anglais, la capitale britannique attire désormais de nombreux joueurs internationaux, dont Ruud Gullit, Gianfranco Zola, Gianluca Vialli et Franck Leboeuf à Chelsea, Bernard Lama à West Ham ou David Ginola à Tottenham. Quant à Arsenal, l'équipe phare de la ville, elle mérite bien désormais son surnom de "The French Connection" depuis l'arrivée de l'entraîneur français Arsène Wenger (une première !) et les transferts de Vieira, Petit et Anelka (jeune espoir du PSG). ■

Chaque année, à partir de janvier, les quatre nations des Îles Britanniques et la France s'affrontent lors du Championnat des Cinq Nations. Ceci garantit deux grands matchs à Twickenham (☎ 0181-892 8161), le temple du rugby à 15 anglais.

Rugby à 13
Quant aux fans de rugby à 13, nous leur conseillons de prendre un train vers le nord de l'Angleterre, ou d'aller voir les London Broncos, seule équipe de rugby à 13 classée en division dans le sud de l'Angleterre. En mai, la finale de la Challenge Cup se déroule à Wembley.

Tennis
Tennis et Wimbledon sont ici synonymes, mais les files d'attente, les prix astronomiques, le nombre limité de places et la foule peuvent transformer le rêve de Wimbledon en cauchemar. Si quelques billets pour le court central et les courts n°1 et n°2 sont mis en vente le jour du match, la queue qu'il faut faire pour les obtenir est interminable. Bien évidemment, plus on se rapproche des finales, plus les prix grimpent ; une place sur le court central coûte 22 £ pendant la semaine précédant la finale, et le double la semaine suivante. Les prix demandés pour les autres courts sont inférieurs à 10 £ et bénéficient d'une réduction après 17h.

Entre août et décembre de chaque année, un tirage au sort est organisé afin de distribuer quelques-unes des meilleures places pour le tournoi de l'année suivante. Entre ces dates, vous pouvez envoyer une enveloppe timbrée avec votre adresse à The All England Lawn Tennis and Croquet Club, PO Box 98, Church Rd, Wimbledon SE19 5AE, qui vous fournira de plus amples informations.

Si vous n'avez pas envie de passer une nuit à camper, tentez votre chance en fin d'après-midi : essayez d'acheter une place non retirée (5 £). Sinon, vous pouvez assister au tournoi qui précède celui de Wimbledon ; il se déroule à Queen's (☎ 381 7000) et attire les meilleurs joueurs masculins.

Wimbledon, le tournoi où l'herbe est plus verte...
Le tournoi le plus prestigieux du Grand Chelem se tient chaque année au mois de juillet sur le gazon de Wimbledon. Depuis sa création en 1877, Wimbledon a vu défiler les meilleurs joueurs de tennis, sous les yeux admiratifs du duc et de la duchesse de Kent. Mais la reine du tournoi anglais reste sans conteste Martina Navratilova, qui remporta par neuf fois – dont six consécutives – le trophée le plus convoité du circuit entre 1978 et 1990... Chez les hommes, l'Australien Rod Laver, l'Allemand Boris Becker, les Américains Arthur Ashe, Jimmy Connors, John Mc Enroe ou plus récemment Pete Sampras ont dû se livrer à de véritables démonstrations de service-volée pour s'imposer sur la surface la plus rapide du circuit. ■

De plus en plus de personnes obtiennent des billets par l'intermédiaire d'entreprises, et viennent boire du champagne et rencontrer des gens plutôt que regarder les matchs. Ces dernières années, lorsque le tournoi a dû être prolongé en raison de la pluie, et que les courts ont été ouverts à tout le monde plusieurs dimanches de suite (les "People's Sundays"), l'atmosphère a été complètement différente, et les vrais fans de tennis ont eu l'occasion d'assister à de fort belles rencontres.

On estime que 23 tonnes de fraises et 12 tonnes de saumon sont consommées chaque année pendant Wimbledon, ainsi que 285 000 tasses de thé ou de café et 190 000 sandwiches.

Pour plus de détails sur le Wimbledon Lawn Tennis Museum, reportez-vous à la rubrique *Wimbledon* dans le chapitre *A voir et à faire*.

Athlétisme
Tout au long de l'été, de nombreuses compétitions attirent des vedettes internationales. Elles se déroulent généralement au Crystal

Palace National Sports Centre (☎ 0181-778 0131), Ledrington Rd SE19 (métro : Crystal Palace). Les billets coûtent 10 £ et plus.

Courses

Si vous avez envie de passer une soirée palpitante et bon marché, allez assister à une course de lévriers. "The Dogs" ne coûte que 3 £ l'entrée, pour un meeting comportant 12 courses. Vous vous amuserez à prendre de petits paris, et vous côtoierez un public populaire, dans une atmosphère sociable et vaguement louche.

Catford Stadium, Adenmore Rd SE6 (☎ 0181-690 8000 ; métro : Catford Bridge).
Walthamstow Stadium, Chingford Rd E4 (☎ 0181-531 4255 ; métro : Highams Park).
Wembley Stadium, Stadium Way, Wembley (☎ 0181-902 8833 ; métro : Wembley Park).
Wimbledon Stadium, Plough Lane SE19 (☎ 0181-946 8000 ; métro : Wimbledon Park).

De nombreuses courses hippiques de haut niveau ont lieu sur les hippodromes du sud de la ville.

En juin, Ascot est agréable (quoiqu'assez mondain) ; quant au Derby d'Epsom, c'est un jour où il ne faut pas avoir peur de se faire marcher sur les pieds. Windsor est un endroit idyllique pour passer un après-midi aux courses suivi d'un pique-nique en soirée. Sandown propose également des courses de tout premier plan.

Achats

Londres est sans conteste la Mecque du shopping en Angleterre, et vous serez assuré de trouver ce que vous cherchez. Certains magasins de Londres sont plus ou moins des curiosités touristiques en soi. Peu de visiteurs repartent sans être allés faire un tour chez Harrods, Fortnum and Mason ou Harvey Nichols, ne serait-ce que pour y jeter un bref coup d'œil.

Il existe aussi des rues entières dont la réputation tient plus à un glorieux passé qu'à ce qu'elles ont à offrir aujourd'hui. Carnaby Street garde encore un parfum des années 60, voire connaît une sorte de renouveau depuis que les vêtements arborant l'Union Jack sont redevenus à la mode. A Chelsea, les derniers punks ont abandonné King's Rd depuis longtemps, mais il reste encore quelques boutiques intéressantes tout autour des grands magasins de l'artère principale. Peter Jones, au bout de Sloane Square, a aussi ses inconditionnels, notamment pour ses prix soi-disant imbattables.

Covent Garden symbolise l'esprit d'entreprise des années 80, qui ont vu s'ouvrir de nouvelles petites boutiques dans le moindre recoin. Et si les magasins et les échoppes installés dans l'ancien marché sont plutôt onéreux, les rues avoisinantes restent un paradis pour les acheteurs, tout particulièrement Neal St et Neal's Yard où sont regroupées toutes sortes de boutiques originales.

Oxford St et l'élégante Regent St sont particulièrement attrayantes pendant les six semaines précédant Noël, lorsqu'elles se parent de mille lumières. Le reste de l'année, Oxford St peut apparaître fort décevante. Selfridge's et Harrods valent néanmoins une visite, et l'emblématique Marks and Spencers, au bout de Marble Arch, a ses fans, mais plus vous irez vers l'est, moins les boutiques seront intéressantes et plus elles seront d'un goût douteux.

Si presque tout peut se trouver dans la plupart des quartiers de la ville, quelques rues rassemblent toutefois des magasins spécialisés ; Tottenham Court Rd, par exemple, offre une succession de boutiques d'appareils électriques alors que Charing Cross Rd concentre toujours autant de bouquinistes.

De nombreux sites touristiques possèdent d'excellentes boutiques qui vendent des souvenirs de bonne qualité – *mugs*, crayons, stylos, papeterie et tee-shirts – déclinés sur un thème souvent lié au site (des livres et des vidéos sur la guerre à l'Imperial War Museum, des éventails de designers au Fan Museum, des tapis signés William Morris à la William Morris Gallery). Généralement, il est possible d'entrer dans la boutique même si l'on ne visite pas le bâtiment.

Les mordus de shopping se procureront l'édition annuelle du *Time Out Shopping Guide* (6 £), qui donne des détails sur pratiquement tous les magasins de la capitale.

GRANDS MAGASINS
Harrods
Ce célèbre magasin (☎ 730 1234), Brompton Rd SW1 (métro : Knightsbridge ; carte 8), est vraiment unique. On peut regretter qu'il y ait toujours un monde fou, et que les agents de la sécurité vous expliquent comment porter votre sac à dos. En revanche, les toilettes sont fabuleuses, le fameux "food hall" (dans lequel se relaient des musiciens classiques) suffit à se pâmer d'admiration, et s'il n'y a pas ce que vous cherchez en rayon, c'est sans doute que le produit n'existe pas. Sachez toutefois que Harrods attire surtout les touristes allemands et japonais. Pour leurs achats d'articles chic ou à la mode, les Londoniens préfèrent se rendre chez Harvey Nichols ou chez Liberty, où l'ambiance est un peu plus décontractée. Le magasin est ouvert le lundi, le mardi et

le samedi de 10h à 18h et du mercredi au vendredi jusqu'à 19h.

Harvey Nichols
Harvey Nichols (☎ 235 5000), 109-125 Knightsbridge SW1 (métro : Knightsbridge ; carte 8), est le temple de la haute couture et possède également un superbe rayon alimentation, ainsi qu'un rayon parfumerie, extravagant, et un rayon bijouterie. Mais avec de grands noms tels que Miyake, Lauren, Hamnett ou Calvin Klein, et un étage entier consacré à l'habillement masculin dernière tendance, c'est sans conteste la mode qui est ici à l'honneur. Le choix est incomparable, les articles sont chers − quoique l'on puisse trouver quelques bonnes affaires pendant les soldes −, mais la ligne de vêtements créée par le magasin est à un prix raisonnable. Ouvert le lundi, le mardi, le jeudi et le vendredi de 10h à 19h, le mercredi jusqu'à 20h et le dimanche de 14h à 17h.

Fortnum and Mason
Fortnum and Mason (☎ 734 8040), 181 Piccadilly W1 (métro : Piccadilly Circus ; carte 3), est réputé pour l'exotisme de sa halle d'alimentation ancienne, mais on y vend également de multiples articles de mode, plutôt pompeux et à des prix gonflés. Vous trouverez ici toutes sortes de produits gastronomiques étranges, ainsi que les fameux paniers à pique-nique qui coûtent excessivement cher. Le magasin est ouvert du lundi au samedi de 9h30 à 18h.

Liberty
Presque aussi unique et étonnant que Harrods, *Liberty* (☎ 734 1234), Regent St W1 (métro : Oxford Circus ; carte 3), propose de la haute couture, des meubles modernes superbes, un rayon de tissus de luxe merveilleux et d'inimitables écharpes en soie. Il a été créé au tournant du siècle sous l'influence du mouvement Arts and Crafts − en Italie, on qualifiait l'Art Nouveau de "Style Liberty", du nom du magasin. Le décor attrayant (il n'est pas toujours facile de distinguer ce qui est à vendre de ce qui fait partie de la décoration), tout comme le personnel compétent, ne font qu'ajouter au plaisir de venir ici. Le mois de janvier et les soldes d'été sont particulièrement intéressants. Ouvert du lundi au mercredi et du vendredi au samedi de 10h à 18h30 ; le jeudi de 10h à 19h30.

Peter Jones
Peter Jones (☎ 730 3434 ; carte 8), à Sloane Square, en face de la station de métro, est pour les Londoniens une institution − c'est une adresse à connaître si vous prévoyez de faire un long séjour nécessitant l'achat d'articles pour la maison. On l'a surnommée "la petite épicerie de Chelsea", ce qui ne donne qu'une piètre idée de la gamme de choses vendues ici : de l'électro-ménager à la vaisselle ou à la verrerie en passant par les draps et les serviettes de toilette. Mais la raison pour laquelle Peter Jones est si apprécié tient à son fameux slogan... "vous ne trouverez pas moins cher". Si, dans un délai d'une semaine, vous dénichez le même article ailleurs à un meilleur prix, vous pourrez rapporter votre ticket de caisse et la différence vous sera remboursée. Et si vous arrivez à vous arracher à la contemplation des étalages, vous verrez que le bâtiment, lui aussi, est ce que l'on fait de mieux dans le genre.

MARCHÉS
Par un beau dimanche matin ensoleillé, un des plus grands plaisirs est de visiter l'un des multiples marchés de Londres avant d'aller déjeuner dans un restaurant voisin. Plusieurs marchés sont répartis dans la capitale, chacun se caractérisant par un charme particulier. Nombre d'entre eux ont lieu le vendredi et le samedi. Pour le marché d'antiquités de Bermondsey, reportez-vous à la rubrique *Antiquités* plus loin dans ce chapitre. Et pour obtenir tous les renseignements sur les marchés, procurez-vous le *London Market Guide* (Metro Publications, 3,99 £), qui vous donnera des détails sur les marchés locaux

Berwick St Market

Niché entre Oxford St et Old Compton St, le *Berwick St Market* (métro : Oxford Circus/Tottenham Court Rd ; carte 3) est un marché de fruits et légumes qui a réussi à se maintenir sur son emplacement d'origine, même si les vendeurs doivent crier plus fort pour couvrir la cacophonie provenant des magasins de disques environnants. C'est l'endroit parfait pour faire des courses avant d'aller pique-niquer dans un parc.

Portobello Rd Market

Camden Market mis à part, Portobello Rd (métro : Notting Hill Gate, Ladbroke Grove ou Westbourne Park ; carte 9) est le plus célèbre (et le plus fréquenté) des marchés de rue du week-end. Il commence près du pub Sun in Splendour à Notting Hill et s'étend jusqu'au nord, au-delà du pont autoroutier de la Westway à Ladbroke Grove.

En suivant Portobello Rd vers le nord, vous verrez se succéder peu à peu les antiquités, les bijoux faits main, les peintures et les articles ethniques regroupés vers Notting Hill Gate. Plus loin, le standing baisse quelque peu et vous trouverez davantage de fruits et de légumes, de fripes, d'appareils ménagers pas chers ainsi que des brocantes. Sous le pont de la Westway, une immense tente abrite encore d'autres stands, qui vendent des vêtements, des chaussures et des disques bon marché, tandis que le passage Portobello Green concentre quelques stylistes d'avant-garde, tels que Afro Puffs au stand n°25 et Preen au n°5. C'est ici qu'un déballage de brocantes a lieu le samedi, jour le plus animé où se produisent des chanteurs de reggae.

Le marché de Portobello est certes plein de charme et haut en couleur, mais il est trop fréquenté pour espérer y trouver de bonnes affaires, en dehors des tee-shirts bon marché. Néanmoins, c'est un endroit amusant pour se promener quelques heures, surtout si vous arrivez tôt, avant que la foule s'agglutine dans les allées. En vous baladant, vous pourrez aussi observer la manière dont des styles de vie londoniens très différents cohabitent ici. Au bout de Notting Hill Gate, les rues adjacentes regorgent de mews (maisons cossues aménagées dans d'anciennes écuries), dotées de bow-windows et devant lesquelles sont garées des voitures chic ; plus au nord, la clientèle des boutiques reflète la diversité culturelle de la ville ; en arrivant à la Westway, vous serez dans le quartier des meublés.

Du côté de Ladbroke Grove, les fruits et les légumes sont vendus toute la semaine, et un marché bio se tient le jeudi. Les autres stands ne sont ouverts que le week-end, ceux d'antiquités l'étant pour la plupart de 5h30 à 17h, tandis qu'un marché aux puces a lieu le dimanche matin à Portobello Green.

Étant donné que la majorité des gens remontent Portobello Rd à partir de Notting Hill Gate, les stations de métro Ladbroke Grove et Westbourne Park sont en principe nettement moins encombrées.

Petticoat Lane Market

Petticoat Lane (métro : Aldgate, Aldgate East ou Liverpool St ; carte 6), le célèbre marché du dimanche matin de l'est londonien, se déroule dans Middlesex St, à la limite de la City et de Whitechapel. Ces temps-ci, il est toutefois devenu assez banal et est de plus en plus fréquenté par les touristes. A 14h, tout est terminé.

Brick Lane Market

Quelques rues à l'est de Petticoat Lane, le *Brick Lane Market* (métro : Aldgate East ; carte 6) est plus intéressant. L'activité démarre le dimanche vers 5h et se termine à 14h. Le marché s'étend vers le nord, le long de Bethnal Green, ainsi que dans les nombreuses rues adjacentes. On y trouve un mélange de vêtements, de fruits et légumes, d'articles ménagers et de tableaux ; mais vous verrez aussi des gens fouiller parmi des montagnes de chaussures à trois sous, pour qui dénicher une bonne affaire est plus une nécessité qu'une partie de plaisir.

L'avantage de venir ici tient au fait que vous pourrez déjeuner ensuite dans un restaurant de cuisine au curry, ou encore savourer un *bagel* dans une pâtisserie (voir la rubrique *L'East End* dans le chapitre *Où se restaurer*). Le parking de Brick Lane coûte 2 £ le dimanche.

Spitalfields Market

Le marché couvert de Spitalfields, près de Commercial St (métro : Liverpool St ; carte 6), mérite encore plus le détour. Non seulement il est installé à l'abri des intempéries, mais encore il propose un mélange d'objets d'art et d'artisanat, de fruits et de légumes biologiques, de vêtements rétros ou dans le vent et de livres d'occasion, ainsi que des boutiques ethniques attrayantes disséminées autour de l'aire centrale. En outre, le terrain de football et le train miniature pour les enfants (50 p) permettront d'occuper ceux qui ne veulent pas faire de courses. Ne manquez pas de passer à la *Conservas Rainha Santa* (☎ 247 2802), qui vend de jolies poteries portugaises ainsi que des olives, de l'huile et du miel, et au *2WO* (☎ 377 2454), spécialisé dans les tissages artisanaux et les bijoux d'Asie centrale.

Il est ouvert le dimanche de 8h à 17h. Malheureusement, les promoteurs jetant un regard avide sur ce morceau de terrain londonien de premier ordre, l'avenir du marché s'annonce plus qu'incertain.

Columbia Rd Market

Bien que les visiteurs aient rarement besoin de géraniums ou de pélargoniums, aller faire un tour au marché aux fleurs de Columbia Rd (métro : Old St) est une excellente façon de conclure l'expérience du marché dominical. Pour y arriver, il vous faudra remonter Brick Lane vers le nord, puis suivre Virginia Rd et tourner à droite quand vous déboucherez dans Columbia Rd ; le marché est à environ 100 mètres après un ensemble de tours. Il a lieu entre 8h et 14h. Outre les stands de fleurs, deux cafés modestes et plusieurs boutiques d'art vous accueilleront. Vous pourrez déguster des coques, des moules, des buccins et autres délices de la mer, au stand *Lee's Seafoods*, 134 Columbia Rd, qui est ouvert le vendredi et le samedi de 8h30 à 20h et le dimanche jusqu'à 14h.

Camden Market

Actuellement, le Camden Market (carte 10) s'étend pratiquement de la station de métro Camden Town à celle de Chalk Farm. Pour profiter au mieux de l'animation, prévoyez de venir un week-end, bien que quelques stands soient ouverts la plupart des autres jours.

En marchant vers le nord depuis la station de métro Camden Town, vous verrez tout d'abord l'**Electric Market**, installé dans une ancienne salle de bal. Cette discothèque très fréquentée par les étudiants le vendredi et le samedi soir se transforme en marché le dimanche. On y vend parfois des disques, mais ce sont les vêtements des années 60 qui prédominent. En face, une aire couverte abrite un méli-mélo d'articles en cuir ou de surplus militaires et un café.

Juste après se trouve le **Camden Market** (ouvert du jeudi au dimanche), où sont regroupés des stands de vêtements, de bijoux et autres articles à la mode.

Continuez vers le nord, passez devant les vendeurs de disques piratés et les coiffeurs spécialistes du tressage des cheveux, puis traversez le pont. A droite, vous verrez le **Camden Canal Market** et son bric-à-brac de marchandises du monde entier. Sur la gauche, derrière le marché intérieur relativement récent, se trouve la petite section qui fut à l'origine du marché. Ce coin, juste à côté de l'écluse du canal, héberge des stands très divers qui vendent de l'alimentation, des céramiques, des meubles, des tapis d'Orient, des instruments de musique, des vêtements de stylistes, etc.

De là, vous pourrez longer les **Railway Arches**, qui contiennent principalement des meubles d'occasion. En vagabondant lentement, vous arriverez alors devant **The Stables**, la partie la plus au nord du marché, où il est possible d'acheter des antiquités, de l'artisanat oriental, des tapis et des tapisseries, des meubles en pin et des vêtements des années 50 et 60. Si vous préférez aller directement aux Stables, il existe une entrée dans Chalk Farm Rd ; ce chemin passe devant *Thanh Binh*, 14 Chalk Farm Rd, qui sert de délicieuses nouilles à emporter pour 1,50 £.

Chapel Market
Tous les mardi, mercredi, vendredi et samedi, un excellent marché aux fruits et légumes se tient toute la journée dans Chapel Market St à Islington (métro : Angel), près de Liverpool Rd. Le jeudi et le samedi, les commerçants plient bagage à 12h30.

Greenwich Market
Chaque vendredi, samedi et dimanche, de 9h30 à 17h30, Greenwich (métro : Greenwich BR ; carte 12) accueille un marché couvert d'art et d'artisanat. Vous le découvrirez coincé entre King William Walk et Greenwich Church St. Ce n'est pas forcément là que vous ferez les meilleures affaires, mais si vous cherchez un cadeau, c'est l'endroit idéal pour acheter du verre décoré, des tapisseries, des reproductions, des jouets en bois, etc.

Plus loin, face à l'église St Alfege, se tient également un petit marché d'antiquités. Inutile de dire que vous trouverez là encore les inévitables stands de fringues d'occasion et de bijoux faits main. On y vend aussi des livres, des plantes et toutes sortes d'articles pour la maison. Comme dans tous les marchés du week-end, on peut y dénicher des choses originales, mais on ne trouve pratiquement plus de bonnes affaires depuis cinq ans.

Covent Garden
Si les boutiques de la place de Covent Garden (métro : Covent Garden ; carte 3) sont ouvertes tous les jours, plusieurs marchés ont lieu dans le Jubilee Hall à des jours bien précis : le lundi est réservé aux antiquités, ainsi qu'à un marché aux puces qui commence à 5h ; et du mardi au vendredi, un marché plus général propose des vêtements, des disques, des livres, des bonbons et tout ce que vous pouvez imaginer. Pendant le week-end, un marché d'artisanat s'installe au milieu de la place – on y trouve de jolis objets, mais à des prix souvent inabordables.

Brixton Market
Le *Brixton Market* (métro : Brixton ; carte 14) est un régal cosmopolite. De la boutique The Body Shop à la musique reggae, en passant par des prêcheurs musulmans pleins de bagout, de la viande halal, des fruits et des légumes exotiques, ce marché fait preuve d'éclectisme. Dans Electric Ave et sous la Granville Arcade, vous pourrez acheter des perruques, de la nourriture peu banale comme du poisson tipalia et des œufs du Ghana (ce sont en fait des légumes), des épices bizarres et des remèdes homéopathiques à base de racines, des disques rares ou encore des meubles bas de gamme assez épouvantables.

Il est ouvert du lundi au samedi de 8h30 à 17h30, mais il ferme à 13h le mercredi. Pour le trouver, tournez à gauche en sortant de la station de métro Brixton, puis prenez de nouveau à gauche dans Electric Ave.

Si vous voulez faire des affaires et éviter la cohue, essayez les marchés plus ordinaires de Walthamstow et de Wembley.

Pour toute information concernant les marchés de Smithfield et de Leadenhall, reportez-vous à la rubrique *La City* dans le chapitre *A voir et à faire*.

VÊTEMENTS
Carnaby St (carte 3), derrière la station de métro Oxford Circus près de Liberty, a été le centre du monde dans les années 60 et connaît une sorte de renouveau grâce à la tendance Britpop/cool Britania. Si vous trouvez le coin de trop mauvais goût, Newburgh St, tout proche, rassemble de nombreuses boutiques de vêtements de ville,

telles que Bond (☎ 437 0079), au n°10, et Rock' n' Roll Wardrobe (☎ 439 1163), au n°14a. L'ouest de Soho concentre également quantité de boutiques dans le vent présentant des stylistes branchés, comme *Boxfresh* (☎ 240 4742), 2 Shorts Gardens, et *Duffer of St George* (☎ 379 4660), au n°29.

Il est facile de se laisser intimider par les arcades remplies de magasins à la mode et de croire que seules les "fashion victims" y seront bien accueillies. Néanmoins, sachez que les stylistes de *Hyper-Hyper* (☎ 938 4343), 26-40 Kensington High St W8 (carte 8) et du *Garage* (☎ 352 8653), 181 King's Rd SW3, sont plutôt du genre insistant, et extrêmement désireux de vendre leurs joyeuses guenilles débordantes d'imagination. Alors, contentez-vous de flâner et de faire le tri entre le superbe et l'éminemment ridicule et repérez les étiquettes bon marché. Hyper-Hyper est ouvert du lundi au mercredi et du vendredi au samedi de 10h à 18h (10h-19h le jeudi). Et le Garage, du lundi au samedi de 10h à 18h.

Avec ses trois étages, le *Kensington Market* (☎ 938 4343), 49-53 Kensington High St W8 (carte 8), tient un peu du dinosaure, et se transforme en fournaise en été, mais l'endroit est très amusant. On y vend plus de l'essence de patchouli et du cuir que des vêtements à la mode – c'est pourtant là qu'il faut aller pour trouver des Levis d'occasion, des blousons de l'armée, des bikinis cottes de mailles et des bijoux faits main. Il est ouvert du lundi au samedi de 10h à 18h.

Les boutiques de stylistes suivantes valent le coup d'œil, et vous pourrez toujours vous rabattre sur leurs accessoires :

Katherine Hamnett
(☎ 823 1002), 20 Sloane St SW1
Nicole Farhi
(☎ 499 8368), 158 New Bond St W1
Paul Smith
(☎ 379 7133), 40 Floral St WC2
Red or Dead
(☎ 240 5576), 1 Thomas Neal's Centre, Earlham St WC2
Vivienne Westwood
(☎ 629 3757), 6 Davies St W1
Zandra Rhodes
(☎ 749 3216), 85 Richford St W6

Le prix des choses

De nombreux voyageurs viennent à Londres pour faire des emplettes. Bien que les prix ne soient pas forcément plus bas qu'ailleurs, le choix représente effectivement un argument à prendre en compte, surtout en ce qui concerne les incontournables de la mode anglaise : chaussures Doc Martens, imperméables Burberry, vêtements sur mesure de Jermyn Street et fantaisies en or pour les oreilles (ou le nez, le sourcil, le nombril, etc.).

La liste ci-dessous donne un ordre de prix pour une sélection d'articles. Sauf mention spéciale, ils correspondent à ceux pratiqués dans les boutiques des artères commerçantes et dans les grands magasins.

• Cardigan pour femme en cachemire : à partir de 100 £.
• Robe habillée en soie : à partir de 130 £.
• Jupe Burberry : à partir de 80 £.
• Robe imprimée Laura Ashley : à partir de 70 £.
• Pantalon habillé pour homme en laine : à partir de 80 £.
• Chemise pour homme sur mesure (Jermyn Street) : de 100 à 125 £.
• Chaussures Doc Martens : 40 £ ; bottines Doc Martens : 50 £ (huit trous) et 90 £ (18 trous).
• Chaussures de sport : 60 £.
• Jeans Levi's 501 : de 40 à 50 £.
• Jeans Diesel : à partir de 55 £.
• Tee-shirt Esprit : à partir de 20 £.
• Tee-shirt Benetton en éponge velours (pour homme) : à partir de 30 £.
• CD : entre 11 et 13 £. ∎

Koh Samui (☎ 240 4280), 50 Monmouth St WC2 (métro : Covent Garden/Leicester Square), est une des meilleures boutiques de vêtements anglais branchés. On y trouve les marques d'une vingtaine de stylistes anglais, comme *Abe Hamilton, Justin Oh, Stephen Fuller*, etc.

Pour des vêtements plus classiques, allez chez *Burberry* (☎ 930 3343), 18-22 Haymarket SW1 (métro : Piccadilly Circus) ou chez *Aquascutum* (☎ 734 6090), 100 Regent St W1 (métro : Piccadilly Circus), marques célèbres toutes les deux pour leurs imperméables.

ANTIQUITÉS

Les chineurs d'antiquités feront peut-être quelques trouvailles intéressantes dans Portobello Rd (au bout de Chepstow Village), mais les meilleures affaires sont censées se faire dans Camden Passage ou au Bermondsey Market.

Camden Passage

A l'angle d'Upper St et d'Essex Rd, près d'Islington Green (métro : Angel ; carte 2), vous découvrirez une véritable caverne d'Ali Baba, où tout ce qui se vend dans les boutiques et les stands mérite plus ou moins le nom d'"antiquité". Les commerçants connaissent leur métier, aussi les vraies occasions sont-elles rares, ce qui n'en fait pas moins un lieu agréable où flâner. Le mercredi, jour le plus chargé, l'animation commence à 7h et tout est terminé à 14h. Le samedi, il est intéressant d'y venir jusqu'à 16h. Et le jeudi, un marché du livre d'occasion bat son plein de 7h à 16h.

Bermondsey Market

Bermondsey Market (métro : Borough ; carte 2), à Bermondsey Square, est l'endroit où aller si vous cherchez des jumelles d'opéra, des boules de bowling, des épingles à chapeau, des bijoux fantaisie, de la porcelaine ou tout ce qui pourrait plus ou moins entrer dans la catégorie "objets anciens". Si le marché principal a lieu en extérieur à Bermondsey Square, les entrepôts adjacents abritent le mobilier plus fragile. Pour espérer faire des affaires, il est toutefois recommandé de se lever à l'aube ; le marché commence à environ 4h30 le vendredi et, à midi, tout est plus ou moins fini.

Si vous ne trouvez pas votre bonheur parmi ces stands, tournez dans Bermondsey St où se succèdent les antiquaires. C'est une rue intéressante située dans un quartier préservé et dont quelques entrepôts sont encore équipés d'un système de treuil et de poulies. Juste avant de vous engager dans Bermondsey St, ne manquez pas d'admirer l'ancienne maison de guet dans l'enceinte de St Mary Magdalene. Elle date du XIXe siècle, époque où sévissaient les déterreurs de cadavres, et est actuellement restaurée par l'English Heritage (patrimoine national).

MEUBLES ET ARTICLES POUR LA MAISON
The Conran Shop

The Conran Shop (☎ 589 7401), Michelin House, 81 Fulham Rd SW3 (métro : South Kensington ; carte 8), est la grande idée de Terence Conran, créateur d'Habitat et de plusieurs luxueux restaurants. Désormais, ses intérieurs rustiques de style rétro, ses meubles et ses ustensiles de cuisine sont en vente de façon plus exclusive, et à des prix qui le sont tout autant.

Le charme extraordinaire du magasin tient en grande partie au cadre dans lequel il est situé, la Michelin House, un bâtiment antérieur à la Première Guerre mondiale et impeccablement restauré (voir *Michelin Building* à la rubrique *Chelsea et Knightsbridge* dans le chapitre *A voir et à faire*). Ouvert le lundi, le jeudi et le vendredi de 9h30 à 18h, le mardi de 10h à 18h, le mercredi de 9h30 à 19h, le samedi de 10h à 18h30 et le dimanche de 12h à 17h30.

MATÉRIEL DE CAMPING ET DE RANDONNÉE

La *YHA Adventure Shop* (☎ 836 8541), 14 Southampton St WC2 (métro : Covent Garden ; carte 3), est un magasin parfait

> **Les salles de vente londoniennes**
> Vous rêvez d'acheter des objets haut de gamme sans être découragé par le prix marqué sur l'étiquette ? Le mieux est de passer dans une salle de vente, ces grandes maisons prestigieuses où des Van Gogh s'échangent entre collectionneurs pour des sommes astronomiques. Ces établissements daignent parfois à organiser la vente de futilités plus abordables. Les adresses suivantes sont les plus connues :
>
> *Christie's* (☎ 839 9060), 8 King St SW1 (métro : South Kensington)
> *Sotheby's* (☎ 493 8080), 34 New Bond St W1 (métro : Bond St)
> *Philip's* (☎ 629 6602), 7 Blenheim St W1 (métro : Bond St)
> *Bonhams* (☎ 393 3900), Montpelier St SW7 (métro : Knightsbridge) ■

pour se procurer du matériel de toutes sortes pour le camping et la randonnée. Une succursale est installée 174 Kensington High St W8 (☎ 938 2948 ; carte 8).

Vous pouvez aussi essayer *Trekmate* (☎ 373 2363), 137 Earl's Court Rd SW5 (métro : Earl's Court), qui est situé à côté de l'Adventure Travel Centre et qui vend un grand choix de vêtements en Gore-Tex, de sacs à dos et de chaussures de marche, ainsi que tout l'équipement nécessaire aux balades ou aux randonnées.

Taunton Leisure (☎ 924 3838), 557 Battersea Park Rd SW11 (métro : Clapham Junction), et *Cotswold – The Outdoor People* (☎ 0181-743 2976), 42 Uxbridge Rd W12 (métro : Shepherd's Bush), jouissent également d'une bonne réputation, tandis que le *Nomad Traveller's Store and Medical Centre* (☎ 0181-889 7014), 3-4 Wellington Terrace, Turnpike Lane N8 (métro : Turnpike Lane), possède en stock tous les accessoires (moustiquaires, ceintures porte-monnaie, etc.) dont un futur randonneur peut rêver.

MAGASINS DE MUSIQUE

Si vous recherchez des CD et des cassettes standards, vous les trouverez probablement dans l'un des trois magasins mastodontes de Londres, tous situés dans le West End (carte 3) :

Tower Records (☎ 439 2500), 1 Piccadilly Circus W1 (métro : Piccadilly Circus)
HMV (☎ 631 3423), 150 Oxford St W1 (métro : Oxford Circus)
Virgin Megastore (☎ 631 1234), 14-30 Oxford St W1 (métro : Tottenham Court Rd)

Tower Records est le plus facile à trouver et reste ouvert tard. Ses rayons de jazz, de world music et de musiques de films sont plutôt bons, mais l'ambiance est trépidante et difficile à supporter. *HMV* est parfait pour passer des commandes, pour la musique classique et les catégories spécialisées ; toutefois, là encore, le magasin est bruyant et souvent bondé. Le *Virgin Megastore*, près de Tottenham Court Rd, est de loin le plus agréable. L'aménagement n'est pas toujours très clair, mais en persévérant vous pourrez dénicher de très bonnes affaires.

Londres recèle également d'excellentes boutiques spécialisées, comme la *Ray's Jazz Shop* (☎ 240 3969), 180 Shaftesbury Ave WC2. On y trouve aussi bien du jazz rare que récent, et le personnel est serviable et compétent.

Vous pouvez aussi essayer :

Black Market (☎ 437 0478), 25 D'Arblay St W1 (métro : Oxford Circus)
Dub Vendor (☎ 223 3757), 274 Lavender Hill SW11
Honest Jon's (☎ 0181-969 9822), 278 Portobello Rd W10
Rough Trade (☎ 229 8541), 130 Talbot Rd W11 (métro : Ladbroke Grove ; carte 9)
Trax (☎ 734 0795), 55 Greek St W1

Pour les disques d'occasion et les vinyls rares, passez dans les boutiques suivantes :

Reckless Records (☎ 437 4271), 30 Berwick St W1
UFO Music (☎ 636 1281), 18 Hanway St W1
Kensington Market (☎ 938 4343), 49-53 Kensington High St W8 (carte 8)

LIVRES

Pour ceux qui ont lu le livre ou vu le film *84 Charing Cross Rd*, il est inutile de présenter Charing Cross Rd. C'est le secteur où aller pour tout ce qui concerne la lecture.

Foyle's (☎ 437 5660), 119 Charing Cross Rd W1 (métro : Tottenham Court Road ; carte 3), est la plus grande des librairies de Londres, et de loin la plus mal organisée et la plus déroutante. Il faut cependant voir cet établissement, quitte à filer ensuite chez *Waterstones* (☎ 434 4291), 121-131 Charing Cross Rd, ou chez *Books etc* (☎ 379 6838), juste à côté. La chaîne Waterstones a transformé la façon d'acheter des livres des Londoniens. Leurs nombreux magasins sont bien approvisionnés, l'espace est agréablement aménagé et le personnel est à la fois serviable et compétent. Books etc a tendance à être un peu à la traîne par rapport à son voisin, mais bénéficie d'un léger avantage en ce qui concerne les titres alternatifs et d'avant-garde.

Il existe également de multiples librairies spécialisées dans le quartier : *Sportspages* (☎ 240 9604), 94-96 Charing Cross Rd, dont l'enseigne est explicite à elle seule ; *Murder One* (☎ 734 3485), 71-73 Charing Cross Rd, qui propose une large sélection de romans policiers ; et *Zwemmer* (☎ 379 7886), 24 Lichtfield St, où vous trouverez toutes sortes de livres d'art. *Helter Skelter* (☎ 836 1151), 4 Denmark St, se spécialise dans la musique populaire. Pour tout ce qui concerne les écrits de femmes, allez chez *Silver Moon* (☎ 836 7906), 64-48 Charing Cross Rd WC2 (métro : Leicester Square ; carte 3), qui se présente comme "un monde de femmes écrivains". C'est ouvert du lundi au samedi de 10h à 18h30 (jusqu'à 20h le jeudi).

Plus loin, *Dillons* (☎ 636 1577), 82 Gower St WC1 (carte 5), privilégie les titres académiques. *Gay's the Word* (☎ 278 7654), 66 Marchmont St, Russell Square WC1 (carte 5), s'intéresse aux écrits gays masculins. *Compendium* (☎ 485 8944), 234 Camden High St NW1 (carte 10), rassemble des ouvrages de gauche, du mouvement alternatif et des titres difficiles à trouver. *Books for Cooks* (☎ 221 1992), 4 Blenheim Crescent W11 (métro : Ladbroke Grove ; carte 9), possède une énorme collection de livres de cuisine ; et vous pourrez savourer quelques recettes dans le petit café attenant à la librairie.

Les grandes chaînes disposent d'une bonne sélection de cartes et de guides de voyage, mais il existe également des librairies spécialisées. *Stanfords* (☎ 836 1321), 12 Long Acre WC2 (métro : Covent Garden ; carte 3), propose l'un des plus grands choix du monde dans ce domaine ; des succursales sont installées dans Regent St et dans Campus Travel à Victoria. La *Travel Bookshop* (☎ 229 5260), 13 Blenheim Crescent W11 (carte 9), en face de Books for Cooks, vend tous les nouveaux guides, ainsi qu'une sélection de guides épuisés et anciens. *Daunts Books* (☎ 224 2295), 83 Marylebone High St W1, présente un large choix de guides de voyage et des ouvrages sur d'autres sujets dans une magnifique boutique ancienne. Pour les guides de voyage anciens, essayez aussi *Beaumont Travel Books* (☎ 637 5862), 31 Museum St WC1.

Si vous êtes intéressé par des livres d'occasion à moitié prix, l'une des meilleures adresses est le marché aux livres qui se trouve juste en face du National Film Theatre et qui a lieu, théoriquement, tous les jours, bien que peu de stands soient ouverts lorsqu'il fait mauvais. Les romans contemporains débutent à environ 2,50 £, prix qui monte pour les titres à succès et descend pour les moins connus.

BIJOUX

Si vous cherchez une simple paire de boucles d'oreilles que vous cherchez, allez dans n'importe quel marché ou dans les stands des gares principales. Certaines occasions nécessitent néanmoins de casser sa tirelire. Même si vous n'avez pas les moyens d'y acheter quoi que ce soit, vous aurez peut-être envie de jeter un coup d'œil aux boutiques suivantes :

Cartier
(☎ 493 6962), 175 New Bond St W1
Garrard's
(☎ 734 7020), 112 Regent St W1
Mappin and Webb
(☎ 734 3801), 170 Regents St W1
Tiffany's
(☎ 409 2790), 25 Old Bond St W1

Et si vous faire tatouer ou percer une partie du corps vous tente, *Into You* (☎ 253 5085), 144 St John St EC1, garantit que tout est stérilisé.

ART

Bond St est la rue où flâner pour admirer le genre de tableaux que vous ne pourrez pas vous offrir. Plus réaliste, Bayswater accueille tous les dimanche des artistes en herbe qui accrochent leurs peintures aux grilles de Hyde Park et de Kensington Gardens. Ce que vous trouverez là n'est pas d'une grande originalité et vise principalement les touristes.

ALIMENTATION ET BOISSONS

Naturellement, il existe des magasins d'alimentation ordinaires un peu partout dans Londres, et si les rayons de Harrods et de Fortnum and Mason sont célèbres dans le monde entier, certaines boutiques plus spécialisées méritent d'être citées.

La *Oil and Spices Shop* (☎ 403 4030), Shad Thames SE1 (métro : London Bridge), offre les délicieuses senteurs d'un bazar oriental, ainsi qu'un choix éblouissant d'huiles diverses présentées dans de splendides bouteilles. Elle est située dans le complexe Le Pont de la Tour qui compte également une bonne pâtisserie et un magasin de vins.

A la *Neal's Yard Dairy* (☎ 379 7646), 17 Short's Gardens WC2 (métro : Covent Garden), vous aurez l'occasion de goûter à quelques-uns des fromages anglais les plus surprenants. Si vous n'avez pas le temps d'y passer, il est possible de commander par correspondance. Réputés également, *Paxton and Whitfield* (☎ 930 0250), 93 Jermyn St SW1 (métro : Piccadilly Circus) se vantent d'avoir en stock 300 variétés de fromages.

Simply Sausages (☎ 287 3482), 93 Berwick St W1 (métro : Oxford Circus), est un magasin idéal pour faire ses courses lorsqu'on part en pique-nique. Parmi les nombreuses variétés de saucisses proposées, vous pourrez déguster les saucisses balinaises ou les saucisses végétariennes aux champignons et à l'estragon. En sortant, vous n'aurez plus qu'à passer au marché acheter les légumes et les fruits qui les accompagneront.

Algerian Coffee Stores (☎ 437 2480), 52 Old Compton St W1 (métro : Leicester Square), est *la* boutique où aller pour découvrir différents thés et cafés, notamment le Maragogype, dont le grain est le plus gros du monde.

Chez *Gerry's* (☎ 734 4215), 74 Old Compton Rd W1 (métro : Leicester Square), le nombre d'alcools provenant de pays lointains est impressionnant : rhum de Cuba, pisco du Chili ou vodka à l'herbe de bison, vous aurez l'embarras du choix.

The Tea House (☎ 240 7539), 15 Neal St WC2 (métro : Covent Garden), vend bien sûr toutes sortes de thés, mais aussi des théières et tous les accessoires habituellement associés à ce rituel.

The Hive (☎ 924 6233), 53 Webbs Rd SW11 (métro : Clapham South), se targue de posséder plus de quarante sortes de miel, ainsi qu'une ruche en coupe dans laquelle vous pourrez voir s'affairer les abeilles.

BOUTIQUES SPÉCIALISÉES

Hamley's (☎ 734 3161), 188 Regent St W1 (métro : Oxford Circus ; carte 3), est une caverne d'Ali Baba remplie de tous les jouets imaginables de l'univers. Les prix sont néanmoins élevés, et vous trouverez probablement moins cher ailleurs. Au moment de Noël, la foule qui s'y presse pour s'emparer du dernier jouet en vogue est telle qu'il faut le voir pour le croire.

Des jeux de cartes décorés de divers motifs peuvent s'acheter chez *Jack Duncan Cartoons and Books* (☎ 242 5335), 44 Museum St WC1 (métro : Tottenham Court Rd), à des prix s'échelonnant entre 4 et 10 £. On y trouve également des bandes dessinées publiées dans d'anciens journaux, comme par exemple celles de Steve Bell.

Covent Garden et les rues avoisinantes (notamment Neal St) restent le terrain de prédilection des boutiques uniques et originales. L'idée de rapporter une maquette de théâtre victorien vous séduit ? Alors, courez à la *Benjamin Pollock's Toy Shop* (☎ 379 7866), 44 The Market, Covent Garden WC2 (Covent Garden).

Et si c'est un cerf-volant qui vous tente, le *Kite Store* (☎ 836 1666), 48 Neal st, Covent Garden WC2 (métro : Covent Garden), possède en stock plus d'une centaine de modèles. A côté, *Comic Showcase* (☎ 240 3664), n°26, est le paradis des amateurs de bandes dessinées.

Pour des pantoufles en forme de poisson, des aquariums artificiels et tout ce qui a un rapport avec les poissons, entrez chez *Just Fish* (☎ 240 6277) à Short's Gardens, Covent Garden WC2 (métro : Covent Garden). Une seconde boutique, dans Colombia Rd, est ouverte le dimanche matin.

Comme son nom l'indique, *Papier Marché* (☎ 251 6311), 53 Clerkenwell Close EC1 (métro : Farringdon), vend une multitude d'oiseaux en papier mâché – fous de Bassan, pélicans, pingouins, etc. C'est ici qu'il faut venir également si vous rêvez d'un miroir doublé de fourrure.

Compendia (☎ 0181-293 6616), 10 The Market, Greenwich SE 10 (métro : Greenwich BR), renferme des piles d'échiquiers et d'autres jeux de société, dont une bonne sélection de jeux de voyage. Juste à côté, la *Linen and Lace Company* (☎ 293 9407) vend des objets magnifiques en lin et en dentelle.

Pour tout ce qui vient d'Amérique du Sud, allez faire un tour chez *Tumi* (☎ 485 4152), 23 Chalk Farm Rd NW1 (métro : Chalk Farm ; carte 10), une société qui existe depuis 17 ans et a la réputation de ne pas exploiter ses fournisseurs.

Si vous connaissez quelqu'un qui recherche une pendule de bateau ou une cloche de navire, ou bien encore un puzzle du HMS *Victory*, *Nauticalia* (☎ 480 6805), sur St Katherine's Dock (métro : Tower Hill), est l'adresse à retenir.

Enfin, le *Museum Store* (☎ 240 5760), 37 The Market, Covent Garden WC2 (métro : Covent Garden), propose une grande variété d'objets provenant des musées britanniques et d'Outre-Mer ; c'est un bon endroit à connaître lorsqu'on cherche un cadeau.

Excursions

Rien n'est bien loin en Angleterre : c'est un pays de taille relativement modeste et la majorité des transports partent de Londres. Les environs de la capitale recèlent nombre de buts d'excursion d'une journée. Si vous disposez de peu de temps, adressez-vous à des agences spécialisées (reportez-vous à la rubrique *Circuits organisés* du chapitre *Comment circuler*).

Situés immédiatement à l'ouest de Londres, Windsor et Eton font pour ainsi dire partie de la ville. Whipsnade Wildlife Park, Woburn Abbey et Safari Park, guère plus éloignés, sont accessibles par l'autoroute M1 quittant l'agglomération par le nord-ouest. Comptez cependant deux jours pour explorer ces trois sites.

Au nord de la capitale, Hatfield House et Saint Albans représentent un court trajet en train depuis la gare de King's Cross. Waltham Abbey et la merveilleuse Epping Forest sont encore plus proches. Une journée est également amplement suffisante pour apprécier Bedford.

Déjà dans le Kent mais juste au sud-est de Londres, Orpington abrite Down House, la maison de Charles Darwin. Un peu plus loin, près de Sevenoaks, se dressent les très belles et très originales demeures historiques d'Ightham Mote et de Knole. Le château de Hever, à proximité de Tonbridge, et celui de Leeds, près de Maidstone, complètent l'intérêt de cette région. La visite de Canterbury, à l'est de la capitale, ne vous demandera pas plus d'une journée.

Profitez d'une journée ensoleillée ou d'un week-end pour vous rendre à Brighton, ville charmante et animée de la côte sud. Chessington World of Adventures, zoo et parc à thème à la fois, s'est installé aux abords sud-ouest de Londres.

Ce chapitre tient compte du fait que vous ferez l'aller-retour en une journée à partir de Londres. Pour en savoir plus sur l'hébergement, pour davantage de renseignements ou pour d'autres destinations telles qu'Oxford, Cambridge, Bath, Salisbury, Stonehenge et Stratford-upon-Avon, consultez le guide *Britain* de Lonely Planet.

Si vous utilisez le train pour vous rendre dans le sud-ouest de l'Angleterre, vous pourrez bénéficier d'importantes réductions en prenant une Network Card (reportez-vous à la rubrique *Cartes de réduction* dans le chapitre *Comment s'y rendre*).

WINDSOR ET ETON

Situé à une trentaine de kilomètres seulement du centre de Londres et aisément accessible en train ou en voiture, le château de Windsor est l'une des toutes premières attractions touristiques du pays. La foule s'y presse volontiers. Les week-ends et les mois d'été sont à éviter.

Orientation et renseignements

Le château de Windsor domine la Tamise et la ville du même nom qui s'étend vers l'ouest. Un pont piétonnier sur le fleuve relie Windsor au petit village d'Eton. Vous pourrez facilement visiter ces deux sites en une seule excursion.

Le TIC (office du tourisme, ☎ 01753-852010), 24 High St, ouvre tous les jours de 9h30 à 17h et jusqu'à 18h30 en juillet et en août.

Si vous souhaitez séjourner à Windsor, le *Windsor Youth Hostel* (☎ 01753-861710) vous accueille à Edgworth House, Mill Lane, Clewer. Vous trouverez également plusieurs B&B dans le centre. Le TIC peut vous aider à trouver un hébergement.

Château de Windsor

Perché sur une falaise crayeuse au-dessus du fleuve, le château de Windsor (☎ 01753-831118), l'un des derniers grands châteaux médiévaux encore debout, abrite la famille royale britannique depuis 900 ans. Les premiers bâtiments en bois, entourés d'un mur d'enceinte du même matériau, apparurent en 1070. Reconstruit

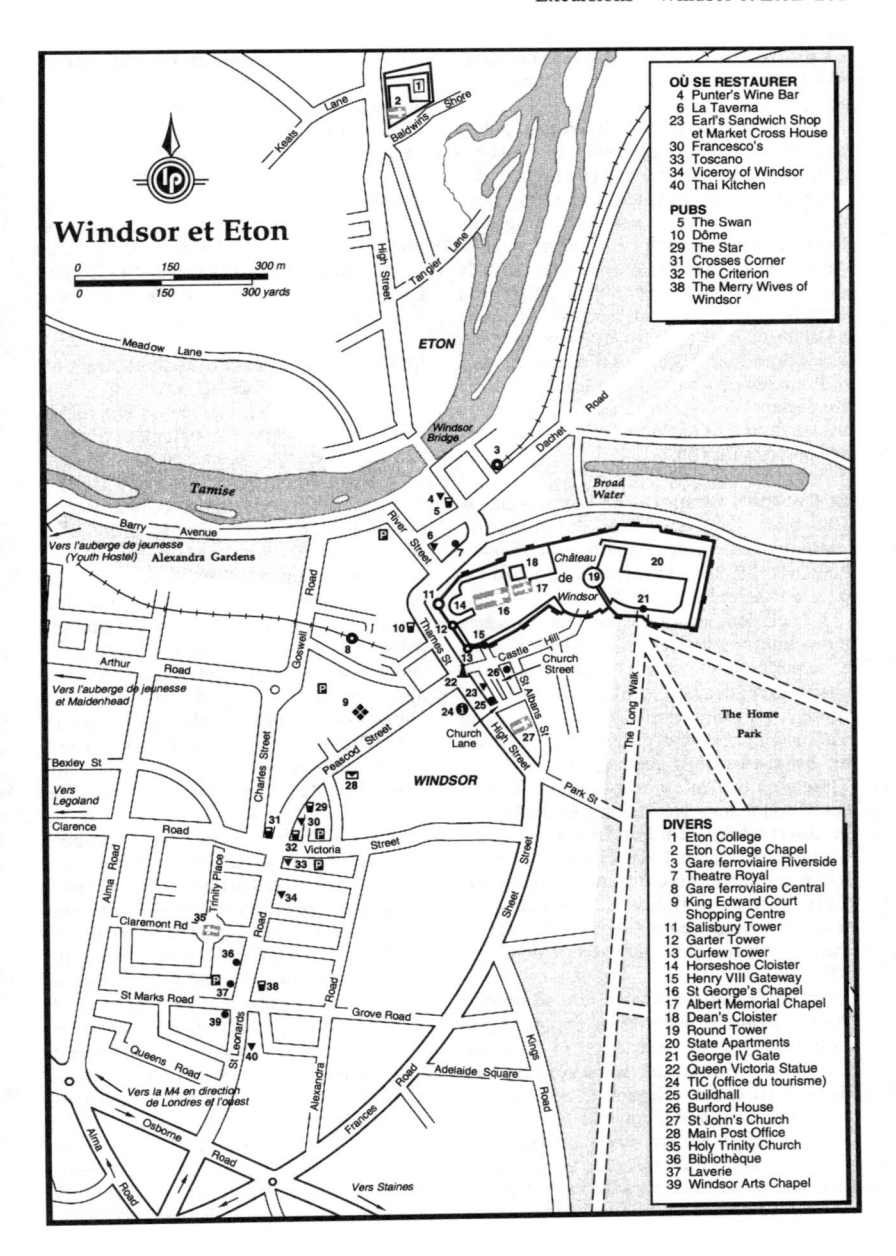

Excursions – Windsor et Eton 261

Windsor et Eton

OÙ SE RESTAURER
- 4 Punter's Wine Bar
- 6 La Taverna
- 23 Earl's Sandwich Shop et Market Cross House
- 30 Francesco's
- 33 Toscano
- 34 Viceroy of Windsor
- 40 Thai Kitchen

PUBS
- 5 The Swan
- 10 Dôme
- 29 The Star
- 31 Crosses Corner
- 32 The Criterion
- 38 The Merry Wives of Windsor

DIVERS
- 1 Eton College
- 2 Eton College Chapel
- 3 Gare ferroviaire Riverside
- 7 Theatre Royal
- 8 Gare ferroviaire Central
- 9 King Edward Court Shopping Centre
- 11 Salisbury Tower
- 12 Garter Tower
- 13 Curfew Tower
- 14 Horseshoe Cloister
- 15 Henry VIII Gateway
- 16 St George's Chapel
- 17 Albert Memorial Chapel
- 18 Dean's Cloister
- 19 Round Tower
- 20 State Apartments
- 21 George IV Gate
- 22 Queen Victoria Statue
- 24 TIC (office du tourisme)
- 25 Guildhall
- 26 Burford House
- 27 St John's Church
- 28 Main Post Office
- 35 Holy Trinity Church
- 36 Bibliothèque
- 37 Laverie
- 39 Windsor Arts Chapel

en pierre en 1165, l'édifice ne cessa de s'agrandir et de se transformer durant tout le XIXe siècle.

Les parties du château ouvertes au public sont généralement accessibles de 10h à 17h30 de mars à octobre (fermeture des guichets à 16h), et jusqu'à 16h30 le reste de l'année. L'été, mais aussi lorsque le temps et les circonstances le permettent, la relève de la garde s'opère à 11h (sauf le dimanche). Les appartements d'État sont fermés lorsque la famille royale séjourne au château, ce qui est invariablement le cas lors des courses hippiques d'Ascot, en juin.

L'entrée du château coûte 8,80/4,40 £. Le dimanche, elle revient à 6,70/3,60 £, la magnifique St George's Chapel n'ouvrant ses portes qu'à 14h.

St George's Chapel. L'un des plus beaux fleurons nationaux de l'architecture gothique tardive, la chapelle fut commencée en 1475, sous le règne d'Édouard IV, pour être achevée en 1528.

La nef, dont les piliers donnent naissance à de superbes voûtes en éventail, illustre avec perfection le style perpendiculaire. La chapelle regorge de **tombes royales** ; ici reposent notamment George V, Marie Tudor, George VI et Édouard IV. L'**oriel en bois** que fit construire Henri VIII à l'intention de Catherine d'Aragon offre un bel exemple du style Tudor. Les **stalles de la Jarretière** tiennent lieu de chœur. Construites entre 1478 et 1485, chaque stalle est surmontée des armoiries (bannière, casque et timbre) de son occupant actuel. Une plaque murale porte le nom de chacun de ceux qui l'ont précédé depuis le XIVe siècle.

Entre les stalles de Jarretière se situe la **Voûte royale**. Elle abrite les dépouilles de George III, de George IV et de Guillaume IV. Sous une autre **voûte** gisent Henri VIII et Jane Seymour, son épouse favorite, ainsi que Charles Ier et sa tête, coupée après la Guerre civile. Lorsque les chevaliers de l'Ordre de la Jarretière se rassemblent en ce lieu, la tradition veut que la reine et le prince de Galles se joignent à eux. L'immense **épée de combat** accrochée au mur est celle d'Édouard III, le fondateur de l'ordre. Les **tombes** de Henri VI, d'Édouard VII et de la reine Alexandra se trouvent également de ce côté.

De St George, on pénètre dans Dean's Cloister et dans l'Albert Memorial Chapel, voisine. Bâtie en 1240, elle devint la première chapelle de l'Ordre de la Jarretière en 1350, jusqu'à la construction de St George's Chapel. A la mort du prince Albert, en 1861, elle fut entièrement restaurée.

Les appartements d'État et autres parties du château. Les appartements d'État (State Apartments) regroupent des pièces réservées à l'usage protocolaire et d'autres aménagées en musée. La restauration de la salle Saint-Georges (St George's Hall) et du grand salon de réception (Grand Reception Room), endommagés par un incendie en 1992, est en voie d'achèvement.

Les appartements d'État ont, comme le reste du château, subi moults transformations et agrandissements, notamment sous le règne de Charles II. De cette époque datent les plafonds chargés d'Antonio Verrio et les boiseries délicatement sculptées de Grinling Gibbons. Georges IV et Guillaume IV ajoutèrent leur propre touche dans les années 1820-1830. Une remar-quable collection d'œuvres d'art orne les murs.

La salle Waterloo (Waterloo Chamber), qui commémore la bataille du même nom, accueille les dîners officiels. Dans la salle de la Jarretière (Garter Throne Room) sont intronisés les nouveaux chevaliers de l'ordre. Le salon du roi (King's Drawing Room), également appelé Rubens Room, arbore trois tableaux du maître. Bien que la chambre d'État (King's State Bedchamber) contienne des œuvres de Canaletto et de Gainsborough, c'est dans la pièce voisine, la chambre du roi (King's Dressing Room), que s'étendait Charles II. Celui-ci ne manquait pas de goût, puisque la pièce renferme quelques-uns des plus beaux tableaux du lieu, réalisés par Van Dyck, Holbein, Rembrandt, Rubens et Dürer, pour ne citer que les plus grands. Le cabinet du roi (King's Closet), où ce même souverain s'enfermait pour travailler, rassemble des peintures de Canaletto, de Reynolds et de Holgarth.

Les appartements de la reine ne sont pas en reste : son salon (Queen's Ballroom) abrite une remarquable collection de Van Dyck. Des 13 plafonds d'Antonio Verrio effectués sous Charles II, seuls trois ont survécu. L'un deux domine le salon d'audience de la reine (Queen's Audience Chamber), tandis qu'un deuxième orne son salon de présence (Queen's Presence Chamber), dont les murs sont revêtus de tapisseries des Gobelins.

L'architecte Sir Edwin Lutyens conçut la **maison de poupées de la reine Marie** (Queen Mary's Dolls' House) en 1923. Cette petite merveille, réalisée à l'échelle 1/12e, pousse la perfection jusqu'à comporter l'eau courante (entrée : 1 £).

Le Legoland de Windsor

Le Legoland (☎ 0990-040404) réjouira les enfants saturés de fastes royaux. Version actualisée du parc implanté au Danemark, ce lieu d'attractions offre, outre les manèges habituels, des reconstitutions en miniature des principaux pôles touristiques européens.

Il ouvre tous les jours de Pâques à septembre, de 10h à 18h (jusqu'à 20h en août), ainsi que les week-ends d'octobre. C'est une distraction onéreuse, à 15/12 £ l'entrée. Le réseau ferroviaire South West propose un billet couplé pour 20,50/14,75 £. Une navette vous conduit au parc depuis la gare de Windsor & Eton Riverside.

Autres curiosités

Dans High St, près de Castle Hill, se dresse le très beau **Guildhall** (hôtel de ville) dont la construction, débutée en 1686, fut achevée trois ans plus tard par Christopher Wren. Celui-ci ne parvint pas à convaincre le Conseil de l'inutilité des colonnes centrales extérieures, qui ne soutiennent que de l'air !

Derrière le Guildhall, la vieille ville s'épanouit au rythme des rues pavées. **Market Cross House**, ostensiblement inclinée, voisine avec l'hôtel de ville. Dans Church St, **Burford House** abritait les amours de Charles II et de Nell Gwyn, sa favorite.

Eton College

Franchissez le Windsor Bridge, le pont piétonnier sur la Tamise, et découvrez cet autre pilier du système de classe britannique qu'est Eton College. La célèbre public school (comprenez école privée) a forgé l'éducation de 18 Premiers ministres et compte aujourd'hui le prince William parmi ses quelque 1 250 élèves.

Plusieurs de ses bâtiments remontent au XVe siècle, époque de sa fondation par Henri VI. L'établissement (☎ 01753-671177) accueille le public de 14h à 16h30 en période scolaire et à partir de 10h30 lors des vacances de Pâques et d'été (entrée : 2,50/2 £). Des visites guidées ont lieu à 14h15 et 15h30 (3,50/3 £).

Où se restaurer

A côté du Guildhall, dans High St, goûtez les délicieux sandwiches et les frites de l'*Earl's Sandwich Shop* (2/ 3 £), installé dans la pittoresque Market Cross House.

Peascod St et St Leonards Rd, son prolongement, offrent un bon choix de restaurants. Le *Francesco's* (☎ 01753-863773), 53 Peascod St, rendez-vous des amateurs de pizzas, de pâtes fraîches et de cappucinos, propose des repas aux environs de 6 £. Également très fréquenté, le *Crosses Corner* (☎ 01753-862867) se situe 73 Peascod St.

La vieille ville recèle nombre de restaurants, notamment dans Church St et Church Lane. Eton High St en est également abondamment pourvue.

Comment s'y rendre

Windsor se trouve à 32 km du centre de Londres. En voiture, le trajet de Windsor à l'aéroport d'Heathrow ne dure que 15 minutes.

Bus

Les bus n°700, 701, 702 ou 718 à destination de Windsor partent de la gare routière de Victoria (Londres) toutes les heures environ. Les bus n°192 (du lundi au samedi) et n°170 (le dimanche) relient Windsor à l'aéroport d'Heathrow. Le dimanche, le bus n°701 partant de Londres dessert également l'aéroport.

Train
Windsor et Eton possèdent deux gares ferroviaires : Central, située dans Thames St en face du château, et Riverside, à proximité du pont menant à Eton.

Depuis Londres, les trains menant à Riverside partent de Waterloo toutes les demi-heures (toutes les heures le dimanche). Le trajet dure 50 minutes. A destination de Central, les départs s'effectuent de Paddington, avec un changement à Slough, à 5 minutes de Windsor ; le voyage dure une demi-heure. Dans les deux cas, un billet aller-retour dans la journée revient à 5,40 £.

Comment circuler
Guide Friday propose des visites commentées de la ville en bus à impériale découvert pour 6,50/2 £. Combinée avec le billet de train, l'excursion revient à 9,40/3,70 £. French Brothers (☎ 01753-851900) organise des promenades en bateau de Windsor à Runnymede, le lieu de la signature, en 1215, de la Grande Charte (30 minutes, 2,90/1,45 £).

WHIPSNADE
A Dunstable, le Whipsnade Wild Animal Park (réserve animalière de Whipsnade, ☎ 01582-872171) constitue une extension du zoo de Londres, initialement destiné à élever en captivité des espèces en voie d'extinction. La plupart de ses 2 500 pensionnaires évoluent dans de vastes enclos. La politique du parc consiste à relâcher 50 animaux dans leur environnement naturel pour chaque bête capturée. Les 243 ha du parc se parcourent en voiture, en petit train ou à pied. La réserve est ouverte tous les jours de 10h à 18h (jusquà 19h le dimanche et jusqu'à 16h de novembre à mars). Le coût de l'entrée s'élève à 8,50/6 £, plus 6,50 £ si vous circulez avec votre propre véhicule. Sachez cependant que la visite en bus à impériale est gratuite. En été, le bus Green Line dessert Whipsnade depuis la gare routière de Victoria (☎ 0181-668 7261).

WOBURN ABBEY ET SAFARI PARK
Woburn Abbey (☎ 01525-290666) désigne en réalité une imposante maison de maître érigée sur le site d'une abbaye cistercienne. Elle abrite la lignée des ducs de Bedford depuis 350 ans. Le corps principal, qui date du XVIIIe siècle, fut agrandi et transformé jusqu'à devenir une confortable maison de campagne. Bien que partiellement démoli en 1950, le bâtiment a conservé toute sa grandeur.

La maison regorge de meubles, de porcelaines et de tableaux, dont un célèbre portrait d'Élisabeth Ire sur fond d'Armada espagnole en déroute.

Les 1 214 ha du parc qui l'entoure sont peuplés de neuf espèces de cerfs, parmi

---

Les croix d'amour

En 1290, à la mort de son épouse Éléonore, le roi Édouard Ier fit marquer d'une croix chaque lieu où le corps passa la nuit, de Harby dans le Nottinghamshire à l'abbaye de Westminster, sa dernière demeure. De ces douze témoignages d'amour, seuls trois ont survécu.

L'une de ces croix se situe à Waltham, au nord de Londres, au milieu d'une route saturée de gaz d'échappement.

La deuxième croix londonienne, fidèle réplique victorienne, se dresse sur le parvis de la gare de Charing Cross, superbement ignorée par la foule des voyageurs (Charing est une déformation de "Chère Reine"). L'original fut conservé à Whitehall jusqu'en 1647. Une statue de Charles Ier la remplace aujourd'hui. ∎

lesquelles le plus grand troupeau de cerfs dits du Père David, disparus de leur Chine d'origine depuis un siècle (une petite horde fut expédiée à Pékin en 1985).

Woburn Abbey, facilement accessible par l'autoroute M1, accueille les visiteurs tous les jours de la fin mars à octobre, de 11h à 16h, et uniquement le week-end de janvier à mars (entrée : 7/2,50 £).

A moins de deux kilomètres, le Woburn Safari Park (☎ 01525-290407) est la plus grande réserve animalière du pays à parcourir en voiture. Elle ouvre de fin mars à octobre, de 10h à 17h, et l'hiver pendant les week-ends, de 11h à 15h (entrée : 9/6,50 £, ou 5,50/4,50 £ en hiver). En visitant d'abord Woburn Abbey, vous bénéficierez d'une réduction de 50%.

WALTHAM ABBEY

Situé immédiatement au nord de Londres mais desservi par la M25, réputée dangereuse, Waltham Cross attire peu de monde. Le lieu mérite pourtant que l'on s'y aventure : il renferme l'abbaye du même nom et l'une des dernières croix d'Éléonore (voir l'encadré plus haut).

En dépit du mélange de styles architecturaux qui la caractérise, la nef de l'abbaye comporte un bel alignement de colonnes normandes tel qu'on peut en voir dans la cathédrale de Durham. Un ingénieux système de miroir monté sur roues permet d'inspecter à loisir le plafond victorien orné de signes du zodiaque. Dans la chapelle de la Vierge (XIVe siècle), les vitraux portent des scènes animalières : ici, un vieux chien de berger contemplant la crèche, là un pigeon de Trafalgar Square voletant au-dessus d'une fontaine. La chapelle recèle également la tombe hors du commun du Sir Edward Dennys (1600). Ses dix enfants y sont représentés, les garçons d'un côté, les filles de l'autre. Deux d'entre eux, peut-être des jumeaux, se tiennent par le bras.

A l'origine, Waltham Abbey fut fondée par le roi Harold, qui connut une triste fin lors de la bataille de Hastings, en 1066. Il repose sous le gazon, derrière l'abbaye.

Comment s'y rendre
Les trains à destination de Waltham Cross quittent Liverpool St toutes les demi-heures environ (4 £ l'aller-retour dans la journée).

EPPING FOREST

Au nord de Waltham Cross, la forêt d'Epping se situe non loin de Chingford. Ces 2 428 ha de végétation indisciplinée s'étirent entre les vallées de Lea et de Roding. Haut lieu de chasse à l'époque des Tudor, Henri VIII y bâtit une maison que sa fille Élisabeth transforma en un charmant **relais de chasse** (Hunting Lodge, ☎ 0181-529 6681), situé dans Rangers Rd. C'est aujourd'hui un petit musée ouvert du mercredi au dimanche, de 14h à 17h (entrée 50 p).

Les descendants des daims introduits dans la forêt par cette même souveraine vivent à présent en toute quiétude au sein du sanctuaire de Birch Hall. Epping offre un cadre idéal pour une journée de plein air, au risque de rencontrer le fantôme de Dick Turpin, un voleur de grand chemin du XVIIIe siècle qui avait fait de la forêt son domaine personnel.

De Liverpool St, il est très facile de gagner Chingford (3,40 £ l'aller-retour dans la journée).

ST ALBANS

Facilement accessible depuis Londres (25 minutes en train), St Albans, dont la cathédrale constitue le principal attrait, est une agréable excursion. Ancienne cité romaine de Verulamium, les vestiges d'un théâtre et du mur d'enceinte sont encore visibles au sud-ouest de la ville.

St Peter's St, le centre de St Albans, est à 10 minutes à pied de la gare. La cathédrale se dresse à l'ouest, au détour de High St.

L'abbaye et cathédrale de St Albans
En 209, Alban, citoyen romain exécuté pour sa foi en la religion chrétienne, devint le premier martyr d'Angleterre. Au VIIIe siècle, Offa, roi de Mercie, fit bâtir une abbaye sur le lieu du supplice. L'église

abbatiale normande, qui date de 1077, conserva une partie de la construction saxonne, tandis que la tour centrale laisse apparaître nombre de briques de l'époque romaine. Après la dissolution des monastères en 1538, l'abbaye devint une église paroissiale. D'importants travaux de restauration eurent lieu en 1877, date à laquelle l'édifice reçut le nom de cathédrale.

L'église renferme la châsse de saint Alban, exposée derrière le presbytère. La tribune de bois qui la surplombe servait de poste de surveillance aux moines pour empêcher les pèlerins de s'emparer des reliques. Une colonne voisine porte une magnifique fresque du XIVe siècle représentant saint Wilfrid.

Les piliers normands de la nef s'ornent de scènes de crucifixion des XIIIe et XIVe siècles.

Autres curiosités

L'intéressant **Verulamium Museum** (☎ 01727-819339), St Michael's St, se consacre à la vie quotidienne au temps des Romains. Il ouvre tous les jours de 10h à 17h30, sauf le dimanche matin (entrée gratuite). Les rues avoisinantes et le parc Verulamium, tout proche, recèlent les vestiges d'une basilique, d'un théâtre et de thermes.

Le musée de St Albans (☎ 01727-819340), Hatfield Rd, livre un aperçu de l'histoire de la ville après l'époque romaine. Il est ouvert du lundi au samedi de 10h à 17h et le dimanche de 14h à 17h (entrée gratuite).

Les **Gardens of the Rose** (jardins de la rose, ☎ 01727-850461) s'étendent à environ 5 km au sud-ouest de la ville. Riches de 30 000 spécimens, ils constituent la plus grande collection de roses au monde. Les jardins se visitent de juin à mi-octobre (entrée : 4 £, gratuite pour les enfants). Du centre-ville, prenez le bus n°321.

Comment s'y rendre

Huit trains par heure partent de King's Cross (Thameslink) vers St Albans (7,50 £).

HATFIELD HOUSE

Au nord de Londres se dresse Hatfield House, la plus impressionnante des demeures anglaises de l'époque dite de Jacques Ier. Ce beau manoir de briques et de pierres fut érigé entre 1607 et 1611 pour Robert Cecil, premier comte de Salisbury et secrétaire d'État d'Élisabeth 1re puis de Jacques Ier. De l'ancien palais Tudor qui abrita une grande partie de l'enfance d'Élisabeth, il ne reste que la salle de réception, restaurée, et une aile convertie en écuries.

L'intérieur est magnifique. Haute de deux étages et occupant toute la largeur de la maison, la salle de marbre (Marble Hall) se couvre de lambris de chêne sculpté. Plusieurs célèbres portraits d'Élisabeth côtoient ceux de nombreux autres souverains anglais, notamment dans la salle à manger. Le grand escalier en chêne s'orne de visages sculptés, dont celui de John Tradescant, le botaniste du XVIIe siècle qui créa les jardins.

De véritables banquets élisabétains, avec troubadours, bouffons et chansons paillardes, sont organisés les mardi, vendredi et samedi à 19h30, ainsi que les jeudi d'avril à septembre. Réservez en appelant le ☎ 01707-262055 (27/29,25 £ selon les jours), où l'on vous renseignera également sur les services de bus au départ de Londres.

Hatfield House (☎ 01707-262823) se situe à une trentaine de kilomètres de la capitale. Elle se visite du mardi au samedi, de 12h à 16h, et le dimanche de 13h à 16h30. Le parc ouvre ses portes de 10h30 à 20h (entrée : 5,50/3,40 £). Le portail principal se situe en face de la gare de Hatfield, desservie par de fréquents trains au départ de King's Cross (25 minutes ; 5,50 £ l'aller-retour dans la journée).

BEDFORD

A 80 km au nord de Londres, Bedford, charmante petite bourgade baignée par l'Ouse, est la ville de John Bunyan, prédicateur et écrivain du XVIIe siècle.

Le TIC (☎ 01234-215226), 10 St Paul's Square, près de High St, propose le guide *John Bunyan's Bedford*, qui recense les lieux rattachés au parcours du saint homme.

Le Bunyan Meeting

Le Bunyan Meeting (☎ 01234-358870), Mill St, désigne l'église bâtie en 1849 sur l'emplacement de la grange où prêcha John Bunyan de 1671 à 1678. Les portes en bronze furent inspirées de celles du baptistère de Florence, œuvre de Ghiberti. Les scènes représentées illustrent *Le Voyage du Pèlerin*. Alors détenu comme otage à Beyrouth, Terry Waite affirma avoir puisé son réconfort dans la contemplation d'une reproduction du vitrail montrant Bunyan au cachot. D'avril à octobre, l'église est ouverte au public du mardi au samedi, de 10h à 16h. A l'heure actuelle, le petit musée dédié à l'écrivain n'ouvre que l'après-midi. Des projets d'agrandissement seraient en cours (entrée : 50/30 p).

Comment s'y rendre

De Londres, la meilleure façon de rejoindre Bedford est de prendre l'un des nombreux trains partant de King's Cross Thameslink (1 heure, 12,60 £ l'aller-retour dans la journée). La plupart des trains s'arrêtent à la gare de Midland. De là, suivez les panneaux jusqu'à High St (10 minutes de marche).

DOWN HOUSE

C'est à Down House (☎ 01689-859119), Luxted Rd, Orpington, dans le Kent, que vécut Charles Darwin, le fondateur de la théorie sur l'évolution. Les récents travaux de restauration placent son bureau et son salon sous un meilleur jour. Le 1er étage est réservé aux expositions temporaires. Ne manquez pas l'adorable jardin victorien entourant la maison.

Celle-ci ouvre du mercredi au dimanche, de 13h à17h30 (entrée : 2,50/1 £, gratuite pour les membres de l'English Heritage).

Pour vous rendre à Down House, prenez un train à Victoria jusqu'à Bromley South, puis le bus n°146.

KNOLE HOUSE

Dans ce pays riche en superbes manoirs, Knole House (☎ 01732-450608) en est incontestablement le joyau.

Construit en grande partie en 1456, il n'atteint certes pas l'âge de certaines demeures dotées d'enceintes médiévales, mais les surpasse néanmoins de par sa grande cohérence de style. Grâce aux soins jaloux de la famille Sackville, propriétaire de Knole House depuis 1566, rien ne semble avoir été modifié depuis le début du XVIIe siècle.

L'écrivain Vita Sackville-West naquit ici en 1892 et son amie Virginia Woolf s'inspira de Knole House et de ses habitants pour écrire *Orlando*.

La maison ne comporte pas moins de 7 cours, 52 escaliers et 365 pièces. L'achat de l'excellent guide est donc fortement recommandé (1,50 £). Knole House ouvre d'avril à octobre, les mercredi, vendredi, samedi et dimanche de 11h à 17h, ainsi que le jeudi de 14h à 17h (la vente des billets s'interrompt à 16h). L'entrée revient à 5/2,50 £ (gratuite pour les membres du National Trust, qui sont également dispensés du prix du parking, fixé à 2,50 £). Le parc ouvre toute l'année.

Comment s'y rendre

Knole House se situe au sud de Sevenoaks, à l'est de la A225. La gare, desservie par la ligne Charing Cross-Tonbridge, se trouve à 2,5 km du site (10 £ l'aller-retour dans la journée).

IGHTHAM MOTE

Dissimulé depuis plus de six siècles au sein d'une étroite vallée boisée du Weald, le manoir médiéval entouré de douves d'Ightham Mote (☎ 01732-810378) ne s'est pas contenté de survivre ; il s'est doucement embelli avec le temps et ce, en dépit des guerres, des tempêtes, des changements de propriétaire et des générations qui s'y sont succédées.

Si certaines parties datent de 1340 environ, le bâtiment actuel se compose d'un véritable puzzle architectural. Une visite guidée vous aidera à démêler l'écheveau des siècles. En dépit de certains ajouts hasardeux, le choix des matériaux (bois, pierre, argile), la taille de la maison et la végétation environnante en font un ensemble harmonieux.

Cette merveille se situe à 10 km environ à l'est de Sevenoaks par la A25 et à 4 km au sud d'Ightham par la A227. Elle est ouverte d'avril à octobre, tous les jours, sauf les jeudi et samedi, de 12h à 17h30, et le dimanche de 11h à 17h30 (entrée : 4/2 £, gratuite pour les membres du National Trust).

CANTERBURY

Canterbury, dans le Kent, s'étend à 92 km de Londres. Le point d'orgue en est sa magnifique cathédrale. Elle s'élève sur le site de l'église Saint-Augustin, qui entreprit de convertir ses concitoyens au christianisme en 597. Le martyre de l'archevêque Thomas Becket en 1170 propulsa l'édifice en tête des lieux de pèlerinages médiévaux, immortalisé dans *Les Contes de Canterbury* de Geoffrey Chaucer.

De toutes les cathédrales britanniques, Canterbury, inscrite au patrimoine mondial, est l'une des plus chargées d'émotion. Même les groupes d'écoliers qui l'investissent ne parviennent pas à modifier l'atmosphère particulière qui y règne. Toutefois, il reste préférable de la visiter en fin de journée.

Gravement endommagée par les bombardements durant la dernière guerre mondiale, la ville de Canterbury souffre de quelques aberrations architecturales. Elle reste néanmoins attrayante et surtout très animée.

Une enceinte médiévale, doublée d'un boulevard périphérique, entoure le centre-ville. Ce dernier se prête merveilleusement à la circulation piétonne, mais certainement pas automobile.

Le TIC (☎ 01227-766567), 34 St Margaret's St, ouvre tous les jours de 9h30 à 17h30. Une visite guidée à pied part du TIC chaque jour à 14h, du 6 avril au 3 novembre, et du lundi au samedi à 11h en juillet et en août (2,50 £, 1 heure 30). Elle vous fait découvrir la cathédrale, King's School et la vieille ville.

La cathédrale de Canterbury

Comme la plupart de ses consœurs, la cathédrale de Canterbury (☎ 01227-762862) s'est transformée au cours des siècles et revêt aujourd'hui plusieurs styles architecturaux. Pour explorer cette église et ses superbes cloîtres, prévoyez une demi-journée.

La cathédrale recèle nombre de trésors cachés et bien des anecdotes émaillent son histoire. Nous ne saurions trop vous conseiller de suivre une visite organisée ; elles démarrent à 10h30, 12h, 14h et 15h (2,80 £, 1 heure). Si la foule vous effraie, des circuits audio-guidés sont à votre disposition (2,50 £, 30 minutes). Du lundi au samedi, la cathédrale ouvre de 9h à 19h de Pâques à septembre, et de 9h à 17h d'octobre à Pâques. Le chœur de l'office du soir résonne à 17h30 en semaine et à 15h15 le samedi. Le dimanche, la cathédrale est ouverte de 12h30 à 14h30 et de 16h30 à 17h30 ; l'office du soir a lieu à 15h15 (entrée : 2/1 £).

L'accès traditionnel à la cathédrale se situe dans l'étroite Mercery Lane qui conduit à Christ Church Gate. Une fois le portail franchi, tournez à droite en direction de l'est pour jouir d'une vue d'ensemble.

L'église originelle Saint-Augustin disparut dans un incendie en 1067. Quelques fragments subsistent de la cathédrale érigée par le premier archevêque normand en 1070. Le feu ravagea à nouveau la moitié orientale du bâtiment en 1174, mais épargna la superbe crypte située sous le chœur.

La cathédrale venait alors d'obtenir le statut de plus important lieu de pèlerinage du pays. Tirant parti du sinistre, Guillaume de Sens créa la première grande construction gothique d'Angleterre, qualifiée de gothique primitif. Une partie de la cathédrale date de cette époque

En 1391 commença la transformation de l'ouest de l'édifice, avec la nef et les transepts sud-ouest et nord-ouest. Le style perpendiculaire s'imposa et inspira les travaux des cent années suivantes pour culminer, en 1500, avec l'achèvement de la Bell Harry Tower. La démarche consista plus à ôter des éléments qu'à ajouter, sans que la façade ne subisse de modifications majeures.

Le **porche sud-ouest**, élevé en 1415 pour commémorer la bataille d'Azincourt, abrite l'entrée principale. Du centre de la nef, la vue plonge vers l'est sur toute la longueur de l'église. Un **vitrail** du XIIe siècle orne le côté opposé.

Du pied de **Bell Harry**, dont la voûte se déploie gracieusement en éventail, on peut admirer d'autres vitraux ayant miraculeusement échappé aux Puritains. Une grille du XVe siècle représentant six rois sépare la nef du chœur.

C'est dans le transept nord-ouest que Becket aurait été assassiné. Un **autel** et une **sculpture** de facture moderne marquent l'endroit du forfait. Juste à côté, la **Lady Chapel** (chapelle de la Vierge) se dote de magnifiques voûtes en éventail de style perpendiculaire. Une volée de marches conduit à la crypte, seul vestige de la cathédrale normande.

La **Chapel of Our Lady** (chapelle Notre Dame), à l'extrémité occidentale de la crypte, renferme quelques-unes des plus belles sculptures romanes d'Angleterre. Saint Thomas reposa dans la partie orientale de la crypte jusqu'en 1220. C'est ici qu'Henri II accepta de recevoir le fouet pour avoir appelé au meurtre de Becket en prononçant ces mots infamants : "qui me débarrassera de ce gêneur en soutane". On dit que nombre de miracles s'opèrent en ce lieu. La **Chapel of St Gabriel** contient plusieurs peintures du XIIe siècle, tandis que la **Black Prince's Chantry** illustre avec beauté le style perpendiculaire. Offerte par le prince en 1363, elle est aujourd'hui utilisée par les huguenots.

La **Chapel of St Michael**, dans le transept sud-ouest, accueille nombre de tombes, dont celle de l'archevêque Stephen Langton, l'un des architectes de la Magna Carta. Le superbe **chœur du XIIe siècle** s'élève progressivement pour rejoindre le **grand autel** et la Trinity Chapel. La grille entourant les stalles du chœur fut ajoutée en 1305. Dans cette enceinte, l'office du soir se célèbre quotidiennement depuis 800 ans. Les archevêques sont consacrés sur la **chaise de saint Augustin**, œuvre du XIIIe siècle.

Les vitraux (XIIIe siècle) éclairant la Trinity Chapel illustrent la vie de saint Thomas. La châsse de celui-ci a disparu mais il reste la tombe en albâtre d'Henri IV, enterré avec son épouse **Jeanne de Navarre**, ainsi que celle du **prince Noir**, ornée de sa célèbre effigie, de son bouclier, de son gantelet et de son épée.

En face de la **St Anselm's Chapel** se trouve la **tombe de l'archevêque Sudbury**. Sa fonction de Chancelier de l'Échiquier lui valut d'être décapité durant la Révolte des paysans de 1381.

A l'extrémité orientale de la cathédrale, sur la droite, un passage mène à Green Court. A l'est se dresse la maison du Doyen et au nord (en face), la brasserie et la boulangerie du XIVe siècle. A l'angle nord-ouest, ne manquez pas le célèbre escalier normand (1151).

Autres curiosités

The Canterbury Tales (☎ 01227-454888), St Margaret's St, présente une reconstitution historique automatisée des célèbres contes de Chaucer. Le lieu ouvre toute l'année de 9h30 à 17h (entrée : 4,85/3,75 £).

Les **Weavers' Houses** (maisons des tisserands) ont conservé leur charme en dépit d'une restauration trop visible. Les réfugiés huguenots qui les habitaient introduisirent le tissage de la soie à Canterbury.

La **porte ouest** (West Gate) de la ville, la seule qui soit encore debout, date du XIVe siècle. Jadis utilisée comme prison, elle renferme à présent un petit musée d'armes et d'armures. Celui-ci est ouvert toute l'année du lundi au samedi, de 11h à 12h30 et de 13h30 à 15h30 (entrée : 60/40 p).

Premier monastère franciscain d'Angleterre, le **Greyfriars Monastery** fut fondé en 1267. Ce charmant prieuré enjambe un petit bras de la Stour. La chapelle, située à l'étage, accueille les visiteurs de mi-mai à septembre, du lundi au samedi, de 14h à 16h.

Le **Canterbury Heritage Museum** (☎ 01227-452747), Stour St, évoque l'histoire de la ville de manière certes exhaustive mais quelque peu aride. Le bâtiment du XIVe siècle, autrefois un hôpital, mérite cependant d'être découvert. De juin à octobre, on ne le visite que le dimanche de 13h30 à 17h. Le reste de l'année, il ouvre de 10h30 à 17h (entrée : 1,90 £/95 p, ou 3,40/1,70 £ avec accès aux musées Roman et West Gate).

Le **Roman Museum** (musée romain) est construit sous Butchery House, en face de la Shakespeare Inn, autour des vestiges d'une maison romaine. Humer les effluves de la cuisine romaine, visiter un marché, manipuler des objets sont quelques-unes des attractions proposées. Un ordinateur vous permet de faire le tour de la maison. Le musée est ouvert toute l'année du lundi au samedi, de 10h à 17h, ainsi que le dimanche de juin à octobre, de 13h30 à 17h 'entrée : 1,90 £/95 p).

En 1538, Henri VIII démolit consciencieusement l'**abbaye de Saint-Augustin** (☎ 01227-767345) : il n'en reste que les fondations (entrée : 1,50 £/75 p, gratuite pour les membres de l'English Heritage).

Où se restaurer

Il Vaticano (☎ 01227-765333), 35 St Margaret's St, propose une excellente cuisine italienne, dont un large choix de pâtes à 4,25/7,95 £. Au bout de St Margaret's St, le *Three Tuns Hotel* offre de bons plats du jour à 4 £ environ. Le *Tuo e Mio Restaurant* (☎ 01227-761471), 16 The Borough, serait, selon certains, le meilleur établissement de la ville. Il sert des plats italiens de qualité pour 8 £ environ.

Petit mais chaleureux, la *Flap Jacques Cafe Creperie*, 71 Castle St, propose des crêpes à la française (1,80/ 4,95 £).

Comment s'y rendre

De nombreux bus National Express (☎ 0990-808080) desservent Canterbury à partir de Londres (8 £ l'aller-retour dans la journée).

Canterbury possède deux gares ferroviaires : East, reliée à Victoria, et West, à Charing Cross et Waterloo (1 heure 45 environ, 15 £ l'aller-retour dans la journée).

SISSINGHURST CASTLE GARDEN

Sissinghurst (☎ 01580-715330) est situé sur la A262, entre Biddenden et Cranbrook. Cadre enchanteur s'il en est, ce ravissant jardin entourant les vestiges d'une demeure élisabétaine fut créé en 1930 par Vita Sackville-West et son époux, Harold Nicholson (membre du groupe de Bloomsbury). Serti dans un écrin de collines boisées, le château cerné de douves et de végétation semble tout droit sorti d'un conte de fées. Au printemps ou en été, on ne peut que succomber aux charmes de la campagne anglaise à la vue de Sissinghurst. Les jardins vous accueillent d'avril à mi-octobre, du mardi au vendredi de 13h à 18h30, et le week-end de 10h à 17h30. Le guichet ouvre à 12h du mardi au vendredi (entrée : 6/3 £, gratuite pour les membres du National Trust).

Comment s'y rendre

La gare la plus proche est celle de Staplehurst, sur la ligne Tonbridge-Ashford. De Charing Cross, l'aller-retour dans la journée revient à 9,30 £. La ligne de bus reliant Maidstone et District's Maidstone à Hastings dessert la gare et Sissinghurst.

CHARTWELL

Chartwell (☎ 01732-866368), au nord d'Edenbridge, désigne la vaste maison de campagne achetée par Winston Churchill en 1922. Il l'habita jusqu'à sa mort et une grande partie de ses objets personnels y sont conservés.

De fin mars à octobre, la maison, seule, est ouverte les samedi, dimanche et mercredi de 11h à 16h30. D'avril à octobre, la maison, le jardin et l'atelier ouvrent les mardi, mercredi et jeudi de 11h à 16h et le week-end de 11h à 17h30. L'accès à la maison et au jardin revient à 5/2,50 £ (gratuit pour les membres du National Trust). A partir de Victoria, prenez un train à destination de Bromley South, puis le metrobus n°746 jusqu'à Chatwell.

HEVER CASTLE

Situé près d'Edenbridge et à quelques kilomètres à l'ouest de Tonbridge, Hever

Castle (☎ 01732-865224) abrita l'enfance d'Anne Boleyn, qui fut la maîtresse d'Henri VIII avant de devenir sa malheureuse épouse. Ce château idyllique, entouré de douves, remonte aux XIIIe et XVe siècles. Restauré par William Waldorf Astor au début des années 1900, il a conservé sa façade Tudor. L'intérieur s'orne de remarquables lambris de style Édouard VII. Le parc, également créé par les Astor, comporte un jardin à l'italienne agrémenté de sculptures classiques.

Hever Castle est ouvert tous les jours de mars à fin novembre, de 12h à 18h (entrée : 6,50/3,30 £, ou 4,90/3 £ pour le jardin seul). La gare la plus proche est celle d'Hever, sur la ligne d'Uckfield, à 1,5 km environ du site. L'aller-retour dans la journée à partir de Victoria coûte 12,20 £.

LEEDS CASTLE

Immédiatement à l'est de Maidstone, Leeds Castle (☎ 01622-765400) est renommé, à juste titre, comme étant l'un des plus jolis châteaux du monde. Semblant tout droit sorti d'un conte, il se dresse sur deux petites îles entourées d'un lac, lui-même environné de vallons boisés. C'est à Henri VIII que l'on doit la transformation de cette forteresse du IXe siècle en palais. Il ouvre tous les jours de 10h à 17h mais sachez que les familles s'y pressent, en particulier le week-end (entrée : 8,50/5,50 £).

Comment s'y rendre

Un bus direct National Express (☎ 0990-808080) quitte chaque jour Victoria à 10h. Il est impératif de réserver. Le billet combiné trajet/entrée revient à 15/11,25 £. Bearsted, sur la Kent Coast Line-Ashford, est la gare la plus proche. De Victoria ou de Charing Cross, le billet train/entrée s'élève à 15,90/7,90 £.

BRIGHTON

A une heure de train de Victoria et à 85 km environ au sud de Londres, Brighton est une des destinations favorites des habitants de la capitale pour le week-end. Désuète et sophistiquée à la fois, cette station balnéaire commença à s'épanouir dans les années 1780, lorsqu'elle accueillit l'excentrique palais d'été destiné à abriter les plaisirs mondains du prince régent, le futur George IV. Brighton tient encore la dragée haute à la capitale en matière de distractions nocturnes, possédant notamment la plus grande discothèque gay de la côte méridionale. Ajoutez à cela une population étudiante dissipée, un large choix de boutiques, une scène culturelle variée et un nombre incalculable de restaurants, pubs et cafés et vous comprendrez l'engouement que suscite cette vénérable cité.

Le TIC (☎ 01273-333755), 10 Bartholomew Square, dispose habituel-lement du guide local des spectacles, *The Punter* (70 p). Sinon, vous pouvez vous le procurer dans un kiosque à journaux.

Le Royal Pavilion

A l'extérieur, l'extravagant Royal Pavilion (☎ 01273-603005) ressemble à un palais indien ; à l'intérieur, il rappelerait plutôt un bouge chinois ! Tout débuta par une amourette de bord de mer. Le prince régent commençait à fréquenter les lieux en compagnie de son oncle, l'imprévisible duc de Cumberland, lorsqu'il succomba aux charmes du site et de Maria Fitzherbert, une habitante de Brighton. Le prince décida alors que la ville accueillerait les distractions royales.

Une première villa de style classique fut érigée en 1787. Ce n'est que quelques années plus tard, en pleine vague orientaliste, que l'actuel pavillon prit forme. John Nash, l'architecte de Regent's Park, est à l'origine de la façade définitive, construite entre 1815 et 1822. Georges pleura d'émotion en découvrant le salon de musique, ce qui confirme l'étrangeté du personnage. Ne manquez pas la visite complète de ce palais.

De juin à septembre, il ouvre tous les jours, de 10h à 18h. D'octobre à mai, il ferme à 17h (entrée : 4,10/2,50 £). Les *Queen Adelaide Tea Rooms*, situées au dernier étage, offrent un cadre idéal pour se reposer et se restaurer simplement (2,80 £ environ).

Autres curiosités

Installé dans un ancien court de tennis couvert, le **Brighton Museum & Art Gallery** (☎ 01273-603005) mêle allègrement meubles Art Déco et Art Nouveau, trouvailles archéologiques, tableaux surréalistes et costumes de scène. Joyau de cette collection, le canapé en forme de bouche de Salvador Dali est fréquemment loué par des particuliers.

Le musée est ouvert tous les jours, sauf le mercredi, de 10h à 17h et de 14h à 17h le dimanche (entrée gratuite).

Le **Palace Pier** et son palais de l'amusement sont le symbole même de Brighton. Ici, s'amuser signifie manger debout et côtoyer des milliers de machines qui clignotent et avalent vos pièces de monnaie en permanence (ouvert tous les jours).

Au sud de North St (et au nord du TIC), les **Lanes** représentent un véritable labyrinthe de ruelles étroites bordées de magasins d'antiquités, de bijouteries et de boutiques de mode. Elles recèlent également certains des meilleurs restaurants et bars de Brighton.

Où se restaurer

Vous n'aurez que l'embarras du choix et nombre d'établissements offrent un bon rapport qualité/prix. Flânez du côté des Lanes ou dirigez-vous vers Preston St, qui remonte du bord de mer près du West Pier. Le *Food for Friends* (☎ 01273-202310), 17 Prince Albert St, un restaurant végétarien qui a fait ses preuves, propose des plats à 5 £ environ. Au cœur du quartier animé de North Laine, l'accueillant *Dorset Street Bar* (☎ 01273-605423), 28 North Rd, est également abordable.

Le *Yum Yum Noodle Bar* (☎ 01273-606777), 22 Sydney St, prépare une bonne cuisine chinoise, malaise et thaïlandaise à des prix raisonnables ; un repas végétarien vous reviendra à 3,50 £.

Comment s'y rendre

National Express affrète 15 bus par jour au départ de Londres (8 £ l'aller-retour dans la journée). Depuis Victoria, 40 trains rapides gagnent Brighton quotidiennement (50 minutes, 13,80 £ l'aller-retour dans la journée). Des trains Thameslink circulent entre King's Cross et de Blackfriars.

CHESSINGTON WORLD OF ADVENTURES

Le Chessington World of Adventures (☎ 01372-727227), Leatherhead Rd, Chessington, dans le Surrey, regroupe un parc à thème et un parc zoologique. De terrifiantes montagnes russes vous attendent. La courte distance qui sépare Chessington de Londres signifie que le parc regorge de monde lorsque le temps se met au beau.

De fin mars à octobre, le site ouvre ses portes de 10h à 17h ou 18h, mais la vente des billets cesse à 15h. En juillet et en août, il reste ouvert jusqu'à 21h30 (la dernière entrée a lieu à 19h). Le tarif est fixé à 17/13,75 £ (15/11 £ couplé avec un billet de bus, 14,50/10,75 £ avec un billet de train).

Comment s'y rendre

Huit ou neuf bus de la Green Line relient quotidiennement Victoria Coach Station à Chessington. Le trajet dure 1 heure 15 (5/2,50 £ l'aller-retour). En train depuis Waterloo vous mettrez une demi-heure (3,70/1,85 £ l'aller-retour).

Index

Les références des cartes sont en **gras**. Les numéros de carte renvoient aux cartes en couleur à la fin de l'ouvrage.

Abbaye de Westminster 10, 94-97, **95**
Achats 249-259
   Alimentation et boissons 258
   Antiquités 255
   Art 258
   Bijoux 257-258
   Boutiques spécialisées 258-259
   Grands magasins 249-250
   Livres 257
   Magasins de musique 256-257
   Marchés 250-253
   Matériel de camping et de randonnée 255-256
   Meubles et articles pour la maison 255
   Vêtements 253-255
Aéroports 74-76
   Gatwick 75
   Heathrow 74-75
   London City 75
   Luton 76
   Stansted 76
Albert Memorial and Visitor Centre 144-145
All Hallows by the Tower 117
Ambassades 41
Anglicanisme 31
Antiquités 255
Apsley House (Wellington Museum) 140
Architecture 22-24
Argent 42-46
Arts 22-30
Avion 63-65
   Compagnies aériennes 64-65
   Depuis/vers l'Irlande 64
   Depuis/vers la Belgique et la Suisse 63
   Depuis/vers la France 63
   Depuis/vers la Grande-Bretagne 64
   Depuis/vers le Canada 64

Bains publics 166-167
Bank 110-111
Bank of England Museum 111
Bankside Gallery 177
Bankside Power Station 177
Banqueting House 12, 99, 171
Barbican 105, 229
Bataille de Hastings 10
Bateau 72-73, 83-85
   Croisières sur les canaux 83
   Depuis/vers l'Irlande 72-73
   Depuis/vers la France 72
   Promenades sur les canaux 85
Battersea 138, **cartes 2 et 14**
Battersea Park 138
Battersea Power Station 138
Bayswater 146, **carte 9**
Bazalgette (Joseph) 15
BBC Experience 92
Bedford 266
Berkeley Square 91
Bermondsey 130-134, **cartes 2 et 6**
Bermondsey Market 255
Bethnal Green Museum of Childhood 128
Bibliothèques 57-58
Bicyclette 71, 81-82
Big Ben 171
Blackheath 152
Blair (Tony) 18
Blanchissage/nettoyage 53
Blitz 16, 109, 136, 176
Bloomsbury 122-126
Blues et folk 236
Boadicée 9, 137
Boleyn (Anne) 12, 271
Bouverie House 174
Bramah Tea & Coffee Museum 131, 178
Brass Rubbing Centre 165
Brentford 163-165, **carte 14**
Brighton 271-272
Britain at War Experience 133-134, 178
British Library 121
British Museum 123-126
Brixton 154, **carte 13**
Brixton (émeutes) 17
Broadgate Centre 178
Brunel's Engine House 165
Buckingham Palace 100-101, 170
Buddhapadipa Temple 155
Burgh House 148
Burlington Arcade 90, 170
Bus 66, 77-78
   Depuis/vers la France 66
   Depuis/vers la Grande-Bretagne 66
Bush House 172

Cabaret Mechanical Theatre 92
Cabarets 233-234
Cabinet War Rooms 99-100, 170
Cafés Internet 244
Camden Market 122
Camden Passage 122
Camden Town 122, **carte 10**
Canary Wharf 22, 24, 129
Canterbury 268-270
Carlyle's House 139
Carnaby St 91, 253
Cartes 37
Cathédrale Saint-Paul 10, 23, 103-104, 169, **104**
Catherine d'Aragon 12
Catholicisme 12
Celtes 9
Cenotaph 98
Central Criminal Court (Old Bailey) 106-107
Chambre des communes 20
Chambre des lords 20
Charing Cross Pier 175
Charles Dickens 15, 24
Charles Ier 12, 98
Chartwell 270
Chaucer 24
Chelsea 138-140, **cartes 2 et 8**
Chelsea Old Church 139-140
Chelsea Royal Hospital 138-139
Chessington World of Adventures 272
Cheyne Walk 138
Chinatown 89, **carte 3**
Chiswick 161-163, **carte 14**
Chiswick House 161-162
Christ Church 179
Christianisme 9
Cinéma 27-28, 231
Circuits organisés 85
City 35-36, 103-118, **carte 6**
Cleopatra's Needle 171, 175
Clerkenwell 126-127, **carte 6**
Climat 18
Clink Prison 177
Clore Gallery 102
Clubs – Discothèques 232-233
Cockney 30
Comédies musicales 27
Commonwealth Institute 145

274 Index

Conran Shop 255
Courses 248
Courtauld Gallery 93-94
Covent Garden 92-93, 169, **carte 3**
Cricket 246
Cromwell (Oliver) 12, 96
Cutty Sark 150-151

Danois 9-10
Danse et ballet 244-245
Désagréments et dangers 58-59
Design Museum 131, 178
Diana (lady) 14, 18
Dicken's House 126
Disraeli 15, 95
Distractions 228-245
   Cabarets 233-234
   Cafés Internet 244
   Cinéma 231
   Clubs – Discothèques 232-233
   Danse et ballet 244-245
   Guides 228
   Manifestations sportives 245
   Musique 234-236
   Pubs et bars 236- 244
   Sorties organisées 245
   Théâtre 228-231
Docklands 22, 27, 128-130, **carte 7**
Douane 41-42
Down House 267
Downing St 99, 171
Dr Johnson's House 108-109
Duke of York's Column 100
Dulwich 153-154, **carte 13**
Dulwich Picture Gallery 154

Ealing 163-165, **carte 14**
Earl's Court 146, **carte 8**
East End 127-128, **cartes 2 et 6**
Écologie et environnement 18-19
Économie 21-22
Édouard le Confesseur 10, 93
Édouard V 10
Édouard VII 15
Église Saint-James 170
Église Saint-Paul 93
Électricité 53
Éléonore de Castille 96
Elgin Marbles 123
Élisabeth 16
Élisabeth Ire 12, 96
Epping Forest 265
Équitation 167
Eton 260-264, **261**
Eton College 263
Euston 121-122, **carte 5**
Excursions 260-272

Fan Museum 165
Faune 19-20
Fawkes (Guy) 12
Fenton House 148
Festival Hall 135
Fleet Street 107-109, **carte 6**
Floral Hal 93
Flore 19
Florence Nightingale 15
Florence Nightingale Museum 137
Football 245-246
Forest Hill 153-154, **carte 13**
Fortnum and Mason 250
Foster (Norman) 24
Freud's House 149
Fulham 146, **carte 13**
Fulham Palace 146

Gabriel's Wharf 175
Galeries 166
Geffrye Museum 128
Géographie 18
George 14
George de Hanovre 13
Gipsy Moth IV 151
Gladstone 15
Globe Theatre 177, 229
Golden Hinde 177
Golf 167
Grand Incendie 10, 12-13, 23, 105, 173-174
Grande Charte 10
Grande Peste 12-13
Green Park 91, 101, **carte 4**
Greenwich 150, **carte 12**
Greenwich Park 152-153
Greenwich Planetarium 152-153
Grosvenor Square 91
Groupe de Bloomsbury 15
Guildhall 109-110
Guildhall Clock Museum 110
Guillaume d'Orange 13
Guillaume le Conquérant 10
Gunnersbury Park Museum 165

Haendel House Museum 165
Ham House 158
Hammersmith 146
Hampstead 147-149, **carte 11**
Hampstead Heath 148-149
Hampton 158-161, **carte 14**
Hampton Court, palais 159-161, **160**
Harrods 249-250
Harvey Nichols 250
Hash (John) 23
Hatfield House 266
Hawksmoor (Nicolas) 23

Hay's Galleria 178
Hayward Gallery 135-136
Hébergement 182-199
   Auberges de jeunesse 183-185
   Auberges indépendantes 185-186
   Bed and Breakfast (B&B) et pensions 188-190
   Camping 183
   Catégorie luxe 197-198
   Catégorie moyenne 190-194
   Catégorie supérieure 194-197
   Hôtel pour enfants 198-199
   Hôtels gay 198
   Locations en meublé 199
   Maisons ou appartements à louer 199
   Petits budget 183
   Résidences universitaires 186-187
   Services de réservation 182-183
   YMCA 187-188
Henri II 10
Henri Tudor 11
Henri VII 96
Henri VII Tudor 11
Henri VIII 11
Heure locale 53
Hever Castle 270
Highgate 147-149, **carte 11**
Hirst (Damien) 30
Histoire 9-18
HMS Belfast 131, 132
Hogarth (William) 13
Hogarth's House 162
Holland Park 141-145, **carte 8**
Horniman Museum 154
Horse Guards 171
Horse Guards Parade 98
House Mill 165
House of Commons 97
House of Detention 127
Houses of Parliament 97-98, 171
Huguenots 13, 22
Hyde Park 140-141, **cartes 2, 8 et 9**

Ightam Mote 267-268
Imperial War Museum 136
Inns of Court 107
Institute for Contemporary Arts (ICA) 100
Institutions politiques 20-21
Internet 52-53
IRA 17, 23, 58, 103, 129
Ironmonger Row Baths 167
Isleworth 163-165, **carte 14**
Islington 122, **carte 2**

Index

Jacques II 13
Jazz 236
Jean sans Terre 10
Jewel Tower 98
Jewish Museum 165
John Wesley's House &
  Museum of Methodism 166
Jones (Inigo) 23, 98
Journaux et magazines 51
Jours fériés 60
Jubilee Gardens 137

Keats 24
Keats House 148
Kensington 141-145, **carte 8**
Kenwood House 148-149
Kew 161-163, **carte 14**
King's Cross 121-122, **carte 5**
King's Rd 140
Knightsbridge 138-140, **carte 8**
Knole House 267

Lambeth 134-137, **cartes 2 et 4**
Lambeth Palace 137
Langue 32
Langue (cours) 168
Leadenhall Market 112
Leeds Castle 271
Leicester Square 89, 169
Leighton House 145
Liberty 250
Linley Sambourne House 145
Littérature 24-26
Livres 49, 51
Lloyd's Bank 173
Lloyd's of London 112
London Aquarium 137
London Canal Museum 165
London Central Islamic Centre
  & Mosque 119
London Docklands Visitor
  Centre 130
London Dungeon 133, 178
London Toy & Model Museum
  165
London Transport Museum 93
Lord's Cricket Ground 119

Madame Tussaud's 120-121
Magna Carta 124
Major (John) 17
Manifestations annuelles 60-61
Mansion House 111
Marble Arch 141
Marble Hill House 158-159
Marchés 250-253
  Berwick St Market 251
  Brick Lane Market 251-252
  Brixton Market 253

Camden Market 252-253
Chapel Market 253
Columbia Rd Market 252
Covent Garden 253
Greenwich Market 253
Petticoat Lane Market 251
Portobello Rd Market 251
Spitalfields Market 252
Marie la Sanglante 12
Marie Stuart 96
Marlowe 26
Martin Tower 114
Marylebone 118-121, **cartes 2 et 5**
Mayfair 91
Métro 76-77
Michelin Building 140
Middlesex Guildhall 98
Mithra (temple) 111
Museum of Garden History 137
Museum of London 104-105
Museum of Mankind 91
Museum of the Moving Image
  135-136
Musical Museum 165
Musique classique 234-235
Musique pop 28-29
Musique rock et pop 236

National Army Museum 139
National Film Theatre 135
National Gallery 88
National Maritime Museum 151
National Portrait Gallery 88-89
Natural History Museum 143-144
Neasden 146-147
Nelson's Column 87
New French Church 180
Normands 10-11
North Woolwich Old Station 165
Notting Hill 146, **carte 9**

Offices du tourisme 37-39
Old Operating Theatre & Herb
  Garret 134
Old Royal Observatory 152
Organismes à connaître 57
Orientation 35-37
Orleans House Gallery 159
Osterley House & Park 164
Oxford St 91
Oxo Tower 24, 176

Palace of Westminster 98
Parliament Square 98
Peabody Building 178
Pepsi Trocadero 90
Pepys (Samuel) 13, 24
Peste noire 10
Photos et vidéo 53

Piccadilly 90-91
Piccadilly Circus 89-90, 169
Pimlico 94-103, **carte 4**
Pinter 26
Piscines 167
Pitshanger Manor 164-165
Planetarium 120-121
Plantagenêts 10-11
Poids et mesures 53
Pollock's Toy Museum 165
Population et ethnies 22
Porchester Spa 166
Poste et communications 47-49, **49**
Primrose Hill 119
Prince Charles 14
Prince Henry's Room 174
Promenades 71, 83, 169-181
  D'Embankment Station à
    Ludgate Circus 171-175, **173**
  De la cathédrale Saint-Paul à
    Trafalgar Square 169-171, **170**
  L'East End, de Liverpool St à
    Tower Gateway 178-181, **179**
  La rive sud, de Hungerford
    Bridge à Tower Bridge 175-178, **176-177**
Promenades guidées 82-83
Pubs et bars 236-244

Queen Elizabeth Hall 135
Queen Mary Rose Gardens 119
Queen's Gallery 101
Queen's House 152

Radha Krishna (temple) 92
Radio et télévision 51-52
Ragged School Museum 166
Ranger's House 152
Regent St 91
Regent's Park 118-121, **carte 2**
Reine Victoria 14
Religion 31
Restaurants 200-227
  Végétariens 201
Révolte des paysans 10
Richard 10
Richard III 11
Richard Rogers 24
Richmond 155-158, **carte 14**
Richmond Park 155, 158
Riverside Studios 146
Rock Circus 90, 169
Romains 9
Royal Academy 170
Royal Academy of Arts 90
Royal Air Force Museum 166
Royal Albert Hall 145

Royal Arcade 91
Royal Court 229
Royal Courts of Justice 94, 172
Royal Exchange 110
Royal Festival Hall 175
Royal Geographical Society 145
Royal Mews 101
Royal National Theatre 135, 175, 229
Royal Naval College 151
Royal Observatory 153
Royal Opera House 93, 169
Rugby 246-247

Saatchi Gallery 119
Safari Park 264-265
Santé 53
Saut à l'élastique 167
Savoy Chapel 171
Saxons 9-10
Science Museum 142-143
Seattle Coffee Company 175
Serpentine Gallery 141
Shakespeare 24, 26, 96
Shakespeare Globe Centre & Theatre 134
Sherlock Holmes Museum 121
Shri Swaminarayan Mandir 147
Shuttle 69-70
Silver Jubilee Walkway 89
Sir John Soane's Museum 107
Sissinghurst Castle Garden 270
Smithfield Market 105
Soho 92, **carte 3**
Somerset House 172
Sorties organisées 245
South Bank 135-136, **135**
Southwark 130-134
Southwark Cathedral 132-133
Speaker's Corner 141
Spencer House 100
Spitalfields Market 179
Spitz 179
Sports nautiques 167
St Albans 265-266
St Bartholomew-the-Great 105
St Bride's Church 108
St Bride's Church 175
St Clement Danes 172
St Dunstan-in-the-West 174
St George's Bloomsbury 123
St James Palace 170
St James's 90
St James's Palace 100
St James's Park 100
St John's Church 126-127
St John's Gate 126-127
St John's Wood 118-121
St Katherine's Dock 118, 129

St Lawrence Jewry 110
St Margaret's Church 98
St Martins-in-the-Fields 89
St Mary-the-Bow 111
St Mary-the-Strand 172
St Olave's House 178
St Pancras Church 121-122
St Pancras Station 121
St Stephen Tower 171
St Stephen Walbrook 111
Stuart 12-14
Sutton Hoo 125
Sutton House 166
Syon House 164

Tate Gallery 102-103
Taxi 80-81
Teddington 158-161, **carte 14**
Temple Bar 173
Temple Church 109, 174
Tennis 167, 247
Thames Barrier 153
Thatcher (Margaret) 17
The Monument 111-112
The Strand 93-94, **carte 3**
The Tipperary 174
Théâtre 26-27, 228-231, **230**
Theatre Museum 93
Tobacco Dock 129
Tour de Londres 112-117, **114**
Tower Bridge 118, 178
Tower Hill Pageant 117-118
Toynbee Hall 180
Trafalgar Square 87-88, 171
Train 66-70, 78
  Depuis/vers l'Europe 69
  Eurostar 70
  Gares ferroviaires 67
  Rail/Ferry 70
Travailler à Londres 61-62
Trocadero Centre 169
Truman Brewery 180
Tudor 11-12
Tunnel sous la Manche 69
Twickenham 158-161, **carte 14**
Twickenham Experience 158
Tyburn Convent 141

Usages et comportements 30-31

Vat House 180
Victoria 14
Victoria & Albert Museum 141-142
Victoria Embankment Gardens 171
Visas et formalités 39-41
Voiture et moto 70, 79-80
  Achat 80

Associations automobiles 80
Code de la route 79
Location de voitures 79
Stationnement 79
Voyager avec des enfants 56-57
Voyager seule 55
Voyageurs handicapés 55-56
Voyageurs homosexuels 55

Wakefield Tower 113
Wallace Collection 91-92
Walpole (Robert) 13
Waltham Abbey 265
Walthamstow 149-150
Wapping 129
Waterloo 134-137, **cartes 2 et 4**
Wellcome Trust 166
Wembley 146-147
Wembley Stadium 147
West End 87-92, **carte 3**
Westminster 94-103, **carte 4**
Westminster Cathedral 101-102
Westminster Hall 98
Whipsnade 264
White Tower 10, 22, 114
Whitechapel Art Gallery 180
Whitechapel Bell Foundry 180
Whitehall 98-99, **carte 4**
Whittington (Dick) 21
Wilde (Oscar) 26
William Morris Gallery 149-150
Wimbledon 154-155
Wimbledon Common 155
Wimbledon Lawn Tennis Museum 154-155
Wimbledon Windmill 155
Winchester Palace 133
Windsor 260-264, **261**
Windsor (château) 260-263
Woburn Abbey 264-265
Woolf (Virginia) 15
Wordsworth 24
World Trade Center 181
Wren (Christopher) 13, 23, 103, 160

Zoo de Londres 120

ENCADRÉS

...ou du café 221
A ne pas manquer à la National Gallery 88
A ne pas manquer au British Museum 124
A ne pas manquer au Science Museum 143
A ne pas manquer au Victoria & Albert Museum 142
A ne pas manquer/Sans intérêt 87
Anguilles et autres douceurs 225
Brève histoire d'un serpent de mer qui finit un jour par montrer sa tête 69
Changement de code 48
Codes téléphoniques 35
Codes téléphoniques 86
Cuisines du monde entier 202
Dessine-moi un plan de métro 77
Flâner sur la Tamise 84
Gog et Magog 175
Ils possèdent le "Savoir" 81
L'heure du thé... 219
La bière, une valeur nationale 237
La petite France 193
Le barbier démoniaque de Fleet Street 108
Le mariage du siècle 14
Le prix des choses 254
Les confréries 110
Les croix d'amour 264
Les églises de Wren 112
Les neuf restaurants préférés de Lonely Planet Londres 214
Les ponts de Londres 156
Les salles de vente londoniennes 256
Les sorties gays et lesbiennes 241
Londres à l'œil ! 44-45
Londres à lire 50
Londres la nuit 232
Londres remporte le gros lot 25
Londres vu d'en haut... et d'en bas 106
Mon beau château 102
Où déguster un bon curry 212
Pas ce soir, dit Joséphine 121
Prêts pour l'entraînement ? 125
Quelle station à Heathrow ? 74
Réservez vos places ! 52
Rois et reines d'Angleterre 11
Se restaurer à petits prix 206-207
Six clubs de foot pour une seule ville 246
Trois fois maire de Londres 21
Une ténébreuse affaire chez les Tudor 117
Wimbledon, le tournoi où l'herbe est plus verte... 247

PHOTOGRAPHIEZ LE TAXI DE LONELY PLANET

Jusqu'en mars 1999, le taxi de Lonely Planet sillonnera les rues de Londres. Photographiez-le et envoyez-nous vos photos ou diapositives : les meilleures pourront être publiées dans notre prochain guide de Londres !

Toutes les photos que nous recevrons seront exposées dans la vitrine de la libairie Stanford, 12-14 Long Acre, Covent Garden, à Londres, au printemps 1999.

Un jury composé de Tony Wheeler, de Lonely Planet, et de Douglas Shatz, de Stanfords, sélectionnera les meilleures photos. Ces dernières seront publiées dans la prochaine édition de ce guide. Les gagnants en recevront un exemplaire gratuit.

DOUG McKINLAY

Pour participer, envoyez votre photo avant le 31 mars 1999, assortie de vos nom et adresse à :
Lonely Planet Taxi Competition
10a Spring Place
Londres NW5 3BH
Royaume-Uni

Les photos resteront la propriété de Lonely Planet et ne seront pas restituées.
Les participants donnent leur accord pour que Lonely Planet utilise ces photographies sous toutes les formes, et ce dans le monde entier.

3615 lonelyplanet (1,29 F/mn)

Un site d'informations inédites, entièrement renouvelées tous les 15 jours. Toutes les news, tous les festivals de l'année. Tous les guides Lonely Planet disponibles.

"Vous trouverez une boîte aux lettres, pour ajouter au contenu des guides votre grain de sel de voyageur averti, et une mine d'informations liées à l'actualité du monde entier : dernières nouvelles du volcan de Montserrat, ouverture d'une route entre Népal et Bangladesh... Signalons enfin une rubrique "fêtes et festivals", excellente et inédite."

Grands Reportages

Le journal de Lonely Planet

Chaque trimestre, nous vous proposons des thèmes de réflexion autour des voyages, des informations de dernière minute (passage de frontière, visas, santé, sécurité...) et les meilleurs conseils rapportés par nos lecteurs. Pour vous abonner gratuitement, écrivez-nous.

www.lonelyplanet.com

"Sans doute le plus simple pour préparer un voyage, trouver des idées, s'alanguir sur des destinations de rêve. Très complet, comme le guide papier."

Libération

Guides Lonely Planet en français

Les guides de voyage Lonely Planet en français sont distribués en France, en Belgique, au Luxembourg, en Suisse et au Canada. Pour toute information complémentaire, écrivez à : Lonely Planet Publications – 71 *bis*, rue Cardinal-Lemoine, 75005 Paris – France.

Afrique du Sud
Voyagez en Afrique australe et laissez-vous surprendre par la diversité de sa culture et son incroyable beauté. On ne peut choisir de meilleur endroit pour observer la faune africaine.

Amsterdam
Découvrez ou redécouvrez la patrie de Rembrandt et de Spinoza, une capitale européenne célèbre pour ses musées, sa vie nocturne et son esprit de tolérance et de liberté.

Australie
Île-continent, l'Australie est une terre d'aventure fascinante grâce à la diversité de ses paysages : la Grande Barrière de Corail, l'Outback, le bush, et Sydney, la future capitale des jeux Olympiques.

Bali et Lombok
Cet ouvrage entraîne les voyageurs à la découverte de la magie authentique du paradis balinais. Lombok, l'île voisine, est restée à l'écart du changement : il en émane une atmosphère toute particulière.

Brésil
Le Brésil, immense territoire mystérieux dont le peuple métissé porte en lui de multiples croyances, s'offre avec chaleur et éclat au voyageur averti et curieux. Vous trouverez dans ce guide tous les conseils pour parcourir le pays sans encombres.

Californie et Nevada
Ce guide donne des éclairages inédits sur la culture américaine, et fournit une description détaillée des nombreux parcs nationaux et réserves naturelles, dont le Yosemite, le Grand Canyon et la Vallée de la Mort.

Cambodge
L'un des derniers pays à avoir ouvert ses frontières aux touristes, le Cambodge permet enfin aux visiteurs d'admirer les superbes vestiges de l'ensemble merveilleux d'Angkor.

Chine
Unanimement cité comme l'ouvrage indispensable pour tout voyageur indépendant se rendant en République Populaire de Chine, cet ouvrage vous aidera à découvrir ce pays aux multiples facettes.

Cuba
Comment résister aux mélopées envoûtantes des *danzón* et de la *habanera* ? Terre de culture, Cuba se prête également à mille et un loisirs sportifs.

Guadeloupe
Découvrez les multiples facettes de l'"île aux belles eaux". Les Saintes, Marie-Galante et la Désirade ne sont pas oubliées.

Guatemala
Visiter ce pays, c'est se rendre dans l'un des berceaux de la civilisation maya. Ce guide donne tous les éléments pour en saisir la complexité culturelle.

Inde
Considéré comme LE guide sur l'Inde, cet ouvrage, lauréat d'un prix, offre toutes les informations pour vous aider à faire cette expérience inoubliable.

Indonésie
Pour un séjour dans la jungle, un circuit à Bali ou à Jakarta, une balade aux Célèbes, ou encore une croisière vers les Moluques, ce guide vous fait découvrir les merveilles de cet archipel.

Jordanie et Syrie
Ces pays présentent une incroyable richesse naturelle et historique… Des châteaux moyenâgeux, des vestiges de villes anciennes, des paysages désertiques et, bien sûr, l'antique Petra, capitale des Nabatéens.

Laos
Le seul guide sur ce pays où l'hospitalité n'est pas qu'une simple légende. Une destination tropicale encore paradisiaque.

Lisbonne
Point le plus à l'ouest de l'Europe, Lisbonne, ville labyrinthe et rayonnante, ouvre son âme au promeneur pugnace et attentif.

Madagascar et Comores
Mélange subtil d'Asie et d'Afrique, Madagascar la francophone joue des contrastes : rizières miroitantes, savanes piquetées de palmiers, tsingy mystérieux, plages parfaites de l'océan Indien comptent parmi les trésors de la Grande Île.

Malaisie et Singapour
Partir dans cette région revient à ouvrir une première porte sur l'Asie. Cette édition, très complète, est un véritable compagnon de voyage.

Maroc
Avec la beauté de ses paysages et la richesse de son patrimoine culturel, le Maroc vous offre ses cités impériales, les sommets enneigés du Haut Atlas et l'immensité du désert dans le Sud.

La collection Guide de voyage est la traduction de la collection Travel Survival Kit. Lonely Planet France sélectionne uniquement des ouvrages réactualisés ou des nouveautés afin de proposer aux lecteurs les informations les plus récentes sur un pays.

Martinique
Des vacances sportives, la découverte de la culture créole ou les plages, ce guide vous ouvrira les portes de ce "département français sous les tropiques" et de ses voisines anglo-saxonnes.

Mexique
Avec 166 cartes détaillées et des milliers de détails pratiques, ce guide vous permettra de consacrer plus de temps à la découverte de la civilisation mexicaine.

Myanmar (Birmanie)
Ce guide donne toutes les clés pour faire un voyage mémorable dans le triangle Yangon-Mandalay-Pagan et explorer des sites bien moins connus.

Népal
Des informations pratiques sur toutes les régions népalaises accessibles par la route, y compris le Teraï. Ce guide est aussi une bonne introduction au trekking, au rafting et aux randonnées en vélo tout terrain.

New York
Guidé par un véritable New-Yorkais, découvrez cette jungle urbaine qui sait déchaîner les passions comme nulle autre ville.

Nouvelle-Zélande
Spectacle unique des danses maories ou activités de plein air hors pair, la Nouvelle-Zélande vous étonnera, quels que soient vos centres d'intérêt.

Québec et Ontario
De Toronto à Montréal, de Québec à l'Ottawa, chaque escale est inédite. A leurs portes, frappent les grandes espaces, les forêts infinies et les lacs par milliers.

Pologne
Des villes somptueuses, comme Cracovie ou Gdansk, aux lacs paisibles et aux montagnes redoutables, pratiquement inconnus des voyageurs, ce guide est indispensable pour connaître ce pays amical et sûr.

République tchèque et Slovaquie
Ces deux républiques européennes, aux racines slaves, présentent de riches intérêts culturels et politiques. Ce guide comblera la curiosité des voyageurs.

Réunion et Maurice
Sila Réunion est connue pour ses volvans, l'île Maurice est réputée pour ses plages. En fait, toutes deux sont à l'image de leurs habitants : contrastées et attachantes. Randonneurs, plongeurs, curieux, ne pas s'abstenir.

Slovénie
Toutes les informations culturelles pour profiter pleinement de la grande richesse historique et artistique de ce tout jeune pays, situé aux frontières de l'Italie, de l'Autriche, de la Hongrie et de la Croatie.

Sri Lanka
Ce livre vous guidera vers des lieux les plus accessibles de Sri Lanka, là où la population est chaleureuse, la cuisine excellente et les endroits agréables nombreux.

Tahiti et la Polynésie française
Culture, archéologie, activités sportives, ce guide sera votre plus précieux sésame pour découvrir en profondeur les attraits des 5 archipels mythiques.

Thaïlande
Ouvrage de référence, ce guide fournit les dernières informations touristiques, des indications sur les randonnées dans le Triangle d'Or et la transcription en alphabet thaï de la toponymie du pays.

Turquie
Des ruines antiques d'Éphèse aux marchés d'Istanbul, en passant par le choix d'un tapis, ce guide pratique vous accompagnera dans votre découverte de ce pays aux mille richesses.

Vietnam
Une des plus belles régions d'Asie qui change à grande vitesse. Grâce à cet ouvrage, vous pourrez apprécier les contrées les plus reculées du pays mais aussi la culture si particulière du peuple vietnamien.

Yémen
Des informations pratiques, des conseils actualisés et des itinéraires de trekking vous permettront de découvrir les anciennes citadelles, les villages fortifiés et les hauts-plateaux désertiques de ce fabuleux pays. Un voyage hors du temps !

Zimbabwe, Botswana et Namibie
Ce guide exhaustif permet la découverte des célèbres chutes Victoria (Zimbabwe), du désert du Kalahari (Botswana), de tous les parcs nationaux et réserves fauniques de la région ainsi que des magnifiques montagnes du Bandberg (Namibie).

Guides Lonely Planet en anglais

Les guides de voyage Lonely Planet en anglais couvrent l'Asie, l'Australie, le Pacifique, l'Amérique du Sud, l'Afrique, le Moyen-Orient, l'Europe ainsi que certaines régions d'Amérique du Nord. Six collections sont disponibles. Les *travel survival kits* couvrent un pays et s'adressent à tous les budgets ; les *shoestring guides* donnent des informations sur une grande région pour les voyageurs à petit budget. Découvrez les *walking guides*, les *city guides*, les *phrasebooks* et les *travel atlas*.

EUROPE

Amsterdam • Austria • Baltic States *phrasebook* • Britain • Central Europe *on a shoestring* • Central Europe *phrasebook* • Czech & Slovak Republics • Denmark • Dublin *city guide* • Eastern Europe *on a shoestring* • Eastern Europe *phrasebook* • Estonia, Latvia & Lithuania • Finland • France • French phrasebook • German phrasebook • Greece • Greek*phrasebook* • Hungary • Iceland, Greenland & the Faroe Islands • Ireland • Italy • Italian phrasebook • Mediterranean Europe *on a shoestring* • Mediterranean Europe *phrasebook* • Paris *city guide* • Poland • Portugal • Portugal *travel atlas* • Prague *city guide* • Russia, Ukraine & Belarus • Russian *phrasebook* • Scandinavian & Baltic Europe *on a shoestring* • Scandinavian Europe *phrasebook* • Slovenia • Spain • Spanish phrasebook • St Petersburg *city guide* • Switzerland • Trekking in Greece • Trekking in Spain • Ukranian *phrasebook* • Vienna *city guide* • Walking in Britain • Walking in Switzerland • Western Europe *on a shoestring* • Western Europe *phrasebook*

AMÉRIQUE DU NORD

Alaska • Backpacking in Alaska • Baja California • California & Nevada • Canada • Deep South • Florida • Hawaii • Honolulu *city guide* • Los Angeles *city guide* • Miami *city guide* • New England • New Orléans *city guide* • New York city • New York, New Jersey & Pennsylvania • Pacific Northwest USA • Rocky Mountains States • San Francisco *city guide* • Southwest USA • USA *phrasebook* • Washington, DC & The Capital Region

AMÉRIQUE CENTRALE ET CARAÏBES

Bermuda • Central America *on a shoestring* • Costa Rica • Cuba • Eastern Caribbean • Guatemala, Belize & Yucatan : La Ruta Maya • Jamaica • Mexico

AMÉRIQUE DU SUD

Argentina, Uruguay & Paraguay • Bolivia • Brazil • Brazilian *phrasebook* • Buenos Aires *city guide* • Chile & Easter Island • Chile & Easter Island *travel atlas* • Colombia • Ecuador & the Galapagos Islands • Latin American Spanish *phrasebook* • Peru • Quechua *phrasebook* • Rio de Janeiro *city guide* • South America *on a shoestring* • Trekking in the Patagonian Andes • Venezuela

ANTARTICA

Antartica

AFRIQUE

Africa-the South • Africa *on a shoestring* • Arabic (Egyptian) *phrasebook* • Arabic (Moroccan) *phrasebook* • Cape Town *city guide* • Central Africa • East Africa • Egypt • Egypt *travel atlas* • Ethiopian(Amharic) *phrasebook* • Kenya • Kenya *travel atlas* • Malawi, Mozambique & Zambia • Morocco • North Africa • South Africa, Lesotho & Swaziland • South Africa *travel atlas* • Swahili *phrasebook* • Trekking in East Africa • West Africa • Zimbabwe, Botswana & Namibia • Zimbabwe, Botswana & Namibia *travel atlas*

Commandes par courrier

Les guides de voyage Lonely Planet en anglais sont distribués dans le monde entier. Vous pouvez également les commander par courrier. En Europe, écrivez à Lonely Planet, Spring house, 10 A Spring Place, London NW5 3BH, G-B. Aux États-Unis ou au Canada, écrivez à Lonely Planet, Embarcadero West, 155 Filbert St, Suite 251, Oakland CA 94607-2538, USA. Pour le reste du monde, écrivez à Lonely Planet, PO Box 617, Hawthorn, Victoria 3122, Australie.

ASIE DU NORD-EST

Beijing *city guide* • Cantonese *phrasebook* • China • Hong Kong, Macau & Gangzhou • Hong Kong *city guide* • Japan • Japanese *phrasebook* • Japanese *audio pack* • Korea • Korean *phrasebook* • Mandarin *phrasebook* • Mongolia • Mongolian *phrasebook* • North-East Asia *on a shoestring* • Seoul *city guide* • Taiwan • Tibet • Tibetan *phrasebook* • Tokyo *city guide*

ASIE CENTRALE ET MOYEN-ORIENT

Arab Gulf States • Arabic (Egyptian) *phrasebook* • Central Asia • Central Asia *phrasebook* • Iran • Israel & Palestinian Territories • Israel & Palestinian Territories *travel atlas* • Istanbul *city guide* • Jerusalem • Jordan & Syria • Jordan, Syria & Lebanon *travel atlas* • Middle East • Turkey • Turkish *phrasebook* • Turkey *travel atlas* • Yemen

OCÉAN INDIEN

Madagascar & Comoros • Maldives & the Islands of the East Indian Ocean • Mauritius, Réunion & Seychelles

SOUS-CONTINENT INDIEN

Bangladesh • Bengali *phrasebook* • Delhi *city guide* • Goa • Hindi/Urdu *phrasebook* • India • India & Bangladesh *travel atlas* • Indian Himalaya • Karakoram Highway • Nepal • Nepali *phrasebook* • Pakistan • Rajastan • Sri Lanka • Sri Lanka *phrasebook* • Trekking in the Indian Himalaya • Trekking in the Karakoram & Hindukush • Trekking in the Nepal Himalaya

ASIE DU SUD-EST

Bali & Lombok • Bangkok *city guide* • Burmese *phrasebook* • Cambodia • Ho Chi Minh City *city guide* • Indonesia • Indonesian *phrasebook* • Indonesian *audio pack* • Jakarta *city guide* • Java • Lao *phrasebook* • Laos • Laos *travel atlas* • Malay *phrasebook* • Malaysia, Singapore & Brunei • Myanmar (Burma) • Philippines • Pilipino *phrasebook* • Singapore *city guide* • South-East Asia *on a shoestring* • South-East Asia *phrase book* • Thai *phrasebook* • Thai *audio pack* • Thai Hill Tribes *phrasebook* • Thailand • Thailand's Islands & Beaches • Thailand *travel atlas* • Vietnam • Vietnamese *phrasebook* • Vietnam *travel atlas*

AUSTRALIE ET PACIFIQUE

Australia • Australian *phrasebook* • Bushwalking in Australia • Bushwalking in Papua New Guinea • Fiji • Fijian *phrasebook* • Islands of Australia's Great Barrier Reef • Melbourne *city guide* • Micronesia • New Caledonia • New South Wales & the ACT • New Zealand • Northern Territory • Outback Australia • Papua New Guinea • Papua New Guinea (Pidgin) *phrasebook* • Queensland • Rarotonga & the Cook Islands • Samoa: American & Western • Solomon Islands • South Australia • Sydney *city guide* • Tahiti & French Polynesia • Tasmania • Tonga • Tramping in New Zealand • Vanuatu • Victoria • Western Australia

ÉGALEMENT DISPONIBLE

Travel with Children • Traveller's Tales

L'HISTOIRE DE LONELY PLANET

Maureen et Tony Wheeler, de retour d'un périple qui les avait menés de l'Angleterre à l'Australie par le bateau, le bus, la voiture, le stop et le train, s'entendirent demander mille fois : "Comment avez-vous fait ?".

C'est pour répondre à cette question qu'ils publient en 1973 le premier guide Lonely Planet. Écrit et illustré sur un coin de table, agrafé à la main, *Across Asia on the Cheap* devient vite un best-seller qui ne tarde pas à inspirer un nouvel ouvrage.

En effet, après dix-huit mois passés en Asie du Sud-Est, Tony et Maureen écrivent dans un petit hôtel chinois de Singapour leur deuxième guide, *South-East Asia on a shoestring*.

Très vite rebaptisé la "Bible jaune", il conquiert les voyageurs du monde entier et s'impose comme LE guide sur cette destination. Vendu à plus de cinq cent mille exemplaires, il en est à sa neuvième édition, toujours sous sa couverture jaune, désormais familière.

Lonely Planet dispose aujourd'hui de plus de 240 titres en anglais. Des traditionnels guides de voyage aux ouvrages sur la randonnée, en passant par les manuels de conversation, les travel atlas et la littérature de voyage, la collection est très diversifiée. Lonely Planet est désormais le plus important éditeur de guides de voyage indépendant de par le monde.

Les ouvrages, à l'origine spécialisés sur l'Asie, couvrent aujourd'hui la plupart des régions du monde : Pacifique, Amérique du Nord, Amérique latine, Afrique, Moyen-Orient et Europe. Ils sont essentiellement destinés au voyageur épris d'indépendance.

Tony et Maureen Wheeler continuent de prendre leur bâton de pèlerin plusieurs mois par an. Ils interviennent régulièrement dans la rédaction et la mise à jour des guides et veillent à leur qualité.

Le tandem s'est considérablement étoffé. Aujourd'hui, la galaxie Lonely Planet se compose de plus de 70 auteurs et 170 employés, répartis dans les bureaux de Melbourne (Australie), Oakland (États-Unis), Londres (Royaume-Uni) et Paris. Les voyageurs eux-mêmes, à travers les milliers de lettres qu'ils nous adressent annuellement et les connections à notre site Internet, apportent également leur pierre à l'édifice.

L'équipe de Lonely Planet est convaincue que les voyageurs peuvent avoir un impact positif sur les pays qu'ils visitent, non seulement par leurs dépenses sur place, mais aussi parce qu'ils en apprécient le patrimoine culturel et les richesses naturelles.

Par ailleurs, en tant qu'entreprise, Lonely Planet s'implique financièrement dans les pays dont parlent ses ouvrages. Ainsi, depuis 1986, une partie des bénéfices est versée à des organisations humanitaires et caritatives qui œuvrent en Afrique, en Inde et en Amérique centrale.

La philosophie de Tony Wheeler tient en ces lignes : "J'espère que nos guides promeuvent un tourisme responsable. Quand on voyage, on prend conscience de l'incroyable diversité du monde. Nos ouvrages sont, certes, des guides de voyage, mais n'ont pas vocation à guider, au sens littéral du terme. Notre seule ambition est d'aiguiser la curiosité des voyageurs et d'ouvrir des pistes."

LONELY PLANET PUBLICATIONS

Australie
PO Box 617, Hawthorn, 3122 Victoria
☎ (03) 9 9819 1877 ; Fax (03) 9 9819 6459 e-mail :
talk2us@lonelyplanet.com.au

États-Unis
Embarcado West, 155 Filbert St., Suite 251, Oakland CA 94607-2538
☎ (510) 893 8555 ; Fax (510) 893 8563
N° Vert : 800 275-8555
e-mail : info@lonelyplanet.com

Royaume-Uni et Irlande
Spring House, 10 A Spring Place,
London NW5 3BH
☎ (0181) 742 3161 ; Fax (0181) 742 2772
e-mail : 100413.3551@compuserve.com

France
71 bis, rue du Cardinal-Lemoine,
75005 Paris
☎ 01 44 32 06 20 ; Fax 01 46 34 72 55
e-mail : 100560.415@compuserve.com
Minitel 3615 lonelyplanet (1,29 FF/mn)

World Wide Web : http://www.lonelyplanet.com.au

Le Grand Londres

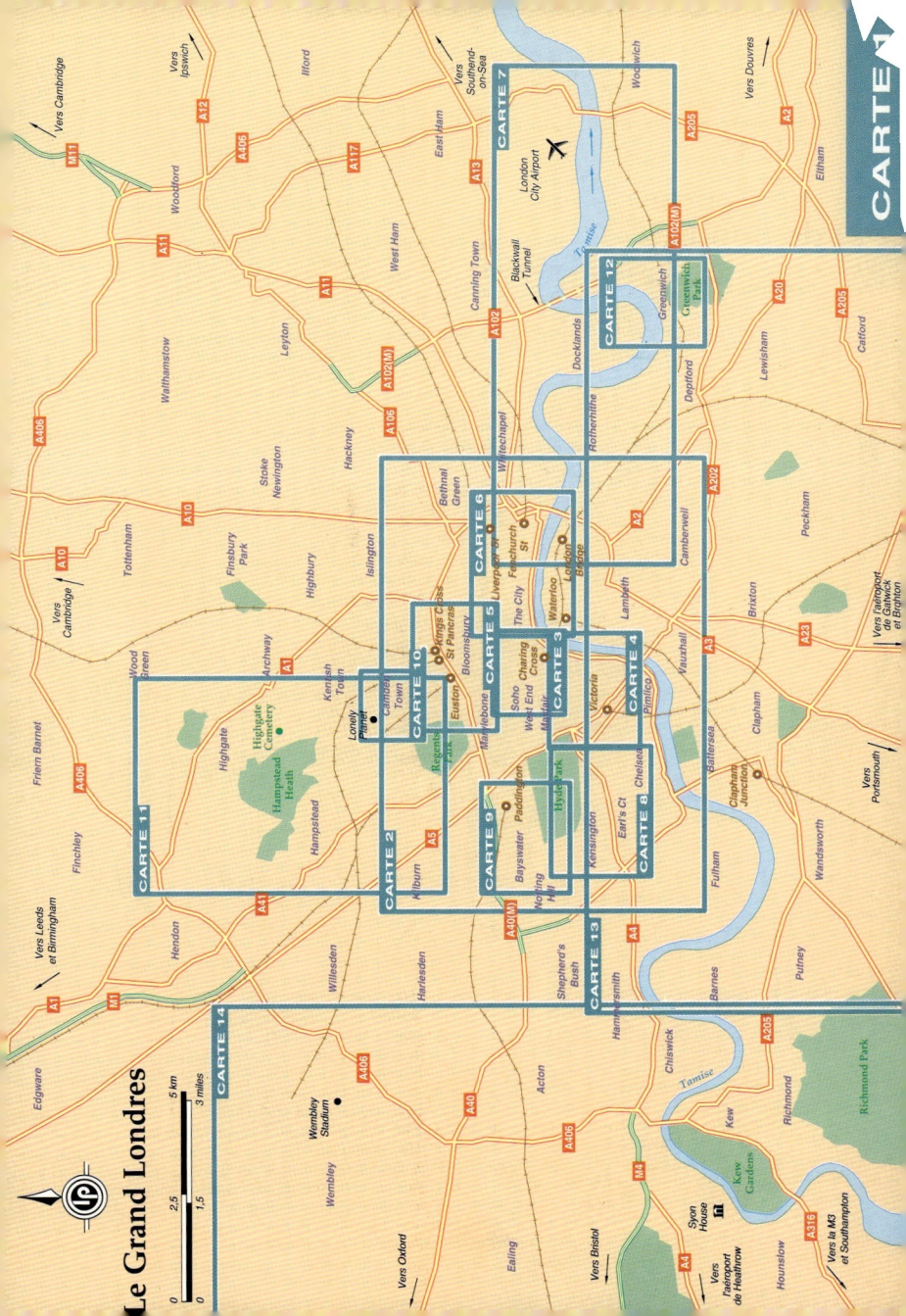

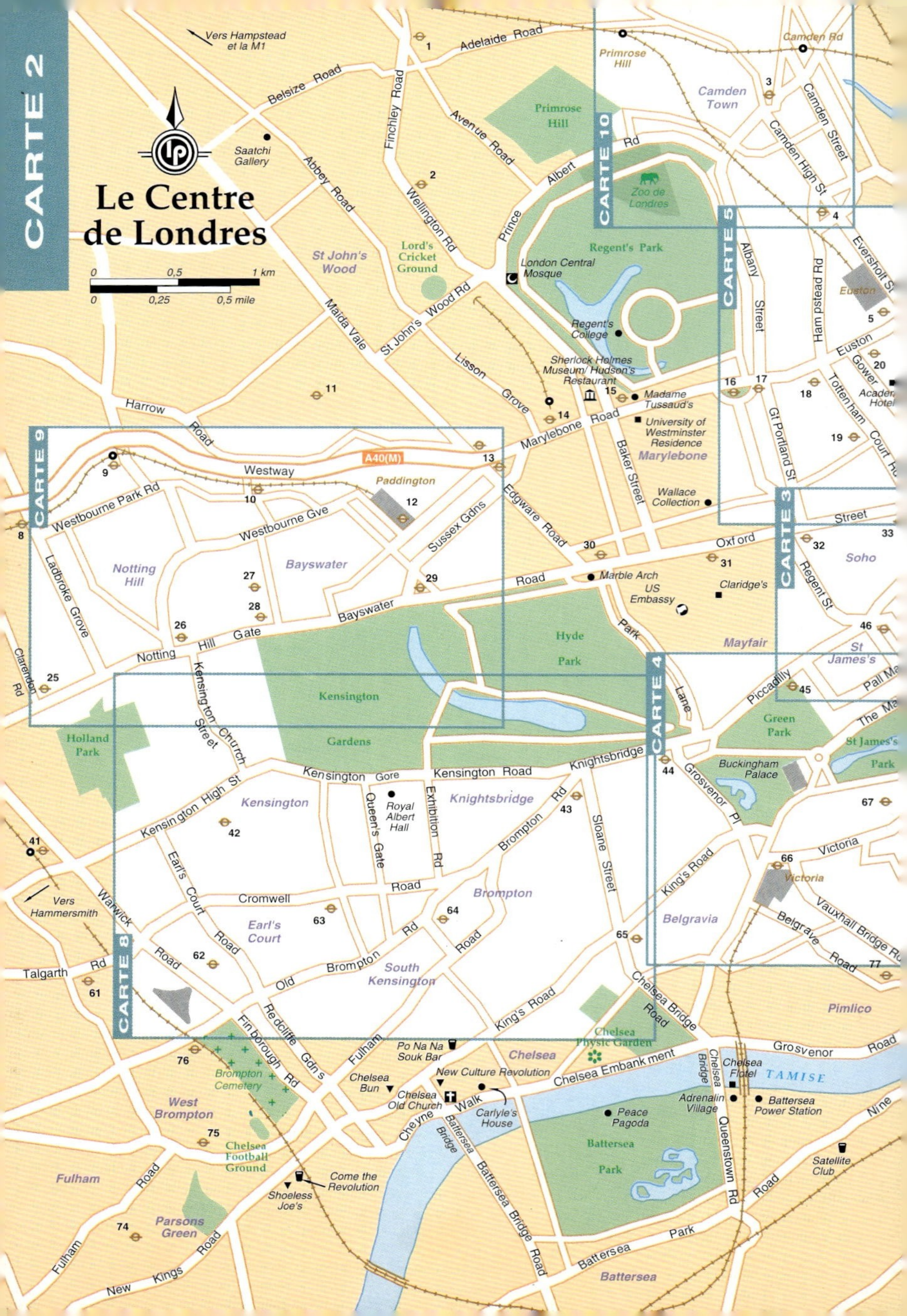
CARTE 2
Le Centre de Londres
0 0,5 1 km
0 0,25 0,5 mile
Vers Hampstead et la M1
Saatchi Gallery
Belsize Road
Adelaide Road
Finchley Road
Avenue Road
Abbey Road
Wellington Rd
Primrose Hill
Camden Town
Camden Rd
Camden Street
Camden High St
Zoo de Londres
Albert Rd
Prince Albert Rd
Lord's Cricket Ground
St John's Wood
St John's Wood Rd
Maida Vale
London Central Mosque
Regent's Park
Regent's College
Albany Street
Hampstead Rd
Eversholt St
Euston
Euston Rd
Gower St
Tottenham Court Rd
Academy Hotel
Lisson Grove
Sherlock Holmes Museum/ Hudson's Restaurant
Madame Tussaud's
University of Westminster Residence
Marylebone
Marylebone Road
Baker Street
Gt Portland St
Harrow Road
Westway
A40(M)
Paddington
Westbourne Park Rd
Westbourne Gve
Sussex Gdns
Edgware Road
Wallace Collection
Oxford Street
Soho
Regent St
Notting Hill
Bayswater
Bayswater Road
Ladbroke Grove
Marble Arch
US Embassy
Claridge's
Notting Hill Gate
Clarendon Rd
Hyde Park
Park Lane
Mayfair
St James's
Piccadilly
Pall Mall
The Mall
Kensington Gardens
Holland Park
Kensington Church Street
Green Park
St James's Park
Buckingham Palace
Kensington Gore
Kensington Road
Knightsbridge
Kensington High St
Kensington
Royal Albert Hall
Queen's Gate
Exhibition Rd
Brompton Rd
Sloane Street
Grosvenor Pl
Victoria
Victoria St
Vers Hammersmith
Warwick Road
Earl's Court Road
Cromwell Road
Earl's Court
Brompton
Brompton Road
King's Road
Belgravia
Belgrave Road
Vauxhall Bridge Rd
Talgarth Rd
Old Brompton Road
South Kensington
Chelsea Bridge Road
Pimlico
Fin borough Rd
Redcliffe Gdns
Fulham Road
Chelsea Physic Garden
Grosvenor Road
Po Na Na Souk Bar
Chelsea
New Culture Revolution
Chelsea Embankment
Chelsea Bridge
Chelsea Hotel
TAMISE
Brompton Cemetery
Chelsea Bun
Chelsea Old Church
Cheyne Walk
Carlyle's House
Adrenalin Village
Battersea Power Station
Peace Pagoda
West Brompton
Battersea Bridge
Battersea Park
Queenstown Rd
Nine Elms
Chelsea Football Ground
Satellite Club
Fulham
Come the Revolution
Shoeless Joe's
Parsons Green
Battersea Bridge Road
Battersea Park Road
Battersea
Fulham Road
New Kings Road
CARTE 10
CARTE 5
CARTE 3
CARTE 9
CARTE 4
CARTE 8
1 2 3 4 5 8 9 10 11 12 13 14 15 16 17 18 19 20 25 26 27 28 29 30 31 32 33 41 42 43 44 45 46 61 62 63 64 65 66 67 74 75 76 77

Stations de métro
(BR = British Rail)

- 39 Aldgate
- 40 Aldgate East
- 7 Angel
- 15 Baker St
- 56 Bank
- 23 Barbican
- 27 Bayswater
- 53 Blackfriars (BR)
- 31 Bond St
- 72 Borough
- 3 Camden Town
- 55 Cannon St (BR)
- 35 Chancery Lane
- 49 Charing Cross (BR)
- 51 Covent Garden
- 63 Earl's Court
- 13 Edgware Rd
- 82 Elephant & Castle (BR)
- 50 Embankment
- 5 Euston (BR)
- 20 Euston Square
- 22 Farringdon (BR)
- 76 Fulham Broadway
- 64 Gloucester Rd
- 19 Goodge St
- 17 Great Portland St
- 46 Green Park
- 43 High St Kensington
- 34 Holborn
- 25 Holland Park
- 45 Hyde Park Corner

Stations de métro
(suite)

- 81 Kennington
- 42 Kensington (Olympia) (BR)
- 6 King's Cross St Pancras (BR)
- 44 Knightsbridge
- 8 Ladbroke Grove
- 71 Lambeth North
- 29 Lancaster Gate
- 48 Leicester Square
- 38 Liverpool St (BR)
- 73 London Bridge (BR)
- 54 Mansion House
- 30 Marble Arch
- 14 Marylebone (BR)
- 36 Monument
- 37 Moorgate (BR)
- 4 Mornington Crescent *(fermée pour travaux)*
- 26 Notting Hill Gate
- 24 Old St (BR)
- 80 Oval
- 32 Oxford Circus
- 12 Paddington (BR)
- 75 Parsons Green
- 47 Piccadilly Circus
- 78 Pimlico
- 28 Queensway
- 16 Regent's Park
- 74 Rotherhithe
- 10 Royal Oak
- 21 Russell Square
- 60 Shadwell
- 66 Sloane Square
- 65 South Kensington
- 68 St James's Park
- 2 St John's Wood
- 36 St Paul's
- 83 Stockwell
- 1 Swiss Cottage
- 52 Temple
- 33 Tottenham Court Rd
- 58 Tower Hill
- 59 Tower Gateway (DLR)
- 79 Vauxhall (BR)
- 67 Victoria (BR)
- 61 Wapping
- 18 Warren St
- 11 Warwick Avenue
- 70 Waterloo (BR)
- 9 Westbourne Park (BR)
- 77 West Brompton
- 62 West Kensington
- 69 Westminster
- 41 Whitechapel

CARTE 3

CARTE 3
CARTE 4
CARTE 5
CARTE 6
West End
0 100 200 m
0 100 200 yards
Voir la carte South Bank - Arts Compex
Vers Bloomsbury
Vers la City
Vers Marble Arch
Vers Hyde Park Corner
Vers Buckingham Palace et Victoria
Accès limité, 7h-19h, du lundi au vendredi
SOHO
MAYFAIR
ST JAMES'S
Lincoln's Inn Fields
Victoria Embankment Gardens
Green Park
Tamise
South Bank
Tottenham Court Rd
Oxford Circus
Piccadilly Circus
Leicester Square
Covent Garden
Charing Cross
Charing Cross Station
Embankment
Cambridge Circus
Trafalgar Square
Admiralty Arch
Waterloo Bridge
Hungerford Bridge
Regent Street
Great Portland Street
Great Titchfield Street
Wells Street
Eastcastle St
Berners Street
Newman Street
Hanway St
New Oxford Street
Bloomsbury St
Museum St
Newton St
Oxford Street
Soho St
Soho Square
Sutton Row
St Giles High Street
High Holborn
Great Queen Street
Kingsway
Lincoln's Inn Fields
Wild Street
Drury Lane
Endell Street
Betterton St
Shorts Gardens
Neal Street
Shaftesbury Avenue
Mercer Street
Monmouth Street
Earlham Street
Shelton Street
Langley St
Tower St
West St
Litchfield St
Upr St Martin's La
Long Acre
Floral Street
James Street
Bow Street
Broad Ct
Crown Ct
Russell Street
Catherine St
Wellington St
Aldwych
Melbourne Pl
Strand
Tavistock St
Exeter St
Southampton St
Henrietta St
King Street
Maiden Lane
Bedford Street
Garrick St
New Row
Bedfordbury
St Martin's Lane
Chandos Place
William IV Street
Lancaster Place
Savoy St
John Adam Street
Villiers Street
Craven Street
Northumberland Avenue
Whitehall
The Mall
Pall Mall
Pall Mall East
Cockspur St
Duncannon St
St Martin's Pl
Charing Cross Rd
Irving Street
Orange Street
Whitcomb St
Panton St
Haymarket
Coventry Street
Cranbourn St
Bear St
Newport St
Gerrard Street
Chinatown
Lisle Street
Wardour Street
Rupert St
Shaftesbury Avenue
Denman St
Gt Windmill St
Brewer Street
Glasshouse Street
Sherwood St
Golden Sq
Beak Street
Lexington Street
Great Pulteney St
Peter St
Berwick St Market
Broadwick Street
Old Compton Street
Romilly St
Greek Street
Frith Street
Dean Street
Bateman St
Manette St
Poland Street
D'Arblay St
Berwick St
Noel Street
Hollen St
Great Chapel St
Marlborough Street
Great Marlborough Street
Ramillies Place
Argyll St
Hanover St
Maddox St
Conduit Street
Savile Row
Clifford St
New Bond Street
Old Bond Street
Albemarle Street
Dover Street
Burlington Gardens
Burlington Arcade
Vigo St
Sackville Street
Warwick Street
Kingly Street
Carnaby Street
Foubert's Place
Marshall Street
Piccadilly
Jermyn Street
Duke of York St
St James's Square
Charles II Street
Waterloo Square
Duke Street
St James's Street

OÙ SE LOGER

- 5 Oxford St Youth Hostel
- 16 Hazlitt's
- 27 High Holborn
- 35 Fielding Hotel
- 53 Waldorf Hotel
- 77 Strand Palace Hotel
- 98 Regent Palace Hotel
- 115 Savoy Hotel
- 121 The Hampshire Hotel
- 127 Brown's
- 142 The Ritz

OÙ SE RESTAURER

- 4 Star Café
- 9 Yo Sushi
- 11 Pizza Express
- 12 Nusa Dua
- 13 Dell'ugo
- 17 Mildred's
- 18 Gay Hussar
- 24 Monmouth Coffee Company
- 25 Neal's Yard Salad Bar
- 28 Rock & Sole Plaice
- 29 Diana's Diner
- 30 Designer Sandwiches
- 31 Food for Thought
- 32 Belgo Centraal
- 36 Stockpot
- 37 Pollo
- 39 Living Room et Gopal's of Soho
- 40 Garlic & Shots
- 41 Compton St Café
- 42 Bar Italia
- 43 Chiang Mai
- 45 Pâtisserie Valerie
- 46 French House Pub et Dining Room
- 47 Kettners
- 48 Maison Bertaux
- 50 Café Pacifico
- 51 Café des Amis du Vin
- 58 The Ivy
- 59 Bunjies
- 60 Freedom Café
- 61 Mezzo
- 62 Wagamama
- 65 Melati
- 75 Joe Allen
- 79 Rules
- 81 Porters
- 83 Gaby's Continental Bar
- 87 Tokyo Diner
- 89 Poons
- 90 Wong Kei
- 93 New Piccadilly
- 94 Momo
- 96 L'Odéon
- 97 Atlantic Bar & Grill
- 99 Rock Island Diner
- 103 Planet Hollywood
- 105 Cheun Chen Ku ; Jade Garden
- 106 Fashion Café
- 109 Capital Radio Café
- 111 Sofra
- 112 Mr Wu
- 113 Café Pelican
- 116 Simpson's-in-the-Strand
- 122 Stockpot
- 124 The Criterion
- 130 The Wren at St James
- 132 Football Football
- 134 Sports Café

PUBS, DISCOTHÈQUES

- 2 100 Club
- 6 Hanover Grand
- 7 Flamingo Bar
- 14 Dog & Duck
- 15 Riki Tik
- 19 Astoria
- 20 Velvet Underground
- 21 Borderline
- 23 Moon Under Water
- 26 Freud
- 33 Browns
- 38 Three Greyhounds
- 44 Ronnie Scott's
- 49 Coach & Horses
- 63 Emporium
- 66 Village Soho & The `O' Bar
- 69 Lamb & Flag
- 72 Rock Garden ; Gardening Club
- 74 Punch & Judy
- 84 Cork & Bottle
- 88 Polar Bear
- 91 Bar Rumba
- 92 Thunder Drive
- 95 Legends
- 101 Café de Paris
- 104 Waxy O' Connors
- 107 All Bar One
- 110 Moon Under Water
- 123 Comedy Store
- 139 Gordon's
- 140 Heaven

DIVERS

- 1 HMV Records
- 3 Virgin Megastore
- 8 Liberty
- 10 Black Market Records
- 22 Foyle's Bookshop
- 34 Peacock Theatre
- 52 Royal Opera House
- 54 India House
- 55 Australia House
- 56 London Transport Museum
- 57 Theatre Museum
- 64 Hamley's
- 67 Silver Moon (librairie)
- 68 Photographers' Gallery
- 70 Stanfords
- 71 The Africa Centre ; Calabash Restaurant
- 73 Covent Garden Market
- 76 Courtauld Gallery ; Somerset House
- 78 YHA Adventure Shop ; Campus Travel
- 80 St Paul's Church
- 82 Globetrotters Club
- 86 Prince Charles Cinema
- 100 Rock Circus
- 102 Pepsi Trocadero
- 108 Half-Price Ticket Booth
- 114 Coliseum/English National Opera
- 117 Poste de Trafalgar Square
- 118 St Martin's in the Fields ; Café in Crypt
- 119 National Portrait Gallery
- 120 National Gallery
- 125 Tower Records
- 126 Royal Academy of Arts
- 128 Royal Arcade
- 129 Fortnum & Mason
- 131 British Travel Centre
- 133 American Express
- 135 New Zealand House
- 136 Canada House
- 137 Nelson's Column
- 138 South Africa House
- 141 Scottish Tourist Board

CARTE 4

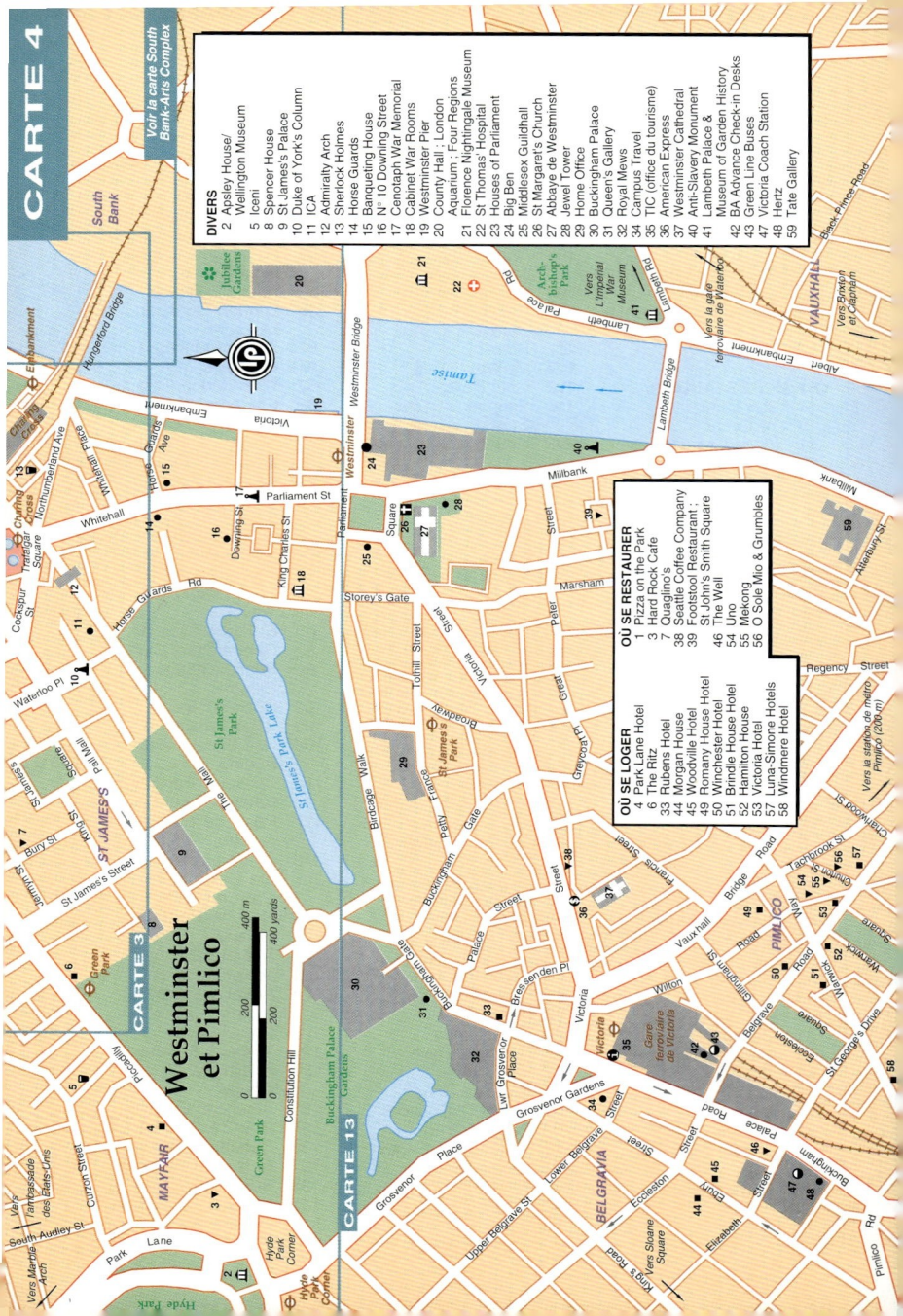

Westminster et Pimlico

Voir la carte South Bank-Arts Complex

DIVERS
- 2 Apsley House / Wellington Museum
- 3 Iceni
- 5 Spencer House
- 8 St James's Palace
- 9 Duke of York's Column
- 11 ICA
- 12 Admiralty Arch
- 13 Sherlock Holmes
- 14 Horse Guards
- 15 Banqueting House
- 16 N° 10 Downing Street
- 17 Cenotaph / War Memorial
- 18 Cabinet War Rooms
- 19 Westminster Pier
- 20 County Hall ; London Aquarium ; Four Regions
- 21 Florence Nightingale Museum
- 22 St Thomas's Hospital
- 23 Houses of Parliament
- 24 Big Ben
- 25 Middlesex Guildhall
- 26 St Margaret's Church
- 27 Abbaye de Westminster
- 28 Jewel Tower
- 29 Home Office
- 30 Buckingham Palace
- 31 Queen's Gallery
- 32 Royal Mews
- 34 Campus Travel
- 35 TIC (office du tourisme)
- 36 American Express
- 37 Westminster Cathedral
- 40 Anti-Slavery Monument
- 41 Lambeth Palace & Museum of Garden History
- 42 BA Advance Check-in Desks
- 43 Green Line Buses
- 47 Victoria Coach Station
- 48 Hertz
- 59 Tate Gallery

OÙ SE LOGER
- 4 Park Lane Hotel
- 6 The Ritz
- 33 Rubens Hotel
- 44 Morgan House
- 45 Woodville Hotel
- 49 Romany House Hotel
- 50 Winchester Hotel
- 51 Brindle House Hotel
- 52 Hamilton House
- 53 Victoria Hotel
- 57 Luna-Simone Hotels
- 58 Windmere Hotel

OÙ SE RESTAURER
- 1 Pizza on the Park
- 3 Hard Rock Cafe
- 7 Quaglino's
- 38 Seattle Coffee Company
- 39 Footstool Restaurant ; St John's Smith Square
- 46 The Well
- 54 Uno
- 55 Mekong
- 56 O Sole Mio & Grumbles

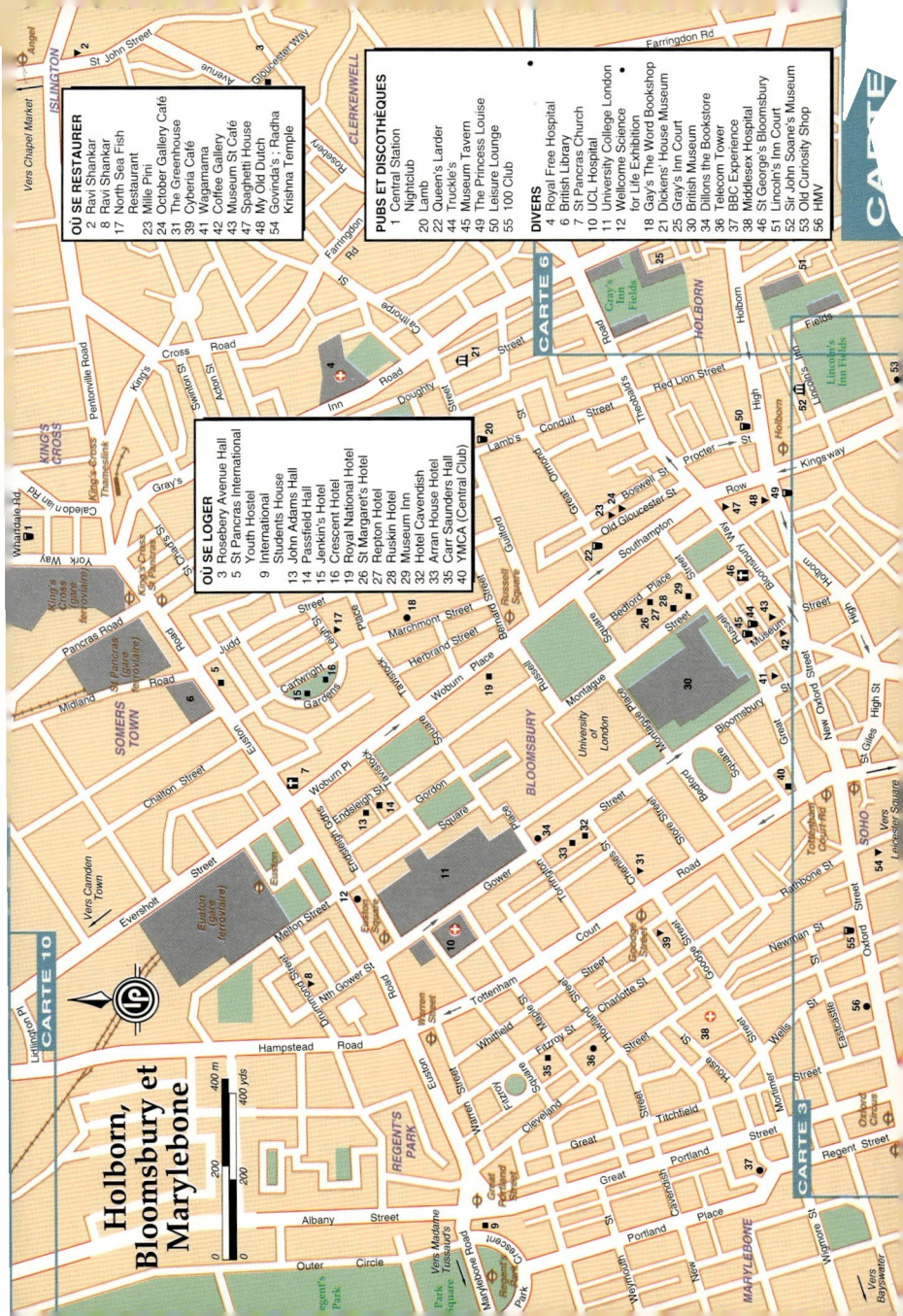

Holborn, Bloomsbury et Marylebone

OÙ SE RESTAURER
- 2 Ravi Shankar
- 8 Ravi Shankar
- 17 North Sea Fish Restaurant
- 23 Mille Pini
- 24 October Gallery Café
- 31 The Greenhouse
- 39 Cyberia Café
- 41 Wagamama
- 42 Coffee Gallery
- 43 Museum St Café
- 47 Spaghetti House
- 48 My Old Dutch
- 54 Govinda's : Radha Krishna Temple

PUBS ET DISCOTHÈQUES
- 1 Central Station Nightclub
- 20 Lamb
- 22 Queen's Larder
- 44 Truckle's
- 45 Museum Tavern
- 49 The Princess Louise
- 50 Leisure Lounge
- 55 100 Club

DIVERS
- 4 Royal Free Hospital
- 6 British Library
- 7 St Pancras Church
- 10 UCL Hospital
- 11 University College London
- 12 Wellcome Science for Life Exhibition
- 18 Gay's The Word Bookshop
- 21 Dickens' House Museum
- 25 Gray's Inn Court
- 30 British Museum
- 34 Dillons the Bookstore
- 36 Telecom Tower
- 37 BBC Experience
- 38 Middlesex Hospital
- 46 St George's Bloomsbury
- 51 Lincoln's Inn Court
- 53 Sir John Soane's Museum
- 56 Old Curiosity Shop
- HMV

OÙ SE LOGER
- 3 Rosebery Avenue Hall
- 5 St Pancras International Youth Hostel
- 9 International Students House
- 13 John Adams Hall
- 14 Passfield Hall
- 15 Jenkin's Hotel
- 16 Crescent Hotel
- 19 Royal National Hotel
- 26 St Margaret's Hotel
- 27 Repton Hotel
- 28 Museum Inn
- 29 Ruskin Hotel
- 32 Hotel Cavendish
- 33 Arran House Hotel
- 35 Carr Saunders Hall
- 40 YMCA (Central Club)

La City, Clerkenwell et Embankment

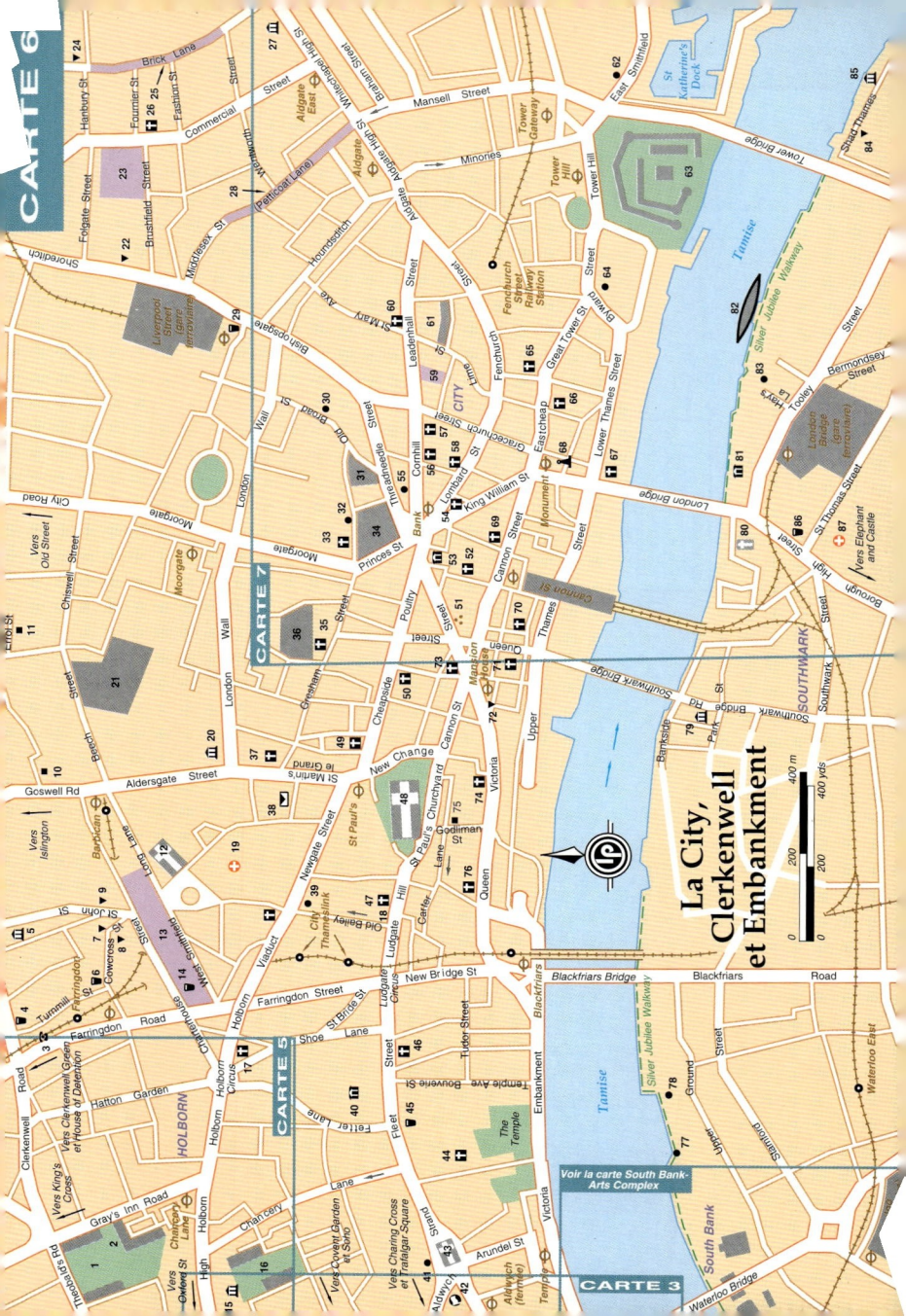

OÙ SE LOGER
- 10 Barbican YMCA
- 11 London City YMCA
- 75 City of London Youth Hostel

OÙ SE RESTAURER
- 7 The Greenery
- 8 Mange-2
- 9 St John
- 22 Fatboy's Diner
- 24 Aladin & Nazrul
- 72 Sweeting's
- 84 The Apprentice

PUBS ET DISCOTHÈQUES
- 4 Turnmill's & Café Gaudi
- 6 The Castle
- 14 The Cock Tavern
- 29 Hamilton Hall
- 45 El Vino's
- 86 George Inn

ÉGLISES DE WREN
- 17 St Andrew Holborn
- 18 St Sepulchre Holborn
- 33 St Margaret Lothbury
- 35 St Lawrence Jewry
- 37 St Anne et St Agnes
- 43 St Clement Danes
- 46 St Bride's
- 47 St Martin Ludgate
- 49 St Vedast Foster Lane
- 50 St Mary-le-Bow et Place Below Café
- 52 St Stephen Walbrook
- 56 St Michael Cornhill
- 57 St Peter Cornhill
- 58 St Edmund King & Martyr
- 60 St Clement Eastcheap
- 65 St Margaret Pattens
- 66 St Mary-at-Hill
- 67 St Magnus the Martyr
- 69 St Mary Abchurch
- 70 St Michael Paternoster Royal
- 71 St James Garlickhythe
- 73 St Mary Aldermary
- 74 St Nicholas Cole Abbey
- 76 St Andrew-by-the-Wardrobe

DIVERS
- 1 Gray's Inn Fields
- 2 Gray's Inn
- 3 CallShop etc
- 5 St John's Gate
- 12 St Bartholomew-the-Great
- 13 Smithfield Market
- 15 Sir John Soane's Museum
- 16 Lincoln's Inn
- 19 St Bartholomew's Hospital
- 20 Museum of London
- 21 Barbican Centre et Searcy's Brasserie
- 23 Spitafields Market et Spitz Café
- 25 Brick Lane Market
- 26 Christ Church Spitalfields
- 27 Whitechapel Art Gallery
- 28 Petticoat Lane Market
- 30 NatWest Tower
- 31 Bourse
- 32 Lothbury Gallery
- 34 Bank of England
- 36 Guildhall
- 38 Poste principale
- 39 Central Criminal Court/Old Bailey
- 40 Dr Johnson's House
- 41 Royal Courts of Justice
- 42 Australia House
- 44 Temple Church
- 48 Cathédrale Saint-Paul
- 51 Temple of Mithras
- 53 Mansion House
- 54 St Mary Woolnoth Church
- 55 Royal Exchange
- 59 Leadenhall Market
- 61 Lloyd's of London
- 62 World Trade Centre
- 63 Tour de Londres
- 64 All Hallows by the Tower ; Brass Rubbing Centre
- 68 The Monument
- 77 Gabriel's Wharf
- 78 Oxo Tower
- 79 Shakespeare Globe Centre & Theatre
- 80 Southwark Cathedral
- 81 St Olave's House
- 82 HMS *Belfast*
- 83 Hay's Galleria
- 85 Design Museum et Blue Print Café
- 87 Guy's Hospital

TONY WHEELER

A Londres, dites-le avec des fleurs

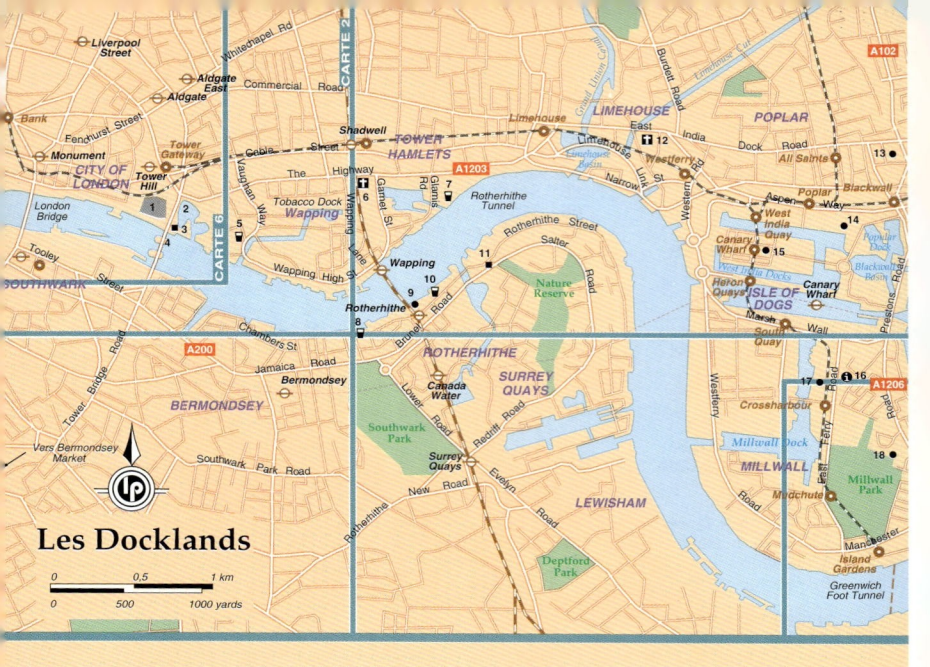

Les Docklands

OÙ SE LOGER
- 3 Tower Thistle Hotel
- 11 Rotherhithe Youth Hostel

PUBS
- 5 The Dickens Inn
- 7 The Prospect of Whitby
- 8 The Angel
- 10 Mayflower

DIVERS
- 1 Tour de Londres
- 2 St Katherine's Dock
- 4 Tower Bridge
- 6 St George-in-the-East church
- 9 Brunel's Engine House
- 11 St Anne's Church, Limehouse
- 12 Bâtiment du Financial Times
- 13 Marché de Billingsgate
- 14 Tour de Canary Wharf
- 15 London Docklands Visitor Centre
- 16 London Arena
- 17 Mudchute Farm
- 18 Site du Greenwich Dome
- 19 Début du Thames Footpath
- 20 Thames Barrier Visitor Centre
- 21 North Woolwich Railway Museum

PAT YALE

Les Docklands dans le film *Un poisson nommé Wanda*

CARTE 7

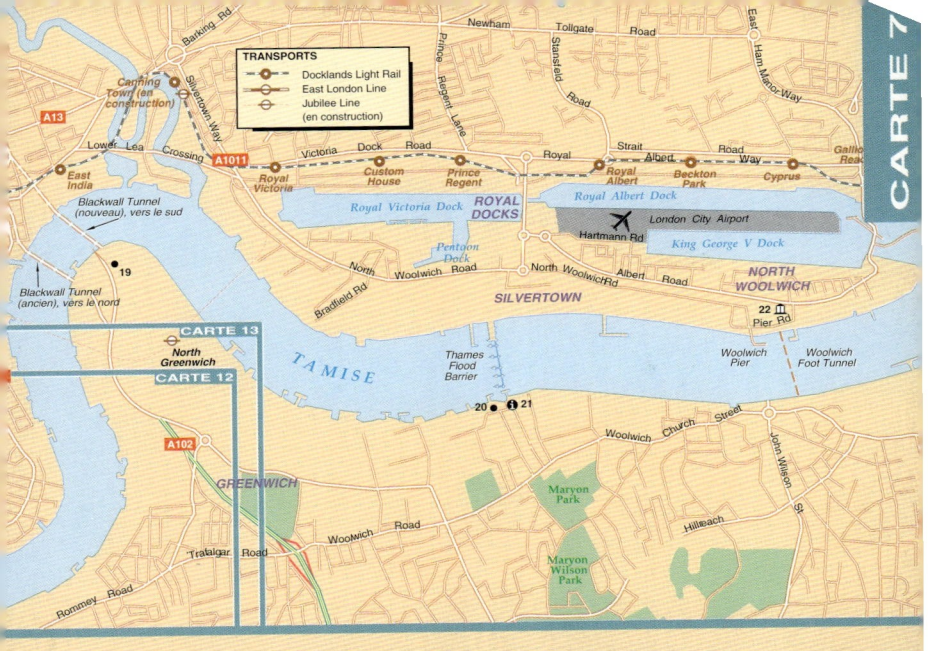

Église St Anne — CHARLOTTE HINDLE

Canary Wharf — CHARLOTTE HINDLE

CARTE 8

Chelsea, Kensington et Earl's Court

OÙ SE LOGER
1. Vicarage Private Hotel
4. Holland House Youth Hostel
18. Imperial College of Science & Technology Residence
31. London Lodge Hotel
32. Amber Hotel
34. Shellbourne Hotel
37. Court Hotels
41. Merlyn Court Hotel
42. Curzon House Hotel
43. St Simeon
45. Five Sumner Place
46. Hotel Number Sixteen
54. Annandale House Hotel
56. Hotel 167
57. Swiss House Hotel
58. Earl's Court Youth Hostel
61. London Town Hotel
62. Regency Court Hotel et Windsor House
63. Chelsea Hotel
64. York House Hotel
65. Philbeach Hotel et Wilde About Oscar Restaurant
66. New York Hotel
68. Boka Hotel
69. Court Hotels
73. Blakes Hotel
77. Magnolia Hotel

OÙ SE RESTAURER
6. Sticky Fingers
11. Arcadia
12. Dôme
13. Cuba
21. Vong
23. Pâtisserie Valerie
28. Launceston Place
29. Wodka
36. Benjy's
40. Nando's
47. Spago
48. Daquise
49. The Collection
50. Daphne's
51. Bibendum & Michelin Building
53. Oriel
55. Chelsea Kitchen
59. Mr Wing
60. Blanco's
70. Troubadour
72. Krungtap
74. Chelsea Farmers' Market
76. Henry J Bean's

PUBS ET CLUBS
38. Prince of Teck
71. Coleherne

DIVERS
2. Kensington Palace
3. Hyper-Hyper
5. Commonwealth Institute
7. Trailfinders (bureau principal)
8. Linley Sambourne House
9. YHA Shop et Campus Travel
10. Kensington Market
14. Albert Memorial
15. Serpentine Art Gallery
16. Royal Albert Hall
17. Royal Geographical Society
19. Imperial College of Science & Technology
20. Harvey Nichols et Fifth Floor Café
22. Harrods
24. Brompton Oratory
25. Victoria & Albert Museum
26. Science Museum
27. Natural History Museum
30. Trailfinders
33. Airbus, Route A1, Stop 6
35. Top Deck Travel
39. CallShop etc
44. STA Travel
52. Peter Jones
67. Earl's Court Exhibition Centre
75. Chelsea Old Town Hall

DOUG McKINLAY

Devant chez Harrods

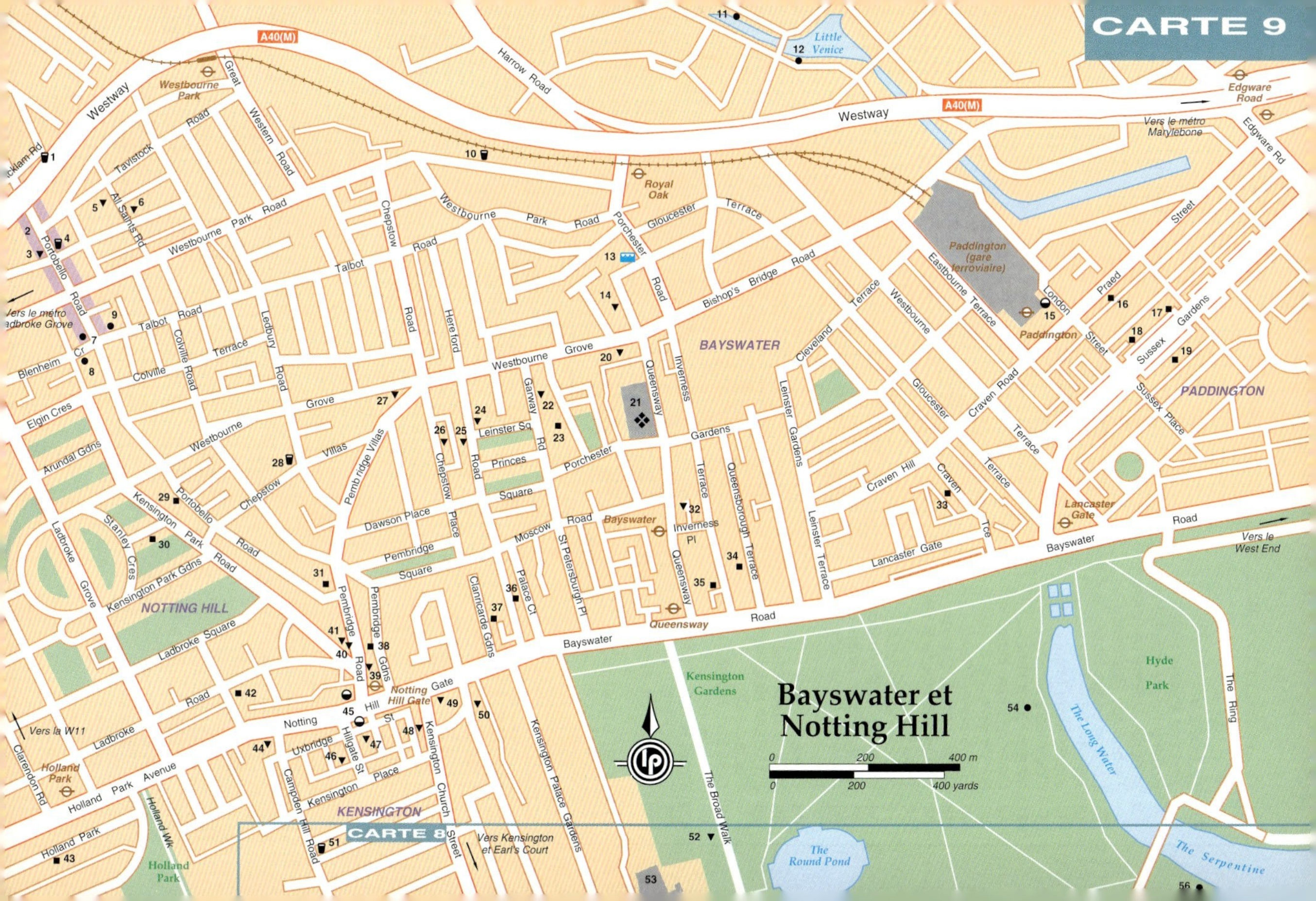

CARTE 9

Bayswater et Notting Hill

PADDINGTON

BAYSWATER

NOTTING HILL

KENSINGTON

Hyde Park

Kensington Gardens

The Ring
The Serpentine
The Long Water
The Round Pond
The Broad Walk

Little Venice

Vers le métro Marylebone
Vers le West End
Vers Kensington et Earl's Court
Vers la W11

Edgware Road
Westway
A40(M)
Harrow Road
Great Western Road
Chepstow Road
Westbourne Park Road
Talbot Road
Ledbury Road
Westbourne Park Villas
Tavistock Rd
All Saints Rd
Colville Road
Elgin Cres
Blenheim Cr
Portobello Road
Ladbroke Grove
Kensington Park Rd
Stanley Cres
Ladbroke Square
Pembridge Villas
Pembridge Road
Pembridge Square
Dawson Place
Chepstow Place
Hereford Road
Westbourne Grove
Chepstow Road
Leinster Sq
Princes Sq
Garway Rd
Porchester Road
Moscow Road
St Petersburgh Pl
Palace Ct
Clanricarde Gdns
Notting Hill Gate
Kensington Church Street
Kensington Place
Hillgate St
Uxbridge
Campden Hill Road
Holland Park Avenue
Holland Park
Holland Wk
Clarendon Rd
Ladbroke Grove
Ladbroke Rd
Pembridge Gdns
Bishop's Bridge Road
Westbourne Terrace
Eastbourne Terrace
Craven Road
Craven Terrace
Craven Hill
Craven Hill Gardens
Lancaster Gate
Lancaster Terrace
Bayswater Road
Leinster Gardens
Leinster Terrace
Cleveland Terrace
Gloucester Terrace
Porchester Terrace
Queensborough Terrace
Inverness Terrace
Inverness Pl
Queensway
Kensington Palace Gardens
Sussex Gardens
Sussex Place
Paddington Street
London Street
Edgware Road
Royal Oak

Paddington (gare ferroviaire)

0 200 400 m
0 200 400 yards

CARTE 8

OÙ SE LOGER
- 16 Norfolk Court et St David's Hotel
- 17 Gresham Hotel
- 18 Balmoral House Hotel
- 19 Europa House Hotel
- 23 Garden Court Hotel
- 29 Portobello Gold Hotel
- 30 Portobello Hotel
- 31 The Gate Hotel
- 33 Oxford Hotel et Sass House
- 34 Quest Hotel et Royal Hotel
- 35 Inverness Court Hotel
- 36 Palace Hotel
- 37 Manor Court Hotel
- 38 Hillgate Hotel
- 42 Holland Park Hotel
- 43 London Independent Hostel

OÙ SE RESTAURER
- 3 Café Grove
- 5 Sugar Club
- 6 All Saints
- 14 Churreria Espanola
- 20 Khan's
- 22 L'accento
- 24 Inaho
- 25 Veronica's
- 26 Assagi at The Chepstow
- 27 The Mandola
- 32 Kalamaras Taverna
- 39 Seattle Coffee Company
- 40 Modhubon
- 41 Prost
- 44 Nachos
- 46 Costa's Grill
- 47 Geales
- 48 Kensington Palace
- 49 Pierre Victoire
- 50 Novelli W8
- 52 The Orangery

PUBS ET DISCOTHÈQUES
- 1 Subterania
- 4 Market Bar
- 10 The Westbourne
- 28 Beach Blanket Babylon
- 51 Windsor Castle

DIVERS
- 2 Portobello Rd Market
- 7 Books for Cooks
- 8 Travel Bookshop
- 9 Rough Trade Records
- 11 Jason's Boats ; Jason's Restaurant
- 12 Waterbus/Waterside Café
- 13 Porchester Spa
- 15 Stationlink Bus Stop
- 21 Whiteley's Shopping Centre
- 45 Airbus, Route A2, Stop 14
- 53 Kensington Palace
- 54 Statue de Peter Pan
- 55 Serpentine Art Gallery
- 56 Lido

DOUG McKINLAY

Portobello Rd Market

Camden Town

CARTE 10

OÙ SE LOGER
- 37 Peter & Suzy Bell (B & B)

OÙ SE RESTAURER
- 2 Vegetarian Cottage
- 3 Primrose Brasserie
- 4 Lemonia
- 7 Marine Ices
- 8 Mongolian Barbecue
- 9 Marathon
- 11 Belgo Noord
- 12 Nando's
- 13 Cottons Rhum Shop
- 15 Silks & Spice
- 17 Café Rouge
- 18 Thanh Binh
- 19 Bintang
- 20 Emma's
- 29 Bar Gansa
- 31 Jazz Café
- 34 New Culture Revolution
- 35 Ruby in the Dust
- 38 Café Delancey
- 39 The Raj
- 40 El Parador

PUBS ET CLUBS
- 5 The Pembroke
- 6 Lansdowne
- 22 Dingwalls & Jongleurs
- 30 World's End\Underworld
- 32 Black Cap
- 36 Crown & Goose

DIVERS
- 1 Lonely Planet
- 10 Roundhouse
- 14 The Stables
- 16 Tumi
- 21 Camden Lock Market - West/Middle/East Yards et marché couvert
- 23 Camden Canal Market
- 24 London Waterbus Company
- 25 Compendium Bookshop
- 26 Sainsbury's
- 27 Camden Market
- 28 Electric Market
- 33 Laverie

Hampstead et Highgate

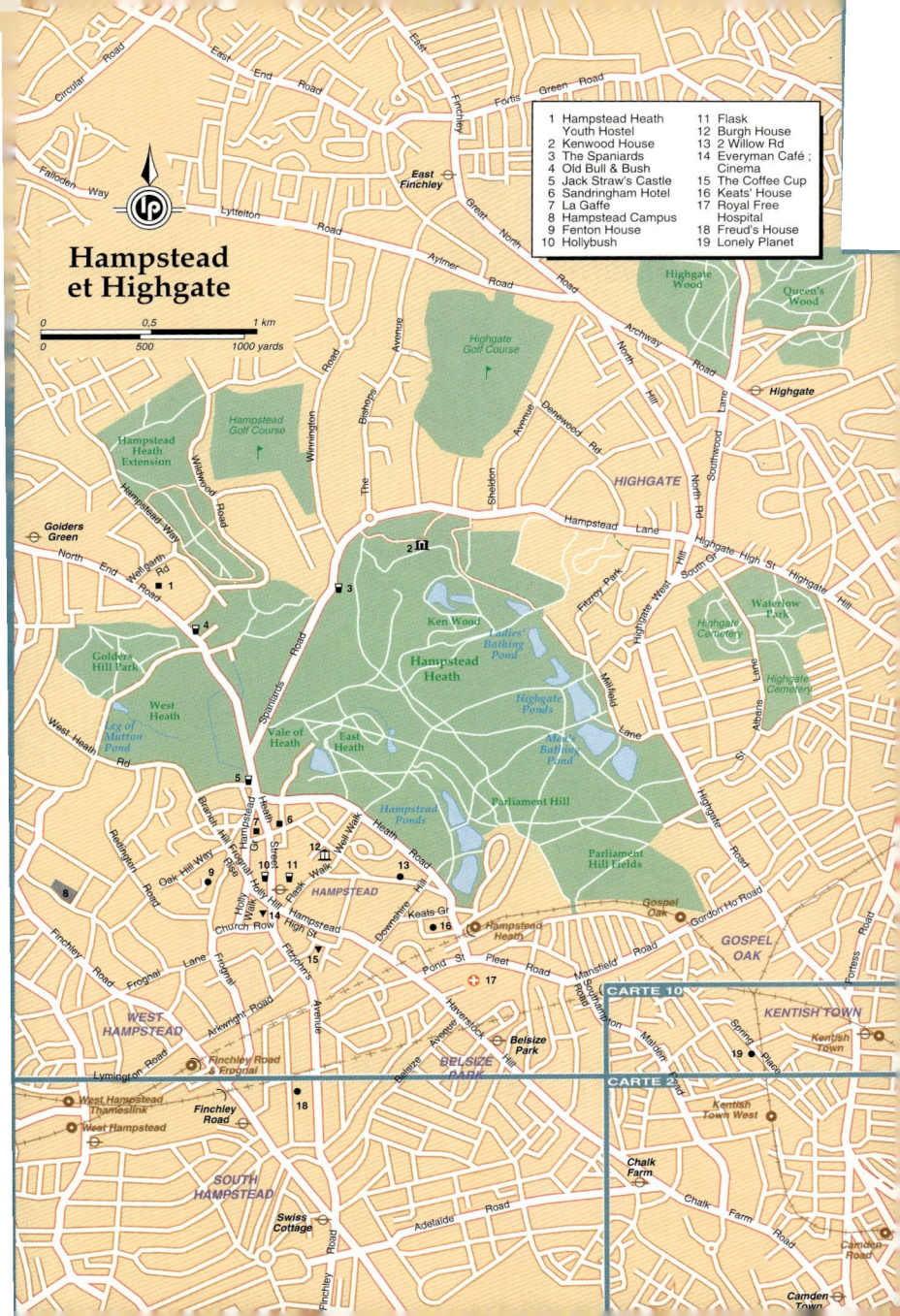

1	Hampstead Heath Youth Hostel	11	Flask
2	Kenwood House	12	Burgh House
3	The Spaniards	13	2 Willow Rd
4	Old Bull & Bush	14	Everyman Café ; Cinema
5	Jack Straw's Castle	15	The Coffee Cup
6	Sandringham Hotel	16	Keats' House
7	La Gaffe	17	Royal Free Hospital
8	Hampstead Campus	18	Freud's House
9	Fenton House	19	Lonely Planet
10	Hollybush		

CARTE 12

Entrée du Greenwich Market — PAT YALE

OÙ SE LOGER
17 Ibis Hotel

OÙ SE RESTAURER
8 Meeting House Café
10 Beachcomber Restaurant
11 Peter de Wit's Café
12 Millennium Café
17 Café Rouge

DIVERS
1 Island Gardens DLR Station
2 *Gipsy Moth IV*
3 *Cutty Sark*
4 Royal Naval College
5 Trafalgar Tavern
6 TIC (office du tourisme)
7 Bus pour Woolwich et Thames Barrier
9 Marché couvert
13 St Alfege Church
14 National Maritime Museum
15 Queen's House
16 Maze Hill BR Station
18 Fan Museum
19 Outdoor Market
20 Greenwich BR Station
21 Old Royal Observatory
22 Ranger's House

Greenwich

Millwall Outer Dock

Millwall Park

ISLE OF DOGS

TAMISE

Greenwich Park

CARTE 13 — Le Sud de Londres

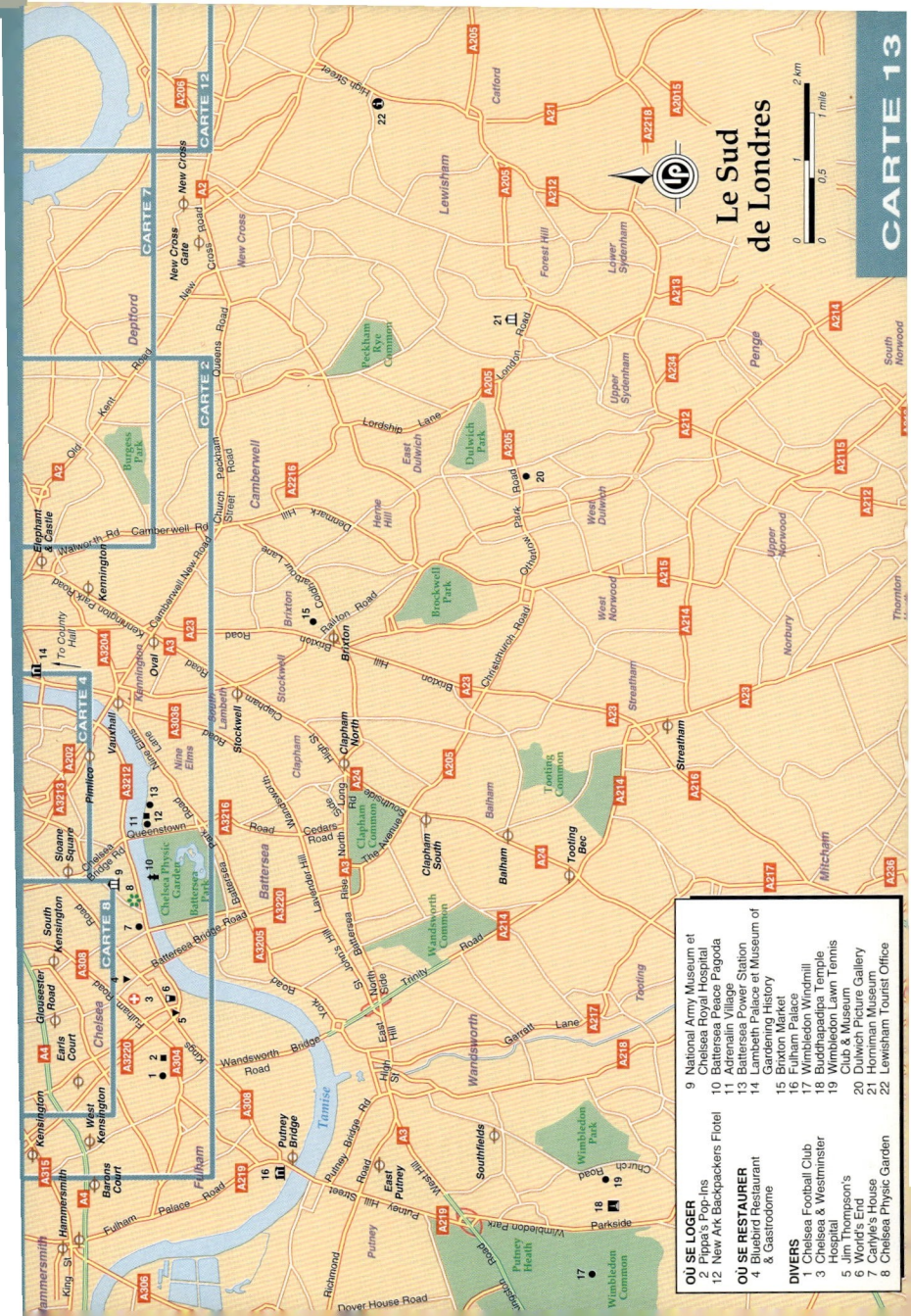

OÙ SE LOGER
2 Pippa's Pop-Ins
12 New Ark Backpackers Flotel

OÙ SE RESTAURER
4 Bluebird Restaurant & Gastrodome

DIVERS
1 Chelsea Football Club
3 Chelsea & Westminster Hospital
5 Jim Thompson's
6 World's End
7 Carlyle's House
8 Chelsea Physic Garden
9 National Army Museum et Chelsea Royal Hospital
10 Battersea Peace Pagoda
11 Adrenalin Village
13 Battersea Power Station
14 Lambeth Palace et Museum of Gardening History
15 Brixton Market
16 Fulham Palace
17 Wimbledon Windmill
18 Buddhapadipa Temple
19 Wimbledon Lawn Tennis Club & Museum
20 Dulwich Picture Gallery
21 Horniman Museum
22 Lewisham Tourist Office

CARTE 14

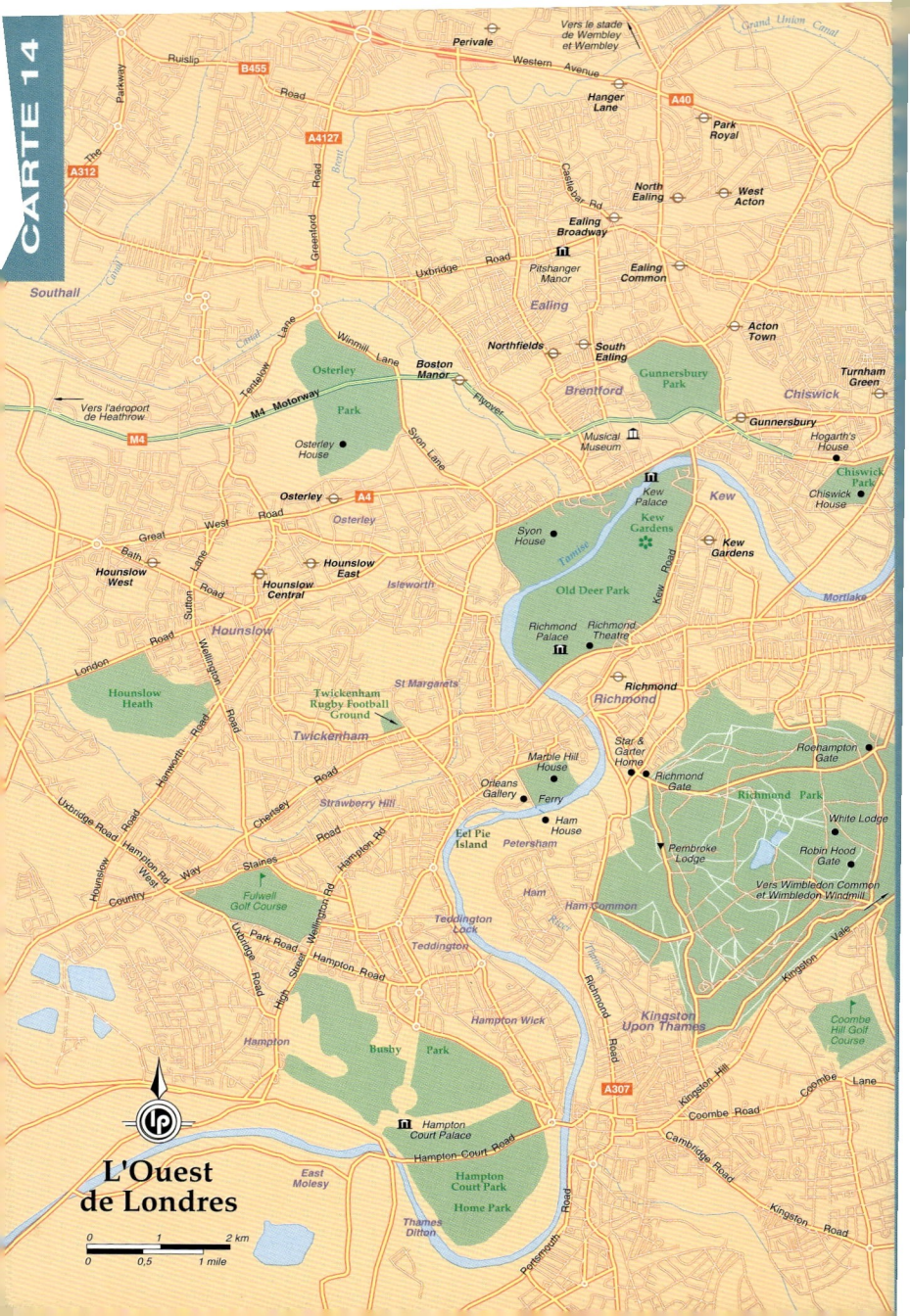

L'Ouest de Londres

Les environs de Londres

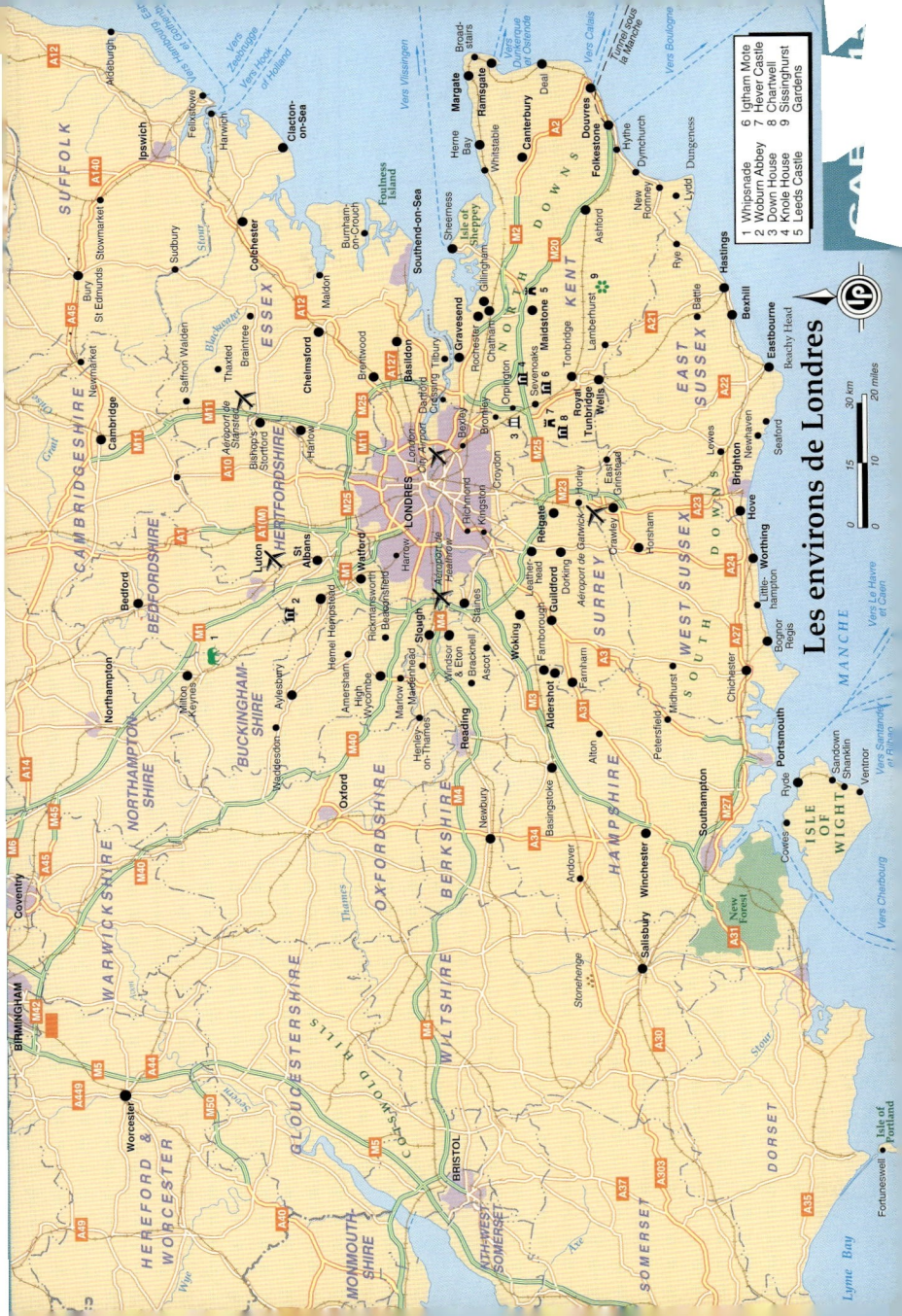

1 Whipsnade
2 Woburn Abbey
3 Down House
4 Knole House
5 Leeds Castle
6 Ightam Mote
7 Hever Castle
8 Chartwell
9 Sissinghurst Gardens

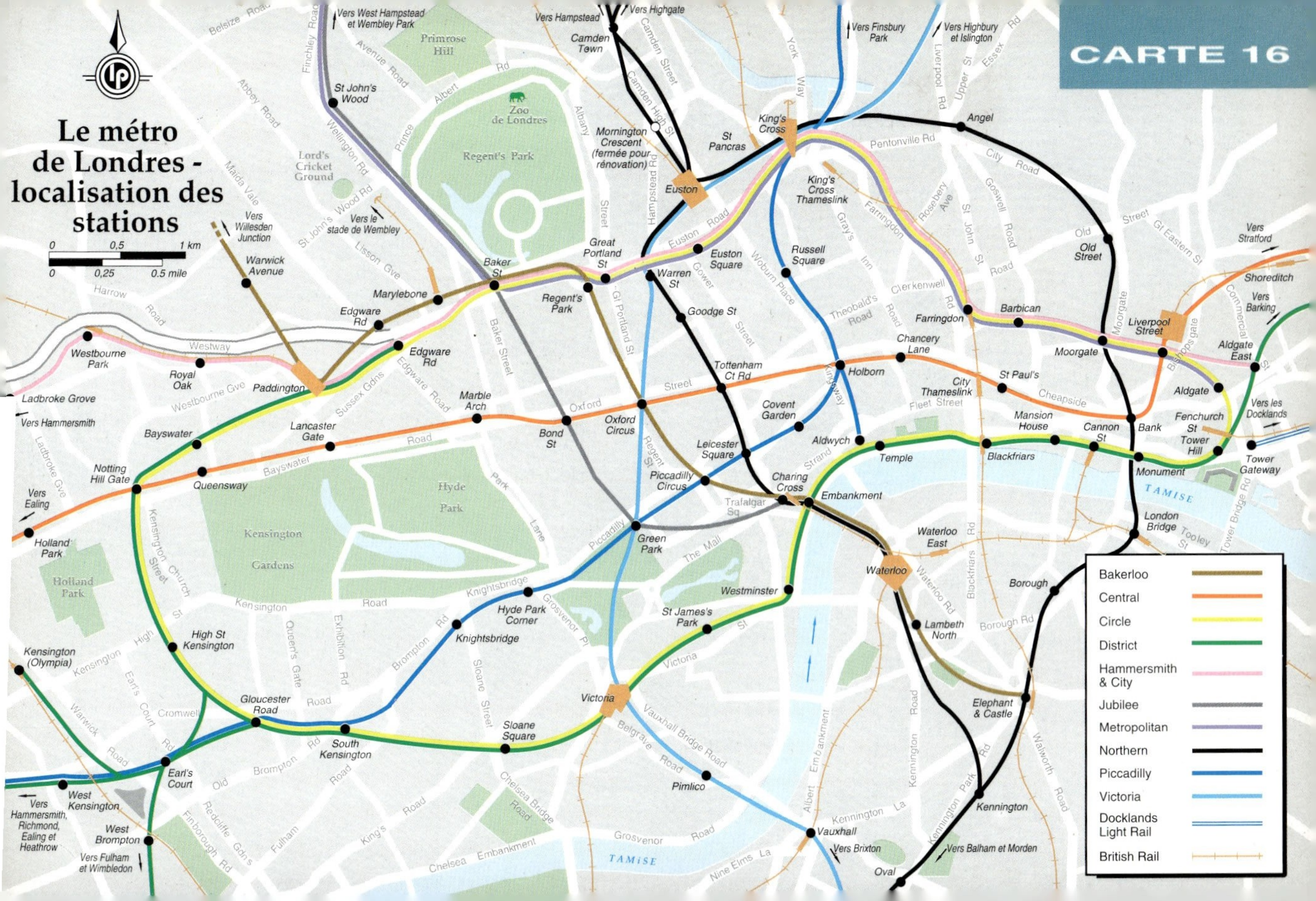
CARTE 16
Le métro de Londres - localisation des stations
0 0,5 1 km
0 0,25 0.5 mile
Bakerloo
Central
Circle
District
Hammersmith & City
Jubilee
Metropolitan
Northern
Piccadilly
Victoria
Docklands Light Rail
British Rail
Vers West Hampstead et Wembley Park
Vers Hampstead
Vers Highgate
Vers Finsbury Park
Vers Highbury et Islington
Vers Stratford
Vers Barking
Vers les Docklands
Vers Willesden Junction
Vers le stade de Wembley
Vers Hammersmith
Vers Ealing
Vers Hammersmith, Richmond, Ealing et Heathrow
Vers Fulham et Wimbledon
Vers Brixton
Vers Balham et Morden
St John's Wood
Camden Town
Mornington Crescent (fermée pour rénovation)
Euston
St Pancras
King's Cross
King's Cross Thameslink
Angel
Old Street
Shoreditch
Warwick Avenue
Baker St
Great Portland St
Warren St
Euston Square
Russell Square
Regent's Park
Marylebone
Edgware Rd
Goodge St
Farringdon
Barbican
Moorgate
Liverpool Street
Aldgate East
Aldgate
Westbourne Park
Royal Oak
Paddington
Ladbroke Grove
Marble Arch
Bond St
Oxford Circus
Tottenham Ct Rd
Holborn
Chancery Lane
City Thameslink
St Paul's
Bank
Fenchurch St
Tower Hill
Tower Gateway
Covent Garden
Leicester Square
Aldwych
Temple
Blackfriars
Mansion House
Cannon St
Monument
Bayswater
Lancaster Gate
Queensway
Notting Hill Gate
Holland Park
Piccadilly Circus
Charing Cross
Embankment
Green Park
London Bridge
Waterloo East
Waterloo
Westminster
St James's Park
Hyde Park Corner
Knightsbridge
Lambeth North
Borough
Elephant & Castle
High St Kensington
Kensington (Olympia)
Gloucester Road
South Kensington
Sloane Square
Victoria
Pimlico
Vauxhall
Kennington
Oval
Earl's Court
West Kensington
West Brompton
Zoo de Londres
Regent's Park
Primrose Hill
Lord's Cricket Ground
Hyde Park
Kensington Gardens
Holland Park
TAMISE

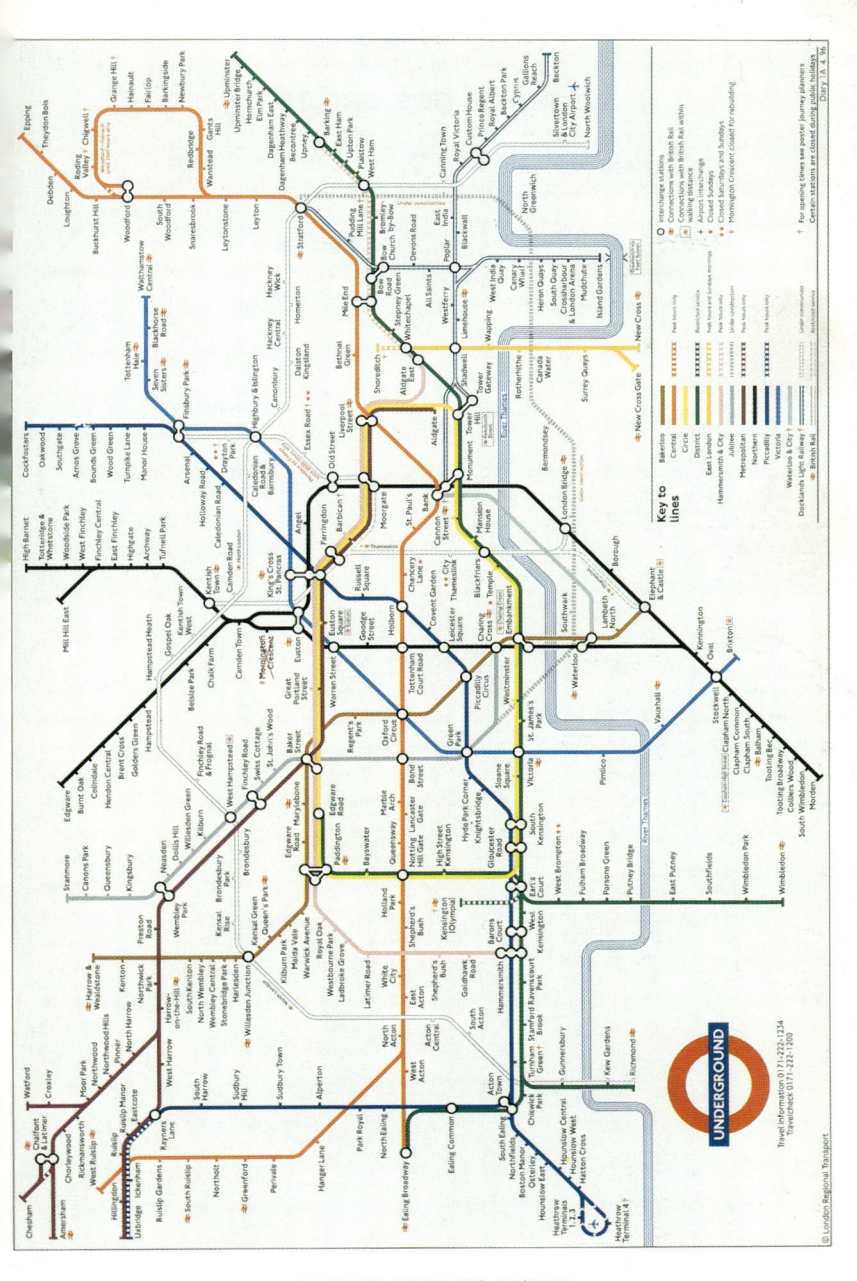

LRT REG'D USER NO 98/2749

Légende des cartes

LIMITES ET FRONTIÈRES

.... Frontières internationales
.... Limites provinciales

LIAISONS

.... Autoroute
.... Route principale
.... Route secondaire
.... Route secondaire non bitumée
.... Rue principale
.... Rue
.... Ruelle
.... Voie de chemin de fer, gare
.... Métro, station
.... Station de taxis
.... Itinéraire de ferry
.... Sentier de randonnée

TOPOGRAPHIE

.... Édifice
.... Cimetière
.... Hôtel
.... Marché
.... Parc, jardin
.... Zone piétonnière
.... Zone urbaine

HYDROGRAPHIE

.... Canal
.... Littoral
.... Rivière ou ruisseau intermittent
.... Lac, lac intermittent
.... Rapide, chute

SYMBOLES

- **CAPITALE** .... Capitale nationale
- **CAPITALE** .. Capitale provinciale
- **VILLE** .... Grande ville
- **Ville** .... Ville moyenne
- Village .... Village
- .... Hôtel
- .... Restaurant
- .... Pub ou bar

- .... Aéroport
- .... Ancien mur d'enceinte
- .... Site archéologique
- .... Banque
- .... Temple bouddhiste
- .... Château fort
- .... Cathédrale, église
- .... Falaise ou escarpement
- .... Ambassade
- .... Temple hindou
- .... Hôpital
- .... Point de vue
- .... Monument
- .... Mosquée

- .... Musée
- .... Rue à sens unique
- .... Parking
- .... Poste de police
- .... Bureau de poste
- .... Centre commercial
- .... Demeure de caractère
- .... Piscine
- .... Synagogue
- .... Téléphone
- .... Tombe
- .... Office du tourisme
- .... Transport
- .... Zoo

Note: tous les symboles ne sont pas utilisés dans cet ouvrage